일러두기

번역 과정에서 기존에 출간된 책들을 참고하였다.

'신이 살피건대'로 시작되는 문장은 율곡이 학자로서, 또 공직자로서 자신의 의
견을 피력한 부분이므로 별도의 서체로 표기했다.

번역에 따른 주는 각주로 되어 있으나, 읽는 이들을 위해 모두 미주로 처리했다.

경연일기

경연일기

조선의 미래를 고민한
실천적 지성의 기록

율곡 이이 지음 | 유성선·유정은 번역·해설

arte

차례

해설

서문

　"나라 형세가 쇠퇴해져 난리의 조짐이 있음을 분명히 알고는 항상 임금의 마음을 바르게 하고 풍속을 바로잡고 조정을 화합하게 하는 것을 근본으로 삼았고, 폐정을 고치고 생민을 구제하고 군사 대비를 닦는 것으로 급무를 삼았다. 그리고 이를 반복해서 시종일관 한뜻으로 논계하였는데, 소인이나 속류의 배척을 당했어도 조금도 거들떠보지 않았다. … 한 시대를 구제하는 것을 급선무로 여겼기 때문에 물러났다가 다시 조정에 진출해서도 사류士類를 보합시키는 것으로 자신의 임무를 삼아 사심 없이 할 말을 다 하다가 주위 사람들에게 끼리는 대상이 되었는데, 마침내 당인黨人에게 원수처럼 되어 거의 큰 화를 면치 못할 뻔하였다. 이이는 인물을 논하고 추천할 때 반드시 학문과 명망과 품행을 위주로 하였으므로 진실하지 못하면서 빌붙으려는 자들은 나중에 많이 배반하였다. 그래서 세속의 여론은 그를 너무도 현실에 어둡다고 지목하였다."

이 기사의 내용은『선조수정실록』18권, 선조 17년 1월 1일 기묘 1번째 기사로 '이조 판서 이이의 졸기'에 나오는 일부 내용이다. 이 졸기의 평가처럼 율곡은 '모난 돌이 정 맞는다'라는 우리 속담의 모난 돌이었다. 당시 조선의 현실을 개혁해야 할 '경장기更張期'로 인식한 모난 돌의 근심은 오직 나라와 백성을 향해 있었다. 그 과정에서 아무리 강한 정이 내리쳐도 모난 돌은 둥글어지지 않았다. 강한 정이 내리칠수록 어쩌면 더 모난 돌이 되어야만 했다. 개혁을 좋아하는 사람이라는 비난도 예절과 근본도 모른다는 비난도 백성의 이익과 편리를 위해서는 아무런 문제가 되지 않았다. 그 과정이 오롯이 율곡의 많은 상소문과『경연일기』에 드러나 있다.

『경연일기』는 율곡의 나이 30세 때인 1565년(명종 20년) 7월에 시작하여 46세 때인 1581년(선조 14년) 11월에 끝나는 약 17년간의 방대한 기록이다. 당시 조정에서 일어난 왕과 여러 대신들의 정사 집행 내용과 함께 인물에 대한 평론, 그리고 율곡의 생각도 사론을 통해서 확인할 수 있는 경세서이면서 수양서이기도 하다. 또 율곡 자신이 '금상실록'이라고 명명한 데서 엿볼 수 있듯이 스스로 사관의 위치에서 당시의 역사를 공정하게 이실직서以實直書하여 直書, 直筆의 전통을 세우고자 한 노력의 산물이다.

우리 사회에서 인문학의 중요성은 늘 강조되고 있고, 그에 따라 인문학이 인기를 구하고 있는 것 같지만, 인문학을 공부하는 입장에서는 그 입지가 점점 좁아지고 있음을 부인할 수 없다. 이런 와중에 『경연일기』의 긴 호흡을 함께 해주신 북이십일 아르테의 고전회복 운동에 감사를 드리고, 또 『경연일기』를 같이 읽어가며 오타와 번역의 오류를 함께 검토해 주신 강원대학교 철학과 박사과정의 박정근 선생님께 깊은 감사를 드린다. 부족한 이 책을 출간하면서 도움을 주신 분들께도 진심으로 감사드린다. 끝으로 함께 연구하는 선후배님들의 가르침을 기대하며 인사를 대신한다.

2023년 10월
유성선, 유정은

경연일기

1565년(을축) 명종 20년

1565년 7월

명종 20년 1565년 7월 13일[정미] 큰비가 내렸다. 문정왕후(文定
王后; 1501~1565)[1]의 장례에 발인할 때 의례 등을 관장하는 예조판서
윤춘년(尹春年; 1514~1567)[2]이 문무백관들이 말을 타고 상여를 따르게
하기를 건의하였다. 대신들 가운데에는 그 의견에 찬성하는 사람도
있었다. 그러나 국상 때 도성 안에서 말을 타고 상여를 따르는 것은
옛 상례가 아니라는 왕명이 있었기 때문에 그 논의가 중지되었다.

1565년 7월 15일[기유] 하관할 때 임금이 병환으로 문정왕후의
상여를 따르지 못했다. 우리 왕조의 예법에는 만일 임금이 장례에
참석하지 못하면 위패를 세울 때 반드시 삼정승을 장례의 제관으로

삼아 임금을 대신해서 예를 행하게 하였다. 이때 좌의정 심통원(沈通源; 1499~?)[3]과 우의정 이명(李蓂; 1496~1572)[4]이 국장을 치르기 위해 조성한 능에 먼저 가 있으면서 상례에 관한 예법을 다시 살펴보지도 않고 이조에 명하여 의정부 참찬 송기수(宋麒壽; 1507~1581)[5]를 제관으로 정하게 하니, 식자(識者; 학문과 식견이 있는 사람)들이 그 임시변통의 예를 책망했다.

1565년 7월 28일[임술] 초상 후 석 달 후에 지내는 졸곡에 임금과 문무백관이 모두 검은색 갓을 썼다. 그러자 식자들은 졸곡 후에는 흰 갓을 써야 하지만 조정에서 서둘러 길례에 따라 검은색 갓을 쓴 것을 탄식하였다. 대개 우리 왕조의 상례가 하은주 삼대의 제도에 모두 합당하지는 않지만, 중국과 비교하더라도 그 예법이 매우 상세하여 한나라와 당나라 이후로는 본 적이 없는 수준이다. 졸곡 전에는 모든 신하가 굵은 베로 지은 상복을 입고, 졸곡 뒤 정무를 볼 때만 임시로 흰옷에 검은 관모와 검은 허리띠를 해야 하고, 평상시에는 흰색의 옷과 갓, 허리띠를 한다. 하지만 상례의 일에 간여할 때는 굵은 베로 지은 상복을 입는 것이 역대로 내려오는 제도였다. 그런데 성종 때에 이를 논의하는 사람들이 "이미 검은 관모를 썼으니, 갓도 당연히 검은 것이어야 합니다." 하였고, 당시 예법에 근거하여 논쟁하는 사람이 없었으므로 결국 졸곡 뒤에 검은색 갓을 쓰게 되었다.

중종(1488~1544)이 승하하였을 때, 유관(柳灌; 1484~1545)[6]이 국상을

총괄하는 임시 벼슬인 총호사摠護使가 되어 건의하기를 "상복을 아직 벗지 않았는데 검은 갓을 쓰는 것은 예의에 어긋나고, 또 역대의 법도가 아닙니다."라고 하여, 이로써 흰 갓을 쓰기로 결정하였다. 그러나 명종 초에 유관 등이 사화로 화를 입게 되자 "흰 갓은 옛 법도가 아니고 유관이 만든 것이다."라고 하여, 마침내 검은 갓을 쓰도록 정하였다. 지금 문정왕후 초상 때에는 예관이 국가의 기본 예식을 규정한 『국조오례의』에 의거하여 흰 갓을 쓰는 것으로 정하였는데, 윤원형(尹元衡; 1503~1565)[7]이 여러 가지 의식의 절차를 해석한 『의주儀注』를 보고 말하기를, "흰 갓을 쓰는 것은 유관이 건의한 것이니 그대로 좇아서 쓸 수 없다."라고 하여, 대신들이 모두 윤원형의 말에 따라 『의주』를 개정하였다. 조정의 대신들은 그것이 잘못인 줄 알면서도 누구도 감히 말을 꺼내지 못했다.

1565년 8월

윤원형의 관직과 작위를 삭탈하고 고향 파주로 추방하였다. 윤원형은 문정왕후의 동생으로 성질이 음흉하고 독하며 재물을 탐하는 자였다. 중종 말년에 인종(仁宗; 1515~1545)이 이미 세자의 자리에 있었으나 아들이 없었기 때문에, 명종이 어린 나이로 대군이 되었다. 인종의 외숙부 윤임(尹任; 1487~1545)[8]은 윤원형, 윤원로(尹元老; ?~1547)[9] 형제와 사이가 좋지 못했다. 이때 김안로(金安老; 1481~1537)[10]

는 세자를 보호한다는 이유로 권세를 부리며 문정왕후의 세력을 누르고 자신들의 세력을 키우고자 임금에게 아뢰어, 윤원로 형제를 외직으로 추방하니, 대윤(大尹; 윤임)이니 소윤(小尹; 윤원형)이니 하는 말은 이때부터 시작되었다. 김안로의 세력이 몰락하고 윤원로 등이 조정으로 돌아오자 날로 유언비어가 떠돌았다. 이에 인종이 몹시 불안해했다. 문정왕후 또한 명종이 위태롭다고 생각하여 외척들에게 의탁하여 자신의 위치를 굳건하게 하려고 하였다. 이때 이기(李芑; 1476~1552)[11]가 은밀하게 조정의 안정을 공고히 할 수 있다는 계책을 제시하면서 윤원로 형제와 결탁하였다.

인종은 자신의 병세가 더욱 악화하자 대신들에게 "중종의 적자는 나와 대군(명종)뿐이니, 내가 죽거든 대군으로 하여금 보위를 잇게 하라."라고 하였다. 인종이 승하하자 대신들이 명종을 즉위시켰다. 윤원형 등이 그 기회에 사화를 일으키려고, 이기, 정순붕(鄭順朋; 1484~1548)[12], 임백령(林百齡; 1498~1546)[13], 허자(許磁; 1496~1551)[14], 김광준(金光準; ?~1553)[15] 등과 음모하고 말을 만들어 퍼뜨리기를 "유관과 유인숙(柳仁淑; 1485~1545)[16], 윤임 등이 모반하여 임금을 폐하고 장차 계림군(桂林君; ?~1545) 유瑠[17]를 세우려 한다."라고 하였다. 또 봉성군(鳳城君; ?~1547) 완岏[18]의 현명함을 꺼려하여 "그가 간신들에 의해 추대되었다."라고 하며, 마침내 문정왕후에게 이러한 것들을 고하고 밀지를 내리게 하여 큰 옥사를 일으키니, 당시 그 화를 면한 선비들이 드물었다. 이리하여 그들은 위사공신衛社功臣[19]에 이름을 올렸다. 또 조정의 공론이 사그라지지 않을까 걱정하여, 도성 안에 떠도는 말들이 자기들의 말과 조금만 다르면 그대로 역당이라 지목하므로 길 가는 사람들이 서로 눈치만 보았다. 윤원형은 자신의 세력이 커지자, 그의 형 윤원로와 세력을 다투게 될까 두려워서 담당 관원을 사주하여, 형의 죄를 논하여 죽이기까지 하였고, 권세를 부리고 이익을 탐하는 데 못하는 짓이 없었다. 윤원형은 한양에 큰 집 10여 채가 있었는데 그 안에는 재물이 차고 넘쳤으며, 의복과 타고 다니는 가마와 말은 분수에 넘쳐 대궐과 같았다. 또 조강지처를 내쫓고, 첩 정난정鄭蘭貞[20]을 아내로 삼아 매우 사랑하여, 그녀의 말이라면 모두 따랐다. 뇌물을 받아들이고 수탈하는 짓 또한 정난정의 충동질이 많았다. 윤원형이 살생부의 권력을 잡은 지 20여 년 동안에 사림들이 분함을 품고서도 감히 발설하지 못했다. 이때 이르러서야 사간원의 우두머리인 대사간 박순(朴淳; 1523~1589)[21]이 양사(兩司; 사헌부와 사간원)와 의논해서 윤원형을 먼 지방으로 추방하기를 주청하고, 편전 앞에 엎드려 임금의 윤허를 기다린 지 여러 날이 되었다. 위로는 삼정승으로부터 아래로는 대궐 수문장에 이르기까지 모두 입을 모아 윤원형의 죄를 청하자, 이에 임금은 그의 관직과 작위를 삭탈하고 고향으로 추방할 것을 명하였다. 예조판서 윤춘년 또한 탄핵당하여 파직되었다. 윤춘년은 윤원형의 집안 동생뻘이자 그에게 아부한 인물로, 윤원로를 벌하자고 청한 일을 계기로 빠르게 출세하여 조정의 여러 청요직을 두루 거치면서 오만방자하게 행동하였다. 천박하고 경솔한 무리 중 그를 따라다니며 학문을 배우려 하는 자가 많아지자, 윤춘년은 잘난 체하며 그들의 스승을 자처하였다. 또

도를 터득하였다고 자칭했으나, 그의 주장이란 것이 모두 불교와 도교의 찌꺼기를 주워 모은 것으로, 사실은 아무런 주장이 없는 것이어서 식자들이 그 망령됨을 비웃었다. 그러나 관직 생활만은 다소 청렴해서 원한을 적게 샀으므로 그 직위만 파직되는 데 그쳤다.

1565년 9월

　임금에게 병환이 있었다. 이때 순회세자가 이미 죽었음에도 세자가 아직 정해지지 않아서 인심이 어수선하였다. 영의정 이준경(李浚慶; 1499~1572)[22] 등이 세자를 미리 정할 것을 청하였으나, 임금이 윤허하지 않았다. 임금의 병환이 위독해지자, 중전이 밀봉된 편지 한 통을 대신들의 처소에 내리고 대신들만 보게 하였다. 그 서신 안에는 하성군(河城君; 선조)의 이름이 적혀 있었다. 이는 중전이 임금의 뜻을 받들어 임금이 승하한 뒤에 하성군을 세우려 한 것이다. 또한 중전은 사면령을 내려 이량(李樑; 1519~1582)[23] 등을 가까운 도로 옮기고, 윤원형을 석방하려고 하였으나 대신들이 모두 반대하여 전부 중지되었다.

　이량은 중전의 외삼촌으로 임금의 총애를 받아 품계가 2품이나 올랐던 인물로, 권력을 탐내고 일 꾸미기를 좋아하였다. 오로지 아첨으로써 임금의 뜻을 맞추었고, 꽃 한 송이나 새 한 마리라도 구경할 만한 것이 있으면 모두 구해서 임금에게 바쳤다. 안으로는 임금의 마음을 사로잡고 밖으로는 뜻을 같이하는 무리들과 결탁하였다. 이감李戡, 권신權信, 윤백원尹百源, 이영李翎, 고맹영高孟英, 김백균金百匀 등이 그의 심복이었으며, 그 기세가 대단하여 사람들이 감히 똑바로 바라보지 못하였다. 이량의 아들 이정빈李廷賓은 사람 됨됨이가 어리석어 세상 물정을 알지 못하는 자인데 대리 시험으로 과거에 장원급제하여, 몇 달 사이에 청요직을 거치고 조정의 인사권을 쥔 이조전랑이 되려고 하였다. 당시 이조전랑의 선발은 매우 엄격하여 반드시 천거를 받아야 임명되었다. 이때 이조좌랑 윤두수(尹斗壽; 1533~1601)[24]가 그 천거에 응하지 않자, 이량이 크게 노하였다. 그러자 다른 이조전랑이 이량의 위세가 두려워 마침내 이정빈을 천거하고 말았다. 이량이 이조판서가 된 후 사림의 공론이 없어지지 않을 것을 두려워하여, 사헌부의 수장 대사헌 이감 등을 사주하여 사림에게 화를 입히고자 하였다. 기대승(奇大升; 1527~1572)[25], 윤두수, 박소립(朴素立; 1514~1582)[26], 윤근수尹根壽 등의 허물을 구실삼아 임금에게 주청하여 그들의 관직과 작위를 삭탈시켰고, 이문형李文馨과 허엽許曄 등도 죄로 얽어 넣었다. 기대승은 사림에서 명망이 높았고, 이문형과 허엽은 사림에서 추대하는 사람들이었다. 윤두수와 박소립은 이조전랑으로 있을 때 이량의 뜻에 거슬렸고, 윤근수는 주장이 명백하였기 때문에 이들 모두 이량이 꺼리는 인물들이었다. 양사에서 상소를 올릴 때 이감 등이 이들 중 몇 사람을 을사사화의 잔당으로 몰려고 하자, 사간원의 정언正言인 이언이李彦怡가 불가함을 내세우며, "현재의 죄만을 따져 벌하면 그만입니다. 어찌 쓸데없는 공론을 일으킬 필요가 있겠습니까."라고 하여, 그 논의가 결국 중지되었다. 이언이는 본래 이량에게 붙은 사람이었는데 그의 말이 이러했기 때문에 사람들이 모두 이상하게 여겼다. 그래서 사람들은 목숨조차 보전할 수 없음을 두려워하자, 임금의 장인인 부원군 심강(沈鋼; 1514~1567)[27]이 이를 매우 불편하게 여겨서, 부제학 기대항奇大恒[28]을 불러서 이량의 잘잘못을 말하였다. 기대항도 처음에는 이량에게 붙었다가 심강의 말을 들은 후 깊게 깨닫고는 동료들과 더불어 상소를 올려 이량 등의 죄를 논박하였다. 중전 또한 평소 이량을 좋지 않게 보았는데 그가 더욱 난폭해지므로 임금에게 간언하여 이량을 쓰지 말도록 주청하였다. 또 홍문관에서 상소를 올리자, 임금도 크게 깨닫고 이량 등을 벼슬에서 내쫓고 멀리 귀양 보냈다. 그후에 양사의 언관을 모두 바꾸고 기대항을 대사헌으로 삼았다. 이리하여 양사의 관원이 편전 앞에 엎드려 이량 등을 귀양 보내자고 주청하여 먼 변방에 유배되었고, 기대승 등이 모두 복직되었기 때문에 당시 사람들은 기대항을 가리켜 임꺽정의 모사꾼 서림徐林과 같다고 하였다. 이는 서림이 본래 도적 임꺽정의 무리였다가 관아에 자수하여 죄를 사면받고 관군의 앞잡이가 되어 임꺽정을 잡았기 때문이다.

1565년 10월

임금의 병환이 낫자 큰 사면령이 내려졌고, 문무백관의 품계는 올랐으며 세자를 세우자는 의논도 다시 잠잠해졌다.

1565년 11월

윤원형이 죽었다. 윤원형이 몰락했을 때, 백성들은 거리에 모여 욕하고 기왓조각과 돌을 던지는가 하면, 심지어 활을 쏘아 죽이려 하는 사람까지 있었다. 윤원형이 몰래 교하(交河; 경기도 파주)로 떠났으나, 원한을 품은 사람이 쫓아 올까 겁이 나서 다시 강음(江陰; 황해도 금천군)으로 몰래 옮겨 가서 그의 첩 정난정과 함께 매일 울분을 머금고 서로 울기만 하였다. 이때 윤원형의 전처 김 씨의 계모 강 씨가 형조에 글을 올려, 정난정이 김 씨를 독살하였다고 고발하였다. 이는 삼강오륜에 어긋나는 강상죄에 해당하므로 형조에서 처리할 사안이 아니었기 때문에 의금부로 넘겨 관련자를 추포하도록 아뢰었다. 이에 양사와 홍문관에서 정난정을 의금부에 하옥시키자고 청하였으나, 임금이 차마 처벌할 수 없어 오래도록 윤허하지 않았다. 정난정이 이 말을 듣고 몹시 겁을 먹고 있던 차에 어떤 사람이 금부도사가 온다고 잘못 전하자, 정난정이 크게 놀라 약을 먹고 자살하였다. 윤원형이 몹시 애통해하다가 오래지 않아 뒤따라 죽으니, 듣는 사람들이 서로 좋아하였다.

1565년 12월

좌의정 심통원이 정승 직을 사직하고자 여러 차례 아뢰니, 마침내 임금이 허락하였다. 심통원은 본래 명망이 없었으나 외척의 신분으로 벼슬이 좌의정까지 올랐고 오직 뇌물만을 일삼았다. 사실 심통원과 윤원형은 서로의 권세를 믿고 의지하고 있다가 윤원형이 몰락하니, 심통원이 매우 불안하여 사직을 간청한 것이다.

임금이 이황을 중추부 동지중추부사로 삼고 하교하기를 "내가 어리석은 탓으로 어진 이를 좋아하는 정성이 모자라는 듯하다. 예전부터 여러 차례 불렀으나 매번 늙고 병들었다 하여 사퇴하니 내마음이 편하지 않았다. 경은 나의 지극한 마음을 알고 빨리 올라오라."라고 하였다. 이황은 어릴 때부터 학문에 뜻을 두었고, 만년에는 더욱 근면하여 학문이 매우 깊었다. 또한 벼슬하는 것을 좋아하지 않고 예안(禮安; 경북 안동)에 물러나 있으며 조정에 나오기는 어려워하고 물러나기는 쉽게 하니, 당시 사람들이 태산이나 북두칠성과 같이 우러러보았다. 이때 윤원형이 죽자, 모든 사람이 임금의 선정을 바라고 있었기 때문에 이황을 부르는 왕명이 내려지자, 사람들이 모두 손뼉을 치며 기뻐하였다.

1566년(병인) 명종 21년

1566년 정월

　명종 21년 1566년 정월. 개성의 유생들이 송악산의 부정한 귀신 사당에 불을 질렀다. 왕대비가 내관을 시켜 중지시켰으나, 유생들이 듣지 않았다. 임금이 의금부에 명하여 유생들을 잡아들여 그 죄를 다스리려고 하자, 조정 신하들이 간언하고 서원의 유생들까지 일어나 상소하므로 할 수 없이 풀어 주었다. 당시의 풍속이 귀신을 좋아하여 송악산에 귀신 사당을 만들고 그곳을 대왕사大王祠라 이름 하였다. 이러한 풍조가 온 나라에 퍼져 쓸데없는 데 정성을 들여 낭비가 심하였고, 심지어 남녀가 섞여 있으므로 추한 소문이 많았다. 유생들이 이를 분하게 여겨 사당에 불을 지르니, 식자들이 통쾌하게 여겼다.

1566년 3월

이황을 대제학으로 삼았다. 당시 이황은 두터운 명망이 있었기 때문에 대제학으로 있던 홍섬(洪暹; 1504~1585)[29]이 그 직을 사퇴하여 이황에게 양보하였다.

영평부원군鈴平府院君 윤개(尹漑; 1494~1566)[30]가 죽었다. 윤개는 사람 됨됨이가 작은 일에는 정밀했지만, 큰 안목은 없었다. 사람들은 간혹 그가 예를 안다고 칭찬하였지만, 그는 윤원형에게 아부하여 정승 자리에 오른 것일 뿐, 그 외는 볼 것이 없었다.

1566년 4월

이황이 병으로 사직하고 조정에 나오지 않았다. 그때 임금의 그리움이 컸을 뿐만 아니라, 말이나 소 치는 아이들까지도 모두 그 이름을 사모하여 얼굴을 한 번 보았으면 하였으나 이황이 끝내 조정에 나오지 않으니, 식자들이 걱정하였다.

승려들을 대상으로 하는 과거 시험인 양종선과兩宗禪科를 폐지하고, 왕실 재정을 관리하는 내수사內需司의 인장을 없애버렸다. 그 이유는 처음에 승려 보우(普雨; 1509~1565)[31]가 일반 백성들에게 부처의 말을 설법하는 무차대회無遮大會를 열었기 때문에 승려와 속세 사람들이 모두 그를 추앙하였고, 그 명성이 대궐까지 들려왔다. 위로는 문정왕후를 속여서 득세한 뒤에 속세 사람들을 현혹하고 불사를 크게 벌리며 양종선과까지 설치하였다. 또 보우는 스스로 득도하였다 하면서 그 거처가 분수에 넘쳐 대궐과 같았다. 보우는 문정왕후 사후에 조정과 유생들이 잇달아 상소를 올려 죄를 청하여 제주로 유배되었다가 마침내 제주목사 변협(邊協; 1528~1590)[32]에게 죽임을 당하였다. 양종선과는 그때까지도 없어지지 않고 있다가 이때 이르러 양사에서 폐지하였다. 내수사는 본래 제조提調[33]의 벼슬과 인장은 내어주지 않았는데, 인장을 내어주게 된 뒤로 내관들이 공적인 일을 핑계로 사욕을 취하고 위세를 부리는 폐단이 있었으므로 이때 와서 양사에서 인장을 폐지한 것이다. 이 두 가지 제도를 없애자 모두 기뻐하였다.

1567년(정묘) 명종 22년, 선조 즉위년

1567년 4월

1567년 명종 22년 4월. 왕손의 스승 한윤명(韓胤明; 1537~1567)[34]이 죽었다. 당초 임금이 후사가 없는 것을 걱정하고, 유생 가운데 한윤명을 특별히 뽑아서 왕손들의 스승으로 삼았다. 한윤명은 어려서부터 학문에 뜻을 두었을 뿐만 아니라 행동 또한 규범을 준수하여 명예가 높았다. 후에 벼슬길에 나아가 비록 덕을 이루지는 못하였으나 천성이 깨끗하고 매사에 공경스럽고 신중하여 근래에 보기 드문 인물이었다. 그래서 사림들이 그가 일찍 죽은 것을 애석하게 여겼다.

1567년 5월

영의정 이준경이 사직하였다. 무릇 세 번씩이나 주청하고 나서 임금이 허락하였으나, 홍문관에서 유임을 청하는 상소를 올려서 영의정에 그대로 유임되었다. 이때 소인배들은 물러났으나 유언비어가 그치지 않았고 인심이 불안스러웠으므로 이러한 틈을 타서 화를 조작하는 자가 있지 않을까 염려되었다. 만약 이준경이 정승을 그만두고 만약 자격이 없는 사람이 정승이 되면 사태를 진압할 수 없기 때문에 홍문관에서 이와 같이 논의한 것이다. 이준경은 시대의 변화에 맞추어 그에 알맞은 처세를 취했으나, 마음속으로는 선한 사람들을 두둔하였기에 당시 민심이 그를 소중히 여겼다.

고부 군수 정복시(鄭復始; 1522~1595)[35]가 상소하여 을사년의 억울함을 씻어 줄 것을 주청하자 임금이 매우 진노하였다. 그러자 사람들이 더욱 두렵게 여기며 "정복시는 때를 알지 못한다."라고 하였다.

1567년 6월

1567년 6월 27일[경술]. 명종의 병환이 갑자기 위중해져서 인사불성의 상태가 되었다. 의관이 약방제조 심통원에게 문의해 오기를

"야건수野乾水36)를 쓰고 싶으나 마음대로 할 수 없습니다."라고 하였다. 이에 심통원은 의관으로 하여금 영의정 이준경에게 물어보게 하였다. 이준경은 "질병에 약을 쓰는 데 어찌 위아래가 있겠는가? 병 증세에 따라 써야 할 것이다."라고 말하였다. 그러나 좌의정 이명은 "어찌 다른 약이 없어 이 더러운 약을 쓰겠습니까?"라고 하니, 조정 내 의견이 일치하지 않았다. 당시 우의정 권철(權轍; 1503~1578)37) 은 사신으로 연경(燕京; 북경)에 가 있었기 때문에 대신이라곤 두 정승과 심통원뿐이었다. 중전(인순왕후)은 천지신명에게 기도하라 하고, 또 죄인들을 방면하도록 하였다. 한낮이 되자 임금의 병환이 더욱 위독해져서 야건수를 구해서 들어갔으나, 미처 올리지 못했다. 한밤중에 중전이 급히 대신들을 불러 모았다. 이준경 등이 승지와 사관들과 함께 침전에 들어갔으나 임금은 이미 말도 못 하고 또 보지도 못했다. 대전 궁녀들이 임금이 누워 있는 앞에 의복만 들여놓았을 뿐이었다. 이준경 등이 나아가 큰 소리로 "전하, 신들이 왔습니다."라고 고하였으나, 끝내 대답이 없었다. 이준경 등이 사관을 시켜 자신들의 이름을 크게 써서 임금 앞에 들어 보였으나 역시 보지도 못하였다. 이준경 등이 중전에게 아뢰기를 "일이 이미 어찌할 도리가 없게 되었습니다. 마땅히 종묘사직을 이을 대통을 정해야 할 것인데 전하께서 유언을 못하시니, 중전께서 마땅히 정하셔야 합니다."라고 하였다. 중전이 대답하기를 "을축년[1565]에 위급하셨을 때 이미 왕명으로 밀봉된 편지 한 통을 내렸으니, 마땅히 그 사람으로 이어야 할 것입니다."라고 하므로, 이준경 등이 엎드려 말하기를

"종묘사직의 대통은 이미 정해졌습니다."라고 하였다. 이준경 등이 집무실인 빈청으로 나오자마자 곧 곡소리가 들렸다. 이미 승하하신 것이다. 이준경 등이 도승지 이양원(李陽元; 1526~1592)[38], 승정원의 동부승지 박소립과 주서 황대수(黃大受; 1534~1571)[39], 호위무사를 시켜 덕흥군(德興君; 1530~1559, 선조의 아버지)[40]의 저택으로 가서 대통을 이을 분을 모셔 오도록 하였다. 이양원이 나가려고 하자 황대수가 말하기를 "어느 군君을 모셔 올 것인가를 어찌 대신들에게 물어보지 않습니까?"라고 하니, 이양원이 말하기를 "이미 정해진 일이므로 물을 필요가 없지 않겠습니까?"라고 하였다. 황대수가 말하기를 "비록 정해졌다 하더라도 반드시 대신들의 말씀을 들어 보는 것이 옳습니다."라고 하였다. 그래서 대신들에게 묻기를 "덕흥군의 몇째 아드님을 모셔 와야 합니까?"라고 하니, 대신들이 말하기를 "셋째 아드님 하성군(河城君; 宣祖)이시다."라고 하였다. 이양원 등이 덕흥군의 저택에 도착하였으나, 호위무사들이 미처 모이지 않아서 잡인들이 함부로 들락거려도 막을 수가 없었다. 이양원 등이 선조의 외숙부 정창서鄭昌瑞를 불러 뵙겠다고만 하고 어느 군을 모셔 간다고 밝히지 않았다. 황대수가 말하기를 "왕손 세 분을 다 나오시라 청하여 직접 대통을 이을 분을 뵌 뒤에 호위합시다."라고 하였다. 이양원이 정창서에게 묻기를 "어느 군께서 입궐 준비를 하셨습니까?"라고 하니, 정창서가 말하기를 "대궐에서도 하성군이신 줄 압니다."라고 하므로, 이양원 등이 그제야 뵙기를 청하였다. 이때 경박한 자들은 임금의 수레를 호위하면 공신이 된다고 망언을 하며 서로 앞다투어 이름을 적었고, 대궐의 궁노가 이름 적은 것을 이양원 등에게 주니 이양원 등이 그것을 받았다. 해가 높이 솟아서야 하성군이 경복궁에 들어와 상주의 일을 거행하였다. 그 뒤 양사에서 주청하여 그 이름 적은 것을 불태워 버렸고, 이양원 등은 모두 파직되었다.

1567년 6월 28일[신해일] 밤 자정에 임금의 병환이 위중하였다. 왕비가 급히 대신들을 부르니, 영의정 이준경과 심통원이 침전에 들어가 알현했다. 임금은 이미 인사불성이었다. 이준경 등이 앞에 나아가 큰 소리로 "전하, 신들이 왔습니다."라고 했으나, 임금은 대답이 없었다. 사관을 시켜 두 사람의 이름을 써서 임금 앞에 들어 보였으나 역시 보지 못하시니, 어찌할 수가 없었다. 이준경 등이 왕비에게 아뢰기를 "전하께서 일어나시지 못할 것 같으니, 종묘사직의 대통을 정해야 합니다. 전하께서 유언을 하지 못하시니, 중전께서 대통을 정하셔야 합니다."라고 하였다. 왕비가 대답하기를 "을축년에 이미 임금의 뜻을 받았으니, 당연히 그 사람으로 이어야 할 것입니다."라고 하였다. 두 사람이 절하고 아뢰기를 "종묘사직의 대통은 정해졌습니다."라고 하였다. 잠시 후에 두 사람이 나오니, 좌의정 이명도 당도하여 빈청에 모여 앉았다.

이날 새벽 명종이 승하하였다. 대신들이 승정원의 도승지 이양원, 동부승지 박소립, 주서 황대수와 호위무사를 시켜, 새 임금을 덕흥군 저택에 가서 모셔 오도록 하였다. 이양원은 가서 모셔 오라는 명령만 받고 몇째 아드님을 모셔 오는지를 묻지 않은 채 곧장 나갔다. 그러자 황대수가 이양원의 허리띠를 잡고 묻기를 "어째서 어느 군을 모셔 오는지를 묻지 않습니까?"라고 하니, 이양원이 말하기를 "이미 정해진 일인데 물을 필요가 있겠습니까."라고 하였다. 황대수가 말하기를 "비록 이미 정해졌다고 하더라도 급하게 해서는 안 됩니다."라고 하여, 대신들에게 "덕흥군의 몇째 아드님을 모셔 와야 합니까?"라고 물으니, 대신들이 "셋째 하성군이십니다."라고 하였다. 황대수가 종이에 써서 대신들에게 들어 보이고 소매에 넣었다. 이양원 등이 대궐 문에 이르렀으나 말과 하인이 없었다. 덕흥군의 저택은 사직동에 있었으므로 대궐 서쪽 문에서 멀지 않아 이양원 등이 걸어서 가려고 하였다. 이때 황대수가 말하기를 "아무리 갑자기 일어난 일이라 하더라도 예법에 어긋나게 처리하여 바라보는 사람들을 놀라게 할 수는 없습니다."라고 하니, 이양원이 말하기를 "어디서 말을 구해야 하나?"라고 하였다. 그때 문무백관들이 대궐에 들어가 곡하는 바람에 말과 하인들이 대궐 문밖에 있었다. 황대수가 말과 하인을 얻어 이양원, 박소립과 함께 말을 타고 덕흥군의 저택에 도착하니, 호위무사들이 아직 모이지 않아 잡인들이 함부로 들락거렸다. 날이 샐 무렵에야 비로소 호위무사들이 당도하였다. 이양원이 어느 군을 모시러 왔다고 밝히지 않고, 다만 임금의 외숙부 징창서를 불러서 뵙겠다고만 하였다. 그러자 황대수가 말하기를 "누구를 뵙겠다는 것입니까? 이같이 중대한 일은 어물어물해서는 안 됩니다. 옛사람도 발[簾]을 걷어 올린 뒤에야 절한 적이 있습니다. 덕흥군에게는 왕손이 세 분 계시는데 어찌하여 명백히 말하지 않을 수 있겠습니까. 당연히 세 왕손을 모두 나오시라고 하여 직접 뵙고 난 뒤에 호위해야 할 것입니다."라고 하였다. 이양원이 이를 따르지 않고 정창서에게 묻기를 "어느 군께서 입궐 준비를 하셨습니까?"라고 하니, 정창서가 "전일 정한 하성군입니다."라고 하였다. 황대수가 다시 얼굴을 먼저 뵈어야 한다고 강하게 말하자, 그제야 이양원 등이 뵙기를 청하였다. 이때 잡인들이 임금의 수레를 호위하는 자는 공신이 된다고 함부로 지껄여서 서로 몰려와 이름을 적어 궁노에게 주었다. 조정의 관리 중에서도 이름을 올리려는 사람이 있었다. 궁노가 이름이 적힌 장부를 황대수에게 주면서 말하기를 "하성군께서 간수하라 명하신 것입니다."라고 하니, 황대수가 받지 않고 말하기를 "어떻게 오늘 하성군께서 이것을 명하실 수 있겠는가."라고 하였다. 궁노가 다시 그 장부를 박소립에게 주니 박소립은 그것을 받았다. 해가 높이 솟은 뒤에야 이양원 등은 검은 옷을 입었고, 호위무사들은 모두 평상복 차림이었고, 하성군은 흰옷에 검은 관모를 쓰고 경복궁에 들어가 상주가 되니, 민심이 크게 안정되었다. 박소립이 이름이 적힌 장부를 가지고 승정원에 도착하니 사람들이 모두 그를 나무랐다. 그러자 박소립이 "나는 부채를 봉한 것인 줄 알았습니다."라고 거짓으로 말하였다. 그 후에 대간이 아뢰어 그 명부를 불태우고 이양원 등을 파직시켰다.

삼가 살피건대, 이양원이 어느 군을 맞으러 왔다고 끝내 분명하게 말하지 않은 것은 그 뜻이 어디에 있겠는가? 이는 앞으로 있을 수 있는 걱정거리를 염두에 두고 미리 방지하려는 것에 불과한 것이다. 을사년에 인종이 승하하였을 때, 명종이 친아우로서 인종의 유지를 받고 들어와 대통을 이었음에도 간사한 무리들이 "다른 어진 이를 뽑으려 한다."라는 유언비어를 퍼뜨려 사림들에게 화를 입혔다. 그런데 하물며 지금은 인심이 불안하고 선왕의 유지도 드러나지 않았으니 혹시 간사한 무리가 다른 왕손을 받들어 의외의 변고가 생기면 금상을 모시러 간 사람이 어찌 죄를 면할 수 있겠는가. 그러니 이양원의 계책은 치밀하다 하겠다. 비루한 위인이 제 몸을 생각함이 이렇게 살뜰했으니, 참으로 가련하다. 박소립은 궁노의 말에 현혹되어 무뢰배의 명부를 받아 간직하였으니 그 역시 부끄러운 일이다. 명종이 승하하자 온 나라가 부모의 상례처럼 하성군까지도 이미 흰 옷을 입었는데, 호위하는 신하가 평상복을 입고 있는 것은 무엇인가. 저들이 평소 큰 소리로 자신을 과시하고 다니면서 남에게 뒤지지 않는다고 자부하다가 갑작스러운 때를 당하여 엎어지고 자빠지며 어쩔 줄을 몰라서 혼이 몸에 붙어 있지 않았으니, 만약 변고가 일어나 죽인다고 구박했다면 어찌 절의에 저항하여 흔들리지 않을 수 있겠는가. 아! 발몽진락發蒙振落[41]의 무리와 무엇을 논할 수가 있겠는가. 이때 왕위 계승이 겨우 정해지고 인심이 크게 안정된 것은 이준경이 일을 잘 처리한 공로 때문이다. 만약 윤원형과 같은 무리가 나랏일을 맡고 있었다면 어떻게 지금처럼 조용히 끝낼 수 있었겠는가. 『주역』에 "소인은 쓰지 말라."고 하였으니, 이 대목에서 더욱 증명할 수 있다.

새 임금은 덕흥군의 셋째 아드님으로, 어려서부터 자질이 아름답고 외모가 수려하였다. 명종이 후사가 없어, 하성군을 내심 후사로 정해 놓고 불러서 볼 때마다, "덕흥군은 복이 있구나!" 하며 칭찬하였다.

을축년[1565] 가을에 명종의 병환이 위중해지자, 대신들이 세자를 세울 것을 주청하니, 왕비가 왕명으로 밀봉된 편지 한 통을 대신들에게 내려 비밀리에 왕위 계승자를 정하시니, 이가 곧 금상[선조]이다. 그 후 명종의 병환이 낫자 세자를 세우자는 의논은 중지되었다. 그러나 금상에게 여전히 사랑을 쏟으며 자주 불러서 학업을 시험하며 임금의 은혜가 끊이지 않았으니 다만 세자라는 명칭만 없었을 뿐이다. 별도로 스승을 가려서 가르쳤으니, 한윤명(韓胤明; 1537~1567)[42]과 정지연(鄭芝衍; 1525~1583)[43]이 여기에 뽑혔다. 금상은 공부가 매우 정밀하여 예상치 못한 질문에 스승들이 미처 답하지 못하는 때가 있었는데, 이번에 대궐에 들어와 대통을 이으신 것이다.

6월 29일[임자일]. 서적을 편찬하는 업무를 맡은 수찬청을 설치하고 명종의 행적을 적은 행장을 짓게 하니, 이는 명나라에 시호諡號를 청하기 위한 것이다. 대신들이 사고史庫를 열어 실제 행적과 서로 견주어 보기를 청하자, 사관이 상소를 올려 사고를 열려 하지 않았기에, 양사에서도 열지 말 것을 주청하여 중지되었다.

삼가 살피건대, 붓을 들어 바로 쓰는 것은 사관의 직분이고, 바로 쓰는 훌륭한 사관을 벌하지 않는 것은 조정의 책임이다. 사관이 사실을 비밀리에 감추는 것은 그 직분을 다하지 못하는 것이다. 다만 임금이 평일에 사관의 기록을 본다면, 사관이 벌 받을까 두려워 감히 사실대로 쓸 수 없다. 이러한 이유로 전 시대의 사관이 간혹 감추고 내놓지 않은 사례가 있었다. 근래에 와서는 사화가 몹시 참혹하여, 사관이 더욱 깊이 숨기는 것을 직분으로 알고 있는데, 이 역시 마지 못해 그런 것이다. 그러나 임금의 행장을 짓는 것은 평상시에 견줄 바가 아니다. 여기서 실제 행적을 견주어 보지 않는다면 그 사실은 쓸모가 없는 것이다. 마치 끓는 국물에 데고서 냉국까지 입으로 불어 식히는 격이라 하겠다.

1567년 7월

1567년 7월 3일[병진일]. 선조께서 근정문에서 즉위하고 이날 상복을 입었다. 선조는 즉위한 후 상주의 본분을 지키려 상주가 머무는 방인 상차喪次에서 나오지 않았다. 그러자 대신들이 주청하고 왕비 또한 간청하자 이내 상차에서 나왔다. 또 근정문에 나아가서는 어좌에 오르지 않으니, 대신들과 승정원에서 종묘사직의 대계에는 사사로운 뜻이 용납될 수 없다고 아뢰자, 한참 뒤에 어좌에 앉았다. 그 후 문무백관의 하례를 받은 뒤에 왕비를 높여 왕대비로 하고, 큰 사면령을 내렸다. 왕대비는 발을 내리고 함께 정사를 돌보았다. 선조는 즉위하자마자 모든 예법을 준수하였다. 명종 때 대전과 중궁전에 상주하는 당번 내시가 매우 많았음으로 선조가 이를 반으로 줄이도록 하였고, 항상 문을 닫고 가만히 앉아 있을 뿐 내관들과 말을 건네지 않으시니, 대궐 안팎에서 임금의 덕을 우러러보았다. 선조의 유모가 덮개가 있는 가마를 타고 대궐에 들어와 임금을 뵙고 청하는 일이 있었는데 선조는 이를 마땅치 않게 여기다가 가마를 타고 왔다는 말을 듣고서는 "네가 어찌하여 분별없이 덮개를 꾸민 가마를 타느냐."라고 꾸짖고 내쫓으니, 유모가 걸어서 자기 집으로 돌아갔다.

1567년 7월 17일[경오일]. 명나라 사신 한림원검토 허국(許國; ?~?)과 병과급사중 위시량魏時亮이 한양에 들어왔다. 허국 등은 명나라 새 황제의 등극을 반포하는 일로 왔는데, 안주(安州; 평안도)에 이르러 대행왕(명종)의 부음을 듣고는, 나라에 변고라도 있을까 의심하여 역관에게 "선대왕에게 대를 이을 후사가 있느냐?"라고 물으니 "없습니다."라고 답하였다. 또 "영의정이 누군가?" 물으니 "이준경입니다."라고 답하였다. "나라 사람들이 그를 현명하다고 믿는가?" 하니, "현명한 재상입니다. 나라 사람들이 그를 신임합니다."라고 역관 답하자, 사신들은 "그렇다면 걱정은 없겠구나."라고 하였다.

임금이 명나라에 정식으로 왕으로 인정받지 못한 상태였기 때문에 왕세자의 예복과 면류관을 입고 성 밖에 나가 명나라 황제의 조서를 맞이하고, 사신을 접대하는 데에도 예의에 어긋나지 않았다. 두 사신이 선조를 살피며 잠시도 눈길을 떼지 않고 감탄하기를 "어린 새 임금의 행동이 모두 예절에 맞으니, 이런 현군을 얻은 것은 조선의 복이다."라고 하였다. 이때 임금의 춘추가 16세였다.

다음날 두 사신이 소복 차림으로 조문하였다. 다음 날 성균관 문묘에 절하고 명륜당에 앉으니, 2천여 명의 유생들이 뜰에서 절하였다. 두 사신은 일어서서 엄숙히 답례하고 성균관의 관원에게 말하기를 "동방예의지국의 성대함을 깊이 알 수 있겠다."라고 하였다.

7월 20일[계유일]에 두 사신이 한양을 떠났다. 문무백관이 전송하려고 길 왼편에 늘어서니, 두 사신이 수레에서 내려 공손히 답례하고 나서 가마를 탔는데, 그 태도가 매우 겸손하였다. 두 사신은 모두 높은 덕이 있었고, 특히 허국은 문장을 잘하였다.

대행왕의 묘호를 명종이라 올렸다. 명종은 평소에 "시호에 명明자를 얻으면 만족하다."라고 하셨는데 마침 명明자를 쓰게 되니, 왕대비(인순왕후)가 울면서 선왕의 평소 말씀을 대소신료들에게 일러 주었다.

백인걸(白仁傑: 1497~1579)[44]을 홍문관 부교리로 삼았다. 백인걸은 기개가 있고 바른말 하기를 좋아하였다. 을사년[1545] 가을 간사한 무리들이 밀지를 청탁하고 사림을 해치려고 할 때 백인걸이 홀로 밀지의 옳지 못함을 아뢰니, 사간원 정언 유희춘(柳希春: 1513~1577)[45]

이 이를 보고 혀를 내두르면서 그 기개가 장하다고 하였다. 그러나 이 일로 투옥되어 귀양을 가게 되었고 명종 말년에 복직되어 여러 차례 관직을 옮겨 다니다가 양주목사에 이르렀고, 이때 홍문관에 들어온 것이다.

이황을 예조판서로 삼았다. 이황은 초야에서 도를 지켜 신망이 날로 두터웠으므로 명종이 여러 차례 불렀으나 조정에 나오지 않았다. 명종 말년에 이황을 불러 중국 사신을 접대하게 하였으나, 이황이 올라와 미처 임명받기 전에 명종이 승하하였으므로 조정에 머물면서 명종의 행장을 지었다. 그러다가 예조판서를 시키자, 병으로 사직하였다. 선조가 말하기를 "경의 어진 덕을 들은 지 오래되었소. 내가 새롭게 정치를 시작할 때 만일 경이 벼슬에 나오지 않는다면 어찌 내 마음이 편하겠소. 마땅히 사직하지 마시오."라며 청했으나, 이황은 끝내 관직을 맡을 뜻이 없었다. 이이가 이황을 뵙고서 "어린 임금이 즉위하시고 현재 나랏일을 처리하는 데 어려움이 많으니, 분수와 의리를 보더라도 선생께서는 물러나지 말아야 합니다."라고 말리니, 이황은 "도리로는 물러날 수 없지만 내 몸을 볼 것 같으면 물러나지 않을 수 없다. 몸에 병도 많고 재주도 보잘것없다."라고 하였다.

그때 성혼(成渾; 1535~1598)[46]으로 하여금 참봉을 시켰으나 조정에 나오지 않았다. 좌석에 있던 한 사람이, "성혼은 왜 오지 않습니까?"라고 물으니, 이이가 "성혼은 병이 많아 관직에 종사하기 힘듭니다. 만약 억지로 벼슬을 하라고 하면 그것은 그를 괴롭히는 일이 될 것입니다."라고 하였다. 이황이 웃으면서 말하기를 "이이 자네는 어찌하여 성혼은 후하게 대접하고 나는 그리 박하게 대접하는가?"라고 하자, 이이가 답하기를 "그렇지 않습니다. 성혼의 벼슬이 선생님과 같다면 그의 사사로운 계획을 생각해 줄 여지가 없습니다. 성혼을 낮은 벼슬에 임명하여 분주하게 해서야 나라에 무슨 도움이 되겠습니까. 그러나 선생께서 경연에 계신다면 나라에 큰 이익이 될 것입니다. 벼슬이란 남을 위한 것이지, 어찌 자기를 위한 것이겠습니까."라고 하였다. 이황이 말하기를 "벼슬은 진실로 남을 위하는 것인데, 만약 남에게 이로움이 미치지 못하고 자신에게 병통만 절실하게 된다면 할 수 없는 일이오."라고 하니, 이이가 말하기를 "선생께서 조정에 계시면서 설사 아무런 계책이 없다 하더라도 임금이 중하게 여기며 의지하고, 다른 사람들도 기뻐한다면 이 역시 이익이 남에게 미치는 것입니다."라고 하였다. 그러나 이황은 끝내 받아들이지 않았다.

삼가 살피건대, 신하란 도로써 군주를 섬기다가 도가 실현되지 않으면 그만두는 것이다. 이황은 명종 대의 신하로 기왕에 다시 조정에 나왔으면 당연히 새 임금을 보필하다가 되지 않을 것을 안 뒤에 물러나도 될 터인데, 이처럼 간곡히 사양하니, 『주역』에 '자신의 능력이나 분수를 헤아려서 남이 알아주기를 구하지 않는다'라는 것을 편히 생각하는 분이신가!

1567년 8월

　　명종의 상喪은 마땅히 승하한 지 5개월이 지난 10월이 장례인데 국가의 길일을 잡는 관상감 관원이 불길하다고 말하여, 대신들과 의논해서 장례일을 9월로 정하니, 이는 승하한 지 4개월째가 된다. 생원 이유李愈가 장례를 빨리 치르는 것에 대해서 항의 상소를 올리니 왕대비가 하교하기를 "길흉은 하늘에 있는 것인데, 관상감 관원의 말을 믿어 무엇 하겠는가. 10월로 정하는 것이 옳다."라고 하였다. 이에 대신들이 꺼리는 기색을 보였으나 대비가 명하여 10월 15일[병신일]에 하관하라 하시면서 "비록 불길하다고 하지만 역시 행할 수 있는 날이다."라고 하였다. 영의정 이준경과 좌의정 이명이 아뢰기를 "장례일의 길흉을 가리지 않는 것은 훌륭한 뜻이나, 선왕의 혼령을 안장하는 데 흉한 날을 쓰면 하늘에 계신 혼령이 편치 않을까 걱정됩니다."라고 하므로, 대비도 마침내 이 주청에 따랐다.

　　삼가 살피건대, 제후의 죽음에 5월장47)을 지내는 것은 선대왕이 정한 법도로 예전에는 달을 택해 장사 지내는 일이 없었다. 왕대비께서 바른 이치를 제대로 알았는데, 대신들이 그 이치를 따르지 못하고 도리어 잘못된 이치를 더 중하게 여겼다. 대신들이 이처럼 소견이 없으니, 지금의 나랏일을 짐작할 수 있다.

예조판서 이황이 벼슬을 그만두고 고향으로 돌아갔다. 이황이 병으로 여러 번 사직하려 하니 임금이 허락하였다. 다음 날 조정에 하직 인사도 하지 않고 고향으로 내려가자 어떤 사람이 말하기를 "선왕의 하관이 임박하였는데 장례에 참석하지 않고 곧장 가버리는 것은 옳지 못합니다."라고 하였다. 이황은 학문이 깊어서 사람들이 사림의 스승으로 지목하여, 어린 임금을 도와 태평성대를 이룩하기 바랐으나 스스로 세상을 잘 다스려 백성을 구제할 재주가 없다고 하였다. 이 때문에 조정에 나오기는 어려워하고, 물러나기는 쉽게 한 것이다.

이조좌랑 이이가 이조와 병조의 행정이 공평하지 못함을 걱정하여, 이조판서 박영준(朴永俊: 1510~1576)[48]을 뵙고 말하기를 "지금의 폐단은 지방 수령들의 수탈로 인해서 백성들이 피폐해진 것입니다. 지방 수령을 임명하려면 처음 벼슬하는 사람이 가장 좋습니다. 하지만 벼슬하는 사람은 모두 청탁으로 자리를 얻기 때문에 벼슬길이 맑아질 수 없고 따라서 백성들도 편할 수 없습니다. 이제 새 임금[선조]의 조정이 되었으니, 이는 좋은 기회입니다. 바라건대, 지금부터 공정한 도리를 펴서 묵은 폐단을 개혁하기 바랍니다."라고 하였다. 박영준이 이이와 대면해서는 알겠다고 수락해 놓고 실제 정치하는 데 있어서는 여전히 묵은 폐습을 따르고 공정한 도리를 펴지 않았다. 이이가 탄식하며 말하기를 "고질병은 참으로 고칠 수가 없다."라고 하였다.

백인걸을 홍문관 직제학으로 삼았다. 조정에서 백인걸을 오랫동안 관직에서 내쳐 두었다가 다시 등용한 것이다. 그는 의롭지 못한 것은 참지 않았고, 또 늙었다고 해서 스스로 물러서지도 않았으므로 사람들이 더욱 의지하였다.

1567년 9월

심통원이 죄를 지어 삭탈관직당하고 고향으로 추방되었다. 심통원은 심연원(沈連源; 1491~1558)[49]의 아우이며, 왕대비[인순왕후]에게는 할아버지의 형제가 된다. 그는 젊었을 때 여러 차례 과거에 떨어져 몹시 풀이 죽어 있었다. 나중에 김안로가 나랏일을 맡자, 심통원은 과거시험장에서 나라의 정사에 대해 논하는 시험에 김안로를 충직하다고 함으로써 장원에 합격하게 되었다. 그러나 중종이 이를 매우 옳지 않게 여겼기 때문에 좋은 벼슬자리를 얻지 못하다가 명종이 즉위하자 외척의 신분을 등에 업고 갑자기 조정의 요직을 두루 거치더니 정승에까지 오른 인물이다.

심통원은 그 사람 됨됨이가 졸렬하고 나약하며 행실이 바르지 못하고 일 처리마저 흐리멍덩할 뿐만 아니라 탐욕이 한이 없어서 그 집 대문 앞이 뇌물 주려는 사람들로 마치 저잣거리와 같았다. 심통원의 큰아들 뢰鏍와 막내아들 화鏵는 탐욕만을 일삼아 남의 종과 재산을 빼앗는 것이 마치 도적과 같았다. 심지어 그들의 종들까지도 이러한 행패를 본받아 백성들을 해롭게 하였다.

실로 심통원의 그 명성과 위세는 외척인 이량의 방자함과도 같았다. 이량이 실각한 뒤 심통원에 대한 탄핵이 일어나려 하였으나 그 불손한 세력의 뿌리박힌 힘이 두려워 일어나지 못했다. 윤원형이 실각하자 심통원은 스스로 사림에게 인정받지 못할 것을 알고, 마침내 정승 직을 사직하고 그 뜻을 접었다. 심통원은 비록 두려워할 존재는 아니었으나, 사림들로서는 간사한 무리가 몰래 심통원을 지지하여 술책을 부릴까 매우 걱정하였다. 그러다가 이때 조정의 공론이 일어나서 삼사가 일제히 들고 일어나니, 삼정승이 문무백관을 거느리고 대궐 뜰에 서서 심통원을 귀양 보내야 한다고 주청한지 한 달을 넘기고서야 관직과 작위를 삭탈하고 고향에 추방하도록 조처한 것이다.

1567년 계유일[9월22일]. 명종을 강릉(康陵; 노원구 공릉동)에서 장사 지냈다. 대신들이 새 임금[선조]이 어리므로 장례에 참석하지 말기를 주청하였다. 옛 법도에 임금이 장례에 참석하지 못하면 위패를 모시는 제사를 지낼 때는 마땅히 삼정승이 제관이 되었다. 그러나 이때 대신들이 옛 법도는 살피지 않고 제관 되기를 기피하였으므로 차례가 높은 왕실종친으로 하여금 대신 행하게 하였다. 그 예의에 소홀함이 이와 같았다.

삼가 살피건대, 위패를 모시는 것은 큰 행사이다. 임금이 장례에 참석하지 못할 때 삼정승으로 제관을 삼는 것은 그 일을 중하게 여기기 때문이다. 이것이 무슨 행하기 어려운 예의라고 삼정승이 행하지 않았는가. 아! 왕릉의 석상과 석주, 석물 등은 예전보다 사치스럽고, 예법과 상례에 관한 제도는 예전보다 못해지고 있다. 이것은 마치 물이 자꾸 아래로 흘러가는 듯하니, 나중에는 어떠한 지경에 이를 것인지 알 수 없다.

1567년 10월

병술일[5일]. 명종의 졸곡을 지내고 모든 사람이 흰 갓을 쓰니, 비로소 『국조오례의』[50]의 제도를 회복하였다. 『국조오례의』에 의하면 '졸곡 뒤에 사무를 볼 때는 검은 관모와 검은 허리띠에 흰옷을 입고, 평상시에는 흰 갓을 쓴다.'라고 적혀 있다. 검은 관모를 쓰는 것은 편법으로 상중에 사무를 볼 때 입는 복장이다. 성종 때 상례에 대해 의논하는 이들이 "관모를 검은색으로 쓰면 갓도 마땅히 검은색으로 써야 한다."라고 하였는데, 이는 당시 조정 신하들이 상례의 본뜻을 몰라 그만 검은 갓을 쓰게 되었고, 그 후에도 이대로 따라 바꾸지 않았다.

중종의 상례 때에 좌의정 유관이 "평소에 검은 갓을 쓰면 이는 3개월 만에 3년 상을 대신하는 탈상脫喪이 됩니다."라고 하여, 흰 갓의 제도를 적용하였다. 그러나 인종의 상례에는 유관 등이 죽고 난 뒤라 대신들이 유관의 의견은 잘못이라고 하여 다시 검은 갓을 쓴 것이다. 문정왕후의 상례에는 예관 중에 졸곡 후에는 마땅히 흰 갓을 써야 한다고 말하는 이가 있었으나 윤원형이 영의정으로 있으면서 험상궂은 얼굴로 "이는 유관의 의견이다."라고 하니, 여러 사람이 두려워 다시 의논하지 못하였다. 그러다가 명종의 졸곡을 지내고 비로소 『국조오례의』의 제도를 회복한 것이다.

대신들이 겨울에 천둥이 쳤다는 불길한 징조를 이유로 사직하니, 대비가 하교하기를 "대신들이 무슨 허물이 있겠소. 죄는 임금에게 있소. 만약 어진 사람 가운데 벼슬에 오르지 못한 사람이 있거나 무고하게 죄를 입은 사람이 있거든 모두 풀어 주고 등용하도록 하시오."라고 하였다. 그러자 대신들이 을사년 이후 무고하게 죄에 얽매인 이들의 이름을 적어 올려, 어떤 이는 풀어 주기를 청하고, 또 어떤 이는 복직시키기를 청하였다. 그리하여 홍문관 관원이었던 송인수(宋麟壽; 1499~1547)[51] 등의 관직을 다시 돌려주니, 민심이 크게 기뻐하였다. 그때 이준경이 이를 강하게 주장하였는데 다른 대신 중에는 일을 처리할 때 체계가 없으면 후환이 있을까 우려된다고 하는 사람도 있었다. 그러나 이준경이 뒤도 돌아보지 않고 과감히 밀고 나가니, 식자들이 칭찬하였다.

송인수는 그 사람됨이 충성과 효도가 모두 지극하였다. 어려서 어머니를 잃었을 때는 예법을 아직 배우지 못했기 때문에 감정에만 치우쳐 너무 슬퍼하여 엎드려 울었던 거적자리가 눈물에 젖어 썩곤 하였다. 시묘살이하는 여막에 제비가 집을 지었는데 그 새끼가 모두 흰색이었다. 이를 두고 사람들은 지극한 효성에 감응된 것이라고 말하였다. 그 후 조정에 들어가서는 명망이 높았고, 인종 초기에는 사림들이 송인수를 두텁게 신임하였다. 그러나 송인수는 단지 좋은 선비였을 뿐 세상을 다스리고 백성을 구제하는 데 큰 재주는 없었고, 마음에 거리낌이 없이 사람을 대하므로 남의 속임수에 넘어가는 일이 많았다. 당시의 정세를 고려하지 않고 하은주 삼대의 사업을 이룩하려고 하니, 간사한 무리들이 눈을 흘겨보게 되었고 결국 중죄를 얻고 말았다.

벽서壁書의 변52)에 권세를 잡았던 이기 등이 빈청에 모여 죄인의 이름을 기록하고, 죽일 사람에게 점을 찍어가다가 송인수의 이름에 이르자, 이기가 크게 점을 찍었다. 정순붕이 말하기를 "이 사람은 진실한 사람이니 아깝습니다."라고 하였다. 이기가 돌아보며 말하기를 "어진 이를 등용하여 조정에 들여야 한다고 선동하는 자를 죽이지 않고 어떻게 할 것인가?"라고 하니, 정순붕이 말을 하지 못했기 때문에 송인수가 죽게 되었다. 송인수는 죽음에 임하여 사약을 받들고 한참 생각하다가 말하기를 "내가 무슨 연유로 죽게 되는지 모르겠다."라고 하였다. 그 뒤에 이기가 사람들에게 말하기를 "송인수가 어찌 착한 사람이 아니겠냐마는, 큰일을 행하는데 사사로운 정에 구애될 수 없었다. 비유하자면 집을 지으려고 터를 닦는데 좋은 꽃나무나 좋은 과일나무가 있다고 하더라도 부득이하게 이것을 베지 않을 수 없는 것과 같은 것이다.”라고 하였다.

노수신(盧守愼; 1515~1590)[53], 유희춘, 김난상(金鸞祥; 1507~1570)[54] 등의 벼슬이 모두 회복되었다. 이들도 을사년에 모함으로 억울한 죄를 입고 20여 년 만에 비로소 임금의 은혜를 받게 된 것이다. 노수신은 문학과 올바른 행실로 일찍부터 명성이 높았고, 장원에 뽑혀 여러 청요직을 거쳤다. 그러나 을사년의 간사한 무리가 그의 명망을 시기하여 먼 곳으로 귀양 보낸 것이다. 노수신은 귀양살이하는 동안에 학문이 더욱 정밀하고 깊어졌다. 때로는 시를 지었는데 임금에게 충성하고 어버이를 사랑하는 지극한 정성에서 나온 시가 많았다.『숙흥야매잠夙興夜寐箴』[55]의 주석도 지었는데 그 뜻이 정밀하고 밝으므로 사람들의 입에 오르내리며 그의 명성이 더욱 퍼져나갔다. 이때 홍문관에서 문서를 관장하는 수찬의 관직을 받았다. 유희춘도 책을 널리 읽고 기억력도 뛰어나서 당시에 명성이 높았다.

대신들이 임금에게 장례를 치른 후 옛 법도에 따라 고기반찬을 드시도록 주청하였으나, 임금이 듣지 않았다. 삼정승이 문무백관을 거느리고 거듭 청한 끝에야 겨우 허락하였다. 우리나라 역대의 제도에 따르면, 졸곡 전에는 육식을 삼가다가 졸곡 뒤에는 임금이 먼저 고기반찬을 들고 나서 신하들에게도 육식을 시작하도록 하였다. 이때 임금이 경연에 나와 옳고 그름에 대해 질문하는 바가 매우 상세했기 때문에, 경연에서 강의를 맡은 관리로 학문이 넓지 못한 사람은 임금 앞에서 강의하는 것을 매우 꺼렸다. 박순이 강의하고 나와서 말하기를 "전하의 용안을 뵈니 정말 영명한 군주이십니다. 졸곡 전에는 경연에 나와서 글을 읽기만 하고 질문하는 바가 없으시기에, 신하들은 혹 자세히 알지 못하고 넘어가시는 것이 아닌지 의심하였는데, 졸곡 후에는 자주 옳고 그름을 따지시는 것이 우리의 생각을 뛰어넘습니다. 이는 곧 상중에 있을 때는 말을 하지 않는다는 예법을 행하신 것인데 신하들은 그런 전하의 뜻을 알지 못하였던 것입니다."라고 하였다.

윤춘년이 죽었다. 윤춘년은 사람 됨됨이가 경거망동하고 자신감은 컸으나, 학문은 매우 뒤죽박죽이었다. 학문에 있어서 불교와 도교의 찌꺼기들을 주워 모아 스스로 자랑하면서 득도하였다고 자칭하였고, 또 음악에 매우 밝다고 하는가 하면, "그 사람의 짧은 구절의 문장만 보아도 그 사람이 어진지 그렇지 않은지, 또 오래 살지 일찍 죽을지, 혹은 귀하게 될지 천하게 될지를 알 수 있다."라고 말하기도 하였다.

애초에 윤원형에게 붙어 윤원로를 공격하여 제거한 공로 때문에 갑자기 대신의 벼슬에까지 올랐다. 또 유생들을 모아 강학하면서 망령되이 스승을 자처하므로, 천박하고 경솔하며 명예만을 구하는 속된 자들이 그와 어울렸다. 의논이 번지르르하고 걸핏하면 성현을 끌어다 말하곤 하였는데 "성인이 별것인가, 단지 하늘과 합하는 사람일 뿐이다. 옳고 그름, 의리와 이익은 따지지 않고 그저 일을 성취하는 것만이 하늘과 합하는 것이다."라고 하였다. 또 말하기를 "김시습(金時習; 1435~1493)[56]은 동방의 공자이다. 공자를 보지 못했으면 김시습을 보면 된다."라고 하였다. 그가 김시습에게서 취한 것은 모두 속설로 전하는 괴상한 행적들로써 실제로는 김시습의 행적도 아니었다. 승려 보우가 자칭 도를 깨달았다 하면서 윤춘년을 만나 자기 소견을 말하니, 윤춘년이 매우 칭찬하면서 다른 사람들에게 말하기를 "보우는 참선의 학문을 통하여 마음을 깨달아서 분수에 지나치지 않고 그칠 데를 알기는 하였으나, 학문의 정도가 목표를 향해 정진하기에는 아직 이르지 못했다."라고 하였으니, 윤춘년의 허황하고 망령됨이 모두 이런 따위였다. 그나마 윤춘년이 술과 여자를 좋아하지 않았던 까닭에 그를 따르던 문도 중에 술에 빠져 방탕한 짓을 하는 자들도 윤춘년을 만날 적에는 반드시 술을 끊고 여색을 물리쳤다고 스스로 말하면서 서로를 속였다. 그래서 사람들이 모두 손가락질하며 그 무리들을 비웃었다. 다만 윤춘년이 조금은 청렴하여 뇌물을 받지 않았기 때문에 간혹 그를 높이 사는 사람도 있었고, 벼슬이 육조 판서에 이르렀을 때 개혁한 일이 많아 스스로 도를 행하였다고 평가하는 사람도 있었다. 윤원형이 실각하자 윤춘년도 파직당하고 고향으로 쫓겨난 후, 울화가 치민 상태에서 찬 것을 마시다가 병이 나서 죽었다.

심전(沈銓; 1496~1589)[57]이 죄를 지어 삭탈관직당하였다. 심전은 심통원의 조카로 탐욕스럽고 비루하기 짝이 없었다. 그는 외척 세력으로 영화롭고 중요한 관직을 역임하였고, 큰 고을에 수령으로 나가서는 오로지 재물을 긁어모으는 일만 일삼았다. 그러면서 공공 연히 말하기를 "내가 아들 딸 열 명을 두었는데 어떻게 탐하지 않고 살아갈 수 있겠는가. 그러나 나는 끝까지 사람들은 해치지 않았다." 라고 하였다. 안자유(安自裕; 1517~1588)[58]가 어떤 사람에게 말하기를 "심전은 정직한 선비다."라고 하므로, 그 사람이 어째서 정직하냐 고 물었더니, 안자유가 "탐욕을 숨기지 않았기 때문이다."라고 말 하자, 듣는 사람들이 모두 비웃었다. 이 지경에 이르러서야 양사에 서 죄를 논하여 심전의 관직을 삭탈하니, 소매를 걷어붙이며 그를 욕하는 백성들이 많았다.

민기(閔箕; 1504~1568)[59]를 우의정으로 삼았다. 좌의정 이명이 연 로하여 정승 자리를 사퇴하자, 권철을 좌의정으로 승진시키고, 민 기를 우의정으로, 이명을 영중추부사로 직책을 바꾸어 임명하였다. 민기는 젊어서 유학자로서 명성이 높았는데, 조정에 들어와서는 조 정 형세에 따라서만 줏대 없이 행동하였을 뿐 자신의 의견을 밝히 는 바 없이 그저 선을 좋아하는 것으로 당시에 명망만 있었을 뿐이 다. 이때 홍섬과 오겸(吳謙; 1496~1582)[60]이 정승에 버금가는 지위에 있 었으나, 두 사람 모두 백성들에게 신망을 얻지 못하였기 때문에 민 기가 순서를 뛰어넘어 정승에 임명된 것이다.

김명윤(金明胤; 1488~1572)[61]이 죄를 지어 삭탈관직당하였다. 김명윤은 젊었을 때 선행으로 이름이 알려져 경학이 밝고 덕행이 높은 사람을 천거하는 현량과賢良科로 발탁되었다. 현량과가 폐지되어 버리자 다시 유생의 신분으로 과거시험에 급제한 뒤로 옳고 그름은 돌아보지 않고 단지 출세하는 데만 급급하였다. 을사사화 때에는 권력을 쥔 간사한 무리의 뜻을 받들어, 봉성군鳳城君[62]이 윤임에 의해 추대되리라는 것과 계림군桂林君[63]이 왕위를 엿본다는 것을 들어서 무고를 한 인물이다. 이 때문에 큰 화가 하늘에까지 치닫고 사림들이 일망타진되었다. 명종 말년에 조정의 올바른 공론이 다시 일어나고 간사한 무리의 세력이 쇠퇴하자, 김명윤이 경연에서 "을사사화 때 억울한 사람들이 많으니, 그들의 원통한 사정을 살펴서 인심을 위로하십시오."라고 아뢰었다.

또 조식(曺植; 1501~1572)[64], 이항(李恒; 1499~1576)[65] 등이 임금의 부름을 받았을 때, 김명윤이 선량한 부류에게 아첨하려고 명종에게 아뢰기를 "이런 사람들에게는 마땅히 양사에서 전하를 모시는 직책을 주어야 할 것입니다."라고 주청하기도 하였다. 그의 조정을 농락하는 기교는 늙어갈수록 더욱 교묘해졌다. 그래서 사림들이 분개하고 미워하였는데 이번에 관직만을 삭탈 당하고, 오히려 그 목숨을 보전하게 된 것을 불쾌하게 생각하였다. 인종이 즉위하자 사림이 일어나고 사헌부의 관원들이 기묘사화의 억울함을 풀어 주고자 올린 상소문에 "기묘사화 당시의 선비 중에는 정직하지 않은 사람이 없었습니다."라는 구절이 있었다. 당시 사헌부 지평으로 있던 백인걸이 그 말을 지워 버리자고 하자 한 동료가 불끈 화를 내며 말하기를 "이를 어째서 지워야 한단 말입니까?"라고 하자 백인걸이 답하기를 "전하를 털끝만큼도 속여서는 안 됩니다. 기묘년에 분명 현명한 선비가 많았지만, 어찌 모두가 정직한 사람이었겠습니까. 현량과가 혁파된 뒤에 다시 책보를 끼고 과거시험장에 들어간 자도 정직한 사람이라 할 수 있겠습니까?"라고 하니, 이는 김명윤을 지목한 말이었다. 그 뒤 백인걸이 김명윤을 만나서 "대감께서는 천백억 번 변하는 사람입니다."라고 하였는데, 사람들이 모두 정확한 평가라고 하였다.

조광조(趙光祖; 1482~1519)⁶⁶⁾, 이언적(李彦廸; 1491~1553)⁶⁷⁾, 권벌(權橃; 1478~1548)⁶⁸⁾ 등을 사후에 정승의 관직에 올려주고, 조광조에게는 문정文正, 이언적에게는 문원文元이라는 시호를 내렸다.

조광조의 자는 효직孝直으로 젊었을 때 김굉필에게 배웠는데, 자질이 매우 아름답고 지조가 굳세고 확실하였다. 세상이 쇠퇴하고 도가 희미해지는 것을 보고 원통하고 분하여 도를 행하는 일을 자기의 사명으로 삼고, 행동을 법도에 맞도록 하였다. 손을 모으고 꿇어앉아 말은 꼭 해야 할 때만 했으므로, 속세의 유생들이 웃고 손가락질하는 경우도 있었으나 조금도 동요하지 않았다. 뛰어난 행실로 추천되어 사지(司紙; 종이 제조에 관한 관직)를 받게 되자 조광조가 탄식하면서 "내가 벼슬을 구하지 않는 데도 이 벼슬을 주니, 차라리 과거를 거쳐 급제한 후에 임금을 모시는 것이 옳은 방법이겠구나." 하고, 드디어 과거에 급제하여 홍문관에 들어갔다. 경연에서는 항상 도덕을 숭상하여 민심을 바로잡고 성현을 본받아 바른 정치로써 세상을 다스려야 함을 반복하여 아뢰었는데, 그의 말뜻이 몹시 간절하였다. 중종이 이를 경청하여 1년 사이에 홍문관 부제학으로 승진시켰다. 조광조는 드디어 임금을 도와 세상을 바로 잡겠다는 마음으로 자기가 아는 것을 임금에게 말하지 않는 바가 없었으며, 절개 있는 많은 선비를 조정에 등용시켜 근래의 폐단을 개혁하고 옛날 어진 왕들의 규범을 준수하려고 하였다. 당시 세속에 물든 대신들이 대부분 좋아하지 않았으나 감히 말하지는 못했다. 사림들의 세력이 커지다 보니 간혹 명예를 좋아하는 사람들이 섞여 벼슬길에 오르므로 논의가 날카로워졌고, 일을 수행하는 데에도 질서가 없이 진행되기도 하였다. 이에 조광조가 "일을 수행하는 데에 급하게 해서는 안 됩니다. 마땅히 조금씩 나아가야 합니다."라고 하며, 항상 그들 중 일 꾸미기를 좋아하는 사람들을 억제하고는 하였다. 그리자 천박하고 경솔한 무리가 조광조는 겉으로만 점잖은 체한다고 하며 그의 잘못을 따져 책망하려고까지 하였다. 조광조는 스스로 일이 실패할 것을 알고 중종께 아뢰기를 "신은 학문이 부족한데 벼슬만 과분하게 높았습니다. 어느 한가하고 궁벽한 고을에서 학문이 진전된 뒤에 다시 조정에 나오려고 합니다. 그러나 전하께서 허락하지 아니하시므로 연연해하며 머뭇거리고 있으니, 신의 죄가 큽니다."라고 하였다. 이때 남곤(南袞; 1471~1527)[69]과 심정(沈貞; 1471~1531)[70]이 음흉하고 간사한 꾀로 사림의 죄를 고변하였다가 다시 입장을 바꿔 선량한 이들에게 붙으려 하였으나, 사림들이 끝내 받아 주지 않았다. 이 때문에 그 울분을 풀지 못하고 있었다. 조정의 상황이 이러함에도 조광조가 사헌부 대사헌이 되어 법을 공정하게 처리하므로 모든 사람이 감복하였다. 그가 거리에 나갈 때면 항상 사람들이 말 앞에 늘어서서 절하며 "우리 상전께서 오셨다."고까지 하는 것을 보고, 남곤과 심정 등은 조광조가 민심을 얻었다는 유언비어를 몰래 만들어 홍경주(洪景舟; ?~1521)[71]의 딸 홍빈洪嬪을 통해 중종의 귀에 들어가게 하니, 임금의 의심이 크게 일어났다.[72] 이전의 중종반정 때에 박원종(朴元宗; 1467~1510)[73] 등 많은 사람이 청탁으로 공신에 들어가게 되어 그 공로가 남용되었다는 공론이 떠들썩했다. 이때 조광조 등이 "선비들의 몸가짐이 부정한 것은 이익만 알고 의리는 모르는 데서 나온 것이니 남용된 공로는 말살시켜 이익의 근원을 막아 버리는 것이 마땅하다."라고 하며 드디어 양사의 관원들을 거느리고 편전 앞에 엎드려 정국공신[74]에 쓸데없이 기록된 자를 지워야 한다고 주청하였다. 그러나 여러 달이 지나도록 임금이 허락하지 않자, 조광조는 사직의 구실까지 내걸고 강하게 주청하였으므로 중종이 몹시 싫어하던 참이었다. 남곤, 심정, 홍경주 등이 몰래 홍빈을 통하여 은밀하게 아뢸 것이 있다고 고하고 밤에 연추문(延秋門; 경복궁의 서쪽 문)을 열고 들어가 중종을 뵈었는데, 사관을 참석시키지 않아서 무슨 말을 하였는지 알 수 없었다. 그러나 임금이 영의정 정광필(鄭光弼; 1462~1538)[75] 등을 불러 조광조 등의 죄를 논의하였다. 정광필이 애써 조광조 등을 구원하려고 하였으나 임금이 남곤을 시켜 교지를 작성하게 하여 조광조와 김정(金淨; 1486~1520)[76], 김식(金湜;

1482~1520)⁷⁷⁾, 김구(金絿; 1488~1534)⁷⁸⁾, 기준(奇遵; 1492~1521)⁷⁹⁾, 박훈(朴薰; 1484~1540)⁸⁰⁾ 등을 의금부에 가두니, 이때 청렴한 선비들이 모두 잡혀가게 되어 조정이 거의 비다시피 하였다. 임금이 정광필에게 명령하여 정사를 보도록 하므로 정광필 등이 빈청으로 나왔다. 정광필이 남곤을 뚫어지게 보기만 하고 말을 하지 않자, 남곤이 물러 나와 사람들에게 말하기를 "정광필의 그 매서운 눈이여!"라고 하였다. 정광필이 유운(柳雲; 1485~1528)⁸¹⁾을 사헌부 대사헌으로 삼고, 이사균(李思鈞; 1471~1536)⁸²⁾을 홍문관 부제학으로 삼았는데, 이들은 안으로는 절개가 있으나 밖으로는 스스로 근신함이 없어 조광조 등에게 멸시받던 사람들이었다. 남곤 등이 생각하기에 이 두 사람은 조광조에게 거슬린 사람이라 의심하지 않으니, 당시 사람들이 인재 등용에 대한 정광필의 높은 안목에 감탄하였다.

의금부에서 신문을 담당하는 관원이 조광조의 죄에 대해 추국하기를 주청하니, 임금이 국법에 따라 죄를 적용하도록 하였다. 추국 관원 김전金銓 등이 "간사한 무리를 처벌하는 법을 적용하여 죄인의 목을 베고, 가옥은 몰수하고, 처자는 노비로 삼는 것이 마땅합니다."라고 주청하였다. 이에 임금이 "조정에서는 이것으로써 죄인들의 죄목을 작성하라."고 하교하고, 또 "조광조, 김정, 김식, 김구 네 사람에게는 사약을 내리고, 그 외는 모두 먼 곳으로 귀양 보내라."라고 하였다. 그때 날이 이미 저물었다. 정광필 등 대신들이 빈청에 모여 있다가 사약을 내리라는 하교를 듣고 놀란 정광필은 촛대를 만지며 탄식하다가 사형만은 면하기를 강하게 주청하니, 임금이 그제야 곤장형을 가한 후 유배시키도록 하였다.

조광조가 귀양 가던 도중 임금의 명을 받고 한양으로 올라오던 이사균을 만났다. 이사균이 조광조의 손을 잡고 간곡히 말하기를 "자네는 아직 『중용』을 잘 읽지도 않았으면서 어떻게 요순의 덕업을 할 수 있단 말인가. 『중용』에서 말하지 않았는가. '어리석으면서 자기 생각을 내세우기 좋아하고, 미천하면서 자기 마음대로 하기를 좋아하며, 지금 세상에 태어나서 예전의 도를 회복하려고 하면 재앙이 그 몸에 미친다.'83)라고 하였네. 자네는 화를 면치 못할 것이 너무도 당연하네. 지금 젊은 나이이니, 책을 읽으며 노력해서 자신을 소중히 하게."라고 하였다.

그때 유운이 양사의 관원들을 거느리고 나아가 임금께 주청하기를 "전하께서 조광조를 다시 등용하시어 임금과 신하의 관계가 예전과 같으면 신들이 조정에 나아가겠지만, 그렇지 않으면 신들을 죽여 간사한 이들의 마음을 기쁘게 하십시오."라고 하였다. 이렇게 여러 날을 다투다가 유운은 결국 탄핵받아 교체되어 나갔다. 이사균도 한양에 와서 조광조 등을 구원하다가 유운 등과 함께 파면당하였다. 임금은 또 정광필까지 정승 직에서 파직시키니, 조정 신하 중에는 더 이상 말하는 사람이 없었고, 결국 조광조는 죽음을 면치 못하였다. 그는 죽음에 임하여 하늘을 우러러보며 시를 읊기를,

愛君如愛父, 임금 사랑하기를 어버이 사랑하듯이 했으니,
天日照丹衷. 저 태양은 나의 붉은 마음 알리라.

라고 하자, 나라 사람들이 모두 슬퍼하였다. 처음에 정광필은 옛 법도를 그대로 지키려 하였고, 조광조는 하은주 삼대의 법도를 회복하려고 하여 두 사람이 서로 자기주장만을 내세워 일치하지 않았다. 그런데도 정광필이 사력을 다하여 조광조를 구원하려 하였으므로 사람들이 그의 어질고 너그러운 덕을 추앙했다.

우리나라에 성리학의 전통이 없었는데, 고려 때 정몽주(鄭夢周; 1337~1392)[84]가 처음 발전시켰으나 그 법도가 정밀하지 못하였고, 우리 왕조에는 김굉필(金宏弼; 1454~1504)[85]이 그 학문을 이어받았으나 아직 크게 드러나지 못했다. 그 후 조광조가 도를 주창함에 이르러서는 배우는 이들이 모두 함께 그를 추앙하였다. 오늘날 성리학이 있게 된 것은 조광조의 힘이다.

삼가 살피건대, 옛사람들은 학문이 이루어지기를 기다려서 도를 행하려 하였는데, 도를 행하는 핵심은 임금의 마음을 바르게 하는 일보다 더 급한 것이 없다. 애석하게도 조광조는 어질고 사리에 밝은 자질과 세상을 다스리고 백성을 구제하는 재주를 지녔지만, 학문이 채 크게 이루어지기도 전에 갑작스럽게 중요한 관직에 올랐다. 그러나 위로는 임금의 잘못됨을 바로잡지 못하고 아래로는 훈구대신들의 전횡을 막지 못했다. 지금에서야 충성을 다하려고 하였지만, 이에 앞서 모략으로 그 뜻이 꺾이게 되었다. 이미 몸은 죽고 나라는 어지러워지게 되었고, 오히려 후세 사람들까지도 이를 응징의 교훈으로 삼아 감히 일을 시도해 보지도 못하게 되었다. 하늘이 유학의 도가 행해지지 못하도록 하는 것인가! 어째서 조광조를 낳기만 하고 도를 성취하지는 않았는가! 조광조가 비록 나아가고 물러나는 기미에는 밝지 못한 점이 있었으나, 배우는 이들이 이때 이르러서야 성리학이 높일 만하고 왕도정치가 귀하며 패도정치가 천한 것을 알았으니, 그가 유학의 도에 끼친 공로는 없어지지 아니하리라. 후세 사람들이 태산과 북두칠성처럼 우러러보고, 또 위에서 내린 은총이 갈수록 더욱 큰 것은 진실로 당연하다.

이언적은 박학다식하고 문장에 능하였으며, 부모를 지극한 효도로써 섬기고 성리학에 심취하여 손에서 책을 놓지 않았다. 또 몸가짐이 장엄하였고, 말은 가려서 했으며, 많은 저술을 남겼다. 그 학문의 경지는 깊고 세밀했으므로 배우는 사람들이 그를 도학자로 높이 존경하였다. 다만 세상을 다스리고 백성을 구제하는 자질과 조정에 있을 때 큰 절개는 부족하였다. 을사사화 때에는 겉으로 드러나지 않게 몰래 선비들을 구명하려고 두루 애쓰긴 하였다. 이 때문에 직언으로써 잘못된 것을 바로잡지 못하고 권력을 쥔 무리들의 협박으로 추국관원이 되어 선량한 선비들을 신문하여 공신까지 되었다.

곽순(郭珣; 1502~1545)[86]이 추국 당할 때 추국관원이 된 이언적을 쳐다보고 "우리가 공의 손에 죽을 줄이야 어찌 알았겠는가?"라고 탄식하였다. 이언적은 이 일을 후회하여 차차 권세를 쥔 무리에게 다른 의견을 내세우다가 결국 죄를 얻어 공훈을 삭탈 당하고 먼 곳으로 귀양 가서 생을 마감하였다.

삼가 살피건대, 도학道學이란 이름이 예전에는 없었다. 옛날 선비란 집에서는 효도하고 밖에서는 공손하며, 벼슬하면 도로써 임금을 섬기고 맞지 아니하면 자신을 돌아보고 물러났다. 이와 같이 하는 것을 선善이라 하고 그렇지 못한 것을 악惡이라 하였을 뿐 도학이라는 특별한 이름을 만들지 않았다. 그러나 세상이 말세가 되고 도가 쇠퇴하여 성현의 도가 전수되지 못하고 있다. 그러므로 악한 사람은 말할 것도 없거니와 소위 선한 사람도 다만 효제충신만 알고 나아가고 물러남의 도리와 성정의 오묘한 깊이를 알지 못하며, 때때로 실행하여도 그 당연한 이치를 밝히지 못하고, 익히면서도 그 이치를 알지 못한다. 그래서 이치를 연구하고 마음을 바르게 하며 도에 의해 나아가고 물러서는 것을 도학이라고 부르게 되었으니, 도학이란 이름을 세운 것은 말세의 부득이한 일이다. 이 도학이라는 이름이 생겨난 뒤 간악한 자들이 지목하여 배척함으로써 도리어 세상에 받아들여져 쓰이지 못하게 되니, 참으로 애달프다. 아! 도학이라는 이름조차 이미 말세에 나온 것인데 세속의 도리가 더욱 타락되어, 경서나 읽고 저술이나 하는 사람을 도학자라고 가리킬 뿐 그 심성 공부와 대의를 위한 절개의 근본에는 미처 생각할 겨를도 없으니, 세상을 올바르게 다스리는 도리가 이미 변했음을 알 수 있다. 조광조의 학문은 비록 미진하기는 했으나, 조정에 나와서는 오로지 도를 행하는 일만을 힘써 하은주 삼대의 도가 아니면 결코 임금 앞에서 말하지 않았으므로 그가 도학이란 이름을 얻은 것은 진실로 당연한 일이다. 이언적으로 말하자면 다만 충효를 행한 사람으로 옛 서적을 많이 읽고 저술을 잘하였을 뿐이다. 그의 사생활을 보면 부정한 여색을 멀리하지 못했고 조정에 나와서는 도를 행하는 의무를 수행하지 못하였으며, 을사사화 때에는 직언으로 대항하지 못하고 여러 차례 추국관원이 되어 권력을 쥔 무리들과 함께 위훈에 기록되었다. 결국 그들과 함께 죄를 얻기는 했지만, 이 또한 부끄러운 일이다. 어찌 도학으로 추존할 수 있겠는가. 아! 이언적이 비록 도학이란 칭호는 감당할 수 없지만 그의 현명함은 세상에 흔히 있는 것은 아닌데, 이 사람이 세상에 받아들여져 쓰이지 못하였으니 어찌 애통하지 않겠는가!

권벌은 을사사화 때 병조 판서로 있었다. 유관, 유인숙 등이 처음 귀양 가게 되었을 때 죄 없는 대신들을 귀양 보낸다고 항의했는데, 그 말이 매우 절실하고 정직하였다. 이언적이 졸곡 때 임시 재상을 맡아 승정원에 있으면서 권벌이 적은 죄의 목록을 보고 놀라며 "이렇게 하면 재앙만 더욱 일으킬 뿐입니다."라고 말하며, 내용 가운데 지나치게 곧은 말을 지워버리자, 권벌이 무릎을 치며 탄식하기를 "이런 말을 지워 버리려면 차라리 임금께 올리지 않는 것이 낫지 않겠습니까."라고 말하였다. 그러자 이언적이 "지금 직언으로써 화를 돋우려고 하는 것은 나라에 이익됨이 없습니다." 하고는, 결국 권벌의 글을 고쳐서 올렸다. 그 후 문정왕후의 노여움을 사서 권벌은 귀양 가서 죽었다.

삼가 살피건대, 사람을 볼 때 먼저 그 절개를 평가한 뒤에 자세한 행위를 논하는 것이 옳다. 권벌과 이언적 두 분의 행실에 있어서는 권벌이 이언적을 따르지 못하였으나, 환란에 임하여 대항한 절개에 있어서는 이언적이 권벌에게 양보해야 할 것이다. 어떤 이는 이언적이 권벌보다 우월하다고 하지만 나는 믿지 않는다.

죽은 남곤의 관직을 삭탈하였다. 남곤은 젊었을 때 문장이 뛰어나 유명하였지만, 출세에 급급한 나머지 박경(朴耕; ?~1507)[87]이 모반한다고 무고하여 그를 죽게 하였다. 이로 인하여 조정의 공론에 용납되지 못하였으며, 끝내는 심정과 함께 조광조를 모함하여 바른 사람들을 모두 쫓아냈다. 그래서 사림에서는 그의 죄는 죽음으로도 부족하다고 하였다. 오늘날 비로소 공론이 일어나므로 여론은 통쾌하게 여겼지만, 그가 살아있을 때 사형시키지 못한 것을 한스럽게 여겼다.

삼가 살피건대, 우리나라가 덕이 쌓이고 인이 쌓여 대대로 정치를 잘해 왔다고는 하나, 일찍이 도학으로써 임금을 깨우치게 한 사람은 없었다. 오직 조광조만이 성리학으로 중종을 보필하여 세상을 올바른 도리로 변화하려 하였는데, 남곤의 모함하는 세 치 혀가 칼날보다 더욱 날카로워 선량한 선비들을 모두 없애고 나라를 병들게 하였다. 본래 정황으로 단죄하자면 극형도 오히려 가벼울 것인데 끝내 목숨을 보전하여 늙어서 편히 방안에서 죽었으니, 죽은 뒤에 당한 삭탈관직의 벌이야 그 죄의 만분의 일에도 해당하지 못할 것이다. 이 어찌 통탄스러운 일이 아니겠는가!

1568년(무진) 선조 1년

1568년 정월

　이조참의 강사필(姜士弼: 1526~1576)[88]이 죄로 파면되었다. 강사필은 본래 재주도 없고 덕망도 없었는데, 그릇되게도 당시 권력을 쥐고 있던 무리의 추앙을 받아 양사의 요직을 모두 거치고, 벼슬길에 나온 지 10년도 되지 않아서 승정원 승지로 승진하였다. 그는 사람됨이가 어리석고 지조가 없으며 술만 좋아하는 인물이었다. 그럼에도 망령되게 요직을 바라다가 충청도 관찰사로 임명되자 크게 실망하고는 섭섭한 마음에 원망을 털어놓으며 직무에 충실하지 않고 술에 의지하여 제멋대로 행동하고 체면을 상실해서 물의를 일으켰다. 조정에 돌아와 이조참의에 임명되자, 영의정 이준경이 사람들에게 "강사필이 탄핵받지 않은 것은 곧 조정에 공론이 없기 때문이다.”라고 하였는데, 양사에서 이를 논박하여 파면된 것이다.

　우의정 민기가 죽었다. 비록 당시의 공론이 그를 인정해 주기는 했으나, 그는 재물을 탐내고 여색을 좋아하는 인물로 모범이 될 만한 행실이 없었다. 정승 자리에 오르자, 겉으로는 선량한 사람들을 돕는 듯하였으나, 속으로는 사실 남의 눈치만 보았다. 이를 잘 알지 못하는 사람들은 모두 그를 현명한 재상이라 칭송하였다. 허엽이 이준경을 뵈었는데 이준경이 말하기를 “지금 사람들이 모두 도학자로 조광조를 추앙하고, 박영(朴英; 1471~1540)[89], 정붕(鄭鵬; 1467~1512)[90]을 세상에 아는 이가 없는 것은 무슨 까닭인가?”라고 하니, 허엽이 말하기를 “박영과 정붕뿐만이 아닙니다. 근래에는 민기도 학문과 행실이 다 갖추어져 있으나 아는 사람이 없습니다.”라고 하였다. 이준경은 말하기를 “그대는 어찌 민기를 박영과 정붕에 비교하려고 하는가?”라고 하니, 허엽이 말하기를 “민기가 재상 자리에 있었기 때문에 사람들이 추앙하지 않는 것입니다. 만일 민기 같은 학문으로 청량산이나 지리산에 은거해 있다면[91] 한 세대의 존경이 어찌 여기에 그치겠습니까?”라고 하였으나, 이준경은 그렇게 생각하지 않았다.

　삼가 살피건대, 학문이란 도를 밝히는 것이고, 행실이란 예법을 지키는 것이다. 지금 허엽이 학문으로 민기를 추앙하는데, 이른바 학문이란 도대체 무엇인지 모르겠다. 민기는 행실이 단정치 못하여 여종을 두루 간음하였고, 청탁을 잘 받아들여 뇌물이 줄을 이었으며, 권력의 무리가 득세하면 침묵으로 죄를 모면하고, 공정한 논의가 격렬히 일어나면 바라보기만 하고 눈치만 보고 있었으니, 그의 학문이 과연 도를 밝힐 만했으며 그의 행실이 과연 예법을 지킬 만했단 말인가! 허엽의 사람 보는 눈이 참으로 이상하다. 만일 민기에게 학문이 있어 청량산이나 지리산에 은거하여 도를 행하면서 일생을 마쳤다면 이는 다른 사람이지, 어찌 민기라 할 수 있겠는가. 허엽의 말대로라면, 한번 착하다는 명성을 얻은 다음엔 아무리 행동을 함부로 하더라도 역시 선량한 선비가 되는 데는 거리낄 것이 없이 괜찮다는 것이다. 이렇게 사람을 본다면 어디에 간들 속지 않겠는가!

민기가 이조판서가 되었을 때 이이가 이조전랑으로 있으면서 매번 사람을 선발할 때 공평하게 하여 청탁의 길을 막으려 하자 민기가 말하기를 "너무 지나쳐서 일을 만들지 말라."고 주의를 주었다. 이이가 어떤 사람에게 말하기를 "민 판서는 정말 훌륭한 재상이다. 다만 소인을 두려워하고 군자는 두려워하지 않는다."라고 하였다. 그 사람이 그 까닭을 묻자, 이이가 답하기를 "민 판서가 만일 군자에게 죄를 지었다면 좋은 자리에만 있지 못할 뿐이지만, 소인의 성질은 각박하여 만일 거슬리게 되면 혹 멸족의 화를 당하는 수가 있기 때문에 민 판서가 두려워하는 것이다."라고 하였다. 식자들은 민기가 세상을 사는 데 능수능란했기 때문에 그를 가볍게 보았다.

1568년 2월

　　명나라에서 사신 장조張朝와 그 수행원 구희직歐希稷을 보내 선왕(명종)에게 제사하고 시호를 내렸다. 장조가 한양에 와서 명마 5필을 요구하면서 "황제께서 내게 구해 오라고 하셨소."라고 하였다. 그를 따르던 이가 "황제의 뜻이라고 핑계를 대면 미안하지 않습니까?"라고 하니, 장조가 말하기를 "내가 황제의 뜻을 받았는데 어찌 말하지 않겠는가."라고 하였다. 이는 황제가 말달리기를 좋아한다는 것이다. 구희직은 성질이 조급하며 예의조차 없었다. 사신들은 일을 마치자마자 즉시 떠났는데 돌아가는 일정을 두 배나 빨리했기 때문에 거쳐 가는 고을의 수령들이 미처 접대할 준비를 못 하여 벌을 받은 이가 많았다.

　　태양에 푸르고 붉은 기운의 햇무리가 있고, 무지개 같은 기운이 햇무리를 꿰뚫었다. 인순왕후가 수렴청정을 거두고 임금에게 정사를 돌보게 하고, 문무백관들에게 말하기를 "여인으로서 정사를 살펴 비록 모든 일이 다 잘되었다고 하더라도 큰 근본은 바른 것이 아니니, 나머지는 더 볼 것도 없는 것이오. 하물며 나랏일이 다 좋지는 못하였으니, 태양에 변고가 있는 것은 진실로 미망인이 정사에 간여한 까닭이오."라고 하였다.

　　노수신을 홍문관 직제학으로 삼았다. 이에 앞서 승지 기대승이 경연에서 아뢰기를 "학문이 출중한 이들이 일찍이 귀양 가서 지금은 그들의 나이가 이미 늙었습니다. 마땅히 빨리 불러들여 지위고하에 상관없이 발탁하여야 할 것입니다."라고 하였다. 이는 대체로 백인걸, 노수신, 유희춘, 김난상 등을 지목한 말이었다. 대신들도 모두 이렇게 말하여 백인걸은 당상관에 올랐고, 노수신은 직제학에 임명되었고, 유희춘은 홍문관 응교應教에 임명되었고, 김난상은 사헌부 집의執義에 임명되었다. 얼마 안 되어 이들 모두는 당상관에 올랐다.

1568년 3월

임금이 초야에 은거하고 있는 어진 선비들인 유일遺逸을 천거하여 올리라고 명하였다. 경기도 관찰사 윤현(尹鉉; 1514~1578)[92]이 성혼을 천거하며 말하기를 "유일의 선비를 지금 세상에서 얻기란 매우 어렵습니다. 성혼이라는 사람은 학문에 깊이가 있고 스스로 깨달아 얻은 묘책이 있으니, 유일의 다음은 될 것입니다."라고 하였다. 이이가 듣고 웃으며 말하기를 "학문에 깊이가 있고 스스로 깨달아 얻은 묘책이 있다는 것은 유일의 선비가 감당할 수 있는 것이 아닌데, 도리어 유일의 다음이 된다고 합니까?"라고 하였다. 성혼은 성수침(成守琛; 1493~1564)[93]의 아들로 일찍 가문의 가르침을 받아 행실이 순수하며 잡되지 않았고, 학문은 진전만 있고 물러남이 없었다. 그래서 고을 사람들로부터 훌륭한 선비라 일컬어졌고, 이 때문에 파주 목사가 관찰사 윤현에게 천거하였던 것이다. 성혼은 이이의 친구였다. 이이가 사람을 시켜 윤현에게 만류하며 말하기를 "성혼은 아직 배우는 사람입니다. 갑자기 명예를 얻으면 어찌 부끄러운 일이 아니겠습니까? 성혼은 안정시켜 학문을 성취할 수 있도록 하는 것이 옳을 것입니다."라고 하였다. 관찰사 윤현이 듣지 않으면서 "파주 목사가 이미 보고하였으니 어쩔 수 없다."라고 하였다.

1568년 4월

홍섬을 우의정으로 삼았다. 홍섬은 문장을 잘하여 이름은 알렸으나, 행실은 그렇지 못하여 자기 몸만 사리고 녹봉이나 보전할 따름이었다. 이때 조정의 공론은 이황에게 집중되어 있으면서 조정에서 여러 번 불렀으나 이황이 나오지 않자, 홍섬을 정승으로 뽑으니, 사림들이 실망하였다.

1568년 5월

평안도 절도사 김수문(金秀文; ?~1568)[94]이 평안도 강계에 인접한 평야 서해평西海坪의 여진족을 습격하여 그 부락을 불살라 버렸다.

서해평은 본래 우리 땅인데 너무 멀어서 지킬 수 없으므로 여진족들이 와서 살았던 곳이다. 그러나 그 수가 점점 불어날까 우려하여 가끔 군사를 거느리고 가서 몰아냈고, 순종하지 않으면 격퇴했다. 토지가 비옥하여 채소와 곡식이 잘 되었으므로 여진족들이 죽음을 무릅쓰고 와서 살았으며, 쫓아내면 다시 들어오곤 해서 끝내 막을 수가 없었다. 평안도 강계는 들어가는 길이 매우 좁아 겨우 한 발밖에 못 붙일 정도였다. 위로는 절벽이 있고, 아래에는 깊은 시내가 있어 이름을 허공교虛空橋라고 불렀다. 을축년(1565)에는 김덕룡(金德龍; 1518~?)[95]을 절도사로, 봉흔(奉昕; ?~?)[96]을 아장亞將[97]으로 삼아 여진족이 있는지 없는지를 엿보아 기회를 보고 쫓아가 잡도록 하였다. 그러나 여진족들이 미리 눈치를 채고 허공교에서 기다리다가 돌을 내던지고 북을 치며 떠들어대니, 오히려 아군이 놀라 흩어져 나라의 위상을 떨어뜨렸다. 그래서 김덕룡은 이 죄로 파면되었고, 조정에서는 그 치욕을 씻으려고 김수문을 절도사로 보낸 것이다. 김수문은 노련한 장수로 위엄과 명망이 있었다. 적을 격멸하는 데 전력하여 여러 장수에게 임무를 분담시켜 밤에 몰래 여진족을 불시에 공격하기로 하였다. 새벽이 되기 전에 서해평에 도착하여 사방에서 협공하여 모두 섬멸해 버리기로 한 것이다. 그런데 마침 강계 부사 장필무(張弼武; 1510~1574)[98]가 성질이 조급한 나머지 미처 여진족을 포위하기도 전에 느닷없이 나팔을 불고 진군하였다. 여진족이 이를 알아채고는 "적군이 왔다."라고 고함을 치니 장정들은 어둠을 타고 대부분 도망쳐 버렸다. 아군이 여진족 촌락을 모두 불사르니 노인과 아녀자들이 다 죽었다. 김수문이 크게 좋아하며 승전보를 아뢰니, 임금이 그 공을 가상하게 여겨 김수문의 품계를 정2품 정헌대부로 올려주었다. 그 뒤에 김수문은 여진족의 장정들이 모두 도망쳤다는 말을 듣고는 부끄럽기도 하고 두렵기도 하여 근심하다가 등에 종기가 나서 죽었다.

홍인경(洪仁慶; 1525년~1568)[99]이 부친상을 당하여 벼슬을 그만두었다. 홍인경과 이문형은 다 유명한 사람이었는데, 그중 홍인경은 기세가 대단했으나 청렴하지 못하다는 소문이 있었다. 이문형이 그의 흉을 보자, 홍인경이 분개하여 이문형의 흉을 보아 드디어 둘의 사이가 벌어졌다. 조정 관리 중에 두 사람의 친구가 많았는데, 제각기 친한 사람의 편을 들어 붕당의 조짐마저 있었으므로 식자들이 걱정하였다. 대신들이 이문형을 두둔했던 까닭에 홍인경은 뜻을 얻지 못하고 병을 핑계로 사간원 대사간을 사직하였다. 이때 부친상을 당하니 마침내 붕당의 말썽이 없어졌다.

1568년 가을

1568년 가을에 이황이 임금의 부름을 받고 한양에 와서 종1품 숭정대부 판중추부사로 임명되었다. 임금이 반드시 이황을 조정에 들게 하려고 여러 번 불렀고 말씀도 매우 간곡하게 청했으므로, 이황이 할 수 없이 대궐로 알현하여 임금의 은혜에 보답하고자 한 것이다. 그러나 조정에 오래 머무를 생각은 없었고, 그저 임금의 은혜에 답하고자 할 뿐이었다.

　백인걸이 병을 핑계로 벼슬을 사퇴하고 파주로 돌아갔다. 백인걸은 의지와 기개가 뛰어났으나 학문의 방법은 거칠었으며, 과감한 직언을 좋아하였으나 현실과는 맞지 않았다. 이때 기대승과 심의겸은 백성들의 기대와 신망을 받고 있었다. 백인걸이 어떤 사람에게 말하기를 "기대승은 자신감이 너무 과하여 반드시 나랏일을 그르칠 것이고, 심의겸은 외척으로서 어찌 정사에 참여할 수 있겠는가? 지금 선비들이 모두 심의겸의 식객인데 외척의 권세가 너무 성해서는 안 된다."라고 하였다. 이 말을 들은 사람들은 백인걸이 그들을 공격할 뜻이 있지 않은지 의심하기도 하고, 혹은 백인걸이 기대승과 심의겸을 제거하려 한다고 잘못 전해지기도 하였다. 그래서 선비들은 백인걸이 어진 사람을 시기한다고 소란스럽게 떠들었으므로 백인걸이 벼슬을 버리고 고향으로 간 것이다.

1568년 11월

　백인걸을 사간원 대사간으로 임명하고 교지를 내려 불렀으나, 백인걸이 오지 않았다. 성혼이 이이에게 묻기를 "백인걸 대감의 거취를 어떻게 해야 마땅하겠는가?"라고 하자, 이이가 답하기를 "백인걸 대감이 조정에서 큰 계획을 말하여도 임금이 받아들이지 않으시면 물러나는 것이 좋다. 그러나 지금 백 대감과 임금 사이에는 물러나야 할 이유는 없고 다만 다른 사람들의 말만 있을 뿐이다. 그러니 올라오는 것이 마땅할 것이다."라고 하였다. 성혼이 "백 대감이 스스로 말하기를, 자기는 학문이 부족하여 조정에 나아간다고 해도 일을 하지 못한다고 하였네."라고 말하자, 이이가 "스스로 그렇게 생각한다면 다른 사람이 왈가왈부할 바는 아니다."라고 말하였다.

1569년(기사) 선조 2년

1569년 정월

1569년 선조 2년 정월. 백인걸을 사헌부 대사헌으로 임명했다. 백인걸이 물러난 뒤에 임금은 그의 기풍과 절개를 생각하여 여러 번 교지를 내려 불렀으나 백인걸이 병을 핑계로 굳이 사양하였다. 이때 임금이 특명으로 품계를 올려 대사헌으로 삼았다. 백인걸이 세 번이나 글을 올려 사양하였으나 임금의 부름이 그치지 않았으므로 결국 왕명을 받은 것이다.

1569년 2월

　판중추부사 이황이 문소전文昭殿[100)의 태조 위패를 동향으로 하고 이에 따라 소목昭穆[101)도 각각 바로잡자고 청하였으나 임금이 따르지 않았다. 임금이 처음 즉위하였을 때는 매우 지혜롭고 총명하여 온 나라가 성군이 되기를 바랐는데, 얼마 되지 않아 세속의 말들이 날로 그 앞에서 떠들어 대므로 임금의 생각도 이미 세속에 물들어 버렸다.

　이황이 어명으로 한양에 올라왔다. 임금은 그를 총애하고 공경은 하였으나, 솔직히 이황이 권하는 성현 공부의 뜻은 없었다. 이황이 경연에서 여쭈기도 하고 또는 상소를 올리기도 하면서 매번 성현의 학문을 임금에게 권하고 힘쓰게 하였으나 임금은 대답만 하였을 뿐 끝내 실행하지 않았다. 이황은 본래부터 겸손하게 물러나기를 고집하였으나 그의 주장이 받아들여지지 않자 고향으로 돌아갈 뜻을 더욱 굳혔다. 그리하여 선현들이 작성한 그림을 모으고 자기 의견을 보충하여 『성학십도聖學十圖』[102)를 만들어 올렸는데, 그 내용이 매우 정밀하였다. 이황이 말하기를 "내가 나라에 보답할 길은 이것뿐입니다."라고 하였다.

　이때 인종과 명종의 위패를 문소전에 모셔 함께 제사 지내려고 하였으나, 이전의 협향(祫享; 종묘에 새로운 신주를 올리기 위해 드리는 제사)[103) 위패의 순서가 태조의 위패는 북쪽에 위치하여 남향하였고, 소목은 동서로 향해 있었다. 그런데 문소전의 구조가 남북은 짧고 동서가 길어서 인종과 명종의 위패를 모셔 놓고 협향하려면 문소전이 좁아 모실 수가 없었다. 그래서 양사에서 문소전의 한쪽을 헐고 그 남쪽을 증축하여 인종과 명종의 위패를 모시려고 하였다. 이황이 말하기를 "예전의 협향 자리는 태조는 동향으로, 소목은 남북으로 향하였는데, 우리 왕조의 종묘에는 협향하는 의례가 없고, 다만 문소전에만 협향의 위치가 있을 뿐이다. 이는 옛 제도와는 다르다. 이번 기회에 태조의 위패를 동향으로 바로잡고, 소목을 남북으로 서로 향하게 하면 문소전을 헐고 늘릴 폐단도 없을 뿐만 아니라 우리의 관습은 관습대로 따르면서 옛 제도를 회복시키는 좋은 점이 있습니다." 하고는, 그림을 그리고 설명을 덧붙여 임금에게 올렸다.

임금이 이황의 제안을 대신들에게 말하니, 대신들은 옛 제도를 좋아하지 않았던 터라 "문소전에 옛 제도를 시행할 수 없고, 또 이러한 제도를 실행한 지가 이미 140년이 지났습니다. 지금 만일 옮겨 놓는다면 종묘의 혼령 또한 분명 놀라실 것입니다."라고 고집하여, 결국 시행되지 못하였다.

이이가 듣고 한탄하며 말하기를 "지금 나랏일을 하려는 이들의 계획은 틀렸다. 무슨 일을 하려면 마땅히 개혁이 있어야 한다. 지금 140년 동안 설치해 놓은 위패조차도 옮길 수 없는데, 하물며 140년 동안을 시행해 온 제도를 어찌 바꿀 수 있겠는가? 궁색하면 변화하고 변화하면 통하는 법인데 지금은 궁색해도 변화하지 않으니 무슨 까닭인지 나는 알 수 없다."라고 하였다.

삼가 살피건대, 임금이 조상을 받드는 데는 마땅히 종묘를 존중해야 하는 것이지, 사당을 따로 설치하는 데 있는 것이 아니다. 우리나라의 문소전은 설치된 지 오래 되었기 때문에 학문이 고명하여 예로써 죽은 이를 섬기려는 임금님이 아니면 혁파할 수 없다. 이황은 문소전의 폐지는 불가능할 것을 헤아렸기 때문에 문소전을 그대로 두고 옛 제도에 맞게 행하려고 하였으니, 이는 일을 상황에 따라 잘 처리하면서도 올바른 도를 얻은 것이다. 그러나 대신 중에 바른 견해를 가진 사람이 없었고, 단지 세속의 흐름에 따라 유학자의 의견을 저지하려고만 했을 뿐이다. 임금이 이미 옛 제도를 좋아하지 않으시고 대신들 역시 식견과 도량이 없으니, 어진 이가 조정에 있지 못하는 것은 당연한 일이다.

이황을 의정부 종1품 우찬성으로 삼았으나 굳이 사양하고 받지 않았다.

1569년 3월

이황이 병으로 사직하고 고향으로 돌아갔다. 이황은 스스로 늙고 병들었음을 핑계로 고향으로 돌아가기를 간곡히 글을 올려 아뢰었다. 임금이 허락하고 편전으로 불러서 묻기를 "경은 무슨 말을 하고 싶소?"라고 하니 이황이 답하기를 "엎드려 바라건대 전하께서는 사림을 아끼고 보호하여 주십시오."라고 하니, 임금이 "마땅히 경의 부탁이니 힘쓰겠소."라고 하였다. 또 묻기를 "조정 선비로는 누가 믿을 만하며, 누가 성리학을 하는 사람이오?"라고 하니, 이황이 대답하기를 "이준경은 큰일을 맡길 만하니, 믿고 맡기시면 의심하지 마십시오. 또한 기대승은 학문하는 선비입니다. 다만 아직 정밀하고 깊은 경지에는 이르지 못하였습니다."라고 하였다.

삼가 살피건대, 사람을 알아보는 것이 곧 총명하고 사리에 밝은 것이다. 요순도 이를 어렵게 여겼으니, 어찌 사실이 아니겠는가. 이황은 덕이 높은 사림의 영수로서 임금이 어진 선비를 구하려고 할 때 그가 천거한 사람은 이준경과 기대승 단 두 사람뿐이었다. 그러나 이준경은 영의정 자리에 있으면서 임금을 도학으로 인도하지도 못했고, 인재들을 널리 불러들이지 못했다. 또 그는 뻣뻣하게 자기만 잘난 체했으며, 다른 사람을 받아들이는 도량이 없었고 단지 근래의 규칙만을 준수하여 사림들의 논의를 막아 버렸으니, 숫자만 채우는 신하에 불과할 뿐이다. 기대승은 재주는 뛰어났지만 기질이 거칠어서 학문이 정밀하지 못하고 자신만 잘난 체하며 다른 선비들을 가볍게 여겼다. 또한 자기와 의견이 다르면 그 사람을 미워하고 자기와 의견이 같은 사람만 좋아하였다. 만약 그가 임금의 신임을 얻는다면 그의 비뚤어지고 고집스러운 병폐로 나랏일을 그르치고 말 것이다. 이황 같은 현명함을 가지고서도 그 추천하는 인물이 이와 같으니, 사람을 알아보는 것이 어찌 어려운 일이 아니겠는가?

이황이 하직하고 대궐을 떠나니, 조정의 선비들과 유생들이 그를 배웅하느라 도성을 비우다시피 하였다. 배웅하면서 만류하는 바람에 한강 어귀에서 사흘을 묵고 고향으로 돌아갔다.

이준경이 인종의 위패를 문소전에 모실 수 없다고 주청하니, 삼사에서 이를 논의하여 바로잡았다. 당초 인종의 3년 상을 마친 뒤에 간신배들이 나라의 권력을 잡고는 인종은 왕위에 오른 지 1년도 넘기지 못한 임금이라고 하여, 문소전에 모시지 않고 즉위하지 못한 덕종의 위패를 모신 연은전延恩殿에 모시므로 나라 사람들이 분개하였다. 이때 조정의 공론이 명종의 3년 상을 마친 뒤에 인종의 위패를 명종과 함께 문소전에 모시자고 하였으나, 이준경이 "인종은 이미 연은전에 모셨으니 다시 문소전에 모셔 함께 제사 지낼 필요가 없다."라고 하였다. 그러자 선비들의 의론이 벌 떼 같이 일어났고 삼사에서 글을 올려 주청하며, 이준경을 을사년의 간신배에 비유하기까지 하였다. 이준경 역시 자기 잘못을 인정하고 마침내 그 의견을 취소하였다.

1569년 6월

태백성(금성)이 여러 날 하늘을 지나갔다.

김개(金鎧; 1504~1569)[104]가 죄를 지어 삭탈관직당하고 도성 밖으로 쫓겨났다. 김개는 선왕 때의 신하로서 몸가짐은 단정하고, 관직에 있을 때는 다소 청렴하고 곧다는 평가가 있었다. 그러나 그 사람됨이 너무 괴팍스럽고 자신만 믿을 뿐 도학자를 좋아하지 않았다. 또 세속의 흐름과 다르게 행동하는 사람만 보면 아주 미워하였다. 이황이 고향으로 물러간 뒤에 김개는 마음에 불만을 품고 어떤 이에게 말하기를 "이황은 이번 길에 소득이 적지 않았다. 잠깐 한양에 왔다가 1품 벼슬을 가지게 되었고, 돌아가서는 고향에 대한 영광이 되었으니 어찌 만족스럽지 않겠는가?"라고 하였다.

김개가 일찍이 휴가를 얻어 고향을 다녀오다가 전주에서 관찰사 송찬(宋贊; 1510~1601)[105]을 만나 사림의 폐단을 말하면서 심하게 비난한 적이 있는데, 그 태도가 주위 사람을 전혀 의식하지 않은 제멋대로였다. 전주 부윤 노진(盧禛; 1518~1578)[106]이 그 말을 듣고 나와서 관모를 땅에 던지며 탄식하기를 "이 관모를 썼다가는 화를 면하지 못할 것이다."라고 하였다. 이는 김개가 장차 사림들을 해칠 것을 두려워해서 한 말이다.

김개는 본래 홍담(洪曇; 1509~1576)[107]과 마음이 잘 맞아 사이가 좋았는데, 홍담이 이조판서가 되자 김개의 조카 김계휘(金繼輝; 1526~1582)[108]가 이를 듣고 말하기를 "김 판서[김개]께서 위태롭다."라고 하였다. 이는 홍담이 김개와 서로 사이가 좋으므로 반드시 김개를 데려다가 사헌부 대사헌의 직책을 맡길 것이고, 만약 그가 사림들을 해치지 못하면, 반드시 사림들에게 받아들여지지 못할 것이기 때문에 김계휘가 이처럼 말한 것이다. 따라서 대사헌의 자리에 있으면 사림을 해치거나 사림에게 용납되지 못하기 때문에 김계휘의 말이 이와 같았다. 과연 홍담은 김개를 끌어들여 대사헌을 시켰다. 그러자 김개가 큰소리로 "지금 선비들이 일을 망령되게 하고 있으니 이를 막지 않을 수 없습니다."라고 하였다. 이는 대체로 기대승, 심의겸, 이후백(李後白; 1520~1578)[109] 등을 지목해서 한 말이다.

이어 김개는 경연에서 임금에게 아뢰기를 "선비 된 이는 마땅히 제 몸이나 단속하고 입으로는 남의 과실은 말하지 말아야 합니다. 그러나 지금 소위 선비란 자들은 제 행실은 부족하면서도 함부로 옳고 그름을 논하며 대신들을 헐뜯고 방해하니, 이런 풍조를 길러서는 안 됩니다. 기묘사화 때 조정에 줏대 없고 경솔한 선비들이 많아 자기편을 끌어들여 상대편 사람들을 배척하였습니다. 그러니 조광조가 죄를 얻은 것도 모두 그들이 만들어낸 일이었습니다. 바라건대 전하께서는 이런 풍조를 억제해 주시기를 바랍니다."라고 하였다. 그러자 사림에서는 김개를 의심하여 쫓아내려고 하였다. 어떤 이가 이준경에게 이 일을 문의하자, 이준경이 말하기를 "그만 두시오. 김개 한 사람이 어찌 사림들을 해칠 수 있겠는가? 이는 김개 혼자만의 뜻이 아닌 듯하니, 경솔히 말할 수 없소. 오히려 화만 더 크게 될 것이오."라고 하였다.

김개는 사림들이 자기를 의심하고 꺼리는 것을 알고 다른 날 임금에게 아뢰기를 "신이 전일 아뢴 말씀은 선량한 선비를 미워해서 드린 말씀이 아닙니다. 선량하지도 않은 자들이 선량한 척하는 것을 미워해서 한 말입니다."라고 하였다. 김개의 이 말은 자신을 변명한 말이나, 그 생각은 흉악한 것이다. 임금이 이르기를 "경의 뜻이 선량한 선비를 미워하는 것이 아니라면 구태여 변명할 필요가 어디 있겠는가."라고 하였다. 사헌부 지평 정철(鄭澈; 1536~1593)[110]이 나아가 아뢰기를 "김개가 전하를 현혹해 사림에게 화를 전가하려 하니, 전하께서는 살피시지 않을 수 없습니다."라고 하니, 임금이 언성을 높이며 말하기를 "정철이 지나치다. 김개가 어찌 그렇게까지 하겠는가?"라고 하였다. 정철이 다시 아뢰기를 "전하의 위엄이 비록 엄하시나 신은 말을 다 하지 않을 수 없습니다." 하고는 계속 김개의 잘못을 낱낱이 꺼내어 말하였는데, 모두 그의 결점에 들어 맞았다. 그러자 김개의 얼굴이 흙빛처럼 되어 먼저 절하고 나가 버렸다.

이때 선비들이 한목소리로 김개를 공격하였다. 승지 기대승 등이 임금에게 면대하기를 청하여 극단적으로 간언하다가 격분을 참지 못하여 말에 두서가 없었으므로 식자들의 웃음을 사기도 했다. 이리하여 삼사가 모두 글을 올려 김개의 벼슬을 삭탈하고 쫓아내기를 주청하여 여러 날 만에 임금의 허락이 떨어졌다. 김개가 탄핵당하여 도성을 나가는데 어떤 사람이 양사에서 죄를 적은 내용을 보여주니, 김개가 놀라며 "이 내용을 보니, 나를 소인배로 간주하였구나!"라고 말하였다. 그 후 분개하고 근심하다가 병을 얻어 두어 달 지나 죽었다.

남서쪽 하늘에 마치 바람과 물이 서로 부딪히는 것 같은 소리가 있었다.

1569년 윤6월

　이조판서 홍담이 면직되었다. 홍담은 조정에 나와 청렴하고 검소하다는 칭찬은 있었으나 학문하는 선비들을 미워하였다. 어떤 사람에게 말하기를 "도를 깨달은 참된 유학자가 어찌 지금 세상에 나오겠는가. 지금 학문을 한다고 자칭하는 선비들은 모두 가짜다. 만일 참된 유학자가 있다면 내 마땅히 공경하고 사모하겠지, 어찌 감히 흠을 잡겠는가?"라고 하였다. 중종 때부터 간신배들이 나라의 권력을 잡아 뇌물을 주고받는 것이 풍습이 되어 벼슬길이 혼탁해졌다.

　윤원형과 심통원 등이 잇달아 벌을 받은 뒤에 온 나라 사람들이 눈을 씻고 깨끗한 정치를 바랐으나, 이조의 인사권을 쥔 사람들이 지난 폐단을 개혁하지 못하였다. 민기 같은 사람도 신망은 있었으나 청탁받고 벼슬을 시키는 데서 벗어나지 못하였다. 이탁(李鐸; 1508~1576)[111]이 이조판서가 되자 공정한 도리를 펴기에 힘쓰면서 "처음 벼슬하는 사람이 진사 출신이 아니면 음서제를 통해서 시험하는 것이 당연하지만 어질고 총명한 선비가 어찌 재주를 시험하러 나오겠는가?"라고 하였다. 그러고는 이조전랑으로 하여금 명망 있는 선비를 천거하게 하여 전랑의 추천을 받은 사람은 시험을 거치지 않더라도 관직에 임명되도록 처리하면서 차츰 벼슬길이 맑아지기 시작하였다.

세속의 무리가 경솔하게 옛 법도를 없애고 새로운 법도를 만들어 낸다고 비난했으나, 이탁과 정5품 정랑 구봉령(具鳳齡; 1526~1586)[112]은 비난을 받으면서도 동요하지 않았다. 홍담이 이조판서가 되어 이탁이 행했던 정책을 바꾸어 세속을 따르려 하였으나 전랑들이 듣지 않았기 때문에 홍담이 매우 분노하였다. 특히 좌랑 정철과 견해차가 컸다. 하루는 관리를 임명하는데 정철이 전랑의 추천을 받은 세 사람을 천거하여 임금이 결정하는 망望에 올리려 하자, 홍담이 말하기를 "이 사람은 시험을 거치지 않았다."라고 하니, 정철이 답하기를 "이조전랑의 추천을 받으면 시험을 거치지 않아도 관직에 임명될 수 있는 것이 이미 근래의 관례로 정해졌습니다."라고 하였다. 홍담이 말하기를 "이러한 새 관례를 시작했으나 공론이 떠들썩하니, 그대로 적용할 수 없다."라고 하였다. 정철이 굳이 우기므로 홍담이 매우 분노하여 사림들을 더욱 꺼려 쫓아낼 방도만을 생각하였다. 이때 선왕 때의 신하로 홍담의 사촌 형 우의정 홍섬과 판서 송순(宋純; 1493~1583)[113] 및 김개가 모두 홍담과 뜻을 같이하고 있었다. 그래서 먼저 송순을 사헌부 대사헌으로 임명하고 장차 사림들을 공격하려 하였으나, 마침 송순이 어떤 일에 연루되어 교체되자 김개를 대사헌으로 등용했는데, 김개 역시 죄를 얻은 것이다. 이에 홍담은 불안하여 병을 핑계로 사직하였다.

삼가 살피건대, 임금이 사람을 알아보기란 정말 어려운 일이다. 홍담 같은 사람은 집에서는 효도와 우애의 행실이 있었고, 조정에 들어와서는 청렴결백하다는 명성이 높았으며, 일을 처리하는 데에도 재주가 많았으니, 세상 사람 중 어느 누가 어진 사람이라고 하지 않겠는가? 그러나 그 속을 살펴보면 고집스럽고 편벽하여 자신만을 믿었으며, 그로 인하여 어진 이를 좋아하는 도량이 없었고 학문으로 이름난 사람을 보면 거짓이라고 의심하였다. 단지 의심만 하는 것이 아니라 나아가 미워하는 데까지 이르렀다. 홍담이 말하기를 "만일 참된 선비가 있다면 내 마땅히 존경하고 사모하겠다."라고 했지만, 이 말은 전혀 그렇지 않다. 가령 참된 선비가 지금 세상에 나왔더라도 홍담이 그들의 몸가짐이 세속과 다른 점을 보았다면 이 역시 거짓이라 의심했을 것이니, 무슨 존경과 사모함이 있었겠는가. 그가 이조판서가 되었을 때 지극히 공정하고 사사로움이 없다고 자칭했으나, 그가 말한 지극히 공정하고 사사로움이 없다는 것은 현명함과 우매함, 능수능란함과 졸렬함을 분별하지 못하고, 오직 경력이 오래고 오래지 않은 것을 순서로 삼아 승진시키는 것뿐이었다. 그러고도 말하기를 "조정의 선비란 다 마찬가지인데 그중에서 누구를 취하고 버릴 수 있겠는가?"라고 하였다. 이는 조정 선비의 흑백을 가리지 않고 차례로 균등하게 요직을 주는 것을 지극히 공평한 일이라고 생각한 것이다. 아! 이 역시 이상한 일이다. 홍담의 말대로라면 난양도위 爛羊都尉나 조하랑장竈下郞將[114]도 분수에 지나침이 없는 것이고, 순임금이 사흉四凶[115]을 추방하고, 16명의 재상[116]을 등용한 일도 지극히 공정한 것이 아닐 것이다. 만일 임금이 홍담 같은 이를 신임한다면 어진 사람을 비방하고 나라를 병들게 하여 결국은 큰 혼란에 이르게 될 뿐이다.

우의정 홍섬이 병으로 사직을 주청하였으나 임금이 허락하지 않았다. 이는 홍섬 역시 스스로 불안했기 때문이었다.

1569년 7월

이조판서 박충원(朴忠元; 1507~1581)[117]이 사직하였다. 박충원은 원래 재주와 행실이 바르지 못하나 그럭저럭 처세하여 육조판서에까지 이르렀다. 이조판서가 되었을 때는 조정 공론이 매우 불쾌하게 여겼다. 정철, 신응시(辛應時; 1532~1585)[118], 오건(吳健; 1521~1574)[119]이 모여서 이야기하다가 승정원 관보를 보고 말하기를 "이 사람이 어찌 이조판서에 합당하단 말인가?"라고 하였다. 어떤 사람이 이 말을 듣고 사헌부 대사헌 백인걸에게 이를 전했다. 백인걸은 그의 조카 백유온(白惟溫?~?)[120]에게 "정철과 신응시가 나더러 박충원을 논박하라고 하지만, 내가 당분간은 참겠다."라고 말하였다. 백유온이 이 말을 박충원에게 누설시키니, 박충원 스스로 조정의 공론에 용납되지 못함을 알고 병을 핑계로 사직한 것이다.

박순을 이조판서에 임명하였다. 박순은 청렴하고 지조가 있었다. 젊었을 때 서경덕(徐敬德; 1489~1546)[121]을 스승으로 섬겨 그를 매우 추앙하였고, 조정에 들어와서는 항상 나랏일을 걱정하였다. 이때 지조가 곧은 사람들의 스승이 되어 항상 명망 있는 선비들을 끌어들이는 데 힘썼고, 세속 일에 대해서는 본 체도 하지 않았으므로 대신들이 좋아하지 않았다. 이조판서가 되었을 때 조정의 공론이 매우 합당하다고 생각하였으나 그는 신진세력으로 명종 때 신하들 사이에 끼는 것을 싫어하여 병을 핑계로 임금의 명을 받들지 않았다. 이이가 박순을 보고 말하기를 "지금 조정의 형편은 깨끗한 선비들을 모아서 일을 안전하게 처리하고, 신임을 쌓아 임금의 마음을 감동하게 해야 하니 이조의 책임을 세속 무뢰배들에게 맡길 수 없습니다. 대감께서 만일 굳이 사양하여 소인배들이 권력으로 인사권까지 잡게 된다면 이는 나라를 그르치는 것입니다."라고 하였다. 마침 임금이 박순의 사직을 허락하지 않으니, 박순이 이조판서를 맡게 되었다.

이에 앞서 김계휘가 이이에게 말하기를 "지금 나랏일이 되어가는 형세를 보면 기강은 바로 서지 않았고 모든 법도가 해이해져서 손을 쓸 수가 없다."라고 하니, 이이가 답하기를 "비유하면 천년 된 큰 집의 기울어지는 곳을 고이고, 새는 곳을 막아 간신히 지탱해 나가는 것과 같아서, 만일 비바람이 몰려오면 그때는 도저히 보전할 수 없을 것입니다. 마땅히 재목을 모으고 기술자를 모아 새로 바꿔 넣지 않으면 안 될 것입니다."라고 하였다. 김계휘가 말하기를 "새로 바꿔 넣지 않을 뿐만 아니라 아이들이 기둥 밑을 판다면 더욱 지탱할 수 없을 것이오. 비록 고쳐 지으려고 해도 유능한 목수가 있어야 할 텐데, 유능한 목수도 아니면서 미리 옛집을 헐어 놓기만 하고 마침내 새집을 짓지 못한다면 빈터만 남게 될 것이오. 지금 조정의 신하 중에 이를 감당할 만한 사람이 누가 있겠소?"라고 하니, 이이가 말하기를 "박순은 사람됨이 안팎이 깨끗하고 성심으로 나랏일을 걱정하니 조정 신하 중에 그와 견줄 만한 사람이 없으나, 정신과 기백이 약하여 큰일을 감당해 내지 못할 것 같습니다. 백인걸은 마음속으로 생각하는 일이 평범하지 않습니다. 임금을 사랑하는 뜻은 간절하지만, 기질이 거칠고 학문이 정밀하지 못하여 일을 해내지 못할 것입니다. 퇴계 선생 같은 이는 학문이 정밀하고 덕망이 높아서 위로는 임금의 사랑을 받고, 아래로는 사림의 두터운 신망을 받고 있어 큰일을 해낼 수 있습니다. 그러나 시종일관 큰일을 맡을 의사가 없으시니, 이는 아마 스스로 재주가 부족하다고 여기는 듯합니다."라고 하였다.

김계휘가 묻기를 "기대승은 어떤 사람인가?"라고 하니, 이이가 답하기를 "기대승은 기개가 한세상을 덮을 듯하니, 역시 탁월한 능력이 있는 분입니다. 다만 자부심이 지나쳐서 온화하고 겸손하게 타인의 장점을 받아들일 의사가 없으니, 반드시 사림의 지지를 받지 못할 것입니다. 어떻게 큰일을 할 수 있겠습니까."라고 하였다. 김계휘가 말하기를 "그렇다면 결국에는 누가 물망에 오르겠는가?"라고 하니, 이이가 답하기를 "할 수 없다면 박순에게 갈 것입니다."

라고 하였는데, 이때 이르러 과연 박순이 크게 등용되었다.

당시 홍담 등이 선비들을 몹시 시기하고 있어서 선비들이 이를 우려하였다. 정철이 이이에게 말하기를 "마땅히 선비들이 먼저 터뜨려야 할 것 같은데, 앉아서 망하기를 기다리느니 차라리 먼저 쳐 버리는 것이 낫지 않겠는가?"라고 하니, 이이가 말하기를 "옳지 않다. 먼저 터뜨리면 반드시 위태로울 것이다. 홍담이 탐욕스럽고 비루한 소인이 아니고, 선량한 선비들을 시기하는 마음도 아직 실제의 일에는 드러나지 않아 상하가 모두 그 죄상을 알지 못한다. 그런데 갑자기 먼저 공격하면 남에게 믿음도 얻지 못하고 오히려 화만 유발하게 된다. 선비 된 이는 스스로 언행에 조심하고 성의를 쌓아 임금의 마음을 얻도록 하는 일보다 더 좋은 것은 없다. 홍담 역시 먼저 터뜨리지 못하고 있으니, 지금의 형세는 먼저 터뜨리는 편이 반드시 불리할 것이다."라고 하였다.

1569년 8월

금성이 하늘에 비치고 화성이 여귀성輿鬼星[122)]으로 들어갔다.

홍문관 교리 이이가 상소하여 사직을 청하니, 임금이 너그러이 답하며 허락하지 않았다. 이이는 스스로 학문이 아직 성취되지 못하여 정사에 종사할 수 없다고 여기고 이전부터 여러 번 요직을 사직하였다. 사직의 이유는 자신을 길러준 외할머니의 은혜에 보답하기 위한 것과 학문이 향상된 뒤에 조정에 돌아오기 위해서이다. 지금 늙고 병든 몸으로 강릉에 살고 계신 외할머니는 아들이 없어서 자신이 벼슬을 그만두고 가서 봉양해야 함을 진술한 것이다. 임금이 "몸이 조정에 있더라도 강릉을 왕래하며 보살펴 드릴 수 있을 텐데, 꼭 사직해야만 하는가?"라고 말하고는, 이조에 명하기를 "외조모를 왕래하면서 뵙는 일이 규정에는 없으나 이이는 특별히 왕래하며 보살피게 함이 좋겠다."라고 하였다. 이이는 임금의 각별한 은혜에 감동하여 조정에 나와 일을 보았다.

1569년 8월 6일[정미일]. 명종의 3년 상을 마치는 담제를 지냈다. 옛 법도에는 담제 뒤에 신하들이 임금에게 하례를 드리게 되어 있다. 하루 전날 이이가 조정에 나가 동료들에게 말하기를 "임금이 선왕[명종]의 3년 상을 겨우 마치자마자 하례를 받으시는 것은 인정과 예의에 비추어 참으로 마땅하지 않다. 신하들 또한 상례의 슬픔이 아직 가시지도 않았는데, 바로 하례를 드리는 것은 곧 노래와 울음을 동시에 하는 셈이다."라고 하니, 동료들도 그렇게 생각하였다. 그래서 상소를 올려 위로를 드리는 예의만 행하고 하례는 미루기를 주청하였다. 임금이 대신들에게 물으니, 대신들도 그렇게 생각하였으므로 결국 하례를 미루었다.

영의정 이준경이 천재지변을 이유로 사직하니, 임금이 허락하지 않았다. 이때 일식과 월식이 있었고 지루한 장마로 곡식이 상하고 재해의 징조로 나타난다는 요성妖星이 여러 번 나타났다. 홍문관에서 상소를 올려 하늘의 계시가 있을 때는 정사에 더욱 힘써야 한다고 주청하였으나 임금은 전례에 따라 답할 뿐이었다.

1569년 8월 16일[정사일]. 명종의 위패를 종묘에 모셨다. 임금이 친히 제사한 뒤에 대궐로 돌아와서 큰 사면령을 내리고 문무백관의 하례를 받았다. 명종 때 공적이 많은 이언적과 심연원을 명종의 제사에 함께 배향하였다. 심연원은 왕대비(인순왕후)의 조부이다. 학문은 깊지 못했으나 그런대로 선비들을 아낄 줄 알았다. 을사사화 때 윤원형 등이 심연원을 끌어들여 거짓 공훈자[僞勳]들의 세력을 굳히고자 그를 굳이 3등 공신에 이름을 올려 주었는데 심연원이 사양하지는 못했다. 그러나 마음으로는 올곧은 선비들의 죽음을 애통하게 여겼고, 또 위훈 세력에 동참한 것이 부끄러워 눈물까지 흘렸는데, 이번에 이언적과 함께 배향된 것이다.

이이가 경연에 나아가 『맹자』를 강의하였다. 본문을 보며 아뢰기를 "시대마다 각각 그 숭상하는 바가 따로 있습니다. 전국시대에 숭상한 것은 부국강병과 전쟁에서 적을 공격하여 승리하는 것이었습니다. 서한시대의 순박함과 동한시대의 절개와 의리, 그리고 서진시대의 맑고 깨끗함이 모두 한 시대가 숭상하던 가치였습니다. 임금은 마땅히 한 시대가 숭상하는 것이 어떤 것인가를 관찰하여 숭상하는 것이 바르지 못하면 그 폐단을 바로잡아야 합니다. 지금은 간신들이 조정을 억압했던 뒤라 선비들은 공부를 게을리하며 오로지 나라의 녹봉이나 먹고 제 몸이나 살찌울 뿐입니다. 임금에게 충성하고 나랏일을 걱정하는 마음은 조금도 없습니다. 비록 한두 사람 뜻을 가진 이가 있다고 하더라도 다 세속에 구속되어 과감히 기운을 내어 나라의 권위를 높이지 못하고 있습니다. 세속의 속된 것을 숭상함이 이와 같으니, 전하께서는 뜻을 크게 분발하여 사기를 진작시키십시오. 그래야만 세상의 법도가 변할 수 있습니다. 옛날 맹자는 필부의 작은 힘이라도 사람들을 가르쳐 간사한 학설을 없애고 바른길을 열어 우임금과 같은 업적을 이룩하였습니다. 세상을 다스릴 책임을 맡은 임금이 유학의 도리로써 백성을 가르치면 후세에 교훈을 드리우게 될 수 있을 뿐만 아니라 지금 조정의 상황에서도 교화를 일으킬 수 있습니다. 어찌 그 업적이 맹자에 그칠 뿐이겠습니까. 지금 민심의 피폐함이 홍수의 재앙과 양주楊朱, 묵적墨翟의 폐해보다 더욱 심합니다. 그러니 전하께서는 마음에 깨달으신 바를 실천하고 세상에 교화를 펼쳐 임금으로 해야 할 도리를 다하시기를 바랄 뿐입니다."라고 하였다.

경연이 끝난 뒤에 이이가 다시 나아가 아뢰기를 "임금이 세상을 다스리려 하지 않는다면 모르지만 다스리고자 한다면 반드시 먼저 학문에 힘써야 할 것입니다. 이른바 학문이란 경연에 부지런히 참석하여 경전을 많이 읽는 것뿐만 아니라 반드시 격물치지格物致知[123]와 성의정심誠意正心[124]의 공부를 열심히 해서, 그 효과가 있은 뒤에라야 학문을 했다고 할 수 있습니다. 필부가 집에 들어앉아 있으면 비록 학문의 공력이 있다 하더라도 그 효력이 세상에 드러나지 않지만, 임금은 그렇지 않습니다. 임금의 품은 뜻은 겉으로 드러나 나랏일이 이루어지기 때문에 그 효과를 쉽게 확인할 수 있는 것입니다. 지금 백성의 생활은 힘들고 풍속은 어지러우며, 나라의 기강은 땅에 떨어졌고, 선비들의 습속은 바르지 못합니다. 전하께서 즉위하신 지 수년이 되었으나 나라를 다스린 효과를 아직 보지 못하고 있으니, 아마 전하의 격물치지와 성의정심의 노력이 지극하지 못하신가 합니다. 만약 이런 인습을 버리지 못하고 나날이 기강이 무너져 버린다면 나라가 나라다울 수 있을지 알 수 없습니다. 엎드려 바라건대 전하께서 일하실 뜻을 크게 펴서 도학에 마음을 두고 좋은 정치를 강구하여 신하와 백성들이 하여금 우리 성군께서 앞으로 하은주 삼대의 도를 일으키시리라는 것을 분명히 알게 하십시오. 그 뒤에 모든 신하의 선과 악을 자세히 관찰하여, 나랏일에 충실하고 임금을 사랑하는 이들을 선택하여 함께 일하십시오. 또 변변치 못하여 아무 뜻이 없고 먹을 것이나 구하는 자들이 염치없이 높은 자리에 있지 못 하게 하십시오. 곧은 사람은 등용하고 굽은 사람을 버리는 것이 마땅합니다. 사람과 그 맡은 직위가 부합되면 세상을 다스리고 백성을 구제할 선비가 반드시 나타나 세상에 쓰여 나랏일이 잘되어 나갈 것입니다. 전하께서 세상을 다스리는 참된 뜻이 있다면, 비록 필부의 말이라도 전하의 덕에 유익함이 있을 것입니다. 만약 전하께서 그럭저럭 지내시며 형식만 갖추기를 일삼는다면, 비록 공자와 맹자가 늘 좌우에 있어 날마다 도의 이치를 말한다고 하더라도 무슨 소용이 있겠습니까."라고 하였다.

영의정 이준경이 나아가 말하기를 "조정에서는 신분에 맞게 체면을 지키는 것이 옳은 일인데, 일전에 승지 이이가 전하께 면대를 청한 것은 근래의 법도가 아니니 전하의 체통이 손상될까 염려됩니다. 가령 면대해야 할 일이 있었다 하더라도 양사와 홍문관이 있는데 어찌 승지가 면대를 청할 필요가 있습니까."라고 하니, 이이가 말하기를 "대감의 말씀은 옳지 않습니다. 단지 그 말하는 내용이 어떠한가에 달려 있을 뿐입니다. 만일 진언이 옳다면 체통에 무슨 방해가 되겠습니까. 승지 또한 경연에 참석하는 관리이므로 면대를 청하여 말씀드리는 것도 그 직무입니다. 영의정 대감의 말은 지나치게 고집스러운 것입니다. 지금 어진 정치가 시행되지 않고 모든 법도가 느슨해져 있으니, 만일 분발하여 지금의 법도를 새롭게 하지 않고 단지 관례에 얽매여 전체만 지킨다면, 어떻게 적폐를 제거하고 큰일을 할 수 있겠습니까. 대신들이 임금을 도에 인도하지 못하고 오로지 근래의 법도만을 지키게 하고 있으니, 이는 아랫사람들이 바라는 바가 아닙니다."라고 하였다. 임금은 신하들의 말에 일절 답하지 않았다.

왕대비가 경연관과 실록청 신하들에게 술과 비단을 하사하였다.

이이가 임금에게 아뢰기를 "정치를 하려면 모름지기 먼저 때를 알아야 합니다. 임금이 아무리 뜻을 펴고 일을 하려고 해도 권력을 쥔 대신들이 나랏일을 독점하거나 전쟁이 일어난다면 비록 뜻은 있다고 하더라도 나라를 다스리는 일은 성취하기 어려울 것입니다. 지금은 다행히도 권력을 쥔 간신배들이 없고 전쟁이 없으니, 지금이 바로 전하께서 서둘러 큰일을 하실 때입니다."라고 하니, 임금이 "그 말이 옳다. 그러나 전국시대처럼 요란한 때에도 맹자가 제齊나라와 양梁나라 왕에게 왕도를 행하라고 권하였으니 비록 전쟁이 있더라도 왕도를 행할 수 있었을 것이다."라고 말하였다. 이이가 절하고 감사하며 말하기를 "전하의 소견이 참으로 뛰어납니다. 다만 왕도를 행하는 것은 실제 드러나는 업적에 있는 것이지 말에 있지 않습니다. 엎드려 바라옵건대 전하는 실제의 업적에 힘쓰셔야 합니다. 맹자께서 '한 번 임금의 마음을 바르게 하면 나라가 안정된다'고 했으니, 이것이 가장 중요한 말입니다. 임금의 마음이 바르면 정사에 조그만 실수가 있더라도 저절로 고쳐질 것입니다. 만일 임금의 마음이 바르지 못하면 비록 정사가 우연히 이치에 맞더라도 점차 잘못된 방향으로 변해 갈 것입니다. 지금 전하께서 먼저 성심을 바로잡아 평소의 말과 행동이 올바름에서 나와 신하와 백성들을 거느리신다면 군자들은 믿는 바가 있어 충성을 다하여 도울 것입니다. 또한 소인들도 임금의 마음에 사사로이 접근하지 못할 것을 알아서 반드시 행동을 바꾸어 선으로 향할 것입니다. 이것이 이른바 임금이 한번 마음을 바르게 하면 나라가 안정된다는 것입니다."라고 하였다.

1569년 9월

　이이가 경연에 나아가 강의할 때마다 학문과 정치에 대하여 말씀드렸으나 임금은 한마디의 말도 없었다. 이이가 아뢰기를 "옛날부터 일하고자 하는 군주가 가장 훌륭한 정치를 일으키려면 반드시 성의를 베풀어 어진 사람을 대접하여 주고, 그 주고받는 말이 마치 메아리와 같아야 합니다. 그러면 아무 거리낌 없이 서로의 말을 잘 받아들이게 되므로 상하가 서로 믿는 사이가 되고, 그렇게 되면 좋은 정치가 이루어지는 것입니다. 요순시대에는 말하지 않아도 믿었고, 간섭이 없어도 교화가 이루어져 굳이 말이 필요 없었던 것 같지만, 옛 서적을 살펴보면 요순이 신하들과 함께 말을 할 때 '좋다, 옳다, 그르다, 못하겠다.' 하며 답하지 않는 말이 없었다고 합니다. 하물며 후세에 더할 나위가 있겠습니까. 우리나라 세종이나 세조 같은 임금도 뭇 신하들과 친밀하게 지냄이 마치 한 집안의 부자지간과 같았습니다. 그래서 신하들이 그 은혜에 감복하고 덕을 사모하여 각자 죽을힘을 다한 것입니다. 지금 신이 여러 번 입궐하여 뵐 때마다 전하께서는 신하들의 말에 거의 답변이 없으십니다. 무릇 한 집안의 부자 사이와 부부 사이가 지극히 가까운 사이라고는 하지만, 가령 자식의 말에 아비가 답하지 않고, 아내의 말에 남편이 답하지 않는다면 정이 막혀 서로 통하지 못하는 법입니다. 하물며 임금과 신하란 그 명분과 지위가 두드러지게 다른 관계가 아니겠습니까? 신하들이 전하를 뵐 수 있는 곳은 오로지 경연뿐입니다. 그래서 경연에 참여하는 신하는 전하께 아뢸 말씀을 미리 생각하여 밤낮으로 벼르다가도 전하 앞에 나와서는 그 위엄에 눌려 제대로 할 말을 다 하지 못하고 열 가지에서 겨우 두세 가지만을 말할 뿐입니다. 임금이 비록 마음을 터놓고 신하와 말을 주고받는다 해도 오히려 아랫사람과 마음이 통하지 못할까 염려가 앞설 뿐인데, 하물며 침묵과 무언으로써 신하의 입을 막고 있지 않습니까? 지금의 천재지변과 정세의 변화는 근래에 없던 일입니다. 신하와 백성들이 모두 두려워하며 또 무슨 일이 있을까 걱정하고 있습니다. 이러한 때에 시급히 전하가 행하실 계책은 좋은 방책을 널리 구하여 지금의 나랏일을 안정시키는 것입니다. 가만히 앉아서 아무 일도 하지 않아서는 안 됩니다. 명종께서 2백 년의 종묘사직을 전하께 맡기셨습니다. 전하께서는 근심거리를 받으신 것이지, 편안함을 물려받으신 것이 아닙니다. 2백 년의 종묘사직이 날로 위험한 지경에 이르고 있는데, 전하는 어찌 종묘사직을 바로 세울 생각을 하지 않으십니까."라고 하였다.

임금이 답하시기를 "수양을 쌓아 덕행이 완성된 뒤에야 이를 정치에 적용할 수 있을 것이다. 어찌 덕행도 없이 어진 정치를 펼수 있겠는가. 또한 하은주 삼대의 정치도 점차적으로 행해야 하는 것이지, 갑자기 회복시킬 수는 없는 것이다."라고 하였다. 이이가 말하기를 "전하의 이 말씀은 진실로 근본을 아시는 말씀입니다. 그러나 덕행이란 하루아침에 성취되는 것이 아니며, 나랏일은 하루라도 폐할 수 있는 것이 아닙니다. 어찌 참된 덕행이 이루어지기 전이라 하여 정사를 외면하고 문란하도록 내버려 둘 수 있겠습니까? 그러므로 덕행과 정치는 마땅히 동시에 닦고 함께 진행되어야 합니다. 또한 하은주 삼대의 정치를 하루아침에 회복시킬 수는 없지만, 폐단을 개혁하여 백성을 구제하는 것이 어찌 행하기 어려운 일이겠습니까. 비록 요순의 덕은 갑자기 이룰 수 없다고 하더라도 요순의 정성 어린 마음을 간절히 바라고, 요순의 좋은 정치를 본받는다면, 이는 요순의 정치에 거의 가깝게 될 것입니다."라고 하였다.

임금이 말하기를 "예전에도 요순의 덕이 없이 요순의 정치를 한 사람이 있었는가?"라고 하니, 이이가 답하기를 "옛사람 가운데 요순을 본받은 사람이 없었기 때문에 그러한 정치를 보지 못한 것입니다. 진실로 요순을 본받아 정치를 행하였다면 어떻게 그런 정치가 없었겠습니까. 정자가 말하기를 '후세의 왕들이 『춘추』의 의리에 밝았다면, 비록 순임금과 우임금의 덕이 없더라도 하은주 삼대의 정치를 회복할 수 있을 것이다' 하였으니, 이것이 분명한 증거입니다. 또한 맹자가 제나라 선왕이나 양나라 혜왕에게 왕도정치를 행하도록 권한 것은 이 두 임금이 왕도를 행할 만하다고 여겼기 때문입니다. 어찌 헛된 논리를 좋아한 것이겠습니까. 덕으로 말하면, 순임금과 우임금의 덕은 제나라 선왕과 양나라 혜왕이 갑자기 성취할 수 없는 것입니다. 그러나 덕은 비록 순임금과 우임금에게 미치지 못하더라도 큰 뜻을 분발하여 몸소 실천하는 데 힘쓰고, 현명한 신하를 신임하며 모든 일을 처리함에 순임금과 우임금을 본받아 나가면 왕도정치에 거의 가까워질 것입니다. 신하들과 백성이 성군을 만나고도 덕행의 감화를 보지 못한다면, 어느 때에 태평세월을 만날 수 있겠습니까."라고 하였다.

이때 이이가 독서당讀書堂[125) 에서 매월 치르는 월과月課 시험을 통해서 임금이 학문하고 정치하는 도에 대해서 문답 형식으로 서술하고, 이를 『동호문답東湖問答』[126)이라고 이름하였다. 임금이 이이에게 묻기를 "『동호문답』에서 한漢나라 문제文帝가 어찌 자포자기했다고 하였는가? 그 논의는 지나친 것 같다."라고 하니, 이이가 대답하기를 "한나라 문제는 진실로 천하의 현명한 군주입니다. 신이 그를 자포자기했다고 한 데에는 그 이유가 있습니다. 옛 선비의 말에 '도를 수양하면서 만약 1등을 다른 사람에게 양보하고 자신은 2등에 머물러 편해지고자 한다면 그것이 자포자기다.'라고 했습니다. 문제는 바탕이 좋은 임금으로 한나라가 가장 융성할 때 옛날의 도를 회복할 수 있었으나 의지가 바로 서지 못하여 인의의 정치를 무시하고 권모술수의 정치를 하는 데에 그치고 말았습니다. 이 때문에 신이 자포자기했다고 말한 것입니다."라고 하였다.

임금이 이르기를 "한나라 문제가 옛 도를 회복하지 못한 것은 분서갱유로 경전들이 불에 타버리고 진실한 유학자가 배출되지 않았기 때문이지, 이것이 어찌 문제의 잘못이겠는가."라고 하니, 이이가 "문제는 큰 뜻이 없어 항상 저급한 논의를 좋아하였습니다. 비록 문헌이 있었다 하더라도 어찌할 수 없었을 것입니다. 따라서 임금이 품고 있는 뜻이 높지 않은 것을 대체로 자포자기라고 할 수 있습니다."라고 아뢰었다.

당시 중궁전의 왕비를 아직 세우지 못하고 있었다. 사간원 정5품 헌납 오건이 아뢰기를 "마땅히 왕비를 간택할 때는 먼저 그 집안의 가풍을 살펴보아야 합니다. 그래야 외척의 걱정거리도 미리 막을 수 있습니다."라고 하니, 임금이 "임금이 현명하지 못하기 때문에 외척이 우환이 되는 것이다. 임금이 현명하다면 외척이 어찌 위세 부리는 일을 마음대로 할 수 있단 말인가."라고 말하였다. 이이가 아뢰기를 "전하의 견해가 참으로 탁월하십니다. 그러나 임금이 비록 현명하다고 하더라도 그 현명함만을 믿고 미리 대비하지 않는 것은 옳지 않습니다. 왕비를 간택하는 데는 모름지기 가풍이 어떠한가를 살펴보아야 합니다. 그렇지 않으면 반드시 어진 왕비를 얻을 수 없을 것이니, 나중에 외척이 방자하게 날뛰는 걱정이 어찌 없겠습니까."라고 하였다. 임금이 "신新나라 왕망(王莽: BC 45~AD 23)[127]의 딸 효평황후孝平皇后[128]는 현명하였으니, 어찌 꼭 부모에게 달린 문제이겠는가?"라고 말하니, 이이가 아뢰기를 "만약 신중하지 않게 일의 이치를 논하여, 일상적인 것과 변화적인 것을 통틀어 말한다면 전하의 말씀도 맞습니다. 그러나 지금 한 나라의 왕비를 간택하는 데 부모가 어떠한가를 묻지 않고 만일의 요행을 바라는 것은 옳지 못한 일이 아니겠습니까. 반드시 대신들에게 물어서 널리 공론을 받아들여, 가풍이 바르고 부모가 어진 분을 얻으신 뒤에야 나라의 복이 될 것입니다."라고 하였다.

이준경이 임금을 모시고 말씀드리다가 이야기가 을사사화에 미쳐서 아뢰기를 "을사사화 당시에 선량한 선비들이 간혹 연루되어 죽은 사람이 있어 그 상처가 아직 아물지 않았습니다."라고 하니, 이이가 말하기를 "대감의 말이 어찌 그처럼 모호하고 분명하지 않습니까? 을사사화 때 책봉된 공신은 위훈 공신이고 죄를 당한 사람은 모두 선량한 선비입니다. 인종이 승하하자 중종의 적자는 단지 명종 한 분뿐이었는데, 천명과 민심이 어찌 다른 사람에게 가겠습니까. 간사하고 흉악한 무리가 공을 탐내어 사림을 해치고 위훈에 기록한 것이니, 죽음과 옥살이의 억울함을 당한 선비들 모두 분하게 여긴 지 오래입니다. 지금 전하께서 새로운 정치를 시작하시는 때에 마땅히 그들의 위훈을 삭제하고 명분을 바로잡아 나랏일을 안정시켜야 하므로 이 일은 늦출 수 없습니다."라고 하였다. 이준경이 "그 말이 옳기는 하나, 선왕 때의 일이라 갑자기 고칠 수 없습니다."라고 말하니, 이이가 "그렇지 않습니다. 명종이 어려서 즉위하시어 비록 간신들의 속임수를 면하지 못하였으나 지금 하늘에 계신 혼령이 그 간사함을 밝게 아실 것이니, 비록 선왕 때의 일이라고 하더라도 어찌 고치지 못하겠습니까."라고 말하였다. 이에 앞서 백인걸이 이준경을 볼 때마다 "이이는 현명하고 재능이 있어 추천하여 쓸 만하다."라고 칭송한 적이 있었다. 그런데 이이가 경연에서 두 번이나 이준경의 말을 꺾자 이준경이 좋지 않게 여기고, 백인걸에게 말하기를 "그대가 추천한 이이는 어찌 그렇게 말을 경솔하게 하는가?"라고 하였다.

왕대비의 존호를 의성懿聖이라 올리고, 문무백관이 하례하였다.

사관四館[129]의 신입 관리들을 학대하는 풍습을 혁파하도록 명하였다. 이이가 임금에게 아뢰기를 "인재를 양성하는 효과가 비록 하루아침에 드러나는 것은 아니지만, 교화를 훼손하는 폐습은 개혁하지 않을 수 없습니다. 지금 과거에 처음 합격한 선비들을 사관에서는 초임자라고 지목하고 모욕을 주며 학대하는 데 못하는 짓이 없습니다. 대체로 호걸의 기개가 있는 선비들은 과거 자체를 그리 대단하게 여기지도 않습니다. 그런데 초임자들의 갓을 망가뜨리고 옷을 찢으며 흙탕물에 구르게 하여 체통을 손상하고 있습니다. 이렇게 염치를 버린 뒤에야 관리의 명부에 오르게 된다면 호걸의 선비치고 누가 조정에 등용되기를 원하겠습니까. 중국에서는 새로 과거에 오른 사람을 대접하는 데 매우 예의를 지킨다고 하는데, 만일 중국에서 이러한 소문을 듣게 되면 반드시 오랑캐 풍속이라 할 것입니다."라고 하였다. 임금이 "학대한다는 것은 무슨 뜻이며 어느 때부터 시작된 것인가?"라고 물으니, 이이가 대답하기를 "문서로 전하는 것은 없습니다. 단지 고려 말년에 과거가 공정하지 못하게 되면서 거기에 뽑힌 사람이 모두 귀한 집 자제들로 입에 젖내나는 이들이 많았습니다. 그때 사람들이 그들을 분홍방粉紅榜[130]이라 지목하고, 공정하지 못함에 분개하여 학대하기 시작했다고 합니다." 라고 하였다. 임금이 "이는 개혁하여야 할 일이다."라고 말하고 과감하게 개혁하도록 명하였다.

홍문관에서 상소를 올려 '임금의 뜻을 확고히 하여 실효를 구할 것, 도학을 숭상하여 민심을 바르게 할 것, 기미를 살펴 사림을 보호할 것. 혼례를 정중히 하고 배필을 중하게 여길 것, 기강을 진작시켜 조정을 엄숙하게 할 것, 절약을 숭상하여 국고를 넉넉하게 할 것, 임금께 말을 전할 수 있는 길을 넓혀 많은 계책을 모을 것, 어진 인재를 등용하여 능력에 맞는 직분을 맡길 것, 낡은 법을 개혁하여 민생을 구제할 것' 등을 주청하였다. 상소가 올라가자, 임금이 너무 지나치다고 생각하여 받아들이지 않았다. 임금이 즉위한 지 3년이 되었음에도 정치를 잘하려는 성의가 없고, 신하들도 모두 과거의 습속에 젖어 도학은 땅에 떨어지고, 민심은 이익만 추구하게 되었다. 간사한 사람들은 틈만 엿보고, 조정에서는 직언이 드물고, 나라의 기강이 떨어지고 사치는 도를 넘어 국고는 고갈되었다. 어진 선비는 물러나 숨어 지내며, 백성의 폐해는 날로 깊어졌다. 왕비를 정하는 데 어진 집안의 따님이 간택될지 알 수 없었으므로 홍문관에서 이러한 상소를 올린 것이다.

임금이 성균관 문묘에 특별히 제사하고, 과거를 열어 노직(盧稙;

1536~1587)[131] 등을 급제시켰다.

1569년 10월

1569년 겨울 10월. 천재지변으로 인하여 임금이 조회를 피하고 수라상의 반찬 수를 줄였으며, 음악을 삼가고 사방으로 직언을 구하였다. 이때 태양의 변화가 이상하므로 대신들에게 물으니, 영의정 이준경이 대답하기를 "왕실의 혼례가 가까운데 하늘의 변화가 이러하니, 후일 중궁전에서 정치에 간섭하고 외척이 날뛰는 폐단이 일어날까 염려됩니다. 바라건대 이를 두렵게 여기시고 덕을 수양함에 힘쓰십시오."라고 하였다.

이이가 경연에서 『맹자』를 강의하다가 '임금이 좌우를 돌아보며 다른 말을 하였다.'[132]라는 대목에 이르러 아뢰기를 "지금 민생이 곤궁하고 기강이 문란하여 나라 안이 다스려지지 못함이 심합니다. 가령 맹자가 전하에게 '어떻게 하실 것입니까?' 하고 묻는다면, 전하는 무어라 대답하시겠습니까?"라고 하니, 임금이 대답하지 않았다. 이이가 임금이 선한 정치를 구할 뜻이 없음을 알고 드디어 떠날 생각을 가지게 되었는데 마침 외조모의 병이 위중하다는 소식을 듣고 벼슬에서 물러나 귀향하기를 청하니, 임금이 휴가를 주어 내려가게 하였다.

1569년 11월

덕흥군을 높여 대원군이라 하고, 그의 아들 하원군(河源君; 1545~1597, 선조의 형)에게 1품의 작위와 함께 토지와 노비를 지급하였다. 임금은 하원군에게 1품 작위를 세습시켜서 그 집안의 제사를 받들게 하려고 하였으나 조정 대신들이 모두 옳지 않다고 하였다. 또 "종친의 녹봉은 4대로 한정한 옛 법도를 바꿀 수 없습니다."라고 하므로, 1품의 작위와 녹봉은 4대로 한정하고, 토지와 노비만을 주어 대대로 제사를 받들게 하였다.

삼가 살피건대, 적장자의 혈통에 마음을 두는 것은 진실로 그 이치에 맞는 일이다. 또 사가의 부친[덕흥군]을 높이 받드는 것도 자식으로서 당연한 도리이다. 명분 한 가지 이외에는 아무리 융숭하게 대우하더라도 안 될 것이 없다. 조정 신하들은 인정과 예를 헤아리지 않고 다만 옛 법도만을 지키려고 하는데, 옛 법도는 비록 바꿀 수 없으나 일의 이치는 만 번이라도 변할 수 있다. 어찌하여 꼭 옛 법도만 고집할 수 있겠는가. 임금도 방계의 혈통으로서 왕위를 이었으니, 이 또한 어찌 옛 법도라 하겠는가. 대원군[덕흥군]이 임금을 낳아 길렀는데 4대 뒤에 대를 이을 후손들의 녹봉이 끊어진다면, 이는 송나라 영종이 그의 생부 복왕濮王[133]을 숭상하여 이를 대대로 제사하던 사례와는 다른 것이니, 어찌 임금의 마음에 섭섭함이 없겠는가.

1569년 12월

박 씨를 왕비로 책봉하고, 부친 박응순(朴應順; 1526~1580)[134]을 전례에 따라 정1품 영돈녕부사로 임명하였다. 박응순의 아우 박응남(朴應男; 1527~1572)[135]은 명망이 있어 요직에 있었고, 심의겸과 친밀하였으므로 박 씨의 책봉에 심의겸의 힘이 컸다.

1570년(경오) 선조 3년

1570년 정월

1570년 선조 3년 봄 정월. 이조판서 박순이 병으로 사직하고, 이탁이 이조판서가 되었다. 이탁은 명망이 박순에 미치지는 못하였으나 선비를 사랑하고, 남의 잘못을 이해하고 감싸주며 일을 처리하는 능력이 있었다. 그래서 그가 이조전랑으로 있을 때 바른 도리를 펴는 데 힘썼고, 조정의 정사를 보는 데에는 박순보다 나았다.

1570년 3월

좌의정 권철이 병을 핑계로 조정에 나오지 않다가 임금의 권유로 나왔다. 처음 권철이 경연에 나왔을 때 백인걸이 임금에게 아뢰었던 "임금과 신하의 화합이 부자와 형제같이 된 뒤에라야 일의 성과를 이룩할 수 있습니다. 그런데 지금 서로의 화합이 부자지간과 형제와 같다고 할 수 있겠습니까."라고 하는 말을 들었다. 권철이 이 말을 잘못 알아듣고 백인걸이 권철 자신과 이준경이 서로 화합하지 못해서 자신들을 배척하는 말이라고 생각하였다. 그래서 경연에서 물러 나와 사람들에게 "내가 백인걸로부터 심한 논박을 당하였으니, 다시 경연에 나올 수 없다."라고 말한 것이다.

이때 이준경이 병으로 사직하자 권철 또한 병을 핑계 삼으니, 여론이 떠들썩하였다. 홍섬이 이를 듣고 "백인걸의 말이 무슨 뜻인지 알 수 없습니다만, 권철과 이준경의 사이는 원래 티끌만 한 혐의도 없었습니다. 남의 말만 듣고 대신들을 동요하게 하는 것은 옳지 않습니다."라고 말하니, 임금이 답하기를 "백인걸은 본성이 순박하고 솔직하여 군자의 풍채가 있으므로 비록 과한 말을 하였다 치더라도 그 말에 마음을 두지 마시오."라고 하고는 권철에게 조정에 나와서 일을 보도록 권하였다. 백인걸이 홍섬의 말을 듣고 놀라며 괴이하게 여겨 승정원에 와서 『승정원일기』를 살펴보니, 특별히 권철을 배척한 말이라곤 없었다. 이에 백인걸이 상소를 올려 이 일을 스스로 해명하였다. 그런 뒤에야 권철이 잘못 들었던 것을 깨닫고 비로소 조정에 나온 것이다.

삼가 살피건대, 대신이란 나라의 중임을 맡은 사람이다. 마땅히 그 책임을 다하여야 한다. 자신을 돌아보아 당당하다면 남의 말로 인하여 의기소침해서는 안 되며, 자신을 헤아려 보아 그 직책에 합당하지 못할 것 같으면 간곡히 사양하여 현명한 인재에게 자리를 내어주는 것이 옳다. 지금 권철은 정승의 자리에 있으면서 정사에 관해서 임금에게 건의한 적이 없고 앞뒤의 눈치나 살피며 남의 말만 두려워하니, 어찌 대신의 명성과 지위에 부끄럽지 않겠는가.

임금이 친히 중국 사신이 거처하는 모화관에 나가 무사들의 과거시험을 보고 저녁에 환궁하였다. 이때 대궐 문에 미처 들어서기 전에 저녁 종이 울렸다. 호위하던 신하들 가운데 대궐 문밖에 집이 있는 사람들은 종소리를 듣고 서둘러 달려가므로 그들의 뜀박질소리와 말발굽 소리가 요란하였다. 식자들이 이를 보고 놀라며 괴이하게 여겼다.

가뭄이 심하여 임금이 이준경 등에게 가뭄의 대비책을 물었다. 삼정승이 올린 대책이 여러 가지였으나 모두 구태의연한 말들이어서 그다지 쓸 만한 계책은 없었다. 이때 큰 흉년이 들어 민생이 제 갈 길을 잃고 나라의 형편이 위태로웠으나, 대신들은 그대로 묵은 폐습을 따르고 좋은 건의가 없었다. 선비 중에서 혹 일하고자 하는 사람이 있더라도 그들을 모두 일 만들기를 좋아하는 사람이라 배척하여, 선비들의 사기가 몹시 꺾여있었다.

우박이 떨어지고 무지개 같은 기운이 햇무리를 꿰뚫었다. 천재
지변이 연이어 나타나 민심이 흉흉해졌다. 그러자 대신들과 양사,
승정원에서 임금에게 조회를 피하고 신하들의 직언을 구하도록 주
청하였다. 그러나 임금은 날씨를 잘 살펴보라는 말만 하고 듣지 않
았다.

임천(林川; 충남 부여군)에 임금의 태(胎)를 묻었다. 임금이 처음 즉위
하였을 때, 조정의 공론이 선대의 전례에 따라 땅을 골라 태를 묻어
야 한다고 하여, 왕의 사가에 태의 소재를 물어 그 동산 북편의 숲
사이에서 찾아냈다. 드디어 적합한 장소인 강원도 춘천에 태를 묻
기 위하여 그 자리의 작업을 끝내고 풍수지리를 살펴보니 옛날 무
덤이었다. 다시 황해도 강음(江陰)으로 옮겨 터를 닦는데 혈 자리 수
십 보 밖에 작은 항아리가 묻혀 있으므로 역시 옛날 무덤이 아닌가
의심하였다. 그러나 황해도 관찰사 구사맹(具思孟; 1531~1604)[136]이 "이
는 정혈도 아니고 단지 작은 항아리만 있을 뿐 다른 물건은 없으니,
이것 때문에 경솔히 큰 공사를 중단할 수 없습니다."라고 하였다.
그리하여 여러 사람의 의견을 모아 태를 모실 자리의 작업을 마치
게 되었다. 조정에 이 소식이 알려져 사헌부에서 구사맹이 이 일들
을 임금께 아뢰지 않은 죄의 잘못을 따져 파면하였다. 또 대신들은
더럽혀진 곳에 태를 묻을 수 없다 하여, 충청도 임천으로 옮기게 된
것이다. 그때 백성들은 흉년으로 굶주림에 시달렸는데, 태를 묻는
데 쓰일 석재를 운반하는 일까지 더해져 매우 힘들어하였다. 한번

임금의 태를 묻는 일로 3도(강원, 황해, 충청)가 피해를 보니 식자들이 탄식하였다.

삼가 살피건대, 임금이란 이미 지극한 고귀함이 있는 분이다. 신하 된 이가 떠받들기만 하는 것을 존경이라고 생각하지 말고, 좋은 일을 행하도록 간언하는 것을 공손히 받아들여야 한다. 흉년을 당하여 민생이 도탄에 빠진 이때 대신들과 양사에서는 임금을 바로잡고 민생을 구제하는 데 힘쓰지 못하였다. 임금의 태를 묻을 때 풍수지리에 현혹되어 여러 번 임금의 태를 옮겨 3도의 백성들을 혹사하고도 가엾게 여기지 않으니, 무어라 해야 하겠는가. 태를 묻는 일보다 왕실 능자리를 고르는 일이 더 중하다. 그런데도 오히려 옛날 무덤을 피하지 않고 남의 무덤을 파내고도 능을 모시는데, 어째서 태를 묻는 데만 옛 무덤을 피하는 것은 무슨 까닭인가. 또 나라 안에 태를 묻을 봉우리들의 숫자는 한정되어 있고 태는 대대로 다함이 없이 계속 묻을 터인데, 한 번 묻은 곳을 두 번 다시 쓰지 못한다면 나중에는 나라 밖에서 구할 것인가. 이는 계승해 나갈 사례가 아님이 분명하다.

1570년 4월

임금을 가까이 모시던 신하들이 다시 천재지변을 거론하며 조회를 피할 것을 주청하였다. 그러자 임금이 "조회를 피하는 것은 곧 임금이 자신을 낮추는 일이거늘, 신하가 어찌 경솔히 말할 수 있겠는가."라고 하였다. 임금이 종묘에 여름 제사[137]를 몸소 행하려 하는데, 문무백관이 모두 천재지변이 있는 중이므로 친히 제사를 하시지 말라고 주청하니 임금이 그만두었다.

삼가 살피건대, 임금이 몸소 종묘에서 제사 지내는 것은 당연한 예인데, 천재지변에 조심하는 것이 무슨 허물이 되겠는가. 만일 의장대와 시위대를 줄여서 몸소 종묘에 나간다면 조상을 받들고 재앙에 조심하는 이 두 가지 일에 모두 합당한 것이다. 조정 신하들이 임금의 의중을 알지 못하고 친히 제사 지내는 것을 유람 다니는 일에 비교하여 임금의 좋은 뜻을 막은 것이다. 이는 몸과 마음을 정갈하게 하고 주문이나 외워서 적을 물리치려는 것과 무엇이 다르겠는가. 아! 대신들과 임금을 모시는 시종관들 모두 이처럼 식견이 없으니, 아무리 임금을 바로잡고 일을 바르게 하고 싶은들 무슨 소용이 있겠는가.

가뭄이 더욱 심해졌다. 임금이 조회를 피하고 수라상의 반찬을 줄이며, 음악을 멈추고 사방으로 직언을 구하였다.

기미일[1570년 4월 22일]. 임금이 친히 성 밖 남쪽 산 제단에서 기우제를 지냈다.

성균관 유생들이 상소하여 김굉필, 정여창(鄭汝昌; 1450~1504)[138], 조광조, 이언적 네 사람을 성균관 문묘에 배향하기를 주청하니, 임금이 "이런 중대한 일은 경솔히 처리할 수 없다."라고 말하였다. 상소가 연이어 3번이나 올라왔으나 임금은 끝내 허락하지 않았다.

병조참판 백인걸이 상소하였는데, 그 대강의 뜻은 다음과 같다. 첫째 폐단의 정치를 개혁할 것, 둘째 을사년과 기유년의 억울한 일을 씻어 줄 것, 셋째 조광조를 문묘에 배향시킬 것, 넷째 이황을 조정으로 다시 부를 것, 다섯째 백인걸 자신은 사직하고 낙향하겠다는 것이었다. 임금이 크게 칭찬하며 답하기를 그 상소를 대신들에게 내려 의논한 뒤 올리도록 하였다.

큰 기근이 들었다. 그중에서도 경기, 경상, 충청도가 더욱 심하였다. 임금이 경연에서 홍섬에게 묻기를 "3도에 어사를 파견하여 폐단을 조사하라. 또 기근을 구제하려면 누구를 보내는 것이 좋겠는가?"라고 하니, 홍섬이 답하기를 "신이 어리석어 사람을 알 수 없으니, 전하께서 뽑아 임명하시는 것이 마땅합니다. 그렇지 않으시면 대신들과 의논해서 아뢰겠습니다."라고 하였다. 그리고 나와서 권철과 의논하여 아뢰기를 "어사는 전하께서 선택하실 일이고, 신등이 간여할 바가 아닙니다."라고 하였다. 임금이 굳이 묻자, 삼정승이 합의하여 아뢰기를 "삼정승이 어사를 천거한 전례가 없었으므로 후일 폐단이 생길까 염려됩니다."라고 하니, 임금이 그만두고 묻지 않았다.

삼가 살피건대, 대신이란 나라의 정권을 잡아 백성을 다스리는 자리이므로 나라의 모든 일을 미리 알아야 한다. 인재를 천거하여 직무를 맡기는 것은 대신들의 당연한 책무이다. 삼정승이 요직에 앉아 자리를 채우고 녹봉을 먹으면서 나랏일에 대해서는 득실을 알지 못하고, 인재 등용에 대해서는 현명함의 여부를 알지 못하다가 갑자기 임금이 물으면 어쩔 줄을 몰라 하면서 전례가 없다고만 하고 있다. 이는 제 몸을 위하는 데는 잘한 일이나 천하 후세 사람들에게 받을 비웃음거리는 어찌할 것인가. 아! 나랏일은 날로 잘못되어가고 폐습은 고질병이 되었는데 다만 전례만을 고집하고 앉아서 망하기만 기다리는 것은 대신들이 적당한 사람이 아니기 때문이다. 이러한 화가 어찌 끝이 있겠는가.

1570년 5월

영의정 이준경 등이 백인걸의 상소를 의논하여 아뢰기를 "상소 중에 학문에 힘쓰고 현명한 사람을 조정에 불러 일을 맡겨야 하는 것은 오직 전하의 밝은 지혜로 살펴서 돈독히 실행하기에 달렸습니다. 기타 폐단의 정치에 대해서 상의하고 대책을 마련하는 일은 모두 관리들의 책무이니, 전하께 번거로이 여쭐 것이 없습니다.

그 대책의 내용을 살펴보면 을사년[1545]과 기유년[1549] 선비들의 억울한 누명을 벗게 하고 그들[김굉필·정여창·조광조·이언적]을 성균관 문묘에 배향시키려는 것뿐입니다. 을사년의 일은 사실 의논할 여지가 많으니 지금 경솔히 의논할 것이 아닙니다. 기유년의 옥사는 가장 원통하고 불행한 일입니다. 그들을 문묘에 배향시키려는 백인걸의 뜻은 조광조만을 가리키고 있는 것입니다. 그러나 우리나라의 성리학은 사실 김굉필로부터 시작된 것이니, 그들을 문묘에 배향시키는 것은 진실로 부끄러움이 없는 일입니다. 그런데 전하의 말씀 중에 '을사년과 기유년의 일은 지금 논할 것이 아니고, 종묘에 배향하는 일은 경솔히 다룰 것이 아니다.'라고 하셨으니 신 등이 감히 입을 열 수 없습니다. 그러나 사안이 이와 같으므로 감히 전후 사정을 말씀드리는 것입니다."라고 하였다. 임금이 알았다고 답하였다.

삼가 살피건대, 대신이 임금을 돕는 데는 아무리 일이 없는 때라도 정성을 다하여 그 잘못을 바로잡아 나랏일을 바르게 한 뒤에 그만두어야 한다. 더구나 나라에 재앙이 심상치 않고, 임금과 신하들 모두 경황이 없는 때에는 더 말할 나위도 없다. 이준경 등은 선왕 때의 대신으로 임금이 존중해주고 나이와 직위가 모두 높으니 더 바랄 바가 없는 사람들이다. 마침 임금이 직언을 구하고 백인걸이 상소한 때이니, 이준경 등은 임금께 허심탄회하게 말씀을 올리고 무너져 가는 기강을 일으킨다면 사람들의 기대가 충족될 것이다. 그런데 분명하지 못한 태도로 임금의 말씀에 참견할 수 없다고까지 했으니, 이 무슨 말인가. 대신이 입을 열지 못한다면 감히 누가 말할 수 있단 말인가. 을사년의 일은 삼척동자도 모두 무고함과 억울함을 알며, 죽음과 옥살이의 억울함을 당한 선비들 모두 분하게 여긴 지 이미 오래되었으니 지금 말해도 될 때이다. 그런데도 말을 하지 못하고 경솔히 논할 일이 아니라고 내세우니 그 분명하지 못함이 너무 심하다. 대신이 아뢰는 말에 한계가 분명하지 못하므로 임금도 알았다고만 하고 옳고 그름을 말씀하지 않은 것이다. 아! 나라의 기강이 바로잡힐 날은 마침내 기대할 수 없게 되었다.

기묘일[1570년 5월 12일]. 임금이 사직단에서 친히 기우제를 지내니, 이날 비가 내렸다.

이때 이준경, 권철, 홍섬이 정승이 되었다. 권철과 홍섬은 본래 변변치 못하여 직급 순서에 따라 정승이 되었고, 오직 이준경만이 약간의 인망이 있었으나 그 역시 재능과 식견이 부족하고 성격이 거만하여 아랫선비들의 말을 들어주는 아량이 없었다. 그런 데다가 나라의 천재지변이 심하여 민심이 뒤숭숭한 때에도 조정에 특별히 건의한 바가 없으므로 선비들의 여론이 이준경을 인정하지 않았다. 그 역시 스스로 편안하지 못하였고 이로 인하여 새로 벼슬길에 오른 선비들과 화합하지 못하였다. 기대승은 재량이 뛰어났으며 일을 의논할 때는 과감하고도 예리하여 이준경과는 여러 가지 면에서 의견이 맞지 않았다. 이에 기대승이 분개하여 벼슬을 버리고 고향으로 돌아가니, 선비 중에 애석해하는 이가 많았다.

백인걸이 어떤 사람에게 말하기를 "지금 조정은 신진 선비들과 대신들 사이가 화합하지 못하고 있다. 대신들은 안정에만 힘쓰므로 그 폐단은 구차해졌고, 신진 선비들은 건의하는 것에만 힘쓰므로 그 폐단이 과격해졌으니, 중간에서 화해시키는 것이 마땅하다. 그러니 내가 전하를 뵙고 모두 말씀드리겠다."라고 하였다. 이 말을 들은 어떤 사람은 백인걸이 임금에게 본래 취지에 어긋나게 말을 많이 하여 임금이 붕당이 생겼나 의심하게 할까 봐 그를 극구 말렸다. 홍섬이 백인걸에게 말하기를 "내가 정승을 지내는 것이 어떠하겠습니까? 만일 정승을 할 만한 사람이 조정에 나타난다면 그때 가서 그대가 나를 탄핵하면 되지 않겠습니까."라고 하니, 백인걸이 우물쭈물 얼버무리고 나와 말하기를 "만약 이황이 올라온다면 홍섬의 정승 자리를 논박하여 갈아버리기가 무엇이 어렵겠는가. 다만 이황이 오지 않을 뿐이다."라고 하였다.

백인걸은 스스로 충직하다고 하였지만 배움이 부족하고 나이가 많은 탓에 총기가 흐려졌다. 임금 역시 총애는 보이면서도 실제로는 그의 말을 받아들이지 않았고 선비들도 그를 믿고 따르지 않았다. 백인걸과 친한 사람들이 그에게 조정에서 물러나라고 권하자, 백인걸이 "내가 성은에 감격하여 차마 훌쩍 떠나지 못하겠다."라고 말하였다. 백인걸의 상소로 인하여 을사사화의 문제가 대두되었고, 모든 사람이 울분을 참지 못하고 저마다의 원통함과 억울함을 풀어 주지 못해서 나라에 이런 가뭄이 온 것으로 생각하였다. 이준경 등이 이 같은 여론을 억제하기 어려움을 알고, 여러 대신과 함께 입궐하여 정미년과 기유년의 억울한 죄를 씻어 주고, 이기와 정언각(鄭彦慤; 1498~1556)[139]의 삭탈관직을 주청하였다. 그러면서도 오히려 을사사화의 일은 말하지 않았다. 다음 날 삼사의 관원들도 함께 나서서 을사년 이후의 억울함을 씻어 주기를 청하면서도 위훈삭제에 관한 말은 하지 않았다.

> 삼가 살피건대, 신하가 임금을 섬기는 데는, 임금이 싫은 낯빛을 해도 바른말로 간언해야 하고 숨기는 일이 없어야 한다. 을사사화의 원한이 천지에 가득하고 그 분노가 죽음과 옥살이의 억울함을 당한 선비들에게까지 맺혔으므로 위훈을 삭제하지 않으면 명분을 바로잡을 수 없다. 그런데 지금 대신들은 임금께 감히 을사사화를 말하지 못하고 삼사는 감히 위훈 삭제하자는 말을 드리지 못하고 있다. 이를 알지 못한다면 지혜가 없는 것이고, 알고도 말하지 않았다면 충심이 없는 것이다. 큰일을 들추어 임금을 감동하게 하려면 그 지성이 돌을 뚫는 듯해도 오히려 이루어지지 않을까 염려해야 하는데, 이치에 닿지 않는 지혜와 조그마한 정성으로 임금을 감동하게 하려고 하니, 어찌 성공할 수 있겠는가. 위훈을 삭제하지 못할 것이 너무도 당연하다.

박점(朴漸; 1532~?)[140]을 사간원 정언으로 삼았으나 병을 핑계로 사직하였다. 박점은 평소 효도와 우애로 이름이 난 인물로, 심의겸과도 깊은 친분이 있었다. 이량이 세력을 가졌을 때 박점은 그로 인해 사림이 장차 화를 입을 것을 예상하고 심의겸을 시켜 그의 아버지 영돈녕부사 심강에게 말하여 이량을 쫓아냈다. 이량이 쫓겨나자 박점이 가만히 있지 못하고 자기의 공을 스스로 내세우므로 그 명예가 여러 사람의 입에 오르내리며 떠들썩하였다. 박점과 교류하는 사람들은 모두 이름난 선비들로서 그의 집 마당이 조용하지 않았다. 박점은 재능과 지혜가 부족하고 학문의 깊이도 없었다. 그러나 항상 나라를 걱정하는 말은 곧잘 하였고, 착한 선비가 요직에 오르지 못했다는 말을 들으면 꼭 담당 관원에게 천거하려고 하였다. 그래서 식자들은 그의 어리석음을 민망하게 여겼고, 깨달음이 없는 사람은 그의 세력을 따랐고, 시기하는 사람은 그의 명성을 꺼렸기 때문에 그를 헐뜯는 말과 찬양하는 말이 뒤섞여 있었다. 이런 때에 효행으로 천거되어 성혼과 함께 참봉직을 받고 얼마 되지 않아서 과거에 급제하였다.

백인걸은 본래 박점을 잘 모르고 그 명성만을 들었다가 성혼이 6품으로 승진될 때 임금에게 아뢰기를 "박점도 학문과 행실이 갖춰졌으니, 6품으로 품계를 올려 요직에 쓰십시오."라고 하였다. 임금이 이를 좋게 여기고 박점을 6품으로 올려주자 여론이 좋지 못하였고 그를 싫어하는 사람들이 더욱 많아졌다. 어떤 사람이 백인걸의 잘못된 천거를 탓하자, 백인걸이 답하기를 "나는 박점을 잘 알지 못하고 다만 성혼과 함께 일컬어지기에 성혼이 6품이 되는 것을 보고 박점도 6품이 되는 것이 마땅하다고 생각한 것이다. 그런데 지금 조정의 공론이 좋지 못하니, 내가 다시 임금에게 아뢰어 그 임명을 거두도록 하겠다."라고 하였다. 백인걸의 생각이 이처럼 일정하지 못했다.

이준경은 본래 박점을 마땅치 않게 생각하였다. 어느 날 어떤 사람이 이준경에게 무언가를 청탁했는데, 이준경이 허락하지 않았다. 그러자 그 사람이 말하기를 "박점은 관직 없이도 세력이 있어서 편지 한 장이면 지방의 수령들을 뒤흔드는데, 무슨 재상이 이처럼 냉정하십니까?"라고 하니, 이준경이 "박점의 행실이 이렇게 분별이 없는데도 명망이 두터운 것은 혹 도둑질한 것이 아닌가."라고 말하고는 그를 더욱 미워하였다. 박점이 사간원 정언이 되자 이준경이 대사간 김난상에게 "박점을 청요직에 둘 수 없다."라고 말하였다. 김난상 역시 박점의 과실이 많다는 말을 들었기 때문에 동료들과 함께 그를 논박하려 하자 동료들이 놀라며 거절하였다. 김난상이 "내가 사간원의 수장으로 동료들에게 신임을 얻지 못하니, 마땅히 나 자신부터 먼저 탄핵하겠다."라고 말하였다. 그리고 대궐에 들어가 아뢰기를 "박점은 줏대 없이 경박하고 의논을 좋아하여 성균관 유생으로 있을 때부터 조정의 정사를 어지럽혔습니다. 또 조정 선비들과 결탁하므로 그를 청요직에 둘 수 없습니다. 이 때문에 신이 동료들과 함께 그를 논박하려 하였으나 동료들이 듣지 않으니, 이것은 신이 못나 동료 관원들에게 신임을 얻지 못한 것입니다. 신의 관직을 교체해 주십시오."라고 하니, 임금이 허락하지 않았다. 사헌부에서 김난상을 그르다고 탄핵하여 사헌부에서 쫓아내니, 박점은 마음이 편치 않아 병을 핑계로 사직하였다. 이준경이 경연에서 박점의 죄와 허물을 강력히 주장하니, 임금이 "보잘것없는 박점에게 내가 하마터면 속을뻔하였다."라고 말하고는 백인걸을 돌아보며 "어찌 그런 사람을 천거하였는가."라고 하자, 백인걸이 아뢰기를 "소신이 소문만 믿고 잘못 아뢴 것입니다. 이준경의 말이 옳습니다."라고 하였다.

삼가 살피건대, 박점은 학문이 부족한데 명성만 너무 높았다. 그에 대한 명성도 사실보다 과했지만, 비방 또한 진실이 아니다. 김난상이 박점을 좋아하지 않았다면 그 명성이 사실보다 지나친 것만을 들어 논박하면 그만이다. 조정의 선비로서 청요직에 있는 사람들 모두 박점보다 나은 것도 아니니 미루어두고 논박하지 않아도 무방하다. 그러나 지금은 조정의 정사를 비난한다는 죄목까지 붙었으니, 이것은 임금에게 신하의 말을 싫어하는 마음을 갖게 해서 조정의 선비들이 직언할 길을 막는 결과가 되었다. 어찌 그 폐해가 적겠는가. 대체로 성균관 유생이 조정의 정사를 비난하는 것은 비록 그 자신에게 주제 넘는 말을 함부로 한다는 책망은 있을 수 있으나, 조정에서 이것 때문에 그 사람에게 죄를 씌울 수는 없는 것이다. 공자가 이르기를 "나라에 도가 없으면 행실은 엄격하고 바르게 하여도 말은 공손히 하라."[141]라고 하였으니, 말이 불손한 것은 나라에 해가 되는 것이 아닌데, 어찌 선비가 말을 공손하게 하여 도가 없는 나라로 만들 수 있겠는가.

김난상의 벼슬이 교체된 뒤로 선비 중에 그가 잘못 아뢴 것을 책망하는 사람들이 많았다. 김난상이 말하기를 "내가 20년 동안 귀양살이 끝에 지금 임금의 총애를 받았으니 내 한 몸 아까울 게 없거늘, 어찌 다른 것을 돌볼 겨를이 있겠는가. 다만 박점이 헛된 공명심으로 일을 그르칠까 두려웠기 때문에 나의 몸을 돌보지 않고 격분하여 그를 탄핵한 것이다. 또한 이는 나의 단독 의견도 아니다. 유식한 사람들 역시 박점은 등용되어서는 안 될 사람이라고 하였다. 나의 이번 행동은 단지 나라를 위하였을 따름이다."라고 하였다. 오래지 않아 김난상이 병으로 죽자 어떤 사람이 말하기를 "김난상은 사림의 미움을 받아 우울증이 심해졌다."라고 하였다.

1570년 5월 갑오일[27일]. 홍문관에서 위훈 삭제 논의를 듣고나오니, 양사의 관리들은 위훈 삭제의 부담을 피하였다가 다시 직무에 나왔다. 이때부터 삼사와 온 조정이 모두 위훈 삭제를 주청하였다.

1570년 6월

1570년 6월 무술일[2일]. 정미년과 기유년의 죄인에 대하여 모든 원통함을 풀어 주도록 임금이 명하였다. 그러나 이홍윤(李弘胤?~?)[142]만은 사면되지 않았고, 이기와 정언각의 관직과 작위는 삭탈하였다. 이때 양사의 관원들은 날마다 편전에 엎드려 있었고, 홍문관에서는 하루에 두 번씩 상소를 올렸고, 대신들도 자주 와서 아뢰었다. 또 조정과 왕실의 종친, 유생과 공신의 자손 등이 모두가 다투어 상소를 올렸으나 임금은 더는 윤허하지 않았다. 그래서 민심이 더욱 격해졌다.

1570년 7월

1570년 5월부터 큰비가 내려 7월까지 계속되었고 벼락 친 곳이 많아 다 기록할 수 없었으며, 사람과 가축들이 많이 죽었다.

1570년 8월

1570년 임술일[8월27일]. 임금이 삼정승을 비롯한 대신들을 편전으로 불러 을사년의 일을 의논하고 비로소 정순붕과 임백령의 관직을 삭탈하였다. 다음 날 삼정승이 백관을 거느리고 조정의 뜰에 서서, 위훈을 삭제하고 유관과 유인숙의 원통함을 풀어 주기를 임금께 주청하였다. 그 뒤로 양사에서 하루에 다섯 번씩 아뢰고, 홍문관에서는 날마다 세 번씩 상소를 올렸다.

1570년 9월

1570년 병인일[9월1일]. 양사의 관원들이 비로소 사직하였다.

1570년 10월

1570년 10월 정사일[23일]. 양사의 관원들이 명나라 황제의 생일을 축하하는 일 때문에 직무에 나와서 유관과 유인숙의 일을 다시 아뢰어, 두 사람이 반역했다는 죄명을 씻어 주었다.

1570년 11월

임금께 을사사화의 일에 대해서 아뢰는 것을 중지하였다. 이 일이 시작된 후로 문무백관이 직무를 정지하고 편전에서 임금에게 주청한 지 일곱 달이 되었으나 끝내 위훈을 삭제하지 못했다. 이는 대신들이 처음부터 사람들의 뜻에 쫓겨 우왕좌왕했고, 그들의 정성이 부족했기 때문에 임금의 마음을 끝내 돌리지 못한 것이다. 이준경 등은 오히려 "모든 일은 마땅히 서서히 해 나갔어야 하는데 위훈 삭제 논의를 너무 성급하게 주청하여 허락을 얻지 못했다."라고 말하였다.

삼가 살피건대, 온 조정이 편전에서 부르짖었으나 끝내 임금의 윤허를 얻지 못한 데에는 네 가지 이유가 있다. 임금이 즉위 초에 비록 선대왕의 잘못된 점을 당장 개혁할 수는 없다고 하더라도 대신들이 간신배들의 죄와 선량한 선비들의 원통함을 날마다 경연에서 밝혀서 임금의 마음에 조금씩 스며들게 해야 한다. 그렇게 해서 임금이 좋아하고 미워하는 기준을 미리 정할 수 있도록 힘써야 했다. 그런데 어물어물하다가 을사사화 등의 문제가 벌어진 뒤에도 오히려 경솔히 의논할 일이 아니라 하여 임금이 선대왕의 일을 갑자기 고치기 어렵게 만들었으니 이것이 첫째 이유이다. 대신들이 모두 윤임의 일은 논의할 것이 아니라 하여 윤임이 실제로 역모를 도모한 것처럼 되어 버렸다. 윤임이 역모를 도모하였다면 어찌 그 도당이 없었겠으며 윤임을 죽인 자에게 어찌 공훈이 없다고 하겠는가. 임금은 여기에 의심이 없을 수 없으니 이것이 둘째 이유이다. 처음 임금에게 아뢸 때 위훈 삭제를 곧바로 청하지 못했으며 말은 분명하지 않았고 간곡한 정성도 부족하였다. 그러니 임금의 생각에 '대신들이 아랫사람들의 여론에 못 이겨 말할 뿐 그 본심은 아니다.'라고 짐작했기 때문에 끝내 믿지 않았으니 이것이 셋째 이유이다. 위훈에 기록된 공신들 반 이상은 내명부 나인들의 족속들로 대궐 속 뿌리가 깊이 박혀있어서 온갖 계략으로 조정을 교란했다. 그들은 대궐 안 사람들에게서 역모죄에 대한 죗값이 어떠한지를 익히 들어왔기 때문에 대비전을 찾아가 위훈 삭제에 대한 공론은 선대왕을 저버리는 것이라고 울며 하소연하였다. 이를 들은 대비도 그 진위를 분별하지 못하게 되었고, 임금이 일을 결단하는 것을 어렵게 만들었으니 이것이 넷째 이유이다.

지금 임금이 조정의 공론을 굳이 거절하여 온 나라가 흉흉한 때에 어떤 사람이 심의겸에게 권하기를 "대비전에 아뢰어 기어코 이 일을 성취해야 합니다."라고 하였으나, 심의겸은 감히 못하겠다고 거절하였다. 백인걸이 말하기를 "이량을 쫓아낼 때 심의겸이 대비전과 통하였는데 지금은 감히 할 수 없다고 하는 말은 무슨 까닭이겠는가. 이는 심의겸이 위훈 삭제를 하지 않겠다는 것이다."라고 하였다. 이에 앞서 한 조정 선비가 위훈 삭제의 일을 심의겸에게 물으니, 심의겸은 "천여 명의 공신 가운데 대부분은 대궐안 사람들과 연결이 되어 있는 사람이 많다. 그러므로 이 사람들은 죽음을 무릅쓰고 반드시 공론을 막으려 할 것이다. 만일 거사하였다가 일이 성공하지 못하면 오히려 해가 있을 것이니, 차라리 그만두는 것이 옳다."라고 말하였다. 이리하여 식자들은 심의겸이 부족하다고 여겼다.

공물을 징수하기 위한 관청인 정공도감正供都監을 설치하였다. 이는 이준경 등이 민간에 끼치는 폐해를 구제하기 위하여 특별히 도감을 두어 삼정승이 이를 주관하고 조정의 선비 중에 재주와 학식 있는 사람을 뽑아 육조의 낭관에 임명하여 백성들을 이롭게 하려고 한 것이다. 그러나 임금은 옛 법규만을 따르려 하였고, 대신들도 개혁하기를 꺼렸다. 단지 문서에만 적고 지울 뿐, 별다르게 폐단을 개혁하는 일이 없었기 때문에 식자들이 비웃었다. 어떤 사람이 권철에게 말하기를 "정공도감은 장차 각 고을의 공물을 균등하게 하자는 것이다. 그런데 각 지방의 재정이 전에는 넉넉했다가 지금은 넉넉하지 못한 곳도 있고, 고을의 특산물이 전에는 있었다가 지금은 없는 것도 있다. 또 가구의 수가 전에는 많았다가 지금은 줄어든 곳도 있고, 전답이 전에는 경작이 되다가 지금은 황폐해진 곳도 있다. 그래서 지금 준비해야 할 대책은 마땅히 각 지방특산물의 유무와 각 지방의 가구 수와 전답의 경작 여부, 그리고 돈과 곡식의 많고 적음을 살펴 공물의 수량을 개정하는 것이다. 그런 후에 각기 그 적절함에 맞추어 공물을 균등하게 해야 한다. 그래야 팔도가 한 집 같아져서 백성들이 실제로 혜택을 입을 것이다. 지금은 그렇게 하지 못해서 작은 고을은 큰 고을에 비하여 10분의 1밖에 되지 않는데 정해진 공물은 약간의 차등이 있을 뿐 큰 차이가 없다. 그래서 작은 고을 백성들의 고역이 더욱 심하니, 반드시 고쳐져야 할 것이다."라고 하였다.

이에 권철이 말하기를 "이러한 일은 뛰어난 재주를 가진 사람이 처리할 수 있지, 누구나 다 처리할 수 있는 일이 아니다. 다만 지방 관아에서 쓰이는 여러 비용을 일체 백성에게 부과하지 말고 스스로 곡식 창고에 마련한다면 백성들이 편안할 수 있을 것이다."라고 하였다. 또 그 사람이 묻기를 "각 지방의 빈부 차이가 같지 않아서 큰 읍은 지탱할 수 있을지 모르나 작은 읍은 곡식이 적으므로 수령들이 공무를 빙자해서 사리사욕을 취하려고 교묘한 명분으로 백성들을 착취할 것이다. 설사 백성들을 착취하지 않는다 해도 곡식 창고가 이미 비었기 때문에 경비를 지탱할 수 없다면 어떻게 할 것인가."라고 하니, 권철은 상관없다고 하였다.

1570년 12월

1570년 12월 신축일[8일]. 종1품 숭정대부판중추부사 이황이 세상을 떠났다. 이황의 자는 경호景浩로 성품이 온순하여 순수함이 옥과 같았다. 젊어서 과거로 입신양명하였으나 나중에는 성리학에 뜻을 두었기 때문에 벼슬을 멀리하였다. 을사사화 때 이기가 이황의 명성을 싫어해서 관직을 삭탈시켰는데, 억울하게 여기는 사람들이 많았으므로 이기가 다시 아뢰어 복직시켰다. 이황은 간신배들이 집권하는 것을 보고 더욱 조정에 있을 마음이 없었기 때문에 벼슬을 시킬 때마다 사양하고 나오지 않았다. 명종은 벼슬을 사양하는 그를 가상하게 여겨 품계를 여러 번 올려 정2품 자헌대부에까지 이르게 하였다.

이황은 예안(禮安: 경북 안동)의 퇴계촌에 살아서 호를 퇴계라 하였다. 가난한 탓에 옷과 음식은 소박한 것을 즐겼고, 권세와 이익의 화려함을 뜬구름처럼 보았다. 나이가 들어 도산陶山에 집을 지었는데, 은자가 거처할 만한 정취가 있었다. 명종 말년에 임금이 여러 번 불렀으나 사양하고 나오지 않았다. 명종은 '어진 이를 불러도 오지 않는다.'는 탄식을 주제로 시제를 내고 신하들에게 시를 짓게 하였다. 또 궁중 화원에게 이황이 사는 도산의 경치를 그려 오게 하였으니, 이처럼 이황에 대한 명종의 존경과 그리움이 각별하였다. 이황의 학문은 문장으로써 도를 성취하였고, 의리를 지키는 데 빈틈이 없었고 한결같이 주자의 가르침을 준수하였다. 또한 불교와 도교 등 모든 학설의 같고 다름에도 그 이치가 자세하고 분명하여 두루 통하였으니 주자의 학설에 들어맞지 않는 것이 없었다.

이황은 한가한 곳에 홀로 거처하면서 경전 이외에는 마음에 두지 않았다. 가끔 계곡 사이를 산책하며 인간 본성에 대한 시를 읊으며 흥을 돋우었다. 배우는 이들이 질문해 오면 아는 대로 다 말해 주었으나 제자를 모아 선생으로 자처하지는 않았다. 평소에는 자신을 내세우려고 애쓰지 않아서 보통 사람과 크게 다른 점이 없는 것 같았다. 그러나 관직에 있을 때는 나아가는 것과 물러나는 것, 사양하는 것과 받는 것, 취해야 할 것과 주는 것 등의 조절에 털끝만큼도 어긋남이 없었다. 남들이 주는 선물도 옳지 않으면 받지 않았다. 잠시 한양에 있을 때 이웃집 밤나무가 두어 가지가 담을 넘어와 밤이 익어 뜰에 떨어졌는데, 아이들이 주워 먹을까 염려하여 손수 주어서 이웃집 담 밖으로 던져 주었으니, 그 청렴하고 깨끗함이 더할 나위가 없었다.

임금이 즉위하자 신하들과 백성들은 모두 잘 다스려지는 정치를 바랐고 선비들은 한결같이 이황이 아니면 임금의 덕을 이룰 수 없다고 말하였으며, 임금도 이황에게 마음을 두고 있었다. 그러나 이황은 스스로 자기의 재량으로는 큰일을 감당하지 못하리라 생각하였다. 더구나 나라의 도가 없어 어지러울 때는 선비가 일하기 어렵고 임금의 마음 역시 나랏일에 대한 정성이 부족하였고 대신들 또한 학식이 없는 터라 한 가지도 믿을 것이 없다고 판단하였다. 이 때문에 벼슬을 사양하고 기어이 물러간 것이다.

이황이 도산으로 간 뒤에는 정사에 대해서 말하지 않았다. 조정에서는 다시 나오기를 바랐으나 갑자기 별세하니, 그의 나이 70세였다. 모두가 애통해하고 부고가 대궐에 전해지자 임금도 매우 슬퍼하며 영의정에 추증하고 1등의 전례로써 장사를 치르도록 하였다. 이황의 아들 이준李寯[143]은 예식을 갖추지 말라는 아버지의 유언에 따라 사양하였으나 조정에서 허락하지 않았고, 성균관의 모든 유생도 제문을 갖추어 제사를 드렸다. 이황에게 특별한 저서는 없었으나, 임금이 덕치를 펼치게 하고 선현들의 가르침을 널리 밝힌 사상이 세상에 많이 전해지고 있다.

중종 말년에 화담 서경덕이 도학으로 유명하였는데, 그의 이론은 기氣를 이理로 인정한 곳이 많았다. 이황이 이를 잘못된 해석이라 여기고 글을 지어 반박하니, 그 논지가 밝고 통달하여 배우는 자들이 믿고 따랐다. 이황은 당시 명망이 높은 유학자로서 조광조 이후로는 그에 견줄 만한 사람이 없었다. 이황의 재주와 도량은 조광조를 따르지 못했지만, 의리를 깊이 연구하여 정밀한 경지에 이른 것은 조광조가 그를 따르지 못할 것이다.

1571년(신미) 선조 4년

1571년 3월

1571년 선조 4년 3월. 노수신을 사헌부 대사헌으로 삼았다. 노수신은 복직된 후에도 매번 물러나서 부모를 봉양해야 한다고 사직 상소를 올렸는데, 그 말이 매우 간절하였다. 그래서 부모를 편하게 모시게 하려고 고향에서 가까운 고을의 수령인 청주목사를 시켰다가 곧바로 충청도관찰사로 승진시켰는데 부임하기 전에 부친상을 당했다. 이어 부친상 중에 병을 얻자, 임금이 의원을 보내어 진찰하게 하였다. 이때 탈상을 하였는데 임금이 본래부터 그의 어짊을 들어온 터라 특명으로 품계를 올려 대사헌으로 임명한 것이다. 노수신이 간곡히 사양했으나 허락을 받지 못하고 경상도 상주로 모친을 뵈러 가려 하자, 임금이 "경이 하루라도 내 곁에 없어서는 안 되오.

그러니 모친을 한양으로 오게 하여 충과 효가 다 온전하도록 하는 것이 좋겠소."라고 친히 하교하였다. 그러고는 경상도 각 고을에 명하여 가마꾼들을 보내어 그의 모친을 한양으로 모셔 오게 하니, 노수신은 성은에 감격하여 눈물을 흘렸다. 그의 모친은 원래 한양에 살았기 때문에 한양으로 올라오는 것을 좋아했으므로 노수신도 사직하지 못하였다. 이때 이황이 이미 죽고 조정의 신망이 노수신에게 쏠려 있었으나, 임금은 총애만 베풀 뿐 나랏일을 같이할 뜻은 없었고, 노수신의 말은 거의 받아들여지지 않았다. 노수신도 지난날 을사사화에 상처를 받은 적이 있었던 터라 또다시 도를 행하는 것에 스스로 나서지 않았다. 그렇지만 사림에서는 어진 사람이 조정에 있는 것만으로도 의지하는 세력으로 생각하였다.

1571년 5월

영의정 이준경이 병을 이유로 교체되어 영중추부사에 임명되었다. 이준경은 정승이 되어 일을 진정시키는 데만 힘쓰고 큰일은 하지 못했기 때문에 사림에서는 부족하게 여겼다. 그러나 청렴하여 집으로 뇌물이 들어온 적이 없었으므로 어진 재상으로 일컫는 사람도 있었다.

오겸을 우의정으로 삼고 권철과 홍섬을 차례로 승진시켰다. 그

러나 오겸은 곧 벼슬을 관두었다. 오겸은 조정에 있으면서 밖으로
는 부지런하고 성실한 듯하였으나, 안으로는 진실함이 부족하였고
오래도록 좌찬성 벼슬에 있었으나 정승이 되지는 못하였다. 사람들
이 자기를 따르지 않는 것을 알고 벼슬을 내어놓고 전라도 나주로
돌아가 있었을 때 우의정에 임명되었으나, 사헌부에서 신망이 없다
고 논박하였기 때문에 벼슬에서 물러난 것이다.

이탁을 우의정으로 삼았다. 이탁은 학문은 부족하였으나 인정
스럽고 넉넉한 도량이 있었고 또 어진 사람을 좋아했기 때문에 우
의정의 자리가 그에게 돌아갔다. 단지 뛰어난 기개가 없어 어려울
때를 당하면 그 기개가 굽혀지거나 꺾였고 정승 자리에 있으면서
자신의 몸을 사렸을 뿐 다른 것은 없었다.

1571년 6월

박충원을 우찬성으로 삼았으나 곧 면직되었다. 박충원은 소견
이 좁고 변변치 못한 실력으로 요리조리 벼슬을 얻어 청요직을 두
루 거쳤으므로 비웃는 사람들이 많았다. 그가 젊어서 사간원 정언
으로 있을 때였다. 허항(許沆; ?~1537)[144]이 대사간이 되어 김안로에게
붙어서 불같은 기세로 학식 있는 선비들을 잔학하게 해치는 데에
온 힘을 기울였다. 박충원은 평소에 구수담(具壽聃; 1500~1550)[145]과 친

하였다. 어느 날 그를 찾아갔는데, 구수담이 "요즘 양사 대간의 논박과 공격이 너무 과격하니, 어찌 화목한 분위기를 손상하지 않겠는가."라고 말하였다. 박충원이 이 말을 옳게 생각하고 다른 날 동료들에게 말하기를 "요즘에 임금께 올리는 상소가 너무 과격하여 식자들이 옳지 않다고 합니다."라고 하였다. 이 말을 전해 들은 허항이 화난 목소리로 "그 식자가 누군가?"라고 묻자 박충원이 사실대로 말하지 않았다. 허항이 다시 말하기를 "사간원 정언이라는 사람이 사실대로 말하지 않으면 이 역시 악인들의 편을 드는 일이다."라고 하므로 박충원이 지레 겁을 먹고 구수담이 한 말이라고 말해 버렸다. 허항이 말하기를 "구수담은 죄인이다. 정언 역시 그를 만나 본 것도 죄가 된다. 대궐에 나아가 스스로 죄를 고하지 않으면 탄핵을 면치 못할 것이다."라고 하였다. 박충원이 더욱 겁에 질려 대궐에 나아가 자신의 죄를 스스로 고하였다. 이로 인하여 구수담은 멀리 귀양을 가고 사림에서는 '박충원이 친구를 팔아먹었다.'고 들썩였다. 그 후 사간원에서 쫓겨 나가 의정부 찬성이 되었으나 양사에서 탄핵 상소를 올려 여러 날 만에 파직되고 말았다.

1571년 7월

백인걸이 벼슬을 그만두고 파주로 돌아갔다. 이때 젊은 선비들이 청요직의 자리를 지키고 있었으나 대신들은 모두 세속에 물든 사람들이라 대소신료 사이의 의견이 서로 맞지 않았다. 그래서 조정에는 맑고 화목한 분위기가 없어지고 뜻을 펴지 못하던 간사한 자들이 그 틈을 노리게 되었다. 오겸과 박충원이 연이어 논박을 당하자 대신 중에 소견이 좁고 변변치 못한 자들이 모두 불평한 마음을 품었다. 백인걸은 처음부터 이준경의 사람 됨됨이를 보고 복종하였기 때문에 선비들이 이준경에게 합류하지 않는 것을 안타깝게 여기며 가끔 말로써 표현하기도 하였다. 또 기대승과 심의겸을 좋아하지 않았기 때문에 사람들을 만날 때마다 그들의 잘못을 들추어내니, 선비들이 매우 의심하였다.

　이원경李元慶은 이준경의 육촌 동생으로, 관직을 잃게 되자 불만을 품고 조정에 무슨 일이 생기기만을 바랐다. 마침 임금의 외숙부 정창서도 권세를 장악하고자 해서, 두 사람이 서로 은밀히 모의한 끝에 박순과 이후백, 오건 등 사림 10여 명을 공격하려고 하였다. 【이들에 대한 설명은 모두 기록할 수 없음】 이원경은 백인걸과 이준경에게 의지하여 자신의 명성과 위세를 위한 수단으로 삼으려고 매번 백인걸을 찾아가 박순 등의 잘못을 폭로하였다. 그런데 백인걸은 노쇠한 까닭에 잘잘못을 가리지 못했다. 이원경은 매번 이준경의 말이라고 핑계를 대며 백인걸을 충동질하니 백인걸이 그 말에 더욱 현혹되었다. 어느 날 이원경이 백인걸에게 "임금이 박순과 이후백을 매우 싫어하시니 몰아내기가 쉽습니다."라고 말하였다. 백인걸이 민기문(閔起文; 1511~1574)[146]에게 이원경의 계책에 관해 물었으나, 민기문은 이원경의 간사한 계책을 중지시키지 못하고 곧바로 노수신에게 갔다. 이때 이원경도 그 자리에 있었다. 민기문이 노수신에게 말하기를 "백인걸이 망령된 짓을 하려고 하니, 공께서 말리셔야 합니다."라고 하였다. 이원경이 말하기를 "백인걸이 사생결단으로 거사하려고 하는데, 어찌 남의 말을 듣고 중지하겠습니까."라고 하였다. 민기문이 나가자 이원경이 노수신에게 말하기를 "민기문은 믿을 만한 사람이 아닙니다. 오늘 나와 같이 백인걸의 말을 듣고도 공에게 와서는 말리라 하니, 이 어찌 믿을 수 있는 사람이겠습니까."라고 하였다. 조금 뒤에 백인걸 역시 노수신을 보고 말하기를 "사림의 나이 어린 선비들의 기세가 너무 왕성하니, 좀 억제하려고 합니다."라고 하니, 노수신이 백인걸을 말렸다.

이예李睿라는 자가 있었는데 이원경이 정창서에게 보내는 편지를 입수해 가지고 와서 심의겸의 형 심인겸에게 보였다. 그 편지의 내용은 "먼저 이준경을 뵈었고 다음에 백인걸을 뵈니, 이 일은 오늘이나 내일 일으켜야 하겠습니다. 서둘러 알려 일을 도모하지 않을 수 없습니다."라고 하였다. 이리하여 비판의 목소리가 들끓었고 모두 백인걸이 사림을 해치고 이준경이 이 일을 주동한다고 말하였다. 이탁이 이를 듣고 박수朴燧를 보내 그 까닭을 물은 후 그 일을 중지시키라고 하였다. 박수가 백인걸을 보고 비판이 들끓은 연유를 자세히 알려주자 백인걸이 놀라며 말하기를 "내가 어찌 사림을 해치려 하겠는가. 다만 심의겸을 온당치 못하다고 생각할 뿐이다."라고 하였다. 박수가 말하기를 "남곤 등이 감행하였던 기묘사화의 행적을 공이 어찌 다시 밟으려 하십니까."라고 하였다. 백인걸이 크게 놀라며 "사림이 나를 이렇게까지 의심한다는 말인가."라고 말하였다. 박수가 나간 뒤 백인걸의 집밖에서 오건을 만났으나 미처 말을 나누지 못하고 돌아갔다. 오건이 들어와 백인걸을 보고 또한 소문에 대해 알려주었다. 백인걸이 놀라며 말하기를, "어찌 이럴 수가 있는가."라고 했는데 말투와 낯빛이 마치 그런 말을 못 들어본 것처럼 행동하니 오건이 더욱 의심하였다.

권철 역시 사람을 시켜 백인걸을 말리니, 백인걸이 부끄러워 어찌할 줄을 몰랐다. 그러다가 권철과 박순을 만나 자신에게 잘못이 없음을 밝히는데, 그 말이 대부분 앞뒤가 모순되어 맞지 않았으므로 사림들이 매우 이상하게 여겼다. 누군가가 백인걸에게 이르기를 "물러나지 않는 것이 음흉하다."라고 하므로 백인걸이 낭패를 당하여 돌아갔으나 사림의 의심은 해소되지 않았다. 어떤 사람은 백인걸이 애매한 비방을 받았다고도 하였다.

삼가 살피건대, 백인걸은 비록 학문은 부족하였으나 스스로 명예와 절개를 아끼는 사람인데, 어찌 사람을 해치려 하였겠는가. 이는 분명 노쇠한 탓으로 소인배들에게 속아 옳고 그름을 분간하는 데 어두웠을 뿐이다. 하늘을 찌를 듯한 곧은 명성이 한 번에 꺾였으니 아! 애석하다. 백인걸의 노쇠한 것도 참으로 애석하지만, 조정의 일은 더욱 한심스럽다. 현명함과 그렇지 못함이 뒤섞이고, 인재의 등용과 간신을 배척하는 것이 분명하지 못하다. 조정에는 기둥이 될 만한 신하가 없고, 삼사에는 꿋꿋하게 바른 말을 하는 신하가 없어 온 나라를 텅 빈 지경으로 버려두어, 이원경과 정창서처럼 서캐[蟣]나 이[虱], 여우나 쥐 같은 무리가 그 틈에 날뛰려하고 있으니, 아! 위태롭다.

의정부 찬성의 자리가 비자 임금이 특명으로 박순을 우찬성에 임명하니, 사림이 그제야 안정되었다. 이때 박순이 사림의 영수가 되었다. 이후백은 법은 잘 집행하였으나 도량이 좁아서 다른 사람을 용납하지 못했다. 오건은 이조전랑이 되어 벼슬길을 밝게 하여 묵은 폐단을 바로잡았고, 흑백을 뚜렷하게 구분했기 때문에 원망과 비방이 있었으나 그것을 피하지 않았다. 그래서 소인배들은 오건을 더욱 시기하였다. 백인걸이 물러간 뒤에 사림이 이원경을 미워하며 죄를 덮어씌우려고 하였으나 다시 조정이 시끄러워질까 봐 염려하였다. 이때 모두 말하기를 "대신들이 경연에서 그 까닭을 자세히 아뢰고 이에 의하여 이원경을 쫓아내면 일이 매우 합당할 것입니다."라고 하였다. 박수가 이 내용을 권철에게 말하니, 권철이 장차 그 내용을 임금께 아뢸 것처럼 하였다. 그러자 정철이 듣고 말하기를 "권철은 틀림없이 아뢰지 못할 것입니다. 만일 이 일을 임금께 아뢴다면 그때는 권철이 아닐 것입니다."라고 하였다. 과연 권철은 이준경이 연루된다는 이유로 결국 임금께 아뢰지 않았다.

1571년 8월

강릉(康陵; 인순왕후의 능)의 정자각에 불이 나자 임금이 5일간 소복 차림으로 근신하였다.

1571년 겨울

1571년 겨울. 경기 지방에 호랑이가 자주 나타났다. 장수에게 명하여 군사를 거느리고 가서 호랑이를 잡게 하였는데, 군사들이 마을에 들어가 노략질을 일삼으니 백성들이 호랑이보다 군사들을 더 무서워하였다.

1572년(임신) 선조 5년

1572년 정월

　　1572년 선조 5년 정월. 벼슬에 뜻이 없이 초야에 묻혀 살던 처사處士 조식이 죽었다. 조식의 자는 건중健仲으로, 그 성품이 청렴하고 절개가 굳었다. 젊었을 때는 과거에 힘썼으나 그가 좋아서 한 것은 아니었다. 어느 날 그가 한양에서 성수침을 찾아갔는데, 성수침은 백악봉(북악산) 아래에 집을 짓고 속세와 인연을 끊고 살았다. 조식은 이것을 보고 좋아서 마침내 시골로 돌아가 벼슬하지 않고 지리산 아래에 살면서 스스로 호를 남명南溟이라고 하였다. 그는 주고받는 것을 떳떳하게 하여 구차하지 않았고, 다른 사람을 대할 때에도 아무나 쉽게 인정하지 않았다. 늘 방에 꿇어앉아서 사색하였는데 졸음이 오면 칼을 어루만지며 졸음을 깨웠다. 칼머리에 좌우명으로 "안으로 밝게 하는 것은 경敬이고, 밖으로 끊는 것은 의義이다."라고 새겨놓았다. 한가로운 생활이 오래되니 욕심은 모두 씻어 없어지고, 기상은 깎아 세운 듯한 절벽처럼 되었다. 사람들의 선행을 들으면 좋아하고, 악행을 들으면 미워하며, 선하지 않은 마을 사람들은 본 체도 하지 않았으므로 마을 사람들이 함부로 찾아가 만나지 못했다. 다만 학문하는 선비들만이 그를 따랐는데 모두 마음을 다하여 순종하였다.

명종 때에는 성수침과 함께 불려 나가 경상도 단성(산청) 현감에 임명되었다. 이때 간신배들이 권세를 잡고 문정왕후를 현혹하여 사림들의 의로운 기상을 꺾었다. 비록 조정의 공론을 핑계로 초야에 은거하고 있는 선비들을 천거해 쓴다고 하였으나 유명무실할 뿐이었다. 그래서 조식은 벼슬에 뜻을 접고 사직상소와 함께 조정의 폐단을 아뢰어 말하기를 "대비께서는 사려가 깊고 성실하시나 단지 구중궁궐의 한 과부에 불과하시고, 전하께서는 나이가 어리신 선왕의 한 아들에 불과합니다."라고 하였다. 또한 "목소리는 처량하고 의복은 희니[音哀服素] 망할 징조가 이미 드러났습니다."라고 말하였다. 명종은 그 욕됨이 대비에게까지 미치게 되어 좋아하지 않았으나, 그래도 그를 산림처사로 대우하여 죄를 묻지는 않았다.

명종 말년에 경서에 밝고 수양이 잘된 선비를 천거하라 하여 조식은 이항과 성운(成運; 1497~1579)[147], 한수(韓脩; 1514~1588)[148] 등과 같이 천거를 받아 6품의 관직에 임명되었다. 임금이 이들을 불러서 좋은 정치에 관해 물었으나 조식은 끝내 벼슬을 사양하고 고향으로 돌아갔다. 이항이 충청도 임천(부여) 군수가 되어 부임하는 것을 보고, 조식이 조롱하기를 "이항 같이 청렴한 선비가 하루아침에 군수가 되니, 장차 화의 발단이 되지 않는다고 할 수 있겠는가?"라고 하였다. 조식이 시골로 돌아오니 청렴하다는 명망이 더욱 커졌다. 선조 때에도 여러 번 벼슬에 임명되었으나 모두 부임하지 않고 다만 정치의 잘잘못만 상소할 뿐이었다. 죽을 때 그의 제자들에게 말하기를 "후세 사람들이 나를 처사라고 하면 옳지만 만일 유학자라고 말한다면 이는 본래의 내 모습이 아니다."라고 하였다.

제자들이 가르침을 청하니, 조식은 "경敬과 의義, 이 두 글자는 해와 달 같아서 그중 하나라도 폐할 수 없다."라고 하였다. 그의 첩이 울면서 들어와 마지막 보기를 청하였으나 끝내 허락하지 않고 죽었다. 조식의 죽음이 조정에 전해지자 시호를 내리고 그의 선비 정신을 기릴 것을 신하들이 청하였으나 임금은 전례가 없다는 구실로 허락하지 않고 부의금만 하사하였다. 문인 가운데 성품이 깨끗하고 곧은 선비가 많았는데. 김우옹(金宇顒; 1540~1603)[149]과 정인홍(鄭仁弘; 1535~1623)[150], 정구(鄭逑; 1543~1620)[151]가 가장 뛰어난 사람이었다.

삼가 살피건대, 조식은 세상을 피하여 홀로 서서도 뜻과 행실이 높고 깨끗하였으니, 이 시대의 진정한 처사이다. 그러나 그가 저술한 글을 보면 학문에는 실제로 자신의 주장이 없고 상소문을 살펴보아도 역시 세상을 다스리고 백성을 구제할 방책은 되지 못했다. 이로 보아 비록 그가 속세에 나와 일을 했다고 하더라도 능히 도의 정치를 잘 성취했으리라고는 장담할 수 없다. 그러므로 제자들이 그를 받들어 '도학군자'라고까지 하는 것은 진실로 지나친 말이다. 그러나 요즘의 처사라고 하는 이들로서 조식과 같이 시종일관 절개를 보전하여 천길 벼랑 같은 기상을 가진 사람은 얼마 되지 않았다. 관상감 관원 남사고南師古 [152)가 일찍이 말하기를 "올해에는 처사성處士星이 광채가 없다."라고 하더니, 오래지 않아 조식이 과연 사망하였다. 조식은 이 시대에 응한 비범한 선비라고 하겠다.

1572년 2월

1572년 2월 신해일[24일]. 임금이 종묘의 제사를 받들기 위해 친히 경작하는 적전籍田을 갈고 돌아와서 대사면령을 내리고 문무백관의 하례를 받았다.

1572년 윤2월

이조정랑 오건이 벼슬을 버리고 고향으로 돌아갔다. 오건은 젊을 때 학문을 좋아하여 조식을 따라 배웠다. 늦은 나이에 과거에 급제하여 조정에 나왔으나 그의 집안이 대대로 내려오는 문벌 집안이 아니었기 때문에 중요한 관직을 맡지 못했다. 그러나 명망 있는 선비들이 그의 어짊을 알아보고 사관에 천거하였다. 사관에 등용될 때는 시험을 보는 것이 정해진 관례였는데, 오건은 응시하지 않았다. 누가 그 까닭을 물었더니, 오건의 말이 "내가 무엇 때문에 자진해서 천고의 시시비비를 가리는 곳으로 들어가겠습니까."라고 하였다. 그는 6품에 오르고서야 청요직인 이조전랑이 되어 공정한 정치를 펴는 데 힘을 썼다. 오건의 사람됨이 순실하고 과감하여 일을 당하면 곧바로 나아가서 굽히거나 흔들리지 않았으므로 원망하는 사람이 많았다. 오건과 친분이 있는 노진이 책망하면서 말하기를 "그대가 초야에서 출세하여 청요직에 이른 것이 자네 분수에는 과분한 것이니 마땅히 자신을 감추고 조심하여 다른 사람의 마음에 맞추어 주어야 할 것이다. 그런데 왜 자기 소견만 고집하여 여러 사람의 원망을 스스로 받는가."라고 하였다. 그러나 오건은 여전히 고치지 않았다. 사람들의 원망이 더욱 심해지고, 또 임금의 뜻이 학문이 높은 선비를 싫어하여 소인배의 세력이 날로 커지자 오건은 일할 수 없음을 깨닫고 벼슬을 버리고 고향으로 돌아가 버렸다.

1572년 3월

을미일[10일]. 중전이 친히 누에를 쳤다.

1572년 4월

박순이 병으로 의정부 찬성직을 사직하고, 정대년을 우찬성으로 임명하였다.

기대승이 사간원 대사간으로 부름을 받고 한양에 올라왔다. 기대승이 대신들과의 불화로 벼슬을 버리고 고향으로 갔다가 다시 온 것이다.

가뭄이 석 달이나 계속되더니 비가 처음으로 왔다.

1572년 5월

부제학 유희춘이 『육경부록』을 올리니, 임금이 기뻐하며 칭찬하였다. 유희춘은 옛 서적을 많이 읽고 잘 외웠으나 실제로 참된 지식은 없었고 또 세상일에는 무관심하여 식견이 없었다. 『육경부록』역시 중요한 말들은 아니고 단지 참고자료나 될 뿐이었다.

해충이 생겨 벼의 모를 갉아 먹었다.

임금의 특명으로 박순을 의정부 좌찬성에 임명하였다. 박순은 홍문관 대제학을 사직하고자 봄부터 여름까지 여러 번 상소를 올렸으나 임금이 끝내 허락하지 않았다. 이때 박순이 높은 명망으로 사림의 영수가 되었는데, 임금께서 박순을 이렇게 중하게 여기니 사림에서 믿고 안심하였다.

1572년 6월

1572년 6월에 우의정 이탁이 병으로 사직하였다. 이탁이 정승 자리에 있으면서 별로 건의한 것은 없었으나, 항상 사림을 돕고 보호하였으므로 신망이 두터웠다.

이때 가뭄이 심하고 태백성[금성]이 낮에 보여 임금이 조회를 피하였다. 대신들이 날이 더우니 임금의 집무실인 정전으로 돌아가실 것을 청하자 임금이 답하기를 "금성이 들어가지 않아 마음이 편하지 않은데 어찌 급하게 정전으로 돌아가겠는가."라고 하였다. 대신들이 다시 아뢰기를 "전하께서 마음이 편치 않아 정전으로 돌아가시지 않는 것은 마땅하지 않습니다. 그러니 전하께서는 재앙을 다스리고자 하는 마음으로 덕을 닦으십시오. 그러면 그 덕이 모든 곳에 미칠 것입니다. 하늘의 뜻을 얻으려면 성심으로 해야 하고, 형식으로 해서는 안 됩니다. 찌는 듯한 날씨에 처마 밑에 나와 앉으시니 옥체가 상할까 염려됩니다. 속히 정전으로 돌아가십시오."라고 하자, 임금이 그때서야 허락하였다. 이때 동풍이 크게 불어 벼의 모가 상하였다.

삼가 살피건대, 재앙으로 인하여 조회를 피하는 것은 진실로 형식이고 말단이다. 대신들은 임금의 뜻이 이미 형식임을 알았으면 무슨 까닭으로 임금 앞에서 "재앙을 다스리고자 하는 마음으로 덕을 닦으십시오."라고 말하였는가. 만일 조회를 피하는 것으로 재앙을 다스리는 방도를 다하였다면 재앙이 없어지기도 전에 갑자기 정전으로 돌아가시도록 청한 것은 무슨 까닭인가. 또 말하기를 "하늘의 뜻을 얻으려면 성심으로 해야 하고, 형식으로 해서는 안 됩니다."라고 했으니, 이 말은 참으로 옳은 것이다. 지금 그 형식을 버리게 했으면 그 진실한 것을 잘 아뢰어서 하늘이 응할 수 있도록 해야지 어찌하여 하지 못했는가. 비록 무더운 여름이라고 하더라도 임금의 어좌가 어찌 늘 뜨거운 태양 아래에 있었겠는가. 구차하게 임금에게 아첨하는 말만 하고 나아가고 물러나는 것에 이토록 근거가 없으니, 그런 대신들을 장차 무엇에 쓸 것인가. 아! 그때 대신은 바로 권철과 홍섬이었다. 전하께서는 이미 하늘을 공경하는 마음으로 정치를 구하려는 뜻이 없으시다. 한나라의 소하(蕭何; ?~BC193)와 조참(曹參; ?~BC190), 당나라의 요숭(姚崇; 650~721)과 송경(宋璟; 663~737) 같은 어진 재상이라도 오히려 그 시대의 폐단을 고치지 못하였는데, 하물며 권철과 홍섬과 같이 용렬한 자들이 어찌하겠는가. 그러니 권철과 홍섬을 어찌 나무랄 수 있겠는가.

정대년을 우의정으로 삼으니, 양사에서 논박하여 다시 정하였다. 정대년이 비록 청렴하고 검소한 행실은 있었으나 학문으로 성취한 바가 없고 아는 것이 없으므로 생각이 세속의 무뢰배 같았다. 또 학문하는 선비들을 좋아하지 않았기 때문에 신망을 얻지 못했다.

1572년 7월

영중추부사 이준경이 죽었다. 이준경의 자는 원길原吉로, 어려서부터 뛰어났고 몸가짐이 신중하고 훌륭하여 선비들 사이에서 이름이 높았다. 조정에 나왔을 때는 청렴하고 엄정하게 행동하여 그의 형 이윤경과 함께 신망이 있었다. 다만 이윤경은 겉으로는 온화하나 속으로는 꿋꿋하였고, 이준경은 겉으로는 굳세나 속으로는 겁이 많았다. 인종 말년에 이윤경의 아들 이중열(李中悅; 1518~1547)[153]이 이휘(李輝; ?~1545)[154]와 사사로운 이야기를 나누다가 당시에 금기시하는 말을 한 적이 있었다. 을사사화가 일어나자 이중열이 이휘가 한 말을 가지고 고변하고 자기를 변명하려는 의도로 아버지 이윤경에게 그 말을 이야기하였다. 이윤경은 이를 듣고 말하기를 "죽음이 비록 두려운 일이나 너는 어찌 친구를 배반하는가."라고 하였다. 이중열이 이 내용을 다시 이준경에게 물었더니 이준경이 "친구를 위하여 죽을 땅으로 자진해서 나갈 수는 없다."라고 말하였다. 이중열이 이에 조정에 자수하였으나 역시 죽음을 면하지 못하였다.

을묘왜변에 이윤경은 전주 부윤이었고, 이준경은 도원수로 나주에 진을 쳤는데, 이윤경에게 편지를 보내 이르기를 "적의 칼날이 매우 예리하니 형님은 앞에 나서지 말고 좀 피하십시오."라고 하였다. 이에 이윤경이 답하기를 "내가 나라의 후한 은혜를 받았으니 죽음으로 갚는 것이 마땅하다." 하고 드디어 군사를 거느리고 영암으로 가서 싸움을 도와 이겼다. 이준경은 망설이는 태도를 보여 사람들에게 비난을 받았다. 이로써 사람들은 아우가 형보다 못한 것을 알았다.

권세를 쥔 간신배들의 세력이 커졌을 때 이준경은 감히 그들과 다른 의견을 제시하지 못했다. 그렇지만 마음속으로는 사림들을 옹호하였기 때문에 신망은 떨어지지 않았다. 윤원형이 몰락하자 그가 나랏일을 맡게 되었다. 선조 초기에 사림에서는 그가 나랏일을 잘 해내기를 크게 바랐으나 이준경은 세상을 다스리고 백성을 구제하는 재주가 없었고, 성품이 거만하여 선비에게 몸을 굽히지 않았다. 또 옛 제도만을 지키는 것으로써 임금을 이끌어 그럭저럭 나랏일을 꾸려 나갈 뿐이었다. 이러한 까닭에 정승으로서의 업적은 볼품없었고, 사림에서는 이를 부족하게 여겼다. 기대승이 이를 더욱 신랄하게 비판하니 이준경이 듣고 분하게 생각하여 마침내 사림들과 화합하지 못했다. 병이 위독해지자 상소를 올려 "조정 신하들 사이에 사사로운 붕당이 있으니 없애야 합니다."라고 아뢰었다. 임금이 놀라서 대신들에게 묻기를 "만일 붕당이 있으면 조정은 어지러워진다."

라고 하였다. 대신들이 이에 대하여 설명했으나 그 말이 매우 모호하였고, 임금께서도 자세히 묻지 않으므로 아무 일 없이 무마되었다. 이로 인하여 사림들은 이준경을 옳은 것을 비방하는 사람으로 지목하여 그 명성을 보전하지 못하였다.

삼가 살피건대, 이준경은 네 명의 임금을 섬긴 조정의 원로로 몸가짐을 깨끗하게 하고 일을 처리하는데 굳세었으며, 간신배들을 내쫓고 성군을 모셔 왔으니 누가 어진 재상이 아니라고 말하겠는가. 다만 이준경은 거만하여 혼자만 잘난 체하고 선비에게 굽히지 않았으므로 그것이 쌓여 선비들 사이에 말썽이 생기고 끝내는 나라를 망칠 말로써 임금을 그르쳐 명망을 잃어버렸으니, 참으로 애석한 일이다.

노수신을 이조판서로 삼았다. 노수신이 귀양살이에서 풀려나 다시 등용된 지 얼마 되지 않아 인재를 등용하는 직책을 맡으므로 대궐 안과 밖에서 모두 다 인재를 얻었다고 기뻐하였다. 그러나 노수신은 사화 때 피해를 본 후 그 기백과 절개가 위축되었다. 그 후 그는 나랏일을 처리함에 한결같이 속세의 흐름을 따랐고 인물을 등용함에 타당함이 없었기 때문에 사림들이 실망하였다.

박순을 우의정으로 삼았다. 노수신은 이조판서를 맡고 박순은 정승 직을 맡으니 사람들이 모두 기대하였다. 박순은 몸가짐을 청렴하고 검소하게 하여 정승 자리에 있어도 집에 청탁하는 사람을 들이지 않아서 벼슬하지 않는 집과 같았다.

임진[7월9일]. 명나라 황제의 부고가 전해졌다. 지난 음력 5월 26일 경술일에 황제가 붕어崩御했다고 한다. 임금이 문무백관을 거느리고 3년 상복으로 3일 동안 입고 벗었으니, 이는 3일로써 3년 상을 대신한 것이다.

1572년 8월

기대승이 벼슬을 버리고 고향으로 돌아갔다. 기대승은 그의 눈에 강하게 보이는 자가 없을 만큼 당대에 기개가 높았다. 마음속으로 온 세상을 흔들어 움직이면 모두 자기의 지휘를 받으리라 생각하였으나, 조정에 들어와서 그가 한 말은 지금 실정에 맞지 않는 것이 많았다. 임금도 총애하는 뜻이 없었으며, 대신들 역시 기대승을 중하게 여기지 않았기 때문에 결단을 내리고 고향으로 간 것이다.

왕자 임해군(臨海君; 1572~1609)[155]이 태어났는데 숙의(淑儀; 내명부 종2품) 김 씨의 소생이다.

우의정 박순을 명나라 북경으로 보내어 새 황제의 즉위를 축하하였다.

궁궐 성벽 아래에 있는 민가를 헐었다. 이는 임금이 『경국대전』을 그대로 따르려 한 것으로, 『경국대전』에는 "궁궐 성벽 아래 1백 척의 한계 내에서는 민가 짓는 것을 허락하지 말라."라고 기록되어 있었기 때문이다. 법전에는 이러했으나 실제로는 행하지 못하였고 태조가 건국한 이래로 민가 짓는 것을 금하지 않았기 때문에 성벽 가까이에 민가가 즐비하여 백 년이 넘은 오랜 집들도 많이 있었다. 어느 날 임금이 성벽에 바짝 붙여 집을 짓는 것을 보고 매우 노하여 법전을 상세하게 살펴본 후 1백 척 안에 있는 민가들을 모두 헐라고 명하였다. 그래서 도성 안 사람들이 놀라고 두려워하여 민심이 뒤숭숭해졌다. 여러 신하가 이를 만류하였고, 또 명나라 사신이 국경에 다다를 즈음에 민심을 동요시키는 것은 옳지 않으니 다음 해를 기다려 시행하는 것이 좋다고 아뢰었다. 그러나 임금은 어명에 거슬리는 것에 더욱 노하여 속히 헐되 거리는 30척으로 줄이도록 명하였다. 양사의 대간이 이를 중지하도록 번갈아 상소를 올려 청하였으나, 임금은 더욱더 노하여 엄히 독촉하니 백성들의 원성이 높았다.

평안도 절도사 이대신李大伸이 종3품 무관 우후虞侯 이붕李鵬을 시켜서 서해평(西海坪; 평안도 강계에 인접한 들판)에 가서 곡식을 빼앗아 오도록 하였다. 돌아올 때 군사가 어지럽게 흩어졌기 때문에 이대신과 이붕이 모두 벌을 받았다. 이붕이 궁궐을 지키는 오위군을 거느리고 서해평에 가서 곡식을 뺏고 민가를 불사르고 돌아올 때, 아군

가운데 병졸 하나가 오랑캐[여진족]의 화살에 맞고 놀라 소리를 질렀다. 이에 군대 전체가 놀라서 허둥대며 오랑캐 군사의 수를 헤아리지도 못하고 모두 무기를 버리고 어지러이 달아났다. 이붕이 앞서 가다가 군사들이 놀라 동요하는 것을 듣고 돌아와서 후미의 군대를 단속하였다. 후미 군대를 통솔하던 강계 부사 이선원李善源이 말을 달리다가 말이 넘어지는 바람에 땅에 떨어지자, 아군이 더욱 놀라서 하마터면 크게 패할 뻔하였다. 오랑캐 군사들을 자세히 보니 실상은 보잘것없는 10여 명에 불과하였다. 군사들의 마음이 조금 안정된 후 아군이 오랑캐를 향해 활을 쏘자, 그들은 화살에 맞고 달아나 숨어 버렸다.

　이붕이 군사를 거두어 본진에 합류하는 중에 날이 저물었다. 이붕은 군사들에게 명하여 진을 치고 노숙하다가 아침이 되면 돌아가자 하였고, 이선원은 밤에 가야 한다고 고집하여 두 사람이 서로 다투었다. 군사들은 누구의 말을 따라야 할지 몰라서 혹은 돌아가기도 하고 혹은 머물러 있기도 하여 통제할 수가 없었다. 이때 한 사람이 소리를 지르기를 "이선원의 목을 베어야 한다."라고 하였다. 그러자 이붕이 이선원을 잡고 목을 베려고 하니, 이선원이 곧바로 이붕의 명에 복종하여 군사를 주둔시켰다가 이튿날 돌아왔다. 조정에서는 이들의 패군 소식을 듣고 이대신과 이붕, 이선원을 국문하여 군대를 통솔하지 못한 죄를 물어, 이들의 관직을 모두 뺏고 병졸로 삼았다.

삼가 살피건대, 이때 군령이 해이해졌고, 상하 무관들의 명령이 서로 통하지 못하여 많은 군사로 소수의 적을 공격하는 데에도 군사들의 마음에 오히려 두려움이 생겼다. 오랑캐 한 명이 쏜 화살에 삼군의 군사가 모두 놀라 패하고, 한 사람의 부르짖음에 군령을 곧바로 시행하였으니, 이러한 군사로 만약 적의 기마병 백여 명을 만났다면 의심 없이 꼭 패했을 것이다. 만약 강한 적을 만났다면 어찌 대적할 것인가. 아! 위태롭다.

1572년 9월

승정원 도승지 박응남이 죽었다. 박응남은 성품은 우직하였으나 말은 과감히 하였고, 겉으로는 시비를 분별하지 못하는 듯 보였으나, 속으로는 시비를 판단하는 기준이 있었다. 여러 번 사헌부 대사헌이 되어 거리낌이 없이 논박하였기 때문에 원망하는 사람들이 많았다. 그러나 착한 행위를 좋아하여 선량한 자들이 존경하며 그를 따랐다. 또 왕비의 숙부였으므로 임금이 총애하고 사림들이 믿고 의지하였는데, 그가 죽자 선비들이 애석해하였다.

1572년 10월

사간원 대사간 허엽이 향약을 실시할 것을 주청하니, 임금이 지금의 실정과 거리가 멀고 풍속에 맞지 않는다며 듣지 않았다.

혜성이 책성策星 156) 옆에 나타났는데 그 크기가 금성만 하였다.

전 사간원 대사간 기대승이 죽었다. 기대승의 자는 명언明彦으로, 젊었을 때는 문학으로 세상에 이름이 났고, 널리 보고 잘 기억하였으며, 기개가 웅장하여 그가 담론할 때는 온 좌중을 굴복시켰다. 과거급제 후에 청렴하다는 명망이 높았으나, 이량이 권력을 잡고 있을 때는 그를 꺼려 벼슬을 빼앗았다. 이량이 실각한 후 기대승은 더 높은 관직에 올랐고, 선비들이 그를 받들어 사림의 영수로 삼았다. 기대승 역시 한 시대를 다스릴 수 있다는 자부심은 있었으나, 학문만 많이 늘어놓았을 뿐 마음을 잡고 실천하는 공부는 없었다. 또 내기를 일삼으며 이기기를 좋아하는 나쁜 습관이 있어서, 남이 자기에게 순종하는 것만을 좋아하였다. 이러한 까닭에 지조 있는 선비와는 화합하지 못했고, 아첨하는 사람들만이 그를 많이 따랐다.

기대승이 평소에 가졌던 의견도 구태의연하여 개혁으로 바꾸려는 일을 좋아하지 않았기 때문에 식자들은 그를 인정하지 않았다. 젊었을 때 조식이 그를 보고 말하기를 "이 사람이 조정에 들어서면 반드시 나랏일을 그르칠 것이다."라고 하였다. 기대승 역시 조식을 유학자로 인정하지 않아서 두 사람은 서로 사이가 좋지 않았다. 기대승이 조식의 허물을 말하였기 때문에 조식의 제자들은 그를 미워하였다. 기대승이 성균관 대사성으로 있을 때 성균관 유생들에게 들어가는 공급을 야박하게 하였다. 또 유생들에게 '먹는 것으로 배부름을 구하지 말라.'는 '식무구포食無求飽'의 글제를 내어 글을 짓게 하여 그들을 비꼬았기 때문에 유생들이 좋아하지 않았다. 그래서 많은 유생이 성균관에 나가지 않았다.

경오년[1570년]에 바야흐로 위훈 삭제를 논의할 때, 기대승이 듣고 말하기를 "을사사화의 공훈은 거짓이 아니고, 또 선대왕이 정한 것이니, 지금 위훈을 삭제하는 것은 불가합니다."라고 하였다. 이때 간신배들이 기대승의 말로 자신들의 주장을 삼았으므로 식자들이 몹시 옳지 않게 여겼다. 기대승은 당시의 선비들과 화합을 이루지 못했고, 식자들 또한 그를 인정하지 않자, 임금 역시 대수롭지 않게 대하였다. 이런 지경에 이르자 기대승은 그가 바란 대로 뜻을 얻지 못하여 벼슬을 버리고 고향으로 가는 도중에 볼기에 종기가 나서 전라도 고부(정읍) 땅 시골집에 이르러서는 결국 일어나지 못했다. 그의 재주를 아까워하는 이도 많았다. 기대승이 비록 현실 문제를 처리할 인물은 아니었으나 남보다 영특했고, 그가 이황과 사단칠정四端七情157)의 같고 다른 점들을 논쟁한 수천 마디의 논의가 뛰어났기 때문이다.

삼가 살피건대, 선비에게는 행운과 불행이 있다. 누구인들 때를 만난 것을 행운으로 알고 때를 만나지 못한 것을 불행으로 여기지 않겠는가. 그러나 혹 때를 만나도 불행하고, 혹 때를 만나지 못해도 행운인 선비가 있으니 어찌 똑같은 기준으로 말할 수 있겠는가. 옛날 당나라의 유종원(柳宗元; 773~819)[158]은 먼 변방으로 귀양 가서 죽었으나 문학과 문장으로 빛나서 후세에 전해졌으니, 이것은 불행 중 다행이다. 송나라 왕안석(王安石; 960~1279)[159]은 정권을 장악하였으나 뭇 소인배들이 아부하여 마침내 나랏일을 그르쳤으니, 이것은 때를 만난 중에서의 불행이다. 기대승은 탁월한 재능과 박식함으로 그 기개가 시대를 덮을 만하였으나, 자신감이 너무 지나치고 바른말하는 벗을 좋아하지 않았다. 만일 그가 뜻을 얻어 그 배운 바를 행하였다면 그의 때를 만남이 행운이 되었을지 불행이 되었을지는 알 수 없다. 일찍이 들으니, 누가 최영경(崔永慶; 1529~1590)[160]의 처소에서 기대승과 친한 사람이 기대승의 상례에 조문하면서 말하기를 "우리 유학이 불행하여 이 사람이 갑자기 죽었다."라고 하였다. 최영경은 낯빛을 바꾸며 말하기를 "기대승은 재주와 학문은 조금 있었으나 큰 병통이 있었다. 을사년의 간신배들에게는 공훈이 있다고 하였고, 조식에게는 조정에 분란을 가져왔다고 하였으니, 이러한 편견을 가지고 만일 나랏일을 했다면 반드시 조정에 해를 끼쳤을 것이다. 기대승의 죽음이 어찌 우리 유학에 불행이라고 할 수 있겠는가."라고 하였다. 최영경의 말이 비록 지나치기는 했으나, 혹자는 심하게 말했다고 여기지 않았다.

1572년 11월

계미일[1일]에 명나라 사신 한림원검토 한세능(韓世能; 1528~1598)[161)과 수행관원 진삼모陳三謨가 한양에 들어왔다. 명나라의 새 황제가 즉위하였다는 국서를 전하러 온 것이다. 돌아가신 황제의 시호는 장莊이고, 묘호는 목종穆宗이라고 하였다. 한세능 등이 재물을 많이 요구했는데, 명나라 문관이 재물을 요구하는 일은 근래에는 없었던 일이다. 신묘일[9일]에 명나라 사신이 한양을 떠나 북경으로 향하였다. 도중에 명나라 수행원들이 연회 때 상에 차려놓은 그릇들을 많이 집어 갔는데도 한세능이 막지 않았다. 혹 사신들이 시킨 일인가 의심하였다.

함경도 경성鏡城에 큰 곰이 나타나 사람들을 해쳤다. 우리나라에는 큰 곰이 없었는데 별안간 나타났으므로 사람들이 놀라고 괴상하게 여겼다.

1572년 12월

북경에 갔던 사신이 돌아와서 말하기를 "황제의 나이가 11살인데 모후가 나랏일에 간섭하지 않고, 친히 정사를 펼치니 그 영명함이 뛰어납니다."라고 하였다. 김계휘가 말하기를 "하은주 삼대

이후에 어찌 11살 임금의 덕이 높을 수 있겠는가. 이는 이치에 맞지

않으니 반드시 잘못 전해진 것이다."라고 하였다.

정유일(鄭惟一; 153~1576)¹⁶²⁾을 승정원 동부승지로 삼았다.

1573년(계유) 선조 6년

1573년 정월

선조 6년(1573년) 정월. 흰 무지개가 해를 꿰뚫었다. 조정안팎에 직언을 구하는 교서가 내려왔다. 또 성운과 이항을 불러 역마를 타고 올라오라고 명하였다. 이는 장차 재앙을 막기 위한 계책을 구하려고 한 것인데, 성운과 이항은 병이 있다며 사양하고 오지 않았다.

흰 무지개가 해를 꿰뚫은 재앙으로 조회를 피하고, 수라상의 고기반찬 수를 줄였고, 음악 연주를 중지하였다.

낙동강 물이 하루 종일 흐르지 않았다.

1573년 2월

가물고 바람이 불었으며, 또 흙비가 내렸다.

영의정 권철은 병으로 사직하고, 좌의정 홍섬은 부모님이 연로하신 연유로 사직하여 정승에서 물러났다. 이에 노수신을 우의정으로 삼고, 박순을 좌의정으로 승진시켰다. 노수신이 이조판서로 있을 때 인사행정에 별다른 실적이 없었고, 간혹 사사로운 청탁을 들어주더니, 정승이 되어서도 건의하는 바가 없었으므로 식자들이 부족하게 여겼다.

1573년 3월

사헌부 대사헌 오상(吳祥; 1512~1573)[163]이 죽었다. 오상은 세속에 젖은 선비 가운데 조금은 지조가 있는 인물이었으나 식견은 부족하였다. 지위가 육조판서에 이르렀으나 관례만을 따르고 그 자리나 지킬 뿐이었다.

1573년 5월

임금이 명하여 높은 행실이 있는 사람을 천거하라고 하니, 이조에서 이지함(李之菡; 1517~1578)[164], 최영경, 정인홍, 조목(趙穆; 1524~1606)[165], 김천일(金千鎰; 1537~1593)[166]을 천거하여 모두 6품 관직에 임명하였다. 이지함은 기개와 도량이 보통 사람과 달랐고 효도와 우애가 남보다 뛰어났다. 젊을 때 바닷가 굽은 곳에 부모를 장사 지냈는데 바닷물이 점점 무덤 가까이에 왔다. 이러한 까닭에 오랜 세월이 지난 뒤에는 반드시 바닷물이 무덤을 쓸어갈 것을 염려하여 제방을 쌓아 물을 막으려고 재산을 모으는 데 무척 노력하였다. 사람들은 모두 이지함의 생각을 헤아리지 못하고 그가 하는 일을 조롱했다. 이지함이 말하기를 "사람의 힘이 미치든 미치지 못하든 나는 마땅히 힘쓸 것이다. 일이 되고 안 되는 것은 하늘에 달려있다. 사람의 자식이 되어 어찌 힘이 부족하다고 후환을 막으려 하지 않겠는가."라고 하였다. 바다 어귀가 넓어서 끝내 성공하지는 못했으나 이지함의 정성은 그치지 않았다. 본래 욕심이 없었기 때문에 명예와 이익, 음악과 여색에는 무덤덤했으나, 이따금 점잖지 못하게 농담하여 다른 사람들은 그의 속내를 알 수 없었다.

최영경은 일찍이 조식의 문하에서 배웠고 청렴결백하기로 세상에 뛰어나 의로운 것이 아니면 조금도 취하지 않았다. 부모에게 효성이 지극하더니, 부모가 돌아가시자 재산을 모두 쏟아 장례를 치렀기 때문에 마침내 가난해졌다. 집이 도성 안에 있었으나 친구를 사귀지 않아서 아는 사람이 없었으며, 마을 사람들은 모두 그를 고집 있는 선비라고 칭할 뿐이었다. 안민학(安敏學; 1542~1601)[167])이 처음 최영경을 찾아가 그가 말하는 것을 들어 보고는 그가 범상치 않은 사람임을 깨달았다. 성혼에게 말하기를 "우리 마을에 이상한 사람이 있는 것을 알지 못하다가 지금에야 비로소 알게 되었으니 어찌 가보지 않을 수 있겠습니까."라고 하였다. 성혼이 한양에 왔다가 최영경을 찾아갔다. 문을 두드린 지 한참 뒤에 맨발의 조그만 여종이 나와 영접하여 따라 들어가 보니, 문 안쪽 뜰에 향기로운 꽃과 풀이 가득하였다. 잠시 후에 최영경이 나왔는데 거친 베옷에 떨어진 신을 신고 있어 가난한 기색이 역력하게 풍겼으나 그 모습은 엄숙하고 장중하여 감히 범하지 못할 기상이 보였다. 앉아서 이야기하자 한 점의 세속적인 모습도 찾아볼 수 없었다. 성혼이 매우 좋아하여 돌아와 백인걸에게 말하기를 "내가 최영경을 보고 돌아왔는데 문득 청아한 바람이 소매에 가득함을 느꼈습니다."라고 하니, 백인걸이 놀라며 기이하게 생각하였다. 이때부터 최영경이라는 이름이 사람들에게 퍼졌다.

정인홍은 조식의 수제자로 강직하고 엄숙하며 부모에게는 효도하고 형제간에는 우애가 돈독하였다. 조목은 이황의 수제자로 순박하고 참되며, 또 온순하고 근엄하여 이황이 매우 중하게 여겼다. 김천일은 이항의 수제자로 정밀하고 단아한 사람이었다. 이상의 다섯 사람은 모두 신망이 있는 사람이었다.

1573년 6월

　　우의정 노수신이 임금에게 아뢰기를 "호조판서는 반드시 계획하는 바가 있고 젊은 사람을 임명해야 하는데 정2품에는 그런 사람이 없으니, 전하께서 뽑아 임명하십시오."라고 하였다. 임금이 이르기를 "젊은 사람 중에 호조판서 되기를 원하는 사람이 있는가?"라고 하니, 노수신이 부끄러워하며 물러 나왔다. 홍문관 부제학 허엽이 아뢰기를 "대궐 안의 재정은 해당 관리에게 출납하게 하는 것이 당연합니다. 『주례』에도 그러합니다."라고 하였다. 임금이 이르기를 "오늘날 조정에서도 『주례』를 실행하려고 하는가."라고 하니, 허엽이 감히 더 말하지 못하였다. 임금이 유학자의 말을 듣기 싫어하여 그들이 아뢰는 말들을 용납하지 않았다. 좌의정 박순이 찾아온 손님에게 탄식하기를 "임금의 마음을 조금도 돌릴 수가 없으니 우리는 나라의 녹봉만 먹고 있을 뿐이니, 다시 무엇을 하겠는가. 이이는 무슨 걱정이 있겠는가. 그의 고상함은 진실로 따를 수가 없구나."라고 하였다. 이때 이이가 병을 이유로 조정에서 물러나 있었기 때문에 박순이 이렇게 말한 것이다.

1573년 7월

이이를 홍문관 직제학으로 삼았다. 이이는 병을 이유로 사양하며 파주에서 오지 않았다. 임금이 사직을 윤허하지 않았으므로, 이이는 곧바로 조정에 나와 임금의 은혜에 감사를 드리며 세 차례나 상소를 올려 사직을 청하였다. 그제야 임금이 사직을 윤허하였다. 삼사에서 모두 상소하여 이이가 관직에 나오기를 청하였으나 뜻을 이루지 못하였다. 유몽학柳夢鶴이 이이를 보고 말하기를 "물러나기를 원하다가 물러나게 되었으니 좋다고 생각할 것이나, 모두 물러나려고만 하면 나랏일은 누가 하겠는가."라고 하였다. 이이가 웃으면서 말하기를 "만일 위로는 삼정승으로부터 아래로는 참봉에 이르기까지 모두 물러나려고만 하는 사람들이라면 나라의 형세는 절로 융성해질 것이고, 나라가 유지되지 못할 염려는 없을 것입니다." 라고 하였다. 사간원 대사간 김계휘가 이이를 보고 사마두死馬頭[168] 의 고사를 인용하여 말하였다.

이조판서 박영준이 병으로 사직하니 그 후임을 맡을 만한 사람이 없었다. 대신들이 종2품 가선대부에서 추천하려 했으나, 임금이 윤허하지 않으므로 하는 수 없이 김귀영(金貴榮; 1520~1593)[169]과 강사상(姜士尙; 1519~1581)[170]만을 추천하였다. 이때 육조의 판서들은 모두 다 신망이 없었다. 박영준은 나약하고, 김귀영은 탐욕이 있고 비루하였으며, 강사상은 묵묵히 남이 하자는 대로 따라만 가는 사람이었기 때문에 모두 이조판서의 재목은 아니었다. 그래서 바꾸어 가면서 그 자리를 채웠으므로 식자들이 비웃었다.

1573년 8월

성혼, 이항, 임훈(林薰; 1500~1584)[171], 한수, 남언경(南彦經; 1528~1594)[172] 등을 모두 3품직에 임명하니, 이는 승급 순서를 뛰어넘는 특별한 등용이었다.

성균관 유생들이 상소하여 김굉필, 정여창, 조광조, 이언적, 이황 등 다섯 현인을 문묘에 배향하기를 주청하니, 임금이 "조정의 공론은 오랜 시간이 지난 연후에야 결정되는 것이니 경솔히 할 수 없다."라고 말하였다.

삼가 살피건대, 성균관 유생들이 5현의 문묘배향을 여러 번 주청하였으나, 임금이 경솔히 할 수 없다고 한 것은 진실로 신중한 처사라고 할 수 있다. 그러나 우리나라가 하늘의 명으로 생긴 후 유학자 중에 문묘에 배향할 만한 사람이 없지는 않았는데, 지금까지 실행되지 않았으니, 어찌 유학의 흠이 아니겠는가. 고려왕조에서 문묘에 배향된 인물은 정몽주, 설총(薛聰; 655~?)[173], 최치원(崔致遠; 857~?)[174], 안향(安珦; 1243~1306)[175]이다. 그중 정몽주 외에는 우리 도학과는 무관한 인물들이다. 옳은 도리로 정한다면 이 세 분은 다른 곳에서 제사지내는 것이 옳고 문묘에 배향하는 것은 잘못이다. 또 유생들이 주청하는 5현으로 말한다면 그중에 어찌 우열이 없겠는가. 김굉필과 정여창은 자기의 주장과 뜻이 미약해서 드러나지 못하였고, 이언적은 그의 지위가 대체로 논란이 될 만한 점이 있었다. 오직 조광조만이 도학을 주창하고 밝혀서 후학들을 깨우쳐 주었으며, 이황은 성정이 깊고 차분하여 한 시대의 모범이 되었으니, 이 두 분만 내세워 문묘에 배향하자고 하면 누가 불가하다고 하겠는가.

임금의 특명으로 심의겸을 사헌부 대사헌에 임명하였다. 이때 사간원 정언 정희적(鄭熙績; 1541~?)[176]이 경연에서 임금께 아뢰기를 "임금의 특명으로 외척을 등용해서는 안 됩니다."라고 하였다. 임금이 화를 내며 "이것은 그 사람의 현명함과 현명하지 못함에 달린 일이다. 외척이 무슨 상관인가."라고 말하니, 정희적이 매우 기가 죽어 어찌할 줄을 몰랐다. 사헌부 집의 신응시가 나서서 아뢰기를 "정희적의 말은 조정의 공론입니다. 전하께서 지나치게 윽박질러 꺾으시면 안 됩니다."라고 하였다. 경연이 끝난 후에 정희적이 빈청에 나와서 신응시를 보고 매우 감사하게 여기는 기색이 있었다. 정희적은 곧 심의겸의 집으로 가서 "대사헌 대감을 해치려 함이 아니라 다만 사람 쓰는 일의 큰 뜻을 말하고자 함이었습니다."라고 사과하였다. 정희적이 비록 직언하였으나 돌아가서 곧 아첨하는 태도를 보였기 때문에 식자들이 그를 비루하게 여겼다.

1573년 9월

홍문관과 양사에서 상소하여 팔도 각 지방의 양반과 백성들에게 향약을 실행하자고 잇달아 주청하니 임금이 허락하였다.

영의정 권철이 병으로 사직하고, 이탁이 영의정이 되었다.

이이를 다시 홍문관 직제학으로 임명하였다. 임금이 사직은 허락하지 않고, 세 번이나 부르면서 조정에 나오기를 청하자 이이도 할 수 없이 나와서 일을 보았다.

계묘일[26일]. 임금이 성균관 문묘에 나아가 술을 올리고 유생들을 시험 보아 이발(李潑; 1544~1589)[177] 등을 급제시켰다.

1573년 10월

임금이 이이에게 이르기를 "그대는 어찌 물러가서 나오지 않았는가?"라고 하니, 이이가 대답하여 아뢰기를 "소신은 병이 심하고 재주도 없습니다. 스스로 생각할 때 아무 일도 못 할 것 같고, 한갓 녹봉만 먹으면서 나라의 은혜를 저버리느니 차라리 물러나 있으면서 죄를 면하는 것이 나을 것 같아 감히 나오지 못하였습니다."라고 하였다. 임금이 이르기를 "그대의 재주는 내가 안다. 너무 겸손한 말만 하지 말고 이제부터 다시는 물러나지 말라. 그대가 물러나 있었지만 여러 번 상소한 것을 보니 나랏일을 잊지 않고 있음을 내가 알겠다."라고 하였다. 이이가 대답하여 아뢰기를 "신이 시골구석에 있었으므로 전하의 학문이 얼마나 진보되셨는지 알지 못합니다. 그렇지만 전하께서 비록 구중궁궐 내에 계시더라도 실질적인 덕행을 행하신다면 백성들이 감화되어 사방이 그 영향을 받는 법입니다. 지금 백성이 곤궁하고 풍속이 퇴폐한 것이 이보다 더 극심할 수 없습니다. 신은 전하의 학문이 나날이 빛나는 듯 보였으나 그 효과를 보지 못하니, 마음속으로 괴이하게 여겼습니다. 전하의 자질이 영민하시어 참으로 큰일을 하실 바탕이 있습니다. 즉위하신 처음에 대신들이 잘못 보필하고 인도하여 매번 근래의 법도만을 가지고 선비들의 논의를 억제했기 때문에 지금까지 좋은 정치를 하시지 못한 것입니다."라고 하였다. 임금이 이르기를 "나의 성품이 영민하지 못하여 큰일을 하지 못한 것이다."라고 하였다. 이이가 대답하기를 "만일 전하의 자질이 영민하지 않으시다면 신 또한 기대를 두지 않았습니다. 그러나 지금 전하는 자질이 영민하시면서도 정치를 잘하시고자 하는 큰 뜻을 펼치지 못하시니, 이 점이 신으로서는 이해할 수 없습니다. 필부가 글을 읽고 몸소 실천하는 것도 그 뜻이 세상을 구제하고 백성을 편안하게 하려는 데 있습니다. 하물며 전하께서는 한 나라 백성의 주인으로서 일할 만한 권력을 가지셨고, 할 수 있는 자질을 타고 나셨는데도 스스로 분발하실 뜻을 갖지 않으시니 이 어찌 탄식하지 않을 수 있겠습니까? 전하께서 향약을 하은주 삼대의 법으로써 실행하라고 명하신 것으로 참으로 근래에 없던 기쁜 일입니다. 다만 모든 일에는 근본이 있고 말단이 있습니다.

임금은 마땅히 자신의 마음부터 바르게 한 후에 조정을 바르게 하고, 조정을 바르게 한 후에 모든 신하를 바르게 하고, 신하들을 바르게 한 후에 만백성을 바르게 해야 하는 것입니다. 향약이란 만백성을 바르게 하는 법입니다. 조정의 관리들이 바르지 못하고서 만백성을 바르게 하려면 이는 근본을 버리고 말단만을 취하는 것이니 반드시 일이 성공하지 못할 것입니다. 지금 이미 향약을 시작하셨으니 중지하지 마십시오. 전하께서 반드시 몸소 실천하고 마음속으로 체득하여 그것이 조정에까지 베풀어지게 하시면 나라의 법이 모두 바른 곳에서 나올 것입니다. 그런 뒤에야 백성들도 감동하여 떨치고 일어날 것입니다."라고 하였다.

홍문관 정9품 김우옹이 아뢰기를 "『시경』에 임금의 덕행을 노래한 「관저」와 「인지」의 뜻이 펼쳐진 뒤에야 주周나라의 제도를 행할 수 있습니다. 지금 전하께서 몸소 행하시는 것이 지극하지 못하면 아무리 향약을 시행한다고 해도 반드시 백성을 감화시켜 좋은 풍속을 이루지 못할 것입니다. 전하께서는 모름지기 이 뜻을 생각하시어 덕업을 쌓는 데 힘쓰시기 바랍니다."라고 하였다. 임금이 이르기를 "그 말이 옳다. 내가 스스로 돌아보아 시행할 수가 없을 것을 짐작하고 경솔히 시작하지 못한 것이다. 또 시행하자고 건의하는 사람이 없었기 때문에 그대로 따랐을 뿐이다."라고 하였다. 이이가 아뢰기를 "그런 뜻으로 드린 말이 아닙니다. 꼭 덕이 요순같이 된 후에 태평성대의 사업을 일으킬 수 있다면 요순의 사업은 언제 하겠습니까. 덕행이 꼭 문왕과 같아진 뒤에 「관저」와 「인지」의 뜻이 있는 것은 아닙니다. 지금이라도 전하께서 하고자 하는 뜻을 분발하시고 성심으로 좋은 정치하기를 바라신다면 그것이 곧 「관저」와 「인지」의 뜻입니다. 그 뜻으로 퇴보하지 않으면 주나라의 제도와 같이 훌륭한 법도를 행하실 수 있을 것입니다."라고 하였다.

우렛소리로 인하여 삼정승이 사직하기만을 주청하였을 뿐 특별히 건의한 계책은 없었다.

임금이 곁에 있는 신하들에게 이르기를 "인심人心과 도심道心은 둘이 아니다. 다만 발동한 후에 사람이 마땅히 행할 도의에 맞으면 이를 도심이라 이르고, 식욕과 색욕을 위한 것으로 보이면 이를 인심이라 이르는데, 식욕과 색욕도 절도에 맞게 되면 이것 역시 도심인 것이다."라고 하였다. 이이가 대답하기를 "진실로 전하의 말씀과 같습니다. 전하께서는 사람으로서 마땅히 지켜야 할 도리에 대해서 이렇게 분명한 견해를 보이시면서, 어찌 이 견해를 나라 다스리는 데에는 옮겨서 적용하지 않으십니까? 근래 하늘의 뜻과 사람의 일이 점점 어긋나서 하늘의 변고가 자주 발생해도 두려워하지 않고 있으며, 또 조정의 기강이 해이해지고 민심이 흩어져서 장차 나라꼴이 되지 않을 것 같습니다. 만일 전하께서 큰 뜻을 분발하시어 퇴폐한 것을 정돈하지 않으시면 흙이 무너지고 기와가 깨지는 듯한 형세가 날을 받아 놓은 듯 닥쳐올 것입니다."라고 하였다.

홍문관에서 상소를 올려서 뜻을 세워 지금의 폐단을 구제하기를 주청하였다. 임금이 답하기를 "상소를 살펴보니 뜻이 간절하고 의논이 통쾌하여 보는 사람이 두렵고 떨리게 한다. 과연 재주와 학문이 뛰어난 것을 볼 수 있어 매우 좋고 기쁘다. 다만 내가 진실로 어리석고 심신을 가다듬지 못해 하는 일마다 어긋나서, 위로는 하늘이 좋아하지 않고 아래로는 백성을 다스림에 걱정이 많으니, 임금이 이와 같아서야 무슨 일을 성취하겠는가. 나의 몸과 지금의 형편을 비교하니 심히 맞지 않는다. 이것은 내가 나를 분명히 알아서 그런 것이지, 일부러 사양하고 핑계 삼는 것이 아니다."라고 하였다.

이이가 임금께 아뢰기를 "옛 성인도 스승이 있었으니 그 스승이 꼭 자기보다 나은 것은 아니었습니다. 한마디의 좋은 말로도 스승을 삼았기 때문에 풀 베는 사람의 말도 성인은 취하였습니다. 공자의 말씀에 '세 사람이 길을 가는 데에는 반드시 나의 스승이 있다.'[178]라고 하셨으니, 꼭 은나라의 탕 임금과 재상 이윤(伊尹)[179]의 관계라야 스승이라고 하는 것은 아닙니다. 임금이 높은 자리에 앉아서 스스로 만족하게 생각하면 좋은 이야기가 어디로 들어가겠습니까. 반드시 두루 듣고 널리 물어서 좋은 의견을 택하여 받아들인 연후에야 뭇 신하가 다 나의 스승이 되고 뭇 선한 것이 임금 몸에 모여들어 덕업이 높고 넓어질 것입니다. 지금 전하께서는 겸손과 사양의 태도로 하교하시니, 신은 얼마나 감격스러운지 모르겠습니다.

그러나 겸손과 사양에는 두 가지가 있습니다. 스스로 만족하지 않고 자기를 버리고 남을 따르는 것은 선을 행하는 근본이 되지만, 사양하고 물러나 나아가지 않고 떨쳐 일어날 뜻이 없으면 그 겸양은 도리어 병통이 됩니다. 전하의 말씀은 겸손하시나 조정의 공론을 좇지 않으시는 것이며, 또 나만 옳고 남은 그르다 하시는 것은 나보다 나은 사람은 없다고 여기는 병통이 됩니다. 이것이 신이 마음속으로 근심하는 바입니다. 지금 삼정승이 모두 신망이 두터운 사람들인데, 어찌 아무 생각도 없이 자리만 지키는 것을 좋아하겠습니까. 비록 건의하고자 하여도 전하의 마음에 거슬려 도리어 군주의 덕에 흠이 될까 하여 묵묵히 세월만 보내는 것입니다. 만일 전하의 뜻이 좋은 정치를 하고자 하신다면 대신들도 반드시 할 말을 다 할 것이고, 조정의 신하들도 각각 속내를 드러내고 허심탄회하게 말할 것입니다."라고 하였다.

임금이 이르기를 "우리나라의 정치는 참으로 하기가 어렵다. 하나의 폐단을 고치려고 하면 또 다른 하나의 폐단이 생겨 폐단을 없애지 못하고 오히려 해로움만 더하게 되니 대책이 없다고 하겠다."라고 하였다. 이이가 대답하기를 "그러한 까닭이 있습니다. 조정에 기강이 서지 않았고 민심이 해이해져서 그렇습니다. 관리를 등용할 때는 인재를 골라 뽑지 않고 구차하게 벼슬의 자리만 채운 사람이 많고, 또 한갓 녹봉 먹는 것만 알고 나랏일을 생각하지 않습니다. 폐단을 고치려는 명령이 한 번 내려지면 싫어하고 꺼리는 생각이 앞서 거행하지 않을 뿐 아니라 고의로 폐단을 생기게 하니, 이것이 성과가 이루어지지 않는 까닭입니다. 비유하면 병이 없는 사람은 원기가 충만하고 비위가 좋아서 음식의 좋고 나쁨을 가리지 않고 먹는 것이 모두 기운을 돋우어 줍니다. 그러나 만일 원기가 극히 약하고 비위가 약하면 아무리 좋은 음식을 먹어도 도리어 오장육부가 상하게 되니, 지금의 일이 이것과 무엇이 다르겠습니까. 기강이 서지 않으면 나라를 바르게 다스릴 수가 없습니다. 그러나 기강을 세우는 것 또한 전하의 지엄한 명령으로 통제할 수는 없습니다. 전하께서 먼저 마음을 정하여 반드시 잘 다스려지기를 바라시면서 좋아하고 미워함, 옳고 그름의 판단을 한결같이 하늘의 순리에 따라 정연하게 하시면 기강이 바로 설 것입니다.”라고 하였다. 정1품 영부사 이탁이 아뢰기를 “이이가 이른바 삼정승이 마음먹은 바가 있어도 임금께 말하지 못한다고 한 것은 다만 전하를 감동하게 하려고 절실하게 말한 것입니다. 신 등이 전하 곁에 있으면서 만일 가슴에 품은 것이 있으면 어찌 감히 아뢰지 않겠습니까. 다만 근래에 전하께서 조정의 공론을 굳이 거부하시며 대간들을 민망하게 생각하고 물러나게 하시니, 이것이 신이 근심하는 바입니다.”라고 하였다. 그러나 이탁의 말소리가 너무 가늘었기 때문에 간신히 들리고 임금도 잘 듣지 못했다.

　　노진을 사헌부 대사헌으로 삼았다. 노진은 명망이 있었는데, 벼슬에서 물러나 늙은 어머니를 봉양하니 모든 사람이 어질다고 생각하였으나, 세상을 다스리고 백성을 구제하고자 하는 포부는 없었다. 노수신이 청렴하다는 명망으로 재상의 자리에 있으면서 그럭저력 눈치만 보고 지내는데도 오히려 노진은 모난 짓을 하지 말고 조심해야 한다고 하니, 식자들이 부족하게 여겼다.

이때 군적(軍籍; 군대의 장부)을 정리했는데, 담당 관원들이 서류상으로만 완전하게 맞추고 실제의 허와 실은 조사하지 않아서, 날품팔이나 걸인까지도 모두 실제 군역으로 정하니, 백성들이 매우 괴로워하였다. 몇몇 지방의 고을에서 상소하여 실제 숫자를 밝혀 군역을 정해 달라고 하였으나 해당 관원들이 모두 거부하였다. 승정원에서 이에 대해 아뢰기를 "지금 백성의 삶이 황폐한 것은 어디를 가나 마찬가지입니다. 군적을 정리하려는 본래의 취지는 군사의 많고 모자람을 위해서만이 아닙니다. 실제의 군사 숫자가 없는 허위 문서로 인하여 가족이나 이웃에게까지 부당한 병역 세를 부과하여 백성들을 도탄에 빠지게 할까 염려했기 때문입니다. 그래서 허위 문서를 없애고 실제 인원만 기록하여 백성들에게 미치는 조그만 폐단이라도 없애고자 한 것입니다. 계축년[1553년]에 군적을 만들 때 이 일을 담당한 관원이 백성을 사랑하는 나라의 본래 취지를 본받지 못하고 서류상으로만 처리하는 것을 현명하다고 생각하여 오직 엄격하고 조급하게 처리하는 것을 최선으로 여겼습니다. 그래서 각 고을에서도 그 풍조를 이어받아 인원수를 허위로 과장하고 걸인까지도 모두 넣었을 뿐만 아니라, 닭과 개의 이름까지도 그 숫자로 채워졌습니다. 그러니 군적을 만든 지 얼마 안 되어 거의 절반이 빠지거나 부족하여, 이를 채우기 위해 그 이웃과 친척들을 괴롭히니 어디를 가나 백성들의 원성뿐입니다. 이번에도 다시 옛 폐단의 전철을 밟는다면 명분은 군적을 정리한다고 하나 실상은 백성에게 해가 될 것입니다. 청하옵건대 팔도의 감사에게 명하여 각 고을 백성의 생활 형편과 군사 숫자를 살펴서 고르게 배정해야 합니다. 혹 군사의 수효가 부족하면 서류상으로만 채우지 말고 한가한 장정들을 찾아내어 보충하면서 장시간의 기한을 두게 하면 군적의 허위 문서가 없어지고 백성들도 곤궁함을 면할 수 있을 것입니다."라고 하였다. 그 논의를 병조에 맡겼으나 끝내 시행되지 않았고, 군적이 이미 끝난 뒤에도 군사의 수효는 전과 같이 부족하여 결국 그 피해는 이웃과 가족에 미치게 되었다.

김우옹이 임금께 아뢰기를 "학문하는 데는 비록 여러 가지가 있으나 옛 성현의 말을 강론하여 마음속으로 받아들여 자기에게 절실한 공부가 되도록 해야 합니다. 그렇지 않으면 비록 옛 성현의 책을 읽는다고 한들 무슨 유익함이 있겠습니까. 근래 소신이 엎드려 살펴보건대 전하의 학문이 고명하고 아는 것이 많으신 것은 알겠으나, 정사에는 그 효과가 나타나지 않으니, '글은 글대로, 나는 나대로'라는 병통이 아니겠습니까. '뜻을 성실히 하고, 마음을 바르게 가져야 한다.'는 『대학』의 정심正心과 성의誠意의 학설에 대해선 옛 성현이 이미 극진하게 말하였는데, 인제 와서 도리어 절실하지 않다고 생각하고 있습니다. 천하의 일은 모두 임금의 마음에 달려있습니다. 만일 '성의와 정심'에 힘을 얻지 못하시면 아무리 좋은 정치를 하고자 하여도 마침내 이루지 못할 것입니다. 옛 성현의 천 가지, 만 가지의 말이 모두 절실한 것이나 그중에도 가장 중요한 것은 '경敬'이라는 한 글자입니다. '경'은 모든 선善이 있는 곳입니다. 경을 논한 말이 매우 많지만, 그중에 이른바 '정제整齊하고 엄숙嚴肅[180)하면 마음이 곧 하나로 집중되고, 마음이 집중되면 그르고 편벽한 것이 자연히 침범하지 못할 것이니, 경을 보존하면 하늘의 이치가 밝아진다.'는 말이 가장 빈틈없고 간절하니, 학문이 높거나 낮거나 모두 정제와 엄숙에서 공부를 시작해야 합니다."라고 하였다. 임금이 대답하기를 "그 말이 옳다. 그렇다면 어째서 정제와 엄숙을 공부의 시작할 곳이라고 말하였는가. 이는 겉모습을 말한 것이기 때문에 노력하기가 쉬울 것이고, 하나에 집중하여 외물에 마음을 두지 않는다[主一無適]181)는 것은 속마음을 말한 것이기 때문에 어려운 것이다."라고 하였다.

동부승지 이이가 아뢰기를 "정제와 엄숙은 유독 겉모습만 그렇게 하는 것이 아닙니다. 다만 얼굴이나 모양만 정돈하고, 정치를 행함에 하늘의 이치에서 나오지 않는다면 정제와 엄숙이라고 할 수 없습니다. 한漢나라 성제(成帝; BC.52~BC.7)182)는 엄숙하게 조정에 임하여 존엄하기는 마치 신과 같았으나 정사는 어지럽게 하였으니, 어찌 경이라 할 수 있겠습니까."라고 하였다. 임금이 이르기를 "성제 같은 이는 정제하고 엄숙한 것이 아니라, 다만 사관이 용모와 태도를 잘 닦았다고 말했을 뿐이다."라고 하였다. 이이가 또 아뢰기를 "지금은 나라에 기강이 없어 어찌할 수 없습니다. 지금 만일 이런 상태로 간다면 다시는 희망이 없습니다. 반드시 전하께서 큰 뜻을 분발하시어 잘못된 것을 깊이 뉘우치시고, 모든 문무백관을 동시에 일깨워 기강을 세운 뒤에라야 나라가 바로 서게 될 것입니다. 기강은 법령과 형벌로써 억지로 세울 수 있는 것이 아닙니다. 조정에서 착한 것을 착하다 하고, 악한 것을 악하다 하여 그 공평하고 올바름을 얻어 사사로운 감정이 유행하지 않아야만 기강이 바로 서는 것입니다. 지금은 공정함이 사사로움을 이기지 못하고, 정의로움이 사악함을 이기지 못하니 기강이 어떻게 서겠습니까. 옛날 초나라 장왕과 제나라 위왕은 그다지 어진 임금도 아니었지만, 오히려 거의 망하게 된 나라를 일으켜 마침내 부강한 업적을 이루었습니다. 지금 전하께서는 비록 스스로 지혜롭지 못하다고 하시나 어찌 저 두 임금보다 못하시겠습니까?"라고 하였다. 김우옹이 아뢰기를 "지금의 폐단은 과연 이 말과 같습니다. 공정한 도리가 행해지지 못하고, 사사로운 욕심이 만연하면 법을 가까스로 세워 고치려고 해도 그 법은 세워지자마자 또 폐단이 생기게 됩니다. 그러하오니 반드시 전하께서 분발하시고 학문에 힘쓰시어 마음속에 하늘의 뜻을 품고, 사사로운 욕심을 끊어지게 해서 지극히 공정하고 바른 도리를 행하시면 모든 사람이 감동하여 임금의 명이 내려지면 반드시 행하게 될 것입니다. 만일 전하께서 뜻을 세우시고 정심과 성의에 힘을 쓰시면 요순과 탕왕 그리고 무왕의 업적을 이루실 수 있을 것이니, 초나라 장왕과 제나라 위왕은 말할 것도 없습니다."라고 하였다.

이이가 아뢰기를 "신의 뜻은 초나라의 장왕이나 제나라의 위왕에게서는 취할 것이 없다는 것입니다. '장왕이나 위왕도 능히 분발해서 이룬 업적이 있었는데 전하께서 어찌 못하시겠느냐'는 것입니다. 예전부터 사람의 소견이 같지 아니하여 사리에 어두운 선비는 요순의 정치를 하루아침에 할 수 있다고 하고, 평범한 사람은 옛날에 행한 도는 결코 지금에 행할 수 없다고 말하지만, 이는 모두 잘못된 것입니다. 정치는 모름지기 요순의 정치를 목표로 할 것이나, 일의 공적은 마땅히 점진적이어야 합니다. 신이 예전에 홍문관에 있을 때 매번 요순과 하은주 삼대의 일을 글로써 아뢰었더니, 전하께서 대답하시기를 '어찌 갑작스럽게 이룰 수가 있겠느냐.'고 하셨으니 그 말씀이 옳습니다. 신의 뜻도 급하게 그 효과를 보려는 것이 아닙니다. 오늘 한 가지를 실행하고, 내일 한 가지 일을 실행하여 점차 좋은 경지로 나아가자는 것입니다. 우리나라가 도로써 다스려지지 않은 지 오래되었습니다. 오직 세종대왕의 정치가 참으로 본받을 만합니다. 그 때는 사람을 등용할 때 법도에 구애받지 않고 어진 이를 임명하고 능력 있는 자에게 일을 시켜 각각 그 재질에 마땅하게 했기 때문에 훌륭한 사람과 훌륭하지 못한 사람의 분수가 정해져 있었습니다. 오늘날도 반드시 사람을 가려서 벼슬을 주고 나랏일을 맡기면 모든 일이 잘될 것입니다. 기묘년에는 조광조가 중종의 신망을 받아서 큰일을 할 기회가 있었는데, 나이가 적은 선비로서 일을 할 때 점진적으로 하지 않아 화를 면하지 못하였고 소인배들은 이 틈을 타서 사림들을 해쳤습니다. 지금까지 정사를 맡은 사람들이 기묘년의 일로써 경계를 삼으니, 기묘년의 인물들이 일을 할 때 점진적으로 하지 못한 것은 비록 실수였다고 하더라도 요즘처럼 전혀 일을 하지 않는 것보다는 낫지 않겠습니까. 전하께서 만일 큰일을 하시려고 한다면 반드시 몸소 실천하여 근본을 맑게 하십시오. 그런 후에 다스리는 여러 가지 법을 차례로 시행하면 아랫사람들이 몸을 솟구쳐 움직일 것입니다. 먼저 자신을 수양하시고 반드시 어진 이를 높여야 합니다. 어진 이를 높인다는 것은 벼슬만 시키는 것뿐만이 아닙니다. 반드시 그 말을 들어 써서 일을 시행한 뒤에야 참으로 어진 이를 높이는 것이 됩니다. 지금 전하께서는 참으로 어진 이를 좋아하시나 다만 불러서 벼슬만 시킬 뿐이고 그 말을 들어 쓰시는 것은 보지 못하였습니다. 그가 참으로 도를 지키는 선비라면 어찌 겉치레만을 위하여 벼슬을 하겠습니까. 또 과거에 급제를 못 한 사람이라도 재주와 덕망만 있으면 사헌부의 관원으로 쓰는 것이 나라의 보통 관례인데 기묘년의 인물들이 실패한 뒤로는 그 길을 막았으니, 이는 역대의 법을 행하지 않는 것입니다."라고 하였다. 임금이 이르기를 "이 일은 참으로 그러하다. 나도 또한 이를 알고 일찍이 어진 이를 쓰는 것이 좋다고 한 적이 있다. 다만 경험이 없는 사람들이라 일을 할 때 중도에 지나칠까 염려하는 것이다."라고 하였다.

이이가 아뢰기를 "전하께서는 매번 지나칠 것만 염려하시고, 근래에 전혀 일을 하지 않는 것은 근심하지 아니하시니 어찌 된 일입니까. 만일 지나친 일이 있으면 전하께서 마땅히 제재하실 것이니 일을 하지 않는 것보다는 낫지 않겠습니까."라고 하였다. 임금이 이르기를 "그렇지 않다. 자기주장을 고집하는 사람들이 나의 제재를 듣지 않고 굳이 자기 뜻대로만 하려고 하면 어찌하겠는가?"라고 하였다. 이이가 아뢰기를 "어찌 일하는 것이 지나치기만 하겠습니까. 세상이 쇠퇴하고 도가 미약하여 줏대 없는 선비들은 과거만이 출셋길인 줄 알고 있습니다. 으뜸가는 선비들은 반드시 과거를 탐탁하게 여기지 않으니, 과거로 사람을 쓰는 것은 말세의 풍속입니다. 이 어찌 태평한 시대의 일이겠습니까. 혹자는 과거에 급제하지 못한 사람을 사헌부의 관원으로 시키면 좋지 못한 사람들이 섞여 들어올까 염려하나 그것은 그렇지 않습니다. 만일 여론이 크게 일어나면 이러한 관직에는 반드시 일할 만한 사람이 뽑힐 것이고, 만일 여론이 일어나지 않는다면 과거에 급제한 선비라도 좋지 못한 사람들이 요직에 머물러 있는 자가 많을 것입니다. 하필 과거급제하지 못한 사람에게만 좋지 못한 사람이 섞여 나올 것을 근심하겠습니까."라고 하였다. 임금이 이르기를 "그 말이 옳다."라고 하였다.

이이가 아뢰기를 "요즘 사대부의 습성을 보니 한 직위에 오래 있으려 하지 않고, 이리저리 병을 핑계로 사직하여 아침에 취임하였다가 저녁에 자리를 옮기니, 그 이유가 세 가지 있습니다. 첫째는 사람을 등용할 때 직책에 맞게 잘 선택하지 않으므로 매번 관리 임명 명단이 나올 때마다 인물이 그 직책에 적합하지 않아서 남의 손가락질이나 웃음거리가 되면 결국 병을 핑계하고 사직하는 것을 염치로 아는 경우입니다. 둘째는 뜻있는 선비가 자신의 직책이 마음에 들지 않아서 스스로 실권이 없는 자리에 앉는 것을 부끄러워하여 부득이 병을 핑계로 사직하는 경우입니다. 셋째는 진짜 병이 있는 사람이 어쩔 수 없이 사직을 청하는 경우입니다. 이것이 벼슬자리에 오래 있지 못하는 이유입니다. 전하께서 진실로 정치하는 데 뜻을 두시어 정신을 가다듬고 아랫사람을 거느리시면 신하들이 감히 자기 편한 대로 하지 못하고 힘을 다하여 직무를 볼 것입니다. 지금의 할 일은 공평한 도리를 넓히는 것보다 더 급한 것이 없습니다. 이는 반드시 전하께서 한 터럭의 사사로운 의도가 없어진 후에야 아랫사람을 감동하게 할 수 있습니다. 근래 양사에서 전하께 보고를 올리는 것 중에서 만일 궁중이나 내수사에 관한 일이면 전하께서는 반드시 고집스럽게 거절하시므로 신하들은 전하께서 사심이 있으신 것이 아닌지 의심하게 되니, 어디에서 본받겠습니까. 조정의 신하들이 대부분 침묵으로써 체면을 유지하려고 하는 것은 말한다고 해도 그 말이 전하에게 믿음을 받지 못할까, 우려하기 때문입니다. 신과 같이 어리석은 사람이 또 누가 있겠습니까. 어리석은 자도 혹 하나의 깨달음은 있는 것이니 신의 말 또한 들으실 만하지 않겠습니까."라고 하였다.

이이가 물러 나와서 김우옹에게 "지금 조정의 일은 단지 전하의 뜻을 돌리기가 어려울 뿐만 아니라 대신들의 마음을 돌리기도 역시 어렵다. 전하의 마음이 전과는 조금 다르시니 이때야말로 대소신료들이 협력하고 성의를 다하여 전하의 마음을 열어 드릴 때인데, 대신들이 잠잠하니 도무지 어쩔 수가 없다. 나랏일을 근심하는 이는 좌의정 박순 대감 한 분뿐이나 그분 역시 역량이 부족하니, 지금 큰 걱정은 나랏일을 같이할 사람이 없는 것이 아니겠는가."라고 하였다. 김우옹이 답하기를 "그렇다. 그대가 경연에서 아뢰는 말이 참으로 좋다. 다만 나랏일에 관한 말은 많았으나 학문에 관한 말은 적은 것 같다. 내 생각은 그렇지 않으니 전하께서 학문에 처음 들어갈 길을 아시게 되면 나랏일이 저절로 이치에 맞게 될 것이다."라고 하였다. 이이가 말하기를 "그대의 말이 참으로 좋지만 내가 아뢴 것은 모두 뜻을 세우는 데 관계된 것이다. 반드시 전하의 뜻이 좋은 정치를 원해야 학문에도 힘을 쓰실 것인데, 진실로 그 뜻이 없으시다면 학문도 안정될 곳이 없을 것이다. 그러므로 성심으로 좋은 정치를 하려고 노력하시라는 말을 반복하여 아뢴 것이지, 나랏일을 먼저하고 학문을 뒤로하라고 말한 것은 아니다."라고 하였다.

1573년 11월

이이가 과거에 급제하지 않은 사람에게도 사헌부의 직책을 주도록 다시 주청하였다. 임금이 노수신에게 "이이의 말이 어떠한가."라고 말하니, 노수신이 대답하기를 "신의 뜻도 그러하오나 이는 전하께서 결정하실 일입니다. 신하들의 말에 끌려다닐 필요는 없습니다."라고 하였다. 임금이 이 논의를 대신들에게 의논하게 하니, 대신들이 모두 옳다고 하였다. 그중에서도 이탁이 더욱 강조하여 말하니 임금이 허락하였다.

　신사일[11월5일] 밤에 임금이 편전에서 신하들을 불러 놓고 『서경』의 「태갑」편을 강론하게 하였다. 이이가 아뢰기를 "은나라 왕 태갑은 재상 이윤의 보필에 힘입어 능히 그 덕업을 성취하였으니, 만일 이윤이 아니었다면 덕업의 성취를 기대하지 못했을 것입니다. 임금이 어진 이를 얻는 것은 다만 한때의 이익만으로 되는 것이 아닙니다. 또한 나이 어린 후사를 부탁할 수도 있어야 하는 것입니다. 아무리 성인의 지혜가 있는 임금이라도 온 천하를 혼자 다스릴 수 없는 것이므로 반드시 어진 이 얻기를 먼저 할 일로 삼아야 합니다. 그러므로 맹자가 말하기를 '요임금은 순舜을 얻지 못할까 근심하였고, 순임금은 우禹와 고요皐陶를 얻지 못할까 근심하였다.'라고 하였으니, 임금의 책임은 어진 이를 얻는 데 있습니다."라고 하였다.

　강론이 끝난 뒤에 경연관 송응개(宋應漑; 1536~1588)[183]가 나와서 말하기를 "밤에 경연할 때 천지의 온갖 소리가 그쳐 고요하여 심기가 청명하니 이러한 때에 독서만 할 것이 아니라, 나랏일과 백성의 괴로움에 관하여 신료들에게 물으신다면 어찌 아뢸 만한 말이 없겠습니까? 신료들이 모두 자기의 품은 생각을 아뢴다면 그중에 어찌 도에 가까운 한마디 말쯤이야 없겠습니까. 오늘 밤은 경연에 참석한 신하의 수도 많지 않으니 여기 있는 신료들 모두 각자의 의견을 말하게 하고, 사관 역시 의견을 말하게 하는 것이 좋을까 합니다."라고 하였다.

이이가 나서서 말하기를 "이전에 전하께서 말씀하신 인심과 도심의 말씀이 지극히 정교하고 간절하시니 비록 학문하는 선비라도 소견이 어찌 다 이와 같겠습니까. 전하께서는 비록 스스로 불민하다고 돌려 말하시지만, 성리학은 벌써 식견이 높고 현명한 데에 이르셨으니, 이 정밀하고 분명하신 학문에다 실천의 노력을 추가하면 가히 한 시대를 바르게 고쳐 구제하실 수 있을 것입니다. 아무리 학문의 이치에 밝다고 하더라도 만일 실천에 절실하게 힘쓰지 않으시면 무엇이 유익하겠습니까. 또 전하께서는 말씀이 매우 드물어 신하의 말에 대답을 잘 하지 않으시니, 이것은 전하의 생각에 대답할 만한 것이 못되어 그러하십니까? 옛사람이 말하기를 '천하의 선비를 가볍게 여기지 말라.'고 하였는데, 신하들의 말에 어찌 답을 하지 않으십니까. 근래에 과거급제하지 않은 사람에게도 사헌부의 직책을 주라고 명령하셨는데, 이는 역대의 제도로 보면 이상해할 것이 없습니다. 하지만 오래 폐지되었던 옛 제도를 회복한 것이므로 모든 신하가 전하께서 선정을 베풀려는 뜻을 세운 줄 알고 좋아하지 않은 사람이 없습니다. 다만 모든 일을 반드시 아래에서 건의하여 올리기만을 기다리시고 전하의 생각에서 나온 것이 없으므로 신하들은 전하 마음의 진위를 알지 못하고 있습니다. 만일 전하께서 몸소 실천하는 것이 겉으로 드러나면 아랫사람들은 더욱 정성을 가지고 일하려고 해서 소문만 듣고도 일어날 사람들이 있을 것입니다. 신이 보건대, 근래에 기강이 흩어져서 명령이 실행되지 않고, 민생의 고통이 물이나 불 속에 있는 것과 같습니다. 예전부터 조정에 기강이 없고, 민생이 도탄에 빠지고서도 나라가 무사한 적은 아직 없었습니다. 지금 서둘러 어진 선비를 모아 각각 품고 있는 생각을 말하게 하여, 민생을 구제하기에 적절한 계책을 세운다면 반드시 구제할 수 있습니다. 혹 그릇된 예전의 전철을 밟아 더욱 아래로 내려간다면 비록 매우 어질고 지혜로운 선비가 있다고 하더라도 어떻게 할 도리가 없을 것입니다. 신과 같이 어리석은 자에게는 진실로 물으실 것이 없겠으나, 전하를 모신 지 여러 날이 되어도 다스림의 도리를 한 번도 묻지 않으시니 신은 감히 전하께서 정치를 잘하시려는 뜻이 있는지를 알 수 없습니다. 신하들은 바로 이것을 걱정스럽게 생각하는 것입니다."라고 하였다.

경연청 검토관 김성일(金誠一; 1538~1593)[184]이 아뢰기를 "후한 사람 진번(陳蕃; ?~168)[185]의 말에 '나라에 세 가지 텅 비어 있는 것이 있는데, 조정에 인재가 빈 것, 창고에 재화가 빈 것, 논밭이 빈 것이 그것이다.'라고 하였습니다. 지금 비록 조정에 인재가 없다고 할 수는 없으나, 한 사람도 조정의 일을 담당할 자가 없습니다. 나라의 재정과 민생에 관해서는 전하께서 이미 아시는 바입니다. 이대로 가면 10년이 채 못돼서 나라에 위기가 닥칠 것입니다. 조정의 명령은 막혀서 실행되지 못하고, 상하의 형국은 산만하여 통일되지 않으며, 경연에서 비록 한두 가지의 건의가 있어 그것을 시행하려는 항목이 겨우 만들어져도 또 다른 폐단이 잇따라 생깁니다. 이렇게 되면 나라를 잘 다스릴 수 있는 일은 드물게 됩니다. 맹자는 임금의 마음이 옳지 못한 것을 바로잡는 것을 제일로 삼았고, 주자는 정심과 성의를 말하였으니, 만일 전하께서 정심으로 그 근본을 수양하지 못하시면 나라의 민심이 어찌 복종하겠습니까."라고 하였다.

이이가 아뢰기를 "명령이 시행되지 못하는 까닭은 오늘 저녁의 일로써도 짐작할 수 있습니다. 임금과 신하 사이는 마땅히 아버지와 아들 사이 같아서 상하가 서로 믿은 뒤에라야 일이 이루어지는 것입니다. 지금 전하의 곁에 신하들이 있어도 전하께서는 아직 속마음을 말씀하지 않으십니다. 전하 마음의 뜻이 이렇게 막혀 있으니 어찌 천 리 밖에까지 명령이 통하겠습니까."라고 하였다.

송응개가 아뢰기를 "음양이 조화를 이루어야 비가 내리고 만물이 자라는 법입니다. 만일 전하께서 침묵만 지키시면 상하가 통하지 못합니다."라고 하였다. 임금이 대답하기를 "나를 두고 말하지 않는다고 한 것은 옳다. 그러나 특별히 무슨 말을 하겠는가. 지금 말하는 것이 모두 나의 한 몸에 집중되어 있는데, 내 스스로 돌아보건대 변변치 못하여 능히 올바른 정치를 일으킬 수 없다. 그러므로 말하지 않는 것이다."라고 하였다. 곁에 있던 모든 신하가 일제히 아뢰기를 "어찌 그러하겠습니까."라고 하였다.

이이가 "이것은 겸양의 말씀이시지 어찌 정말 그러하시겠습니까."라고 아뢰니, 임금이 이르기를 "겸양으로 하는 말이 아니다. 옛사람의 말에 '사람이 어찌 자신을 모르겠는가.'라고 하였으니, 난들 어찌 나를 모를 리가 있겠는가."라고 하였다. 이이가 아뢰기를 "참으로 전하의 말씀과 같으시다면 어진 이를 얻어서 믿고 맡기시면 또한 나라를 잘 다스릴 수 있을 것입니다. 다만 전하께서는 '좋은 정치를 할 능력이 없다.'고 말씀하시나, 신은 믿지 않습니다. 지금 전하께서 여색에 현혹되셨습니까, 음악을 좋아하십니까, 술을 즐기십니까, 말타기와 사냥을 좋아하십니까? 궁중의 은밀한 일을 신이 비록 알지 못하나, 이 여러 가지는 예로부터 덕을 잃은 임금이 하는 일이지 전하께서 하시는 일은 아닙니다. 지금 좋은 정치를 할 수 없다고 말씀하시는 것은 무슨 까닭입니까? 다만 전하께서 부족하신 점은 뜻을 세워 좋은 정치를 도모하지 않는 것입니다. 이것은 학문에 있어서 실천하는 공부가 부족한 데서 나온 것입니다. 진실로 뜻을 세워 하시려고 하면 어찌 다스려지지 못할 것을 근심하겠습니까."라고 하였다. 임금이 이르기를 "지금 말한 것은 내가 감당하지 못하겠다. 비록 내가 덕은 부족하여도 정말 그런 허물은 없었다. 예전부터 임금이 재주도 있고 덕도 있어야 능히 그 나라를 다스리는 것인데, 나는 재주와 덕이 없는 데다가 마침 다스리기 어려운 시대를 만났다. 이것이 잘 다스리기 어려운 이유이다."라고 하였다. 이이가 아뢰기를 "임금의 덕이 꼭 요순과 탕왕, 무왕 같은 뒤에야 정치를 잘할 수 있다면 과연 어려운 일입니다. 그러나 전하께서는 이미 덕을 잃지 않으셨으니, 이것을 바탕으로 덕을 증진하여 갈 수 있을 것이고, 덕이 증진되면 재주가 또한 생기는 것입니다. 만일 재주가 나라를 다스리기에 부족하다고 스스로 생각하신다면 자신보다 어진 이를 등용해서 맡기는 것이 옳습니다."라고 하였다.

임금이 이르기를 "예전부터 새로 나라를 세운 임금의 행실을 살펴보면 덕을 잃지 않고 다스려도 오히려 예법으로 다스려지는 소강小康 사회에 이를 뿐이었다. 그러나 건국된 지 오래되어 점차 쇠약하게 되면 아무리 어진 임금이라도 잘 다스리지 못하는 것이다." 라고 하였다. 이이가 아뢰기를 "그렇지 않습니다. 주나라의 선왕(宣王; B.C.827~B.C.782)[186]과 한나라의 광무제(光武帝; B.C6~AD57)[187]는 모두 나라를 다시 일으킨 임금입니다. 두 임금이 어찌 주나라 무왕이나 한나라 고조보다 현명하였겠습니까. 진나라 도공(悼公; B.C586~B.C558)[188] 같은 사람은 겨우 14세에 즉위하였는데, 대신들의 세력은 강하고 왕실의 힘은 약하였으나 도공이 스스로 분발하여 마침내 나라를 힘으로써 제패할 수 있었으니, 이는 그 뜻을 세우기에 달렸습니다. 지금 전하께서 뜻을 세워 정치에 힘쓰고 묵은 병폐를 개혁하시면 어찌 업적을 이루지 못하겠습니까. 신이 비록 어리석지만 어려서부터 책을 읽어서 의리를 대략 알고 있습니다. 지금 조정에서 벼슬하는 이유는 따뜻하게 입고 배부르게 먹기 위한 것이 아닙니다. 만약 신의 말이 나라에 유익하다면 비록 몸이 부서져도 사양하지 않겠습니다만, 되는 대로 나라의 녹봉이나 먹는다면 신이 비록 염치없는 사람이라도 견딜 수 없는 일입니다." 라고 하였다. 임금이 이르기를 "지금의 폐단을 개혁하기가 매우 어렵다." 라고 하였다.

이이가 아뢰기를 "사람만 얻을 수 있다면 폐단을 개혁하기는 어렵지 않지만, 옳은 사람을 얻지 못하면 개혁은 반드시 이루어질 수 없습니다." 라고 하였다. 임금이 이르기를 "그렇다. 그러나 사람을 얻었다고 하더라도 송나라 신종(神宗; 1048~1085)[189] 같이 뜻은 크나 재주가 엉성하다면 또한 무슨 이익이 있겠는가." 라고 하였다. 김성일이 아뢰기를 "신종은 왕안석을 어진 이로 알고 등용한 까닭에 화를 당한 것입니다. 만일 한기(韓琦; 1008~1075)[190], 부필富弼, 사마광司馬光 같은 사람들과 더불어 일을 하였다면 무슨 일인들 이루지 못했겠습니까."라고 하였다. 이이가 아뢰기를 "신종이 세운 계획도 잘못이 있었습니다. 나라를 다스리는 데는 백성을 사랑하는 것이 우선인데 신종은 부국강병만을 내세웠기 때문에 소인배들이 틈을 타서 나라의 이익을 일으키자는 주장을 펼친 것입니다. 만일 백성을 보호함에 힘썼다면 어떻게 소인배들이 간사한 계책을 부렸겠습니까. 임금 된 이는 반드시 먼저 백성을 보호하는 데 뜻을 두는 것이 옳은 것입니다."라고 하였다.

이조판서 김귀영이 사직상소를 세 번 올렸고, 또 조정에 나아가 세 번이나 관직에서 물러나기를 청하였으나 임금은 모두 윤허하지 않았다. 김귀영은 변변치 못한 자질로 벼슬이 판서와 정승에까지 이르렀다. 그가 이조판서의 자리에 있을 때 뇌물을 많이 받았기 때문에 청백리가 되지 못했다. 그래서 김귀영이 물의를 일으킬까 두려워하여 사직을 여러 번 청하였으나 임금이 끝내 허락하지 않았으니, 이는 임금이 옳고 그름을 분별하려는 뜻이 없었기 때문이다.

사헌부 대사헌 노진이 교지를 받고 한양으로 와서 사직했으나, 임금이 허락하지 않았다.

신하들이 이황에게 시호를 내려주어야 한다고 주청하니, 임금이 행장(행적을 적은 기록)이 없다고 허락하지 않으며 이르기를 "어찌 행장을 짓지 않느냐."라고 하였다. 이이가 아뢰기를 "예전에 주희의 수제자인 황간(黃榦; 1152~1221)[191]도 주희의 행장을 20년이 지난 후에야 지었습니다. 하물며 이황의 문인들이 어찌 쉽게 스승의 행장을 지을 수가 있겠습니까. 이황의 행적은 사람들의 이목에 뚜렷하게 밝혀져 있습니다. 행장이 있고 없는 것이 그 행적에 무슨 보탬이 되겠습니까. 우리나라에서 유학으로 이름난 인물이 여럿 있으나, 그 말과 행실을 살펴보면 유학자의 본보기가 되지 못하는 사람이 많습니다. 이황은 정신과 기백이 강하게 타고나지는 못했고, 재주와 기량 또한 옛 선현들에게 미치지 못한 데가 있었습니다. 그러나 오직 일생을 두고 의리의 학문에 심취하여 그의 저서에 나타난 언행과 뜻은 예전의 명망 있는 선비의 말이라도 이황의 말보다 낫지 않습니다. 그런데 전하께서는 이미 돌아가신 현인으로서 행적이 드러난 이에게도 오히려 높이 기리는 것에 인색하시니, 하물며 지금의 선비들을 어찌 좋게 여기는 마음이 있을 수 있겠습니까. 이황의 시호는 한두 해 지체되어도 큰 해는 없으나, 온 나라의 선비들이 전하께서 어진 이를 좋아하시는 마음이 없다고 의심하게 되면 그 피해가 어찌 적겠습니까. 또한 요즘 경연에서 좋은 논의가 없는 것은 아니나, 위로는 임금의 마음을 바로잡는 데까지 이르지 못하고, 아래로는 백성의 폐단을 고치는 데까지 미치지 못해 모두 입으로 말하고 귀로 듣기나 할 뿐입니다. 원하옵건대 전하께서는 성리학에 깊이 심취하시고 만일 의심나는 것이 있으시거든 언제든지 홍문관 관원을 불러 여러 번 강론한 후에 그 뜻이 밝혀지면 현실에 적용하도록 하십시오. 그렇게 하면 그 효력이 반드시 정사에 나타날 것입니다. 백성의 폐단은 한둘이 아니오나, 신하들을 접견하실 때는 말을 아낌없이 하게 하시고, 쓸 만한 계책을 골라 시행하여 빈말이 되지 않게 하시면 민생은 거의 소생할 것입니다."라고 하였다. 이때 이이가 성심을 다하여 임금의 마음을 돌려 보려고 애써 조정에 나왔는데, 친구 성혼이 말하기를 "선비는 마땅히 임금을 바로잡기에 힘써야 한다. 만일 임금의 마음을 돌릴 수 없다면 속히 물러나는 것이 마땅하다. 임금의 마음을 얻지 못하면서 일의 공적에만 먼저 힘쓰면 이것은 '한 자를 굽혀 한 길을 펴려 하는 것[枉尺直尋; 작은 것을 희생시켜 큰 것을 살리는 짓]'이니, 이는 선비의 도리가 아니다."라고 하였다. 이이가 말하기를 "그 말이 참으로 옳다. 그러나 임금의 마음을 어찌 갑자기 돌릴 수 있겠는가. 마땅히 두고두고 성심을 다하여 감동하고 깨닫기를 바랄 뿐이다. 만일 천박한 정성으로 한 달 사이에 효과를 기대하였다가 자기 뜻과 같지 않다고 해서 갑자기 물러나려고 하는 것도 신하의 도리가 아니다."라고 하였다.

1573년 12월

임금이 곁에 있는 신하에게 "조식과 이황의 제자 가운데 조정에서 벼슬하는 사람이 있느냐?"라고 물었다. 홍문관 부제학 유희춘이 아뢰기를 "이황의 제자로 조정에 있는 사람은 정유일, 정탁(鄭琢; 1526~1605)[192], 김취려 金就礪[193]가 있습니다."라고 하였다. 김우옹이 아뢰기를 "조식은 스스로 사림의 스승으로 자처하지 않았으나 그 문하에서 왕래하던 사람은 오건, 최영경, 정인홍 등이 있고, 소신 또한 그 문하생입니다."라고 하였다. 임금이 "조식이 그대에게 가르친 학문은 어떤 것이며, 그대는 무슨 공부를 하였는가?"라고 물었다. 김우옹이 대답하기를 "신은 진실로 공부에 힘쓰지 못하였습니다. 그러나 조식이 가르친 바는 자유분방한 마음을 수습하는 것에 힘쓰게 했고, 또 경敬을 주로 하여 자유분방한 마음을 수습하는 공부를 하도록 하였습니다."라고 하니, 임금이 "자유분방한 마음을 수습하는 것과 경을 주로 하는 것은 모두 몸에 절실한 공부다."라고 하였다.

삼가 살피건대, 정유일, 정탁, 김취려가 비록 이황의 문하생이지만 사실은 성리학을 행하는 제자들은 아니다. 정유일은 조잡하여 행동을 마음 내키는 대로 했고, 정탁은 어리석고 나약하여 지조가 없다. 더구나 김취려는 아첨이나 하고 남의 뒤나 따라다니며 시키는 일이나 할 따름이니, 이 세 사람을 제자라고 부를 것 같으면 이황에게 심한 욕이 되지 않겠는가. 유희춘은 단지 경서만 읽었을 뿐 식견이 없어서 옳고 그름을 분간하는 데 어두웠으니 정말 한탄할 노릇이다.

사헌부 대사헌 노진이 "신의 어머니가 연로하므로 벼슬을 사직하고 고향에 돌아가 봉양해야겠습니다."라고 상소를 올리니, 임금이 답하기를 "경의 상소를 살펴보니 사정의 절박함을 알겠다. 그러나 경이 조정에 나온 지 얼마 안 되니 내가 어찌 사직을 허락하겠는가. 경은 조정에 더 머물러 나라를 도울 계책을 진언하여 나의 결정을 기다리면 내가 섭섭하지 않겠다."라고 했다. 그러나 노진은 끝내 사직하고 한마디 말도 없이 가버렸다.

삼가 살피건대, 임금과 신하의 의리는 천지 간에서 피할 수 없는 것이다. 신하가 임금을 섬길 수 없는 것은 인륜의 어긋남이지 그 본심은 아니다. 지금 노진이 고향으로 물러나는 것이 단지 노모를 봉양하기 위한 것인가, 아니면 다른 뜻이 있어서인가. 비록 부득이하여 물러가게 되더라도 임금의 관심과 보살핌은 물론 그의 직언이 절실하니, 가슴에 쌓인 포부를 한번 진술하여 임금의 선택을 두고 보는 것이 차라리 옳지 않겠는가. 지위가 종2품에 이르렀으니, 나라의 은혜가 두텁지 않은 것도 아니었는데, 직책이 사헌부에 있으면서 나랏일에 대한 말을 한마디도 하지 않았으니, 비록 나라의 은혜를 저버리지 않았다고 말하더라도 나는 이것을 믿지 않는다. 내가 듣건대 노진이 착한 일을 행한 명성은 있으나 실상은 세상을 구할 재주가 없었다고 한다. 정녕 이러하다면 아무리 말하려고 했어도 할 수 없었을 것이니 무슨 책망할 것이 있겠는가.

흰 무지개가 해를 꿰뚫었다. 임금이 마침 친히 보고서 놀라 영의정 이탁과 좌의정 박순을 불러【이때 우의정 노수신은 병으로 조정에 나오지 않았다.】하교하기를 "조정에 어진 선비들이 경연에 모여 큰 소리로 자신의 주장을 말하고 새로운 제도를 실행하기 좋아하니, 당연히 풍속이 순후해지고 정치가 잘되어야 할 것이다. 그런데 어찌하여 나라의 기강은 무너지고 백성은 궁핍하며 민심은 좋지 못하니 큰 소리의 효력은 털끝만큼도 없다. 도리어 선왕 때 간신배들이 권력을 휘두른 때만도 못하니 이것은 내가 이해할 수가 없다."라고 하였다. 이탁과 박순은 다만 황송하다는 말만 할 뿐 바로잡을 별다른 대비책이 없었다.

이때 이이와 김우옹 등이 임금을 가까이 모시는 자리에 있으면서 말끝마다 하은주 삼대의 법도를 말하며 임금의 마음을 돌리려 하였다. 이에 따라 경연에서 옛 성인의 도를 말한 적이 많았는데, 임금이 그 말을 들어주지는 않고 도리어 재앙의 변고가 경연에서 큰소리를 낸 결과라고 하니 민심이 몹시 두려워하였다. 정인홍이 이이에게 묻기를 "선비가 물러날 처지에 있을 때 조정의 형세가 일을 할 수 없는 것을 분명히 알면서도 임금의 부름이 있으면 조정에 나와야만 합니까?"라고 하니, 이이가 답하기를 "분명히 일을 할 수 없다는 것을 안다면 어찌 번거로이 오가겠습니까. 혹여라도 조정에 나오는 까닭은 만에 하나라도 희망이 있어 그런 것입니다."라고 하였다. 정인홍이 말하기를 "임금의 마음이 굳게 정해져서 일을 하지 않으려 하는데도 또한 희망은 있는 것입니까."라고 하니, 이이가 답하기를 "전하께서 즉위하신 지 7년인데 보좌할 만한 사람이 없어서 일을 할 수 없는 상태에 이르게 된 것입니다. 만일 어진 사람이 조정에 있어서 정성껏 보좌하면 혹 만에 하나라도 희망이 있을까 합니다."라고 하였다. 정인홍이 물러나서 어떤 사람에게 말하기를 "만일 이이가 일을 맡게 되면, 조금은 나아진 조정을 기약할 수 있겠으나, 그렇지 못하면 이이 또한 평범한 재상이 될 수밖에 없습니다."라고 하였다.

성혼을 사헌부 지평으로 임명하였다. 성혼은 어려서부터 가정의 교훈을 받아 도를 지킬 뿐 벼슬하지 않았다. 인망이 매우 두터웠는데 이제야 비로소 사헌부의 관원이 된 것이다.

1574년(갑술) 선조 7년

1574년 정월

1574년 선조 7년 정월. 천재지변으로 인하여 조회를 피하고, 수라상의 고기반찬 수를 줄이고, 음악을 듣지 않았다.

우의정 노수신이 병으로 사직하자, 임금이 곧바로 대신할 사람을 명하니 사람들이 의심하였다. 이이가 어떤 사람에게 말하기를 "천재지변이 매우 심하여 전하께서 마음으로 두려워하면서도 재앙을 해결할 계책은 알지 못하시고 한갓 의혹만을 조장하므로 의혹되지 않는 사람이 없고, 의혹 되지 않는 일이 없으니, 내가 상소하여 지금의 잘못된 폐단을 극진히 말씀드리고 따라서 폐단을 구제할 계책을 드리려고 한다."라고 하니, 박순이 이를 듣고 만류하며 말하

기를 "전하의 위엄을 범하여 더욱 불안하게 될까 우려됩니다."라고
하였다. 이이가 탄식하기를 "대신이란 인망이 있어야 하는 사람인
데, 자기도 말을 다 하지 못하면서 어찌 다른 사람까지 말을 못 하
게 합니까."라고 하였다.

　이탁과 박순이 대궐에 나아가 노수신의 관직을 유임시키도록
주청하니, 임금이 윤허하였다.

　임금이 공신들에게 명을 내려 직언을 구하였다.

　한양에 지진이 있었다.

　성혼이 병으로 사직하고, 임금의 부름에 응하지 않았다.

　우부승지 이이가 만여 자로 진언한 상소인 만언봉사를 임금께
올렸다. 상소의 내용은 조정의 폐단과 재앙을 구제할 계책과 임금
이 덕을 닦는 공부에 대하여 상세히 밝혔다. 임금이 답하기를 "상소
의 말을 살펴보니, 요순시대 백성의 뜻을 보는 것 같아 그 내용이
매우 좋다. 옛사람도 이보다 나을 수 없을 것이다. 이와 같은 신하
가 있으니 어찌 나라가 잘 다스려지지 않음을 걱정하겠는가. 그대
의 충성을 진실로 아름답게 여기니, 어찌 유념하지 않을 수 있겠는
가. 다만 일을 새롭게 개혁하자는 것이 많으니 한꺼번에 모두를 변

경시킬 수는 없다. 이 상소를 모든 대신에게 보이고 상의하여 처리하겠다."라고 하고, 그 상소를 베껴 올리라고 명하였다. 당시 민심이 흉흉하였는데, 상소에 대한 임금의 답을 보고는 사람들의 마음이 크게 안정되었다. 임금이 감기로 인하여 오랫동안 정사를 보지 못하였는데, 신하들이 문병하면 괜찮다고만 답하였다. 이이가 승정원 동료들에게 "신하들이 전하의 용안을 오래 뵙지 못하여 임금과 신하가 서로 소통하지 못하니 감히 정사를 보시라고 청하지는 못하지만 어느 때고 신하들을 불러 보시라고 아뢰는 것이 마땅하다."라고 말하였다. 그리고 임금에게 아뢰기를 "선대왕들 때에는 비록 편찮으신 중이라도 신하들을 불러 보시는 일을 그만두지 않고 누워 있는 방에 들어오라 하시기까지 했습니다. 그러했기 때문에 임금과 신하가 서로 믿어 허물이 없었습니다. 임금과 신하란 아비와 자식 같은 것입니다. 부모가 병이 있을 때 자식이 얼굴을 못 뵐 도리가 어디에 있겠습니까. 편하신 자리로 신하들을 자주 불러 보시고 아울러 의관더러 진찰하라 하시어 증세에 대한 약제를 의논하실 뿐만 아니라 마음을 다스리고 기운을 북돋을 방법도 물으시면 옥체를 보살피고 병을 다스리는 데 큰 도움이 되실 것입니다. 아랫사람들도 전하께서 신하들을 불러 보신다는 말을 들으면 전하의 증세가 위중하지 않은 것을 알고 모두 좋아할 것입니다. 이것이 선대왕 때의 전례이므로 감히 아룁니다."라고 하였다. 임금이 답하기를 "최근에는 없던 일이니 경솔히 행하기가 어려울 것 같고, 몸을 보살피고 병을 다스려 정사를 보도록 하겠다."라고 하였다.

정유일[1월21일]. 임금이 조회를 피했기 때문에 편전 처마 밑에서 아침 경연을 하려고 했는데 날씨가 몹시 추웠다. 승정원에서 아침 경연은 하지 마시고 다만 편전에 딸린 비현합조顯閤 안에서 대신들과 대간을 접견하도록 주청하였다. 재차 아뢰어 결국 대신들과 대간, 경연관만을 비현합 안으로 들어오라고 하였다. 이때 알현하러 온 관원들이 모두 편전 문밖에 나갔으나, 경연청의 2품 관원들과 경연관들은 비현합이 좁아서 들어갈 수 없었다. 이탁이 이이를 보고 말하기를 "아침에 하는 경연이라 부르면서 경연관들이 들어가지 못하니 이 모양새가 무슨 꼴이오."라고 하였다. 이이가 대답하기를 "이것은 평소의 규칙이 아닙니다. 일정한 때가 없이 접견하시는 것이니, 체면이 상한다고 할 것이 없지 않습니까."라고 하였다. 이탁이 말하기를 "생각해 보시오. 이는 온당치 못한 것 아닙니까." 라고 하니, 이이가 말하기를 "옛날 중종께서는 대신들과 대간을 수시로 접견하였으니, 어찌 격식이 있다고 하겠습니까."라고 하였다. 이탁은 묵묵히 말이 없었다.

　　삼가 살피건대, 군주와 신하가 서로 만나는 데는 진실로 체통이 있어야 할 것이나, 어찌 일정한 법도를 지키는 데에만 얽매이겠는가. 비현합은 이미 좁아서 경연관이 함께 입시하지 못하고, 처마 밑에는 바람이 몹시 차서 임금이 앉아 있을 수 없다. 그렇다고 해서 접견의 예마저 폐할 것인가. 이탁은 식견이 변변치 못하고 졸렬하여 단지 지금의 법도만을 지키려고 하니 고루하지 않은가.

임금이 비현합에서 이탁에게 말하기를 "근래에 위로는 하늘의 변고가 심상치 않고, 아래로는 민생이 곤궁하다. 나의 덕을 돌아보니 앞으로 나아가는 것은 한 마디 정도뿐이고, 뒤로 물러나는 것은 한 자나 되니 나랏일을 그르치는 일이 많다. 지금은 다행히 모면해 나간다고 하더라도 나의 후손에게는 반드시 근심이 있을 것이다. 그래서 영의정에게 물어 앞으로 어떻게 하면 하늘의 노여움을 풀고 민생을 소생시키며 나라를 편히 할 수 있겠는가?"라고 하니, 이탁이 대답하기를 "신의 생각으로는 지금 전하께서 마땅히 유념하실 것은 하늘을 공경하는 것과 백성의 일에 힘쓰는 것, 두 가지 일입니다. 전하께서 하시는 일이 어찌 하늘의 뜻에 부합되지 않는 것이 있겠습니까. 천재지변이 생기는 것은 실로 신과 같이 못난 사람들이 중요한 자리를 더럽히는 까닭입니다. 미흡한 소신을 파면하고 현명한 재상을 다시 임명하시면, 올바른 정치를 이룰 수 있을 것이고, 하늘의 마음을 능히 기쁘게 할 수 있을 것입니다. 근래의 정사는 그리 어지럽지도 않고, 지방에서 뇌물을 청탁하는 일도 드뭅니다. 또 직언을 구하시는 교지를 내리시고, 스스로 겸손히 자책하고 계신 것은 지성에서 나온 것이니, 은나라 탕왕의 여섯 가지 대책194)도 이보다 더할 수 없습니다. 옛사람의 말에 '알기 어려운 것이 아니라 행하기가 어렵다.'고 했고, 또 '하늘을 공경하는 것은 실제로써 행하고, 형식으로써 하는 것이 아니다.'라고 하였습니다. 진실로 능히 실제로써 하늘에 응대하면 하늘의 노여움은 풀리게 될 것입니다. 흰 무지개의 변고는 고금에 전쟁의 조짐이라고 하니, 변방의 수비를 미리 대비하여야 할 것입니다."라고 하였다. 홍문관 부제학 유희춘이 비장과 위장에 해로운 음식물에 대하여 아뢰었다. 이이가 아뢰기를 "병을 다스리는 데는 약과 음식물뿐만 아니라 모름지기 마음을 다스리고 원기를 기른 뒤에라야 병을 다스릴 수 있는 것입니다. 옛사람의 시에 '온갖 보양식이 모두 필요 없고 마음을 잡는 것만이 요긴한 방법이다.'라고 하였습니다. 그러므로 마음을 다스리는 것이 근본이고, 음식물은 말단의 일입니다. 마음을 다스리지 않으면 어찌 양생할 수 있겠습니까."라고 하였다. 유희춘이 말하기를 "지금 시급한 업무를 아는 것은 지혜가 있는 신하들에게 달려있습니다. 요즘 이이가 상소한 것을 전하께서 대신에게 의논하여 처리하라 명하시니 모든 신하가 좋아했습니다."라고 하였다. 이이가 일어나 사례하고 "신이 별다른 소견은 없고 다만 나라를 근심하는 마음으로 어리석은 소견을 토로하였을 뿐인데 지나치게 칭찬을 받아 감격을 이기지 못하며, 또 감당하지 못하겠습니다. 다만 옛사람의 말에 '죽은 말도 사거늘 하물며 살아 있는 말이야.'[195]라고 하였으니, 지금 신과 같은 사람의 말도 오히려 가상히 받아주셨으니, 사방에서 반드시 좋은 직언을 올리는 사람들이 있을 것입니다. 전하의 밝은 지혜가 위에 있어서 한 명의 신하도 말로써 죄를 지은 사람이 없었고, 또 신하마다 전하께 자신의 의견을 진언한 말이 없는 것은 아니었습니다. 다만 실행이 없는 빈말들뿐이고, 조금의 혜택도 민생에 미친 것이 없었습니다. 그래서 방관자들은 그 효력을 얻지 못하는 허물을 말하는 사람에게 돌리게 되었으니, 이렇게 되면 반드시 사기가 떨어질 것입니다. 바라건대 전하께서는 힘써서 실효를 구하시고 헛된 말을 숭상하지 않게 해 주십시오. 하늘의 재앙이 있던 날에는 전하의 마음이 크게 놀라셨겠지만, 시간이 지나면서 두려워했던 마음이 점점 해이해졌으니, 하늘에 응대하는 참된 효력이 없을까 걱정입니다. 이탁이 말한 '하늘을 공경하는 것과 백성의 일에 힘쓰는 것'이라는 것은 단지 제목일 뿐입니다. 반드시 이 두 가지 일을 실행한 뒤에라야 하늘의 변고를 풀 수 있을 것입니다. 지금 전하께서 하실 일은 학문이 근본이오니, 실제로 공부하시고 경연관을 자주 접하시어 의리를 강론하시고, 또 임금과 신하가 서로 믿게 하여야 합니다. 그리고 뜻을 크게 갖지 않으시면 큰일을 하시지 못할 것이니, 원하옵건대 원대한 계획을 세우시고, 근래의 법도에 구애되지 마시고, 아랫사람들이 보고 느끼며 흥기하게 하십시오."라고 하였다. 김우옹이 아뢰기를 "전하께서 재앙의 변고를 당하여 놀라고 두려워하시는 생각을 가지신 것은 실로 당연합니다. 지금 하교하시기를 '나의 덕을 돌아보니 앞으로 나아가는 것은 적고, 뒤로 물러나는 것은 많다.'고 하셨는데, 이것은 더욱 앞서 나가신 말씀입니다. 항상 이 마음을 품고서 학문에 더욱 힘쓰시고, 경연관을 가까이하시어 올바른 다스림의 도를 강론하시고, 늘 나랏일을 생각하시면 어찌 재앙을 없애지 못할까 걱정하겠습니까. 지금 이이의 상소를 대신들에게 보이라 하셨으니, 이이에게 대신들과 함께 의논하라 하시고 또 전하 앞에서 친히 물으시고 그의 생각을 남김없이 아뢰게 하심이 좋겠습니다. 지성으로 하는 진언은 경솔한 큰소리와는 다른 것입니다. 만일 나라를 근심하는 충언을 경솔한 것이라 의심한다든가, 일을 좋아하는 큰소리를 충성으로 아는 것은 모두 옳지 못한 것입니다."라고 하였다. 이이가 물러나와 사람들에게 말하기를 "전하께서 대신들에게 묻는 말씀은 간절하신데, 대신들의 대답은 잘못된 폐단을 구제할 계책이 없으니 한탄스럽다. 부제학 유희춘이 아뢴 음식에 대한 금기는 어의 양예수(楊禮壽; ?~1597)[196]의 임무인데, 유희춘이 임금의 덕을 보좌하고 이끄는 것이 고작 어의의 임무에 그치는가."라고 하였다. 김우옹이 말하기를 "근래의 일은 빈말들뿐이니, 그 혜택이 어떻게 백성들에게 미치겠는가."라고 하였다.

임금이 김우옹에게 이르기를 "매번 경연에서 그대의 말을 들으니 너의 자질이 아름답고 또 학문이 깊은 것을 알겠다. 그대는 물러가서 평일에 스승과 벗들에게 들은 말과 그대가 터득한 것으로 잠언을 지어 올려라."라고 하였다. 김우옹이 물러나와 여섯 가지의 잠언을 지어 올리니, 첫째 정지(定志; 뜻을 안정시킴), 둘째 강학(講學; 학문을 연구함), 셋째 경신(敬身; 언행을 삼가함), 넷째 극기(克己; 자신을 이김), 다섯째 친군자(親君子; 군자와 친함), 여섯째 원소인(遠小人; 소인을 멀리함)이었다.

이이가 비록 임금으로부터 대우는 받았으나 그의 의견은 받아들여지지 않았다. 친구 송익필(宋翼弼; 1534~1599)[197]이 묻기를 "이이가 조정에 머문 지 두어 달인데 무슨 성과가 있었는가?"라고 하니, 이이가 대답하기를 "비록 나라의 정권을 맡은 사람이라도 두어 달 만에 효과를 기대할 수는 없는 노릇인데, 하물며 의견은 올렸으나 시행되지 못하는데 어찌할 수 있겠는가."라고 하였다. 송익필이 말하기를 "식자들이 자네가 이번에는 조정에 오래 머무르니 전일 물러났던 뜻과는 다르다고 의심하고 있더라."라고 하니, 이이가 말하기를 "물러나려고 하나 혹 전하의 마음을 돌릴 수 없을까 염려되고, 머물러 있자니 의견이 받아들여지지 않으므로 거취를 결정하지 못하고 있다."라고 하였다. 송익필이 말하기를 "식자들은 전하의 마음을 결코 돌릴 수 없다고들 하네."라고 하니, 이이가 말하기를 "내가 듣기에는 성현들은 그와 같이 단정적인 말은 하지 않았네."라고 하였다. 유몽학이 이이를 보고 말하기를 "엎어지는 것을 붙들고, 위태한 것을 도우려는 뜻이 있으면 아무리 구차스럽다고 하더라도 물러갈 것이 아니다."라고 하였다. 이이가 말하기를 "구차하다는 것은 자기의 뜻을 굽히는 것이다. 자기의 뜻을 굽히고서 엎어지는 것을 붙들고 위태한 것을 도울 수 있다는 소리를 나는 아직 듣지 못했다."라고 하였다. 유몽학이 말하기를 "비록 크게 일을 하지는 못하더라도 때와 일에 따라 보탬이 있어서 나라가 위태할 지경에 이르지 않게 하는 것 역시 하나의 도리일 것이다."라고 하였다. 이이가 말하기를 "이것은 나라의 정권을 맡은 대신들의 일인 것이다. 대신들은 이미 중책을 맡았으니 마땅히 위태함을 보면 목숨을 바쳐야 하고 물러갈 수 없다. 그러나 나는 대신이 아니니 기미를 보아 일어나 행동할 것이고, 그 몸을 잃을 수는 없다."라고 하였다. 이이가 어떤 사람에게 말하기를 "내가 두어 달을 조정에 머무는 동안 어떤 사람은 오래 머문다고 의심하고, 어떤 사람은 속히 물러날까 염려하니, 그 식견의 중용을 얻기가 어찌 어렵지 않겠는가."라고 하였다.

성혼을 다시 사헌부 지평으로 삼기 위해 불렀으나, 성혼이 또 사양하고 오지 않았다.

1574년 2월

임금이 이이에게 "한나라 문제文帝가 왜 가의(賈誼; BC 200~BC 168)[198]를 등용하지 않았던가?" 물으니, 이이가 대답하기를 "한나라 문제가 비록 어질기는 했으나 뜻이 높지 못하여 가의의 말이 원대함을 보고 의심이 들어 등용하지 않은 것입니다. 대체로 사람은 큰 뜻이 있고 난 뒤에야 큰일을 할 수 있는 것입니다. 비유하자면 주인은 두어 칸짜리 작은 집을 지으려 하는데, 목수는 큰 집을 지으려 한다면 주인이 어찌 그 말을 옳게 알아듣겠습니까."라고 하였다. 이어서 또 아뢰기를 "지금 재앙이 여러 번 생기고 있습니다. 만일 도가 없는 세상이라고 한다면 밝은 지혜를 갖춘 전하께서 위에 계시어 언제나 잘 다스리고자 하는 마음을 가지셔야 합니다. 만일 도가 있는 세상이라고 한다면 민생의 곤란이 날로 심해져 이것이 장차 어지러워질 수도 있고, 다스려질 수도 있는 기미입니다. 한갓 몹시 두려워하고 반성한다고만 하고, 그 실제의 효과가 없어서는 안 될 것입니다. 근래 전하께서 내리신 하교가 참으로 좋으시나 실효는 아직 보지 못하였습니다.”라고 하였다.

임금이 묻기를 “어떻게 하면 실효가 있겠는가?”라고 하니, 이이가 아뢰기를 “전하께서는 매번 일을 처리하시는 것을 어렵게 여기시기 때문에 실효가 없는 것입니다. 지금 개혁하지 않으면 나라꼴이 제대로 되지 않을 것입니다.”라고 하였다. 임금이 이르기를 “선대왕의 법이 아니라면 어찌 개혁하기 어렵겠는가.”라고 하니, 이이가 아뢰기를 “선대왕의 법을 모조리 바꾸자는 것은 아닙니다. 공물 장부 같은 것은 연산군이 추가하여 만든 것이지 선대왕의 법이 아닙니다. 이는 신이 개혁하기를 좋아하는 것이 아니라 백성들에게 미치는 폐해를 구제하자는 것입니다. 만일 지금의 정사를 고치시려면 반드시 나랏일을 할 만한 인재를 구하여야 할 것이오나, 만일 고치려 하지 않으신다면 어진 사람은 구해서 어디에 쓰겠습니까. 근래에 전하께서 노수신을 우대하시나, 노수신이 병이 있다고 나오지 않는 것도 뜻이 있는 것이라 합니다. 노수신은 젊어서부터 명망이 있었으므로 정승이 되기 전에는 사람들이 모두 ‘이 사람이 정승이 되면 태평성대를 이룰 수 있을 것이다.’라고 말하였습니다. 그러나 정승이 된 뒤로 별로 건의하는 말이 없자 사람들이 그 직분을 수행하지 못함을 비웃었습니다. 노수신은 건의하고 싶었겠지만 전하의 뜻이 변화를 원하지 않으시니 나아가고 물러나기를 결정하기 어려운 처지라 부득이 물러가기를 청한 것입니다.”라고 하였다.

임금이 이르기를 "참으로 우스운 일이다. 노수신의 건의를 내가 듣지 아니한 것이 별로 없었다."라고 하니, 이이가 아뢰기를 "노수신이 세상을 다스리고 백성을 구제할 재주가 있는지는 알 수 없으나, 조정과 민심을 진정시키는 데는 넉넉할 것입니다. 바라옵건대 전하께서는 노수신의 사직을 허락하지 마십시오."라고 하였다. 임금이 이르기를 "노수신은 단지 조정과 민심을 진정시킬 뿐만 아니라, 또한 학문하는 사람이다. 다만 임금을 잘 만나지 못한 것뿐이다."라고 하였다. 이이가 아뢰기를 "그럴 리가 있습니까. 다만 원하옵건대 그가 물러가는 것을 허락하지 마시고 그의 말을 들어주십시오."라고 했다. 임금이 이르기를 "내가 그의 뜻을 보니 역시 개혁하려는 사람이다."라고 하니, 이이가 아뢰기를 "예전부터 성현은 때에 따라 일을 처리하였습니다. 하늘의 운행으로 말하더라도 해가 오래되면 천체의 운행과 기후의 변화가 반드시 차이가 나므로 시대마다 아는 사람이 나와 개정하는 것입니다. 만일 시대에 따라 개정하지 않으면 천체의 현상이 어긋나고 사계절의 차례가 바뀔 것입니다."라고 하였다.

이이가 임금께 묻기를 "전일 경연에서 조정기(趙廷機; 1535~1575)[199]가 신이 한 말이라고 하면서 아뢰기를 '성혼은 그 행동을 꼭 법도대로 한다.'고 한 적이 있습니까?"라고 하니, 임금이 이르기를 "내가 물으려고 하다가 미처 묻지 못하였는데, 성혼은 어떠한 사람인가?"라고 하였다. 이이가 답하기를 "성혼은 신이 잘 아는 사람입니다. 성수침의 아들로서 일찍이 가정의 교훈을 잘 이어받아 천박한 말을 듣지 않았으며, 자질이 온순하고 인정이 두터워 능히 착한 일을 할 만합니다. 학문에 힘쓰고 있다 하면 옳을 것이나, 학문이 성취되고 덕이 정립되었다고는 할 수 없습니다. 어찌 그 행동을 꼭 법도대로 하는 데까지야 이르렀겠습니까. 다만 성혼은 병이 많아서 사헌부 지평의 직무는 결코 감당하지 못할 것입니다."라고 하였다.

임금이 이르기를 "내가 듣기에는 마음을 다스리면 병이 없다던데, 학문하는 사람도 병이 있는가?"라고 하니, 이이가 말하기를 "비록 학문하는 사람이라도 약한 기력을 갖고 태어나면 병을 피할 수 없습니다. 옛날 공자의 제자 염백우冉伯牛가 문둥병200)에 걸려 있는 것을 보고 공자가 하늘의 운명이라 하셨으니, 병은 자기가 잘못하여 생긴 것은 아님을 밝힌 것입니다. 성혼은 약하게 타고난 기질에다가 어려서부터 병치레가 많았으니, 능히 죽지 않고 견디는 것은 역시 마음을 다스린 공인 것 같습니다. 만일 방심하는 사람으로 성혼과 같은 병에 걸렸다면 어찌 곧 죽지 않았겠습니까. 만일 전하께서 꼭 성혼을 보시려면 그의 관직은 해임하고 올라오게 하는 것이 옳습니다. 대체로 선비를 대하는 도리란 그를 쓸 만하면 쓰고, 쓰지 못하게 되면 그가 마음 편히 물러나 있을 것을 허락하고, 그 지조를 높이 칭찬하고, 초야에서 높은 뜻을 지키게 하는 것도 선비의 사기를 키우는 하나의 도리인 것입니다."라고 하였다.

김우옹이 아뢰기를 "성혼 같은 선비는 반드시 등용해야 합니다."라고 하니, 이이가 말하기를 "과거에 급제하지 못한 사람이 경연관을 겸하는 것은 선대왕 때부터 하시던 바이니, 성혼 같은 선비를 한가한 직책으로 불러 경연관을 겸하게 한 후 때때로 경연에 참석하게 한다면 좋을 것입니다."라고 하였다. 김우옹이 아뢰기를 "과거에 급제하지 못한 사람에게 벼슬을 줄 때 꼭 『경국대전』에 따르라고 하는 것은 조상의 공로로 벼슬을 부여받는 음서제를 가리키는 것입니다. 초야의 어진 선비를 관례에서 벗어나 특별히 대접하는 것이 마땅하오니, 어찌 음서로 취급하겠습니까. 어진 선비라고 하여 초청하면서 음서로 대우하면 어진 선비를 쓰는 도리가 아닙니다. 과거에 급제하지 않은 사람이 경연관을 겸하는 것은 비록 법도 밖의 일이라 하더라도 또한 그렇게 할 만합니다. 정치를 하는 데는 마땅히 근본을 세워야 할 것이니, 반드시 현명한 선비를 널리 모아 임금의 덕을 돕게 하여야 할 것입니다. 전하께서는 밝은 지혜의 자질이 있으시나, 아래의 신하들은 서로 의논하고 보좌할 사람이 없으니, 이것이 신이 근심하는 바입니다."라고 하였다.

임금이 이르기를 "한번 말하여 보라. 나의 자질이 어떠하며, 능히 일을 할 수 있겠는가?"라고 하니, 김우옹이 아뢰기를 "기질의 작용은 작은 것이고 학문의 효력은 큰 것입니다. 진실로 학문을 하시면 천하의 일을 못 할 것이 없을 것입니다. 전하의 자질이 지혜롭고 총명하여 어떤 임금보다도 뛰어나시니, 여기에다 학문을 더하시면 어찌할 수 없음을 근심하겠습니까. 다만 하시지 않음이 걱정일 뿐입니다."라고 하였다. 임금이 이르기를 "그 말은 너무 과분하다."라고 하였다. 이이가 아뢰기를 "많은 임금 가운데 뛰어나셨다는 말은 과연 과분합니다. 다만 전하께서는 지혜롭고 총명하시며 욕심이 적으시니 분명히 일을 하실 만한 자질이 있습니다. 훌륭한 정치를 하지 못하시는 것은 하지 않으시기 때문이지, 자질의 허물이 아닙니다. 정치를 하는 데에는 근본이 있고 말단이 있습니다. 모름지기 전하께서는 학문에 힘쓰시어 이치를 밝혀 알고 난 후에 현명한 사람에게 맡기고, 유능한 사람에게 일을 맡기면 그 은혜가 백성들에게 미칠 것입니다. 근래에 몇몇 신하들이 서둘러 향약을 실행하자고 청하므로 전하께서도 행하도록 명하셨으나, 신은 향약을 실행하기에는 너무 이르다고 생각합니다. 백성들을 먹여 살리는 것을 먼저 하고, 가르치는 것은 뒤에 해야 합니다. 백성들의 삶이 초췌하기가 지금보다 더 심한 때가 없었으니, 빨리 폐단을 구제하여 먼저 백성들의 고통을 덜어준 연후에 향약을 시행해야 합니다. 덕으로 가르치는 것은 쌀밥과 고기 같은 것입니다. 만약에 비장과 위장이 몹시 상하여 죽도 내려가지 않는다면 쌀밥과 고기가 아무리 좋다고 한들 먹을 수 있겠습니까?"라고 하였다.

유희춘이 "이이의 말이 옳습니다."라고 말하였다. 임금이 이르기를 "처음에 나도 어려울 것으로 알았다. 지금 이미 향약을 시행하라고 명하였는데 다시 중지한다면 어떻게 되겠는가?"라고 하니, 이이가 아뢰기를 "백성을 먹고살 만하게 해준 뒤에 향약을 시행하자는 것이니, 이것은 중지가 아닙니다. 모든 일은 전하께서 몸소 실행으로 통솔하실 일이니, 그렇지 않으면 백성들이 따르지 않을 것입니다."라고 하였다. 임금이 이르기를 "나의 자질이 변변치 못하니 어찌 일을 할 수 있겠는가."라고 하니, 이이가 아뢰기를 "매번 강론할 때 전하께서 말씀하시는 바가 신하들의 의견보다 뛰어나시니 어찌 일하실 자질이 아니라고 하십니까."라고 하였다. 임금이 이르기를 "향약을 지금 중지하라고 하면, 비록 뒤에 실행한다고 해도 백성들이 이것을 믿을지 믿지 않을지 어찌 알겠는가?"라고 하니, 이이가 아뢰기를 "향약을 중지하고 백성을 잘살게 하는 정치를 하지 않으시면 백성들이 믿지 않겠지만, 만일 백성을 잘살게 하는 정치를 행하시면 백성들이 반드시 믿을 것입니다."라고 하였다. 이때 이이가 임금을 다스림의 도리로써 인도하려고 힘썼다. 매번 입궐하여 임금을 뵐 때마다 정성을 다해 간언하니 세상 사람들이 대부분 비웃었다. 박순이 이이에게 말하기를 "지금 가장 큰 걱정은 인재가 없어 정승 직을 맡길 만한 사람이 없는 것이다. 너무 성급하게 일의 효과를 구할 것이 아니라, 서서히 때를 기다려 현량한 인재가 점차 등용되면 서로 도와 정치를 할 수 있을 것이다."라고 하니, 이이가 말하기를 "전하의 마음이 바르게 다스리기를 구하신다면 서서히 때를 기다려도 되겠지만, 만일 전하의 마음이 전혀 다스림을 구하지 않는다면 아무리 어진 사람이 많이 모여도 어찌할 수 없을 것입니다."라고 하니, 박순이 말하기를 "어진 사람이 많이 모이게 되면 혹 전하의 마음도 바로잡을 수 있을 것이다."라고 하였다.

　　다시 성혼을 부르라고 명하였으나 성혼이 또 사양하고 조정에 나오지 않으니, 그제야 관직을 교체하고 날씨가 따뜻해지기를 기다려 올라오라고 명하였다.

　　대신들과 향약의 일을 의논하니, 혹은 중지하자고도 하고, 혹
은 중지해서는 안 된다고도 하였다. 이에 임금이 중지하라고 명하
였다. 허엽이 이이를 만나서 "어찌하여 향약을 중지하라고 권하였
는가?"라고 물으니, 이이가 말하기를 "백성의 삶이 넉넉한 뒤에라
야 예의를 아는 것입니다. 배고픔과 추위에 빠진 백성들에게 억지
로 예를 행하게 할 수 없는 것입니다."라고 하였다. 허엽이 탄식하
기를 "세상의 도가 오르고 내려가는 것은 운명에 달렸으니 어떻게
하겠는가."라고 하니, 이이가 말하기를 "대감은 민생의 곤란이 아
무리 심하여도 향약만 실행하면 과연 백성을 교화시켜 좋은 풍속을
이루어 정치가 태평성대가 될 것이라고 생각하십니까?"라고 하니,
허엽은 그렇다고 답하였다. 이이가 말하기를 "대감은 능히 향약으
로 집안을 다스리고 있습니까?"라고 하니, 허엽이 말하기를 "전하
의 명령이 없었기 때문에 못 하였다."라고 하였다. 이이가 말하기를
"대감의 집안을 다스리는 데 전하의 명령을 기다릴 게 무엇이 있겠
습니까? 또 예전부터 민생이 도탄에 빠지고도 예속을 이루는 일이
있었습니까? 지금 부자간이 비록 더없이 친하다고 하지만 만일 자
식의 배고픔과 추위를 생각하지 않고 날마다 매질이나 하며 학문을
권한다면 반드시 서로 헤어지고 말 것입니다. 하물며 백성들은 어
찌하겠습니까."라고 하였다. 허엽이 말하기를 "지금 세상 사람이
착한 이는 많고 착하지 않은 이는 적기 때문에 향약을 실행할 수 있

다.”라고 하니, 이이가 웃으며 말하기를 “대감의 마음이 착하여 다른 사람의 착한 것만 보았으나, 저는 착하지 못한 사람이 많게 보이니, 이것은 틀림없이 내 마음이 착하지 못해서 그런가 봅니다. 다만 예로부터 전하는 말에 ‘몸소 가르치면 따르고, 말로만 가르치면 시비만 다툰다.’라고 하였으니, 지금 향약이 바로 시빗거리가 아니겠습니까?”라고 하였다. 허엽이 말하기를 “그대는 굳이 고집하지 말고 처벌을 기다리시오. 양사로 하여금 다시 논하게 하는 것이 옳겠다.”라고 하니, 이이가 말하기를 “나는 스스로 잘못했다고 생각하지 않기 때문에 감히 죄를 인정하지 못하겠습니다.”라고 하니, 허엽이 못마땅하게 여겨 탄식할 뿐이었다.

삼가 살피건대, 여대림(呂大臨; 1046~1092)[201]의 향약은 강령이 바르고 조항이 상세하니, 이것은 뜻을 같이한 선비들이 서로 약속하여 예를 정한 것으로, 널리 백성들에게는 시행할 수 없는 것이다. 주희도 뜻을 같이한 선비들과 향약을 행하려다 끝내 실행하지 못했다. 하물며 이와 같은 말세에 백성들은 도탄에 빠져서 그 떳떳한 마음을 잃어 부자가 서로 함께 있지 못하며, 형제와 처자가 헤어지는 마당에 느닷없이 선비들의 행실로 백성들을 속박하려고 하고 있다. 이는 이른바 결승의 정치[結繩之治][202]로 어지러운 진秦나라의 뒤를 이을 수 있다는 것과 같고, 간척의 춤[干戚之舞][203]으로 평성의 포위[平城之圍][204]를 풀 수 있다는 것과 같은 것이다. 하물며 향약의 약정(約正; 대표)과 직월(直月; 월 당번)을 맡을 만한 사람을 얻기 어려울 것이다. 또 지방의 양반들이 향약을 핑계로 반드시 백성들에게 괴로움을 끼칠 것이 뻔하다. 이것을 누가 단속할 것인가. 만약 향약을 실행하게 되면 백성들은 더욱 곤궁하게 될 것이다. 허엽 같이 사리에 어둡고 망령된 선비는 옛것만을 고집할 줄만 알고, 지금의 형편을 헤아리지 못하며, 올바른 다스림의 본말과 완급이 있다는 것을 알지 못한다. 그러면서도 향약으로 타락한 풍속을 만회하여 태평성대를 이루려 하고 있으니 또한 그릇된 생각이 아닌가.

이이가 임금께 아뢰기를 "향약은 전하께서 본래부터 행하려 하지 않았기 때문에 소신의 한마디에 이렇게 흔쾌히 결단하신 것입니다. 이로 미루어 보면 전하께서는 전하의 뜻에 잘 맞는 소인의 말이라도 마땅히 들어주실 것입니다."라고 하였다. 임금이 이르기를 "내가 향약을 행하려 하지 않은 것이 아니라, 민생이 다시 안정되기를 기다려 실행하려는 것이다. 사람들이 지금 나라의 사정을 헤아리지 않고 의론을 분분하게 하는 것은 옳지 않은 것이다."라고 하였다. 이이가 아뢰기를 "의론을 정하는 데는 두 가지가 있습니다. 그 하나는 군자가 임금을 잘 만나서 하는 일이 모두 이치에 합당하여 백성들이 모두 마음으로 따르도록 하면 이것을 선善으로 정하는 것입니다. 또 다른 하나는 소인이 나랏일을 맡아 위세만 펴며 한마디라도 자기 의견과 같지 않으면 반드시 화를 입히므로 백성들이 감히 그들을 어기지 못하게 되면 이것을 불선不善으로 정하는 것입니다. 소신이 바라는 바는 전하께서 선으로써 지금의 나랏일을 안정시키는 것입니다. 대체로 정치를 행할 때는 반드시 학문을 바탕으로 해야 하고, 학문이란 다른 것이 아니라 심문(審問; 자세히 물음)과 신사(愼思; 신중히 생각함) 그리고 명변(明辨; 명확히 판단함)[205]에 있습니다. 지금 전하께서는 더없이 현명하시므로 밝지 못한 점이 없습니다. 비록 그렇더라도 어찌 질문할 것이 없겠습니까. 그러나 한 번도 물어보시는 적이 없으니 어찌 된 일이십니까."라고 하였다.

임금이 이르기를 "반드시 학문의 맛을 안 뒤에야 의심이 생길 터인데, 나는 아직 학문의 맛을 알지 못하기 때문에 질문할 만한 의문이 없다."라고 하였다. 이이가 말하기를 "전하의 말씀이 매번 이러하시나 신은 감히 믿지 못하겠습니다. 신이 병이 많아 박학(博學; 널리 배움)의 공부를 쌓지 못한 사람이기 때문에, 만일 옛날의 일들을 물으신다면 대답하지 못할 것이 많습니다. 그러나 의리에 있어서는 약간의 공부가 있으니, 만일 의리를 물으시면 혹 답을 드릴 수 있습니다. 지금의 나랏일은 털끝만 한 것에도 병통이 들지 않는 것이 없어 다스리기가 어려울 듯하지만, 지극한 정성으로 다스리기를 구한다면 어찌 다스리지 못하겠습니까. 오늘날 여러 신하들이 나랏일을 걱정하지 않으니 진실로 안타까운 노릇이지만, 이 또한 일의 이치와 형세가 그러한 까닭입니다. 예로부터 공적인 일을 일삼지 않고 사적인 일을 일삼는 자가 죄를 지으면 파면시키면 그만이지만, 나랏일에 힘쓰던 사람들은 오히려 멸족의 화를 당했습니다. 멸족의 화를 생각하지 않고 오로지 나랏일을 생각하는 사람이란 항상 있을 수 있는 것이 아닙니다. 그러니 사사로움을 위하여 일하는 사람은 많고 나라를 위하여 일하는 사람이 적은 것은 당연합니다. 지금 조정의 사람들을 더욱 나랏일에 힘쓰도록 하려면 반드시 전하께서 분발하시어 모든 사람으로 하여금 전하의 뜻이 좋은 정치로 다스리고야 만다는 데에 있다는 것을 분명히 알도록 해야만 합니다. 전하께서 만일 요순과 하은주 삼대의 정치를 하시려면 비록 선대왕들의 법이라도 고치지 않을 수 없는 것이 있을 것입니다. 만일 예법으로 다스려지는 소강 사회를 만드시려면 선대왕들의 좋은 법과 좋은 뜻을 준수해야 할 것입니다. 그러나 지금 선대왕들의 법을 본받는다는 것은 다만 근래의 관례 가운데 전해 내려오는 것만을 지킬 뿐 선대왕들의 좋은 뜻은 사실상 폐지한 것과 다름없으니, 이 점은 매우 옳지 못한 것입니다."라고 하였다.

사헌부 지평 한수가 세 번이나 병을 핑계로 조정에 나오지 않았으나, 임금이 그의 사직을 허락하지 않았다. 이에 한수가 출사하여 임금을 알현하였다. 임금이 한수에게 학문의 요지에 관해 물었으나, 분명하게 대답하지 못하므로 사람들이 비웃었다. 이이가 임금에게 아뢰기를 "착한 사람에도 여러 가지가 있습니다. 학문과 행실을 구비한 사람도 있고, 행실은 깨끗하나 학문이 부족한 사람도 있습니다. 한수 같은 이는 행실은 깨끗하나 학식이 부족한 사람입니다. 한마디 말이 전하의 뜻에 맞지 않는다고 하여 착한 선비를 가볍게 여기지 마십시오."라고 하니, 임금이 이르기를 "내가 어찌 이 한 가지로써 어진 선비를 가볍게 보겠는가."라고 하였다.

임금이 이이에게 묻기를 "아무리 학문이 있어도 재주가 없으면 나랏일을 잘하지 못하는 것이다. 성혼의 재주는 어떠한가? 정치를 잘 이루어지게 할 만한가?"라고 하니, 이이가 대답하기를 "전하께서 성혼을 특별히 부르시니 사람들이 모두 감격하고 있습니다. 그러나 전하의 뜻이 한번 보기만 하시려는 것인지, 아니면 장차 일을 맡기려고 하시는 것인지 알지 못하겠습니다. 재주라고 해서 다 같은 것은 아닙니다. 재주와 지혜가 뛰어나서 큰일을 혼자 감당할 만한 사람도 있고, 재주는 비록 부족하나 여러 계책을 잘 활용하는 사람도 있습니다. 성혼이 재주가 출중한지는 신도 알 수 없으나, 그의 도량은 능히 여러 계책을 잘 활용할 만하오니 어찌 나라를 다스리지 못하겠습니까. 다만 성혼이 오더라도 폐단의 정치를 고치지 않는다면 그 역시 어찌할 수 없을 것입니다."라고 하였다.

승정원에서 날씨가 추우니 편전에 딸린 비현합에서 경연에 임하시도록 청했으나, 임금이 그런 전례가 없다며 허락하지 않았다. 이이가 임금에게 아뢰기를 "전하께서 단지 상투적인 전례만 따르신다면 결코 일을 진작시킬 방법이 없습니다. 비현합에서 경연하는 것이 무슨 어려운 일이라고 전하께서 허락하지 않으십니까. 오늘날 전하께서 모름지기 큰 뜻을 분발하여 정치를 새롭게 하시고 한 시대를 뛰어넘을 만한 조처를 하신 뒤에라야 세상을 다스릴 올바른 도리를 만회하실 수 있습니다."라고 하였다.

임금이 조정의 기강이 진작되지 못하는 것을 한탄하니, 이이가 아뢰기를 "나라에 기강이 있는 것은 마치 몸에 호연지기(浩然之氣; 천지를 덮는 기운)가 있는 것과 같습니다. 호연지기라는 것은 의리를 모아서 되는 것이지, 어떤 한 가지 일이 우연히 의리에 합치되었다고 하여 당장에 취할 수 있는 것은 아닙니다. 모름지기 오늘 하나의 의리를 행하고, 내일 하나의 의리를 행하여 그 의리가 몸에 쌓여 위로는 하늘에 부끄럽지 않고, 아래로는 땅에 부끄럽지 않아야 호연지기가 충만하게 유행하는 것입니다. 조정의 기강 또한 마찬가지입니다. 하루아침에 분발하여 세울 수 있는 것이 아닙니다. 공평하고 정대한 마음으로 정사를 베풀어 오늘 한 가지 올바른 정치를 행하고 내일 한 가지 올바른 정치를 행하여야 합니다. 그리고 곧은 사람은 반드시 등용하고, 굽은 사람은 반드시 취하지 않고, 공로가 있으면 반드시 상을 주고, 죄를 지으면 반드시 벌을 내리십시오. 이처럼 하면 조정의 기강이 바로 설 것입니다."라고 하였다.

임금이 이르기를 "매번 경연에서 충직하게 다스림의 도리를 말하며 경연에 들어올 때마다 간절히 고하니, 참으로 가상하다. 지금은 무슨 일을 해야 잘 다스려질 수 있겠는가?"라고 하니, 이이가 아뢰기를 "다스리는 도리를 어찌 다 말씀드리겠습니까. 대체로 말하면, 먼저 큰 뜻을 정하시고 어진 사람을 등용하여 일을 맡기시는 것이 옳습니다. 다만 사람을 알아보기란 실로 어려운 일이니, 반드시 먼저 학문에 힘쓰시어 궁리(窮理; 사물의 이치를 연구함)와 거경(居敬; 마음의 수양), 역행(力行; 힘써 노력함) 이 세 가지에 더욱 공력을 더하여 이치가 밝아지고 덕이 이루어지는 경지에 이르게 하십시오. 그렇게 되면 그 사람의 됨됨이를 훤하게 알게 되어 털끝만큼도 틀리지 않을 것입니다. 또 전하의 학문은 반드시 아랫사람들의 직언에 도움을 받으셔야 합니다. 그러니 경연관을 가까이하시고 그가 정성을 다하여 보좌하게 하셔야 할 것입니다. 이것이 나라를 다스리는 근본이 되는 것이고 이 외에 별다른 방법은 없습니다."라고 하였다.

심의겸이 나아가 아뢰기를 "선대왕 때에는 신하들을 친근히 하시기를 마치 집안사람이나 부자 사이 같이 하셔서 임금께 충언을 올리는 데에 정성을 다하였다고 합니다."라고 하였다. 이이가 아뢰기를 "만일 신하들을 대하는 데 친밀하고 간격이 없게 하시면 그들의 사정과 형편을 자세히 알게 되어 취하고 버리는 것이 정당하게 될 것입니다. 세종대왕께서 사람을 알아보아 임무를 맡기신 것도 역시 신하들의 사정과 형편을 알았기 때문입니다. 세종대왕께서는 사람을 쓰되 이력의 오래되고 오래되지 않은 것과 품계의 높고 낮은 것을 묻지 않고, 오로지 인재와 직책이 서로 잘 맞게 하였습니다. 그래서 평생 한 직책에 종사한 사람도 있었고, 발탁된 지 며칠이 안 되어 재상에 오른 사람도 있었습니다. 육조의 판서와 모든 문무백관이 오래도록 그 직책을 지켰기 때문에 모든 일이 잘되었으며, 특히 홍문관 관원을 우대했기 때문에 신하들이 모두 죽음으로 은혜를 갚을 생각을 가졌던 것입니다. 대체로 군자는 임금을 도의로써 사랑하고 대우가 후하고 박한 데에는 관계하지 않았으나, 군자 아래 중등의 사람은 임금의 대우가 어떠한지만을 보는 것입니다. 지금 전하께서는 믿고 일을 맡길 신하가 별로 없으며 모든 관직에서 사람을 자주 바꾸기 때문에 모든 일이 다스려지지 않는 것입니다. 집안일에 비유하면 집안사람들에게 책임을 주어서 밭 갈 사람에게는 밭을 갈게 하고, 나무를 할 사람에게는 나무를 하게 하고, 베 짤 사람에게는 베를 짜게 한 뒤에라야 집안이 이루어지는 법입니다. 만일 아침에는 밭을 갈게 하다가 낮에 나무를 하게 하고, 낮에는 나무를 하게 하다가 저녁에 베를 짜게 한다면 일이 하나도 이루어질 수 없습니다. 지금 사대부들은 직무에 충실하여도 포상이 없고, 관직을 병들게 해도 벌이 없으니, 나라의 녹봉을 얻어먹은 데에 있어서는 매우 편하겠지만 나랏일은 끝내 구제할 수 없게 될 것입니다. 전하께서는 어찌하여 사람을 가려 관직을 주고 그 관직에 오래 있게 하지 않으십니까. 또 신이 다른 사람에게 들으니, 전하께서 친히 지은 시문에 매우 깊은 근심과 답답한 내용이 있다고 합니다. 전하께서는 어찌하여 이처럼 즐겁지 않으십니까?"라고 하니, 임금이 이르기를 "어떤 시를 말하는 것인가 외어보라."라고 하니, 이이가 시를 외우기 시작했다.

孤抱難攄獨倚樓, 외로운 회포 털어버리기 어려워 홀로 누각에 기대니,

由中百感不勝愁. 마음속 온갖 감회 일어 수심을 견디지 못하겠네.

月明古殿香煙盡, 달 밝은 옛 궁전에는 향연도 다하고,

風冷疏林夜雪留. 바람 찬 성긴 숲에는 밤새 내린 눈만 남아 있네.

身似相如多舊病, 몸은 마치 사마상여司馬相如[206)]처럼 묵은 병도 많은데,

心如宋玉苦悲秋. 마음은 송옥宋玉[207]같아 슬픈 가을 괴로워하네.

凄涼庭院無人語, 처량한 정원에는 사람 말소리 하나 없고,

雲外鐘聲只自悠. 구름 밖 종소리만 유유히 들려오네.

이이가 시를 다 외우고 아뢰기를 "무릇 임금에게는 임금 노릇 하는 즐거움이 있습니다. 그것은 사람을 얻어 그에게 맞는 직책을 맡기면 자연히 화평해지고 기쁘게 될 것입니다. 전하께 만약 두세 명의 충성스러운 신하만 있다면 어찌 근심을 품고 답답해하는 지경에 이르겠습니까. 신이 이 시를 듣고 며칠 동안이나 심기가 편하지 못하였습니다. 또 요즈음 경연관들이 전하께 항상 잡다한 서적을 보지 마시기를 아뢰었습니다. 그런데도 전하의 마음을 이렇게 시로 읊는 것은 진실로 성현도 행하지 않았던 바입니다. 다만 문학에만 마음을 두게 되면 어찌 학문에 해가 되지 않겠습니까."라고 하였다. 임금이 부끄러운 안색으로 오랫동안 머리를 숙이고 있었다. 홍문관 수찬 윤현(尹晛; 1536~1597)[208]이 나와 아뢰기를 "전하께서 이이에게 다스리는 도리를 물으실 때 대충만 물으시고 자세히 묻지 않으시기 때문에 이이도 자세히 대답하지 못합니다. 어찌하여 자세히 묻지 않으십니까."라고 하니, 임금이 이르기를 "내가 요지를 알지 못하여 묻기도 어려우니 경연관이 묻고 이이가 답하면 내가 마땅히 자세하게 듣도록 하겠다."라고 하였다.

이이가 아뢰기를 "묻는 사람은 의심하여야 하고 답하는 사람은 그것을 일깨워 진전시켜 주어야 하는 것인데, 억지로 묻고 억지

로 답하면 무슨 재미가 있겠습니까."라고 하였다. 윤현이 아뢰기를 "이이가 학문을 논할 때 궁리窮理가 거경居敬보다 먼저라고 하나, 신의 뜻은 거경이 궁리보다 먼저라고 생각합니다."라고 하니, 이이가 대답하여 아뢰기를 "정자程子의 말에 '사물의 이치를 깨닫게 되면서 경에 거처하지 않는 사람은 없다.'고 하였으니, 이는 윤현의 말이 옳습니다. 다만 거경은 처음부터 끝까지 한결같이 공들여야 선후를 따질 것이 없습니다. 그리고 궁리는 지식知에 속하고, 거경과 역행은 행동行에 속하는 것이니, 신은 지와 행의 순서로 말씀드린 것입니다. 전하께서 학문에 힘쓰시려면 먼저 모름지기 뜻을 세워 굳게 정하여 바꾸지 마시고 경으로써 이치를 궁구하시고, 경으로 힘써 행하십시오. 이렇게 하면 처음에는 쉽지 않아서 몹시 고생스러울 것입니다. 그러나 지극한 노력으로 의리의 뜻을 알고 배움으로써 즐거움을 삼는 경지에 이르시면, 선에 거처하고 이치를 따르게 되어 자연스럽게 스스로 만족하시게 될 것입니다. 또 마음이 넓어지고 몸이 좋아져서 편안하고 즐거워지게 될 것입니다. 옛날 임금들 가운데 능히 그 나라는 다스렸으나 학문의 즐거움을 알지 못하고, 다만 사업의 공적만을 위해 힘쓴 까닭에 처음과 끝이 달라진 임금이 많았습니다. 당나라 현종(玄宗; 685~762)은 자기 몸은 여위었으나 나라는 살찐다고 말하였는데, 이것은 일을 억지로 하는 것이니 어찌 오래 가겠습니까. 만약 학문을 실천하여 효력이 있었다면 임금의 몸과 나라가 다 같이 살찔 것입니다. 지금 세속의 풍속은 옛 도를 좋아하지 않아 다른 사람이 옛 도를 실천하는 것을 보면 비웃고 배척하고 꾸짖기 때문에 뜻을 굳게 세우지 못한 사람들은 대부분 자립하지 못합니다. 그러나 전하는 그렇지 않습니다. 만약 옛 도만 실천하신다면 여러 신하가 감동하여 일어날 것인데, 무엇을 두려워하여 그리하지 않으십니까?"라고 하였다. 임금이 이르기를 "승지는 정치에 대한 나의 물음에 답하기를 학문의 업적으로만 말하였다. 이것이 진실로 근본이기는 하나 공자의 제자 안회는 학문이 지극하였어도 공자에게 나라 다스리는 도리에 관해 물었다. 그렇다면 지금 내가 시행할 만한 사업에 어떤 것이 있겠는가."라고 하였다. 이이가 일어나서 다시 땅에 엎드려 아뢰기를 "전하께서 진실로 일을 하시려면 모름지기 옛 관례만 따르는 폐단을 과감히 개혁하셔야 합니다. 사람의 마음이란 옛 제도를 지키고 따르는 것을 편하게 여기고, 개혁하여 새롭게 고치기를 꺼립니다. 그리하여 '오늘 행한 것을 내일 어찌 갑작스럽게 변경할 수 있겠는가'라고 생각합니다. 이처럼 당장은 괜찮아도 나중에는 점점 구제하지 못할 지경까지 이르게 됩니다. 폐단을 개혁하려면 반드시 사람을 얻어야 합니다. 사람을 얻지 못하면 폐단은 개혁할 수 없습니다."라고 하였다.

이때 임금이 잔병이 잦으므로 여러 신하가 매번 여색을 경계하시라는 말씀을 드리니 임금이 듣기 싫어하였다. 홍문관 수찬 성락 (成洛; 1542~1588)[209]이 마음을 수양하고 원기를 보양하면 병을 고치는 방법이 된다고 과장하여 말하였는데, 임금이 농담 삼아 묻기를 "그러면 불로장생 할 수 있는가?"라고 하니, 성락이 그렇다고 대답하였다. 후일 이이가 임금께 아뢰기를 "임금과 신하가 모두 실언하였습니다. 불로장생이란 이치에 맞지 않는 말입니다."라고 하였다. 성락은 아뢰기를 "그때 신이 전하의 말씀을 장수長壽로 잘못 들었습니다."라고 하였다. 임금이 이르기를 "큰 덕이 있는 사람은 반드시 장수한다고 한 것은 이치에 근거하여 말한 것이다. 만일 마음을 수양하고 원기를 보양하여 장수하고자 한다면 이는 임금의 도리가 아니다. 사람의 수명은 하늘에 있는 것이니 다만 순리대로 받아들여야 할 뿐이다."라고 하였다. 이이가 아뢰기를 "전하의 가르침이 옳습니다. 그러나 순리대로 받아들인다는 것은 쉬운 일이 아닙니다. 만일 털끝만큼이라도 스스로 몸을 해롭게 하는 것은 순리를 받아들이는 것이 아닙니다. 정자의 말에 '나는 삶을 잊고 욕심을 따르는 것을 심한 수치로 안다.'고 하였는데, 이 말을 마땅히 유념하셔야 합니다."라고 하였다.

우부승지 이이가 병이 많아 승정원의 복잡한 사무를 견딜 수 없어 한가한 직무로 옮겨 병을 조리하겠다고 청하였다. 임금이 대답하기를 "그대는 마땅히 나의 곁에 있으면서 나의 부족한 덕을 도와야 할 사람이다. 사퇴할 수 없으니, 병을 조리하여 일을 행하도록 하라."라고 하였다.

이때 성균관 유생들이 앉는 차례를 나이순으로 하니 선비들이 몹시 잘못되었다고 여겼다. 이해수(李海壽; 1536~1599)[210)]가 이이에게 말하기를 "나이 순서대로 앉는 것은 성균관에서는 적당하지 않습니다. 과거시험에서는 장원급제한 사람을 존경하니, 이것이 예에 맞는 풍속입니다. 어찌 나이가 많다고 하여 장원 위에 앉을 수 있겠습니까."라고 하니, 이이가 말하기를 "장원을 존경하는 것은 과거 급제자들의 모임에서나 시행하는 것이 옳습니다. 성균관은 윤리를 밝히는 곳이니 장유유서의 순서를 문란하게 해서는 안 됩니다. 또 장원이 높다고 해도 어찌 왕세자에게 비할 수 있겠습니까. 옛날 왕세자가 성균관에 입학하여도 오히려 나이순서대로 앉았으니, 장원은 논의할 것도 없습니다."라고 하니, 이해수가 말이 없었다.

우의정 노수신이 비로소 조정에 나오니 임금이 편전에서 접견하고 간곡히 위로하면서 말하기를 "어찌 아무 말도 하지 않고 홀연히 사퇴하였는가."라고 하니, 노수신이 병으로 직무를 성실히 수행할 수 없는 사정을 말하였다. 임금이 묻기를 "근래에 천재지변이 거듭 발생하고 민생이 피폐하니 어떻게 다스려야 하겠는가?"라고 하니, 노수신이 대답하여 아뢰기를 "현명하고 어진 인재를 얻으면 다스릴 수 있습니다."라고 하였다. 임금이 말하기를 "어떻게 하면 현명하고 어진 인재를 구할 수 있겠는가?"라고 하니, 노수신이 대답하여 아뢰기를 "지극한 정성으로 구하면 얻을 수 있습니다."라고 하였다. 임금이 말하기를 "내가 마땅히 정성껏 구하겠다. 이것이 '나라를 다스리는 것은 인재를 얻는 데 달려 있다.'는 뜻이 되니, 참으로 요긴하다. 다만 오늘날 무슨 해볼 만한 일이 없겠는가?"라고 하니, 노수신이 사양하기만 하고 대답하지 못하였다.

삼가 살피건대, 대신은 도리로써 임금을 섬기다가 할 수 없으면 그
만두는 것이다. 노수신이 당시 조정의 폐단을 구제할 재주가 없으면
마땅히 자기 능력과 분수를 생각하여 함부로 정승 자리에 앉지 말아
야 할 것이다. 만약 그런 재주가 있다면 마땅히 정성껏 임금께 아뢰
어 그 말이 받아들여지지 않으면 그 후에 사퇴하는 것이 옳은 것이
다. 지금 우두커니 정승의 자리에 앉아 건의하는 것도 없이 다만 병
으로 사퇴하는 것만을 능사로 삼다가 임금이 간절히 묻는데도 한 가
지 계책도 아뢰지 못하였다. 아! 애석하다. 노수신의 청렴하다는 명
망과 두터운 인망으로도 시급한 일에 통달하지 못하고 마침내 녹봉
만 먹는 것을 면하지 못하였다.

함경도에서 벌레가 눈에 섞여 내렸다.

1574년 3월

성혼을 조정으로 불렀으나 성혼이 나오기 어려워하였다. 이이
가 성혼에게 말하기를 "그대는 지금 일곱 차례나 전하의 부름을 받
았다. 어명이 이러한데 어찌 한번 조정에 나아가 임금의 은혜에 답
한 뒤에 사퇴하고 돌아오지 않는가?"라고 하니, 성혼이 말하기를,

내가 한번 용안을 뵙는 것이 큰 영광이기는 하나 어찌 조정을 욕되게 하겠는가. 자고로 나같이 병들고 무능한 사람을 부르는 일도 있는가?"라고 하였다. 이이가 웃으며 말하기를 "인재는 각각 그 시대에 따라 다른 법이다. 촉한의 유비 때에는 제갈공명이 제일가는 인물이었지만, 만일 제갈공명이 공자, 맹자와 같은 때를 만났더라면 어찌 제일가는 인물이 될 수 있었겠는가. 요즘 세상에는 인물이 없으니, 그대에게 어찌 출사하라는 어명이 없을 수 있겠는가."라고 하였다. 성혼이 말하기를 "나 자신을 돌아보면 부족하지만 총명한 임금은 잊을 수 없다."라고 하였다.

박영준을 이조판서로 삼았다. 이에 앞서 김귀영이 병으로 이조판서에서 물러나고 그 자리를 정유길(鄭惟吉; 1515~1588)[211]이 대신하게 되었다. 그런데 정유길이 일찍이 이량에게 빌붙었다고 하여 청백리에 흠이 잡혀서 감히 조정에 나오지 못하고 병을 핑계로 사직하자 박영준이 다시 이조판서가 된 것이다. 박영준은 여러 번 이조판서의 자리에 있으면서 매번 다른 사람의 안색을 보고 눈치를 살피면서 안부나 물을 뿐 무언가 해 놓은 것이 없었다. 안자유가 어떤 사람에게 말하기를 "이조판서 박영준은 남의 종이다."라고 하자, 어떤 사람이 그 까닭을 물으니, 안자유가 대답하기를 "자기가 자기의 마음을 쓰지 못하고 남의 마음을 가져다 자기 마음으로 삼으니 남의 종이 아니고 무엇이겠는가."라고 하였다.

이이를 사간원 대사간으로 삼았다. 이이가 예전에 병으로 승지에서 물러난 후 얼마 되지 않아 대사간을 시켰다. 이이가 사직하며 아뢰기를 "오늘날 나라의 기강이 무너지고 민생이 곤궁한 것은 전하께서도 이미 자세히 알고 계시는 바입니다. 더욱 근심스러운 것은 전하께서는 이미 마음을 뒤로하고 현명하고 어진 이에게 일을 맡길 뜻이 적으시니, 조정의 신하 또한 일을 담당하여 몸을 바칠 의지가 없게 됩니다. 대신들은 지금의 풍속을 편안하게 여기고 수수방관만 하여 일의 성패는 되는 대로 맡겨두기만 하고, 품계가 낮은 관리들은 비록 건의하는 것은 있으나 더러는 과격하고 더러는 세상 물정을 잘 몰라 실생활에 적절하지 않습니다. 그러니 의론만 분분하고 통일되지 않아서 마치 물이 아래로 흐르듯 나라의 형세가 날로 무너지고 있습니다. 이러한 때에는 위의 허물과 잘못을 바로잡고, 아래의 경망스럽고 나태함을 바로잡아야 합니다. 이를 위해서는 오직 양사의 직언과 간언에 도움을 받아야 할 것입니다. 또한 진실로 재주와 도량을 겸비하고 식견과 사려가 통달한 사람이 아니면 이 책임을 감당하지 못할 것입니다. 신 같이 매사에 서툴러 일을 그르치고 병들어 못난 사람이 어찌 대사간의 관직을 더럽힐 수 있겠습니까. 어서 다른 사람으로 바꿔 주십시오."라고 하였다.

임금이 이르기를 "대사헌의 소임은 능히 합당하니 사양하지 말라."라고 하였다. 이이가 재차 사양하면서 "신이 지금 사직하는 것은 형식으로 하는 것이 아니고 진정으로 감당하지 못하기에 그런 것입니다. 신이 이제 앞뒤를 둘러보고 품은 뜻을 다 아뢰려고 한다면 엉성하고 어리석은 계책이 분명히 전하의 마음과 같지 않을 것입니다. 만일 세속의 폐습에 따라 작은 일이라도 낱낱이 들추고, 남의 폐단이나 집어내어 책임을 면하기 위해 요리조리 꾸민다면 이것은 또 간언하는 신하의 근본이 아닐 것입니다. 그렇다고 아무 말도 하지 않고 지위만 가지고 길 가운데서 큰소리만 치고 다니고자 한다면 이것 또한 사실 본심이 아닙니다. 신이 여러 번 생각해 보았지만 끝내 직무에 이바지할 만한 마땅함을 얻지 못하였기 때문에 걱정되어 먹고 자는 일이 불안하오니 다른 관직으로 바꾸어 주십시오.”라고 하니, 임금이 답하기를 “사양하지 말라.”라고 하였다. 이이가 세 번째 아뢰기를 “신의 보잘것없음은 전하께서 이미 밝게 아시는데도 오히려 버리지 않으시고 중임을 맡기시니, 이것은 요임금의 신하 사악四嶽이 말한 ‘시험해 보라[試可]’²¹²)고 한 뜻입니다. 신이 직무를 맡은 뒤에 말이 현실과 맞지 않고, 계책이 실효가 없거든 퇴직을 명하시거나 파면하시어 깨끗한 조정을 오래도록 욕되게 하지 마십시오.”라고 하니, 임금이 답하기를 “그대는 이 직책을 충분히 감당할 것이니 직분을 다하라.”라고 하였다.

　　대궐에서 사용하는 물품을 공급하는 의영고義盈庫에 있는 황랍(黃蠟: 밀랍) 5백 근을 대궐 안으로 들이라 명하였는데, 대궐 밖에서는 황랍을 어디에 쓰는지를 알지 못했다. 어떤 사람은 불사佛事에 쓰일 것이라 하였다. 양사에서는 들이지 말기를 주청하였다. 사간원에서 아뢰기를 “전하께서는 황랍을 어디에 쓰시려 하십니까? 쓸 곳이 정당하다면 반드시 써야 하겠지만 만약 떳떳지 않고 옳지 못한 데에 쓰시고자 한다면 그만두는 것이 옳을 것입니다. 또 그만둘 수 없다고 하더라도 함부로 사용해서는 안 될 것이니, 심사숙고하여 쓰실 곳이 정당하면 곧 전하의 뜻을 밝혀서 여러 신하의 의혹을 풀어주십시오. 만약 떳떳하지 못하면 황랍을 들이라는 명을 거두어 주십시오."라고 하니, 임금이 노하여 답하기를 "대궐에서 쓰는 물건은 아랫사람이 물을 바가 아닐 것인데, 감히 여러 말을 늘어놓으니 이 무슨 뜻이냐."라고 하였다.

정이주(鄭以周; 1530~1583)[213]가 군역 장부를 조사하기 위한 군적경차관軍籍敬差官으로 경상도에 내려가서 경박하고 인정머리 없이 오직 군역 장부만 조사할 뿐 백성들의 고통은 생각하지 않았다. 또 익명서를 받아 지방의 유력 관리들을 붙잡아 군역을 회피한 장정들을 찾아내라고 추궁하며 매질을 매우 혹독하게 하였다. 또 무뢰한인 그의 배다른 동생에게 수색하는 권리를 주어 뇌물을 마구 받아들였으므로 민간에서는 소동이 일어나고, 원망과 비방이 길거리에 가득 찼다. 사헌부에서 정이주의 죄를 물어 파면시키고 다른 사람을 보내고자 하니, 사헌부 집의 정지연이 말하기를 "조정의 명을 받고 간 신하를 정확한 물증이 없는 뜬소문으로 파면한다면, 그것은 임금의 명을 중하게 여기지 않는 결과가 되니 반드시 뒤에 폐단이 있을 것입니다. 더구나 군역 장부를 작성하는 것은 중대한 일로 거의 끝나가고 있으니, 일을 맡긴 신하를 쉽게 바꾸는 것은 불가합니다."라고 하였다. 대사헌 심의겸 등이 완고하게 말하기를 "이것은 뜬소문이 아니다. 만일 정이주를 파면하지 않으면 백성들의 원성이 더욱 심할 것이다."라고 하니, 정지연이 대사헌의 주장과 맞지 않는다고 하여 피혐하자, 심의겸 또한 피혐하였다. 근래의 법도에 의하면 양사에서 올린 상소문은 반드시 양사의 동료들과 의논이 모두 일치된 뒤에 아뢰었으므로, 의견이 일치되지 않으면 서로 용납하지 못하였다. 대사간 이이가 동료에게 말하기를 "양사가 대단하지 않은 일로 서로를 용납하지 못하니 그 폐단이 이미 오래되었다. 지금 마땅히 이 폐단을 고쳐야 할 것이다."라고 하였다. 이어 임금께 아뢰기를 "심의겸과 정지연 등은 지금의 관례로 보면 서로 용납하지 못할 듯합니다. 다만 사람들의 의견이 같지 않으므로 옳고 그름이나 흑백이 명백하게 드러난다면 용납할 수 없을 것입니다. 그러나 하나의 논의로 합치되지 않는 것은 크게 관련이 없는 것이니 어찌 서로 용납하지 못하는 데까지 이르겠습니까? 선대왕 때에는 양사가 각각 자기 뜻대로 아뢰고, 자신의 주장이 의리에 맞는지만 볼 뿐 동료와 의견이 맞지 않는 것은 꺼리지 않았습니다. 줏대 없이 남의 의견에 따르고 구차하게 의견을 합치하는 것은 필시 말세의 악습입니다. 정이주가 조급히 날뛰고 각박하게 한 것은 잘못된 일이며, 그 이복동생이 뇌물을 마구 받은 사실은 뜬소문이 아닙니다. 경상도 전체가 소란스러워 전란을 당한 것 같으니, 정이주를 파면하지 않으면 경상도의 민심을 안정시킬 수 없게 될 것입니다. 심의겸 등이 정이주를 파면하고자 하는 것도 결코 잘못이 아니고, 정지연의 소견 역시 이치에는 맞지만, 파면시키자는 논의는 공정하지 못합니다. 그러니 이것은 하나의 의견이 합치되지 못한 것에 불과할 뿐입니다. 이를 옳고 그름과 흑백의 논리같이 서로 용납하지 못하는 것에 비할 것은 아닙니다. 청하옵건대 둘 다 조정에 나오도록 명하십시오."라고 하였다. 임금이 답하기를 "심의겸과 정지연의 주장이 크게 다르니 아마도 서로 용납하지 못할 것이다. 이것을 억지로 용납하게 하면 나중에 폐단이 생길 것이니, 양사의 체통을 고려한다면 이처럼 해서는 마땅하지 않다."라고 하며 허락하지 않았다. 이이는 "이렇게 자질구레한 근래의 관례까지도 전하께서 꼭 지키려고 하시니, 어찌 큰일 이루기를 바랄 수 있겠습니까."라고 하고는 마지못하여 정지연의 관직을 교체해 줄 것을 청하니 임금이 허락하였다.

사간원에서 의영고의 황랍이 이미 대궐로 들어간 것을 알고 아뢰기를 "전하께서 쓰실 물품에 대해서는 담당 관원이 진상하지 않는 것이 없는데, 궁중에서 그렇게 많은 황랍은 별반 쓸 곳이 없는 것으로 보입니다. 그렇다면 이것은 반드시 다른 사람에게 알릴 수 없는 떳떳하지 못한 의도에서 나온 것입니다. 이런 까닭으로 신들은 전하께서 미혹된 마음을 품고 있지는 않으신지 걱정하여 작은 것부터 예방하고 점점 번져 나가는 것을 막으려 하는 것입니다. 지금 황랍은 이미 대궐로 들어갔으니, 사간원에서 문제 삼아도 어쩔 수 없을 것입니다. 예전에 송나라의 사마광(司馬光; 1019~1086)은 '내 평생 행하였던 바를 남에게 말하지 못할 것이 없다.'라고 말한 적이 있습니다. 지금 신들이 바로 전하께 정심성의正心誠意 하시기를 바라고 있습니다. 그런데 이러한 일도 신하들에게 밝히지 않으시니, 과연 은밀히 홀로 계시는 자리에서도 하늘에 대하여 부끄러움이 없는지 신들은 알지 못하겠습니다. 청하옵건대 지금부터라도 부정한 진상품을 들이지 마시고 전하의 품은 뜻을 밝은 대낮같이 환하게 보이시어 신하들이 우러러 보게 하시옵소서."라고 하였다. 임금이 답하기를 "의용고의 물건은 내가 헤아려서 쓰면 그뿐이다. 신하들이 감히 말할 바는 아니다. 예전에 양나라의 무제(武帝; 464~549)가 '입이 써서 꿀을 찾았으나 얻지 못하였다.'²¹⁴)라고 하더니, 내가 지금 이와 같은 일을 당할 줄은 몰랐다. 지금의 경우가 이러하니 어찌 마음이 아프지 않겠는가."라고 하였다. 임금이 갑자기 당치 않게 이렇게 말을 하니 여러 신하가 매우 놀라워했다. 이이가 동료들과 함께 편전에 나아가 사직하며 아뢰기를 "어제 전하의 하교는 너무 엄하십니다. 신 등을 양무제 때의 장군 후경(侯景; 551~552)에게까지 비교하시니 신 등이 황송하고 송구하여 견딜 수가 없습니다. 『대학』에 이르기를 '창고의 재물은 임금의 재물 아닌 것이 없다.'²¹⁵)고 하였으니, 의영고의 물건은 마땅히 전하의 소유입니다. 전하께서 바르게만 쓰신다면 여러 신하는 전하의 뜻을 받들어 드리기에 쉴 틈이 없을 터인데 어찌 감히 한마디라도 참견하겠습니까. 만일 쓰시기를 바르게 하지 못해 전하의 행동이 장차 법도에 어긋나면, 의영고에서도 마땅히 옳고 그름을 따질 수 있을 것입니다. 하물며 사간원 관원이 어찌 침묵할 수 있겠습니까. 요즘 궁궐 밖에서 떠도는 소문이 누구는 불상을 만든다고 말하기도 하고, 누구는 불사를 일으킨다고 말하기도 하여, 듣는 이들이 반신반의하고 있을 때, 마침 대궐에 수

은과 황랍을 들이라는 어명이 내려져 민심이 더욱 의아해하고 있습니다. 신 등이 이 말을 듣고서 어찌 걱정하는 마음이 없겠습니까. 다만 전하의 학문이 높고 밝아서 이단(異端: 불교)에는 현혹되지 않으실 것 같아서 소문과 같을 거라고는 믿지 않습니다. 이에 감히 여쭙는 것은 전하께서 현혹된 데가 없음을 밝혀 신하들의 의혹을 끊으려고 했던 것입니다. 전하께서는 다만 마음으로 반성하시어 이런 일이 있으면 고치시고, 없으면 학문에 더욱 힘쓰셔야 합니다. 비밀로 숨기고 엄한 태도로 거부하심이 이런 정도에까지 이른 것은 어찌 된 일입니까. 옛날 순임금이 옻칠을 한 그릇을 만들 때 간언하는 사람이 10명이나 되었고, 주나라 무왕이 절인 물고기를 즐기자 강태공이 절인 물고기를 드리지 않으면서 '예법에 절인 물고기는 제사상에 올리는 것이 아닙니다.'고 하였으니, 이것이 어찌 사랑과 공경이 부족해서 그렇게 한 것이겠습니까. 진실로 충신은 임금을 덕으로 사랑하고, 예법으로 공경하는 것이니, 비위나 맞추고 명령대로 순순히 따르는 것은 도리어 사랑과 공경에 해가 되기 때문입니다. 전하께서 말 한 마디를 순순히 따르지 않았다고 하여 갑자기 노여워하시며 마음이 아프다는 말까지 하시니, 어찌 순임금의 신하들과 강태공의 사례를 통해서도 스스로 반성하지 않으십니까. 아, 전하의 비위나 맞추고 명령대로 순순히 따르는 태도가 부족하고 오직 전하의 말대로 따라 하고 거스르지 않는 지경에 이르지 않은 것이 전하께서 마음 아파하시는 바입니다. 그러나 위로는 허심탄회하게 직언을 받아들이는 도량이 없고, 아래로는 충직한 신하들의 도움이 없어, 나랏일이 날로 잘못되어 어지러워지고 무너져 수습할 수 없는 것이 신 등이 마음 아파하는 바입니다. 아, 참으로 이상합니다. 신 등이 식견이 좁고 변변하지 못하여 정성이 전하께 통하지 못하니, 청하옵건대 신 등을 배척하고 파면하시어 신하로서 임금에 대한 사랑과 공경이 부족한 사람들을 깨우쳐 주십시오."라고 하였다. 임금이 더욱 노하며 답하기를 "지금 상소문을 다시 보니 하나의 웃음거리밖에 되지 않는다. 가령 불교를 숭상하여 받든다고 하더라도 전해오는 불상이 많은데, 새로 만들어 무엇 하겠는가? 어느 사람에게 들었는지 모르겠으나 내가 잡아다 국문하여 밝히려 한다. 또한 이번 일을 통하여 민심이 경박함을 볼 수 있었다. 그래서 내가 이 세상에 마음이 없고 일을 해 보고자 하는 데 뜻이 없는 것이다. 이미 하교하였으니 번거롭게 하지 말라."고 하였다.

　　사간원에서 두 번째로 아뢰기를 "지금 전하의 답을 받으니 더욱 황송하고 의혹이 심해졌습니다. 전파된 말이란 한 사람의 입에서 나온 것이 아닌데, 일일이 잡아 국문하는 것은 주나라 여왕이 위나라 무당을 시켜 비방을 감시하게 하는 것[216]과 무엇이 다르겠습니까. 만약 전하께서 정당한 곳에 쓰셨다면 왜 명시하여 신하들의 의혹을 풀어주지 않으십니까. 전하께서 일할 의욕이 없으시다면 신들 또한 무슨 마음으로 조정에 나와 낯을 들고 건의하겠습니까. 청하옵건대 신 등을 물리쳐 파직을 명하십시오."라고 하였다. 임금이 답하기를 "내가 어찌 물음에 답하여 아랫사람들에게 경시를 받아 후일의 폐단이 생기게 하겠는가. 양사의 간관 중에 반드시 소문을 들은 사람이 있을 것이니 바른 대로 아뢰고 사직하지 말라."고 하였다.

사간원에서 세 번째 아뢰기를 "전파되는 말은 거리에서 전해지고 여염집 백성들 사이에서 나온 것이니, 거리에 있는 백성들을 모조리 잡아다 국문할 수 있겠습니까. 옛날에는 비방해도 되는 곳에 표지판을 세워 나그네는 도로에서 비방하게 하고, 장사하는 사람은 저잣거리에서 비방하도록 한 적도 있었습니다. 어진 임금은 그 비방이 근거 없는 말이라 하여도 잡아다 국문하지 않았습니다. 신 등이 변변치 못하여 바른 도리로 전하의 마음을 바로잡지는 못한다고 하더라도, 어찌 임금의 위엄을 두려워하여 죄 없는 사람들을 끌어와 전하를 옳지 못한 곳에 빠지게 하겠습니까. 전하께서 신 등을 망언한 죄로 다스리시면 충분합니다. 어찌하여 위엄을 세우고 입을 막아 사방의 보고 듣는 이들을 놀라게 하십니까. 아! 지금 전하의 덕은 날로 높아지고 선비들의 풍속은 날로 쇠약하여 묵은 폐단은 개혁할 기약이 없고 새로운 걱정거리는 자꾸 생겨나고 있습니다. 설령 한나라 때 주운朱雲[217]과 급암汲黯[218]이 벼슬자리에 있어 충직한 말을 날마다 아뢰더라도 지금의 일을 바로잡을 가망이 없습니다. 더군다나 식견이 부족하고 변변치 못한 신 등이 만에 하나라도 도움이 될 수 있겠습니까. 신 등이 현명하신 전하의 믿음을 얻지 못하고 도리어 노여움과 문책을 당하니, 직언하는 신하의 체통을 크게 잃어 부끄러워서 조정에 있을 수 없습니다. 청하옵건대 파직하여 주십시오."라고 하였다. 임금이 답하기를 "감히 소문을 낸 사람을 숨기고 번다한 말로써 나를 막으려 드니 이것이 과연 숨기지 않는 도리인가. 속히 바른 대로 아뢰고 사직할 것은 없다."라고 하였다.

사간원에서 네 번째로 아뢰기를 "전파된 말이란 전하께서도 그 근본을 캐기 어려움을 아시면서 이렇게 곤란할 정도로 물으시는 것은 신 등을 가벼이 보고, 임금의 우레 같은 위엄으로 신하의 사기를 꺾어 장차 직언의 길을 막으려 하는 데 불과합니다. 들은 것이 있으면 반드시 아뢰어야 하는 것이 숨기지 않는 도리이지만, 만일 말의 근원을 지적한다면 이것은 위엄을 겁내어 아첨하는 것이지 숨기지 않는 도리가 아닙니다. 전하께서 어찌 신 등을 속히 파면하지 않으시고 중요한 자리에 두면서 다그치시며 직언하는 신하의 체통을 상하게 하십니까. 청하옵건대 파직시켜 주십시오."라고 하였다. 임금이 답하기를 "흐리멍덩하게 경솔히 아뢰기만 하고 물으면 숨기기만 하니, 이것이 과연 충직한 도리인가. 『주례』에 없는 말을 지어낸 죄에 대한 형벌은 있으나 일단 지금은 용서하니 사직하지 말라."고 하였다.

사간원에서 다섯 번째로 아뢰기를 "사간원의 대간은 무릇 들은 것이 있으면 비록 전파되어 나온 말이라도 감히 아뢰지 않을 수 없으니, 이것은 진실로 군주를 섬기면서 숨기지 않는 도리입니다. 임금은 그 말을 들어 보아서 있는 일이면 고치고, 없는 일이면 더욱 노력하여 말의 근본을 추궁하지 않았습니다. 이것은 양사의 언관을 예로 대하고 직언의 길을 널리 열어 주는 것입니다. 만일 전파된 말의 근거를 반드시 추궁하고 말을 만든 죄를 언관에게 내리시면 여러 신하가 감히 발언하지 못하게 됩니다. 그렇게 되면 임금의 총명은 날로 흐려질 것이오니, 이것이 한마디 말로 나라를 잃는 것이 아니겠습니까. 전하께서 이미 신 등이 말을 만들어 냈다고 의심하시면 신 등이 말한들 어찌 전하의 믿음을 받을 수 있겠습니까. 결코 조정에 있을 수 없사오니 급히 파직을 명하여 주시옵소서."라고 하니, 임금이 답하기를 "사직하지 말라."라고 하였다. 이때 홍문관과 사헌부에서 상소를 올려 사간원의 상소에 대한 임금의 답이 온당치 못함을 논했고, 승정원에서도 그 문제로 여러 번 임금께 글을 올렸다. 이때 귀인 김 씨가 후궁 가운데 가장 총애를 받았는데, 아들을 위하여 복을 비느라고 불사를 일으켰다. 그러나 임금의 마음은 불교를 믿지 않았으므로 그처럼 말이 엄하고 심했다. 이이가 이 일로 임금의 뜻이 선비들을 가볍게 여기고 있음을 짐작하고 물러날 뜻이 있었다.

좌의정 박순이 다섯 번째로 병이 있다고 사직하니 임금이 윤허하였다. 승정원에서 사직시키지 말기를 세 번이나 아뢰었으나 임금은 듣지 않았다. 이때 영의정 이탁도 병으로 나오지 않고, 노수신이 홀로 정승 자리에 있었다.

임금이 친히 군사를 검열하려고 하였는데 종묘의 여름 큰 제삿날이 임박하여 제사에 참여할 사람을 많이 차출한 결과 군사의 수가 부족하였기 때문에 검열을 정지하였다. 그래서 임금이 경연에 나오자 노수신과 참석한 신하들이 박순을 사직시키는 것은 온당하지 않다고 아뢰었으나, 임금은 아무 말이 없었다. 대사간 이이가 나와서 아뢰기를 "군사를 친히 검열하지 않은 지가 이미 오래되었지만 안 하실 수는 없습니다. 신의 뜻은 먼저 능을 참배하신 뒤에 친히 군사를 검열하는 것이 좋을 듯합니다. 강릉(康陵; 명종릉)의 침각이 소실된 뒤에 아직 전하께서 친히 제사를 지내지 못하셨으니 어찌 송구스럽지 않으시겠습니까."라고 하였다. 임금이 이르기를 "전에도 능을 참배하려 하였으나 신하들이 만류하여 못 하였다."라고 하니, 이이가 아뢰기를 "능으로 행차하실 때 도로를 크게 수리하고 교량을 설치하여 백성들에게 폐를 끼치기 때문에 신하들이 정지하기를 청한 것입니다. 신의 뜻은 도로와 교량은 간략히 보수하고 백성들의 노력을 빼앗지 않도록 하는 것이 옳을까 합니다."라고 하였다. 여러 신하가 임금에게 진언한 뒤에 이이가 병이 많아 관직에 종사할 수 없는 형편을 아뢰고 물러나서 몸을 보살피겠다고 청하였다. 임금이 이르기를 "병이 그렇게 심하면 어쩔 수 없는 일이니 은거하는 것이 좋겠다. 옛 시에 '귀를 씻고 세상사를 듣지 않으니, 푸른 솔 벗 삼아 사슴과 어울리네.'라고 하였으니, 은거가 어찌 즐거움이 아니겠는가."라고 하였다. 이이가 아뢰기를 "전하께서 은거의 즐거움을 말씀하시나 신은 그렇지 않습니다. 예전 은거한 선비들은 임금과 만남이 없어 임금과 신하의 두터운 정이 없었기 때문에 서로 잊을 수도 있었고, 또 건강한 몸으로 병이 없이 좋은 산 맑은 물에 노닐었기 때문에 즐거움이 있었습니다. 그렇지만 신은 전하의 은덕을 깊이 받았으므로 아무리 고향에 머문다고 한들 마음은 전하의 생각뿐일 것이고, 또 병으로 늘 신음할 것이니 은거한들 무슨 즐거움이 있겠습니까. 다만 하는 일 없이 자리만 차지하고 있는 것이 어렵기 때문에 할 수 없이 물러나는 것입니다."라고 하였다. 사헌부 대사헌 심의겸과 승정원 승지 홍성민(洪聖民; 1536~1594)[219], 홍문관 수찬 허봉(許篈; 1551~1588)[220] 등이 나아가 "전하의 하교가 온당치 못합니다."라고 아뢰며 말하기를 "귀를 씻는다는 시의 구절은 군신 간에 의리가 없어 시의 의미가 좋지 못합니다."라고 했다. 임금이 이르기를 "내가 이이의 사직을 말리지 않은 것이 잘못이라면 옳겠지만, 그 시에 무슨 흠이 있겠는가."라고 하였다.

우의정 노수신이 박순을 정승 자리에 머무르게 하기를 세 번이나 아뢰었으나 임금이 허락하지 않았다.

사간원에서 상소하여 학문에 힘쓰시고 어진 신하를 가까이하시기를 청하니, 임금이 답하기를 "더욱 유념하겠다."라고만 하였다.

1574년 4월

성혼이 임금의 부름을 받고 한양으로 오는 도중에 병이 나서 다시 고향으로 돌아갔다. 경기도 관찰사가 그 까닭을 아뢰었으나, 임금은 다시 부르실 뜻이 없었다. 임금은 절개 있는 선비들을 싫어하였고, 성혼도 사간원에서 황랍의 사건으로 임금의 뜻을 거스른 사실이 있었기 때문에 오지 않았다.

중국에서 압록강 부근 국경에다 작은 성을 만들었다. 이곳은 평안도 의주에서 20여 리 떨어진 곳인데, 국경 부근에 살고 있던 명나라 백성들이 압록강 가까이 밀려오게 되었다. 대사간 이이가 동료에게 말하기를 "중국 사람이 우리 백성들과 섞여 살면 훗날에 근심이 많을 것이다."라고 하였다. 이어 임금께 아뢰기를 "중국에서 성을 만들고 차차 땅을 개간하게 되면 장차 민가가 서로 접하게 되고 닭과 개소리가 서로 들리며, 물건과 재화가 서로 통하게 되면 간사한 자들의 농간과 분쟁이 발생해 반드시 사달이 일어날 것입니다. 더구나 기근이라도 생기면 반드시 우리나라 땅으로 침입해 올 것이며, 안으로 흘러 들어오고 오랑캐들이 침략하면 반드시 도움을 청하고 또 화를 전가하는 등 후일의 근심이 정말 클 것입니다. 마땅히 별도로 중국에 사신을 보내 간절히 말하여 그것을 그만두게 하십시오."라고 하였다. 임금이 답하기를 "사신을 시켜 중국에 말하는 것은 내 생각으로는 어려울 것 같으나, 대신들과 승정원에서 의

논하여 처리하라."고 하였다. 이때 조정의 모든 논의는 "중국에서 성을 설치하는 것은 우리가 말릴 수 없는 일이고 우리나라에도 매우 편리하니 어찌 정지시킬 것인가."라고 하면서, 사간원의 잘못된 상소를 비웃었다. 그 뒤에 명나라의 거주민들이 점점 가까이 침입하여 경작해 들어와 결국 평안도의 근심거리가 되고 말았다.

여성군礪城君 송인(宋寅; 1517~1584)[221]이 이이를 보고 묻기를 "좌의정 자리가 비어 정승을 택하라는 어명이 내려졌는데 누가 그 자리에 적합하겠는가?"라고 하니, 이이가 말하기를 "반드시 전에 정승을 지낸 분이 될 것입니다."라고 하였다. 전에 정승을 지낸 사람이란 홍섬과 박순을 지목한 것이다. 송인이 말하기를 "만일 전에 정승을 지낸 사람이 안 된다면 누가 되겠는가?"라고 하니, 이이가 답하기를 지금 물망에 오른 사람이 누구라 듣지 못하였으니, 반드시 직급 순서대로 될 것입니다."라고 하였다. 송인이 다시 묻기를 "전에는 이후백 같은 이가 정승의 물망에 오르더니 지금 어찌 아무 말이 없는가?"라고 하니, 이이가 답하기를 "이후백과 노진은 약간의 명망은 있으나 정승 자리에는 합당한지 알 수 없고, 김계휘는 정승의 명망은 없으나 이후백보다는 나을 것입니다."라고 하였다. 송인이 묻기를 "세 사람이 정승이 되면 무슨 공적을 이룰 수 있겠는가?" 하니, 이이가 답하기를 "이후백은 도량이 좁고, 노진은 우둔하고, 김계휘는 익살스러운 사람이라 모두 유능하지는 못하지만 사림을 해치지는 않을 것입니다."라고 하였다. 심의겸이 묻기를 "강사상이 먼저 정승이 되지 않겠는가?"라고 하니, 이이가 웃으며 말하기를 "강사상은 말없이 묵묵히 따르는 사람으로 아무 시비가 없으니 지금 조정에서 정승하기에 합당합니다."라고 하였다. 그 뒤에 이후백과 노진이 잇달아 죽고, 김계휘는 사림들과 틀어지니, 결국 강사상이 정승이 되었다.

홍섬이 영의정이 되고, 이탁이 좌의정으로 자리를 옮겼다. 사림에서는 박순이 다시 정승이 되기를 바랐으나 홍섬이 정승이 되니, 모두 실망하였다.

사헌부 대사간 이이가 병으로 사직하였는데 다시 우부승지를 시키니 또 병으로 사직하고 고향으로 돌아갔다. 이산해(李山海; 1539~1609)[222]가 이이에게 말하기를 "그대가 물러나고자 하면 병으로 사직하면 그만이지 왜 하필 경연에서 사직을 아뢰는가?"라고 하니, 이이가 답하기를 "단지 병의 상태만 아뢰기는 애매하여 그리하였네."라고 하였다. 이산해가 말하기를 "그대가 이미 조정에 나오고 들어가는 것을 의리로써 하였으니, 지금 조정의 형세를 보면 있을 수 없을 것이네. 나와 같은 사람은 이미 세속의 흐름에 따라 처신하니 단지 자리만 보전할 뿐이네."라고 하였다. 최영경이 이이에게 말하기를 "그대는 너무 급하게 사직을 결정한 것이 아닌가?"라고 하니, 이이가 답하기를 "반년이나 머뭇거렸는데 어찌 서둘렀다고 하십니까."라고 하였다. 최영경이 또 말하기를 "그대의 이러한

처신은 당연하겠지만 지금 조정의 일은 어찌하겠는가?"라고 하니,
이이가 답하기를 "자신의 처신을 다 하지 못하면서 조정의 일을 할
사람은 없습니다."라고 하였다. 이이가 임금을 알현하여 간곡하게
아뢰는 말을 많이 하자, 노수신이 다른 사람에게 말하기를 "이이가
경연에서 임금이 듣기 싫어하는 말을 많이 하니 일이 생길까 염려
된다. 내가 말리고 싶지만 서로 알지 못하는 사이라 말리지 못하겠
다."라고 하였다. 이이가 듣고 말하기를 "내가 물러가면 말이 없을
것이니 노수신의 근심도 없어질 것이다. 자신은 임금께 말을 못 하
면서 다른 사람이 말하는 것까지 못 하게 하다니, 노수신은 평소에
책을 보고 학문하는 분인데 어찌 소견이 이와 같은가."라고 하였다.
이이가 한수에게 묻기를 "노수신은 어떤 분입니까?"라고 하니, 한
수가 답하기를 "문학에 능할 뿐만 아니라 기예 또한 있다. 그러나
정승의 자질로는 극히 옹졸하니 이상한 일이다."라고 하였다. 이이
가 말하기를 "정승의 자질이란 기예로 보는 것이 아닙니다. 옛사람
은 변란을 겪고 험한 일을 겪을수록 기개와 절개가 더욱 가다듬어
지는 법인데, 노수신은 그렇지 못하여 20년의 귀양살이 동안 기개
와 절개가 모두 소진되었습니다."라고 하였다. 정철이 이이가 관직
을 그만두었다는 말을 듣고 "임금이 귀를 씻는 시의 구절을 외우셨
다면 다음 날로 곧 떠날 것이지…."라고 말하였다. 이이가 듣고 말
하기를 "정철의 말이 지나치다. 내가 조정에 있어도 도움이 되지 않
으므로 사퇴한 것이지, 어찌 그 시 때문에 사직을 결심하였겠는가.
임금이 그런 시를 외웠다고 다음 날로 곧 떠난다면 이는 발끈 성이

나 잘 내는 졸장부의 일이지, 나의 마음은 아니다."라고 하였다. 박
순이 이이의 사직을 듣고 편지로 만류하니, 이이가 편지 끝에 두보
의 시를 인용하여 써서 보내기를 "나라의 편안함과 위태함은 대신
들이 알아서 할 일인데 무엇 때문에 눈물을 길게 흘리겠는가."[223]
라고 하였다.

김우옹이 이이와 작별하며 말하기를 "나 또한 사직할 마음이
있다."라고 하니, 이이가 말하기를 "홍문관은 양사의 간관과는 다
르니 그대는 좀 더 있어 보라."고 하였다. 김우옹이 경연에서 병이
많음을 아뢰고 고향에 가서 몸을 보살피기를 청하니, 임금이 이르
기를 "경이 무슨 병이 있는가? 내가 약을 지어주겠다. 고향을 생각
하는 마음은 인정상 그러할 것이다. 한번 다녀오도록 허락하지 않
으면 견디기 어려울 것이다. 내가 휴가를 줄 것이니 다녀오라."고
하였다. 김우옹은 경연에서 하는 말이 간절하여 들을 만하였고, 거
슬리는 말이 없었으므로 임금의 총애가 깊었다.

1574년 5월

자수궁慈壽宮[224]의 여승이 중궁전의 명령으로 금강산에 가서 불
공을 드리다가 담당 관원에게 적발당하여 감옥에 갇혔다. 이때 성
균관 유생들이 상소하여 대궐 안에 있는 절 정업원淨業院을 폐지할
것을 주청하였다. 또 황랍의 쓰임 처가 바르지 않은 것을 말하니,

임금이 겸연쩍게 대답하기를 "황랍은 불공드리는 데 쓴 것이 아니다."라고 하고, 전에 대궐로 들어왔던 황랍을 해당 관청으로 되돌려 보냈다. 임금이 전일 양사 간관의 말을 꺾었던 잘못을 후회하였으므로 여러 유생의 상소에 너그러이 답하고, 황랍을 되돌려 보낸 것이다.

1574년 6월

크게 가뭄이 들자 죄인들을 방면하라고 명하였다. 우의정 노수신이 건의하기를 "원한 맺힌 기운으로 재앙이 생겼습니다. 김여부(金汝孚; ?~?)[225], 김진(金鎭; ?~1711)[226], 이명 李銘, 임복(林復; 1521~1576)[227] 등이 죄를 지어 여러 해 동안 벼슬에 오르지 못한 원한이 쌓여있을 것이니, 다시 등용하여 원한을 풀어 주십시오."라고 하니, 임금이 그 말에 따랐다. 그러자 홍문관과 양사에서 함께 그들을 다시 등용하는 것은 불가하다고 주청한 지 여러 날 만에 임금이 하는 수 없이 죄인들의 등용을 취소하였다. 김여부, 김진, 이명은 병진년[1556]과 정사년[1557] 무렵에 윤원형에게 아부하여 김홍도(金弘度; 1524~1557)[228]와 김규(金虯; 1522~1565)[229]를 공격하고, 그 화를 장차 사림에 전가하려던 자들이다. 임복은 을사년[1545] 이후에 권력을 쥔 간신배들에게 붙어서 사림을 해치고 출세하려던 자이다.

삼가 살피건대, 가뭄과 메뚜기의 재앙은 진실로 원통한 기운에서 비롯된 것이다. 다만 억울하다는 것은 죄 없이 당한 것을 말하는 것이다. 만일 죄 탓에 배척당한 것을 모두 억울하다고 한다면 요임금 시대의 악명 높은 네 부족의 우두머리인 사흉四凶을 귀양 보내고 죽이는 것 역시 원한이 되어 요임금 시대에도 재앙이 생기게 되었을 것이다. 노수신이 정승으로 임금의 각별한 대우를 받고 있으면서도 재앙이 생겼을 때는 한 가지의 계책도 보잘것없고, 다만 죄인들을 다시 등용하는 것으로 재앙에 대한 응대의 도리로 삼으려 하니, 참으로 무능한 사람이라 하겠다.

1574년 7월

이발을 이조좌랑으로 삼았다. 이발은 젊어서부터 학문에 뜻이 있고 마음을 먹음에 구차하지 않아 청렴하다는 명망이 있었다. 과거에 합격하자 이이가 담당관원에게 적극 추천하였더니 조정에 출사한 지 얼마 되지 않아 곧 요직에 있게 되어 인망이 매우 두터웠다.

좌의정 이탁이 병으로 사직하니, 다시 박순을 좌의정으로 삼았다.

우부승지 정지연과 동부승지 신응시가 불손한 말투 때문에 파면되었다. 청송부사 박신원(朴愼元)은 이조참판 박근원(朴謹元; 1525~1585)[230]의 아우로, 당시 박씨 집안이 몹시 왕성하여 제법 세력이 있었다. 박신원은 전에 황해도 수안 군수로 있었는데 세력을 빙자하여 한없이 탐욕을 부려 그 소문이 한양에까지 들려왔다. 청송부사가 되자 그 고을이 가난한 것을 싫어하여 가지 않으려 하였으나 문책을 당할까 염려하여 몰래 양사 간관에게 부탁하여 아뢰기를 "박신원은 병이 중하여 갈 수 없으니, 벼슬을 교체해 주십시오."라고 하였다. 정지연 등이 전에 박신원이 병이 없음을 보았으므로 양사 간관이 그에게 속았음을 분명히 알고는 분함을 견디지 못해 아뢰기를 "간관이 비록 박신원에게 병이 있다고 아뢰었으나 박신원은 사실 병이 없습니다."라고 하였다. 그러자 양사가 떠들썩하게 일어나며 정지연 등을 공격하기를 "승지가 어찌 대간이 하는 말을 억지로 누르려고 하는가."라고 하였다. 다만 대사간 이후백만이 말하기를 "아무리 간관의 말이라 하더라도 만일 잘못 결정된 바가 있으면 어찌 바로잡지 못할 것인가."라고 하였다. 양사는 서로의 의견이 일치하지 않는다고 하여 책임을 인정하고 물러났다. 홍문관에서 이 일을 처리하려 할 때 부제학 허엽 등이 "대간의 말은 옳건 그르건 간에 꺾는 것이 불가합니다."라고 하여, 마침내 이후백의 벼슬을 교체해야 한다고 아뢰었다. 조금 있다가 신임 사헌부 지평 민순(閔純; 1519~1591)[231]과 사간원 정언 최황(崔滉; 1529~1603)[232]이 아뢰기를 "박신원이 탐욕을 부리며 제멋대로 날뛰는 것은 모든 사람이 다 아는 바이며, 그가 병이 없는 것도 모르는 사람이 없습니다. 지금 그 탐욕과 방종함을 논박하지 않고 병이 있다고 말하는 것은 임금을 속이고 남의 비위만을 맞추는 것이니, 양사 간관을 파직시켜야 할 것입니다."라고 하였다. 그들도 역시 동료 간의 의견이 일치되지 않는다고 해서 책임을 지고 물러났다. 홍문관에서 민순과 최황의 벼슬을 교체시킬 것을 주청하니, 임금이 답하기를 "간관이 모두 옳은 사람이 아니어서 이러니저러니 말이 많아지게 된 것이다. 지금 민순과 최황의 상소를 보니 그 뜻이 바르고 그 말이 곧으니, 세상에 사람이 없는 것은 아니구나. 홍문관의 논의는 어찌하여 이렇게 옳지 못한가."라고 하였다. 허엽 등은 이전의 주장을 끝까지 고집하여 민순과 최황의 벼슬을 교체하였고, 양사에서는 끝내 정지연과 신응시를 파면시키기로 정하고 주청했다. 정철이 이 사건을 듣고 탄식하기를 "삼사는 국가의 공론을 잡는 곳인데, 삼사가 모두 속이고 있으니 무슨 말을 할 수 있겠는가."라고 하였다.

　삼가 살피건대, 대간은 임금의 눈과 귀이다. 임금이 대간을 중하게 여기는 것은 대간의 말이 반드시 공론이기 때문이다. 만약 대간이 사사로운 의견을 가지고서 임금을 속이고 남의 비위를 맞춘다면 그 죄는 매우 크다. 승정원은 임금 곁에서 목구멍과 혀처럼 가까이 있는 신하들이니 대간의 잘못을 지적하여 배척한들 어찌 의리에 해가 되겠는가. 대체로 공론이 있는 곳이라면 비록 나무꾼이나 김매는 사람이라도 소홀히 하지 못할 것이고, 사사로운 의도에서 나온 것이라면 비록 황제의 권위가 있더라도 역시 바로잡지 않을 수 없을 것이다. 지금 간관의 입에서 나온 말이라면 옳고 그름은 물론 모두 어찌하지 못한다는 것인데, 그러면서 임금의 잘못을 바로잡으려 하니 어찌 가망이 있겠는가. 애석하다! 삼사의 관리들이 모두 식견이 없어 스스로 임금을 속인 죄에 빠졌구나. 나라의 공론을 주장하는 사람들의 말이 이렇게 뒤집혔으니, 지금의 조정이 어찌 바로잡힐 리가 있겠는가.

민순이 경기도 고양에 살면서 도를 지키며 벼슬하지 않고 가난한 가운데에서도 편안한 마음으로 욕심 없이 지내니 학자 중에 추앙하는 사람이 많았다. 이때 그가 사헌부 지평이 되어 처음으로 벼슬에 종사하다가 곧 교체된 것이다.

전 홍문관 종3품 전한典翰 오건이 죽었다. 오건이 벼슬에서 물러난 뒤에 사림들이 매우 애석하게 여겼다. 그러자 임금은 그를 다시 등용하고자 하여 자신의 곁에서 보필하는 시종관의 벼슬을 내렸으나 모두 사양하고 나오지 않았다. 결국 고향에 간 지 3년 만에 죽었다.

1574년 8월

포천 현감 이지함이 벼슬을 사직하고 고향으로 돌아갔다. 이지함은 포천에 곡식이 적어서 민생을 구제할 수 없음을 걱정하고, 고기 잡는 통발을 떼어 받아 고기를 잡아 곡식과 바꾸어 고을 비용에 보태려 하였으나 조정에서 허락하지 않았다. 이지함은 본래 고을의 수령으로 오래 있을 생각은 없었고 다만 놀이 삼아 있었을 뿐이었기 때문에 이런 일이 있자 곧 관직을 버리고 고향으로 돌아갔다.

1574년 9월

이조판서 정유길이 논핵 당하고 벼슬에서 물러났다. 정유길은 옛 정승 정광필의 손자이다. 명문가의 자제로 어릴 때부터 문장으로 이름이 나 있었고, 풍채와 태도 또한 어른의 기상이 있어서 박영준과 김귀영 등에 비하면 월등히 달랐다. 그러나 임술년[1562]에 이량이 세력을 빙자하여 날뛸 때 정유길이 대제학으로 있으면서 성품이 유약하여 자립하지 못하고 이량의 뜻에 맞추었으며 이량을 대제학으로까지 천거하려 했기 때문에, 선비들이 지금까지도 그를 천시하다가 양사에서 논박하여 이조판서에서 쫓아낸 것이다.

1574년 10월

이조판서 박영준이 병으로 사직하자, 김귀영이 그 자리를 대신하였다. 김귀영은 탐욕스럽고 인색함이 나날이 심해졌는데, 여러 번 이조판서가 되었으므로 선비들이 이상하게 여겼다.

1574년 윤12월

의성왕대비(인순왕후 심씨)께서 병환에 차도가 있어서 고기반찬을 예전과 같이 올리고 문무백관을 시켜 하례하려고 하였으나 얼마 되지 않아 다시 병환이 있어 하례를 정지하였다.

1575년(을해) 선조 8년

1575년 정월

1575년 선조 8년 정월. 임인일[1월2일]에 의성왕대비[인순왕후 심씨]
가 돌아가셨다. 임금이 예를 다하여 애통해하니 달포가 못 되어 몸
이 약해져서 지탱할 수 없게 되었다.

1575년 2월

삼정승이 문무백관을 거느리고 임금께 고기반찬 드시기를 청
하였으나 여러 날이 지나도 허락하지 않았다. 공의왕대비(인성왕후 박
씨)가 친히 가서 고기를 권하니 임금이 겉으로는 따르는 듯하였으

나, 실상은 고기나 생선이 들어있지 않은 반찬으로 간소하게 드셨다.

1575년 3월

의성왕대비의 발인 날짜를 4월 17일로 택하였다. 임금이 친히 상여를 따르려고 하니 삼정승이 문무백관을 거느리고 아뢰기를 "전하께서 몸이 몹시 쇠약해지셨으므로 상여를 따르는 것은 불가합니다."라고 하였다. 그러나 여러 날이 되어도 허락하지 않았으므로 공의왕대비가 간청하자 임금이 마지못해 허락하였다.

1575년 4월

홍문관 부제학 이이가 어명을 받고도 사직하였다. 그러나 임금이 윤허하지 않았다. 임금께서 조금은 아쉬워하는 마음이 있어 승정원의 승지와 사간원 간관의 직책으로 다시 불렀으나 이이는 모두 사양하고 고향으로 돌아가 나오지 않았다. 그래서 황해도 관찰사를 시켰으나 1년도 되지 않아 병으로 사직하니, 즉시 부제학으로 임명하였다. 이이가 병을 치료하려고 한양에 와서 세 번이나 사직을 청하였으나, 임금은 오히려 휴가만 주었다. 이이가 병에 차도가 있어서 성은에 감사하고 사직하며 아뢰기를 "변변찮은 소신이 어진 임금을 만나 안으로는 전하를 모시는 시종관을, 밖으로는 관찰사를 지냈으나 업적은 티끌만큼도 없었고, 단지 벼슬자리만 더럽혔습니다. 게다가 병약한 기질에 혈기가 약해지는 몸이라 물러가 시골에서 삶을 마치는 것이 분수에 합당하겠으나, 마침 나라에 대비의 상례가 있어 황망한 때를 당하였으니, 신하의 도리로 감히 물러갈 수 없으므로 몸을 이끌고 상경하였습니다. 그러나 성은이 하늘 같아 신의 허물을 꾸짖지 않으며 부제학을 시키시고 또 여러 번 휴가를 주시며 기어코 직무에 나오라 하시니 감격하고 황송하여 몸 둘 바를 모르겠습니다. 경연관이란 위로는 임금의 덕을 보양하고 아래로는 공론을 유지하는 직책이므로, 관리로서 그 자리를 지키거나 자기가 한 말에 대해 책임만 지는 다른 관리와 비교해서는 안 됩니다. 더구나 지금 전하께서 의성왕대비[인순왕후 심씨]의 상례에 정성을 다하시어 애통함과 예의가 아울러 지극하시어 효성스러운 마음이 사방에 크게 감동을 주고 있습니다. 조정 안팎에서 목을 늘이고 눈을 씻으며 말하기를 '우리 임금의 효성이 모든 임금의 으뜸이 되시니, 장차 반드시 이 마음으로 학문에 종사하시고 몸가짐과 언행을 조심하며 정치를 일으키시면 동방 만세의 정치 기틀이 이제 시작되리라.' 하면서 슬픔과 기쁨이 지극하였고 백성들이 감동하고 있습니다. 지금이 바로 전하께서 선정을 베풀고 덕업을 닦으실 커다란 기회입니다. 장차 이것을 받들고 도와서 덕의 성취를 이루어 드릴 책임이 홍문관에 있으니, 마땅히 제일가는 인물을 선택하여 능히 선을 베풀고 잘못을 바로잡을 책임을 맡을 만한 사람으로 장관을 시켜 덕으로써 감화하여 보탬이 되도록 해야 할 것입니다. 어찌 소신같이 천박하고 경솔한 사람이 하루라도 그 자리에 있을 수 있겠습니까. 청하옵건대 신의 관직을 교체하여 주시고 적임자를 가려 그 직책을 주십시오.”라고 하니, 임금이 답하기를 “여러 번 휴가를 준 것에 어찌 그 뜻이 없었겠는가. 그대가 지금 조정에 나온다면 내 마음이 위안이 되겠다. 선을 베풀고 잘못을 바로잡고자 하는 것이 내가 기대하는 바이니, 사직하지 말라.”고 하였다.

을유일[4월17일]. 의성왕대비[인순왕후]의 발인이 있었다.

임금께서 예관에게 하교하기를 “내가 하관할 시간에 문무백관을 데리고 능을 바라보며 곡을 하려고 하는데, 이때의 예는 어찌해야 하는가? 예관은 대신들과 의논하여 아뢰도록 하라.”고 하였다. 또 승정원에 하교하기를 “멀리서 능을 바라보며 곡을 하는 예가 나중에는 법도가 될 수 있을 것이다. 전에 없던 일이라 그 시작을 확실한 근거에서 하지 않을 수 없으니, 홍문관에서는 이것을 의논하여 아뢰어라.”고 하였다. 부제학 이이 등이 아뢰기를 “예에는 변하지 않은 도리와 상황에 따라 변하는 예가 있습니다. 몸소 능에 가시는 것은 본래의 도리이고, 병환이 있어 대행시키는 것은 상황에 따라 변하는 예입니다.『국조오례의』에는 다만 본래의 법도만을 말한 것이기 때문에 대행의 절차가 없으니, 임금이 행차하였다 돌아올 때 문무백관이 맞는 등의 절차는 모두 임시로 대처하는 예입니다. 의성왕대비의 하관 때 아무것도 하지 않는 것은 결례가 될 듯합니다. 아마 예를 논의하는 신하가 미처 다 아뢰지 못한 듯합니다. 지금 전하께서 효성이 지극하여 큰일을 치를 때 모두 극진하게 하지 않는 것이 없으니, 하교하신 말씀이 진실로 예에 합당합니다. 이것은 상황에 따라 변하는 예로 바른 도리를 얻는 것이니, 의심할 여지 없이 후세에 전할 수 있는 법이 될 것입니다."라고 하니, 임금이 답하기를 "알았으니 아뢴 대로 하라."고 하였다.

　　병신일[4월26일]. 의성왕대비의 장사를 지냈다. 임금이 대궐 마당에서 도성에 남아 있던 신하들을 거느리고 능을 바라보며 곡하였다. 예의 절차가 끝났으나 임금은 여전히 곡을 그치지 않았다. 승정원에서 만류하였으나 그치지 않으므로 대신들이 들어와 아뢴 후 한참이 지나서야 곡을 그치셨다. 임금을 모시던 신하들 또한 비통해하였다. 이날 위패를 모시고 돌아올 때 임금이 창경궁 남문 광정문光政門 밖에 나와 맞이하고, 위패가 경모전敬慕殿 사당에 들어선 뒤에야 제사 지내는 방으로 돌아갔다.

1575년 5월

　　임금이 하교하기를 "의성왕대비께서 전일 조정에서 수렴청정하였으니, 신하들 역시 3년 상을 행하는 것이 옳을 듯하다. 대신들과 예관이 의논하여 아뢰도록 하라."고 하였다. 이에 대사간 김계휘가 대사헌 유희춘에게 말하기를 "이 일이 만약 잘못 정해지면 분별하기가 매우 어려울 것이니, 처음부터 확실하게 분별하는 것이 좋겠습니다."라고 하였다. 그러고는 양사의 모든 관원을 거느리고 대궐문 앞에 엎드려 아뢰기를 "대왕과 왕후의 상례는 각각 정해진 예가 있는 것이니, 지금 다시 의논할 필요는 없습니다."라고 하고는, 승정원이 임금의 잘못된 교지에 대한 반대 의견을 아뢰지 않은 것은 승정원의 잘못이라고 하며 그 죄를 스스로 청하였다. 임금이 답하기를 "다시 의논하지 말라. 다만 공자의 제자 자공은 3년 상이 정해진 법도인 줄 알면서도 공자에 대해 홀로 6년 상을 행하였으니, 사람의 소견이란 같지 않을 수도 있는 것이다. 이 일로 인하여 양사가 함께 엎드려 상소할 일이 뭐가 있으며, 또 무엇 때문에 승정원을 추궁하라고까지 하느냐. 너무 과하지 아니한가."라고 하니, 양사가 모두 물러나왔다. 이이는 양사가 함께 상소하였다는 말을 듣고 말하기를 "양사가 함께 엎드려 상소한 것은 일의 상황이 중대할 때 하는 것인데, 이런 일로 양사가 함께 다툴 필요가 있는가. 문정왕후의 상례에도 이런 의논이 있었다. 그때는 윤원형이 나라의 정무를 맡고 있었을 때인데도 오히려 3년 상을 행하자는 건의가 없었는데, 더구나 지금에 있어서는 말할 것도 없다. 대신들이 현명하면 반드시 예를 삼갈 것이고, 대신들이 현명하지 못하면 그 자신부터 3년 상을 꺼릴 것이다. 이런 논의는 전혀 염려할 바가 없는 것인데 김계휘가 경솔하여 성급히 양사를 모았으니, 임금의 하교가 지극히 당연하다."라고 하였다.

사헌부 지평 민순이 상소하여 졸곡 뒤에 송나라 효종孝宗이 행한 예에 따라 흰 의관으로 일을 보기를 청하니, 임금이 대신들과 예관에게 의논하라 명하였다. 영의정 권철과 영중추부사 홍섬이 말하기를 "졸곡 뒤 정사를 보는 데 '검은 관과 흰옷, 검은 띠'를 쓰도록 『국조오례의』에 실려 있으니 경솔히 변경할 것이 아닙니다."라고 하였다. 좌의정 박순과 우의정 노수신은 "흰 의관으로 정사를 보는 것은 예의 뜻에는 합당한 것이나, 예를 변경하는 것은 아랫사람들이 멋대로 결정할 것이 아니니 전하의 생각으로 결정하십시오."라고 말하니, 임금이 하교하기를 "좌의정과 우의정의 의견을 좇으려 하니, 예관은 두 정승과 다시 의논하여 아뢰도록 하라."고 하였다. 이에 홍문관에서 상소를 올려 흰 의관의 전례를 따르도록 청하였다.

임금이 옛 법을 널리 살펴보고 다시 아뢰도록 명하였다. 대체로 임금이 상례에 예를 다하려고 했기 때문에 민순의 상소를 좋다고 받아들였으나, 전례를 따르고자 하는 대신들은 대부분 기뻐하지 않았다. 박순과 노수신이 정2품 이상의 관원과 삼사의 장관을 회합하여 어전 회의를 청하니 임금이 윤허하였다. 홍문관에서 옛 법을 참고하고 인용하여 아뢰었는데, 그 대략은 "반드시 선대왕들의 예법에 모두 다 맞게 하려면 마땅히 상하가 모두 삼베로 지은 상복을 갖추어 입고『의례』에 있는 제도대로 하고, 별도로 베로 싼 모자와 옷, 허리띠를 만들어 정사를 볼 때의 옷차림으로 해야 할 것입니다. 그러나 지금은 이미 송나라 효종 때의 제도에 의하여 흰색의 의관으로 정사를 보는 것이 옛 법에 가까울 것입니다. 검은 관과 검은 허리띠의 법도는 도리와 예의에 비추어 생각해 보면 지극히 온당치 못합니다. 송나라 고종 때 나점(羅點; 1150~1194)[233]이 이 제도를 건의하였는데, 그때 상례의 기강이 오히려 퇴폐하였습니다. 당시에 달이 바뀐 뒤에 평상복을 입었기 때문에, 나점의 이 주장은 오히려 하지 않는 것이 더 나았습니다. 주희의『군신복의』[234]에 나점의 말에 옳고 그름을 따져 적어 놓은 것이 상세하니, 어찌 주희의 주장을 따르지 않고 나점의 주장에 구애되겠습니까.『국조오례의』를 지어서 정할 때 의정부 참찬 허주(許稠; 1369~1439)[235]가 나점의 말을 인용한 것이 마침내 정해진 논리가 되었습니다. 당시에 예를 아는 홍문관 관원이 없어서 선대왕을 옳은 예법으로 인도하지 못한 것을 지금까지 뜻을 가진 선비들이 걱정하는 것이오니, 어찌 지금 또다시 잘못을 저지르겠습니까."라고 하였다. 이때 어전 회의에서 정2품 이상은 모두 "『국조오례의』는 선대왕 때에 제정하여 실행한 지 이미 오래된 것이니, 선대왕들의 뒤를 잇는 임금이 경솔히 변경할 것이 아닙니다."라고 주장하고, 삼사의 장관 가운데 대사간 김계휘와 부제학 이이는 "상례를 옛 법도대로 실행하지 못한 지 오래니 이 기회에 마땅히 변통하여 옛 법에 가까운 예를 좇아야 할 것입니다."라고 말하였다. 그러나 대사헌 유희춘은 "선대왕들의 법도를 준수하여야 합니다. 또 임금의 상례는 사대부와 다른 것입니다."라고 하였다. 김계휘가 유희춘에게 이르기를 "부모의 상례는 귀천 없이 한 가지인데 임금의 상례라고 해서 어찌 사대부와 다르겠으며, 또 같지 않다는 것은 어떤 근거에서 나온 것입니까?"라고 하니, 유희춘이 말하기를 "당나라 재상 권덕여(權德輿; 759~818)[236]의 말에 그러합니다."라고 하였다. 김계휘가 말하기를 "유희춘 대감이 만 권의 책을 읽고도 자신의 소견 없이 권덕여의 말을 좇으려 하십니까."라고 하니, 유희춘이 말이 없었다. 임금이 여러 신하의 주장이 마음에 들지 않아 좌의정과 우의정에게 하교하기를 "여러 주장이 모두 선대왕들이 행하던 예법을 바꾸는 것이 옳지 않다고 하니, 내가 혼자 결정하기가 곤란하다. 경들이 잘 알아서 처리하라."라고 하였다. 박순과 노수신이 아뢰기를 "『국조오례의』에선 대개 흰색을 따랐고, 다만 갓과 띠의 색이 검은색으로 다를 뿐입니다. 지금 크게 바꾸는 것도 아니고, 다만 갓과 띠만이 검은 것을 흰 것으로 고칠 뿐이니, 신들의 뜻으로는 흰색 갓과 띠를 좇음이 마땅하다고 생각합니다."라고 하였다. 임금은 "경들의 주장이 내 마음에 맞는다."라고 하고, 그 말을 좇았다. 이때 공경대부가 모두 옛 법만 좇는 사람들뿐이라 옳고 합당한 주장이 매우 약했으나, 임금의 마음이 굳게 예를 좇으려 하고 좌의정과 우의정이 그 뜻을 받들었기 때문에 옛 법을 좇아야 한다는 주장이 성립되지 못하였다. 예조판서 홍담이 『국조오례의』를 변경하는 것은 불가하다고 강력히 말하였으나, 임금이 이미 흰색 의관을 쓰는 주장을 따르니, 홍담이 몹시 못마땅한 낯빛을 하고는 "임금의 상례는 결코 사대부와 같은 것이 아닙니다."라고 하며, 이치에 맞지 않는 말을 많이 하였다. 홍섬은 『국조오례의』가 변경된 것을 듣고 탄식하다가 울기까지 하며 말하기를 "오늘날 선대왕들의 법도가 변경되는 것을 볼 줄은 생각지도 못하였다."라고 하였다. 이때 의정부 찬성의 자리가 비어있었는데 어떤 사람이 묻기를 "누가 찬성 자리에 앉게 되겠습니까?"라고 하니, 홍담이 말하기를 "반드시 이이와 민순이 찬성이 될 것이다."라고 하였다. 이 말은 민순이 상소하고 이이가 그 의견을 강력히 주장하였기 때문에 홍담이 분하고 질투가 나서 한 말이었다.

　　삼가 살피건대, 『국조오례의』에 정해진 상례를 한나라와 당나라에 비교해 보면 훨씬 잘 되었다고 할 수 있으니, 이 또한 우리나라의 훌륭한 예법이다. 그러나 옛 법을 참고하면 어찌 부족한 것이 없겠는가. 지금 이것을 바꾸어 옛 법도를 좇으려 하는데 조정 신하가 따르지 않는 것이 곧 이와 같다. 지금의 풍속이 옛 도를 좋아하지 않는 것은 이치와 형세로 보아 당연하니 이상해할 것이 없다. 그러나 지금의 상례도 『국조오례의』를 모두 따른 것이 아니다. 졸곡 뒤에 정사를 보는 옷차림은 검은 관대이나 평상복은 흰 관대로 하는 것이 『국조오례의』에 기재되었다. 그러나 인종의 상례에 이기와 같은 무리가 흰 갓을 검은 갓으로 변경하였다. 그 당시에는 선대왕의 법도를 변경한다 하여 탄식한 사람이 있었다는 말을 듣지 못하였거니와 그때 홍섬이 눈물을 흘린 일이 있었던가. 그렇지 않았다면 선대왕들의 법을 변경하여 세속의 어긋난 예를 따르는 것은 해가 없다고 하고, 선대왕의 법도를 변경하여 옛 법을 좇는 것만이 해가 된다는 말인가. 속된 선비의 마음이란 역시 이상한 것이다.

이이가 작년에 사간원 대사간으로 있으면서 서로 말이 일치하지 않아 사직하였다가 지금 다시 조정에 나오니 많은 친구가 조정에 들어오고 나가는 행동이 바르지 못하다고 의심하였다. 성혼이 사람들에게 말하기를 "이이와 같이 조정에 들고나는 행동은 예전에는 없던 일입니다."라고 하였다. 이이가 이를 듣고 웃으며 말하기를 "관직에 나오고 물러나는 것은 하나의 기준만 있는 것은 아니니, 이윤이 하나라 걸왕에게 다섯 번 관직에 나아가고, 또 은나라 탕왕에게 다섯 번 관직에 나아간 일이 어찌 조정에 들고나는 것의 떳떳한 도리라고 할 수 있겠는가. 나는 처음부터 조정에 나와서 일할 뜻이 없었다. 인순왕후의 상례가 끝난 뒤에 물러나려고 하였더니, 마침 임금이 여러 번 휴가를 주면서 벼슬을 교체해 주지 않으셨다. 또 임금이 상례를 치르는 중에 선한 마음의 발단이 예전과 다르므로 내가 조정에 머물면서 정성을 다하면 만에 하나라도 임금의 선정에 도움이 되고자 하는 요행을 바랐을 뿐이다. 군자가 세상을 등지려고 결단하였다면 모르겠지만, 이 세상에 뜻이 있다면 음기 중에서 양기가 나오려 하는 이때 어찌 기회를 놓칠 수 있겠는가."라고 하였다. 오직 최영경과 김우옹만이 이이의 말을 옳다고 여겼다.

무신일[5월11일]. 임금이 친히 졸곡 제사를 한 후에 흰색의 의관과 신을 신고 대궐로 돌아오고 모든 신하의 옷도 모두 같게 하여 오랫동안 잘못된 규칙을 씻어 버리니, 식자들이 모두 옳게 생각하였다.

　　인순왕후의 몸이 편치 않았을 때 궁녀가 요망한 무녀를 대궐 안으로 끌어들여 빌고 액풀이하는 따위로 사람들의 눈을 속이는 미혹을 일삼고 약은 쓰지 않다가 큰 변고를 초래하니, 민심이 원통하고 분하게 생각하였다. 이른바 무녀는 선비의 딸로서 왕실 종친 요경堯卿의 처였다. 삼사가 함께 일어나 궁녀와 무녀의 죄를 징계할 것을 청하니, 임금이 허락하지 않고 이르기를 "사실을 추궁하면 사람들의 말과는 다를 것이다."라고 하였다. 대간이 누차 아뢰니, 의금부에서 무녀를 국문하라고 명하였다.

　　임금의 특명으로 이후백을 형조판서로 삼았다. 이후백은 청렴하고 근면하여 나라를 위하여 힘써 일할 만한 사람이라고 대신들이 천거하여 임명하였다. 이에 앞서 임금이 박순에게 묻기를 "형조판서는 매번 적당한 사람을 얻지 못하여 근심이니 경은 직급의 고하를 막론하고 맡을 만한 사람을 천거하라. 5~6품의 낭관에 있는 사람도 상관없다."라고 하니, 박순이 대답하기를 "전하의 하교가 이러하시니 참으로 감격스럽습니다. 신이 나가서 동료와 의논하여 천거하도록 하겠습니다."라고 하였다. 박순이 나와서 이후백을 천거하였기 때문에 임금의 특명으로 형조판서에 임명된 것이다. 어떤 사람이 이이에게 말하기를 "좌의정 박순은 참으로 재주가 없는 위인입니다."라고 하자, 이이가 그 까닭을 물으니, 어떤 사람이 또 말하기를 "대신이란 평상시에 기준에 맞는 사람을 염두에 두었다가 어떤 사람이 쓸 만하다는 것을 미리 정하여 두는 것이 옳은데, 어찌 임금의 질문을 받고도 대답을 하지 못한단 말입니까."라고 하였다. 이이가 말하기를 "그대의 말이 옳습니다. 그러나 인물을 골라서 천거하는 데 각각 그 재주에 적합하게 하는 것은 옛 대신들이 하던 일이고, 지금 대신들은 그 일을 하지 못합니다."라고 하니, 어떤 사람이 말하기를 "지금 대신들을 장차 어디에 쓰겠습니까?"라고 하였다. 이이가 말하기를 "하는 일 없이 팔짱 끼고 앉아 정승의 소임을 하지는 못하나, 그래도 하는 일 없이 기와나 깨고 벽을 긁는 것보다는 나을 것입니다."라고 하였다. 어떤 사람이 말하기를 "그렇다면 기와나 깨지 않고 벽을 긁지 않는 것이 지금 정승들의 일입니까?"라고 하니, 이이가 말하기를 "그렇습니다."라고 하였다. 어떤 사람이 말하기를 "만약에 재주와 덕이 있는 사람이 지금 정승 자리에 있더라도 이 지경에 이르겠습니까?"라고 하니, 이이가 말하기를 "그대는 기술을 가진 장인으로서 묘한 재주가 있는 자를 본 적이 있습니까? 만일 한 구석에 웅크리고 앉아서 하는 일 없이 좋은 음식만 먹으라고 하면 반드시 마음이 불안하여 자기의 능력을 발휘하려고 할 것이고, 그렇지 않으면 차라리 다른 곳으로 갈 것입니다. 일찍이 재주와 덕이 있는 사람이 벼슬자리에 있으면서 나라의 녹봉만 먹는 것으로 만족하는 이를 보았습니까? 이를테면 재덕이 있는 사람이 지금 정승 자리에 있다면 반드시 그의 소견은 채택되지 않고 계획은 맞지 않아서 오래지 않아 조정을 떠나고 말 것이니, 나라에 무슨 이익이 있겠습니까. 박순이나 노수신 같은 이는 재상 자리에 있으면서도 그 소임을 다하지 못하여 나라에 큰 보탬이 안 되겠지만 그렇다고 손해 볼 것도 없으니, 기와나 깨고 벽을 긁는 것보다는 나으며, 또 조정에 나아가고 물러나는 것을 도로써 하는 사람보다도 낫습니다. 대체로 나아가고 물러나는 것을 도로써 하는 사람은 반드시 조정에 있지 않을 것이니 그들보다 낫지 않습니까." 하니, 묻던 사람이 크게 웃었다.

졸곡 후에도 임금이 평상시의 고기반찬을 드시지 않았다. 삼정승이 문무백관들을 거느리고 평상시대로 고기반찬을 드시도록 주청하니, 임금이 편전으로 대신들과 시종관, 대간들을 불러들였다. 좌의정 박순, 우의정 노수신, 대사헌 윤의중(尹毅中; 1524~1590)[237], 대사간 김계휘가 졸곡 후라도 평상시대로 수라상을 받으시도록 아뢰니, 임금이 이르기를 "이 일은 문제 삼지 말고 다만 정치의 잘잘못과 민생을 의논하는 것이 옳다."라고 하였다. 문무백관들이 아뢰기를 "반드시 전하의 옥체를 보존하신 뒤에 일을 할 수 있습니다. 전하께서 기력이 허약하신 데다 오랫동안 고기반찬을 드시지 않으시니 장차 큰 병이 생길까 염려하여 조정의 신하들이 황망하고 답답하여 어찌할 줄을 모르겠습니다. 어느 겨를에 다른 일을 의논하겠습니까.”라고 반복하여 아뢰었으나 임금이 답하지 않았다. 홍문관 부제학 이이가 나아가 아뢰기를 “근래 전하께서 상주의 예를 다하시며 효성의 지극함이 대궐 안팎을 감동하게 하셨으니 신하와 백성들이 한편으로는 기쁜 마음으로 복종하고, 다른 한편으로는 근심합니다. 기쁜 마음으로 복종한다는 것은 예전부터 임금이 정치를 못하는 것은 근본적인 덕이 없는 까닭인데 지금 전하께서는 효성이 이렇게 지극하시니 이것으로 미루어서 수신하고 치국하시면, 무슨 일을 하시든 정성이 지극하실 것입니다. 그러므로 이것은 동방 만세에 태평성대를 이룩할 기틀이라고 생각하기 때문입니다. 근심하는 것은 전하의 기력이 완전하지 못하시고 옥체가 허약하신데 졸곡이 이미 지났음에도 평상시의 수라상을 금하고 계시니 장차 병환이 생기실까 걱정하기 때문입니다. 그러니 전하의 옥체가 건강하신 뒤에라야 모든 일을 할 수 있을 것입니다. 옥체가 편치 못하시면 무슨 일을 할 수 있겠습니까. 지금 문무백관이 직무를 정지하고 대궐에 들어와 전하께서 고기반찬 드시기를 호소하고 있으니, 만일 신하들의 청을 들어주지 않으시면 분명히 물러가 정사를 볼 리가 없습니다. 이것은 임금의 위엄으로도 제지하실 수 없으니, 전하께서 지금 조정과 신하들의 정성을 헤아려 윤허하여 주십시오. 그렇지 않으면 조정의 모든 일이 이루어지지 않을 것입니다.”라고 하였다. 그러나 임금이 끝내 허락하지 않았다. 모든 신하가 나가려고 하는데, 임금이 이이를 불렀다. 부제학 이이가 나아가 땅에 엎드리니, 임금이 이르기를 “그대가 고향으로 갔다가 곧바로 황해도 관찰사가 되므로 오랫동안 보지 못하였다."라고 하며, 온화하게 황해도의 민심을 물어보고 한참 동안 말씀을 나눈 뒤에야 내보냈다. 나중에 『서경』을 강론하다가 아버지가 일을 시작하고 자식이 그 일을 잇는다는 '긍구긍당肯構肯堂'이라는 문구에 이르러서 이이가 아뢰기를 "지금 사람들은 '긍구긍당'의 뜻을 해석하지 못하는 사람이 많아 다만 이전의 법도만을 융통성 없이 지키는 것을 '긍당'이라고 하니 이것은 매우 불가한 일입니다. 경전에 의하면 아버지가 터를 정하면 아들이 그 모양새에 따라 집을 짓는 것이니, 그런 뒤에라야 아버지의 업적을 잘 계승한 것이 됩니다. 이는 그 뜻은 같으나 그 일의 내용은 다릅니다. 만일 그 터만 지키고 아무것도 세우지 않으면 이것은 '긍구긍당'을 하지 않는 것입니다. 나라로 말하면 태조대왕이 나라를 창업하심에 부족한 점이 많을 수도 있고, 혹은 시대가 변해감에 따라 개혁할 것도 많아지는 것이니, 그 시대의 형편에 따라 계획하고 처리함을 도리에 맞게 하는 것이 바로 선대왕의 뜻을 잇고 사업을 발전시켜 나가는 일입니다. 만약 그 법도만 지키고 융통성 있게 처리하는 것을 알지 못하여 후퇴를 면치 못한다면 어찌 선대왕의 뜻을 잇고 사업을 발전시키는 것이라 할 수 있겠습니까."라고 하였다. 이이가 임금에게 물어 아뢰기를 "일찍이 들으니 전하를 모시는 신하에게 내가 학문을 하려 하나 일이 많아서 겨를이 없다고 말씀하셨다는데, 이런 말씀을 정말 하셨습니까?"라고 하니, 임금이 말하기를 "그런 말을 한 적이 있었다."라고 하였다. 이이가 아뢰기를 "신이 그 말을 듣고 한편으로는 기뻐하고 한편으로는 근심하였습니다.

기뻐한 것은 전하께서 학문에 뜻이 있기 때문이고, 근심한 것은 전하께서 학문의 이치를 살피지 못하시기 때문입니다. 학문이란 홀로 단정하게 앉아서 하루종일 글만 읽는 것이 아닙니다. 학문이란 오직 날마다 하는 일이 하나하나 이치에 맞는 것을 말합니다. 그러나 이치에 맞는지 맞지 않는지를 스스로 알지 못하기 때문에 독서로써 그 이치를 찾는 것입니다. 만일 독서를 학문으로 알고 날마다 하는 일에 있어서 이치에 합당함을 추구하지 않는다면 어찌 학문이라 하겠습니까. 지금 전하께서 날마다 하시는 일이 이치에 합당하기를 깊이 탐구하시어 하나하나의 정사와 명령이 모두 바른 도리에 맞게 하시고 선하지 않은 것이 조금도 없게 하시면 그것이 곧 학문입니다. 전하께서는 자질이 아름답고 욕심이 적으시니 학문을 하지 않으시는 것이지, 학문을 하지 못하는 것은 아닙니다. 전하께서 즉위하신 지 수년 동안에 덕을 잃지 않았음에도 별로 진작된 기풍이 없어서 나랏일은 활기가 없어졌고, 신하와 백성들은 실망한 지가 오래되었습니다. 지금 전하께서 효행을 다하는 마음이 모든 곳에 드러나 신하와 백성들이 다시 태평성대를 희망하오니, 이것이 이른바 '진실로 날로 새롭게 한다[苟日新]'238)는 것입니다. 반드시 날로 새롭게 그치지 마시고 효성의 마음을 넓혀 가셔야만 신하와 백성들이 다시 실망하지 않을 것입니다. 학문의 중요한 점이란 뜻을 세우는 것이 먼저입니다. 뜻을 높이고 크게 갖지 않으시면 성취한 것도 낮아지게 됩니다. 부디 큰 뜻을 분발하시어 요임금과 순임금을 본받는 것이 옳을 것입니다."라고 하였다.

고故 처사 서경덕을 의정부 우의정에 추증하였다. 서경덕은 개성 사람으로 성품과 자질이 총명하고 빼어나게 특출하였다. 젊어서 과거 공부에 힘써 사마시[생원, 진사시]에 합격하였으나 과거 공부를 포기하고 개성 화담에 집을 짓고 오로지 궁리와 격물을 일삼아 어떨 때는 여러 날을 묵묵히 앉아 있었다. 그가 궁리할 때 하늘의 이치를 궁구하고자 하면 '하늘 천天' 자를 벽에다 써 붙이고 궁리가 끝난 뒤에는 다른 글자를 다시 써 붙이고 궁리하였다. 그 정밀한 생각과 힘써서 행한 연구는 다른 사람들이 따를 수 없었다. 이렇게 여러 해가 지나니 도의 이치가 환하게 밝아졌다. 그의 학문은 독서를 일삼지 않았고 오로지 탐색만을 일삼다가 이치를 터득한 뒤에 다시 독서로써 그것을 증명하였다. 그는 항상 말하기를 "나는 스승을 만나지 못하였기 때문에 정성과 힘을 깊이 쏟아야 했다. 후세 사람들이 내 말을 따른다면 정성과 힘을 나같이 쏟지 않아도 될 것이다." 라고 하였다.

　그의 이론은 송나라 장재(장횡거)의 학설을 주로 하여 정주(정이와 주희)와는 같지 않았으나 스스로 깨달아 터득한 즐거움은 다른 사람이 헤아릴 수 없었다. 언제나 마음 가득히 기쁨을 느꼈으므로 세상의 얻음과 잃음, 옳음과 그름, 명예와 사욕이 모두 마음에 들어오지 못하였다. 또한 재물에 욕심을 두지 않아서 양식이 자주 떨어졌으나 굶주림을 참았다. 다른 사람은 그 굶주림을 견딜 수 없었겠지만 그는 태연히 견뎌내었다. 그의 문하생 강문우(姜文佑; ?~?)[239]가 쌀을 지고 가서 화담 위에 앉아 있는 서경덕을 뵈니, 해는 오시(낮11~1시)

나 되었는데 서경덕의 논의는 사람을 감동하게 하고 피곤한 기색은 조금도 없었다. 강문우가 부엌으로 가서 그의 집사람에게 물으니, 어제부터 양식이 없어 밥을 짓지 못했다고 하였다. 그가 저작한 문집이 세상에 전해지는데, 그의 논의가 가끔 성현의 말과 차이가 있어서 이황은 그를 유학의 정통이 아니라 하였다. 중종 때 효행으로 천거되어 참봉의 벼슬을 주었으나 나오지 않았다. 명종 때 호조좌랑을 추증하였다가 이때 조정에서 다시 추증하기를 주청한 것이다. 박순과 허엽이 모두 그의 제자인 까닭으로 서경덕의 추증을 힘써 주장하였다. 임금이 가까이 있는 신하들에게 말하기를 "서경덕의 저서를 가져다 보았더니 길흉화복의 운수를 논한 기수氣數가 많고 수신에 관한 말은 언급하지 않았으니, 이것은 수리학數理學이 아닌가. 그리고 그의 공부에 의심나는 데가 많다."라고 하니, 박순이 아뢰기를 "서경덕이 언제나 말하기를 '학자가 학문에 힘쓰는 방법은 이미 송나라의 소옹, 장재, 정이, 주희 등 네 명의 선생이 말하지 않은 것이 없다. 그러나 이기理氣의 학설은 부족한 것이 있으므로 명백히 말하지 않을 수 없다.'고 하였습니다."라고 하였다. 박순이 이어 서경덕이 궁리에 힘쓰던 실상을 아뢰니, 임금이 이르기를 "서경덕의 공부는 끝까지 의심이 간다. 지금 사람은 칭찬하면 지극히 좋은 점만 칭찬하고, 비방하면 지극히 나쁜 점만 비방하여 모두 바른 도리를 잃고 있다."라고 하였다. 이이가 아뢰기를 "서경덕의 공부는 진실로 학자가 본받을 것이 아닙니다. 서경덕의 학문은 장재에게서 나왔으니 그 저서가 성현의 뜻에 꼭 맞는다고 말하는 것에 대해서는 소신도 알 수 없습니다. 그러나 세상의 학자라고 일컫는 자들은 단지 성현의 학설을 모방하여 말하기 때문에 그 중심에는 스스로 깨달아 터득한 오묘한 이치가 없습니다. 서경덕은 깊이 생각하고 멀리 파고들어 스스로 깨달아 터득한 오묘한 이치가 많은 사람이라 문자나 언어의 학문은 아닙니다."라고 하였다. 임금이 정승으로 추증할 것을 허락하였다. 허엽이 매번 서경덕을 추앙하여 그가 은나라 기자箕子[240)]의 도통을 이을 만한 사람이라고 하였는데, 이이가 서경덕의 학문은 장재에게서 나왔다고 논의하는 것을 듣고 이이를 책망하며 말하기를 "그대의 말이 이와 같으니 내가 깊이 근심하고 있다. 서경덕의 학문이 소옹과 장재, 정이와 주희를 겸하였다고 한다면 옳을 것이다. 그대는 한 10여 년간을 독서에 전념한 뒤에라야 서경덕의 위상을 논할 수 있을 것이다."라고 하니, 이이가 말하기를 "아마 제가 독서를 오래 하면 할수록 더욱더 허엽 대감의 의견과는 다를 것입니다."라고 하였다. 이에 앞서 허엽이 이황에게 말하기를 "서경덕은 장재에 견줄 만합니까?"라고 하니, 이황이 말하기를 "서경덕의 저술 가운데 어느 글이 장재가 지은 『정몽正蒙』[241)]에 견줄 만한가? 또 어느 글이 『동명東銘』과 『서명西銘』[242)]에 견줄 만한가."라고 하니, 허엽이 그만 말이 없었다. 그러다가 이때와서는 서경덕의 학문에 대한 과장이 더욱 심해져서 소옹, 장재, 정이, 주희의 학문을 겸비하였다고 하기에까지 이르렀으니, 진실로 알지도 못하고 망언한 것이라고 하겠다.

1575년 6월

임금이 인성왕후가 계신 공의전에 문안하였다. 인성왕후가 하교하기를 "임금께 육식을 전한 뒤에 임금을 호위한 신하들에게 음식을 내리려고 했으나, 임금이 굳이 고집하고 따르지 않으니 삼정승이 주청하여 주기 바라오."라고 하였다. 이에 삼정승과 승정원, 홍문관이 모두 인성왕후의 청에 따르는 것이 마땅하다고 아뢰었다. 또 인성왕후도 더욱 간절히 말씀하시니, 임금이 하는 수 없이 따랐다. 그리고 인성왕후는 임금을 호위한 신하들에게 술과 고기를 하사하였다.

홍문관에서 상소를 올려 뜻을 세우고[立志], 덕을 닦고[進德], 미루어 행하고[推行], 몸을 보전[保躬]하는 뜻을 논하니, 임금이 답하기를 "너무 고상한 논의는 하지 말라. 과인이 부족하여 충분히 감당할 수가 없다. 논의한 바는 마땅히 살펴 생각하도록 하겠다."라고 하였다.

임금이 인성왕후 앞에서는 잠시 고기반찬을 들었으나 환궁한 뒤에는 다시 고기나 생선이 들어 있지 않은 반찬으로 드시니 대신들이 답답해하였다. 이에 문무백관을 데리고 대궐 마당에 서서 상황에 맞게 고기반찬 드시기를 청하니, 임금이 좌의정 박순과 우의정 노수신을 불러서 이르기를 "이런 일에 어찌 문무백관까지 데리

고 오는가. 과인을 이렇게 다그치는 것이 미안하지 않은가."라고 하
였다. 대신들과 시종관들이 모두 옥체를 보양하실 것을 반복하여
아뢰었으나, 임금은 모두 답하지 않았다. 이이가 임금께 아뢰기를
"어제 전하께서 홍문관의 상소에 답하여 '너무 고상한 논의는 하지
말라.' 하신 말씀이 만일 전하께서 스스로 겸손하게 하신 말씀이라
면 옳지만, 만일 참으로 신들의 말을 고상한 논의라 하시면 종묘사
직과 백성의 복이 아니라고 생각합니다. 한나라 문제文帝가 하은주
삼대의 법도를 고상한 논의라 생각했기 때문에 그의 업적이 비루함
을 면치 못하였습니다. 이것을 어찌 본받을 것입니까."라고 하였다.
또 노수신이 아뢰기를 "어제의 그 말씀은 단지 스스로 겸손하게 하
신 말씀이니 말을 잘못 해석하여 그 뜻을 해쳐서는 안 될 것입니다.
만일 전하께서 정말 한나라 문제를 본받으시면 업적이 한나라 문제
만도 못하게 될 것이니, 그것이 어떻게 옳다고 하겠습니까."라고 하
였다.

홍문관 수찬 김우옹이 전에 6개월마다 평가하는 관리들의 성
적에서 공문서에 익숙하지 못하다는 이유로 성적이 중간이었다. 그
러다가 얼마 되지 않아 수찬으로 임명되니, 나랏법에 관리의 성적
이 중간인 사람은 6개월이 지나지 않으면 청요직을 주지 않는다는
원칙이 있었기 때문에, 김우옹이 두 번이나 상소하여 법대로 홍문
관 수찬의 직책을 거두어 달라고 주청하였다. 임금이 대신들에게
묻기를 "김우옹은 벼슬을 받아 조정에 나오는 일과 사양하여 물러

나는 행동이 이전부터 구차하지 않았으니 식견이 부족한 속된 선비가 아니다. 지금 법에 따라 사직을 청하니 어떻게 처리하면 좋겠는가?"라고 하니, 노수신이 아뢰기를 "홍문관의 관원은 법을 당연히 지켜야 합니다만, 임금이 현명한 사람을 쓰는 데는 법에 구애될 필요가 없습니다. 신의 생각으로는 김우옹의 벼슬을 교체할 필요가 없다고 생각합니다."라고 하였다. 박순이 아뢰기를 "잠시 물러나게 했다가 다시 임명하더라도 열흘이나 보름에 불과할 것이니, 잠시 수찬에서 물러나게 하였다가 다시 맡겨서 그 뜻을 이루게 하십시오."라고 하였다. 임금이 이르기를 "나도 잠시 사직시켜 그 뜻을 이루어 주었으면 한다. 비록 수찬을 시키지 않더라도 어찌 못 보겠는가."라고 하고, 도승지 유전(柳㙉; 1531~1589)[243]을 돌아보며 김우옹을 불러오라 하였다. 신하들이 나간 뒤에 김우옹을 불러서 조용히 정치에 관해 물었다. 이때 임금의 마음이 예전보다는 조금 달라졌기 때문에, 이이와 김우옹이 임금을 이끌어 바른 도를 힘쓰게 하려고 무척 애썼다. 이이가 박순을 보고 지금의 정사를 의논하니, 박순이 말하기를 "쓸데없이 의정부에 있으면서 백성의 폐해를 눈으로 보고도 구제하지 못하니 참으로 부끄럽다. 차라리 자리에서 물러나는 것이 나을 뿐이다."라고 하니, 이이가 말하기를 "대감께서 만일 그 자리에 있지 않으면 지금 나랏일은 더욱 어찌할 수 없게 될 것입니다. 비록 직분에 꼭 맞지는 않더라도 다만 일을 그르치지 않는 것으로 직책을 삼는 것도 좋을 것입니다. 전하의 마음이 분발하여 예전과는 조금 다르시니, 신하들이 합심하여 전하의 마음을 분발하게 도우면 가능성이 있을 것 같습니다. 나랏일은 마땅히 대신들한테서 나올 것이니, 소신은 의논이나 할 뿐입니다. 지금 나랏일은 개혁하지 않으면 안 될 터인데, 전하의 뜻은 개혁하기를 몹시 어렵게 생각하시니, 대신들이 마땅히 성심껏 아뢰어 전하의 마음을 반드시 돌이키도록 하는 것이 옳을 것입니다."라고 하였다.

이이가 임금께 아뢰기를 "지금은 위로 성군이 계시고 대신들이 모두 인망이 있으며 조정에 사특한 논의가 없으니 좀처럼 얻기 힘든 좋은 기회입니다. 그런데 민생은 날로 곤란해지고 조정의 법도와 규칙이 전부 형식화되고 있습니다. 지금 조정은 반드시 개혁한 뒤에라야 백성을 구제할 터인데 도리어 개혁하는 것 자체를 가지고 일을 도모한다고 하니, 만일 개혁하지 않으면 아무리 조정에 좋은 계책과 충직한 의논이 귀에 넘치도록 흘러도, 마침내는 백성이 가난하고 재물이 다 없어지는 상태를 개선할 길이 없고, 결국에는 어지러운 지경으로 돌아갈 것입니다. 전하께서는 마땅히 두려워하는 마음을 가지셔야 합니다."라고 하였다.

임금이 경연관에게 말하기를 "『사서집주』에 사리에 맞지 않은 곳이 많으므로 조금 삭제하여 보기 편하게 하려고 하니 홍문관 부제학이 이것을 맡아서 하라."고 일렀다. 부제학 이이가 "그것은 소신의 학문으로는 혼자 감당할 수 없습니다. 학문하는 선비는 과거 급제의 여부를 막론하고 홍문관에 참여하게 하여 같이 의논하고 삭제함이 마땅할 듯합니다."라고 아뢰니, 임금이 이르기를 "전일에 대신들이 나에게 성혼을 불러보라 하고 나 또한 그를 보려고 했으나, 우리나라 법도에 과거급제하지 못한 사람은 경연에 참여하는 사례가 없으니 비록 현명한 사람을 불러도 다만 한 번 볼 뿐이다. 이것이 무슨 도움이 있겠는가."라고 하였다. 이이가 아뢰기를 "전하께서 진실로 일을 하고자 하시면 비록 전례에 없는 일이라 해도 융통성 있게 규모를 넓히신 뒤에라야 옳은 정치를 펼 수 있을 것입니다. 어찌 옛 법도만으로 일을 이룰 수 있겠습니까. 학문하는 선비를 한가한 직책에 두고 날마다 돌아가면서 경연에 참석하게 하면 군주의 덕을 이루는 데 큰 보탬이 있을 것입니다."라고 하였다. 임금이 노수신에게 묻기를 "부제학의 말이 어떠한가. 경의 뜻에도 옳다고 생각되는가?"라고 하였다. 노수신이 대답하여 아뢰기를 "신의 뜻에도 옳다고 생각합니다만 전하께서 사리에 맞지 않다고 여기신다면 억지로 하기에는 어렵습니다."라고 하였다. 임금이 이르기를 현명한 사람을 한 번만 보고 마는 것은 정말 무익하다. 그러나 전례에 없는 것이라 갑자기 바꾸기가 어려울 것이다."라고 하니, 이이가 아뢰기를 "진실로 일을 하시려면 전례를 어쩔 수 없이 고쳐야 합니다."라고 하였다. 신하들이 물러나가려고 할 때 임금이 "우의정은 이리 오라."고 부르므로, 노수신이 나아가 바닥에 엎드렸다. 임금이 이르기를 "우의정은 어찌 말이 없는가. 내가 자주 보고자 하는 것은 뜻이 있어서인데, 만일 그냥 대궐에 나왔다가 물러간다면 그것은 내가 바라는 바가 아니다. 오늘은 어찌 의논할 것이 없었는가."라고 하니, 노수신이 대답하기를 "아뢸 만한 일은 여러 신하가 전부 말하였으니 신이 무슨 말씀을 또 드리겠습니까. 다만 원하는 것은 전하께서 속히 고기반찬을 드시고 옥체를 보존하시는 것입니다."라고 하였다. 임금이 이르기를 "그런 말은 듣고 싶지 않다."라고 하였다.

박승준朴承俊[244])을 의정부 우찬성으로 삼았고, 임금의 특명으로 노진을 예조판서로 삼았다.

전 사헌부 지평 민순이 벼슬을 버리고 낙향하였다. 민순은 몸과 마음을 안정하고 수양하는 노력이 있었고, 조정에 들어와서는 논의가 구차하지 않았다. 이때 상소하여 졸곡 뒤에 정무를 볼 때의 복색을 흰색 의관의 예로 행하기를 주청하니, 세속의 사람들이 시기하므로 민순이 벼슬을 버리고 고향으로 돌아간 것이다. 이때 조정의 신하들이 상황에 맞게 고기반찬 드시기를 주청하니 임금이 시종관에게 이르기를 "병이 있으면 술을 마시거나 고기를 먹는 것은 예법대로 하는 것이다. 그러나 병이 없을 때 후환을 예방하려고 술을 마시거나 고기를 먹는 것은 어느 법전에 있는가."라고 하였다. 이이가 대답하기를 "신하들이 모두 전하께서 병이 생기실까 걱정하는 마음으로 간청하는 것입니다."라고 하였다. 임금이 이르기를 "내 몸을 내가 어찌 모르겠느냐. 내 몸이 아직 편안하니 번거롭게 하지 말라."고 하였다. 이이가 아뢰기를 "병이 없을 때 예방하는 것이 불가하다고 하신 전하의 말씀이 지극히 당연합니다. 다만 신하들이 전하의 참된 효성이 끝이 없으시어 예를 지키기를 너무 굳게 하시느라고 비록 병이 있어도 옥체를 보존하실 생각을 아니 하실까 염려하는 것입니다."라고 하였다. 임금이 이르기를 "내가 아무리 어리석어도 어찌 종묘사직의 큰일을 잊고, 다만 고기반찬이 없는 수라만 들겠느냐. 실은 견딜 만하기 때문이다. 홍문관에서 의견을 내어 문무백관을 물러가도록 하는 것이 좋겠다."라고 하였다. 이이가 대답하기를 "신하들을 물리는 일은 신들이 할 바가 아닙니다. 다만 전하의 하교가 간절하시니 신들이 물러나서 다시 전하의 옥체를 살피겠습니다. 바라옵건대 의관을 자주 불러 진찰하게 하시어 조정의 신하들이 옥체의 안부를 잘 알 수 있도록 해 주십시오."라고 하였다. 또 아뢰기를 "지금 급하게 처리할 일은 성현의 학문에 힘쓰시어 정치를 잘 행할 근본을 삼는 데 있으므로 반드시 어진 선비를 얻어 같이 거처하시어 충성된 직언을 바탕으로 삼고, 마땅히 인재를 서둘러 모아야 합니다. 전에 과거급제하지 않은 사람이라도 경연에 출입할 수 있게 주청하였는데 전하께서 어렵게 여기시니 이 일을 대신들에게 다시 물어 처리하는 것이 마땅합니다. 승지가 직접 전하 앞에서 아뢰던 일은 오래된 법이 아니라 중종 때 행하던 일입니다.[245] 성종 때에는 홍문관에 들어가 숙직하는 관원을 수시로 편전에 불러 마주하셨으니 이것을 '독대한다'고 하였습니다. 이런 전례도 회복해야 할 것입니다."라고 하였다. 임금이 이르기를 "승지가 직접 아뢰는 것은 행하기 어려울 듯하고 홍문관의 관원은 수시로 불러보는 것이 마땅하며, 책을 가지고 강론할 것 없이 다만 의리를 가지고 서로 논하는 것이 옳다. 근래 법도에 아침 경연 이외에는 대신들을 마주할 기회가 없으나, 내 생각에는 자주 불러 보고 싶다."라고 하였다. 이이가 아뢰기를 "그렇게 하시는 것은 매우 좋습니다."라고 하였다. 임금이 이르기를 "내가 친히 정사를 돌보려 했지만, 대신들이 불가하다 하므로 감히 실행하지 못하였다."라고 하였다. 이이가 아뢰기를 "친히 정사를 보시는 것은 좋은 일이니, 대신들 또한 받아들여 따를 것인데, 아마 전하께서 심한 더위에 옥체가 상하실까 염려한다는 말의 뜻을 제대로 전달하지 못한 것 같습니다. 다시 대신들에게 물어보시면 대신들의 뜻을 아실 것입니다. 전하께서 만일 친히 정사를 보시거든 직급을 뛰어넘어 인재를 발탁하고, 그에게 오래도록 그 직책을 맡겨두는 법을 시행하십시오. 명나라 나흠순(羅欽順; 1465~1547)이 이 법을 실행하고자 청하였으나 명나라 조정에서는 시행하지 못하였습니다. 진실로 정치를 하시려면 이 법을 시행하십시오. 세종대왕께서 사람 쓰는 데 이 법을 실행하셨으므로 그때 모든 정치가 다 잘 되었습니다. 지금의 관직은 아이들 장난과 같이 아침저녁으로 바뀌니 모든 일을 할 수 없습니다."라고 하였다. 이이가 또 아뢰기를 "민순은 학식이 있는 선비입니다. 지금 물러갔다는 말을 들으니 듣는 사람이 실망하게 됩니다. 인재가 지극히 필요한 이때 이러한 사람이 물러가는 것을 어찌 안타까워하지 않을 수 있겠습니까."라고 하였다. 임금이 이르기를 "민순의 집이 어디며 무슨 일로 사직하였는가?"라고 하니, 이이가 아뢰기를 "민순의 집은 경기도 고양에 있고, 사헌부에 있을 때는 그의 의견에 모순이 많았습니다. 대체로 그 뜻은 옛 법규를 회복하는 데 있었으나, 사람들이 모두 비방하기 때문에 부득이 물러갔습니다."라고 하였다. 임금이 이르기를 "전에 그가 어질다는 말을 듣고 한번 보려고 하다가 미처 보지 못했는데, 사직하는 것을 보고 병이 회복되도록 몸을 보살피는 줄 알았더니, 어찌 갑자기 물러났는가. 듣자니 인순왕후 졸곡 후 흰색 의관의 일로 사람들이 비난하는 일이 많다고 한다. 비록 일을 하려 하나, 민심이 이렇게 불순하니 무엇을 할 수 있겠는가."라고 하였다. 이이가 아뢰기를 "지금 세상의 민심이 그릇된 일을 하는 데 익숙해져 있으니 만일 옛 법도를 회복하려고 하면 반드시 떠들썩하고 뒤숭숭하여 불안할 것이오나, 어찌 이런 이유로 인하여 회복하지 않을 수 있겠습니까. 만일 전하께서 뜻을 굳게 정하시고 힘써 행하시면 자연히 민심이 바로 서게 될 것입니다."라고 하였다. 이때 임금이 이이에게 마음을 기울이시고, 이이도 임금에게 착한 일을 아뢰어 그릇된 마음을 바로잡기로 자기의 책임을 삼아서 아는 대로 말하지 않는 것이 없었으니, 조정의 신하들이 모두 주목하였다. 이이가 물러가서 김우옹에게 이르기를 "전하의 말씀에 결코 병이 없다고 하시니 시끄럽게 고기반찬 드시기를 주청하는 것도 온당치 않소. 다시 옥체를 살펴보아 대처합시다."라고 하고, 고기반찬 드시라고 올리는 상소를 정지하였다. 허엽이 이 소식을 듣고 탄식하기를 "일을 경험해 보지 못한 젊은 사람들이 임금의 병환을 위태로운 지경에 빠지게 하는구나."라고 하였다.

성혼을 정5품 사헌부 지평으로 임명하고, 조목을 정6품 공조좌랑으로 임명하였다. 성혼은 지평으로 왕명을 받고, 또 임금이 선정을 베풀고자 하고, 이이가 두터운 임금의 신임을 받는다는 것을 듣고는 일할 만한 형편이라고 생각되었다. 그래서 임금의 부름을 받고도 사퇴만 하는 것이 도리가 아니라고 생각하여 한양으로 올라오는 도중 더위에 병을 얻어 곧 사직하였다. 임금은 성혼이 한양에 당도하였다는 말을 듣고 내의원 의관을 시켜 진찰하게 하고 약을 지어 보냈다.

임금이 노수신에게 이르기를 "경이 현명한 선비를 천거하라."라고 하니, 노수신이 대답하여 아뢰기를 "신이 사람 알아보는 식견이 없으니 어찌 감히 경솔하게 천거하겠습니까. 다만 신이 본 바로는 이이와 허엽이 쓸 만한 사람이라 생각합니다."라고 하였다. 임금이 말하기를 "이이는 내가 크게 쓸 사람으로 알고 있는데, 다만 말하는 것이 매우 과격하니 이것은 그가 젊기 때문인가? 허엽은 세상 물정을 잘 모르는 사람인데, 쓸 만한 사람인가?"라고 물었다. 이 질문은 임금의 뜻이 이이를 쓰려고 하신 것이다.

1575년 7월

앞서 사헌부의 하급관리인 서리胥吏가 길을 가다가 우연히 자기 신분에 맞지 않은 의복을 입은 궁노宮奴를 보고 사헌부로 잡아가려 하자 궁노가 서리를 때렸다. 서리가 사헌부에 고소하니 사헌부에서 사람을 시켜 궁노를 잡으려고 하였다. 그랬더니 궁노가 왕자 처소로 뛰어 들어가서 서리가 문에서 불렀으나 끝내 나오지 않았다. 다음 날 사헌부에서 다른 서리를 시켜 그 궁노를 기필코 잡으려 하였으나 궁중 관노의 우두머리가 그 궁노를 잡아서 서리에게 넘겼다. 이때 임금의 총애를 받던 김귀인도 왕자의 처소에 있다가 문밖에서 떠드는 소리를 듣고 그 까닭을 물으니, 하인이 김귀인에게 사헌부 서리가 궁노를 잡아갔다고 고하였다. 김귀인이 임금께 아뢰기를 "사헌부 서리가 문란한 행위를 금한다는 것을 핑계로 왕자 처소에서 소란을 피웠습니다."라고 하였다. 임금이 크게 노하여 사헌부 지평 김찬에게 그 까닭을 물었다. 김찬이 대답하여 아뢰기를 "사헌부 서리가 왕자 처소에 간 것이 아니라 궁노를 궁중 관노의 우두머리 처소에서 잡았을 뿐입니다."라고 하였다. 임금이 사헌부에서 서리를 사사로이 두둔함을 의심하고 더욱 노하여 서리를 의금부 옥에 가두라고 친히 하교를 내렸다. 또 말하기를 "사헌부에서 서리를 보내어 왕자가 거처하는 곳에서 사람을 잡아가는 것은 부당하다."라고 하였다. 이 일로 사헌부 관원이 모두 사직하자 사간원이 주청하여 조정에 나오도록 하였다. 그러나 그 뒤에도 사헌부는 사직하고 나오지 않으며 임금께 아뢰기를 "전하께서 신들을 믿지 못하시고 서리를 의금부로 잡아다 심문하신 것은 신들이 전하께 믿음을 받지 못한 것이니, 어찌 뻔뻔스럽게 직무에 나아가겠습니까."라고 하였

다. 이에 양사가 함께 편전 아래에 엎드려 서리를 사헌부로 돌려보
내 주기를 주청하였고, 홍문관에서도 상소를 올려 양사에서 주청한
것을 따르시기를 청하였다. 그러나 임금의 노여움이 심하여 그것을
따르지 않았고, 사헌부 관원들이 사직한 지 여러 날이 되었다. 부제
학 이이가 상을 당하여 집에 있다가 조정에 나온 뒤에 임금을 홀로
뵙고 아뢰기를 "이 일은 전하와 사헌부가 서로 실수한 일입니다. 사
헌부 서리의 일은 사헌부 대관이 눈으로 본 일이 아닌데, 왕자 처소
에서 바로 잡아갔는지 어떻게 알고 왕자 처소에 간 일이 없다고 고
집하였겠습니까. 이것은 사헌부의 실수입니다. 또한 전하께서도 눈으
로 보지 않으신 것을 다만 아녀자와 내시의 말만 들으신 것이니, 아
녀자와 내시의 말을 전부 믿으면 안 될 것입니다. 전하께서 법을 집
행하는 관리의 대우를 어찌 아녀자와 내시보다 못하게 하십니까.
이것이 전하의 실수입니다. 또 왕자 처소의 하인이 본래 오만방자
하다는 소문이 있으니 반드시 엄하게 타일러야 할 것이고, 왕자의
유모는 성품이 온순하고 인자한 사람을 선택하여야 합니다. 송나라
정호와 정이의 어머니 후 씨侯氏는 일개 부인이었으나 오히려 자식
가르치는 교육 방법을 알고 항상 말하기를 '내 자식이 굽히지 못할
까를 염려하지, 기를 펴지 못할 것은 염려하지 않는다.'라고 하였습
니다. 전하의 아드님으로 어찌 기를 펴지 못할 것을 근심하겠습니
까. 전하의 마음을 돌리시어 조정의 공론을 흔쾌히 따르십시오."라
고 하였다. 이이는 사실 김귀인이 아뢴 것을 알지 못하였기 때문에
아녀자와 내시를 가리켜서 말한 것이었다. 임금이 크게 노하여 답

하기를 "그대는 어찌 경솔하고 방자하게 이렇게까지 말을 많이 하느냐. 이 또한 내가 덕이 적고 어두운 까닭이다. 아랫사람의 일에 대하여는 항상 나의 인심이 각박하고 모질기가 그대의 말과 같을까 염려하기 때문에 날마다 나를 살피고 단속하였다. 그대가 어찌 자세히 알겠느냐."라고 하였다. 이이가 물러 나와서 동료와 같이 상소를 올려 간언하였다. 이때 대신들이 임금의 거처를 경복궁으로 옮겨 공의왕대비를 보살피도록 청하였더니 임금이 허락하였다.

장차 인순왕후 사당에 특별제사를 행하여 경복궁으로 옮기는 이유를 임금께 고하려 하였다. 신하들도 임금의 거처를 옮기면 인순왕후 상례 때 금했던 육식을 다시 드실 수 있을 것이라며 이를 다행으로 여겼다. 이때 임금이 사헌부의 사직에 대해 노하며 말하기를 "사헌부가 사직하니 경복궁으로 거처를 옮길 수 없으며, 이는 내가 원하는 바이니 특별제사를 정지하라."고 하였는데, 승정원에서 특별제사를 정지하지 말기를 주청하였다. 임금이 대신에게 물으니 대신들이 특별제사를 정지하지 말기를 4번이나 청하므로 겨우 허락하였다. 임금이 대신들에게 이르기를 "내가 부족하여 신하들이 나를 가볍게 여기게 되었다."라고 하니, 대신들이 아뢰기를 "선비가 자신이 해야 할 말을 다 하는 것은 태평성대의 일이며, 그저 옳다고 대답만 하는 것은 망국의 풍조입니다."라고 하였다. 임금이 말하기를 "내가 조금 더 잘하려고 하는 것이 망령이다. 내가 대신들을 정성으로 대우하고 벗과 같이 여기는데, 지금 신하들이 나를 사리에 어둡고 용렬한 임금으로 나를 대우하니 어찌 감히 얼굴을 들고 경들을 보겠는가."라고 하였다. 대신 박순과 노수신이 황송하여 감히 말을 못 하고 물러갔다. 이때 임금의 노여움이 갑자기 발동하여 호통스럽게 다그치니, 사람들이 매우 놀라고 두려워하였다. 사간원 대사간 최옹(崔顒; ?~?)[246]이 병을 핑계로 조정에 나오지 않으니 사람들은 그가 일을 피하는 것이라고 하며 비웃었다.

삼가 살피건대, 이때 임금이 착한 일을 행하고자 하는 마음이 샘이 처음 솟는 것과 같고, 불이 처음 붙는 것과 같더니, 하루아침에 사헌부 서리의 일을 당해서는 노여움이 지나치게 엄하여 착한 마음의 실마리가 돌연 상실되어 샘이 막히고 불이 꺼짐과 같아 바로잡을 도리가 없게 되었다. 아! 어찌 운명이 아니겠는가. 몸을 닦고 나라를 다스리는 것이 신하들의 이익을 위한 것이 아닌데 무슨 까닭으로 모든 신하의 바른말을 미워하여 정치를 잘할 뜻을 스스로 막는가. 이때 사람들이 혹 내가 아뢴 말이 너무 지나치게 곧았음을 나무라는 사람이 있었지만, 진실로 임금의 마음이 바른 정치를 향해 나아가면 곧을수록 싫어하지 않았을 것이다. 만일 바른 정치를 향해 나아가지 않는다면 간언을 부드럽게 했어도 도움이 되지 않고 다만 아첨한다는 말만 들었을 뿐이다. 이는 하늘이 하시는 일이니 어찌 할 수 있겠는가.

영의정 권철이 병으로 사직하였으므로 홍섬을 영의정에 임명하고, 노진을 이조판서에 임명하고, 임금의 특명으로 경기도 여주

목사 황림(黃琳; 1517~1591)[247]을 사헌부 대사헌에 임명하였다. 이때 임금이 이조에 묻기를 "지금 고을을 가장 잘 다스리는 사람이 누구인가?"라고 하니, 이조에서 여주 목사 황림과 황해도 해주 목사 이린(李遴; ?~?)[248], 충청도 황간 현감 정인홍, 전라도 용안 현감 김천일이라고 대답하였는데, 특별히 황림을 대사헌으로 삼은 것이다. 그러나 황림은 비록 고을 하나는 잘 다스리는 재주는 있으나, 사람 됨됨이가 변변치 못하여 인망이 없었는데 졸지에 사헌부의 수장이 되므로 여론이 만족하게 여기지 않더니, 마침내는 논박을 당하여 교체되었다.

경복궁으로 임금의 거처를 옮기고 양사의 의견을 좇아 서리를 사헌부로 돌려보냈다. 이때 천재지변이 여러 번 일어나고 여름 가뭄이 이상하게 심하여 팔도가 모두 흉년이 들었다. 또 까투리가 장끼로 변한 일이 일어났으며, 노비가 주인을 죽이고, 자식이 아비를 죽인 일이 잇달아 일어났다. 홍문관에서 임금께 상소를 올려 성인의 학문을 부지런히 할 것과 천재지변을 두려워할 것과 풍속을 바르게 할 것과 신하들이 직언할 수 있는 길을 열어 줄 것을 주청하였다. 임금이 답하기를 "바른말을 들어서 얻었으니 어찌 받아들이지 않겠는가. 천재지변과 지금 조정의 일이 참으로 한심한 것이 많다. 나같이 덕이 적고 무식한 임금으로는 한갓 이 자리만 더럽힐 뿐이니, 어찌 좋은 정치의 효과를 바랄 수 있겠는가. 경계하고 두려워하여 조심하기만을 더할 따름이다. 마땅히 반성하고 생각을 더하겠다."라고 하였다.

예전에 이탁이 이조판서로 있을 때 육조의 낭관이 재야의 선비 중에 과거에 응시하지 않는 어질고 재주 있는 사람을 추천하여 곧바로 벼슬길에 오를 수 있도록 주청하였다. 이에 대해 임금의 윤허를 받고 이를 '낭천郎薦'이라고 하였다. 그 뒤 낭천 제도로 말미암아 벼슬길이 조금 맑아졌다. 이때 임금이 이조에 묻기를 "성균관 유생으로서 공천받는 것이 『경국대전』에 정해진 제도인가?"라고 하니 이조에서 대답하여 아뢰기를 "『경국대전』의 법은 아닙니다. 그러나 지조 있는 선비들은 음서제를 통해 벼슬을 하지 않았기 때문에 낭천의 제도로써 하교를 받은 적이 있었습니다."라고 하였다. 임금이 말하기를 "나중에 폐단이 생길까 염려되니 지금부터는 낭천 제도를 적용하지 않는 것이 좋겠다."라고 하였다. 대개 임금의 뜻이 학문을 연구하고 덕을 닦는 선비들의 소행을 싫어했으므로 임금의 하교가 이러하였고, 따라서 인심은 더욱 해이해졌다.

이때 황해도 재령군에서 노비가 주인을 죽인 변고가 있었는데 부검의 착오로 죽은 이유를 알아내지 못하였다. 의금부에서 국문하고 의정부와 형조, 사헌부에서 번갈아 가며 문초하였는데, 국문을 맡은 사람이 좌의정 박순이었다. 노비가 주인을 죽인 옥사가 오래도록 결론이 나지 않았으므로 의금부 지의금부사 홍담이 그 죄인의 억울함을 힘써 변호하였으나 역시 분명한 증거는 없었다. 박순이 말하기를 "강상죄의 중대한 옥사를 어찌 경솔하게 처리하겠는가." 라고 하였다. 홍담이 박순의 말을 반박하고 기어이 석방하려고 하니 박순이 그의 말을 꺾지 못하고 다시 부검하기를 청하였다. 이에 부검하는 수령이 의금부에서 넌지시 지시하는 뜻을 알아차리고 죽음에 이른 원인도 기록하지 않고, 질병에 의한 사망으로 기록하여 사인이 혼란스럽고 일치하지 않게 하였다. 이에 박순이 조정에서 의견을 모아주기를 청하였으나 조정의 의견도 일치하지 않았다. 우의정 노수신이 경솔히 석방하는 것은 불가하다고 강력하게 주장하니, 임금이 말하기를 "시신의 부검내용이 서로 다르다니 판단할 근거가 없다."라고 하며 석방을 명하였다. 사헌부에서는 다시 죄인을 가두고 국문하기를 주청하였다. 사간원에서는 논의가 분분하였는데, 정언 김응남(金應南: 1546~1598)[249]만이 다시 국문하기를 주장하였다. 그러나 다른 사람들이 모두 응하지 않았다. 대사간 유희춘이 동료를 거느리고 아뢰기를 "어명으로 옥에 가두는 일을 두 번 일으키면 도리와 체면에 방해가 되어 나중에 폐해가 있을 것이니 그렇게 해서는 안 됩니다."라고 하였다. 사헌부에서도 견해가 같지 않다고 하여 책임을 지고 조정에 나오지 않았다. 홍문관에서 상소를 올려 "노비가 주인을 죽인 것은 강상죄의 큰 변고이며, 이 일로 옥사가 일어났으면 반드시 심문하여 무죄라는 사실을 분명히 밝힌 뒤에야 석방해야 할 것입니다. 이번 옥사에서 부검내용이 비록 일치하지 않는다고 하여도 옥사가 끝나기 전에 갑자기 하였기 때문에 조정의 공론이 그치지 않고 있습니다. 전하의 눈과 귀가 되는 양사의 대간이라면 힘껏 간언해야 하는데, 사간원에서는 그저 다시 심문하는 것이 나중에 폐해가 된다고만 하고 있습니다. 만약 죄가 없다면 다시 심문할 것이 없고, 죄가 있다면 비록 어명으로 옥에 가두는 일을 열 번 일으켜서라도 어찌 그만두겠습니까. 강상죄를 지은 사람을 놓아 주어 나쁜 짓을 하는 놈을 돕는 것은 어찌 뒤에 폐단이 없겠습니까. 사간원의 김응남을 제외하고는 모두 벼슬을 교체하는 것이 옳고, 사헌부는 교체할 것이 아닙니다."라고 하였는데 임금이 이 말을 따랐다. 이에 허엽을 사간원 대사간으로 삼으니 허엽은 노비에게 죽은 주인과 같은 문중 사람이라 옥사가 성립하지 않은 것을 분하게 여기고 있었으므로 대사간이 되어 다시 죄상을 조사하다가 체통을 잃었다. 그는 임금에게 국문을 총괄한 박순을 다시 고려해 달라고 하며 의금부의 당상관직을 파면하자고 청하였으나 임금이 듣지 않았다. 이때 홍담은 이 옥사가 틀림없이 억울한 것이라 하였고, 허엽은 이 옥사를 반드시 성립시켜야 하겠다고 하니, 사람들은 이 두 사람이 서로 대립할 것이라고 하였다.

대신들과 경연관, 대간이 경연에서 임금께 상황에 따라 고기반찬 드시기를 간청하였다. 영의정 홍섬이 아뢰기를 "인종께서 고기반찬이 없는 수라상을 너무 고집하시어 중국 사신을 접견하실 때 사신이 고기를 권하였습니다. 인종께서 손을 내미시는데 여윈 것이 너무나 심하여 신의 생각에 '수척하기가 이러하시니, 옥체를 오래 부지하기 어렵겠다.'라고 생각하였는데, 과연 인종께서 병으로 일어나지 못하셨습니다. 그러므로 지금 모든 신하가 더욱 답답해하고 절박해하는 것입니다."라고 하였다. 부제학 이이가 아뢰기를 "전에 성종께서도 상주로서 예법에 맞게 다 실행하려는 데 뜻을 두시고 고기반찬이 없는 수라상을 오래 받으시다가 점점 지쳐가는 것을 깨닫고 말씀하시기를 '고기반찬 없이 먹는 것이 과연 어렵구나. 나는 여색을 가까이하지 않는 것으로 상례에 예를 다하는 방법으로 삼겠다.'라고 하시고, 고기반찬을 들이게 하고 수년 동안 여색만 가까이하지 아니하셨으니, 이것은 진실한 효성이 부족한 것이 아니고 형편이 어려운 까닭입니다. 선왕의 3년 상 동안 정승에게 정사를 맡기는 양암諒陰의 상례가 폐지된 지가 이미 오래되어서 상중에도 임금이 여러 가지 정사를 다 잡고 있어 만일 고기반찬이 없는 식사를 하시다가 병이 생기면 정사를 어떤 사람에게 맡기시겠습니까. 지금 온 조정이 하늘에 호소하고 거리의 백성들까지도 모여서 걱정하니, 이처럼 걱정스럽고 몹시 참담한 기운이 천지의 조화로운 기운을 상하게 할 것 같습니다. 임금의 효도는 학문에 나아가고 덕을 닦고 선왕의 뜻을 잇고 일을 받아 실행하는 데에 있으며, 상례 한 가지 행실에만 있는 것이 아닙니다."라고 하였다. 신하들이 반복하여 아뢰었으나 임금은 모두 답하지 않았다. 이이가 아뢰기를 "요즘 전하와 신하의 견해가 서로 맞지 않아 의리가 상한 일이 많습니다. 전하께서도 역시 심기가 상하실 일이 있지 않겠습니까. 사람이 다 어질지도 못하지만 그렇다고 모두 못나고 어리석지도 않습니다. 어진 이는 임금이 옳고 그름을 분명히 하고 선비들을 좋아하기를 바라고,

어리석은 이는 임금이 옳고 그름의 분별이 밝지 못하고 선비들을 좋아하지 않기를 바랍니다. 이것은 일의 이치와 형세로 보아 자연스러운 것입니다. 요즘 전하께서 대신들을 자주 접하시고, 선비들에게 마음을 두고 수시로 불러보겠다는 하교까지 있어 사람들이 기뻐하며 나라가 잘 다스려지리라고 바랐습니다. 그런데 최근에 전하께서 갑자기 변하시어 신하들과의 접견을 좋아하지 않으실 뿐만 아니라, 경연에 참석하시는 것도 드물게 하셨습니다. 또 성균관 유생들에 대한 낭천 제도는 『경국대전』에 기록된 것은 아니나 실상 사람을 뽑는 데 좋은 방법입니다. 재주를 시험한다고 못마땅하게 여기는 선비들이 이것으로 인하여 벼슬에 오르게 되어 벼슬길이 차차 맑아졌습니다. 그런데 갑자기 그 제도를 폐하시니 전하의 뜻이 어찌 그러하신지 알 수는 없으나 백성들 사이에 선량하지 않은 사람들은 모두 좋아하며 기운을 내고 있습니다. 어진 사람은 근심하고, 어리석은 사람은 기뻐하는 것이 어찌 좋은 세상의 일이겠습니까. 무슨 까닭으로 이렇게 되었는지 알 수 없습니다."라고 하니, 임금이 이르기를, 성균관 유생의 낭천은 『경국대전』의 법이 아니므로 나중에 폐단이 생길까 두려워한다."라고 하였다. 이이가 아뢰기를 "근래 사헌부 서리의 사건으로 인하여 법을 지키고 뜻을 거스르는 신하는 전하께서 반드시 싫어하십니다. 전하께서 예전의 역사를 다 열람하셨으니, 어찌 보시고 느낀 바가 없겠습니까. 예로부터 아첨하고 빌붙는 자는 뒤에 반드시 배반하고, 바른 것만 지키고 아첨하지 아니하는 자는 뒤에 반드시 충성을 극진히 하였습니다. 옛날 한

나라의 주창周昌의 일로 보면, 한나라 고조 유방이 조왕趙王 여의如意를 태자로 삼으려 하자 주창이 반대하였습니다. 사람의 정으로 말하면 주창이 조왕 여의를 좋아하지 않았다고 할 것입니다. 그 뒤에 유방이 깊이 조왕을 걱정하고 보전할 계책을 강구하여 조요趙堯의 천거로 주창을 조왕의 재상으로 삼았더니, 주창이 정성을 다하여 보필하므로 여태후가 조왕을 부르지 못하다가 주창을 먼저 부른 뒤에야 조왕을 불렀습니다. 주창은 평소에 정의를 지키는 절개가 있었으므로, 훗날에 조왕을 보호할 수 있었으니, 이 뜻을 홀로 전하만이 아실 것이 아니라 왕비와 후궁들도 당연히 알아야 합니다."라고 하였다.

좌의정 박순이 병으로 사직하였는데, 이는 대신으로서 탄핵을 당했기 때문이다. 이에 앞서 심의겸이 의정부 사인舍人으로 있을 때 공적인 일로 윤원형의 집에 갔었다. 윤원형의 사위 이조민(李肇敏; 1541~?)[250]이 심의겸과 서로 아는 사이라 자기의 서재로 데리고 들어갔다. 서재에 침구가 많은 것을 보고 심의겸이 누구의 침구냐고 낱낱이 물으니 이조민이 묻는 대로 대답하였는데, 그중 하나는 김효원(金孝元; 1542~1590)[251]의 침구였다. 당시 김효원이 과거에 급제하지는 못하였으나 문장으로는 명성이 있었다. 심의겸이 마음속으로 '학문을 한다는 선비가 어찌 권세가의 무식한 자제와 어울려 함께 거처하는가. 결코 절개 있는 선비는 아니로군.' 하고, 그를 하찮게 여겼다. 그 뒤에 김효원이 장원급제하여 재주와 명성이 날로 커져 몸가짐을 청렴하게 하고 맡은 관직에 책임을 다하니, 조정의 선비들이 앞다투어 추천하였는데, 그중 오건이 더욱 힘써 천거하였다. 심의겸은 전에 사림을 보호한 공로가 있는 까닭으로 많은 조정 원로들이 인정하니, 이로 인하여 요직에 올라갈 기세가 있었다. 오건이 김효원을 천거하여 이조전랑으로 삼으려고 할 때마다 심의겸이 예전에 윤원형 집에 있던 일을 빌미로 김효원의 이조전랑 직을 가로막곤 하였다. 그래서 김효원이 낭관이 된 지 6~7년 만에 청요직인 이조전랑이 되었다. 김효원은 청렴한 선비들을 조정에 진출시키기를 좋아하고 일에 임할 때는 바로 실행하여 피하거나 동요하지 않으니 후배 선비들이 모두 그를 추대하였다. 김효원이 심의겸을 마음속으로 얕잡아 보아 항상 다른 사람에게 말하기를 "심의겸은 마음이 어리석고 기운이 거치니 크게 쓸 수 없는 사람이다."라고 하였다. 이에 심의겸의 벗들은 김효원이 원한을 품고 보복할 뜻이 있다고 의심하여, 어떤 이는 김효원을 소인배라고 지목하기도 하였다. 김효원의 벗들 역시 모두 심의겸을 미워하여 정직한 사람을 해치는 사람이라고 하였다. 이로 말미암아 사림의 선후배가 서로 화합하지 못하여 붕당이 갈라질 징조가 있었다. 김효원이 사간원의 종3품 사간이 되고 허엽이 대사간이 되어서는 허엽이 비록 선배이나 김효원을 추천한 까닭에 젊은 선비들이 허엽을 선비들의 스승으로 받들어 존중하였다.

　박순은 청렴하다는 명성을 얻고 있었고 인망이 두터웠으며 선배인 까닭으로 사람들이 심의겸의 붕당이라고 지목하기도 하였다.

허엽은 박순이 처리한 의금부 옥사가 체통을 잃었다고 벼슬아치들의 비리를 조사하는 추고推考를 청하려고 할 때 김효원도 그 의견에 이의를 달지 않고 추고를 청하였다. 뒤에 박순이 병을 핑계로 사직하니, 사림에서는 김효원이 박순을 공격하여 심의겸의 세력을 고립시키려 한다고 더욱 의심하여 여론이 옳게 여기지 않았다. 신응시가 이이에게 이르기를 "사간원에서 대신의 허물을 들추는 것은 도리와 체통을 잃는 것인데, 홍문관에서 어찌 탄핵하여 사직시키지 않고 있는가."라고 하니, 이이가 말하기를 "홍문관은 탄핵을 주도할 책임이 없고 반드시 양사에서 일의 전모를 밝힐 때까지 조정에 나오지 않는 것이 정해진 법도입니다. 일마다 탄핵하는 것은 다른 관아의 일을 침해하는 것이 됩니다."라고 하였다. 정철이 이이에게 이르기를 "대신의 허물을 들추는 것은 반드시 사악한 마음을 품고 어진 재상을 혼란스럽게 하여 그 자리에 있지 못하게 하는 것인데 홍문관에서 어찌 말이 없을 수 있겠는가."라고 하자, 이이가 말하기를 "이 일은 김효원이 한 것이 아니라, 대사간 허엽의 의견이 지나친 것이다."라고 하니, 정철이 말하기를 "그대는 이것을 지나친 정도로만 여기는가, 허엽이 김효원과 합심하여 최근 사악한 논의를 주장하였으니, 이것은 어진 재상을 공격하여 제거하려 하는 것이지 생각 없이 한 것이 아니다."라고 하였다. 이때 이조판서 노진이 병으로 사직하고 조정에 나오지 않으므로 정종영(鄭宗榮; 1513~1589)[252]을 이조판서로 삼았다. 그러나 정종영은 본래 인망이 없고, 또 김효원에게 붙었다는 비난도 있었다. 정철이 또 이이에게 이르기를 "이조판서 정종영을 어찌 그대로 둘 수가 있는가?"라고 하자, 이이가 말하기를 "논박하는 것은 홍문관의 책임이 아니다."라고 하니, 정철이 탄식하고 시를 짓기를,

君子辭黃閣, 군자[박순]는 황각(黃閣; 의정부)에서 물러나고,
小人秉東銓. 소인[정종영]은 동전(東銓; 이조)을 잡았네.
賢邪進退際, 어진 사람은 물러나고 간사한 이가 나오는 때에,
副學心恬然. 부제학[이이]의 마음은 편하구나.

라고 하니, 이이가 시를 보고 그저 빙긋이 웃을 뿐이었다.

사헌부에서 이조판서 정종영은 명망이 부족하여 이조판서에 적합하지 않다고 탄핵하였으나 임금이 윤허하지 않았다. 정종영은 행실이 비루하고 속되어 도량이 좁고 또 학문하는 선비들도 미워했기 때문에 김계휘가 대사헌이 되어 그를 탄핵하였다. 임금이 비록 윤허하지 않았으나, 오래지 않아 정종영이 병을 핑계로 사직하였다.

1575년 8월

사간원 정언 조원(趙瑗; 1544~1595)[253]이 아뢰기를 "추고라는 것은

곤장의 형벌 같은 것으로써 하급 관리를 다스리는 제도이지 대신에게 적용할 수 없는 것입니다. 사간원에서 대신의 허물을 들추자고 청한 것은 잘못입니다. 또 동료가 이런 과실이 있는데도 신이 그의 과실을 용납한 것 또한 잘못이니 신의 관직을 교체시켜 주십시오."라고 하였다. 이에 양사가 조정에 나오는 것을 피하며 자기들의 사직을 청하면서 아뢰기를 "대신을 추고하자고 청한 것이 불가하다고 볼 수 없습니다. 신 등은 조원의 의견과 같지 않으니 조정에 있을 수 없습니다."라고 하였다. 그중 유독 대사헌 김계휘의 의견만이 조원과 같아서 논하기를 "대사간 허엽이 죽은 사람의 친족과 가까운 문중 사람으로서 죽은 사람의 친족 말만 듣고 논의를 지나치게 하여 대신을 추고하자고 청하기까지 하였는데, 신이 그 잘못을 알고도 탄핵하지 못하였으니 신도 이 자리에 있을 수 없습니다."라고 하였다. 홍문관에서 장차 양사의 대간을 처리하려고 하였는데 이때 어진 재상인 박순이 탄핵을 받아 병을 핑계로 사직하니 여론이 매우 안타깝게 여겼다. 그러나 나이 젊은 선비들은 모두 김효원의 벗들이기에 의기투합하여 여론을 살피지 않고 자신들의 의견만 주장하여 김효원을 옹호하려고 하였다. 이에 정철이 매우 분하게 여기던 차에 조원과 김효원이 서로 좋아하지 않는 것을 알고 여론으로써 깨우치게 하니 조원이 마침내 일을 일으켰다. 부제학 이이가 동료들을 화합시키려고 할 때 유몽학을 보고 "이 일을 어떻게 처리해야겠습니까?"라고 묻자, 유몽학이 대답하기를 "지금 어진 재상 한 분을 잃은 것이 어찌 애석하지 않겠습니까."라고 하니, 이이가 말하기를 "지금 만일 조원을 탄핵하면 좌의정 박순 대감을 겹문 안에다 가두는 격인데, 아무리 나오고 싶어도 나올 수 있겠습니까."라고 하였다. 이이가 동료들을 모아 놓고 "이 일을 어찌 하면 좋겠는가."라고 묻자, 동료가 말하기를 "만일 양사의 간관을 조정에 나오지 못하게 만들면 이것은 직언하는 길을 막는 것이다."라고 하니, 이이가 말하기를 "그렇지 않다. 마땅히 일의 옳고 그름을 따져 보아야 한다. 양사의 간관이 실수가 있어 홍문관에서 바로잡는 것이 어찌 직언하는 길에 방해가 되겠는가. 대신이 죄가 있으면 벼슬을 교체시켜도 옳고 파직시켜도 옳으며, 귀양이나 유배를 보내거나 구속 등을 할지라도 옳은 것이다. 언관이 일에 따라 논박하는데 무엇을 피하겠는가. 다만 대신의 허물을 들추어내는 일은 불가하다. 이른바 추고라는 것은 담당 부서가 심문하여 법대로 처리하는 것으로써 하급 관리들을 감찰하는 것이지, 대신을 대우하는 도리가 아니다. 옛날 한漢나라 어떤 신하가 감찰 무관을 시켜 재상들을 감찰하게 하자고 청한 사람이 있었는데, 의논하는 사람들이 옳지 않게 여겨 말하기를 '감찰 무관을 시켜 재상들을 감찰할 수 없다.'라고 하여, 그 일이 시행되지 않았다. 지금 대신을 추고하고자 청한 것은 바로 담당 관원이 삼정승을 감찰하는 것이다. 사간원이 임금께 올린 주청이 이미 잘못된 것인데 사헌부가 줏대 없이 따라 움직였으니 모두 다 벼슬을 교체하고 오직 김계휘와 조원만 조정에 나오게 해야 한다."라고 하였다. 동료들의 의견이 일치하지 않다가 이이가 힘껏 변론한 지 한참 만에야 일치하게 되었다. 홍문관 수찬 홍진(洪進;

1541~1616)²⁵⁴⁾이 말하기를 "대사간 허엽은 지금 존경을 받고 있는 사람인데 논박을 당하였으니 한탄스럽다."라고 하였고, 홍문관의 정8품 저작 홍적(洪迪; 1549~1591)²⁵⁵⁾과 이경중(李敬中; 1542~1584)²⁵⁶⁾ 등은 "대사헌 허엽이 어찌 친한 사람에게 사사로움을 두어 지나친 의논까지야 했겠습니까. 대사헌의 말이 지나쳤으니 역시 벼슬을 교체하지 않을 수 없습니다."라고 하니, 이이가 말하기를 "그 말도 옳습니다."라고 하고서, 이에 상소를 올려 양사의 간관을 모두 다 교체시키고 조원만을 조정에 나오게 하니, 공론이 모두 홍문관의 처리가 합당하다고 하였다. 다만 김효원의 벗들만은 불쾌하게 생각하였고, 허엽은 더욱 불평하였다. 이성중(李誠中; 1539~1593) ²⁵⁷⁾이 허엽을 보고 말하기를 "허엽 대감께서 좌의정 박순을 추고하자고 청한 것은 잘못입니다."라고 하자, 허엽이 소리를 지르며 말하기를 "내가 처음에 파직시키자고 청하려다가 동료가 말려서 추고만 청하였으니 내가 나약한 까닭이다. 또 홍문관에서 양사의 대간을 교체시킨 것이 대단히 잘못이다. 어찌 양사의 대간을 다 교체하면서 조원만은 그냥 두었단 말인가. 이이와 같이 나이가 젊고 일을 알지 못하는 사람이 홍문관의 수장이 되었으니, 이 나라가 어찌 잘못되지 않겠는가."라고 하니, 주변에서는 아무 말이 없었다. 한수가 이 말을 듣고 말하기를 "허엽이 틀림없이 실성하였으니 머지않아 죽으려는가 보다."라고 하였다. 허엽은 사림들의 기대가 있었는데도 오랫동안 당상관에 있으면서 고위 관직에 오르지 못하여 유감의 뜻을 품었었다. 어릴 때부터 노수신과 친구였는데, 노수신이 자기를 천거하지

않은 것을 한스럽게 여겼다. 어느 날 노수신이 허엽에게 묻기를 "누가 정승을 할 만한가?"라고 하자, 허엽이 조정의 신료들을 하나하나 손꼽으며 말하기를 "누가 정승을 못 하겠는가. 홍담과 정종영 등이 다 정승을 할 만하다."라고 하니, 노수신이 잠자코 있었다. 이는 허엽의 말이 좋지 않은 감정에서 나온 말임을 알았기 때문이었다.

김계휘를 평안도 절도사로 삼았다. 김계휘가 사헌부에 있으면서 허엽을 지목하여 사적인 감정에 따라 자기의 의견만 일방적으로 주장하는 사람이라고 하였다. 이때 허엽의 아들 허봉이 이조좌랑으로 있었는데 경박하고 식견과 사려가 없었다. 허봉은 김계휘가 그의 부친 허물을 들추어낸 것에 분노하여 김계휘를 외직으로 내보내려 하였다. 이조참판 박근원(朴謹元; 1525~1585)[258]이 김효원과 의기투합하니, 세상 사람들이 '소년의 붕당'이라고 지목하였다. 박근원이 명망 있는 위인들의 비위를 맞추려고 마침내 김계휘를 외직으로 내보내니, 사림들이 불만스럽게 여겼다.

을유일[8월20일]. 임금이 명종의 능을 참배하고 돌아왔다. 능에 참배하러 갈 때 승정원에서 다리가 아직 완공되지 못하였다고 행차하는 것을 중지하기를 청하였다. 부제학 이이가 동료들에게 이르기를 "능에 참배하는 일은 전하의 인정이 극진한 것이니 마땅히 날씨가 추워지기 전에 행하실 일이다. 만약 겨울이 되면 참배하기 어려울 것이다."라고 하고서 참배하기를 청하니, 임금이 답하기를 "이이의 말이 지당하다. 바로 내 뜻과 같으니 참배하는 것이 옳다."라고 하고서 능에 참배하고 돌아왔다. 이때 좌의정 박순이 네 번이나 사직하였으나 임금이 사직하지 말라며 부드럽게 타일렀다. 또 임금의 옥체에 병환이 있었고, 박순이 약방제조를 겸했기 때문에 부득이 나와서 일을 보았다.

정해일[8월22일]. 임금이 비로소 친히 정사를 보았다. 함경도 백성들이 잘살지 못하는 것은 관찰사가 적임자가 아닌 까닭이라는 말을 듣고 관찰사 박대립(朴大立; 1512~1584)[259]을 사직시켰다. 이때 이후백이 어떤 일로 파직당하여 집에 있었는데 임금의 특명으로 이후백을 함경도 관찰사에 임명하였다.

1575년 9월

유희춘이 벼슬을 버리고 고향으로 돌아갔다. 이이가 어떤 사람에게 말하기를 "유희춘 대감이 비록 재주는 없으나 학문하는 사람이며, 이후백과 김계휘는 조정의 정세에 능하고 나라의 예법에 통달하니 조정을 떠나서는 안 됩니다."라고 하고서, 동료들과 의논하여 상소를 올려 세 사람을 조정에 머물도록 청하였으나 임금이 윤허하지 않았다. 이때 심의겸과 김효원이 당파를 나눌 낌새가 있었는데 김계휘와 이후백은 다 인망이 있어서 심의겸의 붕당으로 지목을 받는 사람들이었다. 그러나 두 사람이 이미 조정에서 떠나니 김효원이 더욱 심하게 비난을 받았다.

1575년 9월. 임금이 친히 정사를 보는 날 이조에 하교하기를 "품성이 과격한 사람을 쓰지 말고 인정이 두터운 사람을 쓰는 것이 좋겠다."라고 하니, 김계휘가 이 말을 듣고 아뢰기를 "전하께서 인정이 두터운 사람을 쓰고 과격한 사람을 배척하려 하시니 이것은 참으로 옳은 일입니다. 다만 전하께서 이런 생각을 한쪽으로 치우치게 갖고 계시면 남에게 잘 보이기 위해서 아첨하는 사람은 인정이 두텁다는 이름을 얻고, 강직한 사람은 과격하다는 비난을 받을 것이니, 그 폐해가 적지 않을 것입니다."라고 하였다.

사간원에서 아뢰기를 "이조에서 사사로운 인정으로 인사 등용을 잘못하였으니 참판 이하를 사직시키십시오."라고 하니, 임금이 바로 윤허하였다. 또 하교하기를 "전에 내가 친히 정사를 볼 때 낭관이 자기 마음대로 하는 것을 보았으나 미처 말을 하지 못하였다."라고 하였다. 이때 심의겸과 김효원의 붕당설이 날로 무성하여 조정의 여론이 어수선하였다. 사간원 대사간 정지연이 이이에게 묻기를 "의논이 결렬되었으니 장차 이 일을 어떻게 처리해야 좋은가?"라고 하자, 이이가 대답하기를 "이것은 이조가 적당한 사람을 얻지 못한 까닭입니다. 마땅히 조용하게 진정시켜야지 끝까지 공격해서는 안 됩니다. 오직 박근원이 하는 일만이 여론에 불만스러우니 사직시켜야 하겠고, 이조전랑은 결원이 되었으니 공정한 사람을 뽑아 보충하면 인사 등용이 체통이 있게 될 것입니다. 또 김효원이 자처하여 지방으로 간다면 아무 일 없을 듯합니다."라고 하였다. 정지연이 이 말을 매우 옳게 여기고 박근원만을 탄핵하려 하였으나, 신하들의 의견이 이조 관원 전부를 탄핵하려 하였으며 그 의논이 너무 왕성해서 정지연이 통제하지 못하였다. 이 일은 이조좌랑 이성중과 허봉이 모두 김효원의 친한 벗인 까닭에 사간원에서 이조 관원들을 공격하여 그 기세를 꺾으려고 한 것이었다. 마침내 이조참판 이하를 다 사직시키니, 나이 젊은 관원들이 모두 의심하고 두려워했다.

임금이 편전에서 아침 경연에 참석하였다. 그때까지 임금이 고기반찬을 드시지 않으므로 영의정 홍섬을 비롯한 모든 대신이 고기반찬을 드시기를 반복하여 아뢰었으나 임금이 모두 답하지 않았다. 사헌부 집의 신점(申點; 1530~1601)[260]이 아뢰기를 "함경도 병마절도사 박민헌(朴民獻; 1516~1586)[261]이 연로하고 재주와 책략이 없으니 사직시켜야 마땅하겠습니다."라고 하였다. 또 아뢰기를 "북방의 경계가 텅 비어 만일 오랑캐가 쳐들어온다면 막아낼 계책이 없으니, 청하옵건대 미리 장수를 뽑아 기르십시오."라고 하니, 임금이 이르기를 "조정에 큰소리치는 사람이 많으니 오랑캐가 쳐들어오거든 큰소리치는 사람을 시켜 막을 것이다."라고 하였다. 이이가 나아가서 아뢰기를 "전하께서 말씀하신 큰소리치는 사람은 어떤 사람을 지목하신 것입니까. 큰소리만 치고 실속이 없는 사람을 지목하여 그 사람에게 일을 맡기시면 반드시 일을 망칠 것입니다. 그런데 어찌 그런 사람이 오랑캐를 막게 할 수 있겠습니까. 만일 옛것을 좋아하고 성인을 사모하는 사람을 큰소리치는 사람이라고 하셨다면 전하의 하교가 지극히 타당하지 않습니다. 예전에 맹자가 양혜왕과 제선왕을 만나서도 오히려 요임금과 순임금을 목표로 삼았었는데, 이것이 어찌 큰소리치는 사람을 좋아하는 것이었겠습니까. 지금 전하께서는 유학자의 말은 털끝만큼도 채택하지 않으시면서, 한갓 큰소리치는 사람이라고 지목하고 계십니다. 또 그들이 북쪽 오랑캐를 막도록 하시겠다는 것은 마땅하지 않습니다. 임금의 말이 한번 나오면 사방으로 전파되어 옳지 못한 일이라면 천 리 밖에서도 왕명을 거역하는 법입니다. 지금 전하께서 유학자를 큰소리만 치는 사람으로 지목하여 북쪽 국경에 보내려 하시면, 어진 이는 기운이 저하되고, 그렇지 않은 자는 관직에 오르기 위해 갓을 털며 좋아할 것입니다. 임금의 말이 어진 이의 기운을 저하하고 악행을 저지르는 자를 기쁘게 해준다면 어찌 잘못된 말씀이 아니겠습니까."라고 하니, 임금이 아무 말도 없었다. 이이가 이어서 아뢰기를 "전에 전하께서 교훈이 될 만한 좋은 말을 즐겨 들으시며 홍문관 관원에게 마음을 기울이시어 온 나라가 모두 기뻐하였습니다. 그러나 근래 전하의 마음이 갑자기 변하시어 홍문관 관원을 멀리하시니 무슨 까닭이십니까. 청하옵건대 마음을 돌리시어 어진 이를 가까이하고 선을 좋아하시어 선비들이 학문에 분발하게 하시면 매우 다행스러울 것입니다."라고 하였다.

이이가 『성학집요』를 지어 올렸다. 그리고 이어서 상소를 올려 배움과 정치의 도리를 극진히 논하였더니, 임금이 답하기를 "그대가 올린 『성학집요』를 살펴보니 나라를 다스리는 데 크게 보탬이 되는 것이라 매우 가상하다."라고 하였다. 이이가 임금의 마음을 바로잡는 데에 뜻이 간절하여 경전과 역사책의 핵심 내용 중 학문과 정사에 절실한 것을 뽑아 모아 차례를 나누어 '수기와 치인'의 순서로 만드니 모두 5편이었다. 책이 완성되어 임금에게 올렸더니 임금이 그다음 날 경연에 나와 이이에게 이르기를, "요약한 책의 내용이 매우 절실하고 요긴하다. 이것은 부제학의 말이 아니라 곧 성현의 말씀이니, 참으로 나라를 다스리는 데에 보탬이 있을 것이다. 다만 나같이 부족한 임금으로는 행하지 못할까 두려울 뿐이다."라고 하였다. 이이가 일어났다가 다시 엎드려 아뢰기를 "전하께서 항상 이렇게 하교를 하시기 때문에 신하들이 매우 답답해하는 것입니다. 전하께서는 자질이 뛰어나시니, 성인의 학문을 하시지 않는 것이지 못하시는 것은 아닙니다. 바라옵건대 핑계 대지 마시옵고 절실한 뜻으로 스스로 분발하시어 덕을 이루십시오. 예전에 송나라 신종神宗이 말하기를, '이것은 요임금과 순임금의 일이지 내가 어찌 감당하겠는가.' 하자, 정명도程明道가 걱정스럽게 말하기를 '폐하의 이 말씀은 종묘사직과 만백성의 복이 아닙니다.'라고 하였는데, 전하의 말씀이 아마 이 말과 비슷하지 않습니까."라고 하였다.

이때 삼정승이 문무백관을 거느리고 임금에게 고기반찬 드시기를 청하여 대궐 뜰 가운데에 앉아서 하루에 서너 번씩 아뢰었으나 임금이 허락하지 않았다. 임술일[9월27일]에 공의왕대비가 친히 임금의 처소에 와서 하루종일 간청하니 임금이 할 수 없이 고기반찬을 들었다. 이날 밤에 대비가 승정원에 하교하기를 "주상께서 근래에 주무시는 것이 편안하지 못하시고 또 구토증이 있어 수라를 못 드시기에 내가 하루종일 간청하여 주상이 억지로라도 고기를 드시니, 감격스러움을 이루 다 말할 수 없다."라고 하였다. 이에 신하들이 모두 다 기뻐하며 물러갔다.

1575년 10월

김효원을 함경도 부령 부사로, 심의겸을 개성 유수로 삼았다. 이때 심의겸과 김효원이 각자의 주장을 각을 세우며 굴복하지 않아 조정이 떠들썩하고 어수선하였다. 이이가 우의정 노수신을 보고 말하기를 "두 사람이 모두 인망 있는 선비로서 흑백의 옳고 그름을 구분할 것도 아니고, 또 진정으로 두 사람이 싫어해서 서로 해치려는 것도 아닙니다. 다만 타락한 풍속이 시끄러워 사소한 틈으로 인하여 근거 없는 말들이 소란하여 조정이 안정되지 못하고 있으니, 마땅히 두 사람을 지방관으로 내보내어 들뜬 여론을 진정시켜야 합니다. 우의정께서 경연에서 그 이유를 전하께 아뢰십시오."라고 하니, 노수신이 의심하며 말하기를 "만일 경연에서 아뢰면 더욱 분란이 생기지 않겠소."라고 하였다. 마침내 사간원에서 이조의 죄를 물어 탄핵하자, 노수신이 심의겸의 기세가 너무 성대해질까에 대해 의심하였다. 그 후 경연에서 임금께 아뢰기를 "근래에 심의겸과 김효원이 서로의 허물을 자주 말하고 있습니다. 이로 인하여 말썽이 분분하니 사림이 평화롭지 못할까 염려됩니다. 이 두 사람을 지방관으로 보내는 것이 마땅하다고 생각됩니다."라고 하였다. 임금이 묻기를 "두 사람이 서로 무슨 일을 가지고 대립하는가?"라고 하니, 노수신이 대답하기를 "서로 평소의 과실을 가지고 말합니다."라고 하였다. 임금이 이르기를 "조정에 함께 있는 선비가 마땅히 뜻을 함께해야 할 것인데 서로 비난하는 것은 매우 옳지 않다. 두 사람을 다 외직으로 내보내라."고 하였다. 이이가 아뢰기를 "이 두 사람의 갈등이 틀림없이 깊지는 않을 것입니다. 근래 우리나라의 인심이 경박하고 말세의 풍속이 더욱 심하게 되어 두 사람의 친척과 친구가 각각 소문을 전파하여 마침내 조정이 어수선하게 되었습니다. 대신이 마땅히 진정시켜야 하므로 두 사람을 외직으로 내보내어 소문의 뿌리를 끊으려 하는 것입니다. 또한 이 일은 전하께서도 아셔야 합니다. 비록 지금 조정에 간사한 사람으로 뚜렷이 나타난 자는 없으나, 어찌 소인배가 없다고 할 수 있겠습니까. 만일 소인배가 이들을 붕당이라 지목하여 두 편을 다 제거하려는 계략을 쓴다면, 반드시 사림에게 화가 생길 것이니, 전하께서도 이것을 몰라서는 안 됩니다."라고 하니, 임금이 이르기를 "대신이라면 마땅히 이를 진정시켜야 할 것이다."라고 하였다. 홍문관 정9품 정자 正字 김수(金睟;

1547~1615)²⁶²⁾가 아뢰기를 "전하께서 이미 그러한 연유를 아셨으면, 두 사람의 재주가 다 쓸 만하니 꼭 외직으로 내보낼 것이 아니라 마땅히 그들이 스스로 풀고 화합하도록 해야 합니다."라고 하니, 이이가 말하기를 "그것도 그러합니다. 다만 두 사람이 실제로 원수같이 싫어하여 서로를 해치려는 것은 아니지만, 야박한 풍속이 조용하지 않아 근거 없는 말을 지어내어 반드시 일을 저지르기에 이를 것입니다. 만약 두 사람이 조정에 있으면 근거 없는 말이 반드시 가라앉지 않을 것이니, 반드시 외직으로 내보내어 근거 없는 말의 근본을 끊어 버려야 합니다."라고 하였다. 승정원 동부승지 이헌국(李憲國; 1525~1602)²⁶³⁾이 아뢰기를 "지금 위로는 전하가 계시고 아래로는 어진 재상이 있어서 사림이 염려가 없지만, 만일 간신배들이 권력을 잡아 조정에 있었다면 이 일이 또한 사림의 화를 빚어낼 수도 있는 것입니다.

예전 정사년[1557]에 김여부와 김홍도가 서로 비난하고 헐뜯은 일이 있었습니다. 김홍도가 윤원형이 첩 정난정을 정실부인으로 삼은 것을 항상 못마땅하게 여겨 험담을 많이 하자, 김여부가 윤원형에게 고자질하여 윤원형이 김홍도에게 좋지 않은 감정을 품었습니다. 윤원형이 만일 김홍도가 한 말을 가지고 벌을 주자고 청했다면 명종께서는 벌을 주지 않았을 것입니다. 그런데 윤원형은 김홍도를 다른 죄로 얽어매어 벼슬을 빼앗고 귀양까지 보내고, 또 많은 선비에게도 나쁜 소문을 만들어 내쳤습니다. 이것은 간신 윤원형이 조정에 있었기 때문입니다. 지금은 비록 이런저런 말이 있으나 어찌 별다른 일이 생기기까지야 하겠습니까. 두 사람 모두 버릴 인재가 아니니, 전하께서는 두 사람을 부르시어 그들이 마음에 걸린 것을 다 풀게 하면, 서로 용납하여 조정에 설 수 있을 것입니다."라고 하니, 임금이 답하지 않았다. 얼마 안 되어 전하께서 친히 정사를 볼 때 김효원을 함경도 북쪽 경흥 부사로 임명하면서 이르기를 "김효원이 조정에 있으면 조정이 안정되지 못할 것이니, 마땅히 먼 변방으로 보내야 한다."라고 하였다. 이조판서 정대년과 병조판서 김귀영이 모두 아뢰기를 "경흥은 지극히 먼 변방으로 오랑캐와 가까이 접하고 있으니 김효원과 같이 글만 읽던 선비가 안정시키고 다스릴 수 있는 곳이 아닙니다."라고 하면서 여러 번 아뢰고 나서야 함경도 부령으로 바꾸라는 명이 내려졌다. 또 심의겸을 개성 유수로 임명하니, 이에 젊은 선비들이 더욱 심하게 의심하였다. 이이가 중간에 서서 이편과 저편을 무마시키려고 하니 사림들이 그에게 의지하였다. 노수신이 이미 김효원을 조정에서 내보낸 뒤에 허엽이 그가 경솔하게 내보낸 것을 탓하자, 노수신이 사림들에게 의심을 받을까 염려하여 허엽에게 붕당에 대하여 치우친 마음이 없다는 것을 변명하느라고 여러 번 맹세하니 식자들이 비웃었다.

임금이 저녁 경연에 참석하였다. 이이가 『대학연의』를 강의하다가 공자의 제자 안회의 극기복례 대목에 이르러서 임금께 아뢰기를 "사람의 성품은 본래 선하여 온전한 천리(天理; 하늘의 이치)입니다. 다만 사사로운 욕심에 가려져서 천리가 회복되지 못하는 것입니다.

만일 사욕을 극복한다면 사람의 성품은 온전하게 됩니다. 안회는 궁리(窮理; 사물의 이치)를 연구하는 데 본래 밝아서 천리와 사욕이 마치 흑백을 보는 것과 같이 분명했기 때문에 곧바로 극기복례를 따르더라도 털끝만큼도 현혹되지 않아 의심이 없었습니다. 그런데 지금 학문하는 사람들은 궁리하는 공부도 없이 곧바로 극기(克己; 자신의 의지를 누름)만 하려고 하므로, 어떤 것이 자기 자신을 위한 것이고, 어떤 것이 예를 행하는 것인지 알지 못합니다. 그래서 어떤 때는 사욕을 오히려 천리라고 하는 수도 있습니다. 그러므로 격물치지를 『대학』의 처음 공부로 삼은 것입니다. 또 예전에는 공부하는 데 말을 많이 하지 않고 극기복례를 바로 실천하였기 때문에 이 네 글자만으로도 성인이 될 수 있었습니다. 그런데 요즘에는 말로만 공부를 하고, 진실한 공부가 없는 까닭으로 실제로 나타나는 효과도 없습니다.”라고 하니, 임금이 이르기를 “안회의 말에 ‘학문으로써 나를 넓힌다.’ 하였으니, 이때는 어떤 학문이 있었는가.”라고 하였다. 이이가 아뢰기를 “이때 이미 육경六經이 있었습니다. 또 춘추시대 초나라 사관 의상倚相이 『삼분三墳』·『오전五典』·『팔색八索』·『구구九丘』[264]를 읽었다고 하였으니, 의상이 공자보다 먼저 태어났습니다. 그러니 이때에도 읽을 글은 있었으나 공자 때와 같이 많지는 않았습니다.”라고 하니, 임금이 이르기를 “안회는 밝은 지혜뿐만 아니라 진실로 용기가 있었기 때문에 능히 앞으로 나아가기를 그치지 않은 것이다. 안회가 말하기를 ‘순임금은 누구며 나는 누구인가.’[265]라고 한 것이 안회의 용기를 볼 수 있는 대목이다.”라고 하였다. 이이가 아뢰기를 "전하의 하교가 매우 지당하십니다. 지금 사람들이 학문을 성취하지 못한 것은 다 그 뜻이 돈독하지 못하기 때문입니다. 전하께서 이미 이러한 것을 아시니 뜻을 돈독하게 하고 과감하게 나아가시면 어디엔들 이르지 못하시겠습니까. 근래 전하께서 항상 백성을 사랑한다고 말씀하시곤 하니 어떤 신하인들 감격하지 않겠습니까. 그러나 그 마음은 있으시나 정사를 돌보지 않으시면 백성이 혜택을 받을 수가 없습니다."라고 하였다. 임금이 이르기를 "지금 민생이 전에 비하면 어떠한가."라고 하니, 이이가 아뢰기를 "간신배들이 권력을 쥐고 정사를 맡았을 때와 비교하면 백성에게 가혹하게 착취하는 것은 조금 줄어든 것 같습니다. 다만 나라에 바치는 공물과 부역의 규정이 매우 도리에 어긋나 나날이 점점 잘못되고 있어 백성들이 그 피해를 받고 있습니다. 만일 고치지 않는다면 아무리 날마다 백성을 사랑한다고 말씀하셔도 이익됨이 없을 것입니다."라고 하니 임금이 아무 말이 없었다.

김효원이 함경도 부령 부사로 임명되자 사림들이 두려워하여 안정되지 못하였다. 그러나 김효원의 병이 위중하여 북쪽 변방에 부임할 수 없었다. 이이가 휴가를 얻어 부모 산소에 성묘하러 가려고 하직하는 날 홀로 임금께 아뢰기를 "신이 생각한 바가 있었으나 전하와 마주 대하지 못하였습니다. 지금 하직 인사를 올리는 길에 감히 아뢰지 않을 수 없습니다. 김효원을 외직으로 내보내는 것은 대신의 뜻과 신의 뜻이 같을 뿐만 아니라 실상은 사림에서 나온 공론입니다. 전하께서 북방의 육진六鎭266)을 무관의 손에만 맡기는 것을 걱정하시어 문관 중에서 명망이 있는 사람을 그 자리에 앉혀서 진압하려고 하시는 전하의 뜻도 실로 우연이 아닌 줄로 압니다. 만일 김효원이 병이 없다면 외직으로 나가는 것이 나라의 은혜를 갚는 때를 만났다 하겠습니다. 그러나 지금은 김효원의 몸이 몹시 허약하여 병이 위중하므로, 이런 체력을 가지고서 북방으로 부임하여 혹독한 추위 속에서 고생하게 된다면 죽지 않는 것만도 다행일 것입니다. 그러니 어떻게 북방의 사정을 다 헤아려 국경을 튼튼히 할 수 있겠습니까. 또 대신의 뜻도 사람들의 말이 안정되지 않았기 때문에 두 사람을 외직으로 내보내어 진정시키려는 계책뿐이지, 김효원이 죄가 있어서 조정에서 쫓아내려고 한 것은 아닙니다. 청하옵건대 나라 안 외딴 고을을 김효원에게 다스리게 하여 안으로는 임금과 신하의 의리가 보전되게 하고, 밖으로는 변방의 수비를 튼튼히 하십시오."라고 하니, 임금은 이이가 김효원을 편드는 것이 아닌가 의심하고 노하였다. 그리고 이이가 답하는 말이 사사로운 인정을 좇는다고 심하게 나무랐다가 나중에 그렇지 않다는 것을 알았다.

호남에서는 앵두가 열매를 맺었고, 한양에서도 살구꽃이 여기저기 핀 일이 있었다.

충청도 서산에 사는 백성이 군수를 해코지하려고 명종의 태를 묻은 태봉胎峯의 돌난간을 두들겨 부수는 간계를 꾸몄다.

　기축일[10월25일]. 임금이 편전으로 신하들을 불러들였다. 이때 이이가 파주에서 돌아와 입궐하여 학문을 논하였다. 이이가 아뢰기를 "예전에는 학문이라는 이름이 없었습니다. 날마다 행하는 윤리의 도리가 다 사람으로서 마땅히 행해야 할 것으로, 딱히 가리키는 이름이 없었습니다. 군자란 마땅히 행하여야 할 것을 행할 뿐입니다. 후세에 와서 유학이 밝지 못하여 윤리의 행실이 무너져 행해지지 않게 되자, 마땅히 행하여야 할 것을 행하는 사람을 가리켜 학문한다고 이름 지어 불렀습니다. 학문이라는 이름이 생긴 뒤로 오히려 세상 사람들에게 지목을 받아 억지로 잘못을 꼬치꼬치 캐내어 혹은 위선이라 지목받기도 하였습니다. 또 선을 행하는 사람의 확고한 태도와 신념을 분명하게 밝히지 못하고 어물어물하도록 만들어 학문의 이름을 피하게 하니, 이것이 후세의 큰 근심거리입니다. 임금은 모름지기 학문을 주장하여 세상의 속된 무리가 방해하지 못하게 하는 것이 옳습니다. 학문이라는 것이 어찌 별다른 것이 있겠습니까. 다만 평소에 그 옳은 것만 구하여 행할 뿐입니다."라고 하였다. 이날 추위가 매우 심하였다. 임금이 곁에 있는 신하에게 이르기를 "오늘은 매우 춥구나. 나는 넓은 집과 부드러운 담요 위에 있으니 견딜 수 있겠지만, 저 북쪽 변방의 병사들이 밤을 새워 국경을 지키는 것을 생각하니 어떻게 견디는지 모르겠다."라고 하였다. 이이가 아뢰기를 "전하의 말씀이 이러하시니, 만백성의 복입니다. 병

사뿐만 아니라 여염집의 백성들도 얼어 죽는 사람이 많으니 바라옵
건대 이를 걱정하고 근심하십시오."라고 하였다. 임금이 이이에게
묻기를 "고향에 내려가서 성묘할 때 성혼을 보았는가. 성혼의 병은
어떠하며 끝내 조정에 나올 수가 없겠는가?"라고 하니, 승정원 승
지 이헌국이 아뢰기를 "성혼이 조정에 출사하고 싶지 않은 것이 아
니라 병으로 출사하지 못하는 것입니다."라고 하였다. 임금이 또 이
르기를 "고을 수령도 못 할 지경인가?"라고 하니, 이이가 아뢰기를
"고을 수령의 수고로움이 조정의 관리보다 더 심하니 병든 사람으
로서 감당할 바가 아닙니다."라고 하였다. 임금이 이르기를 "학생
은 가르칠 수 있겠는가."라고 하니, 이이가 아뢰기를 "그것도 병 때
문에 할 수 없습니다."라고 하였다. 임금이 이르기를 "한가롭게 거
처하면서 학생들이나 가르쳤으면 좋겠다."라고 하니, 이이가 아뢰
기를 "그것이 진실로 좋은 일이오나 병 때문에 할 수 없으니 한탄스
럽습니다."라고 하고, 이어서 또 아뢰기를 "신이 전에 김효원의 일
을 아뢸 때 신의 뜻을 충분히 전달하지 못하여 전하의 답변에 온당
하지 못한 것을 많게 하여 지금까지 황송합니다."라고 하였다. 임금
이 이르기를 "내가 김효원에게 병이 있다는 것을 알지 못하고 변방
의 고을로 임명한 것인데, 부제학의 말은 내 뜻을 깨닫지 못한 것
같기에 이런저런 말을 한 것이지, 부제학이 사사로운 인정 때문에
그런 것으로 여긴 것은 아니다."라고 하면서 임금의 말씀이 대단히
온화하여 위로해 주는 것 같았다. 이이가 아뢰기를 "신이 전하의 뜻
을 알지 못한 것이 아닌데 사태를 보는 전하의 안목이 이러하시니,

이것은 필시 신의 말이 충분히 전달되지 못한 것입니다."라고 하였다. 임금이 이르기를 "김효원의 부임지를 바꿔 줄 것이니 그리 알라." 하니, 이이가 아뢰기를 "그렇게 하시면 공적인 일과 사적인 일 둘이 다 편하게 될 것입니다. 전일 전하의 답변에 온당하지 못한 점이 있다는 말은 '신하로서 나라의 녹봉을 먹으면 마땅히 죽음으로 갚아야 한다.'고 말씀하신 것을 가리킨 것입니다. 이것은 신하가 자기 스스로 말했다면 옳은 말이지만 전하께서는 이런 말을 해서는 안 됩니다. 임금은 마땅히 신하의 재주와 능력을 헤아려 감당할 만한 직책을 가려 주어야 하고, 신하는 마땅히 생사를 돌보지 않고 평탄한 일이나 험한 일에도 그 절개가 한결같아야 합니다. 또한 넉넉한 녹봉과 깊은 은혜는 진실로 임금과 신하가 정을 맺는 것입니다. 그렇기에 신하는 마땅히 자기 분수에 맞는 도리를 중하게 알아야 합니다. 만약 은혜와 녹봉만 받들어 임금께 충성을 바친다면, 임금도 역시 은혜와 녹봉으로 신하를 유혹할 수도 있는 것입니다. 이런 까닭에 자기 분수에 맞는 도리를 중하게 여기는 사람은 임금이 주는 녹봉이 후한지 박한지에 얽매이지 않고 능히 절개와 의리에 죽을 수 있습니다. 하지만 녹봉만을 중하게 여기는 신하는 그 마음을 믿을 수가 없는 것입니다."라고 하였다.

　이헌국이 아뢰기를 "임금이 어찌 은혜와 녹봉으로 신하를 대우하지 않을 수 있겠습니까.『중용』에 나오는 아홉 가지의 경서인 구경九經에 군신 간의 의리에도 '충신은 성심으로 대하고 녹봉을 후하게 준다.'는 충신중록忠信重祿이라는 말이 있습니다."라고 하니, 이이가 아뢰기를 "구경의 의리에 진실로 충신중록이라고 밝히고 있습니다. 충신을 녹봉보다 먼저 말하였으니, 이는 충신이 중하고 녹봉은 가벼운 것입니다."라고 하였다. 임금이 이르기를 "내가 소견이 부족해서 말에 실수가 많았다."라고 하니, 홍문관 저작 홍적이 아뢰기를 "녹봉에 관한 하교를 소신은 실수로 보지 않습니다."라고 하였다. 임금이 이르기를 "그렇지 않다. 내 말이 실수이고, 부제학의 말이 옳은 것이다."라고 하고, 이어서 이이에게 이르기를 "내가 지나간 역사를 보니 시대가 점점 변하여 하나라가 요임금과 순임금 나라에 미치지 못하고, 은나라가 하나라에 미치지 못하고, 주나라가 은나라에 미치지 못하였으니, 지금 하은주 삼대의 정치는 회복하기 어렵다."라고 하니, 이이가 아뢰기를 "세상의 올바른 도가 진실로 바닥으로 떨어졌습니다. 그러나 만일 옛 도를 행하면 어찌 올바른 도를 회복할 수 없겠습니까. 송나라 정자程子가 말하기를 '순임금은 따를 수 없으나 하은주 삼대는 분명히 회복할 수 있다.'고 하였습니다. 대개 요임금과 순임금 시절에는 억지로 하는 것 없이 교화하였으니 후손들이 따를 수 있는 바가 아니지만, 하은주 삼대의 정치는 진실로 그 도만 행한다면 반드시 회복할 수 있습니다. 다만 행하지 않을 뿐입니다. 3천 년 이래로 행하여서 이루지 못한 사람을 보지 못하였는데, 무슨 연유로 회복할 수 없다고 하십니까."라고 하였다. 며칠 뒤에 김효원을 강원도 삼척 부사로 옮겨주었다.

1575년 11월

충청도 당진의 어리석은 백성이 향교의 선생인 훈도訓導를 해치려고 향교의 위패를 두들겨 부쉈다.

이이가 밤에 임금을 만나 아뢰기를 "천리天理와 인욕人欲의 사이는 터럭 하나의 간격도 용납하지 않습니다. 이 둘은 처음부터 두 근본이 대립한 것이 아니라 인심人心이 발동하기 전에는 다만 다른 것이 섞이지 않은 순수한 천리일 뿐인데, 늘 마음이 움직이는 곳에서 선과 악이 나누어지는 것으로써 마음이 움직인 뒤에야 인욕이 있게 됩니다."라고 하자, 임금이 이르기를 "움직이는 것은 기氣의 작용 때문이다. 기에는 맑음과 탁함이 있어서 선과 악이 나누어지는 것이지, 천리와 인욕이 처음부터 마음속에 나란히 함께 있었던 것은 아니다."라고 하니, 이이가 아뢰기를 "전하의 말씀이 지당하십니다. 천리와 인욕은 처음에는 두 근본이 아니지만 이미 나누어진 뒤에는 경계의 구별이 매우 분명하여 천리가 아니면 인욕이고, 인욕이 아니면 천리입니다. 천리도 아니고 인욕도 아닌 것은 없습니다."라고 하였다. 임금이 이르기를 "행하는 것이 비록 선하더라도 명예를 얻으려는 마음이 생기면 역시 천리라고 할 수 없다."라고 하자, 이이가 아뢰기를 "마음속으로 명예를 얻으려 하고 거짓으로 선을 행하면 이것 또한 인욕일 뿐입니다."라고 하였다. 승정원 승지 정언지(鄭彦智; 1520~?)[267]가 아뢰기를 "이 말이 옳습니다. 다만 하은주 삼대 이후에는 선비를 구할 때 명예를 좋아하지 않을까 염려했다고 합니다. 명예를 좋아하는 선비를 나쁘게 여길 것은 아닙니다. 노력하는 것을 그치지 않고 행하는데 어찌 군자가 되지 않을 수 있겠습니까."라고 하였다. 이이가 아뢰기를 "처음에는 비록 명예를 좋아했어도 나중에 마음을 고쳐 본바탕에 힘쓰면 군자가 될 것이나, 만일 끝끝내 명예만 좋아하면 그것은 근본이 없는 것이니, 어찌 군자가 되겠습니까. 승지 정언지의 말은 까닭이 있어 한 말입니다. 지금 사람들은 마음을 풀어 놓고 악을 행하는 사람에 대해서는 본바탕에 힘쓴다고 하여 깊이 배척하지 않습니다. 그러나 만일 선을 행하는 사람을 보면 반드시 위선일 것으로 의심합니다. 명예를 좋아하는 행위는 미워하면서 이익을 좋아하는 행위는 미워하지 않습니다. 그러므로 승지 정언지의 말은 지금의 폐단을 바로잡기 위한 말입니다. 학자의 고집으로 말하자면 명예를 좋아하는 부끄러움이 좀도둑질보다 심합니다. 임금이 인재를 등용하는 것으로 말하자면 이익을 좋아하는 사람은 쓸 수가 없지만, 명예를 좋아하는 사람은 버릴 수가 없습니다. 다만 중요한 자리에 쓸 수는 없습니다."라고 하자, 임금이 이르기를 "명예를 좋아하는 선비는 수레 천 대를 소유한 제후국은 사양할 수 있으나 한 그릇의 밥과 한 그릇의 국에는 안색이 달라지는 것이니, 이는 근본 공부가 없어 그런 것이다. 또 이익을 좋아하는 사람은 사람을 속이지는 못하나, 명예를 좋아하는 사람은 사람 속이기를 잘하니 그 폐단이 크다. 옛사람이 이른바 하은주 삼대의 뒤에 선비를 구하려면 오직 명예를 좋아하지 않을까 염려했다고 하는 것은 까닭이 있어 나온 것이지, 옳다고 할 수는 없다."라고 하니, 이이가 아뢰기를 "전하의 말씀이 지당하십니다. 다만 선을 행하는 사람과 명예를 좋아하는 사람을 분별하기가 매우 어렵습니다. 만일 선을 행하는 사람을 보고 바로 명예를 좋아한다고 의심하면 선을 좋아하는 바탕이 없는 것이니, 이것도 반드시 알아두어야 합니다."라고 하였다. 또 이어서 아뢰기를 "근래에 민생이 날로 곤궁하고 풍속이 날로 퇴폐하여 심지어 한 달 사이에 미련한 백성이 명종 태봉의 돌난간과 향교의 위패를 두들겨 부쉈으니 이러한 큰 변고는 매우 경악할 일입니다. 천재지변 또한 일어나지 않은 달이 없었으나 모든 백성의 눈과 귀에 익숙하여 변고를 잊어버린 듯하니, 이것을 어찌 그냥 앉아서 보고만 있겠습니까. 반드시 그렇게 된 이유를 밝혀 폐해를 바로잡을 계책을 강구하여야 합니다."라고 하였으나, 임금이 책만 보시고 답하지 않았다. 이이가 아뢰기를 "옛사람이 저녁에 하는 경연이 낮에 하는 경연보다 낫다고 한 것은, 밤에는 살아 움직이는 모든 것들이 쉬어 잠잠한 때이므로, 임금과 신하들이 고요한 중에 서로 대하면 생각하고 염려하는 것이 정성스러워져서 솔직하게 아뢸 수 있는 효과가 있기 때문입니다. 오늘 밤에는 전하께서도 마땅히 학문에서 의심나는 부분이나 정사를 살피는 득과 실에 대해서 신들에게 물으시는 것이 좋겠습니다."라고 하였다. 임금이 이르기를 "학문은 반드시 조금이라도 아는 것이 있은 뒤라야 의심이 생기는 것인데, 나는 의심나는 것도 없어서 물을 수가 없구나. 아래에서부터 강론하면 내가 대답하겠다."라고 하였다. 이이가 아뢰기를 "예전에 맹자가 제나라 선왕에게 '천하가 다스려지지 않으면 어찌하겠습니까.'라고 묻자, 제나라 선왕이 좌우를 돌아보고 엉뚱한 말을 하였는데, 나중에 송나라 주자는 제나라 선왕이 능히 큰일을 할 수 없다고 나무랐습니다. 지금 나라 안이 다스려지지 않으니, 전하께서는 어찌하시겠습니까."라고 하니, 임금이 답하지 않았다. 신하들이 물러가려고 할 때야 임금이 동서고금의 큰 사건들을 한참 동안 말하다가 당나라 태종이 형을 죽인 사실을 논한 대목에 이르러 말하기를 "당나라 태종이 천하가 자신이 마음대로 할 수 있는 대상이 아니라는 것을 알지 못했기 때문에 형을 죽이기까지 하였으니, 참 가엾은 일이다."라고 하니, 이이가 아뢰기를 "전하의 말씀이 지당하십니다. 성인은 진실로 천하를 자기 마음대로 하지 않습니다. 비록 천하를 자신이 마음대로 할 수 있는 대상이 아니라고 여기지만 천하의 걱정거리에 대해서는 근심하기를 자기의 걱정거리보다 더 많이 하고 천하를 버려두지 않습니다."라고 하였다. 또 이어서 아뢰기를 "신이 아뢰고자 한 일이 있었으나 조용하고 한가한 틈을 얻지 못해 여쭙지 못하였는데 지금에야 아뢰겠습니다. 서경덕과 성수침은 같은 시대를 살았는데, 학문의 공적은 서경덕이 진실로 깊으나, 어질고 후한 덕은 성수침이 낫기 때문에 논의하는 사람들이 두 사람의 우열을 나누었습니다. 선대왕 때에 성수침은 정3품 사헌부 집의에 추증하고, 서경덕은 정6품 육조 좌랑에 추증하였습니다. 그런데 근래에 서경덕에게는 품계를 올려 우의정에 추증하고, 성수침에게는 품계를 올려 추증하지 않으니 사람들이 섭섭하게 생각하고 있습니다. 신의 생각으로는 성수침에게도 품계를 올려 추증하는 것이 마땅하다고 생각합니다. 성수침이 탐욕스러운 자를 감동하게 하여 청렴하게 하고 나약한 자에게 감동을 주어 뜻을 세우게 한 공은 진실로 숭상할 만합니다."라고 하니, 임금이 이르기를 "이미 현명한 선비라면 공로를 인정하는 것이 중요한 것이지 직책의 높고 낮음이 무슨 관계가 있겠는가. 서경덕의 작위를 높여 준 것도 과분한 듯하다."라고 하였다. 이이가 물러나 사람들에게 말하기를 "전하께서 지금의 폐단을 들으시면 조금도 의논하려 하지 않으시고, 지난 시대에 일만 논의하기를 좋아하시니, 만약 논의가 자세하다고 한들 지금 나랏일에 무슨 보탬이 있겠는가. 지금 조정에서는 더는 기대할 수 없다."라고 하고서, 드디어 벼슬에서 물러나려고 뜻을 굳혔다.

1575년 12월

부제학 이이가 병으로 사직하니 녹봉만을 받을 수 있는 서반직西班職을 주었다.

1576년(병자) 선조 9년

1576년 정월

1576년 선조 9년 정월 병신일[1월2일]. 인순왕후의 첫 기일 제사에 문무백관은 상복을 벗고 임금은 새로 지은 누런 베옷인 연복練服으로 바꿔 입은 뒤에 흰색 관모와 허리띠를 착용하고 정사를 보았다. 임금이 흰색 관모로 정사를 본 뒤에 조정의 원로대신들이 모두 『국조오례의』를 고친 것에 불만을 품었고, 임금 역시 젊은 선비들의 소행을 싫어하여 경솔히 『국조오례의』를 고친 것을 매우 후회하였다. 예조의 관원이 원로대신들의 의견을 따라서 다시 조정 대신들에게 의논하기를 청하니, 임금이 대신들에게 의견을 취합하여 올리라고 명하였다. 영중추부사 권철과 영의정 홍섬은 "기일 제사 뒤에 옛 법도에 따라 검은색 관모를 쓰고 일을 보는 것이 마땅하다."

라고 하고, 좌의정 박순과 우의정 노수신은 "졸곡의 예를 따르는 것이 옳다."라고 하였는데, 노수신의 의견이 더욱 상세하였다. 노수신의 말에 "흰색 관모로 일을 보는 제도는 전하께서 결단을 내리시어 천고의 허물을 씻으신 것이니, 이제는 도중에 변경할 수 없습니다. 또 임금과 신하는 이미 흰색 관모로 1년 상을 마쳤는데 전하께서는 갑자기 검은색 관모로 기일 제사를 마치시면 이것은 1년 상에는 상세하게 지내고, 3년 상에는 간략하게 지내는 것이니, 상례의 중요함 정도가 뒤바뀌어 모양새가 좋지 않습니다."라고 하였다. 임금이 대신들의 의견이 일치하지 않는다고 하여 2품 이상 대신들에게 논의할 것을 명하였다. 이에 모든 신하가 『국조오례의』를 반드시 좇아야 한다고 앞다투어 말하였으니, 이것은 직위가 높은 사람이 모두 세속에 물든 사람들이었기 때문이다. 흰색 관모를 그대로 쓰기 원하는 사람들은 두세 사람뿐이었다. 임금이 다시 예조의 관원에게 상의하여 아뢰도록 명하였는데, 이때 예조의 장관은 비어있었고, 예조참판 박계현(朴啓賢; 1524~1580)[268]도 세속에 물든 관리라 『국조오례의』를 따르는 것이 마땅하다고 아뢰니 임금이 마침내 예조의 의견을 좇았다. 사간원과 홍문관이 그것에 대해 간언을 올려도 받아들여지지 않자 사헌부도 간언하였으며, 이들 삼사의 상소가 여러 날 그치지 않았다. 임금이 다시 대신들에게 묻자, 박순과 노수신이 강력히 아뢰기를 "졸곡 뒤에 『국조오례의』를 고치지 않았다면 오히려 옳겠지만, 지금 이미 흰색 관모로 고친 것을 첫 기일 제사에 다시 검은 것으로 고치면 옛 법도도 아니며 또 선대왕들의 제도도 아니니, 이는 전후 간에 근거가 없습니다."라고 하니, 임금이 이르기를 "내가 차라리 예를 후하게 행하려다가 실수하였다."라고 하고는 흰색 관모를 그대로 썼다.

　삼가 살피건대 맹자의 말에 "춘추시대 송나라의 어진 선비 설거주薛居州가 홀로 송나라 왕을 어찌 잘 인도할 수 있겠는가."[269]라고 하였다. 대개 양의 기운이 왕성하고 음의 기운이 쇠퇴하면 군자가 쓰이고 소인은 배척된다. 그러나 음기가 왕성하고 양기가 쇠퇴하면 소인은 쓰이고 군자는 물러가는 것이니, 이것이 진실로 자연의 이치이다. 그러나 천하의 일이란 바른 것이 이기는 경우는 항상 적고 바르지 못한 것이 이기는 경우는 항상 많다. 그러므로 군자가 비록 많더라도 한 명의 소인배가 하는 무고의 말이 임금 귀에 흘러 들어가면 충분히 잘 다스려지던 세상도 혼란한 세상으로 바꾸어 놓을 수가 있는 것이다. 하물며 소인배가 많고 군자가 적을 때에야 더 말할 나위가 있겠는가. 을해년과 병자년[1575~1576] 사이에 속된 무리가 조정에 가득 차서 조정의 논의가 있으면 삿된 논의가 떼지어 지껄이니 바른 논의는 약해져서 한 가닥의 머리털로 천근 무게를 끄는 것과 같다. 게다가 임금의 마음마저 학문을 연구하는 선비들을 매우 싫어하니, 가령 공자와 맹자, 관중과 제갈량이 조정에 있다 하더라도 어찌할 수가 없을 것이다. 나와 김우옹 등이 그 사이에 있으면서 임금을 바로잡아 좋은 정치를 해보려는 것을 자기의 사명으로 삼으니, 아! 그 정성이 비장하지만, 또한 자기의 역량을 헤아리지 못하였다고도 할 수 있다.

전 의정부 우찬성 박영준이 죽었다. 박영준은 젊어서부터 청요직의 높은 관직을 거치면서 한결같이 때에 따라 형세를 살피는 것만을 일삼았다. 그 때문에 권세가들에게 미움도 받지 않았고, 조정의 공론에도 거슬리지 않아서 부귀영화로 생을 마쳤다.

대광보국숭록대부행판중추부사 이탁이 죽었다. 이탁은 비록 꼿꼿한 풍모와 절개는 부족했지만, 너그럽고 후한 덕이 있고 사림들을 사랑하여 그들의 정직함을 용납할 수 있는 인물이었다. 이조판서가 되어서는 힘껏 공정한 도리를 넓혀 사림들의 기대가 대단히 컸다. 이조좌랑 정철이 항상 인재를 등용하려고 할 때 반드시 조정의 공론에 따라 후보를 올리려고 하여 이조판서 이탁과 어긋나는 것이 많았으나, 이탁이 정철의 말을 따르지 않은 적이 없었다. 이탁이 나중에 웃으며 정철에게 이르기를 "나는 자네를 능히 용납할 수 있으나 뒤에 이조판서는 반드시 감당하지 못할 이가 있을 것이다." 라고 하였다. 그 이후에 홍담이 이조판서가 되었을 때 정철이 예전과 같이 고집스럽게 자신의 의견을 펴니 홍담이 과연 크게 화를 냈다. 정철이 사람들에게 말하기를 "이탁의 도량은 다른 사람이 따를 수 없다."라고 하였다. 이탁은 지위가 정승에 이르렀으나 다만 나라의 녹봉으로만 생활하고 재산을 관리하지 않아서 겨우 끼니만 이어갈 뿐이었다. 지방 고을에서 혹 먹을 것을 보내오면 반드시 이웃과

친구에게 나누어 주어 부엌에 남겨두는 것이 없었다. 죽음에 임박
했을 때 그의 아들 이해수(李海壽; 1536~1599)[270]에게 이르기를 "내가
죽은 뒤에 사용할 관을 반드시 임금이 주시는 것으로 쓰고 바꾸지
말아라."라고 하였다. 이탁이 죽으니 사림이 애석히 여겨 말하기를
"근래에 이조의 일은 이탁보다 더 나은 사람이 없었다."라고 하
였다.

1576년 2월

경상도 선산에서 암탉이 수탉으로 변하였다.

이이가 벼슬을 버리고 고향으로 돌아갔다. 이이가 부제학에서
물러난 후에 박순이 항상 경연에서 그가 어질고 재주가 있다고 천
거하니, 임금이 이르기를 "이이는 성품이 너무 굳세고 거침이 없어
서 그가 나를 섬기려 하지 않는데 내가 어떻게 억지로 만류할 수 있
겠는가. 예전부터 사직을 허락하여 그의 뜻을 이루게 한 일도 많았
다. 또 한나라의 학자 가의賈誼는 글을 읽어 말만 능할 뿐이지 실제
로 쓸만한 인재는 아니었다. 한나라 문제가 가의를 등용하지 않은
것은 참으로 마땅한 소견이 있었다."라고 하였다. 부제학 윤근수가
이이를 보고 말하기를 "전하께서 그대가 물러가려 하는 것을 그대
의 마음이 굳세고 거침이 없다고 하여 만류하지 않으려고 하시니,

그대가 조정에 조금 더 머물러 있을 수는 없겠는가."라고 하니, 이이가 말하기를 "전하께서 만류하지 않으시는 데 아무리 내가 조정에 오래 머물러 있고 싶은들 그게 되겠는가. 정말로 물러가야 하겠다. 물러가도록 허락을 받고도 물러가지 않으면 이것은 거취를 놓고 장사꾼처럼 이윤을 흥정하는 것이다."라고 하였다. 이에 앞서 김효원이 명망 있는 선비들을 천거하기 좋아하니 젊은 사림들이 그를 중하게 여겨 김효원의 기세가 몹시 왕성하였다. 원로 사림들이 김효원을 비롯한 젊은 사림들을 미워했으나 그 기세가 드세므로 감히 손을 대지 못하였다. 이이가 조정에 있으면서 이 같은 일이 후에 조정 불화의 씨앗이 될까 염려하여 그 세력을 약화하려고 김효원을 외직으로 보내자는 의견을 주장하니 조정의 공론이 이를 신뢰하여 중하게 여겼다. 이이의 뜻은 다만 진정만 시키려는 것뿐이었으며 깊이 다스리려는 것은 아니었다. 그런데 김효원을 외직으로 내보내자 조정의 공론이 바로 격렬해져서 김효원을 심하게 다스리려고 하여, 이이가 강력히 말렸다. 한편으로는 이발을 조정으로 다시 불러 이조전랑으로 삼았다. 당시 명예와 이익만 좇던 선비들이 윤현을 이조전랑에 천거하려 하니, 이이는 윤현이 이조전랑에 적합하지 않은 사람임을 알았으나 사림을 화합시키기 위해서 말리지 못하였다. 또 이발이 이조에 있으면 윤현이 사사로이 행동하는 것을 반드시 제어할 수 있을 것으로 여겼다. 윤현이 이조전랑이 되자 이발이 마침 도승지이면서 이조의 일을 맡고 있는 박호원(朴好元; 1527~?)[271]의 동서로서 친척 간에 같은 관청에 있지 못하는 상피相避 제도의 혐의가 있었다. 예전에 이런 일이 있으면 도승지가 육조의 다른 곳에 일을 맡아 담당하고 이조전랑은 교체하지 않았다. 승정원에서 박호원에게 육조의 다른 일을 맡아 보도록 청하니, 임금이 이르기를 "이발은 교체시키지 못할 사람이 아니다." 하고서 이발의 직책을 교체시키니, 윤현이 비로소 권세를 부리게 되어 조원을 이조전랑으로 천거하려고 하였다. 조원은 성미가 조급하고 행동이 경솔하여 쓸 만한 인재가 아닌데 다만 김효원과 서로 사이가 틀어져서 사간원 정언으로 있을 때 양사의 관원을 사직시켜 김효원의 세력을 꺾자고 주장하였기 때문에, 윤현이 그 공을 갚으려고 하는 것이었다. 이이가 그 일을 말리면서 말하기를 "조원은 쓸 만한 인재가 아니다. 만일 그 인물이 어떠한 사람인지를 살펴보지도 않고, 다만 김효원을 미워하는 사람만 쓰려고 하면 그대들이 반드시 패할 것이다."라고 하였으나, 윤현이 이이의 말을 듣지 않고 마침내 조원을 천거하여 이조전랑으로 삼았다. 이이는 힘써 화합을 주장하였으나 당시의 논의는 도리어 이이를 보고 그 처신이 분명하지 않다고 하였다. 이해수가 이이에게 "김효원은 반드시 일을 그르칠 소인배이다. 그대가 김효원의 마음 쓰는 것을 알지 못했기 때문에 경연에서 옳고 그름을 분명히 아뢰지 않고 애매하게 아뢰었으니 매우 옳지 못하다."라고 하니, 이이가 말하기를 "나는 김효원을 명예만 좋아하는 선비로 여길 뿐이다. 그대들처럼 소인배로는 여기지 않는다."라고 하였다. 정철과 구봉령, 신응시 등은 모두 김효원을 소인배로 여겨 그를 깊이 배척하려 하였다. 정철이 장차 남쪽으로 돌아갈 때 이이에게 김효원을 배척하라고 권하자, 이이가 말하기를 "김효원의 죄는 근거가 없고 사림들이 소중하게 여기는 사람인데, 만일 깊이 배척하면 반드시 사림들과 연루가 되어 크게 분란이 일어나고 조정이 손상될 것이다."라고 하면서 끝내 듣지 않았다. 이에 정철이 시를 지어 이이에게 보이기를,

君意似山終不動 그대의 뜻은 산과 같아 끝내 움직이지 않고,

我行如水幾時回 나는 물처럼 흘러가니 어느 때에나 돌아올까.

라고 하고서 탄식하며 돌아갔다. 원로 사림들은 김효원을 이렇게 미워하는데, 젊은 사림들은 김효원을 매우 아껴서 이이에게 김효원을 외직으로 내보낸 것이 잘못이라고 하였다. 어떤 사람은 이이에게 말하기를 "천하에 둘 다 옳거나 둘 다 그른 예는 없는데, 근래 그대의 일 처리는 옳고 그름을 분별하지 못하고 둘 다 온전하게 하려 하니 민심이 불만스럽게 여긴다."라고 하니, 이이가 이에 답하기를 "천하에는 진실로 둘 다 옳거나 둘 다 그른 예가 있다. 백이와 숙제가 임금의 자리를 서로 사양하는 것과 무왕과 백이숙제가 서로 화합하지 않은 것은 둘 다 옳은 경우이다. 그리고 춘추전국 시기에 의로운 전쟁이 없었던 것은 둘 다 그른 경우이다. 근래 심의겸과 김효원의 일은 나랏일에 관계되는 일도 아닌데 서로 다투고 미워하여 조정이 안정되지 못할 지경에 이르렀으니, 이것은 참으로 둘 다 그른 경우이다. 비록 둘 다 그르더라도 모두 사림들이니 반드시 화합

시키는 것이 옳다. 반드시 이쪽은 옳고 저쪽은 그르다 하면, 한창 생겨나는 말썽과 서로 다투고 미워하는 형세가 어느 때나 끝날 것인가."라고 하였다. 이에 원로 사림들은 이이가 김효원을 비난하지 않는다고 탓하여 점점 이이의 말을 듣지 않았고, 젊은 사림들은 이이가 김효원을 쓰지 않는다고 탓하여 조정 여론이 심하게 서로 어그러졌다. 사간원 대사간 홍성민이 이이에게 이르기를 "이성중이 사헌부 지평이 되자 조정의 공론이 탄핵하여 사직시키려고 하는데 어떠한가?"라고 하자, 이이가 말하기를 "이것이 무슨 말인가. 이성중은 별다른 허물이 없고 또 남달리 딴짓을 하려 들지도 않았다. 다만 김효원과 친분이 깊을 뿐이다. 김효원도 공격해서는 안 될 것인데, 하물며 그와 뜻을 같이하는 벗들을 공격할 수 있겠는가. 만일 그렇게 되면 더욱 조정이 혼란스럽게 될 것이니 절대로 탄핵해서는 안 된다."라고 하니, 홍성민이 처음에는 이이의 말을 옳게 여겼다. 그러나 나중에 당시 권세가들의 강력한 요청을 받아 마침내 이성중을 탄핵하니, 사림들이 더욱 놀라고 나라 사람들의 비난이 시끄러웠다. 이이는 위로는 임금에게 신임을 얻지 못하고, 아래로는 동료들이 그의 말을 들어주지 않으니, 물러갈 뜻을 더욱 굳혔다. 한수, 남언경 등과 김효원의 일을 논의하기를 "근래 일어나는 일에 대해서 급하게 옳고 그름을 정하려고 하는데, 옳고 그름을 어찌 한때 기세의 강약으로 정하겠습니까. 당초에 김효원을 제재한 것은 사실상 조정의 공론이었는데, 지금까지 논의가 과격하여 아직도 안정되지 않고, 사림들 가운데 공평한 마음으로 공정하게 처신하는 사람들을 도리어 의심하고 있습니다. 이렇게 하는 것을 그치지 않으면 반드시 인심을 잃어 김효원을 옹호하는 것이 도리어 조정의 공론이 될 것입니다."라고 하였다. 남언경이 말하기를 "다만 김효원 한 사람만 외직으로 내보내고 그 나머지 사람들은 모두 그대로 두면 사림이 안정하고 아무 일 없을 것이오."라고 하니, 이이가 말하기를 "저의 뜻도 같습니다."라고 하였다. 남언경이 말하기를 "이이 그대가 물러가서는 안 되오. 이렇게 어지러운 때를 어찌 염려하지 않을 수 있겠소."라고 하니, 이이가 말하기를 "위아래로 신임을 얻지 못하고 있으니 어찌하겠습니까."라고 하였다. 남언경이 말하기를 "어찌 조금의 유익함도 없겠는가."라고 하자, 이이가 말하기를 "조금의 유익함을 위하여 나의 평생을 그르치는 것은 어떻게 하겠습니까."라고 하니, 남언경이 한참 있다가 말하기를 "그 말 또한 옳소."라고 하였다. 김우옹이 이이를 보고 김효원을 매우 애석히 여기는 마음을 보였다. 그러자 이이가 웃으며 말하기를 "김효원을 보는 사람들에는 네 가지 부류가 있다. 한 부류의 논의는 김효원을 변변찮은 소인배로 여기는 것이니, 이것은 정철의 무리이고, 다른 한 부류의 논의는 명예를 좋아하는 선비로 여기는 것이니, 이것은 내가 속한 부류이다. 또 다른 한 부류의 논의는 명예를 좋아하는 선비로 여기나 그를 착한 사람으로 보는 것이니 이것은 그대들이며, 또 다른 부류의 논의는 흠집 없는 군자로 여기는 것이니 이것은 김효원의 동료들이다. 이처럼 한 사람 몸에 네 가지 부류의 논의가 갖추어져 사람마다 자기주장만 옳다고 하니 서로 통하지 않는 것이다. 이 때문에 허다한 분쟁을 일으켜 나라의 기강과 백성들의 괴로움은 외면하고 급하게 옳고 그름만 가리려고 하니, 조정이 날로 어지럽게 되는 것이다. 이것 역시 하늘의 운이다."라고 하였다. 김우옹이 "그것은 옳은 말이다. 어찌하여 이렇게 혼란스러운 데까지 이르게 된 것인가?"라고 물으니, 이이가 말하기를 "김효원의 과실이 먼저 있었다. 김효원이 자기 힘을 헤아리지 못하고 나랏일을 하고자 했고, 또 혐의를 피하지 않고 원로 사림들을 배척하니, 원로들이 노여움을 품지 않는 이가 없었으나 김효원의 기세가 드세서 감히 손을 대지 못하였다. 그래서 내가 김효원이 하는 소행을 보니 나중에 폐단이 될 것 같아 그를 제지하자는 의견을 낸 것이다. 처음에는 원로 사림들이 나를 소중히 여겨 내가 말하는 대로 따르더니만, 손을 써서 김효원을 억제해 놓은 뒤에는 마침내 나의 말을 듣지 않으니, 마치 '고기를 잡은 뒤에는 통발을 잊은 것'과 같아서 터무니없이 웃음만 난다. 김효원을 제지하는 것은 옳은데 너무 공격하는 것은 옳지 않으니, 이는 그에게 드러난 죄가 없는 까닭이다. 나의 말이 소중하게 받아들여지지 못한 것은 정철의 소견이 지나친 까닭이고, 정철의 명성이 세상에서 추앙받기 때문에 동료들이 정철을 믿고 나를 가볍게 여기기 때문이다."라고 하였다. 김우옹이 말하기를 "장차 이 일을 어떻게 구하겠는가."라고 하니, 이이가 말하기를 "그대와 유성룡(柳成龍; 1542~1607)[272), 이발이 요직에 함께 있으면 구할 수 있을 것이다."라고 하였다. 김우옹이 말하기를 "그대도 물러가려 하는데 우리들이 조정에 머문들 무엇이 유익하겠는가."라고 하니, 이이가 말하기를 "나의 거취는 이 일과 관계가 없다."라고 하였다. 김우옹이 말하기를 "어찌 경연에서 절실하게 아뢰지 않았는가."라고 하니, 이이가 말하기를 "이 일은 말하기 몹시 어려웠다. 반드시 임금과 신하가 서로 믿어야만 비로소 다 말할 수 있는 것인데, 지금 전하께서는 신하들의 마음을 헤아리지 못하신다. 만일 사실대로 다아뢰면 전하께서 반드시 조정에 붕당이 형성된 것으로 의심할 것이고, 그렇게 되면 소인배들이 어부지리의 이득을 얻게 될 것이다."라고 하였다. 김우옹이 말하기를 "그대가 조금 더 조정에 머무를 수는 없겠는가."라고 하니, 이이가 말하기를 "만약 수개월 안에 천재지변으로 폐해가 생긴다면 내가 애써서 조정에 머물러 구제할 수 있겠으나 지금은 특별히 드러난 폐해가 없다. 그러나 조정 여론이 서로 어긋나서 화목한 분위기는 점점 없어지고, 속된 논의가 득세하여 공정한 논의가 점점 미약해지고 있으니, 수년 후에는 그 증세가 나타날 것이다. 내가 지금 임금께 아뢰고 조정에서 지껄여도 모두서로 믿지 않는데, 어찌 수년 후의 걱정거리를 앉아 기다리면서 외롭게 억지로 머물러 있을 수 있겠는가."라고 하였다. 허엽이 이이를보고 말하기를 "근래의 일은 진실로 한심하다."라고 하니, 이이가 "그게 무슨 말씀이십니까?"라고 물었다. 허엽이 말하기를 "백 년이래로 외척이 항상 정권을 잡아 세상 사람들의 눈과 귀에 익숙해져서 당연한 것으로 여기다가 하루아침에 김효원같이 젊은 선비가외척인 심의겸을 배척하므로, 세상 사람들이 놀라고 괴상하게 여기는 것이다."라고 하니, 이이가 말하기를 "허엽 대감의 말이 옳은 듯

하나 실은 잘못되었습니다. 오늘날 김효원을 그르다 하는 것이 어찌 심의겸을 위한 것이겠습니까. 대감의 말이 잘못되었습니다."라고 하였다. 허엽이 말하기를 "박순과 이후백, 김계휘가 지금은 비록 명망이 있으나, 식자들이 이를 논한다면 반드시 심의겸의 문객이라고 할 것이다."라고 하니, 이이가 말하기를 "허엽 대감의 말이 크게 잘못되었습니다. 이 세 사람은 사림들이 모두 우러르는 인물들인데 어찌 심의겸에게 의지하여 명성이 높아진 사람들이겠습니까."라고 하였다. 허엽의 생각에는 심의겸이 권력을 쥔 외척의 중심인데, 박순 무리가 다 외척에게 붙어서 높은 관직에 올랐다가 김효원이 외척을 배척하니까 지금의 여론이 김효원을 억제한다고 여긴 것이다. 이이가 한수와 남언경에게 이르기를 "허엽 대감의 소견이 매우 잘못되었습니다. 후일에 조정의 일을 그르칠 사람은 반드시 허엽 대감이 될 것입니다."라고 하였다. 이이가 노수신을 보고 말하기를 "지금 조정의 논의가 시끄러운데 우의정께서 어찌 진정시키지 않으십니까."라고 하니, 노수신이 말하기를 "나 같은 사람이 어찌 진정시킬 수 있겠는가."라고 하였다. 이이가 말하기를 "정승께서 이 일을 맡지 않으시면 다시 또 누구에게 책임을 지게 합니까."라고 하니, 노수신이 말하기를 "그대는 물러가서는 안 되오."라고 하였다. 이이가 말하기를 "오늘날 김효원을 그르다 하는 사람들이 급하게 그의 잘못을 드러내려다 도리어 다른 사람의 의심을 불러일으켰습니다. 당초에 김효원을 제지할 때는 어느 한쪽으로도 치우치지 않는 공정함을 얻어 사람들이 다 조정의 공론이라고 하였습니다. 그런데 공격을 너무 심하게 하니 사람들이 도리어 의심하기를 개인적인 섭섭한 마음을 가지고 그것을 풀기 위해 김효원의 잘못을 드러내려 한다고 하여, 오히려 그를 옳게 여기는 논의가 나오게 했습니다. 너무 한쪽을 그르다고 주장하면 반드시 옳다고 강조하는 자가 있을 것입니다."라고 하니, 노수신이 말하기를 "그 말이 참으로 옳소. 모든 백관에게 분명히 말해두는 것이 좋겠소."라고 하였다.

이이가 구봉령을 보고 말하기를 "사림이 분열되어 민심이 흉흉한데, 사람들은 대감께서 조정 공론을 주도한다고 하니, 과연 그렇습니까?"라고 하자, 구봉령이 말하기를 "내가 병으로 한쪽 구석에 엎드려 있는데 어찌 이 일을 주도할 수 있겠는가. 만일 지금 다시 전하의 하교가 있으면 조정의 일이 그르치게 될 것이니, 마땅히 조용하게 진정시켜야 할 것이오."라고 하니, 이이가 말하기를 "저의 뜻도 그러합니다."라고 하였다. 이이가 박순을 보고 말하기를 "지금 조정의 일이 나아질 기미가 없으니 억지로라도 화를 면하면 다행이겠습니다. 조정이 화합하지 못하는 것이 매우 근심스러운 일입니다. 사림들의 의혹과 근심이 매우 심하니 마땅히 안정시켜야 할 것입니다."라고 하니, 박순이 묻기를 "어떤 계책을 세워야 하겠는가?"라고 하였다. 이이가 말하기를 "유성룡과 김성일 등이 고향으로 내려가서 돌아오지 않는 것은 아마도 이간질하는 말에 흔들린 모양입니다. 전하께 아뢰어 이 사람들을 특명으로 불러들여야 합니다. 그리고 김우옹이 근래에 전하께 소홀한 대우를 받고 있으니 또한 전하께 아뢰어 경연으로 끌어들여 이발 등과 더불어 조정의 공론을 잡게 하고, 정철 역시 오지 않고 있으니 이 또한 특명으로 불러들이도록 청하십시오. 이렇게 인재를 모으고 사람을 쓸 때 저울질을 공정히 해서 사람들이 이러쿵저러쿵 불평이 없도록 하여 조화롭게 진정시키는 데 힘쓰십시오. 이렇게 1~2년만 하면 조정이 안정될 것입니다. 그렇지 않으면 속된 논의가 기승을 부리고 공정한 논의는 쇠퇴하여 장차 조정이 혼탁하게 되고, 청렴하다는 명망은 모두 김효원의 무리에게로 돌아가게 될 것입니다. 그렇게 되면 원로 사림들의 인심을 잃어 결국 조정의 화합을 보지 못할 것입니다." 하니, 박순이 말하기를 "그 말이 진실로 옳소. 그러나 이 일을 책임질 사람이 없는 것이 한스러울 뿐이오."라고 하고, 이어서 이이에게 조정에 머물기를 간절히 권하였다.

　이이가 탄식하며 말하기를 "1년 동안 한양에 있으면서 책 한 권도 읽지 못하였으니, 이렇게 헛되이 시간을 보내다가 일생을 그르칠까 염려됩니다."라고 하니, 박순이 말하기를 "그대는 이미 읽은 글이 많은데도 오히려 물러가서 독서하려고 하니, 나같이 본래 독서하지 못한 사람은 장차 어떻게 처신해야 하겠는가."라고 하였다. 이이가 말하기를 "좌의정 대감께서는 대신이 되어 이미 어명을 받아 나랏일을 담당하고 있으니, 물러가서는 안 됩니다. 그러니 저와 비교할 것이 아닙니다."라고 하였다. 어운해(魚雲海; 1536~1585)[273] 가 이이를 보고 말하기를 "유몽학이 나에게 그대를 조정에 머물도록 권하라 청하였소."라고 하니, 이이가 말하기를 "나를 머물게 하여 장차 어찌하자는 것이오."라고 하였다. 어운해가 말하기를 "전하의 마음이 자주 바뀌시니, 만일 후일에 임금이 선정을 베풀려고 할 때, 조정에 진정한 학자가 없으면 어찌 애석하지 않겠소.”라고 하자, 이이가 말하기를 “앉아서 임금의 마음이 열리기를 기다리고 열리기 전에는 하는 일 없이 자리만 차지하고 녹봉만 받으면서도 부끄럽게 여기지 않으면 자기 몸부터 먼저 굽히는 것인데, 어찌 임금을 바르게 할 수 있겠소. 과연 앉아서 좋은 때를 기다리는 도리가 있다면, 옛 성현께서도 역시 마땅히 앉아서 기다렸을 것인데, 예로부터 앉아서 기다렸다는 성현이 없음은 무슨 까닭이겠소.”라고 하니, 어운해가 말하기를 “그대의 말이 옳소.”라고 하였다. 이이가 이미 물러가기로 한 것을 사림들이 알고, 이발, 송대립(宋大立; 1542~1583)[274], 어운해, 허상(許鏛; ?~?), 안민학 등이 와서 작별을 고하였다. 그러자 이이가 말하기를 “내가 지금 그동안 논의된 조정의 공론을 정리하여 말하려고 하니, 그대들은 시험 삼아 들어보시오.”라고 하니, 모두 다 그러겠다고 하였다. 이이가 말하기를 “권력을 쥔 간신배들이 조정을 어지럽힌 지 이미 오래되었소. 그들을 꺾어 환하고 맑게 하여 사림들의 공론을 펼칠 수 있게 한 것은 어찌 심의겸 등의 공적이 아니겠소. 김효원이 나랏일을 하려면 마땅히 명문가에 인심을 잃지 않아야 했는데 도리어 원로 사림들을 배척하여 그들이 분을 품고 사림들이 서로 대립하게 되었으니, 이것은 김효원의 허물이오. 이미 이렇게 되었기 때문에 조정의 공론이 그를 제지하여 외직으로 내보낸 것으로써 이미 공정하게 처리가 되었는데, 오히려 원로들이 너무 심하게 미워하고 비난하는 것은 원로들의 허물이오.

이렇게 판단하면 그동안의 사정을 알았을 것이오. 지금부터라도 서로 의심과 간격을 두지 말고 허심탄회한 마음으로 처신한다면 다시무슨 일이 있겠소. 그렇지 않으면 조정의 걱정거리가 끊이지 않을것이오. 전에는 사림들과 속된 무리뿐이었는데 지금은 사림들도 스스로 양편으로 나누어졌으니, 이렇게 만들어 놓은 것은 김효원이아니고 누구겠소."라고 하자, 어운해가 말하기를 "그 말이 참으로공론이오. 오늘 앉아 있는 사람이 다 이 의견을 따르면 지금 조정의논의는 정해질 것이오."라고 하니, 좌중이 모두 옳다고 하였다. 여성군 송인이 이이를 작별하며 탄식하기를 "지금 전하께서는 총명하게 뛰어나시고 많은 어진 선비가 조정에 모여 있다. 그래서 나같이 무능한 사람은 다만 앉아서 태평시대나 보려고 하였더니 결국일이 이루어지지 않아서 참으로 애석하오."라고 하였다. 이이가 고향으로 돌아간 후에 조정의 논의는 더욱 어지러워져서 구제할 수가없었다.

1576년 6월

봄부터 여름까지 매우 가물더니 6월이 되어서야 비가 왔다.

박계현(朴啓賢; 1524~1580)[275]이 경연에서 성삼문(成三問; 1418~1456)[276]의 충성심을 논하다가 아뢰기를 "『육신전六臣傳』은 남효온(南孝溫;

1454~1492)[277]이 지은 것이니, 전하께서 보시면 자세한 것을 아실 것입니다."라고 하였다. 임금이 『육신전』을 보고는 놀라고 분하게 여겨 하교하기를 "말이 그릇되고 망령된 것이 많아 선대왕을 비방하고 욕보였으니, 내가 장차 모두 찾아내어 전부 불태우겠다. 또 그 『육신전』에 대하여 서로 이야기하는 사람도 죄로 다스리겠다."라고 하였다. 그러나 다행히 영의정 홍섬이 곁에 있다가 사육신의 충성을 강력히 말하면서, 그 어조가 매우 간절하여 곁에 있던 신하들이 눈물을 흘리는 사람이 많았다. 이에 임금이 마침내 감동하게 되었고 곧 깨달아 그만두었다.

삼가 살피건대, 사육신은 진실로 충절이 있는 선비지만, 지금 말할 바는 아니다. 『춘추』에 나라를 위하여 악한 것을 숨겼으니, 이것도 역시 동서고금의 널리 통하는 의리이다. 박계현이 때에 맞지 않는 말을 경솔히 꺼내어 하마터면 임금이 지나친 처사를 내리게 할 뻔했으니, 참으로 어리석어 일을 모른다고 하겠다. 예전에 김종직이 성종에게 아뢰기를 "성삼문은 충신입니다."라고 하였더니, 성종이 놀라 낯빛이 변하자, 김종직이 천천히 아뢰기를 "갑작스러운 변고가 생기면 소신이 성삼문이 되겠습니다."라고 하니, 성종의 안색이 밝아졌다. 아! 지금 신하 중에 이러한 말로 임금에게 아뢴 이가 없는 것이 애석하구나.

1576년 7월

평안도 의주 목사 곽월(郭越; 1518~1586)[278]이 상소로 지금 조정의 폐단을 아뢰었다. 상소 가운데 이준경의 잘못을 논하고, 또 백인걸이 사림에게 화를 전가하려다가 은밀한 간계를 가릴 수가 없게 되자 부끄러워 스스로 물러난 것이라고 논하였다. 그러자 임금이 노하여 삼정승을 불러 하교하기를 "이준경은 조정의 기둥과 같은 원로였는데 곽월이 감히 죽고 없는 그를 비방하며, 백인걸의 충성은 태양을 꿰뚫을 정도였는데 사림의 화를 도모하였다고 하니, 그의 심중을 헤아릴 수 없다. 내가 곽월을 체포하여 국문하려고 하는데 경들의 뜻은 어떠한가?"라고 하였다. 영의정 홍섬 등이 아뢰기를 "근거 없는 말을 감히 전하께 아뢰었으니 경솔하다고 하겠으나, 국문하는 것은 불가합니다. 마땅히 너그럽게 용서하시어 신하가 직언할 수 있는 길을 넓히십시오."라고 하니, 임금이 마침내 잡아다 국문하지 않았다.

임기(林芑)[279]의 죄가 드러나 양사에서 그 죄를 다스리기를 청하였으나, 임금이 허락하지 않았다. 임기는 서얼 출신으로 글을 잘하여 처음에 사역원에서 중국 문서를 담당한 한리학관漢吏學官에 임명되었는데, 본래 성품이 음흉하고 일 꾸미기를 좋아하는 인물이었다. 김주(金澍; ?~?)를 따라 명나라에 가서 종가의 혈통 종계개정宗系改定[280]을 주청하여 그 공적으로 당상관직에 제수되었다. 항상 조정에 일이 생겨 자신을 드러날 수 있기를 바라다가, 이때 임금의 뜻이 사림들을 싫어하는 것과 덕흥군(선조의 아버지)을 추존하려는 것을 알아차리고는 승정원에 상소를 올렸다. 그 상소의 내용은 "'다른 사람의 양자가 된 사람은 그 사람의 아들이 된다.'는 논리는 성현의 법이 아닙니다. 전하는 당연히 덕흥군의 아들이 되시니 마땅히 높게 받들어야 합니다."라고 하고, 또 인종의 위패를 문소전에 모시는 것이 부당하다고 주장하였다. 이어서 선비들의 풍습은 『심경心經』[281]과 『근사록近思錄』[282]을 읽어 명예나 낚시질하여 허위 풍조를 조장한다고 비방하였다. 또 서원을 많이 세워서 민간에 폐해를 끼친다고 하였고, 정자程子가 거짓 학문의 이름을 얻은 것은 자초한 것이라고까지 말하였다. 도승지 정탁이 임기와 오랜 친분이 있었는데, 임기가 만일 이 상소를 그대로 올리면 반드시 죄를 얻을 줄 알았기 때문에 상소를 임기의 집으로 돌려보내어 다시 고쳐 짓게 하였다. 임기가 다시 고쳐 너무 심한 말은 뺐으나 오히려 사리에 어긋난 말들이 많았다. 승정원에서 이 상소를 감히 임금께 올리지 못하고 보류하였는데, 그 말이 이미 전파되어 사간원에서 듣고 임금에게 아뢰기를 "임기가 속으로 패역무도한 마음을 품고 간사한 말을 떠들어 옳고 그름을 혼란스럽게 하고 눈과 귀를 현혹했습니다. 그리고 기어코 상소까지 올려 전하의 귀에 들어가게 하였으니, 그가 조정에 우환을 끼치며 사림에게 화를 전가하려는 계획이 진실로 참혹합니다. 급히 잡아다 국문하여 법도대로 죄를 다스리십시오. 승정원에서는 이미 임기의 상소 내용이 이런 것을 보고서도 즉시 흉

악한 상황을 전하께 아뢰어 그 죄를 다스리기를 청하지 않고 예삿
일로 보았으니 그 직책을 다하지 못한 죄가 큽니다. 청하옵건대 승
지들을 모두 문책하십시오."라고 하였다. 임금이 그때까지 상소를
보지 못하였으므로 승정원에 묻기를 "임기의 상소가 어디 있느냐.
그 상소를 보지 못하였으니 사간원의 말에 답할 수 없다. 속히 그
상소를 들여오너라."라고 하였다. 승정원에서 그 상소를 올리니, 임
금이 본 뒤에 사간원에 묻기를 "임기가 상소에서 무슨 말을 하였더
냐."라고 하자, 사간원에서 아뢰기를 "임기의 상소에 놀랄 만한 말
들이 조정 안팎에 전파되었으므로 신들이 떠도는 소문만 가지고 잡
아다 다스리기를 주청한 것이며, 실상 그 상소는 보지 못하였습니
다."라고 하였다. 임금이 이르기를 "임기의 말이 참으로 사간원의
말과 같으면 잡아들여 국문하는 것이 당연하나, 지금 그 상소를 보
니 별로 흉악한 말이 없다. 그러므로 죄를 주는 것이 부당할 뿐만
아니라 마땅히 그 성의를 갸륵하게 여겨야 하니, 비록 실수로 잘못
말한 것이 있더라도 깊이 책망할 것이 없다. 사간원에서 반드시 잘
못 들은 것이다."라고 하였다. 이에 양사의 관원이 대궐 앞에 엎드
려 임기를 잡아다 국문하기를 주청하면서 아뢰기를 "임기가 인종
의 위패를 옮겨 문소전에서 내보내려 하였으니, 이 죄는 임금을 폐
위하고 방치하는 것과 같습니다. 또 덕흥대원군을 추존하고 싶어서
'다른 사람의 양자가 된 사람은 그 사람의 아들이 된다는 논리는 그
르다.' 하였으니, 이것은 부자지간의 윤리를 끊으려 한 것입니다.
또 『심경』과 『근사록』 읽는 것을 명예나 낚시질하는 것으로 여기는

것은 사림에게 화를 전가하려고 한 것입니다."라고 하니, 임금이 답하기를 "문소전을 폐하는 것이 마땅하다는 말은 조광조의 입에서 시작되었다. 만일 폐하고 방치한 이유로 죄를 준다면 조광조가 먼저 죄를 지은 것인데, 저 사람은 죄를 주지 않고 이 사람만 죄를 준다면, 임기가 불복하지 않겠는가. 또 임기의 말은 낳아준 친아비를 위하여 제사를 지내자는 것이지 추존하자는 것은 아니다. 그리고 명예를 낚시질한다는 것은 사림들이 자초한 것이 아닌가. 하찮은 일개 임기의 상소로 양사의 모든 관원이 대궐 앞에 엎드려 간언하는 것은 조급한 처사가 아닌가. 이것이 지금 우리나라의 풍습인가. 말을 듣고 듣지 않는 것이 어찌 엎드려 간언하는 것에 달려 있겠느냐."라고 하면서 윤허하지 않았다. 양사에서 간언한 지 달포가 지나서도 임금의 허락을 얻지 못하였다.

삼가 살피건대, 임기의 상소가 진실로 흉악하다. 임기의 사람됨이 하찮고 말이 천박한데 어찌 양사에서 급하게 대궐 앞에서 엎드려 간언까지 하였는가. 당초에 승정원에서 즉시 그 상소를 올리고 임기의 죄를 청하는 것이 옳았고, 사간원도 먼저 그 상소를 본 뒤에 죄를 청하는 것이 옳았다. 승정원은 이미 앞에서 실수하고, 사간원은 또 뒤에서 실수하여, 임금이 남을 무시하고 업신여기는 마음을 열어놓았다. 이 때문에 양사가 함께 엎드려 지극히 하찮은 사람에게 죄를 주자고 청한 지 달포가 지나도 임금의 윤허를 얻지 못한 것이다. 이는 나라의 체면을 손상하고 사림의 사기를 꺾은 것이니 어찌 심하지 않겠는가. 아! 임금의 뜻이 바야흐로 사림들을 싫어하므로, 임기에게 죄를 주지 않았을 뿐만 아니라 도리어 상을 주려고 한 것이다. 임금의 마음이 이러하니 어찌 바른 다스림의 도리를 바랄 수 있겠는가.

박충원을 이조판서로 삼았다. 박충원은 본래 인망이 없으나, 대신 중에 적당한 인물이 없는 이유로 이조판서를 제수받았다. 양사에서는 이를 탄핵하지 않는데 홍문관에서 탄핵하니, 임금이 노하며 따져 묻기를 "그렇다면 누가 그를 대신할만하느냐. 만일 대신할 사람을 내세우면 내가 마땅히 교체시키겠다."라고 하였다. 양사에서는 이로 인한 혐의를 피하고자 조정에 나오지 않고 박충원을 논박하지 않은 허물을 스스로 탄핵하여 사직하기를 청하고 물러가서 조정의 공론을 기다렸다. 이에 홍문관에서 양사의 관원이 조정에 출사하기를 청하며 임금께 아뢰기를 "보는 것에 늦고 빠른 것이 있으니, 언관을 경솔히 교체해서는 안 됩니다."라고 하였다. 양사에서 다시 아뢰기를 "신들도 박충원이 이조판서에 적합하다는 것은 아니나, 대신 중에 적당한 사람이 없다고 한 까닭으로 천거하여 쓴 것입니다. 이미 탄핵하지 못한 잘못이 있으니 조정에 나아갈 수 없습니다."라고 하였다. 홍문관도 사직하기를 청하며, 박충원은 사람됨이 졸렬하고 늙어 식견이 없으므로 공정한 공론에 따라 배척을 당하였다고 논하였다. 임금이 답하기를 "너희들은 나라의 정책에 대해 논의하고 간언하는 신하이나 내게는 일개의 신하일 뿐이며, 이조판서는 비록 탄핵당하였으나 내게는 중요한 관직에 있는 신하이다. 하필 깊이 꾸짖기를 이렇게까지 하여 조정에 온화한 기풍이 없게 하는가. 또 처음에는 양사의 관원을 조정에 출사시키자고 청하고, 다음에는 교체시키자고 청하니, 그대들 마음에 주장하는 바가 없는 것을 알겠다."라고 하고, 윤허하지 않다가 홍문관이 다시 사직을 청하니 마침내 양사의 관원을 모두 교체하였다. 새로 임명된 양사의 대간이 박충원을 탄핵하였으나, 임금이 끝내 윤허하지 않았다. 박충원이 스스로 조정의 공론에 용납되지 않음을 알고 병을 핑계로 사직하니, 정종영을 이조판서로 삼았다.

1576년 8월

영의정 홍섬이 병으로 사직하니, 권철을 영의정으로 삼았다.

홍담이 죽었다. 홍담은 조정에 들어와서는 청렴하고 검소한 지조가 있었고, 집안에서는 계모를 효성으로 섬겼으며, 상을 당하여서는 예를 행하는 데 매우 독실하였다. 그러나 학문하는 선비를 좋아하지 않았고, 평소에 가지고 있던 주장이 비루했기 때문에 사림에서는 인정하지 않았다. 육조판서의 자리에 오래 있었으나 정승 반열에는 오르지 못하여 답답해하며 뜻을 얻지 못하였다. 박순이 이이에게 이르기를 "홍담이 울분을 품은 지 오래되었으므로 이조판서에 제수하여 위로해 주고 싶은데 어떠한가. 그는 소견이 좁아서 만일 높은 관직을 얻으면 반드시 기뻐서 섭섭한 마음이 풀릴 것이오."라고 하니, 이이가 말하기를 "며칠 동안은 반드시 기뻐할 것이나, 며칠이 지난 후에 자기 뜻을 펴려다가 사람들과 서로 맞서게 되면 반드시 다시 노여워할 것입니다. 어찌 며칠 동안의 기쁨으로 평생의 노여움이 풀리겠습니까. 또 예전부터 사람의 노여움이 두려워서 큰 권력을 준다는 말은 듣지 못하였습니다."라고 하더니, 얼마 되지 않아 홍담이 죽었다.

홍혼(洪渾; 1541~1593)[283]이 벼슬을 버리고 경기도 양근(楊根; 양평)으로 돌아갔다. 이때 구봉령과 김우옹 등 청렴한 선비들이 모두 벼슬을 내놓고 고향으로 돌아갔다. 이는 임금의 뜻이 사림을 싫어하는 것을 알았기 때문이었다. 홍혼 역시 벼슬을 버리자, 어떤 사람이 만류하면서 말하기를 "지금 명망 있는 선비들이 다 물러가니, 그대는 억지로라도 조정에 머물러야 하지 않겠는가."라고 하니, 홍혼이 말하기를 "옳고 그름이 정해지지 않았는데 나의 거취가 무슨 관계가 있겠소."라고 하였다. 홍혼의 마음에는 김효원을 군자로 여겼는데 김효원이 제지를 당해 외직에 나간 것을 보고 분하게 생각하여 벼슬을 버린 것이다.

삼가 살피건대, 선비의 거취는 구차스럽게 하는 것이 아니다. 임금에게는 몸을 바쳐 충성하고, 백성에게는 혜택을 베풀어 주는 것이 군자의 소원이다. 선비의 말이 조정에 쓰이지 않고 도가 행해지지 않기 때문에 부득이하게 물러가는 것이지 물러가는 것이 본래의 뜻은 아니다. 홍혼의 거취는 이상하다. 말이 쓰이고 쓰이지 않는 것과 도가 행해지고 행해지지 않는 것은 논하지 않고, 다만 김효원의 진퇴로 자기의 거취를 삼으니 어찌 그리 언행이 신중하지 못한가. 아! 홍혼 같은 이는 말할 것도 없거니와, 다만 한때의 젊은 사람들이 모두 휩쓸려 김효원을 따르는 것을 기준으로 삼으니, 아! 괴이하다.

임금이 선대왕의 옛 전례를 그대로 좇아 따르고자 하여 『경국대전』을 열람하니, '지방 고을마다 모두 장작과 건초를 쌓아두고, 팔도의 주州와 부府에는 건초가 십만 다발이며 길가에는 일만 속을 더한다.'고 기록된 것이 있었다. 이에 임금이 하교하기를 "고을마다 모두 『경국대전』대로 장작과 건초를 쌓아두게 하라."라고 하니, 조정의 신하 중에 "금년은 흉년이 들어 백성들의 형편이 매우 어렵습니다. 만일 장작과 건초를 쌓아두게 하면 백성들이 반드시 견디지 못할 것입니다."라고 아뢰는 신하가 있었으나, 임금이 듣지 않았다. 이리하여 민간에는 장작과 건초가 귀하게 되어 백성들이 매우 괴로워했는데, 고을수령들은 이를 기회로 백성들을 괴롭혀 자기의 이익을 챙기려는 사람이 많았다.

삼가 살피건대, 『경국대전』에 비록 장작과 건초를 쌓아두라는 법령이 있으나, 선대왕 때 폐지하여 시행하지 않았다. 아마 이것은 군사를 동원할 때 시행한 일시적인 법령이지, 평상시의 법은 아닐 것이다. 지금 임금이 선대왕의 좋은 법과 좋은 생각은 회복하려고 하지 않으면서 다만 백성들을 괴롭히는 법령만 신속히 행하려 하여 백성들을 더욱 곤란하게 하니, 어찌 이것이 하늘의 뜻인가. 또 해마다 장작과 건초를 쌓아놓게 되면 썩어서 쓸모없게 되어 백성의 근심거리만 된다. 만일 군사를 일으킬 때만 임시로 마련한다 해도 어찌 마련하지 못할 걱정이 있겠는가. 더구나 해변의 고을은 다만 왜구만 막으면 되는데 역시 건초를 쌓으라고 명하였다. 왜구는 반드시 여름에 쳐들어오는데 여름에 말[馬]이 마른 건초를 먹겠는가. 나라에 이득은 없고 백성에게 피해만 되는 것이 이보다 더 심한 것은 없다.

1576년 11월

이순인(李純仁; 1533~1592)[284]을 이조좌랑으로 삼았다. 이때 사림의 붕당이 둘로 나누어져 마침내 화합하지 못하였다. 이순인이 일찍이 김효원을 가리켜 권세를 탐내는 선비라고 논한 적이 있으므로 윤현 등이 그를 끌어다가 이조좌랑으로 삼았다. 이순인이 요직에 있으나 조정의 공론이 윤현을 인정하지 않는 것을 알고 도리어 김효원의 동료들에게 붙으니, 정철 등이 매우 미워하였다.

좌의정 박순이 병으로 사직하였다. 박순은 젊었을 때 허엽과 동문수학한 친구라 정분이 매우 돈독하였다. 그러나 이때 이르러 허엽이 젊은 사림들의 스승이 되어 논의가 한쪽으로 치우쳐 공평하지 못하게 되니, 박순이 매우 옳지 않게 여겨 마침내 친분이 멀어졌다. 허엽은 떠들썩하게 논의를 펼쳐서 그 세력이 매우 성대해졌고, 박순은 사림들이 분열된 것을 보고 자신의 힘으로 진정시킬 수 없었으므로 마침내 정승 자리를 사직한 것이다.

1576년 12월

정인홍을 사헌부 지평으로 삼았다. 정인홍의 청렴하다는 명망은 성혼의 명망에 다음이었기에 사헌부 지평에 제수되자 사림들은 그가 조정에 나오기를 바랐다. 그러나 정인홍은 한양으로 오는 도중에 병이 있다며 사직하고 오지 않았다.

홍섬을 좌의정으로 삼았다.

1577년(정축) 선조 10년

1577년 봄

1577년 선조 10년 봄. 팔도에 전염병의 기세가 대단하였다. 이 때문에 민가에서는 "지독한 역신疫神이 내려오니 오곡밥을 먹어야 막을 수 있다."는 그릇된 소문이 떠돌아 도성 안에 널리 퍼졌다. 그 래서 잡곡을 쌓아두었던 사람들이 많은 이득을 보았다. 또 "소고기 를 먹고 소피를 대문에 뿌려야만 막을 수 있다."라고 하여, 곳곳에 서 소를 수없이 잡았다. 작년에는 흉년이 들고 올해는 또 전염병을 만나 죽은 사람이 헤아릴 수 없이 많았다.

영남지방에서 돌 속에서 불이 저절로 일어나 돌이 모두 불에 타서 부서졌다.

임금이 가까이 있는 신하에게 명하여 평안도와 황해도에 역병을 막는 제사를 지내게 하였다. 이는 팔도에 모두 전염병이 있었으나 그중에서도 평안도와 황해도가 더욱 심하였기 때문이다.

1577년 3월

임금이 인순왕후의 3년 상을 마치는 제사를 지내려 할 때 왕자가 마침 부스럼 병을 앓았다. 당시 풍속에 전염병이 돌면 제사 지내는 것을 꺼렸기 때문에 전염병을 핑계하고 임금이 말씀하기를 "천재지변이 이러하니 친히 제사 지낼 수 없다."라고 하였다. 대신들과 곁에 있는 신하, 양사에서 모두 앞다투어 아뢰기를 "재앙이 있을 때 삼가는 것과 선대왕을 추모하는 것은 서로 방해가 되지 않는 것인데, 천재지변과 전하께서 친히 제사 지내는 일이 무슨 상관이 있겠습니까."라고 하였다. 여러 날을 계속 이렇게 아뢰었으나, 임금이 끝내 윤허하지 않았다.

1577년 4월

선조의 생부 덕흥대원군의 대를 이을 자손의 세습 제도를 정하여 당상관의 벼슬을 주어 대대로 제사를 받들게 하였다.

1577년 5월

임금이 장차 덕흥대원군 사당에 친히 제사를 지내려고 하니, 홍문관에서 상소를 올리기를 "예법에 따르면 임금은 개인 사당에 제사하지 못합니다."라고 하였다. 임금이 크게 노하며 말하기를 "누가 이런 의견을 내었느냐."라고 하였다. 그러고는 장차 의금부 옥사에 가두고 국문하려 하다가, 대신들이 만류하여 그만두었다. 이때 김우옹이 마침 홍문관에 있었다. 어떤 사람이 약간 나무라며 말하기를 "다른 사람은 일을 이해하지 못하니 말할 것도 없겠지만, 그대는 학문하는 선비인데 어찌 근거 없는 말을 하였는가."라고 하니, 김우옹이 대답하기를 "동료들의 논의가 매우 날카롭게 나왔고, 나의 지식은 부족하여 말리지 못했다."라고 하였다.

삼가 살피건대, 양부모의 길러주신 의리가 진실로 중하지만 낳아주신 부모의 은혜 또한 가볍게 하지 못할 것이다. 아무리 적장자의 혈통에 뜻을 둔다고 한들 낳아준 부모의 정을 끊을 수 있겠는가. 임금이 덕흥대원군의 사당에 친히 제사하는 것은 예법에도 어긋나지 않는 일이고 인정과 도리에도 벗어날 수 없는 일이다. 홍문관에서 무슨 소견으로 중지하도록 청하였는가. 어떤 사람은 "임금이 덕흥대원군에게 제사 지내는 데 만일 임금이 신하의 사당에 임하는 예로 한다면 아들이 아버지를 신하로 삼을 수 없고, 만일 아들이 아버지 사당에 들어가는 예로 한다면 적장자의 혈통을 존중하는 데 방해가 되기 때문에 친히 제사 지내는 것은 불가하다."라고 의심하였다. 그러나 이것은 모두 옛일을 헤아리지 못한 말들이다. 예에는 공조례公朝禮, 가인례家人禮, 학궁례學宮禮가 있다. 공조례는 임금을 존중하기 때문에 비록 아버지뻘일지라도 공손히 신하의 예로 행하지만, 낳아 준 아버지는 신하로 삼지 못하는 것이다. 가인례는 부모와 그 친족을 존중하는 까닭으로 임금이라도 아버지와 형의 아래에 있는 것이니, 한나라 효혜황제孝惠皇帝가 궁중에서 제왕齊王의 아래에 앉았던 것도 이 때문이다.[285] 학궁례는 스승을 높이는 것이므로 비록 천자라도 노인에게 절하는 의식이 있으니, 한나라 효명황제孝明皇帝가 환영桓榮을 스승의 예로 절한 것이 바로 이것이다.[286] 더구나 덕흥대원군은 임금을 탄생하게 하셨으니, 가령 살아 계신다고 하더라도 임금이 감히 신하로 삼을 수 없고, 궁중에서 만나면 반드시 절을 할 것이다. 지금 사당에 들어가서 조카가 숙부에게 제사 지내는 예로 한다면 무엇이 불가할 것인가. 세속의 선비들이 의리를 행하는 공부 없이 한갓 임금을 높이고 신하를 누르는 것만을 예로 알고, 낳아 준 아버지의 정을 끊을 수 없는 것은 알지 못하고 근거 없는 의견을 아뢰어 임금이 노하게 하여 지나친 처분이 있을 뻔하였으니 참으로 한탄스러운 일이다.

전 홍문관 부제학 유희춘이 죽었다. 유희춘은 책을 많이 읽고 기억을 잘하여 경전과 역사를 다 외웠다. 또한 성품이 온화하여 임금도 그를 매우 중하게 생각하였다. 그러나 세상을 다스리고 백성

을 구제할 재주와 곧은 말을 하는 절개와 지조는 부족하여 매번 경
연에서는 문장이나 문학에 관한 이야기뿐이었고, 조정의 폐단에 대
해서는 한마디의 말도 언급하지 못하니, 식자들이 부족하다고 생각
하였다. 비록 물러나서 집에 있었으나 임금의 총애가 적지 않아 정
2품 자헌대부의 벼슬까지 내려주었는데 이때 죽었다.

공빈 김씨가 죽었다. 공빈은 김희철(金希哲; ?~1592)[287)의 딸인데,
임금의 총애를 독차지하여 두 아들(임해군, 광해군)을 낳고 죽으니, 임
금이 몹시 애통해하였다.

1577년 6월

공의왕대비가 편찮으시니, 임금이 팔도에 죄인을 풀어 주라고
명하였다. 대비가 임금에게 유관, 유인숙, 윤임, 계림군 이유의 직
첩을 다시 돌려주기를 청하니, 임금이 이 일을 어렵게 생각하고 권
철 등에게 물었다. 대신들이 모호하게 아뢰고 모두 말하지 않으니,
임금은 유관과 유인숙에게만 직첩을 돌려주었다. 이에 삼사에서 상
소하여 을사년의 위훈 삭제를 청하였으나, 임금이 윤허하지 않았
다. 어떤 사람이 우의정 노수신에게 말하기를 "우의정 대감이 젊어
서 성균관에 있을 때 유생들이 한창 웃고 시끄럽게 떠들다가도 대
감이 오는 것을 보면 사방의 자리가 모두 엄숙하고 조용해졌으며,

성균관 안에서 논의되는 것이 있으면 대감의 말을 좇았습니다. 또 좋은 의견이 있으면 비록 대감이 주장한 말이 아니더라도 유생들이 말하기를 '이것은 노수신의 의견일 것이다.'라고 하였으니, 대감이 젊었을 때의 명망은 어떠하였습니까. 그러나 지금 정승이 된 뒤로는 별로 볼 만한 사업이 없습니다. 일전에 공의왕대비가 편찮으실 때 전하에게 윤임과 계림군의 복직을 청하자, 전하께서 삼정승에게 그 의견을 물었는데, 정승이라면 마땅히 이런 기회에 충성을 다하여 일을 바로잡았어야 하는 것인데, 모호하게 아뢰어 정사를 바로 정하지 못하였습니다. 다른 정승은 그만두고라도 사림들이 모두 대감을 불쾌하게 생각합니다. 대감이 어찌 이러십니까? 나는 우의정 대감을 위하여 이 일을 애석하게 생각합니다."라고 하니, 노수신이 답하지 못하였다.

1577년 가을

1577년 가을에 큰 홍수가 나서 벼를 상하게 하여 결국 흉년이 들었다. 팔도에 전염병이 끊이지 않고, 소와 말의 전염병까지 함께 발생하였다. 특히 소가 죽는 것이 더욱 심하였다. 농부들이 소 대신 사람의 힘으로 땅을 경작하는 지경까지 이르니, 아홉 사람의 힘이 황소 두 마리에 해당한다고 한다.

이준민(李俊民; 1524~1590)[288]을 평안도 관찰사로 삼았다. 이때 평안도는 전염병으로 죽은 백성이 더욱 많았고, 서쪽 오랑캐가 침범할 우려가 있으므로 비로소 정2품 고위 관리를 선택하여 진압하려고 특별히 이준민을 정2품 자헌대부로 품계를 올려서 보낸 것이다. 권철이 이준민에게 "그대는 어떻게 서도(西道; 황해도와 평안도)를 진압하려고 하는가."라고 물으니, 이준민이 답하기를 "조정에서 백성을 이주시켜 변방을 채운다면 편안히 모여서 살 계책을 다할 것이고, 군사를 모집하여 변방 수비를 증가한다면 좋은 계책이 될 것입니다. 그러나 지금은 백성을 이주시키지도 않고 군사를 늘리지도 않으며 예전대로 하고 있으니, 무슨 좋은 계책이 있겠습니까."라고 하였다. 권철이 말하기를 "내가 듣기에 병마절도사가 예비 군사를 모두 정규 군사로 올렸다고 하니, 이것이 좋은 계책이다."라고 하니, 이준민이 말하기를 "대개 세 사람이 1호戶가 된 뒤에라야 병역에 응할 수 있습니다. 그러나 지금은 세 사람을 각각 1호로 삼고 있어서 백성이 병역을 견딜 수 없습니다. 이는 겹옷 하나를 뜯어 홑옷 두 벌을 만들고는 옷이 많다고 자랑하는 것과 다름이 없습니다. 군적에 올려진 이름은 많다고 하지만 징병할 때는 반드시 두 사람이 한 사람의 힘을 도운 뒤에야 싸우고 또 방어할 수 있습니다. 군적에 명목상으로는 군사가 늘었지만 실제로는 그렇지 않습니다."라고 하였다. 권철도 그 사정을 알고 이어서 말하기를 "이주시킬 백성이 70호인데 함경도와 평안도 두 곳에다 분배하려고 하니 어떠한가."라고 하니, 이준민이 말하기를 "저의 입장으로 보면 지금은 평안도 관찰사라 당연히 평안도를 걱정하면 되는 것이나 조정에서 보기에는 평안도와 함경도가 다를 것이 없을 것입니다. 이를 비유하면 두 명의 자식이 병이 들면 부모의 사랑이 아무리 같다고 하더라도 병이 심한 자식을 먼저 구할 것입니다. 지금 함경도는 병이 급한 곳이고, 평안도는 병이 덜한 곳입니다. 70호가 평안도에는 있고 없는 것이 상관없으나, 함경도에는 약간의 보탬이 될 것이니, 모두 함경도로 보내는 것이 좋을 것입니다."라고 하였다. 이준민이 물러나 다른 사람에게 말하기를 "내가 무슨 계책으로 변방을 진압할 수 있겠는가. 차라리 송나라 간신 왕흠약王欽若의 재齋나 올리고 불경이나 외우는 것[289]을 따라 할 뿐이다."라고 하였다.

삼가 살피건대, 이때 서북 두 변방이 모두 염려스러웠다. 다행히 오랑캐 가운데 용맹한 우두머리가 없어서 변방에서 우환이 발생하지 않았다. 만일 재주와 용맹이 있는 자가 변방의 틈을 보아 움직였더라면 누가 감히 이것을 막을 수 있었겠는가. 변방의 걱정이 이와 같았으나 대신들은 그것을 구제할 계책 하나 없이 다만 예비 군사를 없애서 군사의 수를 늘리는 것을 좋은 계책이라 하고, 또 70호의 백성을 변방으로 이주시켜 변방의 수비로 삼으려 하니, 아! 한탄할 일이다. 평안도의 백성들이 전염병에 죽은 자가 수만이 넘는데 70호의 백성이 많아지고 적어진다고 한들 무엇이 중요하겠는가. 이준민의 말이 진실로 옳다. 그러나 이 일과 관계없는 상황에서 방관하는 사람이라면 이런 말을 해도 되겠지만, 지금 이준민은 몸소 그 책임을 맡은 사람이니 이런 처사는 불가하다. 만일 계획하는 것이 있다면 마땅히 임금과 정승에게 아뢰어 들어주지 않으면 사직해야 할 것이다. 무슨 까닭으로 말도 하지 않고 또 사직도 하지 않으면서 헛되이 막중한 책임을 맡고서는 왕흠약이 했던 행적을 따르려고 하는가. 그러나 이준민 같이 교활하고 경솔하며 한갓 큰 소리나 잘하는 자를 책망할 수도 없다. 지금 조정의 일 처리가 얼마나 한탄스러운지 이것으로 미루어 알 것이다. 참으로 한심한 일이다.

토지조사를 명령하였다가 즉시 그만두라고 명하였다. 이때 논밭을 조사한 지 여러 해가 되어 토지대장이 사실과 많이 달라서 토지조사를 명한 것이다. 그 법에는 많은 임시 지방 관리인 경차관敬差官을 정하여 경차관의 수가 백여 명이나 되므로 조정의 실무를 보지 않고 있는 관리들로 채우게 하였다. 이에 해당 호조에서 예전의 조정 관리들을 모아 뽑으려고 하였으나 조정 관리들이 모이지 않았다. 세 번이나 명령하고 다섯 번이나 독촉하였으나 오는 사람이라고는 5~6인뿐이었다. 아무리 엄하게 문책하고 죄까지 주려 하였으나 끝까지 나오지 않았다. 이리하여 공신의 자식들과 아전들에게 일을 맡기고, 지방 고을에 명령하여 반드시 생원이나 진사 등 유식한 사람으로 조사 감독관을 시키라고 하였다. 고을 선비들이 서로 말하기를 "조사 감독관이란 경차관에 통솔되어 감독관이 잘못이 있으면 경차관이 벌을 주어 매질까지 할 수 있는 것인데, 우리 양반들이 중인 계급인 아전들에게 굴복하고 매질까지 당한단 말인가.

죽을지언정 이것은 할 수 없다."라고 하고는, 모두 집을 옮기고 그 일을 피하였다. 또 고을 수령이 토지조사로 인하여 민간의 쌀을 많이 거두어 더러는 사리사욕을 챙기기도 하자 민심이 동요되었고, 혹은 흉년에 토지를 조사하여 백성들을 동요시켜서는 안 된다고 하여 이내 중지하고 말았다.

　　삼가 살피건대, 나라에 기강이 없으면 모든 일을 할 수 없다. 토지조사의 경차관으로 가는 것이 죽음의 땅으로 가는 것도 아니고, 조정의 신하로서 임시 관리가 된 사람이 무식하거나 완고한 사람도 아니다. 지금 유식한 선비들을 죽음의 땅이 아닌 곳으로 보내려고 해도 되지 않는데, 오히려 무지한 백성으로 외적을 막을 수가 있겠는가. 지금 조정의 기강으로 무슨 일을 하겠는가. 만일 적국의 침략을 당한다면 반드시 백성이 살고 있지 않는 외진 곳으로 물밀듯 쳐들어올 것이니, 아! 참으로 위태한 일이다. 어떤 사람은 "토지조사를 그만둘 것이 아니다."라고 하나, 이것은 매우 잘못된 생각이다. 나라의 기강이 무너진 것이 이런 정도이니, 비록 토지조사를 한다고 하여도 반드시 뇌물을 능사로 삼아 부자의 비옥한 토지는 척박한 것으로 만들 것이고, 가난한 백성의 척박한 토지는 비옥한 것으로 위조할 것이니, 나라에서는 제대로 된 토지를 잃게 되고, 백성은 피해를 당할 것이다. 차라리 조사를 잘못하는 것보다 하지 않는 것이 더 나을 것이다.

1577년 10월

괴이한 유성이 서쪽 하늘에 나타나니 그 빛줄기의 길이가 수십 길이나 되어 혜성과 비슷했으나 혜성도 아니었다. 보는 사람들이 매우 놀라고 두려워했으며, 노인들이 모두 말하기를 "태어나서 저런 별은 보지 못하였다."라고 하였다. 임금이 하늘의 이변에 대하여 신하들에게 물으니 어떤 이가 아뢰기를 "마땅히 세상이 알아주기를 구하지 않는 선비를 등용해야 합니다."라고 하였다. 임금이 이조에 명하여 쓸 만한 사람을 적어서 올리라 하였으나, 그 뒤에 등용된 선비는 별로 없었다.

공의왕대비의 병이 깊어지자, 임금이 조정 신하를 보내어 명산대천에 기도하고 또 죄인을 석방하도록 명하였다. 이때 조정 신하들이 을사년의 위훈 삭제 청하기를 수개월 동안 그치지 않았고, 삼정승이 백관을 거느리고 조정에서 간청하였으나 임금은 윤허하지 않았다. 대비가 이것으로 인하여 울화가 더 심해졌고, 분개하는 신하들도 많아졌다. 이는 을사년의 간신배들이 대비가 몰래 윤임과 계림군 이유의 역모를 꾀하였다고 모함하였기 때문에 대비가 억울하고 원통해 한 것이다.

이후백을 이조판서로 삼았다. 이후백이 함경도에 있을 때 백성들에게 선정을 베풀더니 이때 이르러 이조판서가 되었다.

경기도에 홍수가 나서 산이 무너지고 민가가 물에 떠내려가거나 매몰되었으며, 강원도에서는 지진이 일어났다. 천재지변이 연달아 일어나니 임금이 자책하는 교서를 내리고, 또 의정부와 육조에 명령하여 낡은 풍속을 씻어 버리고 각각 책임을 다하라고 하셨으나, 이 역시 빈말뿐이었다.

1577년 11월

경진[28일]. 을사년의 위훈을 삭제하고 윤임과 계림군의 직첩을 되돌려주었다. 이때 대비의 병환이 점점 심해졌으나 대비를 모시는 궁녀들은 을사년의 사화를 일으킨 무리의 족속들로 대비가 위훈을 삭제하라는 것을 원망하는 자가 많았다. 이 때문에 매번 임금 앞에서 대비의 병환이 심하지 않다고 거짓으로 아뢰었다. 하루는 임금이 대비를 문안한 뒤에 말씀하기를 "위훈 삭제에 관한 논의는 선대왕 때 발생한 매우 중대한 일이어서 감히 마음대로 고칠 수 없는 것입니다. 그러므로 대비마마의 말을 따르지 못하여 마음이 매우 편치 못합니다."라고 하였다. 대비가 "감히 하지 못하시겠지요."라는 말을 연이어 하며 이르기를 "나라의 대사를 어찌 나 같은 미망인을 위하여 경솔히 고치겠습니까."라고 하였다. 임금이 나가다가 미처 층계를 내려가기도 전에 대비가 소리를 내며 통곡하였다. 임금이 듣고는 층계 밑에 자리를 펴고 앉아 한참 동안 머리를 숙이고 있다가 늙은 궁녀를 불러 이르기를 "내가 집에 있으면서 녹봉이나 먹었으면 평생을 잘 지낼 것이었는데, 불행하게도 임금이 되어 난처한 일을 당하는구나."라고 말하고는 눈물을 보였다. 며칠 뒤에 대비의 병환이 위독해지자 스스로 탄식하기를 "내가 죽어서도 이 죄를 면하지 못하겠구나."라고 하였다. 그 말을 마치자마자 대비의 손발이 차가워졌다. 궁녀가 급히 임금께 아뢰니, 임금이 즉시 와서 대비를 뵈니 병환을 구할 길이 없게 되었다. 중전도 와서 서로 마주 대하고 울었다. 임금이 대비께 아뢰기를 "위훈 삭제를 하겠사오니 안심하시고 병환을 다스리십시오."라고 하였다. 이에 대비가 기뻐하는 얼굴을 하며 눈을 감았다. 임금이 대비가 눈을 뜨기를 청하였으나 대비는 보지도 못하고 말도 분명하게 하지 못하였다. 임금이 대비전에서 나온 뒤에 대비는 맥을 회복하고, 임금께 사람을 보내어 "주상의 은혜가 망극하시니 갚을 바를 모르겠습니다."라고 고마운 뜻을 전하였다.

삼가 살피건대, 예로부터 나라를 위하여 세운 공훈 중에 혹 부정한 것이 있기는 하나, 을사년의 공훈 같은 허위는 없었다. 인종의 병이 위중할 때 윤임이 처음부터 끝까지 시중하였으나 별다른 부정한 논의는 없었고, 인종이 영의정 윤인경(尹仁鏡; 1476~1548)[290]을 불러 명종에게 다음 왕위를 승계하도록 하였다. 이는 형이 돌아가신 뒤에 아우가 그 뒤를 이은 것이어서 명분이 바르고 순리에 따른 것이니 염려할 것이 무엇이 있겠는가. 단지 간신배들이 선한 사람들을 미워하고 공을 탐내어 선비들을 일망타진하고 거짓 공훈을 기록한 것이니, 소인배들이 하늘을 속인 것이 이와 같은 적이 없었다. 공의왕대비가 억울한 치욕을 받은 지 이미 30여 년이니 어찌 하루인들 마음에서 잊을 수 있었겠는가. 병환이 위중해진 뒤에 조정의 공론이 일어났으나 임금이 흔쾌히 따르지 못하다가 공의왕대비의 병환이 구할 수 없게 된 뒤에야 비로소 측은한 마음으로 따랐는데, 다음 날 돌아가시고 말았다. 아! 슬프다.

1577년 11월 신사일[29일]. 공의왕대비가 세상을 떠났다. 상례를 관장하는 예관이 대신들에게 상복 제도를 물으니, 영의정 권철이 다른 정승에게는 의논하지도 않고 자기 뜻대로 송나라 고종이 원우황후元祐皇后 맹 씨孟氏에게 행한 전례를 끌어다 임금의 상복을 지팡이를 짚고 1년 동안 굵은 삼베로 지은 옷을 입는 것으로 정하였다. 이에 삼사와 조정 신하 중 참판 이상이 모두 논쟁하며 말하기를 "명종이 인종의 정통을 이으시고, 전하께서 명종의 정통을 이으셨으니, 이는 계통을 이은 것이 중요한 것이므로 3년 상이 당연하다."라고 하였다. 그러나 권철은 갈팡질팡하다가 결정을 돌이키지 않았다.

1577년 12월

위훈 삭제할 것을 조정 안팎에 널리 알리라고 하는 명에 따라 대제학 김귀영이 교서를 지어서 바쳤으나 내용이 졸렬하고 뜻이 분명하지 못하였다. 임금이 말하기를 "이것은 국가의 중대한 일이니, 마땅히 글의 내용이 분명하고 뜻이 잘 갖춰져 나라 안팎의 모든 백성이 알아들어야 할 것이다. 어찌 이렇게 엉성한가."라고 하였다. 그러고는 이후백을 시켜 다시 짓도록 하니, 사람들이 모두 김귀영의 좁은 식견을 비웃었다.

조정의 논의가 상복 제도에 대하여 논쟁이 계속되자, 임금이 공론에 따라 3년 상으로 정하였다. 양사에서 공격하기를 "권철이 다른 정승에게 의논도 하지 않고 혼자 마음대로 1년 상으로 정한 것은 남을 속인 간사한 행위입니다."라고 하였다. 권철은 부끄럽고 분노하여 병을 핑계로 조정에 나오지 않았다. 이이가 듣고 말하기를 "이것은 식견이 없는 데서 나온 것이니 만일 간사하고 남을 속인 것이라고 공격하면 권철이 불복할 것이다."라고 하였다.

황해도 해주 삼탄三灘에 물이 흐르지 않다가 며칠 뒤에 다시 흘렀다.

1578년(무인) 선조 11년

1578년 정월

1578년 선조 11년 정월. 흰 무지개가 해를 꿰뚫으니, 삼정승이 사직을 청하였으나 임금이 윤허하지 않았다.

1578년 2월

전에 한양 안에 일정한 직업 없이 빈둥거리던 사람들이 중국에서는 관보官報를 간행한다는 말을 듣고 그것을 본받아 생계를 꾸려나가려고 의정부에 글을 올려 말하기를 "청하건대 조정의 관보를 간행하여 각 관청에 내고 그 값을 받아 생계를 꾸려나가고자 합니다."라고 하여 의정부에서 허락하였고, 또 사헌부에 건의하니 사헌부에서도 허락하였다. 그 사람들이 인쇄 활자를 만들어 조정의 관보를 인쇄하여 각 관청과 지방관청, 사대부들에게 파니 받아 보는 사람들이 모두 편리하다고 생각하였다. 이렇게 행한 지 두어 달 뒤에 임금이 우연히 보고 노하며 이르기를 "대궐 밖에서 관보를 발행하는 일은 사사로이 사관을 두고 기록하는 것과 다를 바가 없다. 만일 다른 나라에 흘러 들어가게 되면 나라의 부끄러움을 드러내게 되는 것이다."라고 하였다. 그러고는 대신들에게 묻기를 "누가 이 일을 주장한 것인가."라고 하니, 대신들이 임금의 위엄에 두려워 똑바로 말하지 못하였다. 이리하여 그 사람들을 의금부에 가두고 고문하여 주동자를 추궁하였다. 그러나 그 사람들은 이것으로 생계를 꾸려 나가려는 것에 불과하였고 사실 주동자는 없었다. 이들이 매를 많이 맞아 거의 죽게 되자 양사의 대간이 임금께 형벌을 정지하자고 청하였으나 윤허하지 않았다. 대신들이 다시 주청한 뒤에야 국법에 따라 처리하라 하고는 마땅히 대역죄의 법으로 다스리라고 명하였다. 의금부에서 형벌이 과중하다고 아뢰니, 임금이 처음에는 따르려 하지 않았으나, 그 뒤에 그보다 한 단계 낮은 형벌을 적용하여 모두 먼 지방으로 귀양을 보냈다.

삼가 살피건대, 조정 관보를 간행한 것은 처음부터 간사한 모의가 아니었다. 단지 우매한 사람들이 사소한 이익으로 생계를 꾸려 가고자 했던 것이다. 애당초 의정부와 사헌부에 청하여 모두 간행할 것을 허락받았으니, 과실은 두 관청에 있는 것이다. 어찌 어리석은 백성만 죄를 줄 것인가. 설령 임금의 위엄이 두렵더라도 두 관청에서 간행을 허가한 죄를 임금께 스스로 아뢰어 그 사람들을 구원하였다면 비록 문책은 받았을망정, 어찌 그들이 험한 일까지 당하였겠는가. 머뭇거리기만 하고 말을 하지 않아 어리석은 백성들만 형벌을 받게 하고, 임금은 백성을 살피지 않는 입장이 되었으니 겁만 먹고 나약하여 의리가 없는 자들이라 하겠다.

1578년 2월 을미[4일]. 인성왕후(공의왕대비)의 발인 때 길에서 지내는 제사인 노제路祭 장소에 큰바람이 불어 장막이 넘어져 상여 위를 덮쳤다. 그러나 옆을 지키던 조정의 신하는 없었고 다만 하인과 군졸들만 시끄러울 뿐이었다. 이를 듣는 사람들이 분하게 생각하였다.

1578년 3월

사간원 대사간 이이가 임금의 부름을 받고 한양에 올라와 임금의 은혜에 절을 올린 뒤에 사직하며 말하기를 "전하께서 상중에 계시므로 신하 된 자의 도리로 차마 편히 있을 수 없어 간신히 올라왔습니다. 그러나 이것은 견마犬馬 같은 하찮은 정성으로 다만 전하의 용안을 한번 뵈러 온 것이지 벼슬을 맡을 생각은 없습니다. 청하옵건대 신의 사직을 윤허하여 주십시오."라고 하니, 임금이 "사직하지 말라."라고 답하였다. 이때 정철은 사헌부 집의로 한양에 있었다. 정철의 생각에는 이이가 시골에 오래 머물다가 지금에야 비로소 한양에 올라왔으니 임금이 이이를 맞이하고 위로하는 말씀이 있으리라 생각하였는데, 임금의 대답에 다른 말이 없는 것을 보고 탄식하며 말하기를 "사직하지 말라는 한마디뿐이니 어찌 그리 간단한가."라고 하였다. 이이가 물러간 뒤로 임금의 부름을 여러 번 사양하다가 지금에야 부름을 받고 부임하는 것을 본 친구들은 의심이 많았다. 이이가 말하기를 "나는 산림에 은거하는 선비가 아니다. 비록 나라의 녹봉은 먹지 않아도 나의 직분은 늘 조정에 있으니, 평상시에는 전하의 부름을 사양할 수가 있으나, 지금은 전하께서 상중에 계시니 고향 집에 물러나 있기가 마음이 편치 않아서 조정에 나와 전하의 은혜에 감사하려는 것뿐이다."라고 하였다. 이때 조정의 선비들은 아직도 화합하지 못하고 서로 시기하고 의심하던 때라, 이이가 억지로라도 머물면서 조정의 공론을 화합시키기를 원하였다. 정철도 처음에는 사림들의 의심을 받더니, 지금은 자신의 소견을 바꾸어 공평한 의논을 가지고 이이에게 조정에 머물기를 간곡히 권하였다. 이이가 말하기를 "내가 이번에 온 이유는 벼슬을 하려고 온 것이 아니라, 다만 잠깐 나와 임금의 은혜에 보답하고자 한 것이다. 임금의 윤허 없이 벼슬하는 것은 의리에 맞지 않는 일이다. 내 몸이 바르지 못하면 나랏일도 바르게 처리할 수 없다. 그러나 그대의 경우 예전에 물러났던 것은 생각하는 바가 있었기 때문이고, 평생의 거취를 결정한 것은 아니다. 지금은 소견을 바꿔서 사림을 조화시키려고 하니, 지금 사림의 공평함을 지켜야 할 책임이 그대에게 있다. 그대는 물러나서는 안 된다."라고 하였다. 이이는 정철이 홀로 남을 것을 염려하였다. 김계휘가 이이에게 말하기를 "그대가 지금은 비록 조정의 요직에는 있지 않고 관직명만 갖고 있더라도 사림들의 의논을 화합시키는 것이 옳다. 지금은 사림들이 서로 화합하지 못하고 공정한 논의가 행해지지 못하여 조정은 혼탁하다. 그대 같은 사람은 나라의 두터운 은혜를 받았으니 혹시 나중에 뜻하지 않는 변고라도 생긴다면 앉아 보기만 하고 달려오지 않을 것인가. 어지러워진 뒤에 달려오기보다는 어지럽기 전에 미리 구원하는 것이 낫지 않겠는가?"라고 하였다. 이이가 말하기를 "대개 사람이란 일어선 뒤에 걷는 법입니다. 내가 만일 이대로 머물러 있다면 정말 명분과 의리가 없는 것입니다. 본인도 실수한 처지에 지금 조정의 폐단을 구한다는 것은 사람이 일어서지도 못하면서 걸으려 하는 것과 같은 것이니 엎어지지 않을 사람이 몇 사람이나 있겠습니까."라고 하였다. 이지함이 이이를 만나러 왔는데 명망 있는 선비들도 많이 모였다. 이지함이 좌우를 돌아보며 큰 소리로 말하기를 "성현께서 하신 일도 폐단이 있었다."라고 하였다. 이이가 웃으며 이지함에게 말하기를 "무슨 기이한 이야기를 이렇게까지 하십니까. 내가 늘 원하는 것은 대감께서 글 하나를 지으셔서 도가道家의 장자莊子와 견줄 수 있게 되는 것입니다."라고 하였다. 이지함이 웃으며 말하기를 "옛날에 공자께서는 병을 핑계로 제자 유비孺悲를 보지 않앉고,²⁹¹⁾ 맹자는 병을 핑계로 제나라 왕이 부르는데도 가지 않았다.²⁹²⁾ 이 때문에 후대의 선비들은 없는 병도 있다고 하니, 병을 핑계로 사람을 속이는 것은 남의 집 게으른 종과 머슴들이나 하는 짓이다. 하물며 선비 된 자로 차마 이런 짓을 하면서 공자와 맹자가 하던 일이라 하니, 어찌 성현이 하신 일이 지금의 폐단이 되지 않겠는가. 내가 어찌 장자와 같은 말을 하겠는가."라고 하였다. 그러니 온 좌중이 모두 웃었다. 이때 이이가 병을 핑계로 사간원 대사간을 사직하려고 했기 때문에 이지함이 이런 말을 한 것이다. 이지함이 또 말하기를 "작년의 요사스러운 별을 나는 상서로운 별이라 여긴다."라고 하였다. 이이가 "왜 그렇게 말씀하십니까."라고 물으니, 이지함이 말하기를 "인심과 세상의 도가 지극히 퇴폐하여 장차 큰 변이 생길 듯하더니, 그 별이 나타난 뒤로 임금과 신하가 모두 두려워하여 민심이 변하면서 다행히 큰 변은 생기지 않았으니 어찌 상서로운 별이 아니겠는가."라고 하였다. 이지함이 또 여러 선비에게 말하기를 "지금의 나랏일은 사람의 원기가 이미 쇠한 것과 같아서 손을 써도 구제할 길이 없다. 다만 한 가지 묘책이 있으니 위태로운 지금의 형세를 구할 수 있을 것이다."라고 하였다. 좌중에서 그 묘책을 물으니, 이지함이 말하기를 "지금 세상에서 이 묘책을 쓰지 않을 것인데 어찌 말하겠는가."라고 하였다. 그러고는 굳이 아끼며 말하지 않았다. 좌중에서 간절히 물으니, 얼마 있다가 이지함이 말하기를 "지금 이이를 조정에 머물게 두면 크게 일을 하지는 못하겠지만, 조정이 위태로울 지경에 이르게 하지는 않을 것이니 이것이 묘책이다. 이것 이외에 무슨 다른 묘책이 있겠는가. 항우와 유방이 서로 싸울 때 한나라 유방이 한신韓信을 얻은 것이 묘책이고, 관중關中 땅을 처음 평정하고는 재상 소하蕭何에게 그 땅을 맡겨 둔 것이 묘책이다. 소하와 한신을 얻은 뒤에는 다른 묘책을 다시 도모할 필요가 있겠는가.”라고 하였다. 좌중이 모두 웃었다. 이지함의 말이 비록 해학적인 면이 있었으나 식자들은 지금 상황에 꼭 맞는 말이라 생각하였다.

좌의정 홍섬과 우의정 노수신이 모두 병으로 사직하였다. 승정원에서 아뢰기를 “두 정승이 한꺼번에 사직하니 민심이 불안해합니다.”라고 하니, 임금이 “조정의 대신이 나가고 드는 것은 승정원에서 상관할 바가 아니다.”라고 하였다. 부제학 이산해가 이이에게 묻기를 “우의정 노수신이 정승 자리에서 물러나는 것이 지금 조정의 일과 관계가 있는 것인가?”라고 하였다. 이이가 말하기를 “우의정께서 정사를 잘 돌보지 못하므로 사람들이 흔히들 부족하게 생각하나, 지금 세상은 아무리 세상을 다스릴 재주를 가진 사람이 정승 자리에 있더라도 어찌할 수 없을 것이오. 기술을 가진 장인에 비유하면 우의정은 일하지 않고 앉아서 먹는 사람이오. 비록 유익하게 하지는 못하여도 손해는 없을 것이오. 우의정이 사직한 뒤에 하는 일 없이 기와나 부수고 담벼락에 금이나 긋는 사람이 대신의 자리 앉는다면 그 피해가 어찌 적겠는가.”라고 하니, 이산해도 그렇다고 하였다. 이에 홍문관에서 상소를 올려 노수신이 우의정의 직분을 수행할 수 있도록 청하였으나 임금이 윤허하지 않았다.

1578년 4월

　사헌부 지평 김천일이 병으로 사직하였다. 김천일은 청렴하다는 명망으로 강원도와 경상도 벼슬아치의 감찰을 맡아보는 도사都事를 지냈다. 이때 사헌부 지평을 제수하니 취임한 뒤에 바로 상소를 올리고 사직을 청하였으나 임금이 허락하지 않았다. 김천일은 사람 됨됨이가 부지런하고 성실하였다. 하루는 임금 앞에 나아가 조정의 폐단을 극진히 말하고 또 어진 선비를 등용시켜 세상을 올바르게 다스리기를 청하였으니 그 말이 매우 간절하였다. 반나절 내내 수백 번 아뢰었으나 임금이 한마디도 답하지 않으니, 김천일이 그 뜻이 꺾여 병을 핑계하고 사직한 것이다.

　다시 홍섬을 좌의정으로 삼았다. 임금이 사림들을 싫어하고 속된 무리의 사람들에게 마음이 있었기 때문에 홍섬을 다시 정승으로 삼은 것이다. 그러나 홍섬은 병이 있다고 사직하였으나 임금이 허락하지 않으므로 어쩔 수 없이 조정에 나와서 일을 보았다. 이때 정언지를 충청도 감사에 임명하고 또 특명으로 종2품 가선대부로 올렸다. 양사에서 이것의 부당함을 주청하니 임금이 답하기를 "정언지가 가선대부에 합당하지 못한 것이 아니다. 그렇다면 등용 전에는 말을 잘하나 등용하면 일을 그르치는 '정언용위靜言庸違'하는 사람들이나 계급을 올려 주는 것이 옳은가."라고 하였다. 대개 임금이 선비들 가운데 좀 낫다는 사람들은 건의하는 것을 좋아하다가 쓰이지 않으면 물러가기를 바라기 때문에 이러한 사람을 '정언용위'로 지목한 것이다. 정언지는 여러 번 승정원에 있었는데, 말을 삼가고 침묵하여 무능했기 때문에 특별히 선발하여 사림들의 버릇을 고쳐 당시 정사의 잘잘못을 말하지 못하도록 하려는 것이었다. 임금이 바라는 것이 이러했기 때문에 사림이 실망하였다.

다시 노수신을 우의정으로 삼았다. 사림들은 박순이 다시 정승이 되기를 바랐으나, 박순은 경연에서 조정의 폐단에 대해 자주 이야기했기 때문에 임금이 싫어하여 노수신을 다시 등용한 것이다. 노수신은 조정의 폐단을 말하지 않았다.

이이가 고향으로 돌아갔다. 이이는 항상 나라를 걱정하는 생각을 품고 있었으므로 위훈 삭제가 좋은 정치를 행할 기회가 되리라 생각하였다. 또 임금이 상중에 계셨으므로 올라와서 임금을 뵙고 지금의 정사에 대해 극진히 논하고 이어서 다시는 조정에 돌아오지 않음을 청하려 하였다. 그러나 임금이 이이를 모른 체하고 만나려는 뜻이 없었으므로 병을 핑계로 대사간을 사직하니, 많은 선비가 이이를 만류하였다. 김천일이 이이에게 말하기를 "우리나라 사대부는 나라의 두터운 은혜를 받는 것이 다른 나라와 다르다. 대개 사대부 집안은 가업을 대대로 전하는 것이 봉건제도와 비슷한 점이 있으니 마땅히 좋고 궂은일을 나라와 같이해야 한다. 지금 조정의 일이 매우 위급한 때이니 결단코 고향으로 돌아가서는 안 된다. 그대가 지금 고향으로 돌아가려는 것은 조정의 위급한 상황을 보지 못한 까닭이다. 만일 위급한 것을 알면 어찌 차마 버리고 돌아가겠는가. 지금 적극적으로 일하기를 바라는 것은 아니다. 다만 묵묵히 관직에 있으면서 인재를 모으고 한마음으로 협력하여 나라를 지탱할 계책을 다하여야 하는 것이다. 내가 늘 바라는 것은 지금 세상의 군자가 모두 춘추시대 때 위나라 영무자審武子의 우직한 점293)을 배우라는 것이다."라고 하였다. 이이가 말하기를 "그대의 말이 매우 간절하니 내 마음이 착잡하다. 영무자의 일을 한 장 적어서 벗들에게 보여주게. 그러나 나는 이미 사직하였네. 지금 임금의 윤허 없이 다시 조정에 나올 수도 없고, 그렇다고 내가 처음 사직을 청한 것도 아니다."라고 하였다. 이지함이 "그대는 어찌 이대로 물러나는 것인가."라고 하며, 이이를 책망하였다. 이이가 "이것이 저의 잘못입니까?"라고 말하니, 이지함이 말하기를 "비유하면 어버이의 병이 지극히 위중하여 죽음이 조석에 달렸는데 자식 된 사람이 약을 드리면 병든 어버이가 극히 노하여 그 약을 먹지 않고 혹 약사발을 땅에 던지거나 자식의 얼굴에 던져서 코와 눈이 상했다면 자식 된 사람이 물러갈 것인가 아니면 울면서 간절히 권하여 노할수록 더욱더 약을 권할 것인가. 이것으로 그대의 옳고 그름을 알 것이다."라고 하였다. 이이가 말하기를 "비유는 매우 적절합니다. 그러나 군신의 관계와 부자의 관계는 서로 다르지 않겠습니까. 만일 대감의 말씀 같다면 신하의 도리로서 어찌 물러갈 뜻이 있겠습니까."라고 하였다. 이이가 떠나면서 정철에게 말하기를 "지금 조정의 일은 손을 댈 만한 곳이 없고, 오직 사림들이 화합하여 공정한 논의가 조정에 실행되면 반이라도 구할 수 있을 것이다. 지금 그대가 젊은 선비들에게 의심받고 있고 경솔한 무리가 그대의 말을 빙자하고 심의겸과 김효원 사이를 교란하여 옳고 그름을 현혹되게 하니, 그대가 만일 조정에 있어서 공론을 조화롭게 유지하면 사림들이 의심을 풀 것이고, 말을 만들고 일을 꾸미려는 무리들이 뜻을 잃어 함부로 굴지 못할 것이니 그 유익함이 어찌 적겠는가. 또 그대는 전하께 사직을 청하지 않았으니 조정에 머물러 있으시오. 나는 이미 사직하였으므로 조정에 다시 나올 수 없다. 그대에게 내가 사림을 화합시킬 책임을 부탁하고 물러가네."라고 하였다. 정철은 이이의 뜻이 옳다고 생각하였다.

절도사 다음가는 벼슬인 경상 우후虞侯 손익(孫翼; ?)이 군사들을 시켜 무기를 수리하는데 너무 심하게 독촉하여 군사들이 원한을 품고 한밤중에 결집하여 밖에 진을 치고 난을 일으키려고 하였다. 손익이 겁을 먹고 직접 나가 사과한 후에 군사들의 원한이 풀렸다. 절도사 곽영(郭嶸; ?~?)[294]이 주동자를 몰래 잡아 가둔 뒤에 그 사실을 임금에게 아뢰었다. 임금이 매우 놀라면서 주동자를 참수한 후 그 머리를 매달아 군중에게 위엄을 보였고, 손익도 죄를 주었다. 무장들이 모두 말하기를 "진영의 군대가 장수의 명령을 옳지 않게 여기면 진영 밖에 진을 치는 것이 근래의 일이다. 단지 진영의 장수가 죄를 당할까 염려하여 감히 말하지 못했던 것인데, 마침내 발각되었기 때문에 주동자가 죽은 것이다. 이것도 운명이다."라고 하였다. 이때 군대의 문란함이 이런 지경까지 이르렀다.

1578년 5월

이이를 다시 사간원 대사간으로 불렀다. 이이가 상소를 올리고 사직하며 또 아뢰기를 "전하께서 만일 신을 조정에 다시 쓸 수 있는지 여부를 판단하시고자 한다면 지금 조정의 정사를 먼저 물어보시고 신의 의견을 받아들일 수 없으면 청하옵건대 신을 다시 부르지 마십시오."라고 하였다. 임금이 답하기를 "그대의 사직 상소는 보았다. 대사간의 자리는 오래 비워둘 수 없으므로 사직을 허락한다. 또 그대의 마음에 품은 뜻이 있거든 상소로 알려라."라고 하였다. 이에 이이가 상소하여 지금의 폐단을 극진히 말하고 또 그것을 구제할 계책을 말하니 만여 자가 넘었고, 그 내용이 매우 간절하였다. 임금이 이에 "상소의 내용을 살펴보니 충직한 정성이 매우 깊고 갸륵하다."라고 대답할 뿐, 그 의견을 받아들이거나 이이를 다시 불러들일 뜻은 없었다. 승정원에서 다시 이이를 부르기를 청하여 임금의 부름이 있었으나 이이가 사직하고 한양에 오지 않았는데 얼마 되지 않아 다시 대사간을 시킨 것이다. 이것은 이이가 임금의 부름에 사양하는 상소를 올린 후였는데, 이때 당시는 이이가 대사간에 다시 임명된 것을 미처 모르고 있었으므로 새로 임명된 대사간의 직을 사퇴하지 못한 것이다. 임금이 이르기를 "이이가 병으로 올 수 없다고 하니 대사간을 교체할 것이다."라고 하였다. 승정원에서 아뢰기를 "이이가 다만 전에 내려진 전하의 명만 사퇴했을 뿐이고, 대사간은 아직 사직하지 않았습니다. 대사간의 자리는 반드시 스스로 사직한 다음에 바꿔야 하는 것이니 미리 바꾸는 것은 온당하지 못한 일입니다."라고 하였으나, 임금이 허락하지 않았다. 이에 사간원과 홍문관이 모두 상소를 올려 사간원의 장관이 스스로 사직하기를 기다리지 않고 대사간을 미리 교체하는 것은 옛 전례도 아니고, 또 선비를 대우하는 도리 또한 아니라고 하였다. 임금이 답하기를 "어찌 이이 한 사람을 위하여 대사간의 자리를 오래도록 비워 두겠는가."라고 하였다. 임금의 뜻은 이이가 달려와 자신의 부름에 응할 것을 바랐으나, 이이는 물러나기를 쉽게 하고 조정에 나오기를 어렵게 했기 때문에 그 굳센 행동에 노하여 매번 관직의 임명으로 굴복시켜 이이를 얽어매려 하였으나, 이이가 끝끝내 임금의 명을 따르지 않았다. 며칠 만에 이이를 다시 이조참의에 임명하였으나 이이가 끝내 사양하고 나오지 않았다. 성혼이 이이의 만언봉사 상소를 읽고 말하기를 "참으로 지금 조정을 다스릴 충직하고 절실한 계책이다. 이 상소가 채택되고 채택되지 못하는 것은 지금 조정의 운명이지, 사람의 힘으로 될 일이 아니다."라고 하였다.

정철을 동부승지로 삼았다. 정철은 홍문관 직제학에 임명되고 조정에 머물면서 사림들을 화합시키려고 하였다. 그러나 승정원에 승지가 된 뒤로 두 번이나 사직을 청하였으나 임금이 허락하지 않았으므로 조정에 나왔다. 승정원에 있으면서 임금의 잘못된 하교가 있으면 다시 상소를 올려 바로잡아서 사림들의 사기를 많이 진작시켰다. 이때 심의겸과 김효원의 당파분쟁이 더욱 성하여 심의겸의 무리를 '서西'라 하고, 김효원의 무리를 '동東'이라 하였다. 조정 신하 가운데 특별하게 뛰어난 사람이나 졸렬하여 이름나지 않은 사람이 아니면 모두 동이나 서로 지목을 받게 되었다. 정철은 남들이 서라고 지목하였기 때문에 이이가 정철에게 젊은 선비들과 상의하여 '동인서인'이라는 말을 타파하라고 권하였다.

홍가신(洪可臣; 1541~1615)[295]을 사헌부 지평으로 삼았다. 홍가신은 다른 사람을 감화시키는 힘이 있었다. 조원과는 젊었을 때부터 벗이었는데, 조원은 이조좌랑이 되어 사사로운 정을 따르는 허물이 있었고 또 경솔하여 인망이 없었다. 그래서 홍가신이 조원에게 말하기를 "공정성을 따르려면 사사로운 정을 돌볼 수가 없는 것이다. 그대가 실수한 것이 많으니 내가 사사로운 정을 따른다고 그대를 탄핵하지 않을 수 없다."라고 하였다. 이리하여 홍가신은 조원을 논박하여 사직하게 만드니 공론이 통쾌하다고 하였다. 홍가신은 사람들이 동인이라 지목하고, 조원은 사람들이 서인이라 지목하였기 때문에 말을 만드는 사람들이 "동인과 서인이 불화하므로 서로 공격하여 이런 꼴이 되었다."라고 하였다. 이 일을 정철 역시 평정시키지 못했다.

1578년 6월

사헌부에서 평안도 관찰사 이준민의 아들이 살인한 것은 이준민이 그 아들을 단속하지 못한 것이니 파면하여야 한다고 주청하였다. 그러나 임금은 단지 자리만 교체하라 명하고, 대신들에게 평안도 관찰사 자리에 적당한 인물로 문무를 겸비하고 지략을 갖춘 몇 사람을 천거하라고 하였다. 어명에 따라 대신 권철 등이 이양원과 황림을 천거하였다. 이양원은 경솔하여 절개가 없고, 황림은 단지 꼼꼼할 뿐 주변머리가 없는 사람으로 두 사람 모두 재주와 지략이 없는 사람들이다. 조정의 공론이 모두 권철이 임금을 속인 것이라고 하였다. 며칠 후에 이양원을 정2품 자헌대부로 올리고 평안도 관찰사를 시켰다. 이에 양사가 논박하였으나 임금이 끝내 허락하지 않고, 다만 자헌대부로 품계를 올린 것만 바꾸었다.

무신일[6월28일]. 문소전 뜰에 벼락이 내리쳐 나무를 때리니, 임금이 놀라고 두려워 신하들에게 대책을 구하는 하교를 내리고 또 억울한 죄인들을 석방하라고 하였다.

이조판서 이후백이 병으로 사직하였다. 이후백이 이조판서가 된 뒤로 조정의 공론을 숭상하고 청탁을 받지 않아 이조의 인사 처리가 원만하였다. 비록 오랜 벗이라 할지라도 자주 찾아가 보면 마땅하게 생각하지 않았다.

하루는 집안사람이 찾아와 말끝에 관직을 구하는 뜻을 비쳤더니, 이후백이 얼굴빛을 고치며 사람들의 이름이 많이 기록된 작은 책 한 권을 꺼내어 보여주었는데 장차 벼슬을 시킬 사람들이었다. 그 집안사람의 이름도 그 안에 적혀 있었다. 이후백이 말하기를 "내가 자네 이름을 기록하여 장차 천거하려 하였는데, 지금 자네가 관직을 구하는 말을 하니 만약 관직을 청한 자가 벼슬을 하게 된다면 이는 공정한 도리가 아니다. 자네가 만일 그 말을 하지 않았더라면 벼슬을 할 수 있었을 것인데 참으로 애석하다."라고 하였다. 그러자 그 사람이 그만 부끄러워서 돌아가 버렸다. 이후백은 항상 벼슬자리 하나라도 임명할 때면 꼭 그 사람을 등용할 수 있는가 없는가를 두루 물었으며, 만일 적당하지 못한 사람을 잘못 등용하였다면 밤에 잠을 이루지 못하고 "내가 나랏일을 그르쳤다."라고 말할 정도였다. 당시 여론이 "이후백 같이 공정한 사람은 근래에 비교할 사람이 없다"라고 하더니, 지금에 와서 병으로 사직하고 정대년이 그 자리를 대신하였다.

1578년 7월

전 호조판서 윤현이 죽었다. 윤현은 재물 관리는 잘하나 성품은 인색하였다. 집에서는 털끝만큼도 낭비하지 않아 부자가 되었으나 다른 사람의 급한 사정은 들어주지 않았다. 호조판서가 되었을 때, 돈과 곡식의 계산을 한 푼 한 치도 틀리지 않게 하니 사람들이 그 재주에 탄복하였다. 다만 백성들의 폐해는 구제하지 않고 오직 나라의 재정만 근심하여 백성들의 원망을 많이 받았기 때문에 식자들이 재물을 탐내어 마구 거두어들이는 신하라고 지목하였다.

충청도 아산 현감 이지함이 죽었다. 이지함은 어렸을 때부터 욕심이 적어 재물에 인색하지 않았다. 기질을 특이하게 타고나서 추위와 더위, 굶주림과 갈증을 잘 참았다. 어떤 때는 겨울에 알몸으로 거센 바람 속에 앉아 있었고, 어떤 때는 열흘을 굶어도 병들지 않았다. 타고난 효성과 우애가 있어 형제간에 있고 없음을 따지지 않아 자기 재물이 없었으며, 또 재물을 가볍게 여기고 다른 사람에게 베푸는 것을 좋아하였다. 그는 세상의 화려함이나 음악과 여색에는 담담하여 좋아하는 바가 없었다. 또 배를 타는 것을 좋아하여 바다에 떠다니다가 위험을 당하여도 놀라지 않았다. 하루는 훌쩍 제주도에 들어갔었는데 제주 목사가 이지함의 명성을 듣고 관아 숙소로 영접하고 아리따운 기생을 보내 같이 잠자리에 들게 하였다. 그리고 창고의 곡식을 가리키며 기생에게 말하기를 "네가 만약 이지함에게 사랑을 받는다면 창고 하나를 상으로 주겠다."라고 하였다. 기생이 이지함의 사람됨을 이상하게 여기고 그를 반드시 유혹하려고 밤에 별의별 교태를 다 부리며 하지 않은 짓이 없었다. 그러나 이지함이 끝끝내 유혹에 넘어가지 않으니, 제주 목사가 더욱 존경하였다. 이지함은 젊었을 때는 공부를 하지 않았으나, 장성한 뒤에는 그의 형 이지번(李之蕃; ?~1575)²⁹⁶⁾이 공부하라고 권하자 그때부터 비로소 분발하여 학문에 힘써 먹고 자는 일도 잊고 얼마 되지 않아 학문의 이치에 통달하게 되었다. 과거시험에는 얽매이지 않았고 스스럼없이 자신이 내키는 대로 하는 것을 좋아하였다. 이이와는 매우 친숙하게 지냈다. 이이가 성리학에 뜻을 두기를 권하였더니 이지함이 말하기를 "나는 욕심이 많아 성리학을 못 한다."라고 하였다. 이이가 말하기를 "현감께서는 명예와 이익, 음악과 여색을 좋아하지 않으시니 무슨 욕심으로 학문에 방해가 되겠습니까."라고 하니, 이지함이 말하기를 "어찌 명예와 이익, 음악과 여색만 욕심이겠는가. 마음이 가는 곳이 하늘의 이치가 아니면 모두 욕심이다. 내가 마음 내키는 대로 하는 것을 좋아하여 일정한 규칙으로 단속하지 못하니 이것이 바로 물욕이 아니겠는가."라고 하였다. 그의 형 이지번이 세상을 떠나자, 이지함이 부모상을 당한 것처럼 애통해하고 1년 상을 치른 뒤에도 또 마음으로는 3년 상을 지냈다. 혹 예가 지나치다고 의심하는 사람이 있자, 이지함이 말하기를 "형은 나의 스승이니 내가 스승을 위하여 마음으로 3년 상을 치른 것이다."라고 하였다. 그 해에 아산 현감을 제수받으니 친한 사람들이 부임할 것을 권하였다. 이지함이 부임하여 백성들에게 고충을 물으니, 아산에 있는 물고기를 기르는 연못이 고을 백성들의 괴로움이 된다고 하였다. 대개 고을에 물고기를 기르는 연못이 있으면 백성들을 시켜 돌아가며 물고기를 잡아들이게 했기 때문에 가난한 백성들이 매우 괴로워하였다. 그래서 이지함이 그 연못을 막아서 없애버리니 후환이 아주 없어졌다. 무릇 명령을 내릴 때는 모두 백성을 사랑하는 것을 위주로 하니 백성들이 그를 존경하였으나, 갑자기 이질에 걸린 지 오래지 않아 세상을 떠났다. 당시 그의 나이 62세였다. 고을의 백성들이 애도하기를 친척의 상을 당한 것 같이 슬퍼하였다. 전에 김계휘가 이이에게 "이지함은 어떤 사람인가? 누가 제갈량에게 비하던데 과연 그러한가?"라고 물으니, 이이가 답하기를 "이지함 현감은 어느 한 곳에 맞추어 쓸 인재가 아니다. 어찌 제갈량에게 비하겠습니까. 물건에 비유하면 이상한 화초, 진기한 새, 괴이한 돌과 같고 베와 비단, 콩과 곡식에 비할 바는 아닙니다."라고 하였다. 이지함이 이 말을 듣고 웃으며 말하기를 "내가 비록 콩과 곡식은 아니나, 도토리나 밤 따위는 못 되겠는가. 어찌 전혀 쓸 데가 없단 말인가."라고 하였다. 대개 이지함의 성품은 오래 지속되는 일은 못 하고, 일을 하는 데 시작은 있으나 끝이 없는 일이 많아 오래 일할수 있는 재목이 못 되었다. 또 기이한 것을 좋아하고 상식적인 도리로 일을 이루려는 사람이 아니었기 때문에 이이가 이렇게 말한 것이다.

이조판서 정대년이 병으로 사직하고, 노진을 이조판서로 삼았다. 노진은 을해년[1575]에 임금의 특명으로 예조판서에 임명되었으나 노모의 병을 핑계로 조정에 나오지 않더니, 이때 모친상을 마치고 입궐하여 임금의 은혜에 사례하니 이번에 이조판서로 임명되었다. 그러나 병으로 직무를 수행하지 못하자 오래지 않아 교체되고 다시 정대년이 대신하였다.

1578년 8월

백인걸을 의정부 우참찬으로 삼았다. 백인걸의 몸은 비록 시골에 있었으나 마음속으로 나랏일을 잊지 못하고 늘 사람들이 자신을 알아주지 않는 것을 한탄하였다. 이때는 너무 늙었으나 조광조의 문묘배향을 청하려고 한양에 올라왔다. 백인걸은 대신으로서 늙고 궁색한 것을 민망하게 생각하여 임금께 우참찬의 직분은 과분하니 나라의 의식행사에만 참여하고 녹봉을 받는 봉조하奉朝賀의 관직을 청한 후 얼마 되지 않아 경기도 파주로 돌아갔다. 그러나 임금은 그가 돌아간 것을 알지 못하고 특명으로 우참찬을 시킨 것이다. 이미 백인걸이 파주로 돌아갔다는 말을 듣고 교지를 내려 다시 불렀다. 백인걸이 상소하여 사직을 청하였으나 윤허하지 않으니 마침내 한양에 올라와 성은에 감사하며 이어서 대궐로 들어갔다. 귀가 어둡고 숨이 차서 임금의 말씀을 잘 듣지 못하여 물음에 대답하지 못하는 경우가 많았다. 그러나 임금은 자신을 향한 백인걸의 충심을 어여삐 여겨 매우 따뜻하게 위로하는 뜻을 보였다. 식자들이 이번에 백인걸이 조정에 나온 것은 늙은 대신의 망령이라고 하였다.

전 이조판서 자헌대부 노진이 죽었다. 노진은 느리고 둔하며 말을 더듬었으나 마음속으로는 선을 좋아하고 선비를 사랑하였기 때문에 매우 인망이 있었다. 집에서는 모친을 효성으로 섬기니, 고을 사람들이 모두 그 선행을 마음 깊이 인정하였다. 다만 나라를 다스리고 백성을 구제할 재주가 부족하여 정사를 바르게 돌보지 못하고 단지 자기 자신만 조심할 뿐이었다. 또 사양하고 받아들이는 절도를 가리지 못하여 고을 수령이 선물하는 것을 모두 받아 재물이 산같이 쌓이니, 최영경이 옳지 않게 생각하였다. 그때 사림들의 공론은 윤두수와 같이 탐욕스럽다고 하였다. 최영경이 노진의 고향 사람에게 말하기를 "너의 고을에도 윤두수와 같은 탐욕스러운 자가 있는 줄 아는가?"라고 하였다. 그 사람이 누구냐고 물으니, 최영경이 "노진이 어찌 윤두수가 아니겠는가."라고 하였다. 듣는 사람들이 모두 웃었다. 대개 청렴한 점에 있어서는 노진이 부족하였다.

영의정 권철이 죽었다. 권철은 재주는 있었으나 고집이 세고 인색하였다. 젊었을 때부터 청요직을 지내며 신하로서 최고의 관직인 영의정의 자리에까지 이르렀으나, 오로지 관직과 녹봉만 보전하려고 하여 세상 사람들이 그를 가볍게 여겼다.

임금이 대궐 밖으로 행차하다가 어린아이가 행렬에 끼어 있는 것을 보고 처음에는 구경하는 아이로 알았는데 다시 보니 군졸이었다. 임금이 측은히 여기고 하교하기를 "이런 아이들은 어머니의 품을 떠나기 싫어할 것인데, 어찌 군졸의 임무를 감당할 수 있을 것인가. 내가 이 아이를 보고서는 마음이 불편하여 밤에 잠이 오지 않을 것이다. 내가 부덕한 사람으로 임금 자리에 있게 되어 이러한 일이 있게 되었으니 더욱 한스러울 뿐이다. 병조에서는 군사를 점검하여 만일 군역의 나이가 되지 않는 아이들이 있으면 모두 집으로 돌려보내어 나이가 찬 뒤에 군역을 시키도록 하라. 내가 차라리 수천의 군사를 잃을지언정 차마 어린아이에게 군역을 시킬 수 없다."라고 하였다. 군졸들 가운데는 어린아이들이 있었지만 고을로 돌아간 뒤에 고을 수령이 다시 힘든 부역을 시킬까 두려워 돌아가기를 원하는 아이들이 거의 없었다.

삼가 살피건대, 남에게 차마 하지 못하는 마음이 누구에겐들 없겠는가. 하물며 임금의 총명함이 남보다 뛰어났으니 어찌 백성을 사랑하는 마음이 없겠는가. 지금 전하의 하교를 읽으니 사람을 감동하게 하여 눈물이 흐른다. 진실로 이 마음을 미루어 어진 정치를 행한다면 백성의 괴로움이 어찌 풀리지 않겠는가. 애석하다. 착한 마음이 잠시 생겼다고 하더라도 끝내 정사에 베풀어져 폐단의 개혁은 볼 수가 없으니, 하늘이 어찌 이 백성에게 어진 정치의 혜택을 입지 못하게 하는가. 어찌하여 어진 마음을 가지고도 어진 정치를 행하지 못하는가. 아! 한탄을 이루 다 말할 수 없다.

1578년 9월

큰 번개가 치고 우박이 내렸다. 또 장마와 가뭄이 고르지 못하고 서리가 일찍 내려 흉년이 들었고, 해변에는 장미와 해당화가 늦가을에 무성하게 피었다.

1578년 10월

이조판서 정대년이 죽었다. 정대년은 집에서는 청렴하며 검소하였고, 또 재치가 있어 사무가 복잡한 고을을 잘 다스렸다. 이조에 있을 때 인사관리의 업무는 혼란하게 처리하지 않았으나, 다만 선한 이를 좋아하는 도량이 없고, 의견이 조잡하여서 식자들이 인정하지 않았다.

자헌대부 호조판서 이후백이 죽었다. 이후백의 자는 계진季眞이다. 벼슬에 임해서는 자신의 직분을 다하였고, 처신은 청렴하였다. 지위가 육조판서까지 올랐으나 가난하고 검소하기가 깨끗한 선비 같았다. 뇌물을 전혀 받지 않았으며, 손님이 오면 상차림을 썰렁

하게 하니 사람들이 그 청렴함에 감탄하였다. 다만 도량이 좁아서 의정부 정승 자리에 적합한 인물은 아니었다. 김효원이 늘 말하기를 "이후백 대감은 단지 육조에 알맞은 인재이다. 만일 정승이 되면 내가 마땅히 논박할 것이다."라고 하였다. 사람들은 이후백이 심의겸과 가까이 지내기 때문에 김효원이 심의겸을 미워하여 이 말을 한 것이라고 하였다.

이이가 혼자 말하기를 "이후백 대감은 과연 정승이 될 그릇은 못 된다. 김효원이 잘못 보았다고 할 수 없다. 다만 이후백 대감보다 나은 사람이 없다면 어찌 그가 정승 되는 것을 논박할 수 있겠는가."라고 하였다. 이때 사람들이 동서붕당으로 나누어졌는데, 이후백은 서인이라 지목받았으나 자기 입으로 서인이라고 말하지 않았기 때문에 젊은 사림들이 꺼리지 않았다. 그래서 정승이 될 가능성이 있었다. 이후백은 노진과 깊은 친구 사이였는데 노진이 죽으니 너무 애통해하였다. 이때 휴가를 받아 고향에 성묘하러 갔다가 마침 노진과 고향이 같은 터였기에 노진의 상여 앞에 곡을 하고 집에 돌아와 하룻밤을 앓다 죽으니, 사림들이 매우 애석하게 생각하였다. 이때 노진과 이후백이 연달아 죽으니, 조정의 관리들이 정2품 관직에 사람이 없다고 말하였다.

양사의 논박으로 윤두수, 윤근수, 윤현의 벼슬을 파면하였다. 이때 사림들이 동과 서로 나뉘게 되니 이른바 동인에는 청렴하고 유망한 후배 사림들이 많았고, 서인에는 선배 원로 몇 명뿐이고 그들을 따르는 사람들도 모두 인망이 없었다. 이에 사림들이 동인이 왕성하고 서인이 쇠락한 것을 알았고, 또 서인이 김효원을 외직으로 내보낼 때 조치가 적당치 못하여 조정의 공론이 지지하지 않았다. 이러한 이유로 한때는 진취적인 무리가 모두 동인으로 들어가 동인이 옳고 서인이 그르다며 동인 쪽으로 기세가 쏠리기도 하였다. 김계휘는 비록 서인이라 지목받았으나 젊은 사림들의 존경을 받았기 때문에 젊은 사림들이 간혹 김계휘의 명령을 받았다. 윤현과 김성일이 함께 이조전랑이 되었으나 의견이 맞지 않아 서로 싫어하여 틈이 생겼다. 또 윤현의 숙부 윤두수와 윤근수가 모두 요직에 있으면서 매번 서인을 부추기고 동인을 억누르는 논의를 하니 동인이 매우 미워하였다. 윤두수는 사생활이 청렴하지 않아 간혹 뇌물을 받는다는 말이 있었다. 어떤 사람이 김계휘에게 말하기를 "윤두수를 논박하여 조정에서 내보내야 할 것이다."라고 하니, 김계휘가 말리며 말하기를 "지금은 사림들이 분열되어 있으니 진정시키는 데 힘을 써야지 서로 공격하는 것은 옳지 않다."라고 하였다. 젊은 사림들은 이 때문에 김계휘를 불쾌하게 생각하였다. 홍문관 수찬 강서(姜緖; 1538~1589)[297]가 경연에서 아뢰기를 "사림들이 동과 서 두 편으로 나뉘어졌으나, 모두 쓸 만한 사람들이니 한쪽만 쓰고 한쪽은 버려두어서는 안 됩니다."라고 하였다. 이때 임금이 동서 붕당의 일을 알았다. 이발은 동인을 주도하였고, 정철은 서인을 주도하였다. 두 사람의 견해는 서로 같지 않았으나 모두 인망이 있고 나라를 걱정하는 점에 있어서는 당대 으뜸이었다. 이이가 매번 정철과 이발에게 이르기를 "그대들 두 사람이 서로 화합하여 한마음으로 조화시키면 사림들이 모두 무사할 것이다."라고 간절히 말하였다. 그래서 정철은 이발과 교유하며 서로 화합을 이룰 방안에 대해 논의하려고 하였다. 그러나 동인 가운데 일 꾸미기를 좋아하는 사람들이 서인 가운데 좋지 않은 사람들을 공격하여 후환을 막으려고 윤두수, 윤근수, 윤현 등 3윤을 서인의 우두머리라 하여 쫓아버리기로 결의하였다. 이 결의에 오직 유성룡과 이발만이 따르지 않았다. 이때 전라도 무안 현감 전응정(全應禎; ?~?)이 권세가에게 뇌물을 준 것이 발각되어 옥에 들어가 국문을 당하였다. 당시 조정의 공론은 뇌물을 탐하는 것을 매우 경계하였다. 김성일은 전라도 진도 군수 이수李銖[298)가 윤두수 형제와 윤현에게 뇌물로 쌀을 주었다는 말을 듣고 매우 노하였다. 어느 날 경연에서 탐관오리를 논박하는 기회에 김성일이 아뢰기를 "무안 현감 전응정에게 죄를 주었으나, 그 뒤에도 쌀을 실어다 뇌물로 주는 사람이 있어 뇌물을 탐하는 풍조가 그치지 않고 있습니다."라고 하였다. 임금이 "그 사람이 누구인가."라고 물으니, 김성일이 "진도 군수 이수입니다."라고 하였다. 김성일이 아뢴 뒤에 양사의 대간이 이수에게 죄를 주어야 한다고 청하였다. 임금이 이수를 의금부에 가두어 국문하라 하고 이어서 하교하기를 "단지 뇌물을 준 사람만 죄로 다스리고 받은 사람은 죄로 다스리지 않는 것이 옳은가?"라고 하였다. 이때 홍문관 부제학 허엽이 한창 젊은 사림들을 이끌고 있었기에, 이 일을 동료들과 의논하면서 "대간이 뇌물 받은 사람을 논박하지 않는 것은 옳은 의리

가 아니며, 이는 대간의 태도가 아니다."라고 하였다. 그러자 대간
이 비로소 3윤의 이름을 들어 뇌물을 받은 사람으로 지목하고, 사
실을 다 말하지 않은 허물을 스스로 탄핵하니 홍문관에서 상소를
올려 대간을 교체해 버렸다. 새로 부임한 대간이 "3윤을 파면하여
탐욕을 구하는 풍조를 징계해야 합니다."라고 주청하니, 임금이 윤
허하지 않았다. 대사간 김계휘가 휴가를 얻어 고향에 있다가 양사
가 3윤을 공격하였다는 말을 듣고, 이는 동서붕당의 싸움이라고 의
심하여 매우 옳지 않게 여기며 말하기를 "젊은 사람들이 마음을 공
정하게 갖지 못하니 그들과 더불어 같이 일할 수가 없다. 내가 차라
리 죄를 얻어 물러나겠다."라고 하였다. 그러고는 한양으로 올라와
고향에 다녀온 것을 보고하며 아뢰기를 "3윤은 모두 어진 선비입니
다. 많은 선비 가운데 특별히 뽑아서 등용한 인물들로 큰 잘못은 없
습니다. 지금 뇌물을 받았다는 말은 그 실상은 알 수 없습니다. 몰
래 그들을 모함하려고 말을 만든 것인지 어찌 알겠습니까. 천천히
옥사가 진행되어 가는 것을 보고 죄를 다스려도 늦지 않을 것인데,
먼저 세 사람의 이름을 뽑아 죄를 다스리자고 청하는 것은 선비를
대접하는 도리가 아닙니다. 또 사람들의 등용과 퇴진은 절대 가볍
게 해서는 안 됩니다."라고 하였다. 그러나 김계휘의 말이 과격하여
적당하지 못한 것이 많았다. 이에 사림들이 모두 노하여 김계휘의
이 말은 나라를 망칠 말이라 지목하였다. 3윤 사건에 관련된 대간
이 혐의를 피하고자 자리에서 물러가니, 홍문관에서 김계휘를 논박
하여 교체하고 이산해를 사간원 대사간으로 삼았다. 이에 양사가

몹시 격분하였는데 사헌부 대사헌 박대립의 주장은 더욱 강경하였다. 사헌부 장령 이발이 탄핵하는 글을 소매 속에서 꺼냈는데, 3윤의 집에 숨겨진 나쁜 일을 하나하나 들추어내며 거론하였다. 그런데 그 실상을 다시 알아보지도 않고 일일이 임금께 아뢰어 흉을 보고 비방하는데 못하는 말이 없었다. 임금은 이미 동인이 서인을 공격하는 것을 공평하지 못한 것이라 여기고 있었고, 또 김계휘가 서인에 붙은 것을 옳지 않게 생각하였다. 이에 사림들이 김계휘를 전라도 관찰사로 내보내고 모두 불길한 사람이라 지목하니 조정이 시끄럽게 되었다. 그러나 이를 지켜보던 사람들은 모두 동서붕당의 싸움이라 생각할 뿐 조정의 공론으로는 보지 않았다. 오직 동인만이 자신들의 깨끗함을 내세우며 서인에 대한 분노를 키워갔다. 또 정철과 이발의 의견 역시 크게 틀어져 동인은 드러내 놓고 정철을 배척하며 소인배라 지목하게 되니, 동인과 서인이 다시 화합할 가능성이 없었다. 이때 전 황해도 옹진 현감 이신로李信老도 뇌물을 바친 혐의로 의금부에 잡혀 왔는데, 그것을 받은 사람은 누구인지 알 수 없었다. 막연히 조정의 높은 인물이라고 지목하여, 점차 우의정 노수신에게 그 이목이 쏠렸다. 대간이 뇌물을 받은 자를 함께 논박하려다가 대신에게 그 화가 미치는 것은 일을 크게 만드는 일이기 때문에 감히 말을 꺼내지 못하였다. 말하는 이들은 모두 "사림들이 뇌물을 받는 것을 규명하여 밝힌다고는 하나, 사실은 3윤에게 죄를 씌우려 하는 것이니, 이수는 고래 싸움에 새우등 터지는 격이 되었다. 그렇지 않으면 무슨 까닭으로 이수의 옥사를 반드시 성사하려

하고, 이신로의 옥사는 국문을 자세하게 하지 않는가."라고 하였다. 또 말하기를 "이수의 옥사는 모함한 것이지 사실이 아니다."라고 하였다. 이에 사림은 이수의 옥사가 성립되지 않으면 도리어 서인들에게 반격당할 것을 염려하여 법을 엄하게 하고 숨은 죄를 찾아내기에 못하는 짓이 없었다.

사헌부에서 이수의 쌀을 한양에 사는 장세량(張世良; 1627~?)[299]의 집에 받아 두었다는 말을 듣고, 다른 일을 핑계 삼아 장세량을 의금부에 가두고 이 옥사를 반드시 성사하려고 하였다. 또 이수 한 사람만 추궁할 수 없었으므로 이신로의 죄를 증명할 수 있는 사람도 잡아다 추궁하였다. 당초에 이 일이 시작될 때 처음 발언한 사람이 누구냐고 심문하니 유생 정여충(鄭汝忠)이 그 사실을 말하였다. 그래서 정여충도 의금부에 가두었다. 이때 의금부 당상관 박계현도 뇌물을 받았다는 말이 있었으므로 정여충의 발언에 대해 깊은 감정을 품고 고문을 매우 혹독하게 해서 정여충이 거의 죽게 되니 여론이 크게 불평하였다. 어떤 사람은 말하기를 "지금 사림들의 엄한 법과 혹독한 형벌은 김안로가 행한 바와 다를 것이 없다."라고 하였다. 이처럼 항간에 떠도는 말이 분분하여 그치지 않았다. 사헌부에서 정여충을 석방하자고 주청하여 이신로의 옥사는 마침내 성사되지 않으니, 임금이 풀어주라고 명하였다. 전라도 진도 관아의 아전 중에 이수와 원수진 자가 있었는데, 그가 말하기를 "내가 만약 옥에 들어가면 이수의 옥사를 반드시 성사하게 할 것이다."라고 하였다. 사헌부에서 이 말을 듣고 곧 그 아전을 의금부에 가두기를 청하였다. 이리하여 옥에 잡혀 온 사람이 모두 똑같이 진술하기를 "이수가 쌀 백석을 실어다 장세량의 집에 맡겨 두고서 3윤의 집에 나누어 보냈다."라고 하였다. 그러나 장세량만 혼자 이 말에 불복하였다. 임금은 진도 아전이 이미 자복하였기 때문에 양사가 아뢴 것에 따라 3윤을 파면하였다. 김계휘가 이미 사림들과 크게 틀어져서 사람들이 나무라니 김계휘가 말하기를 "내가 사림들에게 인심을 잃었으니 반드시 나를 받아들이지 않을 것이다. 그러나 나중에 만일 사림들을 공격하는 자가 있으면 그들은 반드시 소인배이다. 비록 나를 다시 불러도 나는 조정에 나가지 않을 것이다. 내가 죽은 뒤에 나의 명정銘旌300)에는 사헌부 대사헌밖에 기록되지 않을 것이다."라고 하였다.

삼가 살피건대, 조정에서는 분별력이 매우 중요하다. 분별력이 없으면 현명한 사람일지라도 일을 그르치는 수가 있다. 지금 사림들의 싸움은 모두 일을 이해하지 못하는 데서 나온 것이다. 첫 번째 이해하지 못한 것은 김성일이 처음 그 일을 시작했기 때문이고, 두 번째 일을 이해하지 못한 것은 김계휘가 사림들의 노여움을 충동질했기 때문이고, 세 번째 이해하지 못한 것은 이발이 3윤 일가의 죄를 진위도 알아보지 않고 추잡하게 헐뜯었기 때문이고, 네 번째 이해하지 못한 것은 정철과 이발이 틀어져서 동서붕당이 화합할 가망이 영영 끊어졌기 때문이다. 이 뒤로부터 동인에 붙은 자들이 날로 기세가 등등하여 새로운 논의를 전개하였고, 전에 서인에게 배척당한 세속의 원로대신들이 요직에 있으면서 권세를 부리고 지난날의 감정을 풀고자 그들의 논의를 높게 세워 스스로 동인에게 충성심을 보이려고 하였다. 일이 이 지경에 이르니 서인은 아무리 착한 선비라도 모두 조정에 쓰이지 못하고, 도리어 청렴하다는 선비들도 세속의 무리와 하나가 되어 청탁이 혼잡해지므로 분별할 수가 없게 되었다. 아! 김성일은 진실로 괴이하고 귀신같은 무리니 그리 책망을 할 것도 못 된다. 그러나 김계휘가 소통하려고 한 노력과 이발의 두터운 인망과 정철의 강직함으로도 오히려 함께 조정의 일을 그르치게 했다는 책임을 면하지 못하니, 어찌 운명이 아니겠는가.

남쪽 하늘에 달이 땅에 떨어져 하늘에 달이 없어지니 사람들이 매우 놀랐다.

1578년 11월

강사상을 의정부 우의정으로 삼았다. 또 홍섬은 영의정에 오르고 노수신은 좌의정에 올랐다. 강사상은 30년 동안 조정에 있으면서 정사에 대해서는 한마디도 언급하지 않고 매번 말하기를 "나라가 혼란한 것은 하늘에 달려있는 것이지, 사람의 힘으로 되는 것이 아니다."라고 하였다. 강사상이 관직에 있을 때는 공론도 펴지 않고 사사로운 청탁도 듣지 않았으며, 자연에 순응할 따름이었다. 술을 좋아하였으나 취한 뒤에는 더욱 말이 없었고, 사람을 대할 때면 늘 손으로 코만 만질 뿐이었다. 강사상이 정승이 되던 날, 정철의 조카 정인원鄭仁源이 숙부 정철에게 술을 권하며 말하기를 "사람의 인생이 얼마나 되겠습니까. 어찌 스스로 고생을 사서 하십니까. 바라건대 숙부께서도 조정에서는 부디 입을 열지 마시고 단지 코나 만지면서 정승 자리를 얻어 우리 같이 가난한 집안이나 살려 주십시오." 라고 하였다. 이 말을 듣는 사람들이 웃었다.

하늘을 가릴 정도로 많은 꿩이 북쪽에서 남쪽으로 날아오니, 한양에 꿩이 많아 간혹 사람들이 맨손으로 꿩을 잡기도 하였다. 어떤 선비가 말하기를 "나라의 운명이 앞으로 잘 다스려질 것이다. 예전에 송나라의 학자 소옹(邵雍; 1011~1077)[301]이 말하기를 '장차 천하가 잘 다스려지려면 하늘의 기운이 북쪽에서 남쪽으로 온다.'고 하였으니 지금 꿩이 북에서 남으로 날아오니, 앞으로 잘 다스려질 징조가 아니겠는가."라고 하였다. 듣는 사람들이 웃었다.

정철을 사간원 대사간으로 삼았다. 정철은 사림들이 일을 그르치는 것을 분하게 여겨 물러나 고향으로 돌아가려고 하다가 대사간의 직책이 내려지니 이이에게 편지를 써 거취를 물었다. 이이가 정철의 편지에 답하기를 "사림들이 그대를 의심하는 것은 사림의 과실이지만, 그대도 말을 조심하지 않아 자초한 면도 있으니, 오직 사림들만 허물이 있다고 하는 것은 옳지 않다. 지금 대사간의 직을 수

행하지 않으면 의심의 간격이 더욱 깊어지고, 소문이 더욱 떠들썩하여 그대와 사림들은 결국 화합하지 못할 것이다. 후일 사림들을 공격할 사람들이 그대를 빙자하여 핑계를 삼을 것이니, 사림에게 과실이 있더라도 사림을 공격하는 사람은 반드시 소인배이다. 만일 소인배들이 그대를 빙자하여 핑계로 삼는다면 황하의 강물로도 그 치욕을 씻지 못할 것이다. 반드시 대사간 직을 수행하여 조정의 공론을 화합시키고자 노력해서 사림들의 의심을 풀도록 하는 것이 옳다.”라고 하였다. 이에 정철이 조정에 나아갔다. 이이는 비록 조정에서는 물러나 있었지만 나랏일에 정성을 두어 늘 사림들이 화합하지 못하는 것을 근심하며 조정을 조화시킬 책임을 맡으려 하였다. 성혼이 말하기를 “이미 도가 행하여지지 않는다고 물러갔으니 함부로 다시 조정에 나오는 것은 의리에 맞지 않는 일이다. 예전부터 도를 행하는 선비는 도가 행해지고 행해지지 못하는 것을 헤아리지 않는다고 하였다. 다만 지금처럼 싸움만 말리는 것을 능사로 삼는다는 말은 듣지 못하였다.”라고 하였다. 이이가 이내 그만두었다.

　　이때 심의겸이 전라 감사에서 교체되어 파주로 돌아왔다. 이이가 말하기를 “물러나는 것도 좋지만 지금은 때가 아닌 것 같소. 이는 다른 사람의 입에만 오르내리는 결과가 되지 않겠소.”라고 하였다. 심의겸이 말하기를 “내가 이미 물러날 의사를 정하였는데 어찌 다른 사람의 말을 피하려고 멈추겠는가. 사림들이 이미 3윤을 배척하였으니 만약 이쯤하고 다시 의심의 간격을 없앤다면 나라에 다행일 것이고, 만약 의심과 저해하는 행동을 그치지 않고 서인이라고 불리는 사람 중에서는 어진 인재를 등용하지 않게 된다면 이는 옳지 못한 처사이다. 또 지금 김귀영 같은 자가 이조판서를 맡고 있고, 3윤은 탐관오리라고 죄를 당하고 있으니, 아무리 옳고 그름을 구분한다고 해도 누가 믿겠는가."라고 하였다. 이는 김귀영이 가장 탐욕스러웠기 때문에 하는 말이었다. 이이가 말하기를 "참으로 그러하다. 이는 사림들의 잘못이다. 다만 사림들의 실수는 모든 벼슬아치의 수치에 불과하지만, 사림들을 미워하여 그 죄를 다스리려고 한다면 그 화가 매우 커서 나라를 망칠 수도 있다. 지금 조정의 일이 위급한데 믿을 만한 신하가 없으니 진실로 걱정이다."라고 하였다. 심의겸이 말하기를 "그대의 말이 옳다. 지금 사림들이 나를 인정하지 않고 있다. 그러니 나는 고향에 내려가서 편히 있을 것이니 무슨 근심이 있겠는가. 후일에 만일 사림들이 세력을 잃는다면 그것이 근심이다."라고 하였다. 그러나 심의겸이 물러난 지 얼마 되지 않아 다시 조정에 돌아와 벼슬을 하니, 식자들이 웃었다.

1578년 12월

연말에 임금이 은혜를 내리는 관례에 따라 윤두수를 비롯한 3윤을 다시 등용하라는 명령을 내렸다. 양사의 간관들이 모두 '이수의 옥사가 끝나지 않았고, 뇌물을 준 사람은 여전히 국문당하고 있는데, 뇌물을 받은 사람을 복직시키는 것은 조정의 체통이 아니다.'라고 생각하였다. 사간원 대사간 정철 혼자 이수의 옥사가 억울하다고 여겼는데, 임금의 결정이 잘못되었다고 아뢰지 않다가 논박을 당하여 교체되고 말았다. 이에 동인들이 정철의 붕당을 간사한 붕당이라고 배척하였다.

1579년(기묘) 선조 12년

1579년 2월

1579년 선조 12년 2월. 영의정 홍섬이 병으로 사직하고, 박순이 영의정이 되었다. 사림들은 박순이 다시 정승이 되기를 오랫동안 바랐는데 이제야 정승이 되었다.

병조판서 이희검(李希儉; 1516~1579)[302)]이 죽었다. 이희검은 일이 서툴고 우직하여 임기응변의 재주는 없었으나 일을 당하면 피하지 않았다. 인순왕후 능을 지키는 묘지기부터 육조판서에까지 올랐던 인물이다. 허엽이 이희검에게 공부하기를 권하니, 이희검이 말하기를 "나는 술 마시는 것을 일로 삼고 있는데 어느 겨를에 공부하겠는가."라고 하였다. 이희검은 명예도 구하지 않았고, 권세가도 섬기지 않았다. 그래서 인망은 없었으나 취할 점은 있었다.

유전을 예조판서로 삼고, 박대립을 형조판서로 삼고, 이식(李拭; 1510~1587)[303]을 사헌부 대사헌으로 삼았다. 모두 변변치 못한 부류들로 인망이 없었으나 임금의 특명으로 품계가 올랐다.

흰 무지개가 해를 두 번이나 꿰뚫어 임금이 하교하여 신하들의 직언을 구하였다.

1579년 3월

사헌부에서 직언을 구하는 임금의 하교에 응하여 상소하였는데, 그 내용은 조정의 폐단을 논의하고, 동서붕당의 시비를 분별하여 심의겸을 소인배라고 배척하고 김계휘와 정철을 모두 간사한 붕당이라고 논하였다. 이리하여 시비를 따지는 동인과 서인의 말다툼이 벌 떼같이 일어났다. 이때 동인의 세력이 매우 왕성하여 명예를 구하는 자나 관직을 바라는 자가 동인으로 붙고, 전일 서인에게 배척당한 세속의 벼슬아치들이 이 틈을 타서 동인에게 아첨하여 요직을 많이 얻었다. 대사헌 이식은 이미 요직에 있었으나 장차 자신의 지위를 굳히려고 하였다. 또 사헌부 집의 홍혼은 전에 동인을 배척했다가 내몰린 것을 후회하더니, 동인들이 득세하자 팔을 걷어 올리고 일어서며 말하기를 "지금이야말로 군자가 일할 때이다."라고 하며 자신의 의견을 매우 편벽되게 주장하였다. 사헌부 장령 정희적은 전에 심의겸의 일로 자신이 미움을 받은 것이라고 생각하였다. 이는 을해년[1575]에 서인들이 정희적을 외직으로 내보냈기 때문에 정희적이 한을 품고 있었다. 지금 사헌부 장령이 되자 상소하여 심의겸과 그의 무리를 배척하였고 장차 조정의 방침을 정하여 서인들이 다시 조정에 들어올 길을 막으려고 하였다. 이 때문에 조정은 안정되지 못했다.

1579년 4월

사헌부 지평으로 성혼을 부르니 병으로 사직하고 조정에 나오지 않았다. 이에 임금이 특별히 불러 병을 조리한 뒤에 나오라고 하였다.

이수의 옥사가 오래도록 성사되지 않았다. 장세량이 20여 차례나 고문을 받아 거의 죽게 되었으나 끝내 불복하였다. 어떤 사람이 장세량에게 알아듣게 말하기를 "너의 죄가 중하지 않으니 쌀을 받아 두었다고만 하면 죽음을 면할 수 있을 것인데 무엇 때문에 고문을 참느냐?"라고 하니, 장세량이 답하기를 "어찌 난들 불복하면 죽게 되고, 죄를 인정하면 사는 것을 모르겠습니까. 다만 그런 일이 없으니 어찌 나 살기를 탐하여 다른 사람을 사지에 빠뜨리겠습니까."라고 하였다. 이때 사림들은 이수의 옥사를 반드시 성사시키려고 하여 이수와 장세량이 옥중에서 억울함을 호소하며 올린 글을 모두 임금께 올리지 않았다. 의금부 종1품 판의금부사 정유길이 어떤 사람에게 말하기를 "장세량은 죄가 가벼운 사람인데 형장을 20여 차례나 가하여 기어코 잘못된 정황을 실토하게 하려 하니 이것은 국법이 아니다. 내가 전하께 아뢰려고 하나 다른 사람의 말이 두려워 감히 하지 못하겠다. 장세량은 의로운 사람이 아니면, 분명 어리석은 사람이다. 무엇 때문에 이수를 위하여 자신의 몸을 희생하려 하는가."라고 하였다. 임금은 장세량이 오랜 시간 불복하는 것을 보고 이수의 옥사가 사실이 아닌가 의심하여 삼정승에게 물어서 석방하려고 하였으나, 삼정승이 사림들의 논박을 꺼려 감히 대답하지 못하였다. 그러자 임금이 석방하라고 명령하였다. 승정원에서 아뢰기를 "뇌물죄는 엄중한 죄이오니 쉽게 석방할 수 없습니다."라고 하며, 이 내용을 네 번이나 아뢰었다. 이에 임금이 노하여 승지 김우굉(金宇宏; 1524~1590)[304]과 송응개를 파면하고 도승지 이산해 이하를 모두 사직하라고 명하였다. 임금의 노여움이 크게 진동하니 대궐 안이 매우 놀라고 들썩거렸다. 다음 날 양사와 홍문관에서 논의한 내용을 임금께 올렸으나 설득하지 못했고, 삼정승이 승지의 파면과 사직을 중지시켜야 한다고 청하였으나 이 또한 임금은 듣지 않았다. 이에 이수와 장세량이 석방되었다.

삼가 살피건대, 이수가 뇌물을 주었다는 것은 그 실상을 정확하게 알 수는 없으나, 장세량이 쌀을 받아 두었다는 죄는 매우 가벼운 것이다. 만약 장세량이 이수의 뇌물죄에 관련된 증인이라 하여 억지로 실토하게 하려고 만들더라도 그 증인을 고문하는 것은 3차례까지만 하는 것이 법인데 어찌 고문을 20여 차례나 할 수 있겠는가. 만일 장세량이 주범이라 할지라도 국법에 원래 죽을 죄가 아니면 꼭 자백을 받아야 하는 것은 아니다. 꼭 죽을죄라야만 자백할 때까지 문초하는 것이다. 그러니 장세량의 죄는 곤장형에 해당하는 것인데 어찌 자백할 때까지 심문하는가. 사람들의 식견이 밝지 못하고 마음을 넓게 쓰지 못하였다. 단지 옥사가 성사되지 않으면 도리어 화를 당할까 염려하여 죄 없는 사람을 죽이려 하니, 정당한 의리에 해가 되는 것은 생각하지 않았다. 전후의 사정을 들어보지 않고 오로지 옥사만 성사시키려고 힘썼으니, 다른 사람은 말할 것도 없지만 유성룡과 이발 같은 사람도 어찌 이와 같은 처신을 하는가. 아! 차마 남에게 말할 수가 없구나.

1579년 5월

도승지 목첨(睦詹; 1515~1593)[305]을 임금의 특명으로 호조참판에 임명하였다. 목첨은 변변치 못하고 무능한 까닭에 발탁된 것이다.

허엽을 종2품 가선대부로 올리고 경상감사에 임명하였다. 당시 경상감사 정지연은 병 때문에 교체된 것이다. 임금이 영남은 큰 도이고, 또 섬나라 오랑캐가 침범할 염려가 있다고 여겨 대신들에게 문무를 겸비하여 영남을 진압할 만한 자격이 있는 사람을 천거하라고 명하였다. 대신들이 구봉령, 이이, 김여경金餘慶, 이산해, 허엽을 천거하였다. 임금은 허엽이 나이 많은 원로이기 때문에 먼저 등용한 것이다. 허엽은 사실 백성을 위로하고 다스릴 재주가 없어서 문서가 산더미같이 쌓여도 처리하지 못할 뿐만 아니라 백성들이 하소연할 일이 생겨도 이것을 분별하여 답하지 못하였다. 오로지 아전들에게만 의지하니, 행정이 어지러워져서 백성들이 매우 원망하였다.

정2품 지중추부사 백인걸이 상소하여 지금 조정의 폐단을 말하고 또 동서붕당이 대립한 상황을 말하며 화합하고 진정시키기를 청하니, 임금이 칭찬으로 답하였다. 사림들은 백인걸의 상소를 보고 동인을 추켜세우고 서인을 누르지 않은 것에 노하였다. 이에 삼사와 승정원에서는 백인걸의 상소에 잘못된 점을 논하며 그가 늙어서 정신을 못 차린다고 하였다. 이때 동인의 세력이 더욱 왕성해져서 서인을 배척하고 헐뜯으며 억지로 시비를 정하려고 하니, 식자들이 걱정하였다.

사간원 대사간으로 이이를 불렀으나, 이이는 병을 이유로 사직하여 나오지 않고 상소를 올려 동서붕당의 문제를 논하였다. 그는 동인이 서인을 공격하는 것이 너무 심하여 억지로 시비를 정하려는 것을 보고서 동서붕당을 타파하고 사림들을 화합하고 한 마음으로 나랏일에 힘쓰게 하도록 청하였는데, 그 말이 몹시 격렬하고 간절하였다. 그러나 임금은 이이의 상소가 적당하지 않다고 하며 이이의 관직을 다시 거두니, 양사와 홍문관에서 앞다투어 임금의 하교를 논박하였다.

처사 성운이 죽었다. 성운은 산림에 고요히 살며 40여 년간 시끄러운 속세에 나오지 않았다. 집에서 몇 리 떨어진 곳에 산수가 좋은 곳이 있었다. 그사이에 조그마한 집을 짓고 한가한 날이면 소를 타고 가서 쓸쓸히 홀로 앉아 가끔 두어 곡의 거문고를 타며 아무런 속박도 받지 않고 스스로 즐길 뿐이었다. 그의 거문고 소리를 듣고 싶어 하는 사람이 있으면 그때는 아예 거문고를 타지 않았다. 착한 일을 즐기며 학문을 좋아하였고 남과 다투는 일이 없었다. 살림살이에는 먹을 것이 있고 없는 것을 묻지 않았고, 간혹 끼니를 굶는 일이 있어도 편안하게 생각하였다. 명종 때 산림에 은거하는 어진 선비로 천거되어 6품의 관직으로 조정에서 부르자 한양까지 올라왔으나 병으로 임금을 알현하지 못하고 사직하고 돌아갔다. 임금이 여러 번 관직을 높여서 불렀으나 번번이 조정에 나오지 않으니, 때때로 곡식과 옷감을 내려 훌륭한 노인으로 우대하였다. 이때 그가 죽자, 임금은 특별히 부의賻儀하라 명하였고, 학자들은 그를 대곡선생大谷先生이라고 높이 받들었다.

1579년 6월

임금의 특명으로 황림을 한성부윤에 임명하니, 이때 속된 무리를 채용하는 것이 이런 정도에까지 이르렀다.

이문형을 이조판서로 삼았다. 이문형은 전에 자신이 의지할 세력을 잃게 되자, 동인에게 붙었기 때문에 그로 인해 출세하여 요직에 오른 것이다.

여름에 충청도와 전라도, 경상도에 큰 홍수가 나서 산이 무너지고 언덕을 휩쓸었다. 함경도에는 큰 가뭄이 들어 논밭과 들판이 다 메말랐다. 평안도에는 큰바람이 불어 나무가 넘어지고 우박이 내렸는데, 큰 것은 대접만 하고 작은 것은 손바닥만 하였다. 이렇게 예상치 못한 자연재해로 몹시 참담했는데도 임금은 토목공사를 진행하여 창덕궁 희정당熙政堂을 개축하여 넓혔다. 삼사에서 중지할 것을 주청하였으나 임금이 허락하지 않았다.

1579년 7월

양사가 이이의 죄를 다스리려고 주청하려다가 실현하지 못하였다. 이는 지난해 겨울 이이가 파주에 있을 때, 백인걸이 한양에

있으면서 상소를 올려 지금 조정의 일을 강력하게 논하며 이이와
함께 동서붕당을 화합시킬 계책을 말하려고 하였는데, 그러나 자기
의 글로써는 뜻을 제대로 전달하지 못할 것 같아서 이이에게 수정
하게 한 일 때문이었다. 이이는 백인걸이 노쇠해진 것을 알고 나라
를 걱정하는 정성이 죽을 때까지 변하지 않는 점을 동정하여 그의
말에 따라 요약하여 한 편의 글을 지어 보낸 것이다. 백인걸은 그
상소를 올여름이 되어서야 임금께 올렸다. 그 가운데 동서붕당에
대해 논의한 일부 항목은 이이의 문장을 인용하였는데, 백인걸이
소탈하여 이것을 남에게 숨기지 않았다. 허엽과 이문형이 백인걸을
보러 가서 묻기를 "동서붕당을 논의한 항목은 어찌하여 이이의 상
소와 그 뜻이 같습니까."라고 하니, 백인걸이 "그 의견은 이이의 손
에서 나온 것이다."라고 하였다. 이리하여 사림들이 그칠 줄 모르고
떠들어댔다.

　이이는 당시 명망이 있었기에, 동인들은 이이가 반드시 동인의
세력을 부추겨 세워 줄 것으로 알았는데, 급기야 상소하여 동인을
나무라고 책망하니, 동인들이 매우 노하였고 유성룡과 이발의 무리
까지도 불평하였다. 사간원 정언 송응형(宋應洞; 1539~1592)[306]은 성미
가 급하고 행동이 경솔하며 음흉한 자였다. 이이가 사림들에게 미
움을 받는 것을 보고는 '만일 앞장서서 이이를 탄핵하면 동인과 깊
은 관계를 맺어서 좋은 벼슬을 할 수 있을 것이다.'라고 생각하였
다. 그러고는 동료들과 의논하기를 "이이가 백인걸을 대신하여 상
소를 지었으니 그의 죄를 탄핵하지 않을 수 없다."라고 하였다. 사

간원 대사간 권덕여 등이 모두 말하기를 "이 일은 사실 여부도 알 수 없거니와 가령 사실이라고 하더라도 어찌 죄가 되겠는가. 또 벼슬을 그만두고 물러간 사람을 어떻게 탄핵하여 파면시키겠는가."라고 하였다. 송응형이 이 일을 고집스럽게 다투었으나 권덕여 등이 끝내 따르지 않았다. 이에 송응형은 단독으로 임금께 아뢰기를 "전일 백인걸의 상소 가운데 조정의 일을 논한 항목 중 일부분은 이이가 대신 지었다는 사실을 조정 관리로서 모르는 사람이 없고, 이이가 직접 글을 쓴 것을 본 사람까지 있습니다. 백인걸은 노쇠한 사람이라 책망할 것이 없사오나, 이이는 경연에 오래 참여한 신하로 젊었을 때부터 유학자의 명망을 지니고 있었습니다. 지금 고향에 물러나 있으면서 마음에 품은 생각이 있으면 직접 전하께 아뢰고 숨기는 것이 없어야 합니다. 그런데 무슨 피할 것이 있기에 감히 자취를 감추고 몰래 글을 대신 지어서 전하를 현혹하려 합니까. 이는 실로 바른 도리로 임금을 섬기는 의리가 아닙니다. 그러므로 신은 이를 괴이하게 생각하여 들은 말을 근거로 하여 그 잘못된 점을 논박하고, 신하된 자로서 마음속으로 숨겨놓고 솔직하지 못한 잘못을 바로잡으려 하였습니다. 그러나 동료들에게 저지를 당하였으니 신의 소견이 틀린 것입니다. 뻔뻔스럽게 정언의 직책을 수행할 수가 없으니, 청하옵건대 신의 관직을 거두어 주십시오."라고 하며 사직을 청하니, 임금은 "사직하지 말라."라고 답하였다. 대사간 권덕여도 동료들을 거느리고 피혐하며 아뢰기를 "신들도 백인걸의 상소 중에 일부 항목은 이이의 손에서 나왔다는 것을 들었습니다. 과연

이 말이 사실이라면 이이는 그 책임을 면할 수 없을 것입니다. 그러나 근래 조정에서는 동서붕당의 화합을 주장하고 있는데, 만일 이 일로 인하여 탄핵까지 한다면 더욱 분란을 일으킬까 염려됩니다. 이 때문에 이이의 탄핵을 주장하는 송응형과 의견이 일치하지 않았습니다. 송응형은 이이가 자취를 감추고 속으로 숨겼다고 배척하나 신들은 그렇게 생각하지 않습니다. 사간원 안에서 소견이 각각 다르므로 함께 직무를 수행할 수가 없으니, 청하옵건대 신들의 관직도 거두어 주십시오."라고 하니, 임금이 "사직하지 말라."라고 답하였다. 사간원의 관원들이 모두 물러나 조정의 공론을 기다렸다. 이에 사헌부 대사헌 이식도 동료를 거느리고 피혐하며 아뢰기를 "백인걸의 상소 가운데 일부 항목이 이이의 손에서 나왔다는 말이 경연에서까지 나왔는데 신들이 직언하는 관원의 지위에 있으면서 묵묵히 한마디의 말도 하지 못했습니다. 전하께 아뢰지 않은 신들 역시 책임을 면할 수 없습니다. 청하옵건대 신들의 관직도 거두어 주십시오."라고 하였다. 임금은 "사직하지 말라."라고 답하였다. 사헌부의 관원들도 물러나 조정의 공론을 기다렸다. 이전에 홍문관 정6품 수찬 김첨(金瞻; 1542~1584)[307]이 경연에서 아뢰기를 "백인걸의 상소 중에 동서붕당을 논한 항목은 이이가 대신 작성한 것이 맞습니다. 이는 이문형이 친히 백인걸에게 들은 말입니다."라고 하였기에, 이이가 대신 작성하였다는 말은 임금이 이미 들었다. 홍문관에서 이 문제를 처리하려 하는데, 교리 김우옹이 큰 소리로 말하기를 "송응형은 소인배가 틀림없다. 이 기회를 틈타 이이 같은 군자를 모함하려 하니 당연히 사헌부와 송응형을 모두 탄핵하여 교체시키고, 대사간 이하의 관직만 그대로 두는 것이 옳을 것이다."라고 하였다. 그러나 동료들이 따르지 않자 오후 내내 논쟁하였다. 김우옹이 강한 어조로 말하며 여지없이 논하기를 "이번 일을 바르게 처리하지 못하면 우리도 장차 소인배라는 소리를 들을 것이니, 어찌 송응형 한 사람을 위하여 모두 소인배로 몰릴 수 있겠는가."라고 하였다. 그러나 동료 중에는 송응형을 두둔하는 사람이 많았기 때문에 오래도록 결정이 나지 않았다. 홍문관의 부제학 이산해와 응교 이발은 그 사이에서 우물쭈물하며 양쪽 다 보전할 계책을 마련하였다. 이산해가 상소를 지어 올리기를 "권덕여의 말에도 일리는 있습니다. 보통 소문에는 간혹 사실이 아닌 것도 있습니다만, 이이가 대신 작성하였다는 말은 온 장안에 떠들썩하여 신들도 들었습니다. 그렇지만 생각해 보면, 이이는 평소 유학자로 자처하였는데 어찌 이렇게 무리한 행동을 했겠습니까. 혹 편지로 백인걸과 이이가 서로 통한 적이 있을지 모르겠으나, 떠도는 소문은 아마도 사실보다 지나친 것이 있을 것입니다. 송응형이 들었다는 말이 명백한지 그렇지 않은지는 신들이 정확하게 알 수 없으나, 이는 들은 것을 스스로 확신한 것에 불과합니다. 권덕여 등이 따르지 않은 것은 진실로 공정한 마음에서 나온 것이고, 송응형이 이이를 탄핵하려고 했던 것 역시 나중에 폐단이 된다고 할지라도 별다른 뜻은 없었을 것입니다. 또 이식 등이 말하지 않았던 것은 소문을 믿기 어려워서 그런 것에 불과하니, 무슨 잘못이 되겠습니까. 모두 조정에 나오도록 명하십시오.”라고 하였다. 임금이 이에 이문형을 불러서 묻기를 “그대가 백인걸의 집을 방문하자, 백인걸이 말하기를 ‘전일의 상소는 이이의 손에서 작성된 것이다.’라고 하였다는데, 그 말이 사실인가?”라고 하니, 이문형이 대답하여 아뢰기를 “소신이 지난날 백인걸을 방문해 보고 우연히 묻기를 ‘전일 상소한 내용 중의 일부가 이이의 상소와 같은 것이 있었는데 이게 어떻게 된 일입니까.’라고 하였더니, 백인걸이 대답하기를 ‘이이에게 보내어 작성된 것이다’라고 하였을 뿐, 다른 말은 없었습니다.”라고 하였다. 이에 임금이 홍문관에 하교하기를 “남을 시켜 상소를 짓게 하는 것은 참으로 놀랄 일이다. 조정을 화합시키려는 의도는 좋으나 그 죄를 덮어두기는 어렵다. 간관들을 다시 조정에 나오게 하는 일은 삼사에서 아뢴 대로 하라.”라고 하였다. 권덕여 등이 다시 피혐하며 아뢰기를 “이이가 대신 상소를 지은 데 대하여 이러쿵저러쿵하고 있지만, 그간의 우여곡절은 다 알 수 없습니다. 신들의 뜻은 그저 동서붕당의 화합만을 위주로 하였습니다. 또 송응형이 이이를 배척한 것은 사실 지나친 듯하였기 때문에 따르지 않았던 것인데, 도리어 억제하였다는 비난을 받았으니 구차하게 화합할 수 없습니다. 신들의 관직을 거두어 주십시오.”라고 하였다. 송응형도 아뢰기를 “이이의 일은 사실 괴이한 것입니다. 소신의 구차한 생각은 소문만을 믿고 기필코 이이의 죄를 중하게 다스려 죄를 주려고 한 것이 아니고 그의 잘못을 논박하여 멋대로 하는 행동을 경계하려는 것뿐이었습니다. 다만 소신이 경솔하여 말에 과격한 점이 많았습니다. 이미 동료들과 의견이 엇

갈리고 또 홍문관의 비판을 받았으니, 신의 잘못이 더 큽니다. 청하옵건대 신의 관직을 거두어 주십시오."라고 하였다. 임금이 답하기를 "모두 사직하지 말고 물러가 공론을 기다려라."라고 하였다. 사헌부가 다시 조정에 나온 뒤에 아뢰기를 "이이가 대신 상소를 작성했다는 것은 소문으로만 전해져 나온 것이 아니니, 송응형이 탄핵하려 한 것은 불가한 일이 아닙니다. 그런데 권덕여 등이 따르지 않아 서로 받아들일 수 없는 형편이 되었습니다. 청하옵건대 송응형은 조정에 나오게 하고, 권덕여 이하는 모두 교체하십시오."라고 하였다. 이리하여 사헌부에서 이이를 논박하려는 여론이 매우 성하였는데, 그중에서도 지평 기대정(奇大鼎; ?~?)[308]이 더욱 팔을 걷어붙이고 이이를 헐뜯었다. 기대정은 일찍이 착한 선비라는 이름은 얻었으나, 이때는 동인에 붙어서 헐뜯었으므로 식자들이 그를 비루하게 여겼다. 백인걸이 양사의 논의가 이러한 것을 듣고는 놀라고 부끄러워하며 상소하여 스스로 해명하였다. 그 내용은 "이이가 신의 상소를 수정해 준 것은 사실입니다. 송나라 정이程頤가 팽사영(彭思永; 1000~1070)을 대신하여 복왕전례濮王典禮[309]를 논하는 상소를 지었고, 재상 부필(富弼; 1004~1083)을 대신하여 영소릉永昭陵을 논하는 상소를 지었고,[310] 여공저(呂公著; 1018~1089)를 대신하여 왕명에 응하는 상소를 지었습니다.[311] 이와 같은 일은 일찍이 예전의 선비들도 행했던 일이기 때문에, 신이 이이의 글을 인용하는 것을 꺼리지 않았고, 다른 사람에게도 숨기지 않았습니다. 이 때문에 이것을 전하는 사람들은 모두 이이가 신을 끌어들여 상소를 올렸다고 합니다만, 신이 아무리 못났다 한들 어찌 감히 신의 뜻이 아닌 것을 다른 사람의 지시를 받고 이런 상소를 올렸겠습니까. 신은 늙어 죽을 때가 머지않았는데 어찌 감히 거짓말을 꾸며서 전하를 속이겠습니까."라고 하였다. 임금이 그제야 실상을 알고 답하기를 "경의 상소를 보고 비로소 전후 사정을 알았으니, 경은 안심하라."라고 하였다. 이리하여 홍문관에서 사헌부의 처리가 잘못되었다고 말하니, 대사헌 이식 등이 피혐하며 아뢰기를 "송응형의 상소가 아무리 과격하더라도 직언하는 간관을 경솔하게 바꿀 수가 없기에 다시 조정에 나오기를 청했던 것입니다. 그런데 홍문관에서 신들의 처리가 온당치 않다고 떠들어대니, 이것은 동서붕당의 화합을 주장하면서 잘못된 것을 보고도 말하지 못 하게 하는 사례를 만들고 직언하는 길을 막는 것입니다. 신들이 간언하는 대간의 자리에 있으면서 드러내놓고 비난을 받았으니 그대로 있을 수 없습니다. 청하옵건대 신들의 관직을 거두어 주십시오."라고 하였다. 임금이 답하기를 "사직하지 말고 물러가 조정의 공론을 기다리라."라고 하였다. 이에 홍문관에서 상소를 올려 아뢰기를 "신들은 진실로 전해지는 소문이 혹 사실과 다를 수도 있다고 여겼는데, 백인걸의 상소를 보니 과연 신들이 생각했던 것과 같습니다. 송응형은 소문을 경솔하게 믿고 좋지 못한 화를 일으키려 하였으며, 이식 등은 일을 처리하는 데 타당함을 잃어 동서붕당을 화합시키려는 뜻에 크게 어긋났습니다. 청하옵건대 모두의 관직을 교체하십시오."라고 하니, 임금이 "아뢴 대로 하라."라고 답하였다. 이에 양사의 관원이 모두 교체되었다. 이로써 정지연이 사헌부 대사헌이 되고, 구봉령이 사간원 대사간이 되었다. 그러나 정지연이 병으로 임무를 수행하지 못하자, 임금의 특명으로 이산해가 대사헌이 되었다. 양사의 대간이 모두 교체되었으나, 새롭게 대간이 된 자들 역시 계속 이이를 헐뜯었다. 사헌부 집의 홍혼이 더욱 분하게 생각하며 말하기를 "어찌 송응형을 교체하여 직언하는 길을 막아 버린단 말인가."라고 하고는 상소하여 논쟁하려고 하였다. 그러자 이산해는 나약하여 말리지 못하고 유성룡과 이발 등이 강력히 말렸다. 김우옹이 이것을 듣고 말하기를 "사헌부에서 만약 상소한다면, 나 또한 단독으로 상소하여 어진 이를 해치는 그들의 죄를 공격하여 논박하고, 나도 장차 사직하겠다."라고 하였다. 사헌부에서는 이 일을 중대하게 여겨 감히 말을 꺼내지 못하였으나, 제멋대로 지껄이는 논의는 그치지 않았다. 좌의정 노수신이 나서서 말하기를 "사헌부의 관원이 정말 이이를 공격하면 우리 대신들도 가만히 있을 수 없다. 당연히 사헌부의 잘못을 아뢰겠다. 어찌 조정의 공론이라 핑계하고 군자를 해치려고 한단 말인가."라고 하였다.

노수신이 아동을 가르치는 선생인 동몽훈도童蒙訓導 박형(朴泂; ?~1604)[312]에게 "송응형이 이이를 공격하는 데 대하여 조정 밖의 여론은 어떠한가?"라고 물었다. 박형이 대답하기를 "지금의 여론이 아무리 이이를 헐뜯으려고 해도 이이에게 해를 입히지는 못할 것입니다. 나의 문하에서 공부하는 학생이 3~4백 명인데, 내가 그들의 뜻을 시험하려고 이이는 어떤 사람이냐고 물은 적이 있었는데, 한 사람도 군자가 아니라는 사람이 없었습니다. 이들은 모두 앞으로 사림이 될 사람들입니다. 한때 혹 함부로 헐뜯었더라도 후일의 공론이야 없어지겠습니까."라고 하였다. 노수신은 매우 옳다고 인정하였다. 그 뒤에 박순과 노수신이 경연에서 "이이의 사람됨은 틀림없이 군자입니다. 비록 소탈한 탓에 실수가 있었다 하더라도 모두 나라를 걱정하는 마음에서 나온 것이니, 헐뜯어서는 안 됩니다."라고 극진히 아뢰었다. 임금이 이르기를 "다른 사람의 말에 이이가 백인걸을 시켜서 상소하였다고 하기에 나 또한 이이가 잘못했다고 여겼으나, 이제 그 사실을 들으니 두 사람이 서로 뜻이 통했을 뿐이다. 여기에 무슨 잘못이 있겠는가."라고 하였다. 이때 동인 중에 경솔한 무리가 반드시 이이를 해치려고 괴이한 의견을 백방으로 내놓았으나, 박순과 노수신, 김우옹이 엄하게 억제하였기 때문에 이이를 해치지 못하였다. 이 일이 있은 후로 조정의 공론이 동인을 나무라고 심지어 많은 유생까지 동인을 소인배로 지목하였다. 정철이 어떤 사람에게 이르기를 "지금 조정 공론이 이이를 공격하기에까지 이르렀으니 다시 무슨 말을 하겠는가. 이제부터 동인들을 어떻게 선비라고 자처할 수 있겠는가."라고 하였다. 이에 동인들이 부끄럽게 여기면서 수그러들어 마음대로 서인들을 공격하지 못하였는데, 김우옹과 이발이 화합시킬 의견을 꺼내어, 동인의 경솔한 논의를 조금 억누르자 동서붕당이 화합될 가능성이 보였다. 이에 식자들은 "이이의 상소가 비록 저지당하였으나, 전혀 도움이 없진 않았다."라고 생각하였다.

삼가 살피건대, 심의겸은 외척으로서 조금 두각을 나타낸 사람일 뿐이다. 비록 사림의 무리에 속해 있었으나, 어찌 별다른 존재 가치가 있겠는가. 김효원은 재주는 조금 있었으나 도는 듣지 못하였고 도량이 가볍고 그릇이 작아서 사림의 영수가 될 수는 없는 자이다. 이 두 사람이 시비를 분간하는 것이 나라의 안위에 무슨 관계가 있겠는가. 서인들은 오로지 "심의겸이 옳고 김효원이 그르다."라고 하는데, 이는 진실로 의심스러운 일이다. 또 동인들이 오로지 "김효원이 옳고 심의겸이 그르다."는 말도 그들의 주장이 옳다고 내세우는 말이니, 이것 역시 의심스러운 것이 아니겠는가. 심의겸은 자신의 덕과 힘을 헤아리지 않고 나랏일을 하려고 해서 틀린 것이고, 김효원은 선배를 함부로 헐뜯어 의심을 일으켜 사림들을 두 편으로 갈라지게 했으니 이 또한 어찌 옳겠는가. 이 일을 두고 말하면 두 사람이 모두 옳지 않으나, 재주로 말하면 두 사람이 모두 속세의 무리보다는 나으니 버려서는 안 된다. 만약 김효원이 뛰어나고 심의겸이 그보다 뒤처진다고 하면 그런대로 괜찮지만, 만약 김효원이 옳고 심의겸이 그르다고 한다면 이는 이치에 맞는 말이 아니다. 가령 두 사람에게 분명한 시비가 있다고 하더라도 그것은 나랏일과 관계되는 것이 아니다. 이것을 분별하려 했기 때문에 사림들의 의견이 갈라지게 되어 인재를 버리고 나라의 명맥을 상하게 하는 큰 빌미가 되었다. 온 세상이 이에 휘말려 들어 그렇게 된 이유를 깨닫지 못하니, 아! 어찌 운명이 아니겠는가! 지금 서인을 억눌러 기운을 펴지 못 하게 하니, 비루하고 속된 무리가 이 틈을 타서 권세를 잡아 동인과 합세하여 하나가 되었다. 동인은 또 그들의 사주를 받아 서인을 밉게 보면서 서인이 다시 조정에 들어올까 염려하니, 이는 매우 잘못된 일이라 하겠다. 지금의 도를 그대로 좇아 조정의 공론을 고치지 않는다면 아무리 성스러운 군주와 어진 정승이 태평한 세상을 이루려고 하여도 결코 이루지 못할 것이다. 아 탄식을 금할 수 없다.

동부승지 허진(許晋; ?~?)이 병을 핑계로 사직하였다. 허진은 사헌부 집의로 있을 때, 사람들이 이이를 좋아하지 않는 것을 짐작하고는 이이를 배척하여 사람들과 한마음으로 결탁하려 하였다. 이에 경연에서 아뢰기를 "이이의 상소는 사사로운 마음에서 나온 것입니다. 상소에서 심의겸, 한수, 정철을 옹호하였는데, 심의겸과 한수는 이이와 같은 무리이고, 정철은 이이의 친구이니, 그 말을 어찌 공정한 마음이라 하겠습니까. 또 이이 자신은 조정에 나오지도 않고 편안히 앉아서 상소만 올렸으니 이는 신하의 예가 아닙니다."라고 하였다. 임금이 이이가 올라오지 않은 데 대해 매우 불평하고 있다가, 허진의 말을 듣고는 매우 옳다고 생각하였다. 얼마 후에 허진을 승지로 삼으니, 조정의 여론이 모두 "허진이 친구를 해치고 출세하였다."라고 하였다. 이는 허진이 이이와 서로 친구 사이였기 때문에 하는 말이었다. 이리하여 사람들은 허진을 욕하며 비루하게 여겼고, 사헌부에서는 허진이 세속에 아첨하여 바른 사람을 해친다고 논박하였다. 임금이 허락하지는 않았으나, 허진이 부끄러워 자리에 있지 못하고 병을 핑계로 사직하고 감히 사람들을 만나지 못했다.

사림들이 모두 말하기를 "만약 이이가 조정에 있었더라면 허진은 심부름하기 바빴을 것인데, 이이가 우물에 빠진 틈을 타서 감히 돌을 던지니 허진도 어지간히 못난 사람이다."라고 하였다.

구봉령이 병으로 사직하고 조정에 나오지 않았다. 구봉령이 사림들의 의논이 좋지 못하다는 소문을 듣고, 한양에 올라와 바로잡으려 하자 친한 사람이 적극적으로 말리니, 그만 병을 핑계로 사직하였다.

1579년 8월

성혼이 병 때문에 벼슬할 수 없다고 임금께 상소를 올렸다. 또 군주가 지녀야 할 덕의 핵심은 마음을 비우고 선을 받아들이는 것이 으뜸의 진리라고 말하였다. 임금은 이를 마땅한 논리라고 칭찬하였으나, 다시 조정에 나오라는 어명은 없었다. 당시 사림들은 이미 이이를 잃고 성혼을 그들의 붕당으로 끌어들이려고 임금에게 특별히 성혼을 부르라고 여러 차례 권하였으나, 성혼은 끝내 어명에 응할 뜻이 없었다. 어떤 선비가 성혼에게 이이의 단점을 들어 헐뜯자, 성혼이 천천히 말하기를 "나는 살아서는 이이와 함께 죄를 같이 할 것이고, 죽어서도 그와 함께 평판을 같이 받을 것이다."라고 하였다. 그러자 그 사람은 그만 아연실색하고 가 버렸다.

1579년 9월

윤두수를 황해도 연안 부사로 삼았다. 윤두수가 감사의 절을 올리고 하직하니, 임금이 그를 불러 "경은 어떻게 고을을 다스리려고 하는가?"라고 물었다. 윤두수가 대답하기를 "연안 백성들은 소송하기를 좋아하여 문서와 장부가 매우 복잡할 텐데, 소신처럼 인망이 없고 재주가 변변치 못한 사람이 어찌할 바를 모르겠습니다."라고 하였다. 임금이 한동안 묵묵히 있다가 말하기를 "나는 경이 대궐에 있거나 외직에 있거나 차별하여 대접하지 않는다. 경도 내외직을 달리 생각하지 말고 번거롭겠지만 잠깐 외직에 나가 있으라. 후에 다시 부를 것이다."라고 하였다. 윤두수가 나가서 사람들에게 "처음 생각에는 전하의 용안을 오랫동안 못 볼 것 같아서 한 번 우러러뵈려고 온 것인데, 전하의 간곡한 말씀을 들으니 감격의 눈물이 샘솟는 듯하여 감히 쳐다보지 못하였다."라고 말하며, 마침내 울음을 그치지 않으니 같이 앉아 있던 사람들이 모두 눈물을 흘렸다.

자헌대부 지중추부사 백인걸이 죽었다. 백인걸은 젊었을 때 조광조에게 배우면서 그의 사람됨에 깊이 감복하였다. 그러다 기묘사화가 일어난 뒤에 자신을 감추고 단속하지 않았으나, 선을 좋아하는 마음은 변하지 않았다. 을사사화 때 임금의 밀지[313]가 사실이 아니라고 말하여 귀양을 간 후 여러 해 만에 조정의 오해가 차차 풀어지자, 고향으로 돌아가 있었다. 지금 임금에게 발탁된 뒤 얼마 되지 않아 정2품 판서에까지 올랐다. 임금은 언제나 그의 우직한 절개를 중하게 여겼으며, 총애가 몹시 두터웠다. 신미년[1571] 7월 이원경이 임금의 외숙 정창서와 함께 권력을 장악하고자 두 사람이 음모하여 박순과 이후백, 오건 등 사림 10여 명을 공격하려고 한 일로 고향에 돌아가 곤궁하게 지냈는데, 경기도 관찰사 윤근수가 그 상황을 조정에 아뢰자, 임금은 식량을 보내 주라고 명하였다. 백인걸이 상소하여 임금의 은혜에 감사하고, 조광조를 문묘에 배향할 것을 청하였으나 임금은 허락하지 않았다. 백인걸은 학문으로 쌓은 공은 없었으나 항상 성혼, 이이와 함께 학문을 논하였고, 늙어서도 이를 중지하지 않았다. 이이는 언제나 말하기를 "백인걸 대감의 식견은 조금 뒤처지지만, 팔순의 나이에도 부지런히 학문만을 논할 뿐 다른 일은 말하지 않는다. 이와 같은 사람은 대감 한 사람뿐일 것이다." 라고 하였다.

백인걸이 이이와 함께 조광조와 이황의 우열을 논할 때, 이이가 말하기를 "타고난 성품으로 논하면 조광조가 월등히 나으나, 학문의 깊이로 말하면 이황이 낫습니다."라고 하였다. 백인걸은 머리를 흔들고 손을 저으며 말하기를 "크게 틀렸네! 이황이 어찌 조광조를 바라보겠는가?"라고 하였다. 그 뒤에 백인걸이 성혼과 이이는 크게 쓸 만한 인재라고 천거하면서 이이는 경솔한 단점이 있다고 말하니, 어떤 사람이 이 말을 듣고 백인걸을 나무랐다. 백인걸이 말하기를 "이이가 조광조를 부족하게 여겨 조광조를 이황보다 아래에 놓았기에, 내가 이렇게 말한 것이다."라고 하였다. 백인걸이 나라를 걱정하는 마음은 죽을 때까지 변하지 않았으나, 재주는 조정에 적합하지 못하고, 다만 의기롭게 의견 내놓기를 좋아할 뿐이었다. 성혼이 항상 사람들에게 말하기를 "백인걸 대감의 재주는 바둑에다 비하자면 때로는 묘한 수를 두어 국수國手를 대적할 만하나, 때로는 어지러운 수를 두니 믿을 만한 재주가 못 된다."라고 하였다. 말년에 한양으로 다시 와서 자헌대부에 올랐다가, 이때 죽으니 그의 나이 83세였다.

1579년 10월

며칠째 계속 안개가 짙게 끼고 겨울 날씨가 봄같이 따뜻하여 산에 꽃이 많이 피었다.

1579년 11월

강섭(姜暹; 1516~1594)[314]을 함경도 관찰사로 삼았다. 양사에서 강섭은 변방의 북쪽 요충지를 담당하기에는 적합하지 못하다 하여 여러 차례 상소를 올렸으나, 임금이 허락하지 않았다. 이전 함경도 관찰사 박민헌이 많은 재물을 긁어모아 재산을 축적하였는데 강섭이 그 뒤를 이어 함경도로 가게 된 것이다. 강섭 역시 탐욕스럽다는 말을 듣던 사람이라, 식자들은 북방이 잘 보전되기 어려울 것이라고 걱정하였다. 강섬이 임금께 큰절을 올리며 하직할 때, 임금이 강섬을 불러 위로하고 타일러서 함경도로 보냈다.

함경남도 절도사 소흡(蘇潝; ?~?)[315]이 사사로운 분노로 함경북도의 관노 둘을 죽였기 때문에 그를 잡아다 의금부에서 국문하였다. 그가 자백한 뒤에 대신들과 의논하여 법을 무시하고 관리 마음대로 형벌을 주는 남형률濫刑律을 적용하려고 하였다. 그러자 대간이 반대하기를 "공적인 일을 보다가 관할 백성을 죽였으면 남형률을 적용할 수 있지만, 지금 소흡은 사사로운 분노로 다른 지방의 사람을 죽였으니 당연히 살인죄로 다스려야 할 것입니다."라고 하였다. 임금이 조정의 의논을 취합하게 하였더니, 2품 이상 대신들이 모두 "살인죄로 다스리는 것은 옳지 않습니다."라고 하였다. 양사가 다시 반대하여 여러 달이 지났으나 임금은 끝내 허락하지 않았다.

삼가 살피건대, 살인한 자는 죽여야 하기에, 법에 있어 용서받지 못하는 것이다. 순임금의 아버지 고수瞽瞍가 살인하였을 경우, 순임금의 신하 고요皐陶가 법을 집행하는 데 순임금의 힘으로도 그 아버지를 어찌할 수 없다고 하였다. 소흡은 어떤 사람이기에 감히 마음대로 살인하고도 사형을 면한단 말인가. 만약 당나라 때에 죄인을 심판하여 형벌을 감면한 여덟 가지 조항에 근거하여 논한다면, 담당 관원은 당연히 사형을 적용할 것이다. 간혹 임금의 특사로 죽음은 면할 수 있을 것이다. 그런데 지금 남형률을 적용하려 한다면 국법을 크게 문란하게 하는 것이다. 2품 이상의 대신들이 한 사람도 바르게 의논하는 사람이 없으니, 조정이 텅 빈 지가 이미 오래되었다. 어찌 일을 바로잡겠는가.

1579년 12월

예조의 관원이 인성왕후 3년 상이 끝나는 날에 임금이 하례를 받는 절차를 정하였다. 양사에서 아뢰기를 "곡을 하면서 제사 지내고 곧바로 하례를 받는 것은 길흉이 섞이게 되므로 예가 아닙니다. 하례를 받지 마십시오."라고 하니, 임금은 "지난날의 관례를 고칠 수 없다."라고 하였다. 양사가 여러 날을 두고 논쟁하니, 임금이 말하기를 "전례와 다르게 논의하는 버릇이 조장되는 것은 옳지 않다. 내가 하례를 받고 싶어서가 아니라, 다만 전례와 다르게 논의하는 것을 싫어하기 때문이다."라고 하고는 끝내 허락하지 않았다.

의정부 정2품 좌참찬 성세장(成世章; 1506~1583)[316]이 임금에게 아뢰기를 "지금 젊은 사람들의 말로는 옛 성현을 사모하고 학문을 한다고 하지만 그 실천이 없어서 한때의 폐단만 됩니다."라고 하니, 임금이 "그대의 말이 옳고 적절하여 지금 병폐에 꼭 맞는다."라고 말하였다. 삼사가 번갈아 가며 상소하여 논박하였으나, 임금은 끝내 불쾌하게 여겼다.

삼가 살피건대, 도에는 동서고금이 없으나, 예전에는 성현이 있었고 지금은 성현이 없으니, 선비 된 사람이 어찌 옛 성현을 사모하지 않겠는가. 사람은 떳떳한 덕이 있으나 학문이 아니면 그 이치를 밝힐 수 없으니, 선비 된 사람이 어찌 학문을 하지 않을 수 있겠는가. 말로는 옛 성현을 사모하고 학문을 한다고 하면서 그 실천이 없는 자는 참으로 허물이 있는 사람이다. 그러나 저들처럼 옛 성현을 사모하지 않고 학문을 하지도 않으면서 함부로 나쁜 짓을 하는 자는 어찌 한때의 폐단이 되지 않겠는가. 세상의 풍속이 쇠퇴하여 선비 된 사람은 이미 학문을 향한 정성이 적고, 지금 임금도 학문하는 사람을 미워한다. 이 때문에 유학자의 뜻이 꺾이고 속된 무리가 활기를 얻게 되니 이것은 말세의 공통된 병폐이다. 성세장은 비루한 자이기에 그 말에 경중을 따질 필요는 없다. 다만 한스러운 것은 임금의 마음이 속된 무리와 깊이 합하여 끝내 선을 좋아하는 싹을 보전하지 못하는 것이다. 어찌 우울한 마음을 견딜 수 있겠는가.

1580년(경진) 선조 13년

1580년 정월

1580년 선조13년 정월 기미일[1월19일]. 인성왕후의 위패를 종묘에 모시고 임금이 친히 제사를 지낸 후 대사면령을 내리고, 문무백관의 하례를 받고는 음복연飮福宴의 잔칫상을 베풀었다. 잔치할 때 옛 관례에는 궁중연회 때 기생이 노래 부르며 춤을 추던 여악女樂을 행하기도 했으나, 『국조오례의』에는 이런 규정이 기록되어 있지 않다. 예조의 관원이 옛 관례에 따라 여악을 쓰려 하니, 삼사와 승정원에서 "음복연은 신神의 복을 받는 것이니 당연히 엄숙하게 일을 진행해야 합니다. 여악의 음란하고 외설스러운 소리를 듣는 것은 마땅하지 않습니다."라고 하자, 임금은 너무 지나친 말이라 하여 허락하지 않았다. 양사가 연이어 상소를 올린 지 여러 날이 되고, 잔치할 때도 임금께 일곱 차례나 아뢰었으나 끝내 허락하지 않았다.

삼가 살피건대,『국조오례의』는 선대왕 때 정한 법으로, 간혹 미비한 점이 있으나 규모는 거의 올바르게 되어 있다. 지금 임금이 선대왕을 본받으려면 당연히『국조오례의』를 따라야 하는데, 무엇 때문에 최근의 옳지 못한 전례만을 항상 따르려고 하는 것인가. 임금이 정사를 보는 정전에서 여악을 쓰는 것은 결코 예의가 아니니, 양사에서 어찌 지나친 말을 하였겠는가. 임금의 뜻은 꼭 여악을 들으려는 것이 아니다. 단지 유학자의 말을 매우 싫어하여 전례로써 유학자의 그 뜻을 꺾으려는 것이니, 아! 한탄할 일이로다.

1580년 2월

종2품 동지중추부사 허엽이 죽었다. 허엽은 젊었을 때부터 학문을 한다고 자처하였으나, 견해는 앞뒤 조리가 없었고 문장의 뜻도 잘 이해하지 못하였다. 언젠가 이황과 학문을 논할 때 그의 견해에 잘못이 있었다. 이황이 웃으며 말하기를 "자네가 학문을 하지 않았더라면 참 좋은 사람이었을 것이다."라고 하였다. 이 말은 허엽의 학문과 식견이 착오를 범하고 있음을 조롱한 말이다. 비록 자신은 선을 좋아한다고 하였으나 시비가 분명치 못하고 사람을 취하는 데에도 착오가 많았다. 평소 다른 사람과 더불어 논쟁할 때는 말하는 기품이 정도를 잃지 않았으므로, 사람들이 모두 그가 학문수양이 되었다고 칭찬하였다. 그러나 말년에 이르러 기쁨과 노여움이 과하게 폭발하니 사람들이 매우 이상하게 여겼다. 경상도 관찰사로 있을 때는 영천 군수 정인홍이 고을을 잘 다스렸으나, 경상도에 올리는 공물이 풍성하지 못하다 하여, 허엽이 성을 내고 정인홍을 불러들여 『경국대전』을 외우라는 모욕을 주니, 정인홍은 그만 벼슬을 버리고 고향으로 돌아갔다. 또 진주 유생 유종지(柳宗智: 1546~1589)[317] 등이 고을 수령의 잘잘못을 거론하기 좋아한다고 하여, 군사를 보내어 잡아 가두고 죄를 다스린 일이 있었다. 유종지 등은 어진 선비였기 때문에 고을의 모든 사람이 놀라고 이상하게 생각하여 그 이유를 알지 못하였다. 예전에는 이이와 서로 친하게 지냈는데, 동서붕당으로 의견이 갈라진 뒤에 동인의 영수가 된 후에는 견해가 괴팍해지고, 사림들을 시켜 이이를 공격하기까지 하였다. 사람들이 허엽을 묘지卯地라고 하였는데, 묘지는 방향이 동쪽인 까닭에 그가 동인의 영수가 된 것을 조롱해서 한 말이다. 평소 여색을 가까이하지 않는다고 스스로 말하였으나, 영남지방에 있을 때는 기생을 몹시 사랑하여 말하는 것마다 다 들어주어 여러 고을의 뇌물이 기생의 집으로 몰려들었다. 심지어 길거리에서 기생과 함께 가마를 타고 가니 사람들이 모두 그를 손가락질하며 비웃었다. 결국 여색을 밝히다가 병을 얻었는데, 관직이 교체된 뒤에 미처 한양으로 올라오지 못하고 경상도 상주에서 죽었다.

홍문관 부제학 김첨경(金添慶; 1525~1583)[318]을 임금의 특명으로 사헌부 대사헌에 임명하였다. 김첨경은 당시 조정의 일을 말하지 않는 인물이었기 때문에 임금이 발탁한 것이다.

삼가 살피건대, 나라에서 관청을 설치하고 관직을 나눈 것은 장차 나랏일을 잘 처리하기 위해서이다. 조정의 일을 처리하려면 어찌 말이 없을 수 있겠는가. 그러나 지금 임금은 다른 사람이 말하는 것을 싫어하여 다른 사람이 건의하는 것을 보면 지나치다고 배척하고, 반드시 묵묵히 순종하고 말이 없어야 발탁이 된다. 이 방법을 그대로 따른다면 비록 한나라의 조참曹參이 어진 재상 소하蕭何의 뒤를 이어서 나라를 안정시킨다고 하더라도 오히려 잘 다스려지지 않을까 걱정이다. 하물며 권력을 잡은 간신배들이 나라를 어지럽힌 뒤의 허점과 폐단이 많은 나랏일을 어찌하겠는가. 조정이 이러했기 때문에 변변치 못하고 무능한 사람은 등용되고, 식견이 있는 사람은 결국 물러가는 것이다. 앉아서 망하기를 기다리면서 끝내 깨닫지 못하니, 아! 어찌 하늘의 뜻이 아니겠는가.

정철을 강원도 관찰사로 삼았다. 정철은 사간원 대사간에서 사직한 뒤로 벼슬을 그만두고 조정에 나오지 않은 채 여러 번 임금의 부름을 사양하였다. 그러나 관찰사에 임명되자, 그의 3대 선친들에게 벼슬이 주어지는 것을 중하게 여겨 어명을 받고 부임하였다. 정철은 충성스럽고 청렴하며 굳세고 강직하였으나, 술을 좋아하여 취하면 반드시 실수하니 식자들이 부족하게 생각하였다.

임금이 친히 종묘에 특별히 제사를 지내고, 선비들을 시험 보아 인재를 뽑았다.

임금의 형 하원군河原君이 얼굴이 예쁜 역관의 딸이 있다고 천거하자, 임금이 그 딸을 대궐로 들어오게 하였다. 이때부터 하늘의 햇빛이 여러 날 동안 광채가 없었다.

정종영을 의정부 우찬성으로 삼았다. 이때 서인들은 요직에 오르지 못했기 때문에 속된 무리가 정승을 비롯한 대신들의 자리를 가득 차지하였다. 의정부 찬성 자리가 비게 되자 임금이 이조에 명하여 정2품 중에 세 사람의 후보자를 추천하게 하였다. 이조에서 대신들과 함께 의논하였으나, 정2품에서 승진시킬 만한 사람이 없었기 때문에 정종영과 김귀영을 추천하게 되었다. 정종영은 사림들을 좋아하지 않았고, 김귀영은 행동에 구속함이 없어서 세상 사람들이 천하게 여겼으나, 육조판서 중에 이 두 사람보다 나은 이가 없었다. 식자들은 나라에 인재가 없음을 탄식하였다. 정종영이 임금께 감사하고 사직했으나 윤허하지 않았다.

1580년 3월

무신일[9일]. 임금이 희릉과 효릉[지금의 서삼릉]319)에 친히 제사 지내고 돌아올 때 흰 무지개가 해를 꿰뚫었다. 임금이 환궁한 뒤에 승정원에 하교하기를 "근래 흰 무지개의 변고가 없는 해가 없어 매우 놀랍더니, 오늘 능을 참배할 때 또 이런 변고가 생기니 두려움을 견딜 수 없다. 내 뜻을 잘 알아라."라고 하였다. 승정원에서 아뢰기를 "전하의 하교를 받자오니 감격함을 이길 수 없습니다. 무릇 천재지변을 그치게 하는 방법은 형식적인 말단에 있는 것이 아닙니다. 몸을 굽혀 조심하고 두려워하는 것이 하늘에 응대하는 진실일 것입니다. 하늘의 변고가 일어난 것이 꼭 어떤 일에 하늘이 응하여 일어난 것이라고 지적할 수는 없습니다. 그러나 근래 경연에 참석하시는 것이 드물어 조정의 잘못된 정사와 백성들의 병폐를 주위로부터 듣지 못하시니, 어진 선비를 맞아들여 직언을 구하시고 몸을 수양하고 반성하기를 지극하게 하십시오."라고 하였다. 임금이 "알겠다. 직언을 구하도록 하겠다."라고 답하였다.

영의정 박순과 우의정 강사상이 흰 무지개의 변고를 이유로 사직하자, 임금이 답하기를 "천재지변이 어찌 경들의 탓이겠는가. 신하다운 신하는 있어도 임금다운 임금이 없어서 재앙을 부르게 되는 것은 예전부터 항상 있었던 우환이다."라고 하였다. 좌우정 노수신이 병으로 사직한 지 오래되자 임금이 의원을 보내어 진찰하게 하고 약을 지어 보냈다.

홍문관에서 상소를 올려 조회를 피하고 고기반찬을 줄일 것과 어진 선비를 맞아들여 직언을 구하고, 또 자주 경연에 나오시기를 청하였다. 임금이 답하기를 "상소의 뜻은 옳다. 다만 조회를 피해야 한다는 것을 모르는 바는 아니지만, 임금의 체통 때문에 아직 하지 않은 것이다. 이를 어찌 신하 된 사람으로서 경솔하게 말할 수 있는가. 상소의 뜻은 마땅히 유념하겠다."라고 하였다.

사헌부가 새로 임명된 찬성 정종영을 탄핵하며 "정종영은 재주와 기량이 부족하여 본래 인망이 없습니다. 또 전에 병조에 있을 때는 다른 사람의 비난을 받았으니 발탁할 수 없습니다. 다시 임명하기를 청하옵니다."라고 하였다. 임금이 답하기를 "새로 임명한 찬성은 적합하지 않은 사람이 아닌데 어찌 경솔하게 논하는가."라고 하였다. 이에 사간원이 아뢰기를 "정종영은 기량이 좁고 재주와 지혜가 부족합니다. 예전에 이조판서를 지낼 때는 다른 사람의 말은 듣지 않고 단지 첩과 자식의 청만을 따라서 뇌물이 몰려들어 물 주라는 비난까지 들었으니, 이런 사람을 어찌 찬성 자리에 승진시키는 것이 합당합니까. 다시 임명하기를 청하옵니다."라고 하였다. 그러나 임금이 들어주지 않았다. 양사가 여러 날을 논박하자, 임금이 이르기를 "정종영은 찬성 자리에 합당하다. 일찍이 선대왕 때 권력을 쥔 대신들에게 아첨하지 않았고, 과인을 섬기며 도와 준 것도 많다. 또한 지금 사람들처럼 과격하지 않다."라고 하고는, 끝내 허락하지 않았다.

임금이 직언을 구하라고 하교하며 또 억울한 옥사가 있는지 살피게 하였다.

삼가 살피건대, 재앙을 만나 신하들에게 직언을 구하는 것은 장차 바르고 엄중한 간언을 들어서 시급한 병폐를 고치기 위해서이다. 근래 몇 년 사이에 천재지변이 없는 해가 없었고, 또 직언을 구하지 않았던 때가 없었으나 한 가지 좋은 계책이라도 써서 폐단이 많은 정치를 바로잡았다는 말은 결국 듣지 못하였다. 직언을 구하고서도 그 말을 받아들이지 않는다면 직언을 구하지 않는 것과 무엇이 다르겠는가. 비유하자면 마치 병을 앓는 사람이 날마다 훌륭한 의원에게 병에 관해 물으면서도 환약 하나도 먹지 않는 것과 마찬가지이다. 한탄스러움을 견딜 수가 없다.

전라도에 전염병이 번져 죽은 사람이 매우 많았다.

평안도 성천 고을의 향교 훈도가 유생에게 원망을 샀는데, 원망하는 자가 향교 대성전의 위패를 땅에 묻었다. 이 일이 조정에 보고되자, 조정 관원이 내려가서 추국하고 위패를 다시 만들게 하였다. 인심이 어지러운 상태가 이런 지경까지 이르렀다.

임술[3월23일] 흰 무지개가 또 해를 꿰뚫었다. 임금이 하교하기를, "흰 무지개의 변고가 계속 일어나니 매우 두렵다. 오늘부터 조회를 피하고, 고기반찬을 줄이고 음악을 철폐하는 것이 좋겠다."라고 하였다.

영의정 박순과 우의정 강사상이 하늘의 변고로 사직하자, 임금이 답하기를 "이는 임금이 임금 노릇을 제대로 못 하고 자리만 더럽혔기 때문이다. 경들에게 무슨 허물이 있겠는가. 사직하지 말라."라고 하였다. 좌의정 노수신은 2월부터 여러 번 병이 있다고 상소를 올리고 조정에 나오지 않았다.

홍문관 부제학 구봉령이 사직 상소를 올리자, 임금이 "사직하지 말라."라고 답하였다. 구봉령은 병자년[1576]에 고향으로 돌아갔는데, 여러 번 임금의 부름을 받고도 사양하다가 이제야 올라왔다.

1580년 4월

수문장 조경(趙瓊: ?~?)이 대궐 문에 출입하는 자를 금할 때 사헌부의 하급 관원이 거침없이 들어가자, 조경이 그를 결박하여 죄로 다스리려고 하였다. 사헌부에서 이를 듣고 노하여 조경을 잡아다 죄로 다스려야 한다고 청하였다. 임금이 이르기를 "결박한 일이 잘못이라 할지라도 어찌 이것을 가지고 감히 대궐 수문장을 죄로 다스릴 수 있겠는가. 이는 도리에 크게 어긋난 것이다."라고 하였다. 대사헌 이산해가 사직을 청하고 물러나 공론을 기다리니, 사간원에서 대사헌 이산해가 조정에 다시 나올 수 있도록 임금께 주청하였다.

삼가 살피건대, 수문장의 직책은 사람들이 대궐에 함부로 들어가는 것을 금하는 일이다. 사헌부의 하급 관원이 사헌부의 위세만 믿고 대궐 수문장을 경시하였으니 그 죄를 다스려야 할 터인데, 사헌부는 도리어 수문장의 죄를 다스리려고 하니 어찌 일처리가 이처럼 거꾸로 되었는가. 옛날 한나라 문제 때 성문을 지키는 하급 관리 공거령公車令이 태자의 수레를 정지시키기도 하였는데, 지금 수문장이 사헌부 하급 관원의 출입을 금하지 못하는 것이 말이 되는가. 사헌부의 관원은 그들의 잘못을 알지 못하고, 사간원은 또 따라서 사헌부가 옳다고 하니, 이는 양사가 모두 배우지 못한 탓이다.

정2품 지중추부사 박계현이 죽었다. 박계현은 행동에 단속함이 없었고, 단지 술이나 마시고 방탕할 뿐이었다. 임금은 그가 죽었다는 말을 듣고 "내가 놀랍고 슬프다."라고 하였다.

홍문관에서 상소를 올려 정당하지 못한 방법으로 궁녀를 들이는 것은 부당하니, 옛 관례대로 양민의 집에서 여자를 선택할 것과 또 대궐 후원에다 사사로이 건축하는 것은 도리에 맞지 않는다고 논하였다. 임금이 답하기를 "너희들이 후원에 직접 들어가 집 짓는 곳을 살펴보아라. 그런 뒤에 내가 대답하겠다."라고 하였다. 그러나 집을 짓는다는 것은 헛소문이었다. 승정원에서 홍문관의 관원이 후원에 들어가는 것은 불가하니 윤허하지 말기를 청하였으나 임금은 듣지 않고 홍문관의 관원들을 재촉하여 불렀다. 승정원에서 다시 아뢰기를 "임금과 신하의 사이는 마음으로 서로 통하는 것이 중요합니다. 헛소문이라고 하교하기만 하면 아랫사람의 마음은 저절로 풀릴 것입니다. 어찌 대궐 안 후원에 들어가 보는 것이 도리겠습니까."라고 하였다. 임금이 이르기를 "내가 들어와 보라 명하였으니, 이 일은 어려운 것이 아니다. 승정원의 직책은 왕의 말을 출납하는 것에 있지, 내게 정사에 대해 조언하는 것은 승정원의 임무가 아니다. 어찌 중간에서 막으려 하느냐. 속히 들어와 보게 하라."라고 하였다. 양사에서도 "신하에게 감히 못 할 일을 다그쳐 아랫사람의 충심을 막는 것은 부당합니다."라고 하고 두 번이나 아뢰었으나 임금이 허락하지 않았다. 홍문관의 관원들이 모두 석고대죄하며 파직시킬 것을 청하자, 임금이 "누가 이 일을 주동하였느냐? 속히 바른 대로 아뢰라."라고 하였다. 홍문관에서 아뢰기를 "상소를 올릴 때 모두 함께 허심탄회한 마음으로 들은 것을 말하였을 뿐이니, 어찌 앞서서 주동한 사람이 있겠습니까? 서둘러 파직시켜 주십시오."라고 하였다. 임금이 그제야 "후원에 들어와 보는 일은 그만두어라."라고 하고, 이어서 하교하기를 "대궐은 나의 집이니 바깥 신하들이 간섭할 바가 아니다. 이러한 버릇이 한번 시작되면 후일 반드시 간신들이 구실을 삼아 차마 말 못 할 폐단이 생길 것이다. 주동한 사람을 추궁하려 하였으나 지금은 묻지 않겠다. 무릇 신하가 말을 할 때 한마디 말로 지혜가 될 수도 있고, 한마디 말로 성급한 처사가 될 수도 있다. 그러니 말을 조심해야 한다."라고 하였다.

삼가 살피건대, 홍문관에서 논의한 것은 궁녀를 몰래 들인 것과 대궐 후원에다 사사로이 집을 짓는다는 것 두 가지 일이다. 집을 짓는다는 것은 과연 헛소문이었으나, 궁녀를 들여놓은 것이야 어찌 헛소문이겠는가. 임금은 이미 자기 뜻에 거슬리자 바로 말하지 않았고, 신하들은 임금의 위엄이 두려워 그 일을 파헤치지 않은 채 어물어물 그만두었으니, 홍문관의 신하들은 송나라 때 명재상 왕소王素320)에게 부끄러움이 있다고 하겠다.

유성룡을 경상도 상주 목사로 삼았다. 유성룡은 모친이 연로하신 이유를 들어 모친이 계신 곳과 가까운 고을을 얻어 봉양하기를 청하였다. 그러자 임금이 이르기를 "그대가 외직에 나가면 나는 신하 하나를 잃는 것이 되니 참으로 애석하다. 그러나 모자간의 정은 간절한 것이기에 허락하지 않을 수 없다."라고 하였다. 그러고는 상주 목사로 임명하니, 사람들은 모두 그가 외직에 나가는 것을 애석하게 여겼다. 유성룡은 재주와 식견이 있었고 일을 설명하여 아뢰는 것이 능하였기 때문에 경연에서 임금께 글을 올리면 사람들이 모두 감탄하였다. 다만 한마음으로 힘써 일하지 못했고 때로는 이해관계를 살폈기 때문에 군자로서는 부족하였다.

정구를 경상도 창녕 현감으로 삼았다. 정구는 예학에 힘써 몸단속을 몹시 엄하게 하였으며, 의논이 기발하여 훌륭한 명망이 날로 드러났다. 여러 번 벼슬에 임명되었으나 조정에 나오지 않더니, 이번에 한양에 올라와 임명을 받았다. 임금이 정구를 불러 배운 것을 물어보았는데, 그의 말이 온순하였기 때문에 듣는 사람들이 감격하였다. 정구가 마침내 창녕 현감에 부임하였다.

경상도에 전염병이 크게 번져 많은 사람이 죽었다.

의정부 정1품 우찬성 정종영이 병을 핑계로 사직하니, 이는 여론을 피한 것이다.

대신들이 임금에게 근정전으로 환궁하기를 두 번 청하자, 임금이 허락하였다.

1580년 윤4월

좌의정 노수신이 봄부터 병을 이유로 사직하기를 청하며 13차례나 상소하였으나, 임금이 끝내 허락하지 않으므로 할 수 없이 조정에 나왔다. 임금이 노수신을 불러 술을 하사하였다. 이때 영의정과 좌의정이 비록 인망은 있었으나, 좋은 정치를 하지 못하고 다만 세상의 흐름을 따를 뿐이었다. 예상치 못한 변고가 거듭 나타났으나 임금은 이것을 막을 별다른 계책도 없었는데, 어느새 근정전으로 돌아오기를 청하니 식자들은 이를 옳지 않게 여겼다. 성혼은 대신들이 근정전에 돌아올 것을 청했다는 말을 듣고 탄식하기를 "영의정 박순도 다른 사람들처럼 아첨하는 태도를 취하는가."라고 하였다.

김귀영을 의정부 우찬성으로 삼고, 임금의 특명으로 박효원을 호조판서에 임명하였다. 변변치 못한 자들이 이처럼 높은 자리에 앉게 되자 식자들이 걱정하였다.

경회루 아래에서 정3품 통정대부 이하 관원들의 시문 짓는 시험을 치렀다. 승정원 승지 윤탁연(尹卓然; 1538~1594)이 시 부문에서 장원하여 종2품 가선대부의 품계를 받았다. 윤탁연은 인망이 없었는데 시문으로 승진하였으므로 많은 사람이 못마땅하게 여겼다. 사간원에서 이를 다시 정하기를 청하였으나 임금이 허락하지 않았다.

경기도 음죽(陰竹; 이천)에 사는 진사 전욱(全旭)이 상소하여 조정의 폐단을 말하였는데, 상소에서 지금 조정이 화합하지 못한 상황을 논하였다. 이에 임금이 답하기를 "몸이 초야에 있으면서도 조정의 폐단을 말하는 정성이 참으로 가상하다."라고 하였다. 이어 하교하기를 "전욱의 상소 가운데 조정이 화합하지 못한 상황을 말하며, '사사로운 미움으로 인하여 무고한 사람을 탄핵하고 헛소문을 퍼뜨려 시골로 추방하며, 위로는 임금의 총명을 속이고 아래로는 백성을 근심하게 한다.'라고 하였다. 초야에 있는 사람이 반드시 본 것이 있을 텐데, 어떤 일을 지적하는 것인지는 알 수 없다. 신하가 감히 사사로이 무리를 지어 붕당을 이루어 서로 대립하면 그 죄는 참으로 큰 것이다. 사사로운 감정 때문에 임금을 속이기까지 한다면 더욱 놀랄 일이다. 나의 뜻을 잘 알아라."라고 하였다. 승정원에서 아뢰기를 "신들이 전하의 하교를 받고 매우 황송하여 어찌할 바를 모르겠습니다. 지금 전욱의 상소는 대부분 황당하고 뒤죽박죽이어서 사실상 근거가 없습니다. 그런데 전하의 하교는 정말 이런 일이 있는 것으로 의심하시니 신들의 마음이 편치 않습니다. 조정에서 간혹 일치하지 않은 논의가 있기는 하지만, 어찌 분열하여 붕당을 지으면서 전하의 총명을 속이기까지 하겠습니까. 조정의 일은 전하께서 이미 훤히 알고 계신데, 이렇게 하교하시니 인심이 의심하고 이상하게 여길 뿐만 아니라, 전하의 총명하심에도 분명하지 못한 것이 있을까 걱정되어 아룁니다."라고 하였다. 임금이 알았다고 답하였다.

삼가 살피건대, 전욱의 상소는 사실상 근거가 없어서 믿을 것은 못되나, 이는 조정에 동서붕당의 의논이 모두 해결되지 않았기 때문이다. 서인의 인재는 침체하여 그 뜻을 펴지 못하고, 변변치 못한 자들이 높은 자리에 올라 속된 무리가 판을 치고 있다. 이러한 때에 임금의 마음이 어디에 있는지를 알 수 없으니 전욱의 말에 혹시 반성하여 볼 점이 있지 않겠는가.

손식孫軾을 전라도 관찰사로 삼았다. 임금이 하교하기를 "손식은 여러 번 과인 곁에 있으면서 일을 총명하고 민첩하게 처리하여 부지런히 노력한 공로가 뛰어나니 특별히 등급의 품계를 올려주어라."라고 하였다. 손식은 본래 학식이 없고 또 심장병이 있어 일을 당하면 아무 생각 없이 처리하여 그르치는 경우가 많았는데, 영민하다고 하교하니 사람들이 이상하게 생각하였다. 사헌부에서 손식은 탁월한 사람이 아니라고 탄핵하여 다시 정하기를 청하였으나 임금이 허락하지 않았다.

1580년 5월

가뭄이 심해지자 기우제를 지냈다. 강원도에는 서리가 내려 풀이 죽었다.

1580년 6월

큰비가 내려 강물이 불고 바닷물이 넘쳤다. 또 산이 무너지고 집이 떠내려갔으며 언덕과 골짜기가 뒤바뀌니, 몇 년 사이에 이보다 심한 물난리는 없었다. 이때 충청도, 전라도, 경상도에는 전염병이 성하여 백성의 피해가 끊이지 않았다.

홍성민이 관청 공문서를 짓는 데 으뜸이 되어 종2품 가선대부에 올랐다. 사헌부가 하찮은 일로 품계를 올리는 것은 덕을 행하는 올바른 정치가 아님을 논하고 다시 품계 정하기를 청하였으나 임금은 허락하지 않았다.

승정원에서 아뢰기를 "올해의 물난리는 전보다 더욱 심하여 각 지방에서 들어오는 보고가 매우 심상치 않습니다. 심지어는 도성 안에서도 하룻밤 사이에 큰비가 내려 평지의 물이 한 길이 넘고 다리가 무너졌으며 도로가 파괴되고 집이 무너지거나 떠내려가고 깔려서 다치거나 빠져 죽은 사람이 부지기수입니다. 성 밖의 수많은 무덤이 무너져 내려 시신의 뼈가 드러나 삼태기를 들고 뼈를 덮어 묻는 사람들이 잇따르고 있습니다. 밭의 곡식은 모두 묻혀 버리고 채소밭은 남은 것이 없어서 백성들이 생업을 잃고 어찌할 줄 모르고 울고 있어 듣고 보기에 참혹하고 측은합니다. 천재지변은 까닭 없이 생기는 것이 아니니 대응하는 데에 도리가 있어야 합니다.

전하께서는 더욱 수양하고 반성하셔야 합니다."라고 하였다. 임금이 답하기를 "승정원의 말이 모두 옳다. 금년 물난리는 매우 놀랍다. 내가 더욱 조심하여 살피고 삼가겠다."라고 하였다.

대사간 김첨경이 아뢰기를 "근래 선비들이 집에서 학문을 하는지 하지 않는지는 신이 알 수 없습니다. 그러나 부자가 되고 난 뒤에 선을 행한다는 말이 유행하여 선비들 사이에 많은 사람이 바다나 연못을 막아 논과 밭을 경작하는 것을 잘하는 일로 여기고 있습니다. 이 같은 폐단을 전하께서 금하셔야 합니다."라고 하였다. 임금이 이르기를 "맹자가 말하기를 '재물을 얻으려고 하면 인을 행하지 못한다.'라고 하였다. 어찌 부자가 된 뒤에 선을 행할 수 있을 것인가. 이 일은 마땅히 양사의 간관이 이의를 제기하여 논핵하여야 할 것이다."라고 하였다. 김첨경이 아뢰기를 "논핵하지 않으려는 것이 아닙니다. 그중에 이름이 아까운 사람이 많아서 감히 하지 못하는 것입니다."라고 하였다. 이때 명망 있는 선비들이 간혹 벼슬하지 않고 들판에서 농사짓는 사람이 있었기 때문에 김첨경이 미워서 이 말을 주장한 것이다. 선비들은 그가 좋지 않은 사람이라 의심하였다.

삼가 살피건대, 선비란 이 세상에 태어나서 관직에 나아가면 조정에서 이름을 드날려 나라의 녹봉을 먹으며 도를 행하고, 물러나서는 들판에서 농사지어 입에 풀칠하며 의리를 지키는 것이다. 하는 일

없이 녹봉이나 받아먹고 조정의 일을 병들게 하여서도 안 되고, 손 놓고 앉아 굶어 죽어서도 안 되는 것이다. 김첨경은 선비들이 물러 가는 것을 미워하여 이치에 맞지 않는 말을 주장하여 착한 선비들을 비방하니, 이것은 지금 선비들은 모두 어리석고 미련하게 어물어물 녹봉이나 먹으라는 것일 뿐이다. 부자가 된 뒤에 선을 행한다는 말 은 누가 시작한 것인가. 진실로 그렇다면 먼저 도둑이 된 뒤에라야 공자나 안회를 배울 수 있을 것이다. 천하에 이런 이치가 어디 있겠 는가. 아! 김첨경은 착한 사람을 미워하는 사람이라고 하겠다.

1580년 7월

이조판서 이문형이 병으로 사직하자, 박대립을 이조판서로 삼 았다. 이문형과 박대립은 모두 젊은 사림들에게 붙어서 이조의 관 원을 선발하는 요직을 차지하고, 속된 무리가 이 두 사람과 화합하 여 한편이 되니 식자들은 걱정하였다.

강원도 관찰사 정철이 상소하여 강원도 내의 병폐를 아뢰니, 임금이 칭찬하여 답하고, 해당 관청과 의논하여 시행하도록 하였 다. 정철이 몸과 마음을 다해 백성들의 고통을 빠짐없이 찾아내고, 또 교화를 숭상하여 착한 자는 상을 주고, 악한 자는 벌을 주니, 강 원도의 백성들이 매우 기뻐하였다.

1580년 8월

정인홍을 사헌부 지평으로 불렀으나, 병을 핑계로 오지 않았다.

1580년 9월

혜성이 나타나고 또 벼락과 번개의 변고가 있자, 임금이 하교하여 신하들의 직언을 구하였다. 1년에 두 번이나 직언을 구하였으나 별로 쓸 만한 계책을 올리는 신하가 없었다. 이 해에 경기도, 황해도, 강원도, 평안도 등 4도에 큰 흉년이 들었다.

1580년 10월

이산해를 형조판서로 삼았다. 상소하여 사직하였으나 임금이 허락하지 않았다. 이산해는 임금의 은혜에 감사한 뒤에 세 번이나 사직을 청하였으나 모두 허락하지 않았다. 이산해는 젊었을 때부터 문장으로 이름나 있었고, 벼슬길에 나온 후로는 청요직을 두루 거쳐 육조판서에까지 올랐다. 사람 됨됨이가 깨끗하고 신중하였지만, 기개가 적고 부드러워서 다른 사람의 말을 피하였기 때문에 위아래로 미움을 받지 않아 인망을 잃지 않았다. 동서붕당으로 당이 나뉜 뒤로 그의 의견은 한결같이 동인을 따르고 자신의 주장을 내세우지 못하였다. 이이와 정철이 모두 그의 친구였으나, 서로 감싸주지 않고 저버리니, 식자들이 비웃었다. 이이가 어떤 사람에게 말하기를 "내 친구 이산해는 오래지 않아 정승이 될 것이다."라고 하였더니, 그 사람이 까닭을 물었다. 이이가 답하기를 "우리나라의 정승은 반드시 성품이 순박하고 행동을 삼갈 줄 알며, 재주도 없고 일을 도모하는 바도 없으며, 청렴하다는 명망을 가진 사람이 차지하게 되니, 이산해가 바로 그런 사람이다."라고 하였다.

여름 날씨처럼 천둥과 번개가 치고 늘 침침하며 쾌청하지 않았다. 또 짙은 안개가 끼어 컴컴하고 궂은비가 자주 내려 땅이 봄처럼 녹으니 식자들이 걱정하였다.

1580년 11월

종2품 숙의 정 씨가 죽었다. 기사일[11월3일]에 임금이 편찮으셨는데, 이는 정 씨의 죽음을 듣고 놀랐기 때문이다. 경오일[11월4일]에 임금은 병환이 갑자기 위급해지자 대신들을 부르라고 하였다. 박순과 노수신이 먼저 임금을 알현하자, 임금이 두 사람의 손을 잡고 말하기를 "반드시 과인의 자식들을 보살펴 주시오."라고 하였다. 이는 임금의 생각에 자신도 죽음에 이를까 걱정하여 이렇게 말한 것이다. 온 대궐이 놀라 당황하였고, 중전은 제사를 주관할 관원을 종묘사직과 명산대천에 보내어 기도하게 하였다. 다음 날 임금의 병환이 조금 나아지더니 차차 회복되었다. 임금은 총애하는 궁녀들이 많아 원기가 많이 상하였다. 또 울화가 위로 치밀어 찬 것을 즐겨 마신 까닭에 가래가 심하고 열이 올라서 병이 된 것이라 신하들이 많이 걱정하였다.

전 영돈녕부사 반성부원군 박응순이 죽었다. 박응순은 왕비[의 인왕후 박 씨]의 아버지로서 조정의 일에 참여하려는 태도가 조금도 없었기에 당시의 사람들은 임금의 장인이 있는 줄도 몰랐다. 그래서 사람들은 그가 조용하게 사는 태도를 훌륭하게 생각하였다. 중전은 임금이 편찮았기 때문에 여러 날 수라를 들지 않아 현기증이 났으나 수일 만에 나왔는데, 또 부친상을 당하니 여러 신하가 근심하였다.

계사일[11월27일]. 임금의 몸이 회복되었기 때문에 임금의 탕약을 감독한 약방제조와 어의 등에게 품계를 올려주거나 상을 주었다.

1580년 12월

병신일[1일]. 문무백관들이 임금께 하례를 올렸다.

이이를 사간원 대사간으로, 성혼과 정인홍을 사헌부 장령으로 삼았다. 이 같은 임금의 명이 내려지자 조정 안팎이 좋아하면서 "임금의 마음이 선한 곳으로 향하고 있다."라고 하였다.

이조판서 박대립이 병을 핑계로 조정에 나오지 않다가 얼마 뒤에 나왔다. 처음에 경연관들이 경연에서 아뢰기를 "각 관청의 관원중에서 청렴하고 근면하며 나라를 위하여 힘써 일하는 사람을 포상해야 합니다."라고 하였다. 임금이 이조에 명하여 상을 줄 만한 사람을 적어 올리도록 하였다. 이조좌랑 이길(李洁; 1547~1589)[321] 등이 이 기회에 사림으로서 하급 관리에 묻혀 있는 사람의 명단을 적어 올려서, 6품으로 승진시키기를 청하려고 하였다. 이 명단에 적힌 사람은 허상(許鏛)과 안민학 등 10여 명이었다. 이조판서 박대립이 말하기를 "현명한 재주를 가진 인재가 예전에는 드물었는데, 지금은 어찌 이렇게 많은가."라고 하면서 이길의 뜻을 따르지 않았다. 이 때문에 사림들과 박대립이 서로 틀어졌다. 박대립은 사림을 인정하려는 뜻이 없었고, 성품 또한 고집스러웠기에, 사림들은 그와 어울렸던 것을 후회하였다.

성혼이 임금의 부름을 받았으나 병으로 조정에 나오지 않았다. 임금은 포기하지 않고 세 번이나 불렀다. 또 "성혼은 병이 있으니 추위를 무릅쓰고 한양에 올 수가 없다. 말과 수레를 보내어 올라오게 하라."라고 하교하여 사림들이 감동하였다.

이이가 임금의 부름을 받고 한양에 올라와 임금의 은혜에 감사한 뒤에 사직하면서 "보잘것없고 어리석은 소신이 나라의 두터운 은혜를 입었으나, 재주는 부족하고 고질병이 있어 나라의 은혜에 보답할 길이 없으니, 시골에 엎드려 마음속으로 오직 전하의 만수무강만을 바랄 뿐이었습니다. 지난번 전하의 옥체가 편치 못하여 기도까지 하면서 온 나라가 당황하여 어쩔 줄 몰랐다는 소문은 들었으나, 소신은 먼 시골에 있어서 급히 달려 올 수 없었으므로 동쪽을 바라보고 정성을 바치며 밤낮으로 마음만 애태웠습니다. 다행히 선대왕들께서 굽어살피고 하늘이 복을 내려 오래지 않아 전하의 옥체가 원래대로 회복되니 온 나라가 경사로 여겼습니다. 그러나 신은 전하께 하례하는 대열에 참여하지 못하였기 때문에 그 죄가 무거워 정신이 아득해졌습니다. 전하의 도량이 하늘같이 넓어 잘못을 덮어 주시고 책망하지 않을 뿐만 아니라 도리어 은혜를 내려 주실 줄이야 어찌 알았겠습니까. 감격하고 떨려 눈물이 흐르는 줄도 깨닫지 못하였습니다. 대사간의 직책은 중요한 자리이기에 진실로 감당하지 못할 줄 알면서도, 소신의 마음이 전하께 있어서 병을 무릅쓰고 한양 길에 올랐으니, 이는 전하의 용안이나 한번 뵈면 죽어도 여한이 없겠다는 바람에서였습니다. 그리고 근래 전하의 성심이 크게 깨달아 착한 마음이 불붙듯 하시고, 또 샘솟듯 하시어 어명이 내려지면 모든 사람이 기쁜 마음으로 복종하고 신하와 백성들이 눈을 씻고 훌륭한 정치를 보려 하니, 바야흐로 세상의 도를 회복하여 태평성대를 이룩할 큰 기회입니다. 전하의 좋은 뜻은 받아들여 따르고, 나쁜 점은 바로잡아서 조정을 개혁하고자 하는 전하의 뜻을 드날리게 할 책임이 양사의 간관에게 있습니다. 소신같이 천박하고 엉성한 사람은 감히 감당할 수 없습니다. 청하옵건대 신의 직책을 바꾸어 그 직책에 알맞은 사람을 골라 임명하십시오."라고 하였다. 임금은 사직하지 말라 답하고, 비현합 편전으로 이이를 불러 황해도의 흉년 상태를 물었다. 이이가 곡식을 옮겨와 굶주린 백성을 구제하기를 청하고, 이어서 아뢰기를 "전하는 춘추가 한창 왕성할 때이므로 비록 약간의 병환이 있어도 오래지 않아 회복될 것으로 생각했습니다. 그런데 지난달 편치 않았을 때는 온 나라가 매우 놀랐습니다. 신 또한 바닷가에 살면서 마음을 졸이며 대단히 놀랐습니다. 어찌 이런 놀라운 일이 있었습니까. 혹 몸조리를 잘못하신 것은 아닙니까? 가만히 전하를 뵈니 타고난 기품은 밝고 순수하시지만, 옥체의 강건함은 부족한 듯합니다. 엎드려 바라옵건대, 마음을 맑게 수양하시고 욕망을 줄여 옥체의 원기를 보전하십시오."라고 하였다. 임금이 이르기를 "오랫동안 서로 만나지 못하였는데, 혹 하고 싶은 말이 없는가?"라고 하였다. 이이가 절하고서 대답하기를 "전하께서 옛 역사서를 두루 보고 아시는 것처럼 임금으로서 훌륭한 정치를 할 만한 임금은 시대마다 나오지 않았습니다. 전하의 총명함은 실로 고금에 드물기에, 왕위를 계승한 즉위 초기에 만백성은 태평성대를 기대하였습니다. 그러나 그 뒤로는 그럭저럭 지내실 뿐 힘써 노력하는 것을 보지 못하였습니다. 소신은 비록 초야에 물러나 있었으나 항상 목을 길게 빼고서 금년에는 전하께서 분발하지 못하였으나 내년에는 꼭 힘써 노력할 것이라고 기대한 것이 벌써 몇 년이 지났습니다. 지금 전하께서 큰 병이 나으신 뒤에 선한 마음의 발단이 열려 어명이 내려지자 사람들의 마음이 기쁘게 복종하게 되었으니 신하와 백성들의 기대가 마치 처음 즉위하실 때와 다르지 않습니다. 지금 민생의 곤궁함은 나날이 더 심해져 가고 세상의 바른 도리와 인심은 마치 물처럼 흘러 아래로 내려가고 있습니다. 만일 여전히 지난날의 관습만 지킨다면 결코 큰일을 성취할 희망은 없을 것입니다. 반드시 크게 노력하여 묵은 폐단을 모두 버리고 앞으로 나가야만 선한 정치를 이룰 수 있습니다. 조정에는 기강이 크게 무너져 모든 대소신료가 자신의 맡은 바 책임을 다하지 않는 것이 습관이 되었습니다. 이는 한때의 위력으로 다스려질 수 있는 것이 아닙니다. 반드시 전하께서 좋은 정치를 구하실 뜻을 굳게 정하시고 현명한 인재를 불러 조정에 모아 각각 그 능력에 따라 알맞은 직책을 맡겨 주십시오. 그런 후에 그 직책의 책임을 맡기고 성과를 요구하면서 오랫동안 지속해 나가면 나랏일이 정돈되고 태평성대의 정치를 일으키게 될 것입니다. 임금이 어진 인재를 등용하려면 반드시 먼저 자신을 닦아야 합니다. 왜냐하면 어진 인재는 부귀를 구하지 않고 다만 도를 행하고자 하기 때문입니다. 그러므로 임금이 먼저 자신을 다스리지 않으면 어진 인재는 반드시 등용되지 않을 것이고 부귀와 이익을 구하는 사람만이 조정에 가득 찰 것입니다. 이런 까닭에 자신을 닦는 것이 어진 인재를 등용하는 근본이 되는 것입니다. 예전에는 관직을 위하여 사람을 선택했기 때문에 오래 맡겨 그 업적을 참고하였습니다. 그런데 지금은 사람을 위하여 관직을 선택하므로 가지고 있는 재주가 적합한지의 여부는 따지지 않고 오직 청요직을 많이 거치는 것을 영광으로만 삼고 있습니다. 이 때문에 아침에 옮기고 저녁에 교체되어 한 사람이 조정의 모든 관청을 다 거치게 되니, 이렇게 하면서 그 직책을 충실히 수행할 사람은 없습니다. 만일 근래의 잘못된 규례를 고치지 않는다면 태평성대의 정치는 이룰 수 없습니다."라고 하였다. 임금이 이르기를 "양사의 대간은 잦은 피혐으로 자주 교체되므로, 그 대간을 보충하기 위해 다른 벼슬도 자주 바뀐다. 피혐하는 규례는 예전에는 들어보지 못하였고 옛 역사에서도 보지 못하였다."라고 하였다. 이이가 아뢰기를 "이것은 근래의 폐단입니다. 어찌 옛 역사에서 볼 수 있었겠습니까."라고 하였다. 이이가 또 아뢰기를 "임금이 큰일을 하려면 반드시 여러 사람의 의견을 받아들여야 하고, 여론이 조정에 가득 차도 이것을 가려서 쓰기는 반드시 하나의 기준에서 나와야 할 것입니다. 만약 모든 사람에게 각자의 의견대로 행하도록 한다면 도리어 조정이 시끄럽게 되어 정사가 여러 갈래로 나뉘어서 나올 것입니다. 지금 비록 여론이 모두 모이더라도 전하께서는 반드시 조정을 이끌 만한 한두 사람에 의지하여 의논 중에서도 바른 도리를 가려 선택하시고, 의논이 하나의 기준에서 나오게 하여야만 점차 다스림의 도가 높아질 것입니다."라고 하였다. 임금이 이르기를 "지금 조정의 삼정승을 어찌 쉽게 얻을 수 있겠는가. 내가 매사를 꼭 물어서 행하니, 가려서 쓰지 않는다고는 못할 것이다. 그런데도 근래의 정사는 끝내 이루어지는 일이 없으니 매우 괴상하고 한스럽다."라고 하였다. 이이가 임금에게 묻기를 "전하께서 성혼에게 은혜를 베푸신 것은 근래에 보기 드문 일입니다. 전하의 뜻이 그를 등용하려고 하시는 것인지, 아니면 한 번 보고 그만두시려는 것인지 모르겠습니다."라고 하였다. 임금이 이르기를 "성혼이 어질다는 것은 내가 이미 들어서 알고 있으나, 다만 그 재주가 어떤지 모르겠다."라고 하였다. 이이가 말하기를 "재주란 한 가지가 아닙니다. 나라를 다스릴 책임을 혼자 맡을 만한 사람도 있고, 선을 좋아하여 여러 인재를 등용시키는 사람도 있습니다. 성혼의 재주를 만일 천하를 다스릴 만하다고 한다면 이것은 지나친 말이겠으나, 그 사람 됨됨이가 선을 좋아하니, 선을 좋아하는 사람에게는 천하를 맡겨도 충분합니다. 이 어찌 쓸 만한 재주가 아니겠습니까. 단지 몸에 고질병이 있어 대사헌의 직책은 맡지 못할 것입니다. 성혼에게는 부디 한가한 직책을 주고, 때때로 경연에 참석하게 하면 반드시 거리낌 없는 직언으로 도움이 될 것입니다."라고 하였다. 이이는 정치에 나설 뜻은 없었으나 마침 임금이 큰 병환을 겪고 나서 조정으로 불렀기 때문에 전하의 안위를 살피기 위하여 올라온 것이었다. 조정에 와서 사람들의 의견이 갈라진 것을 보고 머물면서 조정하려고 하자, 친구들이 근심이 많았다. 그러나 박순만은 "이이가 조정에 나오니, 내가 기뻐서 잠이 오지 않는다."라고 말하였다.

강원도에서 바다 물결이 무척 높이 출렁거리고 바다 밑에서 천둥 같은 소리가 진동하며 바위와 돌이 날리는 심상치 않은 변고가 일어났다.

1581년(신사) 선조 14년

1581년 정월

1581년 선조 14년 정월. 성혼이 여러 번 임금의 부름을 받고 어쩔 수 없이 한양에 올라왔으나, 병으로 임금의 명을 받들지 못하고 사직하였다. 임금이 이 말을 듣고 내의원의 의관을 시켜 성혼의 병을 돌보게 하고는 약을 내렸다. 성혼이 이이를 보고 말하기를 "내가 어떤 사람이라고 이토록 과분한 성은을 받는가."라고 하니, 이이가 웃으며 "그대가 어찌 죽은 천리마의 머리[322]보다 못하겠는가."라고 하였다.

흰 무지개가 해를 꿰뚫는 변고가 생기니, 삼정승이 사직하였다. 이때 박순과 노수신은 청렴하다는 명망으로 재상의 자리에 있었으나, 강사상은 본래 인망이 있는 사람이 아니었다. 박순 혼자만 나라를 걱정하고 사림들을 사랑하였다. 노수신은 날마다 술이나 마시고 하는 일 없이 뇌물이나 받고 도리어 청렴과 검소로 자신을 지키는 강사상보다도 못하였으므로 사림들이 비루하게 여겼다.

성혼이 병으로 관직을 그만둘 것을 청하니 임금이 사직을 허락하고 이르기를 "병 때문에 사직하였으나 병이 나으면 내가 다시 보고자 한다. 그러니 사직하였다고 해서 고향으로 내려가서는 안 된다."라고 하였다. 임금은 성혼을 다시 보려고 이렇게 하교하였다.

정인홍이 사헌부 장령에 임명되어 한양으로 올라왔다. 정인홍은 청렴하다는 명망으로 사람들이 중히 여겼는데 이때 사헌부 장령이 되니, 사람들이 그 모습을 보려고 하였다.

사간원에서 상소를 올려 조정의 바른 정치로 하늘의 변고를 극복해야 한다고 청하였더니, 임금이 너그럽게 답하였다.

1581년 2월

임금이 경연에 나아가 『춘추』를 강론하였다. 이이가 임금에게 아뢰기를 "송나라 정자程子는 '후세의 왕이 만일 『춘추』의 뜻을 안

다면 비록 하나라의 우임금과 은나라의 탕임금과 같은 덕이 없다고
하더라도 하은주 삼대의 정치를 본받을 수 있다.'고 하였는데, 이
말은 사람을 속이려는 헛된 말이 아니며 반드시 사실일 것입니다.
그러니 전하께서는 『춘추』를 읽으실 때마다 반드시 어떻게 해야 하
은주 삼대의 정치를 회복할 수 있는가를 생각하십시오. 그렇게 하
신다면 반드시 보탬이 있을 것입니다. 지금 나랏일은 안으로는 기
강이 퇴폐하여 문무백관들은 직무를 이행하지 않으며, 밖으로는 백
성들이 가난하여 국고가 텅 비었고, 국방력은 쇠약해졌습니다. 아
무 일 없이 지낸다면 혹 지탱할 수 있겠으나, 만일 전쟁이라도 생긴
다면 흙이 무너지듯 하고 기와가 부서지듯 하여 다시 수습할 계책
이 없을 것입니다. 이러한 상황들이 대소신료들은 귀에 편안하고
눈에 익숙해서 걱정스러운 줄도 모르고 있습니다. 그러니 전하께서
는 반드시 이 걱정스러운 상황을 깊이 깨달으시어 예사로 보지 마
시고 힘쓰시어 떨쳐 일으키십시오. 먼저 전하의 바른 성품 위에서
공부해 나가신다면 학문이 정밀하고 밝아져서 본래 마음이 훤히 트
이게 될 것입니다. 또 대신들을 경계하여 어진 인재를 불러 요직에
등용하시어 날마다 정사를 행하는 데 있어서 사업을 진작시키고 백
성의 폐해를 제거하십시오. 이러한 마음을 굳게 가지셔서 다시 물
러서지 않는다면 아마도 나랏일은 희망이 있을 것입니다. 인재는
다른 시대에서 빌려 올 수 없습니다. 예로부터 정치를 잘하고자 하
는데 인재가 없었던 때가 있었습니까. 또 임금은 좋아해야 할 것과
미워해야 할 것을 뚜렷이 밝혀서 인심을 안정시키지 않으면 안 됩

니다. 지난번 이조에 명하여 사람 쓰는 법을 논하실 때 말씀하신 취지가 공명하고 간절하여 많은 사람이 감격하여 눈물을 흘렸으며, 나라의 모든 사람이 전하께서는 반드시 무엇인가 하실 것으로 알았습니다. 비록 이런 마음이 있더라도 반드시 정사가 온당하게 베풀어져야만 착하기만 하고 결단성이 없는 임금이 되지 않을 것입니다. 옛날 요임금과 순임금은 어진 정치로써 천하를 다스리니 백성들이 따랐는데, 요임금과 순임금은 선을 좋아하고 악을 미워한다는 것을 분명하게 보였기 때문에 천하가 존경하고 순종하여 악을 버리고 선을 따랐습니다. 후세의 임금들은 오히려 신하들이 자기의 뜻하는 바를 알게 되면 혹 그것이 경솔하고 천박한 데 가까워질까 염려하였습니다. 그래서 좋아하는 것과 미워하는 것을 분명하게 밝히지 않아서 도리어 어진 이로 하여금 의지할 곳을 없게 하고 악한 이로 하여금 두려움을 없게 하였으니, 이는 임금의 도량이 아닙니다. 만일 지금 전하께서 선을 좋아하시고 악을 미워하시는 것을 분명하게 밝혀 주신다면 사림들은 떨쳐 일어날 것이고, 거리의 백성들까지도 선으로 향할 마음을 밝힐 것이니 이것이야말로 가장 시급한 일입니다."라고 하였다. 이때 경연에 나온 신하들은 다 엎드려 말이 없었으나 오직 홍문관 응교 김우옹만이 "전하 자신이 스스로 닦아 다스림을 도모하셔야 합니다."라고 아뢰었다.

사헌부가 수원현감 우성전(禹性傳; 1542~1593)[323]을 탄핵하여 파직시켰다. 우성전은 젊었을 때 이황의 문하에 있으면서 제법 좋은 명성을 얻었으나 자신의 재주만을 믿고 말도 안 되는 논리로 사림들을 업신여겼다. 또 스스로 세상을 다스리고 백성을 구제할 재주가 있다고 하였으나 그의 행동이 말과 일치하지 않아서 사림들은 그를 인정하지 않았다. 다만 그의 친구인 홍혼과 성낙(成洛; 1542~1588)[324]의 무리만이 망령되이 서로 받들며, 우성전이 뜻을 얻어야 만물이 모두 그 삶을 이룰 것이라고 칭찬이 자자하였다. 그러므로 그 무리가 점점 많아지고 기세가 등등해져서 식자들은 오히려 근심하였다. 이이가 시골에서 한양으로 올라오자, 사림들이 모두 이이에게 지금 조정에서 마땅히 해야 할 계책을 가장 먼저 물었다. 이에 대답하기를 "지금 걱정으로는 임금과 신하가 서로 알지 못하고, 서로 마음이 통하지 못하고 사림들이 서로 화합하지 못하는 데에 있다. 반드시 사림들을 화합시켜 하나로 만들 것이며 서로 의심하고 제지하지 말 것이며, 또 서로 정성을 쌓아서 임금의 본마음을 돌리는 것이 우선이다."라고 하였다. 이발과 김우옹이 "우성전 같은 자를 어떻게 처리해야 하겠는가?" 하고 이이에게 물으니, 이이가 대답하기를 "만일 군자가 정사를 잡아 기강을 바로 세운다면 우성전 같은 자가 어찌 함부로 사욕을 부리겠는가. 만일 조정에 군자가 없고 기강이 세워져 있지 않다면 아무리 우성전 같은 무리를 배척한다고 한들 또한 가능하겠는가. 이런 자를 반드시 공격할 필요는 없다. 만일 임금의 마음을 돌리지도 못하고 원수 짓는 일이 먼저 생긴다면 사림들은 발붙일 곳이 없을 것이다."라고 하였다. 이발 등은 그렇다고 긍정하였다. 그런데 안민학은 이 말을 듣고 "이이는 구차하고 세상 물정을 몰라서 좋은 향기와 고약한 냄새를 같은 그릇에 두고 화합시키려 한다.”라고 조롱하며 좋아하지 않았다.

사헌부 장령 정인홍은 강직하고 곧아서 위력이 남보다 뛰어난 사람이었는데, 우성전이 장차 교체될 것이라는 말을 듣고, 그가 다시 임금 곁에 있게 될까 두려워하여, 탄핵하여 파직시키고자 하였다. 그래서 우성전이 고을을 다스리면서 일을 돌보지 않고 부모를 돌본다는 핑계로 한양에 올라와 있었던 일과 또 많은 돈과 곡식을 한양 집으로 가져다가 술과 안주를 차려 늘여놓고서 놀고 마시면서 기세를 부리며 망령되이 스스로 자랑하고 높은 체하였다는 죄상을 들어 비판하였다. 대사헌 이양원은 나이 젊은 사림들과 어울려 의심을 받을까 두려워하여 정인홍의 의견을 따르지 않으려고 하였으나, 정인홍이 심하게 다투며 혼자라도 임금에게 아뢰겠다고 하였다. 그러므로 이양원은 억지로 그 의견을 따르면서 탄핵한 말을 조금 수정하여 다만 직책을 버리고 한양에 있었다는 과실만을 지적하여 파직시켰다. 이 때문에 우성전의 무리가 다 불만을 품게 되었다.

임금의 특명으로 대사헌 이양원을 형조판서로 삼았다. 이양원은 행동이 느긋하여 맡은 일에 충실하지 않았으며 본래부터 나랏일에는 뜻을 두지 않았다. 다만 집안을 잘 경영하여 크게 재물을 모아 부자가 되었으며, 한양 동작 강가에다 정자를 짓고는 강에다 명주실 고기 그물을 가로질러 둔 것이 두어 벌이나 되었으니, 이는 모두 여러 고을에서 수집한 것이었다. 임금은 이양원의 과묵한 태도를 좋아하였기 때문에 정2품 자헌대부로 품계를 올려주었는데, 형조 판서가 된 뒤에는 한결같이 청탁만을 좋아하므로 사람들이 모두 비루하게 여겼다.

성혼이 종묘를 지키는 관청의 종5품 종묘령宗廟令으로서 임금의 은혜에 감사하였다. 임금이 성혼을 경복궁 편전으로 불러서 묻기를 "그대의 이름을 들은 지 오래되었다. 사람으로서 지켜야 할 큰 도리의 요령을 들을 수 있겠는가?"라고 하니, 성혼은 예전의 모든 제왕이 학문하던 방법으로써 대답하였다. 임금이 다시 예전의 나라 다스림과 지금 정치의 잘잘못과 그리고 백성을 구제할 계책을 물으니, 성혼은 물음에 따라 답하였다. 임금이 이르기를 "그대의 얼굴을 보려고 하니 엎드리지 말라."라고 하므로, 성혼이 일어나 앉았다. 임금이 이르기를 "나를 세상 물정에 어두운 임금이라 하지 말고 조정에 머물면서 나의 허물을 말하여 달라."라고 하였다. 그러나 성혼은 이날 상소를 올리고 물러가려고 하니, 임금은 앉은 자리에서 그 상소문을 보면서 "어째서 물러가려고만 하는가?"라고 하고, 여러 번 위로하고 타일러 만류하였다.

성혼에게 쌀과 콩을 하사하였다. 임금 곁에 있던 신하가 성혼이 한양에 있으면서 양식이 떨어진 것을 아뢰고 녹봉을 지급하기를 청하였다. 임금은 좌의정 노수신에게 "이 말이 어떠한가?" 물으니, 노수신이 대답하기를 "녹봉을 지급하더라도 안 될 것은 없습니다."

라고 하였다. 이에 임금은 녹봉을 지급하라고 명하였다. 이이가 이를 듣고 말하기를 "가난을 동정하여 구제하는 것이라면 받아야겠지만 녹봉으로 주는 것이라면 받아서는 안 될 것이다. 성혼이 녹봉을 받는 것은 온당치 못하다."라고 하였다. 김우옹이 이이가 하는 말을 듣고는, 임금에게 아뢰어 녹봉으로 지급하지 말고 특별히 가난을 구제하는 뜻으로 쌀과 콩을 하사하기를 청하니, 임금이 옳다고 말하고는 호조에 명하여 쌀과 콩을 실어 보냈다. 성혼이 상소하여 사양하니 임금이 답하기를 "가난을 구제하는 뜻은 예전부터 내려오는 도리이니 사양하지 말라."라고 하므로, 성혼이 어쩔 수 없이 받았다. 이때 호조에서 쌀과 콩을 각각 5섬씩을 지급하자고 청하였다. 이이가 호조좌랑 송대립을 보고 말하기를 "가난을 구제하기 위해 주는 곡식이 어째서 그렇게 약소한가?"라고 하고 물었더니, 송대립이 대답하기를 "만일 많으면 성혼이 미안하게 여길 것이므로 그렇게 하였습니다."라고 하였다. 이이가 말하기를 "이번의 일은 근래에 없었던 일이므로 마땅히 후일 전례로 남을 것인데, 만승의 나라에서 어진 이에게 하사하는 쌀을 5섬으로 하는 것은 너무 인색하지 않은가?"라고 하니, 송대립은 대답하지 못했다.

유성룡이 홍문관 부제학으로서 한양에 들어와 임금의 은혜에 감사하였다. 사림들이 조정에 많이 모여 있었으므로, 사람들은 그들이 모두 바람직한 일을 할 것이라고 생각하였다.

전 이조판서 박충원이 죽었다. 박충원은 사람 됨됨이가 변변치 못하여 단지 자신이나 용납하고 벼슬자리만 보전할 뿐이었고, 말년에는 정신이 혼미하여 옳고 그름을 분별하지 못하더니 이때 이르러 죽었다.

삼정승과 육조판서들이 중종의 능인 정릉靖陵을 살피고 돌아왔다. 예전에 명종 때에 요승 보우가 오랫동안 보은사 주지로 있으면서 중종의 능을 절 곁으로 옮겨 절의 위세를 굳히려 하였다. 이에 문정왕후를 속이고 미혹시켜 "성종의 능인 선릉宣陵 가까운 곳에 좋은 자리가 있습니다."라고 하며 중종의 능을 옮길 것을 청하였다. 그러자 문정왕후가 매우 신뢰하였고, 또 권세를 잡고 있던 윤원형이 문정왕후의 뜻에 맞추어 여러 대신들을 위협하니, 대신 안현(安玹; 1501~1560) 등은 모두 윤원형에게 아첨하는 처지라 감히 반대하지 못하였다. 결국 능을 옮기려는 계획은 이루어졌고, 장차 문정왕후도 돌아가시면 같이 합장하려고 하였다. 그러나 땅의 형세가 낮아서 흙을 돋우는 공사의 경비가 수만 냥이 들었으며, 해마다 강물이 넘쳐 물이 능 앞까지 들어와 능의 사당이 반이나 물에 잠기므로 사람들이 분개했다. 그 뒤에 문정왕후의 장례 때는 어쩔 수 없이 다른 곳으로 바꾸어 장사지냈다. 그러므로 모두 중종의 능을 옮겨야 한다는 여론은 있었으나 조정의 공론은 능을 다시 옮기는 것이 더욱 온당하지 않다고 여겼다. 이 때문에 다시 형세를 살피고 돌아와 아뢰기를 "강물이 비록 넘치기는 하나 능과는 거리가 매우 멀어서 물이 불어도 스며들 걱정은 없으며, 또 물이 부딪쳐 침식될 형세도 아닙니다. 다만 흙과 돌로 땅의 낮은 곳만 돋우어 쌓아서 물길을 막고 재실은 높고 건조한 곳에 옮겨 세우는 것이 마땅합니다."라고 하니, 임금이 윤허하였다.

1581년 3월

박민헌을 의금부에 구속시켰다가 사면하고 그 직위만 파직시켰다. 이는 예전에 박민헌이 강원도 관찰사로 있을 때 횡성 사람 존이存伊가 그 어미를 죽여서 다른 사람으로부터 고발을 당하였기 때문이다. 존이의 옥사가 이미 갖추어져서 고문을 받게 되었는데, 박민헌이 사랑하던 기생이 존이로부터 많은 뇌물을 받고는 박민헌에게 존이를 죄주지 말도록 몰래 청하였다. 그래서 박민헌은 자신이 직접 국문한다고 핑계 대고 존이를 자신이 있는 강원 감영으로 송치하게 하고는 결국 방면해 주었다. 이에 백성들이 매우 분하게 생각하였는데, 이때 이르러 그 사실이 발각되어 존이를 다시 의금부로 압송해서 의정부, 사헌부, 의금부가 함께 모여 엄중하게 국문하였다. 증언하는 말이 모두 존이의 죄로 일치하였으나, 존이는 불복하다가 곤장에 맞아 죽었다. 양사에서는 박민헌도 잡아다 국문할 것을 임금에게 청하였고, 간관 역시 나서서 논쟁한 지 여러 날 만에 박민헌을 잡아다 국문하라는 명이 내려졌다. 뇌물을 받고 고의로 풀어준 죄로 다스렸으나 박민헌이 불복하므로 고문을 하려고 하는데 임금이 고문을 중지하고 형법에 맞게 적용할 것을 명하였다. 의금부에서 아뢰기를 "뇌물을 받은 죄는 자복하기 전에는 형법을 적용할 수 없습니다."라고 하였다. 이에 명을 내려 뇌물을 받은 죄는 제외하고 다만 존이를 고의로 풀어준 죄만으로 형법을 적용하니 그 죄가 사형에 해당하였다. 그러나 죄를 경감하여 낮은 형법을 적용하고 또 임금의 사면령으로 이전의 일은 불문에 부치기로 하고 그 직위만 파직시켰다.

사헌부에서 이조좌랑 이경중의 파직을 청하였기에 그대로 따라 처리하였다. 이경중은 본래 학식이 없었고 성격 또한 융통성 없이 고집스러워서 좋은 일은 잘 따르지 않았다. 또 이조좌랑으로 너무 오래 있었기 때문에 자기 마음대로 처리하는 습관이 있었다. 사헌부 장령 정인홍은 이경중의 독단을 미워하여 탄핵하려 하였는데, 대사헌 정탁이 고집을 부리며 따르지 않았기 때문에 각각 자신들의 의견대로 임금께 아뢰고 피혐하여 사퇴하였다. 사간원에서는 정탁을 교체하고 정인홍은 조정에 출사하게 할 것을 주청하였다. 마침내 이경중을 탄핵하여 파직시키자 이경중을 따르던 무리가 의심을 하게 되어 근거 없는 의견이 분분하였다. 이 일에 대해서는 유성룡도 매우 좋아하지 않았으므로 이이가 자세히 말하기를 "정인홍은 초야에서 홀로 조정에 출사한 선비로서 충성을 다하고 바른 도리를 받들고 있다. 그의 주장에 지나친 면이 있지만, 이는 진실된 공론이다. 어째서 옳지 않다고 하겠는가."라고 하니, 유성룡도 구태여 말하지 않았다.

사간원에서 사헌부 대사헌 이식을 탄핵하여 교체하였다. 이식은 청요직에 있으면서도 탐욕스럽고 비루했으며 자신의 몸가짐을 자제하고 단속함이 없어 다른 사람들이 천박하게 여겼다. 또 첩실의 딸이 궁중에 들어가 내명부의 후궁 숙원이 되어 한창 임금의 총애를 받는데, 이식이 숙원을 통해 뇌물을 바치는 등 그 행적이 매우 추잡하였다. 이를 들은 사람들은 분하게 여기고 미워하지 않는 사람이 없었는데 이때 이르러 대사헌이 되었다. 이식은 자신이 황해도 관찰사로 있을 때의 허물을 이이가 말했다고 잘못 듣고는 임금께 사직을 청하면서 아뢰기를 "소신이 황해도 관찰사로 있을 때 삼가지 못한 허물이 있었습니다. 그런데 10년이 지난 후에 여러 사람이 그때의 허물을 거칠게 문제 삼아, 소신이 구차하게 대사헌의 직책에 있을 수 없으니 교체하여 주시기를 청하옵니다."라고 하였다. 사헌부에서는 이 일이 10년 전에 있었던 일이고, 또 특별히 드러난 일도 없었기 때문에 임금께 주청하여 다시 조정에 출사시켰다. 이후에 정인홍은 이식이 궁중과 내통한 죄상이 있음을 듣고는 그를 출사시키도록 청한 것을 후회하였다. 이에 사헌부 지평 박광옥(朴光玉; 1526~1593)[325]과 함께 책임을 지고 사퇴하며 아뢰기를 "대궐의 궁녀가 조정 관리의 이름을 아는 것을 옛사람은 수치로 여겼습니다. 그런데 이식이 청요직의 관리로서 이러한 허물이 있었던 것을 사헌부에서 미처 파악하지 못하였기 때문에 조정에 출사시킬 것을 전하께 주청하였으니 이는 사헌부의 책임을 그르친 것입니다. 청하옵건대 교체하여 주십시오."라고 하였다. 임금이 노하며 이르기를 "이식에게 어찌 그런 일이 있었겠는가. 이는 이식을 공격하여 제거하고자 고의로 그런 말을 만든 것에 지나지 않는다. 조정이 화합하지 못하고 인심이 순박하지 못하면 나라에 폐해가 있을 뿐만 아니라 자신에게도 이롭지 못한 것이다. 그러니 사퇴하지 말라."라고 하였다. 정인홍 등은 물러나 조정의 공론을 기다리고 있었는데, 사간원에서 아뢰기를 "정인홍 등은 초야에서 홀로 출사한 선비로서 밝으신 성군을 만나 사헌부의 직책에 있으면서 다만 공무를 받들고 직책을 다하는 것만 알았을 뿐, 다른 것을 돌볼 생각이 없습니다. 또 이식과는 한 터럭의 사사로운 혐의도 없는데 이것이 어째서 공격하여 제거하려는 마음이 있다고 하겠습니까. 이번에 책임을 지고 사퇴한 것은 조정의 공론에 몰려 그런 것이라고 생각합니다. 나라에서 임금을 대신하여 감찰 임무를 맡은 사헌부를 설치한 것은 악을 제거하고 선을 선양하여 나라의 기강을 떨치고자 하는 것입니다. 그런데 만약 한 사람을 탄핵한 것으로써 조정이 화합하지 않고 인심이 순박하지 않다고 의심하신다면 조정에서 공론을 펼 수 없습니다. 또 조정의 사기가 꺾이고 풀이 죽어서 장차 나라가 나라 꼴이 될 수 없을 것입니다. 청하옵건대 정인홍 등을 조정에 출사할 수 있도록 명하여 주십시오. 이식은 과연 궁녀와 내통하였다는 비방이 있으며 또 청렴하지 않다는 평판도 있습니다. 사실인지 거짓인지는

알 수 없으나 사람들의 말이 이러하니, 그 직책에 그대로 있게 할
수 없습니다. 청하옵건대 그 직책을 교체하여 주십시오."라고 하였
다. 그리하여 이식의 직책을 교체하고 정인홍 등을 조정에 출사시
켰다. 이때 세속의 무리가 모두 공정한 논의를 꺼렸고, 이이가 그
논의의 주동자가 되었다 하여 더욱 심하게 미워하였다.

병장기를 관리하는 군기시軍器寺 안의 연못물이 반 길이나 높이
솟아올라서 사람들이 모두 놀라고 괴이하게 여겼다.

도승지 이우직(李友直; 1529~1590)[326]을 특별히 진급시켜 사헌부
대사헌으로 삼았다. 이우직은 사림들로부터 명망은 얻지 못하였으
나, 청렴한 지조와 정직한 행실이 있었기 때문에 물의가 없었다.

사간원 대사간 이이는 병으로 세 번이나 글을 올려서 사직을
청하였으나, 임금은 휴가만을 내리고 그 사직을 윤허하지 않았다.
그때 임금의 옥체가 조금 편치 않았기 때문에 이이가 조정에 나가
서 임금께 감사를 드렸다. 그리고 대사간을 사퇴하고 일반 관직에
있으면서 분수에 맞게 직분을 다할 것을 청하였다. 이에 임금이 답
하기를 "몸조리를 잘하여 직무를 수행하고 사직하지 말라."라고 하
였다.

임금이 일본 사신을 경복궁 근정전에서 접견하려고 하였는데,

관례로 보면 마땅히 여악을 사용하게 되어 있었다. 삼사에서 서로 글을 올려 여악을 쓰지 말고 멀리서 온 사신에게 나라의 예로써 대하기를 청하며 여러 날을 논쟁하였으나 뜻을 이루지 못하였다. 이에 사간원에서는 먼저 논쟁을 중지하였는데, 사람들이 사간원을 탓하였다. 이이가 말하기를 "나라를 다스리는 데에는 순서가 있으니 먼저 백성들의 절박한 곤경을 해결하고 난 뒤에야 예악을 바로잡을 수 있는 것이다. 어찌 예악부터 먼저 행하겠는가."라고 하였다. 그러나 연회를 베푸는 날 여악을 써서 온갖 요사한 교태를 부렸다. 정철이 임금을 호위하는 병부의 관리로서 연회를 보고 나서 이이에게 말하기를 "그대가 사간원의 수장으로서 여악을 그만두게 하지 못해 근정전에서 요사한 귀신 놀이를 하였으니, 옛사람들에게 부끄럽다."라고 하였다.

1581년 4월

이헌국을 특별히 진급시켜 종2품 한성부 우윤으로 삼았다. 이헌국은 도승지로 있으면서 사헌부로부터 승정원의 수장으로 합당하지 않다는 탄핵을 받았다. 비록 임금이 윤허하지는 않았으나, 이헌국은 사림들 사이에서 인정을 받지 못할 것을 스스로 알고는 병을 핑계로 조정에 나오지 않았다. 임금은 사림들이 인품을 분별하는 것이 너무 과격하다고 생각하였기 때문에 이헌국을 특별히 승진시켜 사림들의 공론을 억제하려고 하였다. 사간원에서 인망이 없는 자를 발탁하여 사림들의 공론을 막는 것은 옳지 않다고 논쟁하였으나, 임금은 듣지 않았다.

삼가 살피건대, 작위는 덕망이 있는 이에게 주는 것이고, 벼슬은 능력이 있는 이에게 맡기는 것이다. 어진 성군이 나라를 다스릴 때는 어진 이에게 맡기고 유능한 이를 부리는 것이다. 그러나 지금 우리 임금은 그렇게 하지 않고, 선비로서 인망이 있는 이는 반드시 과격하다고 의심하여 지나치게 억압하고, 인망도 없고 학식도 없이 어물어물 남의 뒤꽁무니나 좇는 자는 높이 우대하며 포상하여 대관 등의 높은 자리를 제수한다. 그래서 매번 임금의 특명이 있기만 하면 학식이 있는 자는 걱정하며 한탄하고 조정의 사기는 날로 저하되어 소치는 목동과 심부름하는 병졸까지도 벼슬하는 자를 경멸하는 마음을 가지게 되었다. 일을 처리하는 것이 이와 같으니 인심과 세상의 도리가 물과 같이 아래로만 내려가서 구제할 수 없는 것이 당연하다.

대궐 연회를 주관하는 관청인 내자시의 내자 첨정 성혼이 상소하여 조정의 잘잘못을 거리낌 없이 강력하게 간언하였다. 임금이 답하기를 "지극한 의견을 듣게 되어 매우 가상하다. 내가 비록 덕이 없고 어리석으나 어찌 마음에 두지 않을 수 있겠는가."라고 하였다. 승정원에서 그 상소를 대신들에게 보여서 시행하도록 주청하였다.

임금이 답하기를 "상소 가운데에서 학문과 조정의 폐단에 대해서 논한 부분은 마땅히 내가 스스로 살펴야 할 것이다. 다만 조정을 비방하여 대신들 가운데 인재가 없다 하고 또 나라의 제도를 번거롭게 고치자고 하니, 이것은 정성이 지나치고 또 온당하지도 않으므로 역시 시행하기가 어렵다."라고 하였다. 승정원에서 다시 임금의 하교가 온당치 못하다는 뜻으로 아뢰니 임금이 노하며 이르기를 "겨우 한 사람의 선비를 불러왔는데 어째서 이렇게 말이 많은가."라고 하였다. 이에 사헌부와 홍문관에서 모두 상소를 올려 조목조목 논의하니 임금이 이르기를 "대신들에게 보이는 것은 어려운 일이 아니니 그 상소를 대신들에게 보여라."라고 하였다. 이때 사간원에서 흉년이 들어 나라의 곡식이 모두 고갈되었으므로 삼정승을 비롯한 모든 대신이 대궐 뜰에 모여 백성을 구제할 계책을 강구하자고 청하였다. 이 일로 인하여 삼정승이 집무실인 빈청賓廳에 모이자, 임금이 성혼의 상소를 대신들에게 보여 주라고 명하였다. 승정원의 주서注書가 상소를 가지고 오자 삼정승이 주서로 하여금 읽게 하였다. 주서가 큰 소리로 읽으니 육조의 판서들이 둘러서서 듣는데, 혹은 졸고 있는 체하며 듣지 않는 자도 있었다. 삼정승이 아뢰기를 "초야에 묻혀 사는 선비로서 밝으신 성군을 만나 충성을 다하는 것입니다. 그 상소의 말은 진심에서 우러나 간절하지 않은 것이 없으니, 기꺼이 받아들여 시행하시기를 청합니다. 또 선대왕들께서는 외직으로 나가 있는 관리로 경연관을 겸직하게도 하였으니, 최자빈(崔自濱; ?~?)[327], 김식, 김안국(金安國; 1478~1543)[328]은 모두 근래 경연관을 겸직한 전례입니다. 성혼도 이러한 전례에 따라 청한 것이오니 의견을 묻고 조언을 구하는 일을 대비하게 하십시오."라고 하니, 임금이 답하기를 "대신들의 뜻은 알겠다. 그러나 경연관을 겸하라는 말은 새로운 전례가 될 수 있으니 만들 수는 없다. 후에 내가 다시 성혼을 부르겠다."라고 하였다. 처음 성혼이 임금께서 구제해 주는 곡식을 받고 관직을 공손히 받긴 하였으나 직책을 수행할 수 없어서 이이를 보고 말하기를 "나는 상소하여 거리낌 없이 강력하게 간언하고 고향으로 돌아가려 하는데 어떨지 모르겠다."라고 하니, 이이가 말하기를 "그대는 초야의 선비로서 임금의 두터운 은혜를 입었으니, 마땅히 꺼리거나 두려워하지 말고 할 말을 다 하여 전하의 마음을 바로잡아야 한다. 다행히 그대를 받아들여 등용한다면 종묘사직의 복일 것이고, 불행히 외면한다면 그때 고향으로 돌아간다 해도 부끄럽지 않을 것이다."라고 하였다. 그러자 성혼은 문을 닫고 상소를 작성하였는데, 진언할 만한 계책을 이이와 더불어 상의하였다. 임금이 성혼을 불러 보았을 때 물었던 것을 차례대로 작성하였다. 첫머리에는 임금이 행해야 할 큰 도리의 요령과 학문하는 효과를 진술하고, 다음은 고금의 세상 다스림에 대해 말하였는데, 군자를 쓰느냐 소인을 쓰느냐가 잘 다스려지느냐 어지러워지느냐의 기틀이 된다고 적었다. 또 다음으로 지금 조정의 잘잘못을 말하고 어진 인재는 등용되지 않고 변변치 않고 어리석은 무리가 높은 직위에 있는 것이 지금 병폐의 근본이라 하고 나서, 인재를 얻어서 어진 이에게 책임을 맡길 것과 유능한 이를 부릴 것을 청하였다.

또 그다음으로는 백성들의 비참한 실상을 말하고 폐단이 되는 법을 개혁하여 불에 타고 물에 빠진 듯한 백성들의 고초를 구원해 줄 것을 청하였다. 마지막에는 임금의 하교 가운데서 '내가 잘못했다'는 말에 따라서 군주가 그 책임을 다하지 못함을 간곡하게 주장하였다. 이 상소는 지금 조정 병폐의 근원에 적중하였으며, 상소의 내용이 매우 밝고 곧았다. 성혼과 이이의 의견이 일치하였고, 또 상소 내용 중에는 간혹 이이에게서 나온 것도 있었다. 이이의 생각으로는 임금이 성혼을 중하게 여기기 때문에 성혼의 손을 빌려서 임금의 마음을 감동하게 하여 깨닫게 하려 한 것이다. 그러나 임금의 뜻이 곧은 말을 좋아하지 않았으므로 마침내 소득이 없었고 사람들의 사기가 꺾여 풀이 죽게 되었다. 성혼이 말하기를 "상소를 올리지 않은 것이 더 낫지 않았겠는가?"라고 하니, 이이가 답하기를 "그렇지 않다. 사람에게는 여러 의견이 있으니, 다만 상소를 한 번만 읽더라도 사람의 마음을 시원하게 하고 기쁘게 할 것이다."라고 하였다. 성혼의 상소가 채용되지 못한 일을 가지고 상소를 올려 논하려는 성균관 유생이 있었는데, 이이가 듣고 놀라 말하기를 "어떤 일 만들기를 좋아하는 자가 감히 이런 상소를 지었는가? 성균관 유생은 나라가 몹시 위태로워 망할 지경에 이르는 일이 아니면 상소를 올릴 수 없는 법이다. 이런 일이 있다고 해서 바로 상소를 올려 논쟁하는 것은 양사 간관이 할 일이다."라고 하고는, 즉시 사람을 시켜 성균관 유생을 타일러 그만두게 하였다. 임금은 성혼의 상소에 조정의 높은 지위에 있는 이들을 비방한 것을 보고 매우 못마땅해하였으나, 사람들을 대우하는 도리를 잃지 않으려고 좋게 대답하였던 것인데, 승정원에서 글을 올려 아뢰자 이때는 본심을 드러내었다. 그러면서 이르기를 "성혼의 상소에는 이이의 말투와 같은 것이 있다."라고 하였다. 이이가 듣고 말하기를 "성혼과 소견이 같으므로 말도 역시 같은 것입니다. 가령 먼 시골이나 외딴곳에서 선비를 구하였더라도, 만약 뜻이 일치하면 말하는 것이 다르지 않을 것입니다. 하물며 친구 사이엔들 다를 수 있겠습니까."라고 하였다. 이때 사헌부와 홍문관에서는 모두 상소를 올렸으나 유독 사간원에서는 말이 없었으므로, 사람들은 사간원이 혐의를 피하는 것으로 의심하였다. 이이는 말하기를 "내가 혐의를 피하고자 한 것이 아니며 이일은 한 번만 밝히면 충분할 것인데, 어째서 삼사에서 함께 일어나 도리어 임금의 마음을 괴롭게 하겠는가."라고 하였다. 식자들은 이를 옳게 여겼다.

삼정승을 비롯한 모든 대신이 함께 의논하여 백성을 구제할 계책을 올렸다. 대사간 이이가 이전에 동료들에게 말하기를 "지난해에는 황해도와 평안도가 이미 흉년이었고, 올봄에는 장마가 지나쳐서 보리와 밀이 손상되었으니 만약 벼농사까지 그르친다면 굶주리는 것을 앉아 보고도 구제하지 못할 것이므로 백성을 구제할 계책을 반드시 미리 강구해야 할 것이다."라고 하였다. 그래서 삼정승을 비롯한 모든 대신이 대궐 뜰에 모여 백성을 구제할 계책을 미리 강구할 것을 청하였는데, 임금이 허락하여 이날 모두 빈청에 모였다.

대신들은 임금의 뜻이 개혁하기를 싫어했기 때문에 폐단의 정치를 구하는 계책은 감히 말하지도 못하였다. 다만 곡식을 운반하여 황해도와 평안도의 굶주린 백성을 구제하고 물가를 안정시키기 위해서 상평창常平倉을 설치하였다. 또 곡식을 나라에 바치는 이에게 명예 벼슬을 주고 흉년으로 황폐한 곳에는 적당한 기간을 헤아려 공물과 임금께 올리는 진상품을 감해주며 충청도, 전라도, 경상도에는 수군의 군역을 헤아려 감하여 주고 기와와 벽돌 제조를 맡은 관청 별와서別瓦署를 쉬게 하여 낭비를 줄이도록 청하였을 뿐이다.

대사헌 이우직이 병으로 사직하였다. 이우직은 스스로 인망이 없음을 부끄럽게 여겼고, 또 성혼의 상소에 임금의 특명에 의해 제수된 관직은 당연히 변변치 않은 자에게 주어진다고 비방한 말이 있음을 듣고 곧바로 병을 핑계로 사양하며 물러났다.

이때 강원도 권극지(權克智; 1538~1592)[329], 황해도 김응남(金應南; 1546~1598)[330], 경기도 홍적, 평안도 이산보(李山甫; 1539~1594)[331] 등의 암행어사들이 모두 입궐하여 편지로써 각 도의 민생을 아뢰었는데, 평안도와 황해도에 굶주리는 자가 가장 많았고 경기도는 다음이었으며 강원도가 가장 가볍다고 하였다. 임금은 굶주린 백성을 생각하는 인정이 있었기 때문에 2월에 별도로 민간에 암행어사를 파견하여 백성의 질병과 고을수령의 현명함을 살피게 하였는데, 지금 서로 잇달아 그 실상을 아뢴 것이다.

군기시의 연못물이 솟아올랐으며, 또 평안도 강계에서는 밤이 훤히 밝은 괴변이 있었다. 밤이 달밤과 같이 밝아서 사람의 그림자가 보이자 사람들이 모두 놀라고 괴이하게 여겼다.

이조판서 박대립이 병으로 사직하여 이산해를 이조판서로 삼았다.

사헌부 장령 정인홍이 부모님을 뵈러 시골로 내려갔다. 정인홍은 사헌부에 있으면서 부정한 관리들을 제지하여 조정 문무백관들의 사기를 진작시키고 부정함을 엄격하게 단속하여 바로잡았다. 그래서 거리의 장사치들까지도 감히 금하는 물건을 밖에다 내놓지 못하였다. 한 용감한 사내가 시골에서 한양에 들어와 어떤 이에게 말하기를 "사헌부 장령 정인홍은 그 용모가 어떻게 생겼는가? 그 위엄이 먼 지방까지 뻗쳐 병마절도사와 수군절도사, 고을수령들까지도 두려워하고 삼가 경계하니, 진실로 대장부이다."라고 하였다. 이 말을 이이가 듣고는 웃으면서 말하기를 "정인홍이 사헌부 장령이 되니 많은 사람이 꺼려하고 미워하는데, 이 사내는 감히 칭찬하니 그가 바로 대장부다."라고 하였다. 이때 정인홍이 부모님을 뵈러 시골로 내려가니, 도성 안의 방자한 자들은 모두 기뻐하면서 이제야 편히 쉬겠다고 하였다. 다만 정인홍은 기운이 약하고 도량이 좁아서 일을 처리할 때 혹 조급하고 시끄러움을 면치 못하였다. 그래서 이이가 매번 글을 보내어 권하고 경계하기를 "큰일에는 마땅히 분발해야 하지만 작은 일에는 간혹 간단하게 처리하는 것이 좋소. 뭇사람들의 말썽이 떼지어 일어나게 되면 조정의 일을 더욱 처리할 수 없게 될 것이오.”라고 하였더니, 정인홍은 이이가 지나치게 유약하다고 생각하며 안민학에게 말하기를 “이이는 굳세고 꼿꼿하게 일할 사람은 아니다.”라고 하였다. 안민학이 이이에게 이런 얘기를 하니, 이이가 말하기를 “나는 정인홍의 딱딱한 가죽 같은 사람이 되고, 정인홍은 나의 부드러운 활줄과 같은 사람이 되어 정인홍과 내가 조화롭게 하나로 합친다면 어찌 못 할 일이 있겠는가.”라고 하였다. 이때 성혼, 이이, 유성룡, 이발, 김우옹, 정인홍 등 청렴한 선비들이 도성 안에 모이기로 하였으나, 임금의 뜻이 선비들을 믿지 않으려 하였기 때문에 조정의 일이 진전될 기미가 없었다. 유성룡이 이이에게 묻기를 “지난번 대궐 뜰에서 논의한 것에 대해 대감께서는 근본적인 계책이 아니라고 하였는데, 그렇다면 근본적인 계책이란 어떤 것입니까?”라고 하니, 이이는 대답하기를 “위로는 임금의 마음을 바르게 하고 아래로는 조정을 밝게 하는 것이 근본적인 계책이오. 임금의 마음이 사림들을 가볍게 여기고 오히려 세속의 무리를 좋아하시는데 어찌 조정의 정사가 다스려질 가망이 있겠는가.”라고 하였다.

이산해가 병으로 사직하고 조정에 나오지 않았다. 이이가 찾아가서 묻기를 “그대는 나라의 두터운 은혜를 입었는데, 나라가 위급한 이때 마땅히 그 직분을 다하여 임금의 은혜에 보답해야 할 텐데 어찌 병을 핑계하여 사람들의 소망을 저버리는가."라고 하니, 이산해는 말하기를 "이조판서는 나라의 중책인데 내가 어찌 감당하겠는가."라고 하였다. 이이가 말하기를 "그러면 누가 감당하겠는가. 2품 이상의 대신이 변변치 못한 무리로 가득 차 있는데, 다행히도 그대 같은 사람이 이조판서에 제수되자 사람들의 기대가 매우 컸소. 그런데 그대는 어째서 굳이 사직하려 하는가. 또 그대는 이미 육조판서의 반열에 있으므로 관직을 쉬지는 못할 것이니, 그대의 능력으로는 오직 이조판서가 적당하고 다른 직분에서는 아마도 책임을 다하지 못할 것이오. 예컨대 호조와 형조는 그대의 능력으로는 주관할 수 있는 곳이 아니오. 그러나 이조판서의 자리라면 그대는 틀림없이 사사로운 정에 이끌리지 않고 바른 도리를 크게 베풀 것이니 이 어찌 도움이 적다고 하겠는가. 근래에 이조의 인사업무가 매우 흐려졌으니, 그대는 억지로라도 나와서 묵은 폐습을 씻어주기 바라오."라고 하였다. 이산해는 웃으면서 말하기를 "그대는 어찌 나의 세세한 재주까지 다 아는가. 그대의 말이 매우 간절하니 내가 마땅히 다시 생각해 보겠소."라고 하였다. 그리고 오래지 않아 이산해는 조정에 나와서 일을 보았는데, 인사업무를 처리하는 데 청탁을 받지 않았으므로 집 마당이 쓸쓸하기가 가난한 선비의 집과 같았다. 이이가 듣고 말하기를 "이산해가 이조에서 일하는 것이 사람의 뜻에 맞으니 족히 나라의 바른 도를 구할 것이다."라고 하였다.

1581년 5월

양사에서 형조판서 윤의중을 논박하였으나 임금이 윤허하지 않았다. 윤의중은 청요직에 오래 있어서 그 지위가 육조의 참판까지 이르렀으나, 매우 탐욕을 부렸으므로 공정한 논의에서는 버림을 받았다. 그런데 이때 형조판서의 자리가 비어 임금은 종2품 가선대부 중에서 승진시킬 만한 인물을 추천하도록 대신들에게 명하였다. 이조전랑이 임금의 명령으로 삼정승에게 물었더니, 영의정 박순은 김계휘와 정지연을 추천하였고, 좌의정 노수신과 우의정 강사상은 박근원과 윤의중을 추천하였다. 이조판서 이산해는 병 때문에 이 일에는 참여하지 못하였다. 참판 정탁이 말하기를 "마땅히 영의정이 추천한 이를 첫 번째 후보자로 삼아야 합니다."라고 하니, 정랑 이순인은 굳이 다투어 말하기를 "좌우정승이 추천한 이들도 중하게 여겨야 합니다."라고 하였다. 이에 윤의중을 첫 번째로 추천하고, 박근원을 다음으로, 김계휘와 정지연을 그다음으로 추천하여 네 명의 후보자를 갖추었다. 윤의중은 이미 탐욕스럽다는 말들이 있었고, 박근원 역시 경박하고 교활하여 사림들이 천박하게 여겼고, 또 인성왕후[인종 비]의 상례 때 박근원은 왕릉을 지키는 수릉관으로 있으면서 부인과 첩을 그리워하여 마음의 병이 나서 수릉관의 직책까지 바꾸게 되었으므로 사람들은 모두 그가 병을 핑계한다고 하였다. 이 두 사람이 다 형조판서 후보에 올랐는데 윤의중이 낙점을 받았다. 이 때문에 시끄러워진 여론이 "탐욕스러운 자가 뽑혔으니 흐린 것을 쳐내고 맑은 것을 선양할 길이 없다."라고들 말하였다. 윤의중은 이발의 외삼촌이었는데 이이가 탄핵하려고 하자, 성혼이 이이에게 말하기를 "그대는 이발과 매우 친하므로 윤의중을 탄핵하겠다는 뜻을 이발에게 먼저 알려야 한다."라고 하니, 이이는 말하기를 "어찌 조카에게 외삼촌의 허물을 말할 수 있겠는가."라고 하였다. 대사헌 정지연은 이이가 윤의중을 탄핵하려고 한다는 말을 듣고 이르기를 "이이가 조정의 일을 걱정하여 나라를 위해 홀로 원성을 들으려 하는데, 우리가 어찌 돕지 않을 수 있겠는가."라고 하면서, 양사에서 같이 탄핵하였다. 사간원에서 아뢰기를 "선악의 분별이 없고 인재를 등용하는 데 공정함을 잃으면, 비록 요임금과 순임금이 다스린다고 하더라도 다스려지지 못할 것입니다. 윤의중은 청렴하지 못한 방법으로 재물을 모아 사람들이 비루하게 여깁니다. 만일 이 사람을 형조판서에 승진시킨다면 온 세상을 이익만을 추구하는 곳으로 인도하게 될 것입니다. 대신들은 인재를 고르는 이 기회에 어진 이를 추천하지 못하고, 단지 경력이 오래된 것과 가까운 사람만 보고 추천하였으므로 민심이 모두 분하게 여기니 청하옵건대 다시 추천하기를 명하십시오. 또 박근원은 일찍이 병을 핑계로 수릉관을 피하고자 하였습니다. 본래 마음씨가 보잘것없는데도 이조에서 잇달아 청요직의 후보에 올려서 승진까지 시키려 하는 것은 매우 잘못된 것이오니 다시 헤아려 주시기를 청합니다."라고 하였다. 임금은 단지 이조에 다시 살피라고만 명하고 고치는 것은 윤허하지 않았다. 이 일에 대해 사헌부에서 올린 상소는 평범한 말들만 늘어놓았을 뿐이다. 이 때문에 당시 사람들은 모두 "윤의중에 대한 공격은 이이가 주장한 것이다."라고 하였다. 앞서 이조에서 이이에게 박근원이 쓸만한지 그렇지 않은지를 묻기에 이이가 말하기를 "박근원은 사람들에게 기대려고 하지만 그의 사람 됨됨이가 비천하고 간사하여 쓸 수가 없다."라고 하였다. 그 뒤에도 여러 번 물었으나 대답은 한결같았다. 어느 날 이조참판의 자리가 비게 되었으나 후보에 올릴 만한 사람이 없어서, 좌랑 김첨이 김우옹에게 서신을 보내어 묻기를 "이조참판의 후보자에 마땅한 인물이 없습니다. 박근원은 비록 사람들의 신망을 얻은 인물은 아니지만 특별한 죄상도 없으니 후보 끝자락에라도 올리는 것이 어떻겠습니까? 원컨대 이이에게 물어보시기 바랍니다."라고 하였다. 이때 유몽학이 김우옹과 한자리에 있다가 김우옹으로 하여금 서신을 보내 이이에게 물어보라고 권하였다. 그러면서 유몽학은 박근원의 장점을 많이 말하였는데, 이는 박근원을 마음속으로 좋아했기 때문이었다. 이이는 스스로 생각하기를 이조의 관원도 아니면서 남의 앞길을 막는 것이 마음에 걸려 곧 답서를 쓰기를 "만약 보낸 서신의 내용과 같다면 후보에 올리는 것도 무방할 것입니다."라고 하였다. 김첨이 이 말을 듣고는 청요직의 후보에 자주 올렸기 때문에 이 내용을 알지 못하는 사람들은 이이가 박근원을 추천했다고 생각하였다. 박근원이 형조판서 후보에 오른 것이 드러나니, 여론이 매우 분노하여서 혹 이이를 원망하는 사람도 있었다. 이때 이이가 여러 사람의 분노를 계기로 하여 이치에 맞는 논리로 박근원의 인사 처리를 공격하니, 김첨이 매우 불평하면서 사람들에게 말하기를 "이이는 스스로 추천하고서 또 스스로 논박하는가."라고 하였다. 이때 이발은 명망이 두터웠기에 그에게 붙으려고 하는 세속의 무리가 많았다. 따라서 양사의 언관들도 윤의중을 논박하는 데 힘쓰지 않았다. 이이가 웃으면서 말하기를 "이발을 꺼려 윤의중을 공격하지 못하는 사람은 이발을 잘 모르는 사람이다."라고 하였다. 사간원 정언 송언신(宋言愼; 1542~1612)[332]은 윤의중을 더욱 감싸려고 하였다. 이이가 경연에서 아뢰기를 "지금 조정의 급한 일은 부정한 자를 쳐내고 청렴한 자를 등용하여 선비들의 풍속을 바르게 하는 데 있습니다. 그런데 윤의중 같이 청렴하지 못한 자의 품계를 뛰어 올려 승진시킨다면 선비들의 탐욕을 부추기는 것이오니, 선비의 풍속을 어떻게 바르게 할 수 있겠습니까. 선비의 풍속이 바르지 않게 되면 상하가 모두 이익만 취하려고 하여 나라 꼴이 되지 못할 것입니다. 벼슬아치 한 사람의 나아가고 물러남이 비록 중요하지 않을 것 같지만, 마침내 온 세상이 모두 다 이익만 취하게 될 것이니 이는 사소한 일이 아닙니다. 원하옵건대 조정의 공론에 따라서 서둘러 교체하여 주십시오."라고 하였다. 임금이 이르기를 "윤의중의 청렴하지 못한 실상을 눈으로 볼 수 있겠는가? 대신들이 그를 천거하였는데 어찌 등용하지 않을 수 있겠는가."라고 하였다. 이이가 아뢰기를 "남의 집안일을 어찌 눈으로 본 사람이 있겠습니까. 다만 윤의중이 청렴하지 않아서 사림들이 비루하게 여긴 지가 오래되었으며, 입이 있는 자는 모두 말하고 있는데, 어찌 하나하나가 다 거짓으로 전해진 것이겠습니까. 대신들은 어진 이를 추천하려는 뜻이 없고 다만 경력의 오래된 것만 보고 대충 추천하였으니 이는 조정의 공론이 아닙니다. 근래의 폐습은 조정의 신하들이 개인의 사사로운 이익만을 꾀하고 나라의 일에는 뜻이 없는 것입니다. 이런 풍속을 개혁하지 않는다면 나라의 올바른 도리가 날로 퇴폐할 것이므로 전하께서는 마땅히 청렴한 사람을 뽑아 장려하시고 탐관오리를 물리치셔야 할 것입니다. 그런데 오히려 윤의중 같은 자를 승진시킨다면 인사 처리가 공정하지 않게 되니 어찌 민심이 복종하겠습니까."라고 하였다. 임금이 이르기를 "청렴하지 못하다는 말은 아마 거짓일 것이다. 만약 실제로 청렴하지 않다면 어찌 품계를 뛰어 올려 높은 자리에 쓰겠는가."라고 하고는 영의정 박순을 돌아보면서 묻기를 "윤의중이 과연 청렴하지 못한 자인가?"라고 하니, 박순은 묵묵히 한참 있다가 아뢰기를 "거짓인지 참인지는 알 수 없으나, 다만 조정의 공론이 이와 같으니 따르지 않을 수 없습니다."라고 하였다. 박순의 생각으로는 윤의중을 자신이 추천하지 않았기 때문에 분명히 말하지 못했던 것이다. 이이가 물러나 박순에게 말하기를 "영의정 대감의 말씀이 어찌 분명하지 못합니까."라고 하니, 박순이 말하기를 "전하께서 만약 '어찌 청렴하지 못한 것을 알면서도 추천하였는가?'라고 물으시면, 내가 답할 말이 없어서 분명하게 말하지 못한 것이오."라고 하였다. 사간원 정언 송언신은 이길의 추천을 받았으므로 이길에게 붙으려고 했다. 하루는 임금께 아뢰기를 "윤의중이 조정에 출사한 지 30여 년 동안 청요직에 있으면서도 오점은 없었고, 악착스럽게 재물을 탐한 자도 아닙니다. 다만 나이가 많고 뜻이 게을러져 늙은이가 부리는 욕심의 경계를 넘어선 일은 있는 것 같습니다. 청하옵건대 다시 고치도록 명하십시오."라고 하였다. 이이가 송언신이 아뢴 글을 보고는 웃으면서 말하기를 "이것은 추천하는 글이지 탄핵하는 글은 아니다. 이처럼 아뢰고도 임금이 마음이 돌이켜지기를 바라겠는가."라고 하였다. 이때 사헌부에서도 이미 아뢰는 것을 그쳤기 때문에 이이 역시 그만두었다. 그리고는 송언신에게 글로써 말하기를 "그대가 윤의중을 논한 글에 칭찬하는 내용이 있어서 사림들이 매우 비웃습니다. 반드시 스스로 대간의 체통을 지키십시오."라고 하였다. 송언신이 이를 듣고 노하며 대궐로 들어가 피혐하였는데, 그 말이 어그러지고 난잡하였다. 오로지 윤의중만을 두둔하고 보호하며 양사를 억압하려고 심지어는 근거 없는 말을 지어내어 남몰래 지적하기도 하고, 자기와 뜻이 맞지 않는 이를 배척하면서 사람이 덕이 없다는 등의 말을 만들어 내기까지 하니, 듣는 이들이 놀랐다. 사간원에서는 송언신의 직책을 바꾸라고 아뢰었고 사헌부에서는 송언신을 파직시키라고 아뢰었으나 임금이 허락하지 않았다. 이때 조정 흐름의 동향이 지위가 높은 자들은 동인에 붙어서 많은 사람이 이이를 지목하여 음으로 서인을 돕는다고 하였기 때문에 송언신도 동인에게 붙으려고 이러한 일을 일으켜 사림들에게 미움을 받았다.

임금이 성혼에게 쌀과 콩을 하사하라고 명하였다. 이때 성혼은 한양에 살면서 양식이 떨어졌는데 임금이 승정원에 묻기를 "성혼은 녹봉을 받는가 안 받는가?"라고 하니, 승정원에서 대답하기를 "전하의 은혜에 대한 감사의 절을 하지 않아서 녹봉을 받지 못하고 있습니다."라고 하였다. 임금이 이르기를 "성혼이 매우 궁색하다는 말을 듣고 다시 구제해 주려고 하는데 어떠한가?"라고 하니, 승정원이 답하기를 "그렇게 하신다면 참으로 어진 이를 대접하는 도리가 되니, 신들은 감격할 따름입니다."라고 하였다. 임금은 곧 호조에 쌀과 콩을 지급하라고 명하였다. 성혼은 두 번이나 상소를 올려 사양하였으나, 임금이 사양을 허락하지 않으니 하사한 쌀과 콩을 밀봉해 두고 감히 쓰지 못하였다. 이이가 성혼을 보고 말하기를 "이 일은 신하들의 말을 듣고 하사한 것이 아니라 특별히 전하의 마음에서 우러난 것이니, 이것은 전하께서 선을 좋아하는 마음이 우러나와서 베푸신 것이다. 순리에 따라 마땅히 받들어서 은혜에 감사해야 할 것이고, 굳이 사양하여 전하의 마음을 괴롭게 함으로써 선의 발단을 막아서는 안 된다. 이것이 어찌 자네 한 사람을 위한 계책만 되겠는가."라고 하였으나, 성혼은 끝내 편치 않게 생각하였다. 성혼은 병으로 한양에 누워 있었기 때문에 임금을 뵈려고 하여도 조정에 나갈 수가 없었고, 고향으로 돌아가려고 해도 그럴 수 없었다. 어느 날 이이가 임금에게 아뢰기를 "우리나라는 민심이 본래 경박하여 매번 한 가지 일만 있으면 반드시 벌 떼처럼 일어나 말씀드리기 때문에 전하께서는 소란스럽다고만 생각하여 따르려고 하지 않으십니다. 이는 전하께서 그렇게 생각하실 만도 하지만, 일의 옳고 그른 것만은 마땅히 살펴 처리해야 합니다. 여러 사람의 말이라고 해서 옳게 여겨 반드시 따라서도 안 되고, 또 여러 사람의 말이라고 해서 소란스럽게 여겨 따르지 않아서도 안 됩니다. 만약 해야할 만한 일을 여러 사람의 말이라고 해서 따르지 않으신다면 나랏일이 무슨 방법으로 바르게 될 수 있겠습니까. 지난번 성혼의 상소를 전하께서 대신들에게 보이시지 않아 승정원, 사헌부, 홍문관에서 모두 일어나서 논쟁하였는데, 이것도 역시 지금 속세의 풍속에 이끌린 것입니다. 그리고 근래 경연에서 여러 사람이 매번 성혼을 칭송하여 그치지 않으니 성혼이 비록 좋은 사람이라고는 하지만 사람마다 칭송하면 그의 마음 또한 불편할 것입니다. 신이 그 상소를 보니 별로 대단한 말은 없었습니다. 다만 초야의 선비로 곧게 말할 줄만 알고 말을 돌려서 할 줄 모르기 때문에 숨기고 피하는 것이 없었습니다. 전하께서도 성혼이 충성을 다한 것임을 아시면서도 조정을 안정시키려고 조금 억제하시는 것으로 생각됩니다."라고 하였다. 임금이 이르기를 "성혼의 상소는 그대의 상소와 같았다."라고 하므로, 이이가 대답하기를 "평상시에 성혼의 뜻과 저의 뜻이 같았기 때문에 의견 또한 같았을 것입니다."라고 하였다. 임금이 묻기를 "성혼은 아직도 병을 앓고 있는가?"라고 하므로, 이이가 대답하기를 "성혼의 병은 참으로 고질병입니다. 만일 전하께서 보통 때와 달리 처분하셔서 특별히 기용하시면 신하들이 전하의 깊으신 마음을 가늠하지도 못할 것입니다. 만일 보통의 관례대로 관직을 주신다면 결코 맡길 만한 업무도 없을 것입니다. 그러니 칭찬이나 하고 돌려

보내시어 선비를 대접하는 도리나 온전하게 베푸시면 됩니다."라고 하였다. 임금이 이르기를 "내가 조정에 두려고 해도 어찌 한번 보고서 경솔히 결정할 수 있겠는가. 내가 다시 성혼을 만나보겠다."라고 하였다.

이조에서 김효원을 사간원 대사간 다음 자리인 종3품 사간의 후보에 추천하였는데 임금이 이르기를 "조정을 화합하지 못 하게 한 자는 모두 안 된다. 김효원은 일반 벼슬아치면 족하다. 어찌 사간의 후보에 올리겠는가."라고 하니, 이에 사림들이 매우 불안해하였다. 이발이 이이에게 묻기를 "홍문관에서 상소를 올려 이 일을 논의하려고 하는데 어떻습니까?"라고 하니, 이이가 답하기를 "이 일은 다만 대신들이 전하께 아뢸 일이지, 젊은 사림들이 경솔하게 아뢴다면 전하의 의심만 더하게 될 것이다."라고 하였다. 이이가 박순을 보고 말하기를 "지금 사림들이 화합하지 못하고 있는 것은 동인과 서인이라는 말이 아직 사라지지 않았기 때문입니다. 지금 마땅히 동서붕당을 깨끗이 씻어버리고 사람 됨됨이만 보고 등용하면 좋을 것입니다. 김효원은 쓸만한 인재인데도 전하께서 청요직의 후보에 올리지 않으려 하는 것은 아직 동서붕당의 흔적이 남아 있다는 증거이니 올바른 계책이 아닙니다. 마땅히 대신들이 아뢰어야 할 것입니다."라고 하였다. 며칠 뒤에 경연에서 박순이 임금께 아뢰기를 "동서붕당이란 말은 항간에 떠도는 잡담이오니, 조정에서는 마땅히 입에 담지 말아야 할 것입니다. 어찌 이것 때문에 등용해야 할 인재를 버릴 수 있겠습니까. 김효원은 재주가 가히 쓸만하니 버리기는 아깝습니다. 최근 동서붕당이란 말이 아직 다 없어지지 않았기 때문에 논박을 당하는 사람이나 한가한 직책에 있는 사람들이 모두 동서붕당을 핑계로 삼고 있습니다. 지금 만약 김효원을 등용하지 않는다면 핑계하는 사람들이 더욱 많아질 것입니다."라고 하였다. 이에 임금이 이르기를 "비록 김효원을 등용하지 않는다고 해도 어찌 쓸 만한 인재가 없겠는가."라고 하였다. 이이가 아뢰기를 "한 사람을 쓰거나 버리는 것은 큰 상관이 없습니다. 그러나 다만 동서붕당이라는 말이 해소되지 못한다면 사림들이 서로 의심하고 시기하여, 모든 일이 순조롭게 이루어질 수 없을 것입니다. 전하께서는 반드시 동서붕당을 씻어서 털끝만 한 흔적도 없이 하셔야 할 것입니다. 김효원이 재주가 없다면 버린다 해도 아까울 것이 없겠지만, 김효원의 재주가 가히 쓸 만한데도 동서붕당의 말썽에 이끌려서 등용하지 않는다면 사림들이 매우 불안해하는 근본이 될 것입니다."라고 하였다. 홍문관 부제학 유성룡과 수찬 한효순(韓孝純; 1543~1621)[333]도 역시 김효원의 쓸 만한 점을 되풀이하여 임금께 아뢰었고 상소까지 올렸으나, 임금은 끝내 석연치 않게 생각하였다.

황해도의 가뭄이 지난해와 같아서 백성들이 또 굶주렸다. 신임 관찰사 안용(安容; 1522~?)[334]이 부임하려고 하는데, 임금이 대신들에게 묻기를 "황해도에 또 흉년이 들었는데 안용은 쇠잔한 것을 소생시키고 백성을 어루만질 인재가 아니다. 나는 그를 바꾸어 감당할 수 있는 자를 보내려고 하는데 어떠한가?"라고 하니, 대신들이 아뢰기를 "전하의 하교가 지당합니다."라고 하였다. 이어서 안용을 교체하게 하고 이조에 명하여 삼사를 포함한 모든 신하를 후보로 올리게 하였다. 그래서 정3품 좌부승지 최황이 황해도 관찰사가 되었다. 최황은 재주가 있었기 때문에 임금이 흉년에 백성을 구제할 책임을 맡기려 한 것이다. 최황이 이이를 보고 묻기를 "전하께서 나의 재주 없는 것은 모르시고 중책을 맡겼지만 황해도의 각 고을에는 굶주린 백성을 구제할 곡식이 없고, 호조에 물으니 한양에 있는 곡식 창고인 경창京倉의 쌀과 콩도 역시 거의 떨어졌다고 합니다. 장차 어떤 계책을 마련해야 하겠소. 나는 경창의 쌀과 콩 수만 석을 청하여 황해도로 옮기려 하는데 어떻겠는가?"라고 하였다. 그러자 이이가 말하기를 "아직까지 관찰사가 먼저 백성을 걱정하는 말을 한 적이 없는데 최황 대감만이 혼자 걱정하고 있습니다. 이것이 전하께서 대감에게 황해도를 맡기신 까닭일 것입니다. 경창의 쌀과 콩이 넉넉지 못하니 수만 석을 호조에서 필시 내어주지 않을 것입니다. 그러나 비록 1만 석만을 얻더라도 굶주린 백성은 살릴 수 있으니, 청하지 않는 것보다는 나을 것입니다."라고 하였다. 최황은 경창의 곡식을 옮겨 줄 것을 임금에게 청하였더니, 임금이 최황을 불러서 백성을 구제할 계책을 물은 다음, 그 계책을 호조에 내렸다. 호조에서는 쌀 1만 석만 주었다.

좌의정 노수신이 병으로 사직하였는데, 임금은 의관을 보내어 문병하고 적당한 약을 내려 주고는 그의 사직을 윤허하지 않았다. 노수신은 나라에서 재해를 입어도 별로 건의하는 계책도 없이 날마다 대수롭지 않은 사람들과 어울려 술이나 마시고 나랏일에는 생각이 없었으므로 비웃는 선비들이 많았다. 그래서 노수신은 병을 핑계로 조정에 나오지 않았다. 이때 가뭄이 매우 심하여 흉년이 들었는데 평안도와 황해도가 특히 심하였다. 임금이 경연에서 신하들에게 이르기를 "이렇게 흉년이 들어 평안도와 황해도는 그 피해가 더욱 심하다고 하는데, 기근이 계속되고 전쟁이라도 난다면 어떤 계책을 세워야 하겠는가?"라고 하니, 박순이 아뢰기를 "모름지기 미리 재물을 저축하여 구제해야 할 것입니다."라고 하였다. 이이가 아뢰기를 "만약 낡은 법을 개혁하여 가난을 구제하지는 않고, 다만 곡식을 옮겨서 백성을 살리려고 한다면, 곡식 또한 부족하여 옮길 것도 없을 것입니다. 나라의 형세가 이처럼 위태로우니, 전하께서는 모름지기 낡은 법을 개혁할 계책을 생각하시고, 써야 하는 경비도 마땅히 줄여야 할 것입니다."라고 하니, 임금은 "씀씀이가 별로 늘어난 것도 없으며, 다만 예전 규정대로만 하는데도 오히려 부족하니 어찌하겠는가."라고 하였다. 이이가 아뢰기를 "선대왕 때에는 거두어들이는 세금이 매우 많았으나, 지금은 해마다 흉년이 들어 세금이 매우 줄었는데도 경비를 예전대로 쓴다면 어찌 부족하지 않겠습니까. 거두어들이는 세금을 적당하게 헤아려 차츰 증가시킨다면 나라의 운용하는 데는 여유가 있겠지만 백성들의 생활은 더욱 곤궁해질 것이므로 형편상 세금을 더 거두어들일 수 없습니다. 모름지기 먼저 백성들의 쌓인 고통을 해소하여 민심을 안정시킨 뒤에야 세금을 적당하게 거두어들일 수 있을 것입니다. 우리나라의 공물 장부는 민가의 수나 토지세의 많고 적음을 헤아리지 않고 어수선하게 나누어져 있으며, 또 특산물도 그 지역에서 생산되지 않는 것을 징수하기 때문에 다른 사람의 공물을 대신 바치고 곱절로 값을 불려 받던 방납防納의 무리가 이익을 도모하여 백성들의 생활이 곤궁해졌습니다. 지금 공물 장부를 뜯어고쳐서 민가와 토지세를 헤아려 균등하게 정하고, 지역 특산물을 바치게 한다면 백성들의 쌓인 고통이 풀릴 것입니다."라고 하였다. 유성룡이 아뢰기를 "이 일은 서둘러서 해야 할 것입니다."라고 하였다. 이이가 또 아뢰기를 "반드시 조정에 인재를 등용해야만 지금의 폐단을 구제할 수 있을 것입니다. 인재를 얻지 못한다면 성공하지 못할 것입니다. 백성의 편안하고 편안치 못함은 고을 수령에게 달려 있고, 고을 수령의 부지런함과 게으름은 관찰사에게 달려 있습니다. 그런데 관찰사가 자주 바뀌기 때문에 모두 세월이나 보내면서 정사에는 마음을 두지 않고 관례대로 움직일 뿐입니다. 간혹 직분에 충실한 사람이 있다고 하더라도 역시 뜻을 펼 겨를이 없습니다. 이를 해결하기 위해서는 반드시 큰 고을을 감영으로 만들고 관찰사에게 그 고을의 수령까지 겸임하게 하고 가족들을 데려가게 하여, 책임지고 성공할 수 있도록 맡기시고 그 직책에 오래 있게 해야 합니다. 특별히 조정의 신하 가운데서 다스리는 재주가 정승의 자리를 감당할 만한 이를 뽑아 맡기신다면 반드시 그 성과가 있을 것입니다."라고 하였다. 임금이 이르기를 "오래도록 맡긴다면 제 마음대로 하여 권세를 마구 부리는 허물이 없겠는가?"라고 하니, 이이가 아뢰기를 "그것은 사람에게 달려 있습니다. 그와 같은 사람이라면 어찌 뽑아서 보내는 데 합당하겠습니까."라고 하였다. 임금이 이르기를 "우리나라는 팔도의 고을들이 매우 많아서 고을 수령을 잘 골라 뽑기가 어려우니, 병합하여 그 수를 줄이려고 하는데 어떻겠는가?"라고 하니, 신하들이 아뢰기를 "전하의 하교가 매우 지당합니다. 만약 병합하여 줄이되 극히 작은 고을을 다른 고을에 붙인다면 백성들의 부역이 매우 여유롭게 될 것입니다."라고 하였다. 임금이 이르기를 "지금까지 시행되어온 제도를 고치는 일은 경솔하게 거론하기 어려우니, 나로서는 그 고을 이름만은 버리지 않고, 단지 한 고을의 수령이 두세 고을을 겸하여 다스리게 하려고 하는데 어떠한가?"라고 하니, 박순이 아뢰기를 "선대왕 때에도 그 제도를 자주 고쳤으니, 그리 어려운 일도 아닙니다."라고 하였다. 이때 나라의 재정이 이미 고갈되어 다음 해에는 흉년을 구제할 계책이 없어서 그 걱정이 다른 것보다 더 클 수 없었는데도 임금과 신하 모두 계획하는 일이 없었다. 이이가 매우 답답하게 여겨 동료들과 더불어 상의하여 임금께 상소를 올렸는데, 낡은 법을 개혁해야 할 것과 공물 장부를 고칠 것과 고을을 줄여 병합하고 관찰사를 오래도록 맡길 것과 어진 인재를 등용할 것과 몸을 닦아 정치의 근본을 깨끗이 하고 사사로운 붕당을 버려 조정을 화합하게 할 것을 주청하였다. 임금이 대답하기를 "상소를 살펴보니 매우 가상하다. 그러나 옛 법을 고치는 것은 경솔히 처리

하기 어려울 듯하다. 마땅히 대신들과 의논하여 처리하겠다."라고
하고 곧 대신들에게 그 상소를 내렸으나, 노수신이 조정에 나오지
않았기 때문에 회의를 할 수 없었다.

삼가 살피건대, 대신은 나라의 두터운 은혜를 받았으니, 의리로서는
마땅히 자신을 잊고 나라에 충성을 다해야 할 것이다. 노수신은 정
승의 자리에 있어 돌보아주는 임금의 은혜가 남다르고 신임도 매우
두터운데, 나랏일을 구제할 계책은 한 가지도 없이 날마다 술이나
마시다가 식자들의 비방을 받게 되었다. 그러자 갑자기 마음을 돌려
병을 핑계하고, 나랏일이 위급하고 자연재해가 거듭됨을 보면서도
털끝만큼의 걱정도 없으니, 이른바 짐을 질 사람이 수레를 탄 것에
비유할 따름이다.

김계휘를 명나라로 보낼 주청사奏請使로 삼았다. 이는 태조 이
성계의 아버지가 이인임으로 잘못 기록된 종계宗系의 개정 문제가
비록 명나라 황제의 명으로써 『대명회전』에 추가로 기록하기로 되
어 있었으나, 지금까지도 반포되지 않았기 때문에 주청사를 보낸
것이다. 이때 『대명회전』의 편찬도 거의 끝나가고 있었으므로, 이
이가 분개하며 사람들에게 말하기를 "백성들이 억울함을 당해도
오히려 그 원한을 풀 수 있는데, 어찌 나라의 임금이 억울함을 당하
고도 2백 년이 지나도록 씻지 못하는가. 이는 사신을 잘못 골랐기
때문이다."라고 하고는, 동료들과 의논하여 아뢰기를 "임금이 욕되

면 신하는 죽어야 하는데, 종계가 억울함을 받았으니 선대왕들의 욕됨이 큽니다. 명나라에 주청사로 가는 사신은 마땅히 지성으로 명나라 조정을 감동하게 하여 일을 성사시키면 돌아오고, 일을 성사시키지 못하면 명나라에 뼈를 묻을 각오를 하여야만 이 일이 이루어질 수 있을 것입니다. 청하옵건대 특별히 이러한 외교를 전담할 수 있는 인재를 뽑으셔야 합니다."라고 하니, 임금이 윤허하였다. 조정의 공론이 이이를 명나라로 보내자고 하는 편이 많았다. 그러나 박순과 이산해가 모두 말하기를 "이이는 조정을 하루라도 떠날 수 없으니 그다음 인물을 생각해야 한다."라고 하여, 이에 김계휘를 주청사로 삼은 것이다. 김계휘는 고경명(高敬命; 1533~1592)[335]을 기록을 담당하는 서장관書狀官으로 삼고, 최립(崔岦; 1539~1612)[336]을 질문을 담당하는 질정관質正官으로 삼고자 청하니, 임금이 허락하였다.

홍문관 대제학 김귀영이 대제학의 직책을 사면해 주기를 간청하므로 임금이 대신들에게 물으니 대신들도 대제학을 바꾸는 것이 옳다고 하기에 김귀영의 직책을 바꾸라고 명하였다. 김귀영은 학문이 부족하면서도 대제학을 오래 맡아서 사람들이 은근히 비웃었는데, 이제야 바뀐 것이다. 그런데 나중에 어명으로 다시 대제학에 임명되었다.

1581년 6월

노수신이 병으로 사직하기를 청하였으나 임금이 윤허하지 않는다는 답을 여러 번 내렸다. 하루는 정철이 임금이 답변해야 할 글을 지어 올렸는데, 그것을 요약하면 "대신은 의리상 떠나버릴 수 없는데도 반드시 사퇴할 뜻이 있다면 이는 구차하게 자기 한 몸만을 꾀하고 나라는 저버리는 것이다. 경을 정승으로 세운 날부터 뭇사람들은 좋은 사람을 얻었다고 기뻐하며 이제야 좋은 정치를 볼 수 있을 것이라고 말하였는데 지금까지 이렇다 할 만한 공적이 있음을 듣지 못한 것은 어찌 과인만의 수치겠는가. 마땅히 임금과 신하가 서로 맹세하여 몸을 닦아 서로의 허물을 덮어 주기에 바빠야 하는데도 오히려 자신의 안위만을 생각하여 나라의 대의를 소홀히 할 수 있겠는가."라고 하였다. 이에 논의하는 사람들이 모두 말하기를 "정철이 쓴 이 답변은 노수신의 잘못을 꾸짖는 논박에 가깝다."라고 하였다. 이때 젊은 사람들은 정철을 싫어했으므로 이를 기회로 하여 정철을 배척하는 자들이 벌떼처럼 일어났다. 사헌부에서는 정철의 죄를 다스리자고 청하면서 "정철이 쓴 이 답변은 노수신을 핍박하고 경멸하는 의도가 있어 임금의 위엄에 어울리는 체통도 없고, 또 대신을 우대하는 예절 또한 없습니다."라고 하니, 정철은 이 때문에 조정에 있는 것을 좋아하지 않았다. 오직 안민학만이 홀로 말하기를 "그것이 비록 전하께서 내린 답변의 글로서는 맞지 않는다고 해도 진실로 공론입니다."라고 하였다.

얼마 안 되어 임금이 노수신에게 직접 글을 써서 깨우치게 하였는데 그것을 요약하면 "예로부터 나라의 흥망성쇠와 다스리는 이치는 그 길이 하나만은 아니지만, 오직 사람을 쓰는 것이 가장 중요할 뿐이다. 사람을 쓰는 가운데서도 정승의 자리는 더욱 중요하다. 진실로 정승에 알맞은 사람이라면 비록 덕이 없는 임금일지라도 한 시대의 다스림을 능히 이룰 수 있는 것이며, 만약 정승이 알맞은 사람이 아니면 비록 임금이 바르게 다스리고자 할지라도 나라는 더욱 심하게 약해질 것이니, 이처럼 정승의 자리는 매우 중요하다. 경은 5백 년에 한 번 정기를 갖고 태어난 뛰어난 인재이고, 하늘의 별과 같은 문장가이며, 학문은 송나라의 정호, 정이의 맥을 이었고, 도로써는 유학자들의 스승이 되었다. 정승 자리 10년에 은근히 태산 같은 공적과 우임금 때 만든 솥과 같은 보물의 자태가 있었다. 나같이 어질지 못한 사람으로도 오늘날 낭패를 면할 수 있었던 것은 과연 누가 그렇게 해 주었겠는가. 을사사화 때 죄를 얻어 19년간 귀양을 가서 진도 유배지에서 있었던 것은 하늘이 경의 마음을 단련시키고 부족한 점을 보충시켜서 크게 쓰이도록 하고자 한 것이다. 내가 외람되이 왕위를 계승할 때 경이 정승의 자리에 있었으니 이는 하늘이 경을 나에게 주신 것이다. 그런데 나라의 정치가 바르게 이루어지기를 바라는 이때 문득 사직을 원하는 글을 보니 이는 나의 부족한 덕과 지나친 행동이 날마다 나타났기에 어진 재상이 나를 버리고 가는 것이니 부끄럽고 불안하여 과인이 용서를 받을 곳이 없는 것 같다. 경은 나를 일할 수 없는 임금이라고 생각하는가? 만일 나에게 허물이 있거든 밝게 가르쳐 주면 내가 장차 마음을 평온하게 가지고 받아들이겠으니, 경은 물러나서 뒷말이 있게 해서는 안 될 것이다. 대략 말한 나의 뜻은 모두 가슴 깊은 곳에서 나왔으니 경인들 어찌 마음에 움직이는 것이 없겠는가. 바야흐로 무더운 여름철에 몸조리를 잘하고 서둘러 조정에 나와서 직무를 보았으면 하는 것이 나의 소망이다."라고 하였다. 노수신이 임금의 친필을 받고 감격하여 눈물을 짓고는 곧 조정에 나와서 일을 보았다.

이조판서 이산해가 모친상으로 벼슬을 그만두었다. 이산해는 자기 집 문 앞에 사사로이 찾는 자를 받지 않았고, 오로지 공정한 도리로만 사람을 등용했기 때문에 사람들의 의견이 모두 그의 선함을 칭송하였다. 뜻밖에 모친상으로 벼슬을 그만두자 김귀영이 그 자리를 대신하였다. 그러자 청탁하는 무리가 갓을 털고 일어나 김귀영의 대문 앞에 저잣거리같이 모여드니 당시 사람들이 한탄하였다.

사간원 대사간 이이를 특별히 진급시켜 사헌부 대사헌으로 삼았다.

1581년 7월

　함경도 안변에 있는 태조 이성계의 증조부 능인 지릉^{智陵}에 어떤 사람이 불을 질러서 능이 타버렸다는 사건이 보고되었다. 임금이 대신들에게 물으니, 대신들은 임금과 신하가 모두 3일 동안 소복으로 갈아입고, 문무백관들은 각 관청에서도 소복으로 직무를 보아야 한다고 했다. 이이가 어떤 사람에게 말하기를 "지릉은 임금의 조상이므로 문무백관들까지 소복으로 바꾸어 입는 것은 부모의 상이 아니므로 너무 지나친 듯하다."라고 하였다. 박순도 역시 그렇게 생각하였으나, 이미 지나간 일이라 다시 바로잡지 못하였다.

　사헌부 대사헌 이이가 경연 자리에서 임금에게 아뢰기를 "대개 사람에게는 각자 잘하는 것이 있습니다. 이산해 같은 사람은 평상시의 직분을 맡아서 관직을 지키는 것은 남보다 나은 것이 없으나, 이조판서가 되어서는 그 직책에 전념하여 사람을 쓰는 데 있어 오로지 공정한 논의만 따랐습니다. 일체 청탁이 없었으며, 대문 앞이 쓸쓸하여 가난한 선비의 집과 같았고, 오직 착한 선비만을 듣고 보아서 벼슬길을 맑게 하는데 마음을 다하였습니다. 만약 이처럼 몇 년만 실행한다면 세상의 인심과 도리가 바르게 고쳐질 것입니다."라고 하니, 임금이 이르기를 "이산해는 재주가 있으면서도 자신이 잘하는 것을 자랑하는 뜻이 없어서 나도 일찍이 덕이 있는 사람이라고 여겼다."라고 하였다. 임금이 이이에게 묻기를 "성혼은 아직도 병중인가?"라고 하니, 이이는 "성혼은 아직 병이 낫지 않았습니다."라고 하였다. 임금은 "나는 성혼이 지금까지 병중인 줄 몰랐다."라고 하고는, 바로 의관을 보내어 병을 묻고 적합한 약을 주라고 명하였다. 이이가 임금에게 아뢰기를 "예로부터 나라를 다스려 그 중엽에 이르면 반드시 안락에 젖어 점점 쇠퇴하게 됩니다. 그러나 그때 어진 임금이 일어나 분발하고 진흥시켜 하늘의 명을 받아 지속시키고 나서야 나라의 운명이 영원히 이어지는 것입니다. 우리나라도 2백여 년을 전하여 왔기에 이제 중엽의 쇠퇴기에 들어섰으니 마땅히 하늘의 명을 받아 지속시켜야 합니다. 전하께서도 옛날의 임금을 두루 살펴보셨을 터인데, 전하 같은 분은 매우 드뭅니다. 전하께서는 욕심이 적으시고 맑게 수양하셨으며 백성을 사랑하고 선비를 좋아하시므로, 참으로 큰일을 하실 수 있는 임금입니다. 그런데도 지금 분발하여 나라를 일으키지 못한다면 다시는 가망이 없을 것입니다. 세상의 올바른 도리가 무너지고 풍속이 말세가 되어 민심이 해이해져서 지난번 가뭄이 있을 때는 조금 걱정하고 두려워하는 줄 알았습니다. 그러나 비가 내린 지금에는 언제 그랬냐는 듯 즐거워하여 태평성대와 같이 여기고 있으니, 이 점이 신은 매우 걱정됩니다. 세속의 논의들은 새로운 일을 펼치는 것을 일 만들기를 좋아하는 것이라고 여겨서 그럭저럭 세월만 보내며 안정만 취하려고 합니다. 소신의 뜻도 소란스럽게 일을 하자는 것이 아니라 다만 쌓인 폐단과 고질병을 바로 구제하지 않을 수 없기 때문입니다. 만약 세속의 속된 의론을 따르게 되면 하나의 폐단도 고치지 않고 앉아서 망하기를 기다릴 뿐이니, 어찌 능히 보존할 수 있겠습니까. 원하옵건대 전하께서는 항상 무엇인가 하시려는 뜻을 품으시고, 좋은 정치를 조금씩 일으켜 선비들의 소망을 버리지 마시고 백성들을 구제하여 주십시오."라고 하니, 임금이 이르기를 "예로부터 임금이 어찌 앉아서 망하기를 기다리기야 하겠는가. 다만 하지 못할 뿐이다."라고 하였다.

대신들이 모여 의논한 후에, 홍문관과 사간원의 상소에서 건의한 공물법의 개정과 고을의 병합, 관찰사가 오랫동안 직무에 임하는 것 등 세 가지를 들어서 삼사가 임금께 글을 올려 시행할 것을 청하였다. 임금이 답하기를 "선대왕의 법을 경솔히 고칠 수는 없으니, 그냥 두고 지금은 거론하지 말라."라고 하였다. 이때 사람들은 이 일이 시행될 것을 기대하였다가 임금의 윤허를 얻지 못하자, 크게 실망하였다. 다음 날 박순이 이 일을 아뢰어 시행할 것을 청하니, 임금은 호조에 명하여 명종 때의 공물 장부를 가져오라고 하였다. 그래서 사람들은 여전히 얼마만큼 기대하게 되었다.

양사에서 청량군 심의겸의 파직을 청하였으나 임금이 허락하지 않았다. 이때 이이가 조정에 들어와서 한두 사람의 선비와 함께 나라의 형세를 바로잡아 회복하려고 하였다. 그런데 정인홍은 강직하기만 하고 도량이 좁으며 계획하고 생각하는 것이 원대하지 못하고 한번 미워하기 시작하면 원수와 같이 생각하여 이미 우성전과 이경중을 탄핵하였다. 이런 일이 있고 난 뒤 세속의 무리는 이이가 논의를 주도하여 동인을 억압하고, 서인을 옹호한다고 의심하여 불만을 품은 이가 많았다. 이발은 평소에 심의겸을 미워하여 반드시 죄를 널리 알려 축출하려고 하였는데, 사람들은 대부분이 이이를 모르고 유독 이발과 김우옹만은 존중하고 신뢰하였다. 이때 심의겸은 지금 임금이 왕위를 계승하였을 때 몰래 궁중에 인연을 대어서 상중이면서도 관직에 나오기를 꾀하여 권력을 마음대로 부리려고 했다는 소문이 있었는데, 이 말은 인정과 도리에 가깝지도 않았으나, 사림들은 다 격분하였다. 정인홍이 더욱 분해하며 말하기를 "의리로 보아 이런 불충한 신하와 한 조정에 같이 있을 수 없다."라고 하였다. 성혼과 이이가 말하기를 "이 일은 인정과 도리에 가깝지도 않아서 믿을 수 있는 것이 아니다. 그리고 심의겸은 오늘날 외로운 병아리 새끼나 썩은 쥐와 다름없으니 조정의 한구석에 놔두어도 나라의 정사는 다스릴 수 있을 것이다. 지금 만일 그를 탄핵한다면 민심이 의아스럽게 여겨 불안의 실마리만 일으키게 될 것이니, 어찌 일이 없는 지금에 일을 만들려고 하는가."라고 하였다. 이발은 불쾌하게 여기고는 정인홍을 보고 자신의 결심을 밝히니, 정인홍은 김우옹과 의논하였다. 김우옹 역시 말리면서 "분쟁의 실마리를 일으킨다면 좋은 뜻이 꺾일지도 모른다."라고 염려하였다. 정인홍은 김우옹의 말을 듣지 않고 정철까지 아울러 탄핵하려고 하였다. 그러자 김우옹과 이발이 힘껏 말리기를 "만일 정철까지 탄핵한다면 대사헌 이이가 반드시 따르지 않을 것이다. 그렇게 되면 이이와 대립하게 될 것이 정철은 결코 탄핵하지 말아야 한다."라고 하였다. 정인홍이 이이를 보고 심의겸을 탄핵할 것을 힘껏 권하였으나 이이가 따르지 않자, 정인홍은 원통하고 분한 마음에 벼슬을 버리고 돌아가려고 하였다. 이발이 이이를 보고 말하기를 "지금 사람들이 대사헌 대감을 깊이 믿지 않는 이유가 대감이 인정에 끌려서 심의겸을 버리지 않기 때문이라고 생각합니다. 지금 대감이 심의겸 한 사람만 끊는다면 사림들 모두가 대감을 믿고 따를 것이며, 서인의 착한 선비들도 점차로 수용할 수 있어서 동서붕당이 서로 화합할 수 있을 것입니다. 그리고 나를 탄핵하지 않는다면 정인홍이 벼슬을 버리고 가려고 하니 어찌 안타까운 일이 아니겠습니까."라고 하였다. 이이는 "내가 장차 생각해 보겠소."라고 말하였다. 이이가 성혼에게 말하기를 "지금 무턱대고 심의겸을 탄핵하려는 것은 마땅한 일이 아니다. 그러나 지금 사람들이 본래 내가 서인의 붕당이 아닌가 의심하고 있고, 또 정인홍이 이 일을 문제 삼아 화합하지 못하고 벼슬을 버리고 간다면 사람들이 반드시 이것을 구실삼아 분명히 나를 공격할 것이니, 내가 떠나고 사림들이 흩어진다면 조정은 더욱 망가질 것이다. 지금 조정의 상황으로는 많은 사람의 의견을 따르는 수밖에 다른 방법이 없다."라고 하니, 성혼이 탄식하며 말하기를 "이발이 없으면 누가 이 의견을 주도하겠으며, 정인홍이 없으면 누가 이 의견을 결정짓겠는가. 평지풍파를 일으켰다고도 말할 수 있다."라고 하였다. 김우옹이 이이에게 말하기를 "탄핵은 적당하지 않으니, 만약 상소 하나를 올려서 그 사람 됨됨이를 논하는 것이 어떻겠는가?"라고 하니, 이이가 말하기를 "상소라면 모름지기 말할 내용이 많아야 할 텐데 지금 이 일이 어찌 상소가 되겠는가."라고 하였다. 김우옹이 "상소가 간언하는 것보다 낫다."라고 말하니, 이이도 역시 그렇게 생각하였다. 하루는 사헌부의 동료들이 모여 앉았는데, 정인홍이 심의겸의 일을 들추며 탄핵하여 파직시키자고 하였다. 이이가 말하기를 "상소를 올려 그 사람 됨됨이를 탄핵하는 것이 어떻겠는가."라고 하니, 정인홍이 말하기를 "그보다는 탄핵하여 파직시키는 것이 분명하고 바르지 않겠는가."라고 하였다. 이이가 말하기를 "이 일은 임금께 아뢰는 것이 지나치거나 모자람이 없어야지 만일 조금이라도 과격하면 반드시 좋지 않은 일이 널리 퍼질 염려가 있다. 또 상중에 벼슬하려고 꾀한 일은 믿을지 의심할지는 잠시 미뤄두고 임금께 아뢰는 글 가운데는 넣지 말아야 하오."라고 하니, 동료들이 모두 그의 의견을 따랐다. 이에 이이가 임금께 올릴 글을 불러주었는데 "청량군 심의겸은 일찍이 외척으로서 조정의 공론을 오래 잡아 권세를 탐하고 즐기므로 사림들로부터 인심을 잃어 왔습니다. 최근 몇 년 사이 조정의 의논이 분열되어 서로 화합하지 못하는 것은 실로 심의겸 탓입니다. 조정의 공론이 화합하지 못하는 것이 갈수록 더 심해지는데, 이는 지금껏 심의겸을 드러나게 지적하지 않았기 때문에 좋아하는 것과 미워하는 것이 분명하게 밝혀지지 않아 민심이 의심스럽게 여기고 있습니다. 청하옵건대 심의겸의 파직을 허락하시어 좋아하는 것과 미워하는 것을 분명히 밝혀서 인심을 진정시켜 주십시오."라고 하였다. 그러고는 정인홍에게 당부하기를 "훗날 전하께 아뢰는 말도 반드시 이 말대로 할 것이고, 다른 말 몇 구절을 첨가하여 남의 의혹을 사지 말도록 하시오."라고 하였더니, 정인홍이 입으로는 승락하였으나 마음으로는 그렇지 않게 생각하였다. 사헌부에서 이 논의를 꺼내자 다음 날 사간원에서도 또한 논의를 꺼내고 홍문관에서도 또한 상소를 올려서 조정의 공론을 따르기를 청하였으나, 임금은 윤허하지 않았다.

1581년 8월

사헌부 대사헌 이이, 집의 남언경, 지평 유몽정(柳夢井; 1551~1589)[337]이 사헌부에서 올린 심의겸에 대한 상소로 인하여 사림들에게 미움을 받아 탄핵을 받고 사직되었다. 이이가 심의겸의 일을 논의할 때 사헌부의 동료들과는 사태가 더 확대될 염려가 없도록 약속하였다. 그런데 다음 날 정인홍이 임금께 아뢴 말은 조금 과격하였고, 또 심의겸이 사림들을 끌어들여서 그 위세를 조장했다는 등의 말이 덧붙여졌다. 임금이 "사림이란 어떤 사람들인가?"라고 하고 물으니, 정인홍은 사헌부 동료들과 의논해서 아뢰겠다고 하였다. 임금이 재촉하면서 "그대가 이미 말을 했으니 마땅히 스스로 알 것이다. 빨리 답을 말하라."라고 하니, 정인홍은 어찌할 바를 모르고 황급히 대답하기를 "소위 사림이란 심의겸이 윤두수, 윤근수, 정철 등 여러 사람과 서로 연합하여 그 힘을 자신의 위세로 삼고 형세를 엿보고 있습니다."라고 하였다. 이이가 정인홍이 임금께 올린 상소를 보고 말하기를 "정철은 심의겸의 붕당이 아니다. 몇 해 전에는 사림들의 주장이 과격했기 때문에 정철이 사림들의 의견이 지나치게 과감하다고 불평한 일은 있으나, 이것은 심의겸을 위한 것이 아니다. 정철은 지조 있는 선비이니 만일 심의겸과 연합하여 형세를 조장하였다고 한다면 매우 억울할 것이다. 그리고 내가 몇 해 전에 상소할 때 정철의 사람 됨됨이를 칭찬한 일이 있었는데, 지금 사헌부에서 정철을 지적하여 심의겸의 붕당이라고 한다면 나는 줏대가 없는 사람이 될 것이다. 따라서 그대는 피혐하고 정철을 위하여 조목조목 변명하시오. 그래야만 내가 벼슬자리에 있을 것이오. 그렇지 않으면 나는 마땅히 사직해야 할 것이다."라고 하니, 정인홍이 매우 어렵게 여기고 서로 한참 동안 다투다가 결국 정인홍이 뜻을 굽혀서 이이의 말을 따랐다. 정인홍이 대궐에 들어가 피혐하면서 말하기를 "정철이 비록 심의겸과의 정분이 두텁기는 하나, 윤두수 등처럼 사사로이 서로 연합하는 데까지는 이르지 않았습니다. 신이 그를 심의겸의 붕당이라고 말한 것은 큰 실수입니다. 청하옵건대, 신을 파직시켜 주십시오."라고 하니, 임금이 답하기를 "사직하지 말라."라고 하였다. 정인홍은 물러가서 조정의 공론을 기다렸다. 이이는 동료들과 더불어 정인홍을 구제해야 했었는데, 마침 남언경은 다른 일로 피혐하며 조정에 나오지 않았고, 사헌부의 장령 권극지와 지평 홍여순(洪汝諄; 1547~1609)[338]과 유몽정만이 논의에 참여하였다. 이이가 말하기를 "정철은 심의겸과 비록 정분이 두텁다고는 하나, 그 취향과 속마음이 같지 않소. 정인홍도 다만 임금의 갑작스러운 물음에 답변한 것이 사실과 서로 달랐을 뿐이었고 사사로운 뜻이 있었던 것은 아니었으니 이로써 마땅히 조정에 출사하도록 주청해야 하겠소."라고 하였다. 그러자 권극지와 홍여순이 말하기를 "정철은 심의겸과 더불어 이미 정이 두터웠고 또 심의겸이 뜻을 잃은 뒤에는 정철이 항상 분해하고 원망을 품어 불평하는 말을 많이 하였으니, 어찌 취향과 속마음이 아주 다르다고 하겠습니까."라고 하였다. 또 유몽정이 말하기를 "나는 정철을 알지는 못하고 다만 다른 사람의 말만 들었는데, 다른 사람의 말을 믿는다면 대사헌 대감만 한 분이 있겠습니까. 나는 대사헌 대감의 의견을 따르겠습니다."라고 하였다. 이에 권극지와 홍여순이 먼저 피혐하며 아뢰기를 "신 등은 정철과는 진작부터 아는 사이도 아니어서 그가 생각하는 은밀한 곳까지는 알 수 없으나, 다만 정철은 평소에 심의겸과 더불어 교분이 두터웠고, 심의겸이 조정에서 뜻을 잃은 뒤에는 늘 불평하는 뜻을 품어 말씨가 과격하기 일쑤였으니 그가 심의겸과 서로 밀접하다는 것은 이것으로도 알 수 있습니다. 사헌부 장령 정인홍은 들은 대로 전하의 묻는 말씀에 아뢰어 답한 것이며, 애당초 큰 실수도 없었기 때문에 신 등은 이런 뜻으로 조정에 출사하기를 청하려고 하였습니다. 그런데 동료 중에는 혹 '정철의 뜻이 심의겸과는 아주 다르다고 보는데, 정인홍이 아뢴 것은 사실과 다르지만 조정에 출사하기를 청한다.'라고 합니다. 정인홍의 출사를 주청하는 것은 비록 신들의 소견도 같으나 그들의 속마음은 다르므로 저희와 모양새가 맞지 않아 구차하게 같이 일을 할 수 없습니다. 청하옵건대 신 등의 파직을 명하여 주십시오."라고 하였다. 임금이 답하기를 "사직하지 말고 물러가서 조정의 공론을 기다려라."라고 하였다. 이이와 유몽정도 역시 피혐하며 아뢰기를 "정철이 심의겸과 비록 정이 두텁다고 하나, 정철은 강직하고 지조가 곧은 선비라 그 기질이나 뜻하는 바가 심의겸과는 아주 달라서 사사로운 붕당을 만들지 않습니다. 또 정철은 도량이 좁아서 남들과 잘 화합하지 못하고 구차하게 여러 사람의 의견에 따르지도 않습니다. 다만 사림들이 심의겸을 공격하였을 때 정철은 사림들이 과격하다고 생각했기 때문에 불평하는 말을 여러 번 한 것뿐이니, 이것은 심의겸을 위한 것이 아니었습니다. 사림들이 정철의 마음을 잘 알지 못하고, 그 행적만 보고 의심하는 것도 인정상 당연한 일입니다. 정인홍은 처음부터 정철을 알지 못하고, 또 그 우여곡절을 깊이 살피지 못했으면서도 전하의 갑작스러운 물음에 답변한 것이 정철과 심의겸이 서로 연합하여 사사로운 이익을 취한 것처럼 아뢰었습니다. 그 말은 비록 사실에 조금 지나쳤다고 하더라도 그 일의 정황은 단지 들은 대로 아뢰었을 따름입니다. 그 사이에 티끌만 한 사사로운 뜻도 있지 않았습니다. 그래서 조정에 출사하기를 청하려 하였더니, 권극지와 홍여순 등이 고집하기를 '정철의 속마음에는 알 수 없는 것이 있다.'라고 하며, 신 등의 의견을 따르지 않고 각각 자기 소견을 고집하여 끝내 의견이 하나로 합해지지 못했습니다. 동료를 구제할 수도 없으면서 그 직책을 그대로 수행하기 어려우니 신 등을 파직시켜 주십시오."라고 하니,

임금이 답하기를 "정철이 만일 윤두수 등과 서로 연합하였다면 그 심사를 알 만하다. 신하된 자가 어찌 감히 그렇게 하겠는가. 사직하지 말고 물러가서 조정의 공론을 기다리라."라고 하였다.

이날 사간원에서는 사헌부를 구제하려고 하였는데 의견이 통일되지 않았다. 대사간 이개, 사간 정사위(鄭士偉; 1536~1592)[339], 정언 강응성(姜應聖; ?~?), 정남숙(鄭淑男; ?~?) 등은 모두 조정에 출사시키자고 하였고, 헌납 성영(成泳; 1547~1623)[340]은 모두 다른 사람으로 교체시키자고 하였다. 강응성은 동료들의 의견이 통일되는 것을 기다리지 않고 대궐로 들어가 먼저 남언경의 출사를 청하였고, 다음 날에는 각각 자신의 소견대로 모두 피혐하였는데, 성영은 사헌부의 허물을 들추어내어 임금께 올린 글의 뜻이 매우 좋지 못하였다. 그래서 사간원은 모두 물러가 조정의 공론을 기다리고 있었고, 홍문관에서는 양사를 모두 구제하여 조정에 출사시킬 것을 주청하였다. 그러나 강응성은 사헌부에 대한 구제가 격식에 위배된다고 하였고, 성영은 사헌부의 허물을 들추어내어 기필코 교체시키려 한 일이 불가하다는 이유로 오직 두 사람만이 교체를 주청하였다. 다음 날 사간원에서 두 사람은 교체되었다. 그리고 그 자리에 헌납으로는 이준(李準; 1545~1624)[341]을, 정언으로는 윤승훈(尹承勳; 1549~1611)[342]이 임명되었다. 당시 사람들은 정철을 매우 미워하여 이이가 그를 조정의 요직에 끌어들일까 염려하여 쫓아내려고 하였다. 윤승훈은 당시 사람들의 비위에 맞추어 이 기회에 사림들에게 달라붙으려고 동료들과 의

논하면서 말하기를 "이이, 남언경, 유몽정은 모두 정철을 구제하려고 하였으니, 조정에 둘 수 없다. 마땅히 탄핵하여 사직시켜야 한다."라고 하였으나, 동료들이 따르지 않자 드디어 각각 자신들의 뜻대로 피혐하였다. 이에 윤승훈이 임금께 아뢰기를 "대체로 일을 논할 때는 옳고 그름을 분명히 해야 하고, 조정의 공론은 널리 펴야 합니다. 그러나 대사헌 이이 등은 '정철이 비록 심의겸과 정은 두터워도 그 취향과 속마음은 아주 다르다'라고 했습니다. 대체로 사람이 벗을 취하는 것은 반드시 뜻이 같고 취향이 같아야만 서로가 친하게 되는 법입니다. 이미 정이 두터웠다면 어찌 취향과 속마음이 아주 다를 수 있겠습니까. 이는 정철을 구제하려다가 잘되지 않으므로 이처럼 되지도 않는 말을 한 것입니다.

또 남언경은 옳고 그름을 가리지도 않고 모호하게 양쪽 다 옳다고 하였으며, 홍문관에서는 다만 시끄러운 우환만을 염려하여 처리하였을 뿐입니다. 또한 적절한 의론도 없이 도리어 양사 언관의 구차한 버릇만 남겼으니 어찌 옳다고 하겠습니까. 정철을 논한 일은 비록 주된 논의의 대상이 된 심의겸과는 정도의 차이가 조금 다르오나 시비가 서로 혼동되어 격동하는 조정의 공론을 막을 수 없습니다. 여기에서 바로잡지 않으면 실로 양사의 체통이 이로부터 타락되어 민심이 흩어지고, 선비의 사기가 떨어질 것입니다. 그러므로 신이 이이 등을 논죄하여 사직시키려 하였으나, 동료들이 따르지 않으니 구차하게 같이 할 수는 없습니다. 청하옵건대, 신을 파직시켜 주십시오."라고 하였다.

임금이 답하기를 "그대의 말이 망령스럽다. 정철이 만일 서로 연합하였다면 이는 신하 된 자로서 절개와 의리를 잃은 것이다. 지난번 사헌부에서 피혐할 때에 내가 그렇게 하교한 것도 진실로 이 때문이다. 다만 그 실상은 자세히 모르겠으나, 다른 사람의 본심을 논하는 데는 각각 보는 바가 있는 것이다. 그래서 옛날 어진 이도 사람을 평가할 때는 그 소견이 각각 달랐다. 오직 당시 임금의 소견이 어떠한가에 있을 뿐이다. 이이 등의 소견도 또한 일리가 있을 것인데, 대립한다고 해서 반드시 쫓아내려고 하니 이유를 모르겠다. 그대는 어떠한 사람인가. 사직하지 말라."라고 하였다. 윤승훈은 물러나 기다렸다. 사간원에서도 전원이 피혐하면서 아뢰기를 "윤승훈의 의견과 같지 않아서 서로 용납할 수 없습니다. 사직을 명하시기 바랍니다."라고 하였더니 임금은 "사직하지 말라."라고 답하였다. 이렇게 사간원이 모두 물러나와 기다리고 있었고, 사헌부에서도 역시 전원이 피혐하였다. 이이 등이 임금께 아뢰기를 "신 등은 정철을 논한 한 가지 일로 윤승훈에게 크게 비방과 배척을 받았습니다. 사람을 알기도 매우 어렵고 사람을 논하기는 진실로 더 어렵습니다. 다만 윤승훈이 말한 '정이 두터우면 뜻하는 바도 반드시 같다.'는 것은 매우 옳지 않습니다. 옛날 당나라의 한유와 유종원 사이나, 송나라의 사마광과 왕안석의 사이, 소식과 장돈의 사이는 그 정이 두텁기로 말하면 형제와 다름이 없었으나, 그들이 서로 뜻하는 바는 춘추시대의 연나라와 월나라처럼 거리가 멀었습니다.[343] 어찌 정이 두텁다고 뜻하는 것까지 같다고 할 수 있겠습니까. 하물며 지금 정철은 다른 사람들과 잘 화합하지 못하는 선비라, 심의겸과 정분의 친밀함도 위에서 말한 몇 사람들처럼 깊지도 못하고 그들이 뜻하는 바도 아주 다릅니다. 심의겸이 한창 뜻을 펼 때도 본래 그들의 붕당으로 붙은 적이 없었고, 또 심의겸이 뜻을 잃은 뒤에 정철이 불평했던 것은 젊은 사람들이 과격하여 심의겸의 동료들까지 의심했기 때문입니다. 어찌 구차하게 심의겸 한 사람을 위한 것이었겠습니까. 신 등이 비록 보잘것없는 사람이나 전하의 신하입니다. 하늘의 해가 내리비치고 있는데, 어찌 감히 정철 한 사람만을 두둔하여 전하를 속이겠습니까. 근래 조정의 사람을 탄핵하는 자들이 으레 그 동료들까지 함께 연루시키기 때문에 늘 한 사람을 탄핵하면 온 조정이 시끄러워지고 충직하고 안정된 분위기가 적어지니 이는 태평성대의 일이 아닙니다. 신 등의 탄핵은 심의겸에게 그칠 뿐이고, 정철의 뜻한 바를 논하는 데는 비록 동료들끼리 의견은 같지 않으나 큰 관계가 없어 조금도 대립할 것이 없습니다. 그런데도 이렇게 의견이 분분하여 지금껏 쉬지 않으니, 이는 신 등의 평소 언행이 남에게 신임을 받지 못하여 경멸을 받았기 때문입니다. 지금 조정의 상황을 진정시키기 어려워 그대로 재직할 수 없으니, 신 등을 파직시켜 주십시오."라고 하였다.

임금이 답하기를 "어제 윤승훈이 올린 글을 보니, 언행이 신중하지 못하고 경박한 자이므로 내가 나무랐다. 경들은 속히 직무에 나아가 마땅히 마음을 다해서 정사에 임하되 오직 공정하게 할 뿐이다. 그리고 나의 뜻을 대략 말하겠다. 대개 선하거나 간사한 두서

너 명의 신하를 죄주는 것은 임금의 한 마디 명령에 달린 것이다. 그러나 전부터 글을 올려 논하거나 또는 곁에 있는 신하들이 내 앞에서 직접 말하는 것을 내가 대답하지 않았다. 이는 반드시 나에게도 그 뜻이 있어서였다. 그래서 근래 경들이 심의겸의 파직을 청하였을 때는 '올바른 도리로서 대접하라.'고 하였을 뿐이었고, 홍문관에서 상소로써 논박했을 때는 '너희들 스스로의 신상에 관한 일이나 살펴라.'고 하였을 뿐이었다. 그리고 정철을 심의겸과 서로 연합하였다고 말하는 이가 있었을 때도 '만일 서로 연합하였다면 신하된 자로서 절개와 의리를 잃은 것이니 어찌 감히 그럴 수 있겠는가.'라고 하였다. 또 정철의 뜻을 너무 공격하여 정철을 논한 사람들의 무리에까지 파급시켰을 때에도 '그대의 말이 망령스럽다.'고 책망하였으니, 이것은 모두 내가 다 그 뜻이 있어서였다. 도대체 심의겸 한 사람을 무엇 때문에 꼭 파직시키려고 하는가. 그러한 논의를 그만하라는 나의 말을 좇는 것이 역시 좋지 않겠는가. 그러니 마땅히 나의 뜻을 알아야 할 것이다."라고 하였다.

이에 양사에서 모두 책임을 지고 물러가 조정에 출사하지 않았다. 이때 조정의 공론은 윤승훈이 한쪽 붕당에 아첨한 것을 좋지 않게 생각했기 때문에 어린아이나 하인들까지도 모두 윤승훈을 파직시켜야 한다고 여겼다. 오직 당시 사람들은 정철을 매우 미워하여 만일 윤승훈을 파직시킨다면 정철의 허물이 없어질까 염려하여, 홍문관의 논의는 윤승훈만 남겨두고 양사 관원을 모두 교체시키려고까지 하였다. 홍문관의 전한 이발과 응교 김우옹도 우물쭈물하고 옳고 그름을 분명하게 판별하지 않았고, 유몽학과 어운해 등은 윤승훈이 당연히 파직되어야 하는 것을 알지 못했다. 그리고 홍문관에서 올린 상소에서도 다만 시끄러운 폐해만을 염려하여 시비를 가리지 않고 양사를 다 조정에 출사하도록 청하였다. 임금이 괴이하게 여기고 답하기를 "상소의 내용이 틀렸다. 모호하고 분명하지 않다는 '함호含糊' 두 글자가 이 상소에 적합한 평이다. 윤승훈은 마땅히 파직시켜야 할 사람이라 조정에 출사시키자는 것은 부당하지만 우선은 너희들의 말에 따르겠다."라고 하였다. 식자들도 홍문관의 상소를 괴이하게 여기지 않는 사람이 없었다. 이이가 사람들에게 말하기를 "지금 조정의 공론이 너무 편벽되어 나의 힘으로는 바로잡지 못하겠다. 또 사람들이 나를 윤승훈과 같이 보니, 내가 어찌 조정에 있을 수 있겠는가. 또 삼사에서는 별다른 공론이 없으니, 내가 말하지 않을 수 없다. 차라리 사람들에게 내가 죄를 얻을지언정 전하께 바른말을 아뢰지 않을 수 없다."라고 하고는 대궐로 들어가 피혐하려고 하였다. 그러나 윤승훈이 먼저 들어가 아뢰기를 "신이 정철을 논한 한 가지 일은 보통의 다른 논의와 비교할 것이 못 됩니다. 옳거나 그르다고 하는 데서 현명함과 그렇지 못함이 분별되는 것입니다. 다투는 바는 비록 작으나 관련된 바는 매우 큽니다. 이이 등의 말이 옳다면 정인홍의 말이 그른 것입니다. 어찌 옳고 그름을 분별하지 않고 의아한 채로 미루어 두고서 조정의 논의를 결정하지 못 하게 하고 신하들의 마음을 얻을 수 있겠습니까. 신의 어리석은 소견은 이미 전에 진술하였으나, 지금 이이 등이 아뢴 말을 보니 당나라와 송나라의 어진 이를 들어서 비유한 것에 대해서는 신의 의혹이 더욱 심해집니다. 전하의 밝은 지혜로도 이 미천한 충심을 살피지 못하시는데 신이 어찌 함부로 어리석음을 무릅쓰고 조정에 출사하여 벼슬을 더럽히겠습니까. 청하옵건대 신을 파직시켜 주십시오."라고 하였다. 임금이 답하기를 "여러 신하의 마음을 얻는 것이 어찌 정철에 대한 논박의 얕고 깊음에 달려 있겠는가. 이이 등이 옛사람을 인용한 것은 이쪽을 들어 저쪽을 밝힌 것이지, 한유나 사마광 등에 비교한 것은 아니다. 임금이 경계하고 책망하는 것 또한 그 병통을 발견하여 약으로써 처방하는 일이니, 그 뜻이 조정을 잘 다스리고자 하는 데에 있다. 그대는 직무에 나아가 경박하게 굴지 말고 오직 근신하여 마음을 다해서 직무에 임하며 사직하지 말라."라고 하였다. 이이 등이 피혐하며 아뢰기를 "신 등이 홍문관의 상소를 보니, 옳고 그름은 분별하지 않고 다만 시끄러울 것만 염려하였기 때문에 그 내용이 모호하여 주장하는 바가 드러나지 않아 상소의 체계가 갖추어지지 못하였는데, 이런 것으로써 진정시킬 수 있다는 말은 듣지 못하였습니다. 대개 정철은 강경하고 편협하여 다른 사람을 받아들이지 못하므로, 일의 공정성을 헤아리지 않고 사림들 의논의 과격한 것만 의심하여 여러 번 불편한 말과 낯빛으로써 드러냈습니다. 사림들 역시 정철의 속뜻을 깊이 밝히지 않고 배척하기를 사실보다 지나치게 하였습니다. 만일 정철이 마음을 비우고 반성하여 원망이 없게 하고, 사림들도 정철의 행적에만 집착하지 말고 천천히 그 마음을 살폈다면 화합도 바랄 수 있었으며, 조정의 안정도 행해질 수 있었을 것입니다. 그러나 지금은 그렇지 못하여 사림들은 정철을 더욱 의심하고 있고, 정철은 불평이 더욱 심해졌으며, 또 말을 만들어 일을 일으키는 무리가 양쪽 사이를 서로 얽어매어, 서로 막히게 하고 있습니다. 상황이 이 지경에 이르렀으니, 정철도 참으로 옳지 못합니다. 그러나 정철을 가리켜 심의겸과 같은 붕당이라고 하는 것도 공론은 될 수 없습니다. 윤승훈 같은 사람이 무슨 식견이 있겠습니까. 사림들의 눈치를 보며 줏대 없이 남의 의견에 따라 움직이려는 계책에 불과합니다. 지금 비록 윤승훈을 사직시켰으나 사림의 의견이 이와 같다면 앞으로 계속하여 이 일을 문제 삼을 사람이 있을 것이니 양사가 어찌 안정될 수가 있겠습니까. 신 등을 파직시켜 사림들의 의견을 하나로 돌아가게 하는 것만 같지 못합니다. 하찮은 일로 어수선하게 사직하여 여러 날 조정을 불안하게 하였고, 어린아이 장난같이 나라의 체통을 크게 손상했으니, 이것이 어찌 신 등이 원하는 일이겠습니까. 이는 조정의 상황이 어쩔 수 없었기 때문입니다. 신 등은 황송하고 부끄러워 참으로 전하와 조정에 낯을 들 수 없으니, 속히 신 등을 파직시켜 주십시오." 라고 하였다. 이에 임금이 답하기를 "윤승훈의 의견이 진실로 옳지 못하여 경들과는 서로 비교할 것도 못 되니 속히 직무에 나아가고 사직하지는 말라."라고 하였다. 이에 양사에서는 모두 피혐하고 물러가 조정의 공론을 기다렸는데 사간원에서는 이이 등이 정철을 옹호하는 것이 심하다고 지적하였다. 홍문관에서 상소를 올리기를 "양사를 모두 조정에 출사시키고 다만 윤승훈과 이이 등 세 사람만 사직시키십시오."라고 하고 청하였더니, 임금이 답하기를 "이이 등은 별다른 허물이 없으니, 사직시킬 수 없다."라고 하였다. 대개 조정의 신하들은 이이의 말을 꺼렸고, 이이 역시 이를 피하지 않아 조정의 신하들이 이이의 사직을 청하였던 것이다.

양사는 조정에 출사하고 홍문관에서는 다시 상소를 올려 이이 등의 사직을 청하였으나 임금이 따르지 않았다. 사간원에서 아뢰기를 "윤승훈이 아뢴 글은 자신이 품은 뜻을 그대로 전달한 것이기 때문에 그 말이 매우 간절하여 상소의 형식에는 합당합니다. 이이 등은 이미 그 논박을 받았으면 마땅히 허물을 인정하고 물러가 조정의 공론이 어떠할지를 기다려야 할 것입니다. 그런데 감히 사직을 청하면서 도리어 윤승훈을 꾸짖고 배척하여 심지어는 한쪽 붕당에 달라붙었다고 하였으니, 이는 언관을 매우 업신여기고 모욕한 것입니다. 모두 서둘러 사직시키십시오."라고 하였다. 임금이 답하기를 "윤승훈의 심술은 벌써 첫 번째 사직을 청하며 올린 글에서 드러났다. 그러나 내가 노하지 않은 것은 진실로 관대한 도량에서 나온 것이다. 이이가 사헌부의 수장으로서 어찌 윤승훈을 공격하여 논할 수 없단 말인가. 홍문관에서 양사를 다 조정에 출사시키자는 상소는 모호하여 알 수도 없으며, 체계조차도 갖추어지지 못했다. 성균관 유생들이 모여 있다면서 의논하는 것이 겨우 이 정도밖에 안 되니, 이는 나라의 수치이다. 또 어제 충직한 신하를 사직시키자 하는데에 내가 놀랐다. 내가 어찌 옳고 그름을 가리지 않고 한쪽은 출사시키고 한쪽은 사직시켜서 한갓 머리만 끄덕여 유생들의 놀림감이 되겠는가. 임금이 정치하는 것은 오직 이치대로 할 뿐이다. 지금 대사헌의 사직을 청하는 것은 무슨 이치인가. 비록 한 달을 넘기면서 논하여도 사직할 만한 이유는 없을 것이다."라고 하였다.

사헌부에서 또 이이 등의 사직을 청하였으나, 임금이 허락하지 않았다. 이에 홍문관에서 전원이 대죄하며 아뢰기를 "사간원에 답하신 하교를 보니, 신 등은 부끄럽고 황송하여 몸 둘 바를 모르겠습니다. 요즘 조정의 공론은 다만 심의겸을 죄 주어 인심을 안정시키기 위해 주청하였을 뿐이고, 정철의 문제는 전하께서 물으셨으므로 답을 드리는 과정에서 우연히 발생한 것이어서 처음부터 공격하려는 뜻이 없었습니다. 그런데 양사의 의론이 분분하여 아직도 안정되지 못하여 조정의 분위기가 좋지 않으니, 참으로 안타까운 일입니다. 대개 윤승훈이 이이 등을 사직시키려고 한 것은 그가 참으로 경박하여 일을 도모하기를 좋아하는 병이 있어서 그리한 것이지만, 그가 계속 고집을 부리는 것에 대해 미리 억측만 해서는 안 될 것입니다. 이이 등의 의견은 비록 공정한 마음에서 나왔으나 민심이 공평하지 못하니 만일 윤승훈만 사직시키고 이이 등은 조정에 출사시킨다면 아마도 여론을 진정시킬 수 없을까 염려됩니다. 신 등이 윤승훈과 이이를 모두 출사시키자고 청한 것은 참으로 부득이한 사정 때문입니다. 분쟁이 대립하여 이이와 윤승훈 둘 다 온전할 수 없는 형편이 되었고, 이이가 윤승훈을 공격한 데에도 근거 없이 억측하고 지나치게 의심한 허물이 있어서 더욱 인심을 안정시킬 수 없었으므로 부득이하게 양쪽 모두 사직시키기를 청하였던 것입니다.

이는 인심을 안정시키려 한 것뿐입니다. 어찌 신 등이 원하는 것이 겠습니까. 신 등이 전하를 곁에서 모시는 신하로서 일을 당하여 사리에 어둡고 뜻이 명백하지 못하여 전하의 의심을 받아 깨끗한 조정의 수치가 되었으니, 이는 진실로 신 등의 죄이므로 홍문관의 자리에 있을 면목이 없습니다. 파직시켜 주십시오." 하였다.

임금이 답하기를 "이 글을 보니 '처음에는 공격할 의사가 없었다.'라는 것과 '조정의 분위기가 좋지 못하니 진실로 안타까운 일이다.'라는 것과 '경박하여 일을 도모하는 것을 좋아한다.'라고 한 말들은 모두 옳다. 그래서 윤승훈만 사직시켜 진정시킬 계책을 모색했던 것이다. 윤승훈도 나의 도량으로 품어서 그 마음을 반성하게 하면 다른 날에 충직한 신하가 되지 못할 이유도 없을 것이다. 무슨 이유로 이이 등까지 사직시켜 나랏일을 수행하지 못 하게 하려고 하는가. 또 이이 등의 사직이 어떤 이익이 있는지 나는 모르겠다. 그러니 내가 그대들을 의심하지 않게 하는 것이 가능하겠는가. 그러므로 내가 그렇게 말한 것이다. 그러나 이것도 우연히 나온 말이니 사직하지 말고 공정한 마음으로써 직분을 다하여라."라고 하였다.

사헌부에서 또 아뢰기를 "전하께서 이이 등에 대하여 다른 사람의 말을 듣고 흔들리지 않으시려는 뜻은 지극하십니다. 그러나 홍문관과 사간원에 대해서는 오히려 엄하게 꾸짖으셨으나 온당하지 못한 말씀이 많으셨습니다. 이는 너그럽게 용서하시고 직언을 받아들이시는 도리에 크게 손상되었으므로, 인심을 진정시키기 어려울 뿐만 아니라 오히려 이이 등에게 진퇴양난에 빠져 몸 둘 곳이 없게 만들었습니다. 양사 대간의 자리는 조금이라도 말썽이 있으면 그대로 재직할 수 없음이 이미 관례처럼 되어 있으니, 빨리 사직시키십시오."라고 하니, 임금이 답하기를 "정철의 속마음을 논하는 것은 그만두는 것이 옳지만 감히 자기주장만 옳다고 내세우며 이이 등을 몰아내려고 하니, 이는 무슨 심사인가. 충직한 신하가 경박한 무리에 의해서 쫓겨남을 당해도 내가 만일 그들 본심을 들추어내어 분명히 타일러 책망하지 않고 오직 고개만 끄덕인다면 이는 소위 사리에 어두운 임금이니, 이는 너희들도 원하는 바가 아닐 것이다. 양사의 대간은 조금이라도 다른 사람과 말썽이 있으면 그대로 재직하지 못한다고 했는데, 이것 또한 그렇지 않은 점이 있다. 이른바 다른 사람의 말이란 오직 이치에 타당한지만 확인할 뿐이다. 다른 사람의 말이 이치에 맞지 않는다면 백 사람이 공격한다고 해도 재직하지 못할 이유가 무엇인가. 그리고 또 관례를 말하는데 그 관례에 무슨 이치가 담겨 있겠는가. 그대들이 지금 조정을 위하여 세울 계책으로는 속히 이이 등을 조정에 출사시키기를 청하여 그들과 함께 정성과 힘을 합하여 나랏일에 마음을 다하는 것이 가장 좋은 계책이다. 그렇지 않으면 반드시 나의 의심을 사게 되어 장차 좋지 못한 일이 있을 것이니 조심하라."라고 하였다.

사헌부에서 또 아뢰기를 "사림들을 안정시켜 조정의 정사를 함께 이루는 것이 신 등의 본뜻이기 때문에 이이 등과 함께 조정에 출사하여 서로 용납하려 하였는데, 윤승훈의 옳고 그름을 논변한 뒤로 서로 사직하며 피험해서 조정이 이 지경이 되었습니다. 이이 등이 윤승훈을 배척한 것이 너무 지나쳐서 지금 조정의 상황을 과격하게 하였으니, 신 등이 이이 등의 사직을 청한 것도 마지못해서 그렇게 한 것입니다. 어찌 자기 소견만 옳다고 하여 억지로 공격하여 내몰려고 한 것이겠습니까. 양사의 대관이 논박을 받았다면 형편상 직무를 수행하기 어려우니, 청하옵건대 다시 심사숙고하여 사직시키십시오."라고 하였다. 이에 임금은 이이 등을 사직시키고, 정지연을 사헌부 대사헌으로 삼았다. 이때 충청도 신창 현감의 자리가 비게 되자 임금은 특명으로 윤승훈을 신창 현감으로 보냈는데, 이때 임금의 식견이 탁월하여 당시의 사림들이 임금의 뜻에 모두 미치지 못하였다.

이이가 대사헌 자리에서 물러나자, 조정의 공론은 사림들이 지나치다고 하였다. 안민학이 큰 소리로 말하기를 "윤승훈이란 자가 어떤 사람인데 감히 사림을 공격한단 말인가."라고 하였다. 이이는 사림들이 모두 식견이 없음을 보고 우울해하며 즐거워하지 않으니, 이발과 김우옹 등이 부끄러워하며 사과하였다. 이이가 성혼에게 말하기를 "적절한 의리로 말한다면 사림들이 나를 윤승훈과 같이 보니 물러나는 것이 옳다."라고 하니, 성혼이 대답하기를 "사림들이 모두 사과를 했고 실제로 그대를 공격할 생각이 없는데 어찌 쉽게 물러난다고 하는가."라고 하였다. 이이가 말하기를 "동서붕당의 분쟁이 지금까지 그치지 않으므로 내 생각으로는 동서붕당을 타파하여 사림을 안정시키려고 하였다. 그러나 사림들이 자기 소견만 옳다고 하며 차라리 나랏일을 그르치더라도 동인이 이겨야 한다고 생각하고, 김우옹과 이발 등은 양쪽 사이에서 우물쭈물하면서 사람들에게도 거슬리지 않고 나 또한 버리지 않으려고 하니 괴롭다. 내가 만일 물러나면 조정의 정사는 더욱 무너지고 갈라질 것 같아서 남몰래 참으면서 떠나지 못했을 뿐이었다."라고 하였다.

윤승훈이 지방 외직으로 나가게 되자, 사간원에서는 그를 조정에 머물러 있기를 청하려 하였으나, 마침 정인홍이 경연에서 윤승훈의 그릇됨을 지적하였기 때문에 사간원에서도 감히 말을 꺼내지 못하였다. 뒷날 이이가 입궐했을 때 임금에게 아뢰기를 "지난번에 소신이 말을 조심하지 못하여 전하께서 삼사에 답하신 글에 송구한 점이 많이 있었고, 또 삼사를 가벼이 본 것처럼 되었으니, 소신이 꾸짖음을 받고서야 마음이 편해졌습니다. 신의 성품이 어리석고 곧아서 인정과 세상 물정을 자세히 살피지 못하고 윤승훈의 말이 조정 공론에 부합한 것 같기에 가볍게 지적하여 말하였습니다. 그렇게 한 것이 인제 와서 조정에서 불평하니 신의 말이 실수인 듯합니다. 윤승훈의 말도 진실로 잘못되었으나. 다만 일의 옳고 그름을 말하는 신하를 너무 지나치게 꺾지 말아야 할 것입니다. 전하께서 특명으로 윤승훈을 외직에 보내시니, 전하의 위엄이 천둥벼락보다 더 무섭습니다. 그러나 이 일이 사방에 전해지면, 듣는 사람들은 그 연유를 모르고 다만 말 때문에 벌을 받았다고 여길 것이니, 직언하는 선비의 기상이 꺾이게 될까 염려됩니다."라고 하였다. 임금이 이르기를 "전날의 하교는 그대를 위해서가 아니라 다만 사리 판단에 따라 말한 것뿐이다. 윤승훈 같이 젊은 관원이 잠시 외직에 나가 백성을 다스린들 무엇이 해롭겠는가. 만약 나를 가리켜 사리 판단의 합당함을 얻지 못했다고 말한다면 옳을 것이나, 단지 윤승훈을 외직에 보낸 것이 그르다고 여긴다면 이는 적절한 논의가 아니다. 비록 일을 도모하기를 좋아하는 사람이라도 만일 말한 것이 옳지 않으면 어찌 지적하지 않을 수 있겠는가."라고 하였다.

사간원 정언 정숙남(鄭叔男; ?~?)이 아뢰기를 "이이의 말은 참으로 공정한 마음에서 나왔습니다. 윤승훈을 외직으로 내보낸 데 대하여 조정에서는 안타까운 일이라고 생각합니다."라고 하니, 임금이 답하기를 "말이 나왔으니 내가 분명히 말하겠다. 윤승훈을 꼭 외직으로 내보낼 것도 아니었으나 사간원의 말이 윤승훈을 너무 추켜세워서 '말이 매우 간절하다.' 하였으므로, 내가 만일 윤승훈의 일을 억제하지 않는다면 또 다른 논란이 일어날까 염려하여 외직으로 보내어 조정의 공론을 진정시킨 것이다."라고 하였다. 이때 유몽학, 김우옹, 이영(李嶸; 1560~1582)[344] 등이 이이를 만나서 지금 조정의 일을 논하다가 유몽학이 말하기를 "윤승훈이 당시 동인들의 비위에 맞추어 움직이는 상황을 미리 알 수는 없는 일이니, 그대의 말이 지나쳤다. 당시 윤승훈이 그대를 공격하는데 그대 또한 그를 지목하고 배척하면서 피혐하지 않았는가."라고 하였다. 또 이영이 말하기를 "윤승훈이 동인들의 비위에 맞추어 움직이는 상황을 사리 분별이 없는 사람이라면 보지 못하겠지만 만일 조금이라도 헤아릴 수 있는 사람이라면 어찌 보지 못할 리가 있겠습니까. 이렇게 아부하는 윤승훈을 사림들이 그르다고 하지 않고 도리어 그 상황을 조장하여 군자 같은 대감을 공격하니 이것이 무슨 도리입니까.”라고 하였다. 이이가 말하기를 “윤승훈은 지금 조정 상황 때문에 동인에게 아부한 것이다. 만일 삼사에서 그가 옳지 못한 점을 말했다면 내가 나서지 않았겠지만, 지금 삼사에서는 모두 윤승훈을 칭찬하니, 이는 한 나라에 공론이 없는 것이다. 나도 사간원의 언관인데 어찌 말하지 않을 수 있겠는가. 또 나랏일을 위해서는 사직하기도 역시 어려운 일이다. 옛날에 송나라 간신 윤색尹穡이 장준張浚을 공격하였을 때³⁴⁵⁾ 장준은 윤색을 가리켜 간사하다고 하였는데, 그렇다면 장준도 그르다고 할 수 있겠는가.”라고 하니 유몽학은 변명하느라고 말이 많았고, 김우옹은 부끄러운 낯빛을 하고는 말하지 않았다. 이이가 말하기를 “이 일이 나랏일에 무슨 상관이 있기에 이 지경이 되도록 시끄럽단 말인가.”라고 하니, 김우옹이 말하기를 “지금 사림들은 이런 것을 나랏일로 생각한다.”라고 하였다. 한창 삼사에서 이이를 공격하였을 때 박순은 탄식하여 말하기를 “젊은 사림들이 식견이 없다. 이이 같은 사람은 유학자의 수장이 될 만한 사람이다. 사림들이 그의 명을 따라야 할 것인데 아무 상관 없는 일로 이렇게까지 논쟁하여 나랏일을 외면해 버리니, ‘사슴을 쫓느라고 태산을 보지 못한다.’라고 말할 수 있다.”라고 하였다. 또 박순은 안민학에게 다시는 임금께 탄핵하는 말을 아뢰지 않도록 정인홍을 말리라고 하였다. 이에 안민학이 말하기를 “나는 정인홍이 산림에 은거한 유학자인 줄 알았더니 인제 보니 괴이하고 귀신 같은 무리였구나.”라

고 하고는 결국 다시 보지 않았다. 이기(李墍; 1522~1600)가 사간원 대
사간이 되었는데 어떤 이가 묻기를 "왜 대사헌 이이를 사직시켰는
가."라고 하니, 이기가 답하기를 "나는 모른다. 동료들의 의견이 너
무 과격하였다. 나는 모른다."라고 하자, 듣는 이들이 웃었다.

　　정3품 첨지중추부사 정철이 벼슬을 버리고 고향으로 돌아갔
다. 정철은 사림들이 장세량의 옥사를 일으키자 마음속으로 항상
불만을 품고 여러 번 불편한 말과 낯빛으로 그 심사를 나타내었다,
또 술 마시기를 좋아하여 취한 뒤에는 사림들의 단점을 많이 말하
였으므로 사림들이 더욱 불편하게 생각하였다. 한때는 이발과 취중
에 서로 헐뜯다가 교분이 끊어졌었는데, 사림들이 정철을 배척하였
기 때문에 고향으로 돌아가 버린 것이다. 이이가 강가에 나가 송별
하면서 조심하여 몸조리하고 술을 끊도록 권하니, 정철은 이발의
속마음은 믿지 못할 것이라고 조언하였다. 이이가 말하기를 "그대
의 소견이 너무 편벽하다. 이발이 식견은 밝지 못하나 그 마음은 선
량하다."라고 하니, 정철은 머리를 흔들면서 "아니다. 아니다. 정인
홍의 마음은 공명정대하다. 비록 나를 논핵하여 멀리 귀양 보냈더
라도 만일 길에서 그를 만나면 내가 술을 한 잔 같이 마실 것이다."
라고 하였다. 정철은 또 말하기를 "사림들은 나를 전혀 모른다. 만
일 조정에서 물러나게 된다면 내가 어찌 있는 힘을 다하여 서로 구
하지 않겠는가. 참으로 사림들은 나를 전혀 모른다."라고 하였다.
정철이 고향으로 돌아가는 데 따라가서 송별하는 친구가 없었고,

고관대작으로는 단지 이이와 이해수만이 송별하는 자리에 있었다. 이해수는 말이 적은 사람이었는데 이이가 농담으로 말하기를 "정철의 강직함과 이해수의 과묵함을 보탠다면 통하지 않을 곳이 없을 것이다."라고 하였다. 이이는 매번 사람들에게 말하기를 "정철은 강직하고 충성과 절개가 있는 선비이다. 마음이 너그럽지 못하고 소견이 좁은 병통이 있으나 그 사람은 버릴 수 없다."라고 하니, 많은 사림이 그렇지 않다고 하였다. 하루는 임금이 곁에 있는 신하들에게 이르기를 "정철의 사람 됨됨이를 내가 알지 못하나, 다만 정철이 전에 승정원 승지가 되었을 때 대략 그 행적을 보니 성품이 곧고 깨끗한 사람으로 나랏일에 마음을 다하였다."라고 하고는, 박순을 돌아보면서 "나는 정철이 재주가 있다고 여기는데 영의정은 아는가?"라고 물었다. 박순이 말하기를 "정철은 과연 재주가 있습니다."라고 하니, 임금이 이르기를 "내가 정철의 그 편벽된 점을 보고 반드시 다른 사람과 화합하지 못할 것이라 여겼더니, 과연 그렇다. 만일 정철을 소인배라고 한다면 그것은 내가 인정하지 못할 것이다."라고 하니, 박순이 아뢰기를 "전하께서 정철을 깊게 알고 계십니다. 사람 알아보기를 언제나 이처럼 하시면 조정의 선비로서 누가 전하를 충심으로 따르지 않겠습니까?"라고 하였다.

성혼에게 명하여 경연에 들어오라고 하였다. 성혼은 세 번이나 상소하여 굳이 사양했으나, 임금이 윤허하지 않았다.

사헌부 장령 정인홍이 휴가를 얻어 고향으로 돌아갔다. 정인홍은 곧은 기개가 있었으나 너그러운 도량이 없어 일을 처리할 때 두루 마음을 쓰지 못하였으므로 선비들이 인정하지 않자, 마음이 불안하여 고향으로 돌아갔다. 안민학이 어떤 사람에게 말하기를 "지금 동인은 조정의 의론을 주재하면서 옳고 그름과 어짊과 어리석음 등 사람 됨됨이는 묻지 않고, 심의겸을 배척하는 자는 군자라 말하고 조금이라도 심의겸을 구하려는 자는 소인이라 하므로 그 틈을 타서 동인에 붙으려는 자가 앞다투어 일어난다. 정인홍은 초야의 선비로 조정에 들어와서 한때의 높은 명망을 지녔으면서도 백성을 구제하고 세상을 다스릴 계책에는 힘을 쓰지 않고, 동인의 기세를 돕는 데 급급하게 힘을 썼으니 동인들에게는 그 공로가 크고 명망도 높을 것이다. 그러나 세상을 등진 초야의 선비들에게는 큰 수치이다. 참으로 애석하다."라고 하였다. 이이가 말하기를 "정인홍은 강직하나 계책이 넓지 못하고 학식이 밝지 못하니 군사를 부리는 데 비유하자면 선봉대장으로나 쓰여질 것이다."라고 하였다.

이이를 사간원 대사간으로 삼았다.

1581년 9월

좌의정 노수신이 모친상으로 벼슬을 그만두었다.

사간원 대사간 이이는 상소를 올리고 사직하였는데 그 상소의 내용은 "지금 조정의 급한 일은 붕당을 타파하고 사림들을 화합시키는 데에 있습니다. 그런데 신이 화합시키지 못하니, 청하옵건대 요직이 아닌 일반 관직에서 충성을 다하고자 합니다."라고 하니, 임금은 답하기를 "경의 뜻은 다 알았으니, 사직하지 말고 직분을 다하라."라고 하였다. 이이는 끝내 병을 핑계로 사직하였다.

정유길을 우의정으로 삼았다. 이때 강사상은 병으로 교체되어 정1품 영중추부사가 되었고, 노수신이 모친상을 당하여 우의정과 좌의정의 자리가 모두 비었기 때문에 정유길을 정승으로 삼은 것이다. 정유길은 전에 이량이 권력을 쥐고 있을 때 꿋꿋이 자기주장을 펴지 못하고 끌려다녔던 허물이 있었으므로 사림들이 가볍게 생각했는데, 이때 정승이 되자 조정의 공론이 옳게 여기지 않았다. 젊은 사림들은 이문형이 동인에 붙었기 때문에 이문형을 정승으로 삼으려고 하였다. 이때 박소립 역시 정승 물망에 올라 있었다. 그러나 이문형은 간사하였고, 박소립은 어리석고 나약하였다. 이이가 박순에게 말하기를 "간사한 이문형과 어리석은 박소립이 만일 정승이 된다면 후일 어찌 박순 대감께서 비웃음을 감당하겠습니까. 정유길이 비록 허물은 있으나 특별난 재주와 풍채가 있어서 사람들이 추천하는 사람보다는 나으니 정유길을 지키는 것이 나으며, 다음 후보로는 김귀영이지만 탐욕스러워 인품이 정유길보다 못합니다."라고 하니, 박순도 그렇게 여겼다. 이이가 정유길을 지키고자 한 것은 그를 대신할 후보를 선택하기 어려웠기 때문이다. 지금 사람들은 나라의 큰 계획을 몰랐고 또 이문형을 정승에 앉히기 위하여 반드시 정유길을 탄핵하여 쫓아내려고만 하였다. 이때 사헌부 대사헌 정지연은 휴가를 얻어 성묘를 갔고, 장령 정인홍도 고향으로 내려 갔으며, 지평 최영경와 정구는 한양에 올라오지 않았다. 오직 집의 정사위와 장령 이뇌(李輅; 1536~1614)[346]만이 조정에 있었는데, 두 사람은 다 변변치 못하여 자기주장을 펴지 못하고 사림들이 시키는 대로 하는 자들이었다. 사림들이 두 사람에게 정유길을 탄핵하게 하였더니, 사헌부에서 먼저 의견을 내어 정유길은 권세가에 아부하여 추잡하기 이를 데 없는 자라고 비방하여 사직시키기를 청하였다. 또 사간원에서도 이를 따라서 의견을 내려 하자, 대사간 이이가 말하기를 "지금 대궐 안팎에서 두루 사람을 찾아 적당한 인물을 얻으려 하면 정유길은 참으로 정승 되기에 적합하지 않지만 지금 대신 중에서 구한다면 정유길만 한 자가 없다. 만약 탄핵하여 사직시키고 부족한 자로서 그 자리를 대신하게 한다면 변변치 못한 자로서 뛰어난 사람과 바꾸는 격이니, 이는 정치를 하는 요령이 아니다. 논하지 않는 것만 못하다."라고 하였으나, 동료들이 고집하였다. 이이는 동료들을 막지 못하고 이에 임금께 아뢸 글을 작성하기를 "정유길은 예전에 실로 씻지 못할 허물이 있으므로 그에게 재상의 자리가 적당하지 못한 것을 누가 모르겠습니까. 다만 선대왕 때부터 전하까지 네 분의 임금을 모신 신하로서 특별난 재주와 풍채가 있으므로 신 등이 그를 아껴 감히 가벼이 논하지 않았습니다. 그러나

이 일이 거론되지 않았더라면 모르겠지만, 지금 이미 조정의 공론에 거론되어 한창 과격해지고 있습니다. 삼정승은 일반 신하들과는 달라서 한번 남의 입에 오르내리면 뻔뻔하게 관직에 임할 수 없습니다. 그 상태에서 문무백관을 거느리게 되면 조정의 체통이 떨어지고 기강이 더욱 해이해지게 됩니다. 청하옵건대 조정의 공론을 따르셔서 바르게 고쳐주십시오."라고 하였으나, 임금은 윤허하지 않았다.

사간원의 상소가 임금께 올라가자, 조정의 공론은 "사간원에서 아뢴 글에서 정유길을 옹호하는 내용은 적절하지 못하다."라고 하면서 소란스러운 논쟁이 그치지 않았다. 사간원에서는 이 때문에 피혐하고 물러가 공론을 기다렸다. 그때 이이는 벌써 병으로 세 번이나 사직을 청하여 교체되었고, 홍문관에서 사간원을 사직시키기를 청하자, 임금이 답하기를 "이렇게 인재가 부족한 때에 정유길 같은 사람을 어찌 쉽게 얻을 수 있겠는가. 어떤 사람은 묵은 이를 구한다고 하였으니, 이는 우의정을 두고 한 말일 것이다. 사간원이 아뢴 글은 충성이 두터운 윗사람의 글인데 도리어 옹호하였다고 지적하는 것이 옳겠는가. 그러나 이미 논박을 당했으니 형편상 사직시키지 않을 수 없으므로 허락한다."라고 하였다. 이때 사헌부에서도 사직을 잘못 청하였다고 피혐하였다. 대개 삼정승이 처음 임명될 때 논박하려면 먼저 바르게 고쳐서 처리하기를 청해야 하는데 만일 사직만 시킨다면 그래도 정1품 대광보국숭록대부의 품계는 그대로 남는다. 그러므로 사간원에서 정유길을 사직시키려는 것을 조정 공론이 흔쾌히 여기지 않았는데, 사헌부에서 이를 듣고 피혐하니 그 실수가 사간원보다도 더 심하였다. 그런데도 홍문관에서는 사간원의 출사를 청하였으므로, 식자들은 홍문관의 치우친 처사를 비웃었다.

사헌부 지평 최영경은 상소를 올려 사직하고 한양에 올라오지 않았다. 상소의 내용은 "지금 조정의 방향이 정해지지 못하였고 공론이 행해지지도 못하여, 붕당의 치우침은 풍습이 되었고 조정의 기강은 날로 타락하고 있습니다. 그러니 전하의 밝으심으로써 그 기미를 밝히시고 위엄으로써 진정시키어 붕당의 무리가 방자하게 굴지 못 하게 해야 하는데, 전하를 돕지 못한 책임이 양사의 대관에게 있습니다. 비록 옛 성인이 이런 자리에 있어도 오히려 그 책임을 다하기 어려운데, 신같이 우둔하고 무식한 자가 어찌 감당할 수 있겠습니까."라고 하였다. 최영경이 누구를 가리켜 붕당이라 하는지 사람들은 그의 의향을 잘 몰랐다. 이때 최영경의 친구인 기대정은 학식도 없으면서 객기를 숭상하던 인물로, 그의 의견이 매우 편벽되었는데도 최영경은 그 말을 믿었다. 성혼이 이이에게 말하기를 "최영경의 상소가 어떠한가. 그 사람이 올라오면 지금 조정에 유익하겠는가."라고 하니, 이이는 웃으면서 말하기를 "단지 한갓 객기높은 기대정을 보태는 데 불과할 것이다."라고 하였다. 최영경은 학식이 부족하면서 다만 절개만 숭상하기 때문에 이이가 이렇게 말한 것이다.

임금의 특명으로 구봉령을 사헌부 대사헌으로 삼았다. 구봉령은 재주와 기질이 있어 사림들이 기대하는 바가 있었으나 오랫동안 정3품 아래 하대부의 반열에 머물더니, 이때 이르러 특별히 임명되었으므로 조정의 공론이 만족해하였다.

사헌부 지평 정구가 상소를 올리고 사직했으나 임금이 윤허하지 않더니, 얼마 안 되어 다른 일 때문에 사직하였다. 정구는 고을을 다스릴 때 어진 정치를 행하였다는 명성이 드러나 그 다스림의 행적으로 품계가 올라 사헌부 관원이 되었는데, 미처 사헌부에 임명되기 전부터 사람들이 그를 높이 흠모하였다.

사간원 대사간 김우굉이 사사로운 일 때문에 사직하였다. 형조정랑 어운해를 탄핵하여 파직시켰는데 김우굉도 얼마 뒤에 탄핵을 받고 파직되었다. 김우굉은 일찍이 곽사원(郭嗣元; ?~?)과 토지에 관한 문제로 송사를 벌려 한 해를 넘기게 되었다. 이때 김우굉에게 협력하는 사대부가 많았으나 결국에는 송사에서 이기지 못하였다. 이에 깊이 원한을 품고 있었는데 형조참의가 되자 곽사원에게 죄를 주려고 하였으나, 형조정랑 어운해가 따르지 않으니 김우굉이 원한을 품었다. 얼마 되지 않아 김우굉이 사간원 대사간이 되자, 어운해가 어떤 사람에게 말하기를 "김우굉이 형조에 있을 때 사사로운 원한으로 사람을 죄 주려 한 일이 있다."라고 하니, 김우굉이 듣고는 크게 노하여 대궐로 나아가 스스로 자신의 죄를 고하면서 아뢰기를

"형조정랑 어운해는 상관을 능멸하여 손발을 꼼짝 못 하게 하오니, 이것은 신이 다른 사람에게 멸시를 당하여 그런 것이니, 이는 제가 자초한 것입니다. 청하옵건대 신을 파직시켜주십시오."라고 하니, 임금이 대답하기를 "아랫사람이 윗사람을 능멸한 것은 기강이 없는 것이다."라고 하고 어운해를 파직시켰다. 어운해는 사람 됨됨이가 공손하고 미더워 윗사람을 범할 사람이 아니었는데, 김우굉이 사적인 원한으로 공격하여 감히 임금을 속이자 사림들이 더럽게 여겼다. 얼마 뒤에 사간원에서 김우굉을 탄핵하여 사직시켰다.

1581년 10월

호조판서 박대립이 병으로 사직하였다. 임금이 묻기를 "호조에 적임자를 얻지 못했으니, 윤현 같이 직책을 다하는 사람이 있으면 진급 순서의 높고 낮음을 묻지 말고 추천하는 것이 좋겠다."라고 하니, 대신들이 이이를 으뜸으로 추천하여 곧 호조판서가 되었다. 이헌국이 어떤 사람에게 말하기를 "이이가 승진되었으니 축하할 일이지만 임금께서는 윤현과 같은 인물을 얻고자 하셨는데 대신들이 이이를 추천하였으니, 후세 사람들이 반드시 이이의 인품이 낮은 것으로 의심할 것이다."라고 하니 듣는 사람이 웃었다. 윤현은 도량이 적은 사람이었기 때문에 이헌국이 이렇게 말한 것이다.

양사에서 정유길을 논박하기를 그치지 않았으므로 임금이 영의정 박순에게 묻기를 "좌우 정승의 자리가 모두 비어 있으니 어떻게 처리해야 하겠는가?"라고 하니, 박순이 아뢰기를 "대신의 지위로 논박을 당하고서는 관직에 임하기 어렵습니다."라고 하였다. 이에 임금은 정유길을 사직시키고 다른 재상감을 구하였는데, 김귀영을 우의정으로 삼고 정지연을 이조판서로 삼았다.

신축일[10월10일] 비바람이 불고 낮이 어둡더니 천둥과 번개가 여름철보다도 심했다. 병오일[10월15일]에 임금이 천재지변으로 인하여 삼정승을 비롯한 대신들에게 두루 직언을 구하였다. 이때 입시한 대신들은 영의정 박순, 병조판서 유전, 형조판서 강섬, 한성부윤 임열(任說; 1510~1591)[347], 좌찬성 심수경(沈守慶; 1516~1599)[348], 우찬성 이문형, 공조판서 황림, 예조판서 이양원, 이조판서 정지연, 호조판서 이이, 도승지 이우직, 대사헌 구봉령, 부제학 유성룡 등이었다. 여러 신하가 자리에 앉자 임금은 좌우를 돌아보면서 이르기를 "천재지변이 예사롭지 않으니 어떻게 대처해야 하겠는가?"라고 하니, 좌우에서 차례대로 각자 생각한 계책을 진술하였는데, 모두 변변치 않아서 취할 것이 없었고, 오직 이이와 유성룡이 아뢴 계책만이 정치하는 핵심을 말하였다.

이이의 말에 "하늘의 도가 아득하고 멀어 진실로 헤아리기 어렵습니다. 다만 옛 역사로써 살펴본다면 다스림의 형세가 이미 결정되어 버리면 별다른 천재지변이 없습니다. 천재지변은 반드시 태평성대와 혼란할 때 일어나기 때문에 비록 어진 임금이라고 해도 천재지변을 피하지 못하는 것입니다. 만약 천재지변으로 인하여 마음을 가다듬고 조심하여 반성한다면 천재지변은 도리어 상서로운 일로 변하는 것입니다. 대개 하늘의 마음은 자애로워 임금에게 깨우치고 반성하게 하여 태평성대를 일으키게 하고자 한 것입니다. 만일 천재지변에 응하기를 참된 마음으로써 하지 않으면 나라는 이로 인하여 어지러워지고 망하는 것입니다. 이런 일은 과거 역사에서 자주 볼 수 있습니다. 예로부터 나라를 세운 지가 오래되면 점점 법률과 제도의 폐단이 생기고 민심이 해이해집니다. 그런데 이때 어진 임금이 일어나서 타락된 것을 말끔히 제거하고 그 정치를 고쳐야만 나라의 기세가 떨쳐 일어나 운명이 새롭게 바뀌게 됩니다. 그렇지 않으면 나라의 운명이 쇠퇴하여 구제할 수 없는 지경까지 이르는 것이니, 이런 현상은 흔히 볼 수 있습니다. 우리나라는 건국한 지 거의 2백 년이라, 이는 번창하던 나라가 중간에 쇠퇴하는 시기입니다. 권력을 쥔 간신배들이 조정을 어지럽혀 사화를 많이 겪었고, 지금에 이르러서는 마치 노인처럼 원기가 다 떨어져 다시 일어나지 못하는 것과 같습니다. 다행히 전하 같은 성군께서 나타나셨으니, 이는 태평성대가 올 수도 있고, 혼란한 세상이 올 수도 있는 기미입니다. 만일 이때 분발하여 떨쳐 일어나면 동방 억만 년의 무한한 복이 될 것이며, 그렇지 못하면 장차 무너지고 위축되어 구하지 못할 것입니다. 신이 생각하건대, 과거에 권력을 쥔 간신배들이 일을 꾸밀 적에도 오히려 나라는 유지하였습니다. 지금 안으로는 전하께서 덕을 잃으신 적이 없고, 밖으로는 학문하는 신하들이 포진하고 있으니, 예로부터 지금 같은 때가 드물었습니다. 그런데도 천재지변이 이렇게까지 일어나니, 신은 전하께서 정치하시는 데 있어서 혹 미진한 점이 있지 않으신가 의심됩니다. 대개 임금이 장차 잘 다스리려고 하면 반드시 마음을 원대하게 가져 속된 논의에 구애됨이 없이 하은주 삼대를 목적으로 하고, 반드시 실학에 힘써서 몸소 실천하고 마음으로 깨달아 전하의 한 몸을 한 시대의 표준으로 삼아야 합니다. 그러나 만일 그것을 정사에 베풀지 않으면 실속 없이 착하기만 할 뿐입니다. 이렇게 몸을 닦고 나서는 반드시 널리 어진 인재를 구하여 관직에 임명하고 그들이 각각 그 직분을 다하게 하고 그들의 말을 듣고 좇아야만 그들도 직무에 매진하여 공적을 이룰 수 있을 것입니다. 또 임금은 반드시 지금의 폐단을 알아야만 한 시대의 태평성대를 일으킬 수 있습니다. 이는 마치 의원이 반드시 병의 근원을 알아야만 병에 맞는 약을 쓸 수 있는 것과 같습니다. 지금의 대소신료들은 모두 자기 한 몸만 생각하고 직분에 충실하지 않아 한 사람도 나라를 위해 힘써 일하는 사람이 없습니다. 전하께서 비록 혼자 부지런히 걱정하시지만, 백성들은 그 은혜를 받지 못하며 세상의 올바른 도리는 물이 아래로만 내려가듯이 낮아지고 있습니다. 사림으로서 더러 전하의 명철함을 믿고 할 말을 다하는 이가 있는가 하면 그중에는 평탄하지 못한 마음으로 서로 의심하고 막는 자도 있습니다. 지금의 폐단은 참으로 하나하나 거론하기 어려우나 대개 병의 근원은 어진 인재에게 일을 맡기지 못하는 데 있습니다. 반드시 한 시대의 인재를 잘 헤아려서 어진 이를 뽑아 책임을 맡기고 정성을 다하게 하여야 할 것입니다. 지금 내실이 있는 정치는 하지 않으시면서 한갓 천재지변이 없기만을 바라서야 되겠습니까. 전하께서는 천재지변을 당하시거든 반드시 지혜를 발휘하여 전례를 따르려는 생각에 얽매이지 말며, 그 공적이 선대왕들에게 빛나고 후대에 전해질 것을 생각하신다면 매우 다행이겠습니다. 대개 경연관이 아뢴 내용은 처음부터 심사숙고하여 건의한것이 아니고 우연히 아뢴 것이므로, 비록 채택되거나 시행한다 하더라도 실효가 없어서 전하께서는 그들을 데리고 정치할 만한 사람이 없다고 생각하실 것입니다. 이것은 진실로 그렇긴 합니다. 하지만 신에게 폐단을 개혁할 계책이 하나 있습니다. 청하옵건대 대신들에게 상의하게 하여 임시로 경제사經濟司를 설치하고 대신들에게 총괄하게 하십시오. 그리고 사림 중에서 지금 조정의 상황에 밝게 통달하고 나랏일에 뜻을 둔 이를 뽑아서, 그들이 건의하는 말이 있으면 경제사에 명을 내려 시행할 것인지 그렇지 않을 것인지를 상의해서 폐단의 정치를 개혁하게 하면 하늘의 마음을 돌이킬 수 있을 것입니다. 지금 비록 공자나 맹자가 좌우에 있다고 하더라도 시행하는 바가 없으면 무슨 보탬이 되겠습니까. 경제사의 설치라면 현실로서는 생소한 느낌이나 이렇게 하지 않으면 나랏일을 어찌해볼 수가 없어서 점점 침체하기만 할 것입니다."라고 하였다.

그러자 임금이 이르기를 "경제사를 설치한다면 뒤에 반드시 폐단이 생길 것이다. 우리나라에서 모든 정사를 육조가 나누어 관장하는 것은 뜻이 있는 것이다."라고 하였다. 대사헌 구봉령은 나와서 성균관 유생들이 글은 읽지 않고 빈말만 숭상하는 폐단을 아뢰었다. 이에 대해 이이가 아뢰기를 "성균관 유생의 폐단은 유생을 꾸짖어야 할 것이지 전하께 아뢸 일은 아닙니다. 다만 전하께서 벌써 유생의 폐단을 알고 계시니 마땅히 가르치고 이끌어서 올바른 방향으로 나아가게 할 계책을 생각하시어 모범이 될 만한 사람을 뽑아 성균관을 맡기는 것이 옳습니다. 지금 유생들을 교화시키려면 반드시 어진 선현을 높이 장려하시어 후학이 모범으로 삼을 데가 있게 해야 할 것입니다. 그런데 전하께서는 매번 이 일을 어렵게 여기십니다. 근래 어진 이를 모두 성균관 문묘에 배향할 수는 없으나, 조광조는 도학을 앞장서서 밝혔고, 이황은 성리학의 조예가 깊었으니 이 두 분의 위패를 성균관 문묘에 배향하면 많은 선비가 선한 마음을 일으킬 수 있을 것입니다."라고 하니, 임금이 이르기를 "그 일은 할 수 없다."라고 하였다. 여러 신하가 임금께 아뢰기를 모두 마치자, 임금이 박순에게 이르기를 "여러 신하가 한 말 가운데 누구의 의견이 시행할 만한가?"라고 물으니, 박순이 변명하면서 아뢰기를 "경제사의 일은 조건을 갖추어 아뢰지 않았기 때문에 전하께서 어렵다고 하셨으니, 마땅히 이이를 다시 불러 물으십시오."라고 하였다. 이이가 임금 앞에 나아가 아뢰기를 "소신이 갑작스럽게 그 말을 상세히 다 하지 못했기 때문에 신의 뜻을 다 말씀드리지 못하였습니다. 지금 쌓인 폐단이 너무 심하여 임금의 은혜가 아래로 흐르지 못하고 있으니, 반드시 지금 정사에 뜻을 둔 사람을 얻어 한자리에 모이게 하여 서로 계책을 강구하여 조정의 폐단을 개혁함이 옳을 것입니다. 폐단만 개혁되면 경제사를 다시 해산시켜도 될 것이니, 임시로 설치하고 오래 두자는 것은 아닙니다."라고 하니 임금이 이르기를 "내 생각으로는 그것이 현실과는 맞지 않는다고 생각되며 또 어떤 사람에게 맡기자는 말인가? 지난날의 조세를 거두어들이기 위해 임시로 설치한 정공도감 또한 폐단이 있었으니, 경제사는 어찌 폐단이 없다고 할 수 있겠는가?"라고 하였다. 박순이 아뢰기를 "각 관청의 관원이 각각 그 관청의 일을 전하께 아뢰게 한다면 폐단이 없을 것입니다."라고 하였다. 이이가 아뢰기를 "정명도〔정호〕는 존현당尊賢黨의 설치를 청하였으니, 옛사람 또한 이런 의론이 있었습니다."라고 하였다.

임금과 신하 사이에 말이 붕당 관련된 논의에 미치자, 임금이 이르기를 "근래 조정의 불화를 말하는 이가 많은데 조정의 불화가 어찌 천재지변을 자초한 것이라 하겠는가."라고 하고는 박순을 돌아보시면서 "이것은 대신의 책임이다. 신하 된 자로서 감히 한 당파에 치우친다면 귀양을 보내고 죽여도 마땅하다. 누구누구가 감히 붕당을 결성하였는가."라고 하였다. 이이가 아뢰기를 "선비들이란 같은 무리끼리 유유상종할 수밖에 없습니다. 그래서 혹은 식견이 다른 이유로 서로 의심하면서 통하지 못한 점은 있겠지만 어찌 사사로이 붕당을 짓는 데까지야 이르겠습니까. 전하께서 노하실 일은 아닙니다."라고 하였다. 임금이 이르기를 "이량의 붕당이 변방에서 귀양살이를 오래 하였으니, 비록 살아서 돌아오더라도 어찌 조정에 방해까지 되겠는가.”라고 하니, 박순이 아뢰기를 “전하의 말씀이 지당하십니다.”라고 하였다. 이이가 아뢰기를 “그 죄의 무게에 따라서 처분하심이 마땅할 듯합니다.”라고 하니, 임금이 이르기를 “오래된 일에 꼭 죄의 무게를 따질 필요가 있겠는가.”라고 하고는 이감과 윤백원을 석방하라고 명하였다. 양사에서 반대했으나, 끝내 임금의 윤허를 얻지 못했다. 이감은 명종 계해년[1563]에 이량에게 붙어서 사림들을 해쳤는데, 그가 주모자였기 때문에 다른 사람보다 그 죄가 무거웠다.

이이가 임금에게 아뢰기를 “근래 여러 신하에게 의견도 물으시고 직언도 구하셨으나 어떤 계책을 써서 어떤 폐단을 구하였다는 말은 듣지 못하였습니다. 이렇게 되면 한갓 형식만 갖추었을 뿐, 무엇으로 천재지변에 응할 수가 있겠습니까.”라고 하였다. 임금이 이르기를 “어찌하면 천재지변에 응할 수가 있겠는가?”라고 하니, 이이가 아뢰기를 “전하께서 선입견을 품지 마시고 대신들과 조정의 상황을 아는 사람과 더불어 지금의 폐단을 구제할 계책을 상의하십시오. 개혁만을 주장하지도 마시고 과거의 관례만을 고집하지도 마십시오. 그리고 선대왕의 좋은 법이 폐기되어 시행되지 않는 것은 정리하여 시행하시고, 근래의 관례로서 민생에게 해를 끼치는 것은 개혁하여 제거하십시오. 또 나라를 이롭게 하고 백성을 살릴 새로운 정책이 있으면 그것을 찾아서 실행하십시오. 이처럼 잘못을 바로잡을 계책을 부지런히 찾아서 날마다 일을 진전시키면 민심은 점점 바르게 변할 것이고 세상의 올바른 도리는 점점 안정될 것이므로 하늘의 노여움도 풀 수 있을 것입니다. 그렇지 못하면 두려워 근신한다는 명분만 내세우고 실상이 없게 됩니다. 이렇게 한다면 어찌 위로는 하늘의 뜻에 답할 것이며, 아래로는 백성들의 원망을 위로할 수 있겠습니까."라고 하였으나, 임금은 따르지 않았다.

영중추부사 강사상이 죽었다. 강사상은 집에 있을 때나 관직에 있을 때나 하는 일 없이 술 마시기만을 좋아하였고, 종일토록 말하지 않으며 공무를 보거나 사사로운 일에도 마음을 두지 않았다. 청렴과 검소를 스스로 지켜 대문 앞에 뇌물을 주고받는 번잡한 소리가 없었다. 다만 유학자를 좋아하지 않았으므로 식자들이 인정하지 않았다.

1581년 11월

성혼이 집으로 돌아가 병을 조리하고자 상소로 사직을 청하였는데, 임금이 대신들에게 의논하도록 명하였다. 대신들이 의논하여 아뢰기를 "성혼의 사직을 허락하지 마시고 관직을 당상관으로 승진시키고 경연관을 겸임하게 하시고, 또 땔나무와 숯을 보내어 겨울을 나게 하십시오."라고 하였다. 임금이 이르기를 "관직을 주는 데는 순서가 있으니, 차례대로 올려야 한다."라고 하고는, 당하관의 최고 직급인 정3품 어모준직禦侮準職을 제수하고, 땔나무와 숯을 보내주라고 하니 성혼은 더욱 송구하게 생각하여 고향으로 돌아갈 뜻을 더욱 굳혔다.

삼사에서 비로소 태조의 후비 신덕왕후神德王后[349)]의 일을 아뢰었다.

영의정 박순이 고향으로 돌아가 성묘하려고 하였더니, 임금이 이르기를 "어찌 우의정 혼자만 조정에 남게 하는가, 속히 정승을 추천하라."라고 하였다. 박순은 김귀영과 의논하여 정지연, 이이, 정유길 세 사람을 후보로 추천하려고 하였다. 그러나 김귀영이 "정유길은 근래 심한 논박을 입었으니 추천할 수 없다."라고 고집하였는데, 그의 속뜻은 박대립과 이문형을 추천하려고 한 것이다. 박순과 김귀영이 한참동안 논쟁하여도 후보를 결정짓지 못하였다. 박순이 말하기를 "박대립과 이문형은 추천할 수 없다."라고 하여, 이에 박소립과 정지연을 추천하였다. 그러자 사림에서는 박소립의 추천을 마땅치 않게 생각하였다. 이에 정지연을 우의정으로 삼았는데, 정지연은 별다른 재주와 덕성, 경력도 없이 빈자리를 채우기 위하여 갑작스럽게 재상의 자리에 오르니 근래에는 없었던 일이다.

해설

성리학과 실학의 절묘한 조화

율곡의 학문적 업적

조선의 성리학은 중국 송대 성리학에 바탕을 두고 있다. 고려 말에 전래한 성리학이 조선 건국의 이념으로 채택되면서 500년 조선을 지탱한 뿌리가 되었다. 조선 성리학을 말할 때 퇴계와 율곡을 함께 아울러 퇴율이라고 일컫는다. 그만큼 율곡은 퇴계와 더불어 한국 성리학을 대표하는 학자이다. 율곡은 16세기 이理철학과 기氣철학을 조화시켰고, 성리학과 실학의 징검다리가 되었으며, 기호학파의 중심적 위치에 우뚝 섰다.

퇴계가 주리主理의 입장에서 도덕적인 이상사회의 건설에 주력했다면, 율곡은 주리主理적 입장 위에 경세적 실학인 주기主氣의 입장을 더하여 윤리와 경제가 조화된 대동 사회 건설을 추구하였다.

성리학에서도 주리主理나 주기主氣에 치우치지 않고, 이기理氣가 조화된 상보성相補性의 원리를 담고 있는 '이기지묘理氣之妙'의 철학을 내세웠다. 특히 성리학이 범하기 쉬운 도덕적 이상주의나 관념주의를 지양하고, 현실 생활을 외면하지 않는 살아 있는 철학을 추구하였다. 세상의 모든 가치나 주장들은 서로 대립한다. 서로 대립되는 두 가지 가치는 상호보완 될 때 그 가치의 진가가 드러나는 것이다. 율곡이 깨달은 이기지묘理氣之妙 철학의 가치이다.

율곡은 또한 한국 유학사에서 성리학과 실학의 가교적 위치에 있으며, 기호학파를 이끌었다. 율곡은 퇴계와는 달리 불교, 도가, 양명학 등 이학異學을 폭넓게 수용하였다. 성리학 또는 주자학의 울타리 안에서 안주하지도 않았고, 유교적 명분과 윤리적 질서만을 중시하는 관념론에 매몰되지도 않았다. 성리학을 하면서도 실리實理를 추구하는 실학을 했다. 윤리적 가치도 중요하지만, 부국강병과 민생의 안녕도 중요하다는 사실을 알고 있었기에 가능한 학문이었다. 이러한 율곡의 학풍은 17세기 이후 기호학파의 다양한 전개에 영향을 미쳤다. 특히 이기지묘理氣之妙와 이통기국理通氣局의 독창적인 화두는 이후 우주 자연과 인간의 조화, 윤리와 경제의 조화, 그리고 몸과 마음의 유기적 이해 속에서 이성과 감성이 어우러진 전인적 인간을 추구하였다. 그리고 불교와 도가까지도 수용하는 개방적인 학문으로 성리학과 실학을 아우르는 율곡학을 완성하였다.

정치적 업적

율곡은 투철한 우환 의식을 갖고 16세기 조선을 걱정한 실천적 지성이었다. 유학은 본래 나라와 백성에 대한 우환 의식을 근본으로 한다. 율곡은 16세기의 조선을 경장기更張期로 규정하였다. 유학에서는 대체로 창업기創業期, 수성기守成期, 경장기로 나누어 시국을 규정한다. 창업기란 구체제 또는 기존 질서를 해체하고 다시 시작해야 하는 혁명기를 말한다. 수성기란 정치가 안정되어 후계자가 앞 사람이 이루어 놓은 정책과 제도를 계승하기만 하면 되는 태평성대를 말한다. 경장기는 내부적 모순과 부패로 개혁하지 않으면 안 되는 개혁의 시기를 말한다. 그런데 율곡은 당시 조선의 상황을 경장기로 진단하고 개혁의 당위성을 강력히 주장하였다.

이러한 율곡의 우환 의식은 105편에 달하는 상소와 차자로 임금에게 올려졌다. 그는 당시 세도가의 처벌을 기탄없이 주장했고, 오직 능력에 따라 인재를 등용해야 함을 주장했으며, 동서 분당의 조짐이 보이자 이를 조화하고 화합시키려는 노력을 게을리하지 않았다. 그렇기에 율곡의 상소문은 임금에게 의례로 올리는 안부 인사 수준의 글이 아니라 시국을 명쾌하게 진단하는 글이었고, 임금의 시시비비를 진언하는 비판과 충고의 글이었다. 또한 비판만 한 것이 아니라 어떻게 해야 나라가 부강하고 민생이 안정하는가 하는 대안까지 제시했다. 그리고 그의 이러한 현실 인식과 정책 대안은 책상에서 앉아서 이룬 것이 아니라 몸소 청주 목사로, 황해도 관찰사로 지내면서 얻는 경험의 소산이었다. 율곡은 당시 조선의 현실을 가리켜 '흙이 무너지는 형세'라고 표현했다. 삼척동자의 눈에도 나라가 망하는 것이 훤히 보이는데, 백성의 부모라는 임금은 팔짱만 끼고 앉아 나라가 망하는 것을 구경만 하고 있다고 임금을 비판했으며, 이를 생각하면 자다가도 밤중에 벌떡 일어나게 된다고 자신의 심정을 강력하게 술회했다. 그리고 상소문마다 말미마다 '이대로 가다가는 십 년도 못 가 나라가 망한다.'는 강력 발언과 자기 말이 틀렸으면 임금을 속인 죄로 처벌해 달라고 극언하기를 서슴지 않았다. 율곡에게 있어 가장 중요한 가치는 나라와 백성이었다. 그 마음이 임금에게 바친 상소문으로 나타난 것이다.

당시 백성들을 가장 괴롭힌 것은 군역, 공물, 방납의 폐단, 진상의 폐해 등 모순된 법제였다. 율곡에 의하면 모든 법제란 오래되면 폐단이 생기고, 폐단으로 인해 그 피해는 오롯이 백성의 피해로 돌아가기 때문에 개혁하지 않을 수 없음을 주장한다. 그리고 그 개혁이 성공적으로 이루어지기 위해서는 임금의 의지가 무엇보다 중요함을 강조하였기에 끊임없는 상소로 임금을 일으켜 세웠다. 율곡의 상소는 나라와 백성을 향한 애정과 시국을 예리하게 진단하는 밝은 혜안, 나라와 백성을 구원하는 개혁의 결과물이다.

하나면서 둘이요, 둘이면서 하나

성리학은 이 세계를 형이상자로서의 이理와 형이하자로서의 기氣로 이루어진 것이라고 말한다. 이는 『주역』의 「계사전」에 "형이상자를 일러 도道라 하고, 형이하자를 일러 기器라 한다."는 말에서 연유하는 것으로, 『주역』에서의 도道를 이理로, 기器를 기氣로 바꾸어 놓은 것이다. 성리학은 이 세계, 모든 사물을 형이상자와 형이하자가 하나의 존재 양태로 이루어진 것이라 보았다.

율곡이 활동하던 시기인 16세기 사상사적 흐름은 회재 이언적과 퇴계 이황을 중심으로 한 주리론主理論적 흐름과 화담 서경덕을 중심으로 한 주기론主氣論적 흐름으로 나누어 볼 수 있다. 주리론적 흐름은 우주 자연의 문제보다는 인간의 심성과 의리義理를 중심으로 삼았다. 이理는 어떤 것이 그러한 것으로 존재하는 이치이며, 하늘이 인간에게 준 본성으로 인간이 인간일 수 있는 본질이자 조건이다. 그래서 이理는 인간의 의리義理로 인간 행위의 준칙이 되고 삶의 원칙이 되었다. 따라서 의리는 인간이 목숨을 바쳐 지켜야 할 숭고한 이념이며 가치이다. 이러한 주리론적 학풍은 당시 4대 사화가 남겨 준 시대의 산물이기도 하다. 연산군 시대의 잔재가 아직도 남아 있었고, 사화로 인해 가치관의 전도현상이 심각한 현실에서 나라의 기강과 윤리, 강상을 다시 세워야 한다는 시대적 요청이 있었다. 그래서 사회정의를 확립하고 개인과 가정, 나아가 사회의 질서와 윤리를 바로잡는다는 측면에서 그 의의가 있었다. 주기론적 흐름은 자연의 형이상학적 탐구와 자연변화의 이치를 탐구하는 것을 중심으로 삼았다. 기氣는 이理를 담는 그릇과 같다. 이理가 머물고 의착할 시간과 공간이 바로 기氣다. 기氣는 이理가 실현될 재료이며 도구이기에 만약 이理만 있다면 그것은 하나의 관념일 뿐이다. 흐름상 주리론보다 미약하지만, 조선조 유학사에서 중요한 의미를 지닌다.

이러한 16세기의 사상사적 흐름에서 율곡의 철학은 주리론과 주기론을 종합하고 조화하는 것에 있었다. 율곡의 입장은 이理가 있으면 반드시 기氣도 있어야 하고, 기氣가 있으면 반드시 이理도 있어야 하기에 주리主理도 아니고 주기主氣도 아니다. 율곡의 입장에서 이理 없는 기氣, 기氣 없는 이理는 하나의 불완전한 존재다. 그래서 율곡은 당시 회재·퇴계 중심의 주리론과 화담 중심의 주기론을 하나로 종합하고 조화하는 이기지묘理氣之妙의 철학을 열었다. 율곡은 이 세계의 모든 만사 만물은 모두 이理와 기氣가 오묘하게 합해 있다고 보았다. 특히 이理와 기氣가 어느 시간적 계기로 합해진 것이 아니라, 본래 합한 상태라는 점을 강조했다. 그러므로 이理와 기氣는 시간의 선후가 없고 공간의 간극도 없는 것이다. 이理는 형이상자고 기氣는 형이하자로 서로 다른 둘이지만, 하나의 양상으로 존재한다. 바꿔 말하면 하나의 존재양상으로 있지만 그 속에서 이理는 이理고, 기氣는 기氣로 구별되어 있다는 것이다. 이러한 논리를 그는 '하나이면서 둘이요, 둘이면서 하나'라고 불렀다. 존재 자체로 보면 이理와 기氣는 구별할 수 없는 하나지만, 그것을 개념이나 가치로 나누어 보면 이理와 기氣는 엄연히 구별된다는 것이다.

이처럼 이기理氣는 본래 존재를 설명하는 용어지만 가치개념으로 전환해 사용하기도 한다. 이理가 윤리와 정신의 가치를 말한다면, 기氣는 경제와 물질의 가치를 의미한다. 또 이理가 이상적 가치를 말한다면, 기氣는 현실적 가치를 말한다. 따라서 이기지묘理氣之妙는 정신과 물질의 조화, 윤리와 경제의 조화 정신을 담고 있다. 율곡의 삶 역시 이기지묘理氣之妙의 삶이었다고 볼 수 있다. 그는 철학자의 삶을 살았고, 한편으로는 경세가이면서 정치가의 길을 걸었다. 그의 학문도 이학理學으로서 성리학을 세웠고, 기학氣學으로서 경세적 실학을 열었다. 이처럼 율곡은 당시 자신이 살던 시대의 사상적 흐름을 하나로 조화한 이기지묘理氣之妙의 철학을 연 인물이다.

사회 개혁의 대하드라마, 경연일기

　율곡의 『경연일기』는 율곡이 30세인 1565년(명종 20) 7월에 시작하여 46세 때인 1581년(선조 14) 11월에 끝나는 약 17년간의 기록이다. 경연에서 군신 간에 논란이 되었던 당시의 주요 사건과 관련 인물들에 관해 상세히 기록한 편년체로 쓴 저작이다. 간행본인 『경연일기』라는 표제 이외에도 『석담일기石潭日記』, 『석담야사石潭野史』, 『석담유사石潭遺事』라고도 불린다.

　『경연일기』 1권에는 1565년~1571년까지 7년간, 2권에는 1572~1576년까지 5년간, 3권에는 1577~1581년까지 5년간의 경연과 강론 내용을 각각 서술하고 있다. 『율곡전서』 28~30권에는 『경연일기』라는 제목으로 수록이 되어 있고, 그 내용은 경연에서의 강연보다는 당시 주요쟁점과 정계 동향을 주로 기록한 것으로 대부분 정치·사상사적인 평론 기록이라고 할 수 있다. 따라서 『경연일기』

는 율곡이 직접 정사에 참여해서 목도한 사실들을 사회개혁에 적용한 그의 사회사상을 살필 수 있는 사료라고 할 수 있다.

그렇다면 『경연일기』는 언제 어떤 형태로 『율곡전서』에 수록되어 간행되었을까? 아마도 『경연일기』는 『외집外集』의 발문이 쓰인 1681년에 편차가 완성된 것으로 보인다. 『외집』은 『속집』에 비해 중요도가 떨어지는 저작을 모아서 편찬했는데, 이 중에 『경연일기』가 포함되어 있었다. 『경연일기』는 『사기』처럼 일목요연한 연표나 서문, 발문, 범례가 없지만 기탄없는 인물평과 포폄襃貶 등은 『사기』와 체제가 유사하다. 사실史實의 채록 여부와 상세함과 간략함 등은 매우 분명하며, 상근략원詳近略遠의 원칙은 『사기』의 체제를 따랐다고 볼 수 있다. 율곡은 『사기』를 읽는 방법에 대해서 "『사기』를 읽으면 모름지기 치란의 기틀과 현인·군자의 출처와 진퇴를 보아야 할 것이니, 이것이 곧 격물"이라는 정이천의 말을 인용하여 역사서를 읽는 방법을 설명하고 있다.

『경연일기』는 율곡의 제자들 사이에서 『석담일기』 등의 제목으로 비밀리에 전해졌다. 이 책이 다른 이름으로 비밀리에 필사되고 전해지면서 오랜 세월 후에 정본으로 출간된 이유는 그 내용이 율곡의 시대적 고민과 인물평의 치열함으로 당시 밝혀지면 갈등의 요인으로 작동되기 때문이었을 것이다. 이 일기의 내용에는 당시 인물들에 대한 포폄襃貶이 가감 없이 그대로 드러나 있고, 그중에는 해당 인물 후손의 청탁에 따라 도말塗抹한 것도 있었다. 이러한 이유로 간행 이전에 우계 성혼과 사계 김장생 등은 『석담일기』 소장과 그 내용에 관해 곤혹스러움을 내비치기도 했다. 율곡 역시 이 일기가 공론을 얻기 전까지는 비밀에 부칠 것을 부탁하였다고 한다. 즉 『경연일기』의 내용 중에 공개되어서는 안 될 정치·사상적인 문제가 존재하거나 인물 비판 등 민감한 사안을 정직하게 다루고 있음을 엿보게 하는 대목이라고 할 수 있다.

『석담일기』 필사본이 학자들 사이에 전파된 뒤에도 율곡의 학문을 계승한 기호학파에서는 여전히 공개를 꺼렸다. 단지 화禍를 부르는 단서가 될 수 있다는 이유만은 아니었던 것 같다. 비장되어 온 『석담일기』 수사본은 율곡이 생전에 공개하지 않은 비밀스러운 것으로서 학파의 적전嫡傳을 상징하는 것으로 인식되기도 하였기 때문이다. 이런 까닭에 불가에서 의발衣鉢을 전수하듯이 대대로 적적상승嫡嫡相承하였으니, 김장생에서 김집으로 전해진 『석담일기』 수사본은 송시열에게 전해졌고, 이후 수암 권상하에게까지 이어졌다. 스스로 사관의 위치에서 당세의 역사를 공정하게 이실직서以實直書하여 직서直書, 직필直筆의 전통을 세우고자 했던 율곡의 수양서가 바로 『경연일기』이다.

과거와의 대화, 오늘의 거울

경연은 국왕이 학문을 닦기 위해 신하 중에 학식과 덕망이 높은 이를 불러서 경전 및 역사서 등을 강론하던 일을 의미한다. 그리고 강론이 끝난 뒤에는 국왕과 신하가 함께 고금의 도의를 논하고, 정치와 당면문제 등을 토론했던 국왕과 신하가 교류하고 소통하는 공간이다. 이 교류와 소통은 성리학 교육의 기능과 정치적 기능 두 가지를 담당하였다. 본래의 목적은 학문과 교육의 기능으로 국왕과 신하들이 함께 유학의 경전 및 역사서를 강론함으로써 성인의 학문으로 국정 운영의 기초를 만들고, 그 과정에서 각종 유학 서적의 편찬 및 보급도 병행되어 국정 운영의 내실을 기할 수 있는 성리학 교육의 기능이 강조되었다. 정치적 기능은 본래 부수적인 형태였지만 경연 과정에서 국왕의 과오나 정책에 대한 비판이 이루어지면서 왕권을 제한하고 신권을 유지하는 견제 효과의 기능을 담당하였다.

『경연일기』는 당시 중쇠기로 판단한 조선을 성리학의 가치 위에서 도덕적 이상사회로 만들기 위한 율곡의 구체적 개혁안들이 나타나 있다. 그래서 정치·경제·사회·교육·국방 등 전 분야에 대해 시폐·적폐 청산을 위한 개혁안을 제안하였다. 정치 분야의 개혁책은 폐법을 개혁하기 위하여 모든 백성의 의견을 들을 수 있도록 언로를 활짝 개방할 것, 공평한 법 적용과 공정한 상벌의 방법으로써 공직기강을 확립할 것, 인사제도를 합리화할 것, 감사와 수령이 내실 있는 지방행정을 펼칠 수 있도록 제반 환경을 조성할 것, 불필요한 관청과 관원의 수는 줄일 것, 적폐 청산 전담 기구인 경제사를 한시적으로 설치할 것 등을 제안하고 있다. 경제 분야의 개혁책은 백성들의 부담을 가중하는 공납제를 개선할 것, 진상 품목을 일일이 조사하여 꼭 필요한 남겨두고 나머지는 없앰으로써 진상품을 축소할 것, 백성들이 예의를 실천할 수 있도록 항산 유지 정책을 실시할 것 등을 제안하고 있다. 교육 분야 개혁책은 훌륭한 스승을 확보하기 위하여 스승을 공천받아 임명할 것, 교직자에 대한 경제적 지원 및 사회적 예우 보장을 통해 교권을 신장시켜 줄 것, 교직자에 대한 관리 감독과 상벌을 엄격히 할 것, 학생을 통한 간접평가를 실시할 것 등을 건의하였다. 사회 분야 개혁책은 신분·출신·가문에 의한 차별을 없앨 것, 부역에 관한 법제를 만들어 불균형을 해소할 것, 백성들에게 인의예지의 도덕규범을 가르치고 상호부조의 풍속을 정착시키기 위하여 향약을 점진적으로 시행할 것 등을 건의하였다.

에드워드 카의 유명한 말처럼 "역사는 현재와 과거의 끊임없

는 대화"라고 한다. 과거와 끊임없는 대화를 한다는 건, 현재 우리
의 경험을 통해 과거를 발견하고 해석하며 새로운 의미를 부여한다
는 뜻이다. 똑같은 사료가 우리들의 경험에 따라 모두 다르게 읽히
기 때문이다. 그렇기에 객관적인 역사는 존재하지 않는다고도 한
다. 역사에서 중요한 것은 객관적인 사실이 아니라 역사에 대한 현
재의 해석이 더 중요하다는 의미다. 그래서 우리가 써내려야 가야
할 우리의 역사는 현재의 눈을 통해서 현재의 문제에 비추어서 과
거를 바라볼 수 있어야 한다.

　율곡의 『경연일기』 또한 과거 사실의 기록이 아니라 율곡에 의
해 선택되고 이해된 율곡의 기록이다. 『경연일기』 속에 등장하는
모든 역사적 사건은 하나가 아닌 여러 원인을 지니기 때문에 그것
들의 상호 간의 관계를 찾아가며 오늘의 관점에서 다시 율곡을 읽
어야 한다. 율곡의 오류는 무엇이며, 율곡이 내세웠던 개혁안 중에
현재진행형은 무엇인지 그것을 찾아 새로운 도전을 감행해야 한다.
고전은 오늘의 잣대로 다시 쓰이는 것이기 때문에 과거의 실패와
패배의 사건조차도 희망의 씨앗이 될 수 있다. 『경연일기』는 국내
외 여러 정세로 힘든 대한민국이 다시 나아갈 수 있는 희망의 씨앗
이 될 수 있을 것이다.

율곡 이이의 생애(연보)와 관직

1536년(중종 31년) 1세

12월 26일 강릉부 북평촌 외가에서 출생함.

부친은 이원수李元秀, 모친은 신사임당申師任堂.

본관은 덕수德水, 字는 숙헌叔獻, 號는 율곡栗谷, 시호는 문성文成.

1541년(중종 36년) 6세

강릉에서 한양으로 올라옴.

1542년(중종 37년) 7세

「진복창전陳復昌傳」 지음.

1543년(중종 38년) 8세

파주에 있는 화석정에 올라 「화석정花石亭」 시 지음.

1545년(중종 40년) 10세

「경포대부鏡浦臺賦」 지음.

1548년(명종 3년) 13세

진사 초시에 합격함.

1551년(명종 6년) 16세

5월 어머니 신사임당 별세, 「선비행장」을 지음. 파주 두문리에 어머니를 장례하고 3년간 시묘함.

1554년(명종 9년) 19세

우계 성혼(1535~1598)과 도의의 교분을 맺음.

3월 금강산에 들어가 불교를 공부함.

1555년(명종 10년) 20세

금강산에서 강릉으로 돌아와 「자경문自警文」을 짓고 유학에 전념함.

1556년(명종 11년) 21세

봄에 한양으로 돌아와 한성시漢城試에 장원급제함.

1557년(명종 12년) 22세

9월 성주 목사 노경린의 딸 곡산 노 씨와 혼인함.

1558년(명종 13년) 23세

봄에 경북 예안 도산陶山을 방문하여 퇴계 이황을 만남.

겨울에 별시別試에서 「천도책天道策」으로 장원급제함.

1561년(명종 16년) 26세

5월 아버지 이원수 별세.

1564년(명종 19년) 29세

7월 생원 진사시에 장원급제함.

8월 명경시明經試에 급제하여 호조좌랑에 임명됨.(모두 9번 장원하여 '구도장원공'이라 불림.)

1565년(명종 20년) 30세

봄에 예조좌랑에 전임.

8월 요승妖僧 보우普雨와 권간權奸 윤원형尹元衡을 단죄하는 상소를 올림.

11월 사간원 정언에 임명되자 사퇴하는 상소를 올렸으나 불허.

1566년(명종 21년) 31세
2월 병조좌랑에, 3월 다시 사간원 정언에 임명됨.

겨울에 이조좌랑에 임명됨.

1568년(선조 원년) 33세
2월 사헌부 지평에 임명됨.

가을에 서장관으로 명나라에 갔다 돌아와 홍문관 부교리 겸 경연시독관 춘추관기주관에 임명되어 『명종실록』 편찬에 참여함.

11월에 다시 이조좌랑에 임명되었다가 강릉 외조모 이 씨의 병환으로 사직하고 강릉으로 내려감.

1569년(선조 2년) 34세
6월 교리에 임명됨.

9월 「동호문답東湖問答」을 지어 올림.

1570년(선조 3년) 35세
4월 교리에 임명됨.

10월 병으로 사직하고 해주로 감.

1571년(선조 4년) 36세

1월 이조좌랑에 임명되었으나 나가지 않고, 여름에 교리로 임명되었으나 병으로 사직하고 해주로 감.

6월 청주 목사에 임명됨.

1572년(선조 5년) 37세

여름에 부응교에 제수되었으나 병으로 사직하고 파주로 돌아감.

8월에 원접사 종사관, 9월에 사간원 사간, 12월에 홍문관 응교, 홍문관 전한을 제수받았으나 모두 사퇴함.

1573년(선조 6년) 38세

7월 홍문관 직제학에 제수되었으나 윤허를 받지 못해 3차 상소를 올린 후 8월에 파주로 돌아감.

9월 다시 직제학에 임명되어 사퇴하였으나 허락을 받지 못함.

겨울 통정대부 승정원 동부승지 지제교 겸 경연 참찬관, 춘추관 수찬관으로 임명됨.

1574년(선조 7년) 39세

1월 우부승지에 임명되어 「만언봉사萬言封事」를 지어 올림.

3월 사간원 대사간에 임명됨.

10월 황해도 관찰사에 임명됨.

1575년(선조 8년) 40세

8월 홍문관 부제학으로 임명됨.

9월 『성학집요』를 지어 올림.

1576년(선조 9년) 41세

우부승지, 대사간, 이조참의, 전라감사에 임명되었으나 모두 병으로 나아가지 않음.

10월 해주 석담에 청계당을 세움.

1577년(선조 10년) 42세

1월 해주 석담에서 「동거계사」를 지음.

5월 대사간에 임명되었으나 사직 상소를 올림.

12월 『격몽요결』 지음.

1578년(선조 11년) 43세

해주 석담에 은병정사를 세움.

3월 대사간에 임명되었으나 사직 상소를 올림.

6월 대사간에 임명되었으나 사직 상소를 올림.

1579년(선조 12년) 44세

5월 대사간에 임명되었으나 사직 상소를 올림.

1580년(선조 13년) 45세

5월 「기자실기」 지음.

9월 홍문관 부제학에 임명.

12월 대사간에 임명.

1581년(선조 14년) 46세

6월 가선대부 사헌부 대사헌으로 임명되어 사직하였으나 불허. 다시 예문관 제학으로 임명되어 사직하였으나 불허.

8월 동지중추부사에 제수됨.

9월 대사간에 임명되었으나 사직 상소를 올림.

10월 호조판서에 제수됨.

11월 『경연일기』 완성.

1582년(선조 15년) 47세

1월 이조판서에 제수됨.

7월 선조의 명으로 「인심도심설」, 「김시습전」, 「학교모범」, 「사목事目」을 지어 올림.

8월 형조판서에 임명됨.

9월 의정부 우참찬에 임명되고 숭정대부로 특진.

10월 명나라 사신을 영접하는 원접사가 되어 「극기복례설」을 지음.

12월 병조판서로 임명되어 사직하였으나 불허.

1583년(선조 16년) 48세

2월 「시무육조」 지어 올림.

3월 경연에서 십만양병 건의함.

6월 동인의 탄핵을 받고 파주로 돌아갔다가 7월에 석담으로 돌아감.

9월 이조판서에 임명되어 사직하였으나 불허.

1584년(선조 17년) 49세

1월 16일 한양 대사동에서 별세함.

3월 20일 파주 자운산에 안장됨.

1624년(인조 2년)

문성文成의 시호를 받음.

1681년(숙종 7년)

문묘의 종사를 허락받음.

미주

1) 1517년에 중종의 왕비가 되었고 명종의 어머니이다. 본관은 파평이며 아버지는 영돈녕부사 윤지임이다. 1545년 명종이 12세의 나이로 왕위에 오르자 8년간 수렴청정을 하였다. 수렴청정 동안 동생인 少尹 윤원형에게 정권을 쥐게 한 결과 인종의 외척인 大尹 윤임 일파를 제거하기 위하여 을사사화를 일으켜 윤원로를 해남으로 귀양 보내고, 윤임 등을 사사하였다. 승려 보우를 신임하여 불교의 부흥을 꾀하였으며, 중종의 능을 보우가 주지로 있는 봉은사로 이장시켰다. 1553년 국정을 명종에게 맡겼으나 실질적인 대권은 계속 장악하여 윤원형 등 친척에게 정사를 좌우하게 하였다. 소생은 명종을 포함하여 1남 4녀이다. 능호는 泰陵으로 서울 노원구 공릉동에 있다.

2) 본관은 坡平, 자는 彦久, 호는 學音·滄洲이다. 1565년 예조판서로 있을 때 윤원형이 제거되자 파직당하고 향리에 은거하였다. 성격이 경박하고 자부심이 강하여 일찍부터 대학자로 자처하는 등 공명심은 많았으나, 주색을 즐기지 않고 비교적 청렴·결백하였다고 하며 청백리로 뽑히기도 하였다.

3) 본관은 青松, 자는 士容, 호는 勗齋이다. 인순왕후 심 씨의 종조부, 예조참판·대사헌·형조참판·한성부판윤 등을 거쳐 1564년 좌의정이 되었다. 1567년 권력남용과 뇌물을 받은 죄로 삭탈관직당하였다.

4) 본관은 禮安, 자는 堯瑞이고 호는 東皐. 1564년 우의정이 되었는데 이듬해 나이 70이 되어 사직할 것을 청하여 几杖을 하사받았다. 1566년 좌의정이 되었다가 선조 즉위 초 나이가 많아 사직하고 영중추부사가 되었다. 명종 때 청백리에 錄選되었다. 시호는 貞簡이다.

5) 본관은 恩津, 자는 台叟, 호는 秋坡·訥翁이다. 인종 때 우승지를 지내고, 명종이 즉위하자 도승지가 되었다. 文定王后가 수렴청정했는데, 尹元衡이 李芑·林百齡·鄭順朋 등과 함께 을사사화를 일으키자 도승지로서 이에 가담, 推誠衛社保翼功臣 3등에 책록되고, 德恩君에 봉해졌다. 이듬해 사화가 일어나기 직전에 어떤 사람이 사림을 일망타진할 계획을 송기수에게 말하면서 "圭庵(종형 宋麟壽의 호)이 화를 면하지 못할 것인데, 어떻게 하겠는가?" 하니 "동산에 가시덤불이 무성한데, 그 가운데 한 송이 매화가 있다면 어찌 매화가 상한다고 가시덤불을 없애지 않겠는가!"라고 하였다. 결국 송인수가 처형되자, 사람들로부터 형을 모함한 공신으로 지목받았다. 1546년(명종 1년)에 호조참판·이조참판을 역임하고, 이어서 외직으로 경기도 관찰사·강원도 관찰사를 지냈다. 1550년 다시 내직으로 들어와서 형조참판·공조참판을 지내고, 잠시 병을 칭탁하여 사직하였다. 1555년 이조참판으로 등용되고 이어 형조참판을 역임했는데, 형조참판으로서 聖節使兼謝恩使로 명나라에 다녀왔다. 그 뒤 知同知中樞府事·예조참판을 지내고, 1559년 명종의 특명으로 한성부판윤이 되었으며, 곧이어 대사헌이 되었다. 당시 명종은 성년이 되면서 윤원형의 전횡을 싫어하여 사림의 인물을 뽑아 대간에 배치했는데, 그중의 한 사람이 되었다. 그리하여 정사를 바로하고, 1565년 문정왕후가 죽자 윤원형의 관직을 삭탈하고 귀양을 보냈다. 그 동안 예조판

서를 거쳐 이조판서에 올랐는데, 윤원형이 제거되자 을사사화 이후에 죄를 입은 당대의 명사들을 다시 등용하였다. 이어 좌참찬을 거쳐 형조판서·예조판서를 역임하였다. 1567년 명종이 후사가 없이 죽자 德興君의 제3자인 河城君으로 대통을 잇게 했는데, 이 일로 여러 대신 사이에서 入承(방계로 임금의 대를 잇는 짓) 의절의 논의가 분분하였다. 이때 송기수가 경전에 따라서 嗣君은 마땅히 烏帽白袍를 입고 小輿를 타고서 광화문 서협西夾으로 들어와야 한다고 주장하여 의절이 정해졌다. 李滉과 친숙했으며, 선조 초에는 경연에서 학문을 강론하면서 자문 구실도 많이 하였다. 1570년(선조 3년) 이조판서를 다시 역임, 이듬해에 경상도 관찰사가 되어 선정을 폈다. 1573년 좌참찬을 거쳐 호조판서가 되었다가 기로소에 들어갔다. 4朝를 섬기면서 부귀와 장수를 누렸으나, 을사사화에 가담했다고 하여 사림의 지탄을 받기도 하였다. 저서로는 『楸坡集』이 있다.

6) 본관은 文化, 자는 灌之, 호는 松庵이다. 명종이 즉위하면서 尹元衡·이기 등의 모함으로 일어난 을사사화에서 尹任·柳仁淑 등과 함께 三兇으로 몰려, 宗社를 謀危했다는 죄목으로 처벌받았다. 처음에는 絶島流配刑에 처해 서천으로 귀양을 갔지만, 온양에 이르러 賜死되었다. 1570년(선조 3년) 신원되었으며, 1577년 復爵되었다. 시호는 忠肅이다.

7) 본관은 坡平, 자는 彦平이다. 형조판서 尹繼謙의 증손으로, 할아버지는 尹頊이다. 아버지는 판돈녕부사 尹之任이며, 어머니는 李德崇의 딸이다. 중종의 계비인 文定王后의 동생이다. 1528년(중종 23년) 생원시에 합격하고, 1533년 별시 문과에 을과로 급제해 벼슬길에 올랐다. 1537년 권신인 金安老에 의해 파직, 유배되었다가 이 해 김안로가 사사되자 풀려나왔다. 그 뒤 수찬·교리·지평·응교 등을 역임하였다. 世子(뒤에 인종)를 폐위하고, 문정왕후의 소생인 慶原大君 李岠를 세자에 책봉하려는 모의를 진행하면서 세자의 외숙인 尹任과 알력이 생겼다. 이에 1543년에는 윤임 일파를 大尹, 윤원형 일파를 小尹이라 하여 외척 간의 세력 다툼이 시작되었다. 이 해 聖節使로 명나라에 다녀왔다. 이듬해 좌부승지·좌승지·공조참판이 되었는데, 인종이 즉위하자 정권을 장악하게 된 대윤의 宋麟壽의 탄핵으로 삭직되었다. 그러나 인종이 8개월 만에 죽고, 11세의 어린 나이로 명종이 즉위하면서 문정왕후의 수렴청정이 시작되자, 이를 계기로 득세해 예조참의에 복직되었다. 대윤 일파를 숙청하기 위해 李芑·鄭順朋·林百齡 등과 함께 음모를 꾸미고, 안으로는 鄭蘭貞이라는 자기의 첩을 궁중에 들여보내 대비와 임금의 마음을 놀라게 하였다. 일찍이 이기가 병조판서가 되려 할 때 柳灌이 이를 방해했고, 임백령은 기생첩 때문에 윤임과 다툰 일로 원한을 품었으며, 정순붕은 평소부터 사림들을 미워해 언제든지 한 번 분풀이하려고 벼르고 있었다. 이에 이들과 결탁해 윤임을 제거하는 동시에 유관·柳仁淑 등에게까지 화가 미치도록 음모를 꾸몄다. 음모의 내용은 "임금(인종)의 병환이 위중할 때 윤임이 장차 제 몸을 보전하지 못할 것을 알고, 임금의 아우(명종) 대신 桂林君留를 세우려고 하였다. 여기에 유관과 유인숙도 협력하였다."라는 것이었다. 이에 문정왕후는 예조참의로 있던 윤원형에게 윤임·유관·유인숙 등을 처치하라는 밀지를 내렸다. 그러나 처벌을 반대하는 공론이 일기도 하였다. 즉 승정원을 거치지 않아 세인의 의혹을 피할 길이 없고, 또 신하의 의리는 자기가 섬기는 사람에게 마음을 다하는 것인데 인제 와서 그 당시 大行王에게 충성을 다한

사람에게 심한 죄를 주는 것이 과연 타당성이 있는가, 그리고 왕실 외척 간의 문제로 왕의
덕에 누가 된다는 점을 들었다. 하지만 결국 8월 29일 궁중에서 의금부에 전지를 내려 윤
임·유관·유인숙 등을 사사하였다. 권력을 장악한 윤원형은 4, 5명의 악한 무리를 심복으
로 삼아 평소에 원한 있는 이들을 유배 또는 삭직해 적대 세력을 도태하였다. 을사사화 후
그 공으로 保翼功臣 3등이 되고, 이어 衛社功臣 2등으로 改封되어 瑞原君에 봉해졌다. 위
력과 권세가 높아지자 뇌물이 폭주해, 성안에 집이 열 여섯 채요, 남의 노예와 전장을 빼
앗은 것은 이루 헤아릴 수 없었다. 그리고 살리고 죽이고 주고 빼앗는 것이 다 윤원형의
손에서 나왔다. 또, 아내를 내쫓고 기생첩 정난정을 정경부인에 봉하니, 권력을 탐하는 조
신들은 그 첩의 자녀와 혼인을 하였다. 生殺의 권한을 잡은 지 20년에 사람이 원한을 품고
서도 감히 말하지 못하였다. 1546년(명종 1년) 형인 윤원로와 권력을 다투었으나 윤원로가
유배되자 더욱 세력을 굳히고, 1547년 良才驛壁書 사건을 계기로 대윤의 잔당을 모두 숙
청하였다. 이 벽서의 내용은 "여자 임금이 위에서 정권을 잡고 간신 이기 등은 아래에서
권력을 농락하고 있으니, 나라가 망할 것을 서서 기다리는 격이다……."라는 것이었다.
이로 말미암아 鳳成君 李玩과 참판 송인수 및 이조좌랑 李若海는 사형되고, 李彦迪·鄭滋·
李燔·林亨秀·盧守愼·丁熿·柳希春 등 잔존 인물을 숙청하였다. 한편, 동지춘추관사로서『중
종실록』·『인종실록』 편찬에 참여했고, 1548년 이조판서가 되었다. 1551년 우의정으로 이
조판서를 겸직하고 1557년 영중추부사, 이듬해 다시 우의정, 1560년 瑞原府院君에 봉해
졌다. 1563년 영의정에 올라 영화를 누리다가 1565년(명종 20년)문정왕후가 죽자 실각해
관직을 삭탈 당하고 田里로 방귀되었으며, 江陰에 은거하다가 죽었다.

8) 본관은 坡平, 자는 任之. 아버지는 중종의 장인 坡原府院君 尹汝弼이며, 章敬王后의 오빠이
다. 무과에 급제한 후, 여러 벼슬을 거쳐 경주 부윤이 되었다. 1545년(명종 즉위) 명종이
11세로 즉위하여 문정왕후의 수렴청정이 시작되었다. 이때 소윤 尹元衡 일파는 소위 乙巳
士禍를 일으켜 평소 반목하던 대윤 일파를 모두 숙청하였으며, 마침내 윤임은 남해로 귀
양 가다가 충주에 이르러 賜死되었다. 훗날 대의라는 측면에서 볼 때 윤임에 대한 평가는
엇갈리고 있다. 율곡 李珥는 사직에 대한 죄가 없다고 하였고, 李滉은 사직에 대한 죄가
없지 않다고 하였다. 1577년(선조 10년)에 伸寃되었고, 시호는 忠毅이다.

9) 본관은 坡平, 1545년(명종 즉위년) 7월, 尹仁鏡 등의 탄핵으로 파직, 해남으로 유배되었다가
이듬해 석방, 귀환되었다. 敦寧府都正에 기용되어 윤원형과 권세를 다투었으며, 공신에
참여하지 못함을 분히 여겨 자주 불평을 말하다가 윤원형의 족질이며 심복인 병조좌랑
尹春年의 탄핵을 받아 파직, 유배되어 배소에서 사사되었다.

10) 본관은 延安, 자는 頤叔, 호는 希樂堂·龍泉·退齋이다. 1534년 우의정이 되었으며, 이듬해
좌의정에 올랐다. 1531년 다시 임용된 이후부터 東宮(인종)의 보호를 구실로 실권을 장악
해 허항·蔡無擇·黃士佑 등과 함께 政敵이나 뜻에 맞지 않는 자를 축출하는 獄事를 여러 차
례 일으켰다. 鄭光弼·李彦迪·羅世纘·李荇·崔命昌·朴紹 등 많은 인물이 이들에 의해 유배
또는 사사되었으며, 敬嬪朴氏와 福城君 李嵋 등 종친도 죽임을 당했다. 또한 왕실의 외척
인 尹元老·尹元衡도 실각당하였다. 1537년 중종의 제2계비인 文定王后의 폐위를 기도하

다가 발각되어 중종의 밀령을 받은 尹安仁과 대사헌 梁淵에 의해 체포되어 유배되었다가 곧이어 사사되었다. 허항·채무택과 함께 丁酉三凶으로 일컬어진다. 저서로는 『龍泉談寂記』·『希樂堂稿』 등이 있다.

11) 본관은 德水이다. 자는 文仲이다. 1543년 의정부 우찬성에 이어 좌찬성·우의정에 올랐다. 그러나 인종이 즉위하여 대윤 일파가 득세하자 尹任 등이 부적합하다고 탄핵하여 판중추부사·병조판서로 강등했다. 이에 원한을 품던 중 명종이 즉위해 文定王后가 수렴첨정하자 윤원형尹元衡과 손잡고 을사사화를 일으켰다. 이때 윤임·유관 등을 제거하고, 推誠衛社協贊弘濟保翼功臣 1등에 책록되었다. 大匡輔國崇祿大夫가 되면서 병조판서를 겸하여 조정의 대권을 장악하였다. 豊城府院君에 봉해졌다. 이어 좌의정이 되고, 1549년(명종 4년) 영의정에 올랐다. 그를 반대한 사림은 거의 모두 숙청되었다. 그가 죽자 文敬이라는 시호가 내려졌으나 그가 받은 훈록은 선조 초년에 모두 삭탈되었다.

12) 본관은 溫陽, 자는 耳齡, 호는 省齋이다. 명종이 즉위하여 文定王后가 수렴청정하자 尹元衡·李芑 등이 을사사화를 일으켰는데, 그는 이기 등과 어울려 음모를 꾸며 많은 사람을 죽이고 귀양보내니 사람들은 그를 이기 등과 더불어 간흉이라 하였다. 대개 사람이 악을 행하는 데에는 두 가지가 있다. 시기하고 음험하여 남을 죽이는 것을 좋아하는 경우는 악에 강한 자로서 이기와 같은 예이며, 그것이 악인 줄 알면서도 위력에 겁을 내어 악을 행하는 자는 악에 柔한 자이니, 곧 정순붕의 경우이다. 이에 따라 保翼功臣 1등에 책록되고 溫陽府院君에 봉해졌다. 관직은 의정부 우찬성에 오르고 知經筵事를 겸하였다. 을사사화의 공로로 柳灌의 가족들을 적몰하여 자기의 노비로 삼았는데, 그중 甲伊라는 여종이 주인 유관의 원수를 갚기 위해 염병을 전염시켜 죽게 했다고 한다. 벼슬이 우의정에 이르렀으나, 1578년(선조 11년) 관직과 훈작이 모두 삭탈되었다.

13) 조선 전기의 문신으로 본관은 善山, 자는 仁順, 호는 槐馬이다.

14) 본관은 陽川, 자는 南仲, 호는 東崖이다. 許扉의 증손으로 할아버지는 許薫이고, 아버지는 義盈庫令 許瑗이며, 어머니는 金粹溫의 딸이다. 金安國의 문인이다. 1549년(명종 4년) 이조판서가 되었다. 이듬해 대윤 일파의 伸寃을 주장하다가 유배된 閔齊仁의 동생 齊英을 당진 현감으로 임명한 일로 이기의 심복인 李無彊 등의 탄핵을 받아 홍원에 유배되어 그곳에서 죽었다. 뒤에 홍문관에서 무죄를 상주하자 명종이 관작을 복구시키고 영의정에 추증하였다. 문집으로는 『동애유고』가 전하며, 시조 2수가 증손인 許穆이 편찬한 『先祖永言』에 수록되어 있다.

15) 본관은 尙州, 자는 叔藝이다.

16) 본관은 晉州, 자는 原明, 호는 靜叟이다. 1545년 우찬성에 올랐다가 인종이 죽고 명종이 즉위하면서 을사사화에서 尹任·柳灌 등과 함께 종사를 모위했다는 죄목으로 무장으로 귀양 가던 도중 振威葛院에서 사사되었다. 같은 해 9월 金明胤의 밀고로, 윤임·유관 등과 桂林君 李瑠, 鳳城君 李岏의 추대를 모의했다는 죄목으로 능지처사에 처했다. 네 아들도 모두 교살되었고 재산도 몰수되었다. 선조 때 성균관 유생과 영의정 李浚慶을 비롯한 대신들의 상소로 신원, 복관되었고, 유인숙을 모함했던 이기·정순붕 등은 위훈이 삭제되었다.

일찍이 김정과 함께 金正國 등의 사림파를 조정에 추천하는 데 적극 앞장서기도 했으나, 기묘사화 때 파직되어 20여 년간 재야에 있었다. 다시 서용된 뒤에는 사림의 기대를 받았으나 근신하지 못하고 자주 뇌물을 받아 비난받기도 하였다. 그러나 경연에 입시해서는 몇 차례에 걸친 사화로 부진해진 성리학의 진흥에 노력할 것을 촉구했고, 궁중 세력과 결탁한 간신배의 세력을 제거하는 데 힘썼다. 시호는 文貞이다.

17) 자는 언진彦珍. 성종의 셋째아들 계성군桂城君 순恂의 양자이다. 1545년 7월 인종이 죽고 12세의 명종이 즉위하여, 명종의 생모이자 소윤小尹 윤원형尹元衡의 누이인 문정대비文定大妃가 수렴청정하자, 소윤 일파는 정적政敵 대윤大尹의 윤임尹任일파를 제거하기 위해 '윤임이 그의 조카인 봉성군鳳城君에게 왕위를 계승시키려고 하였고, 인종의 사망 당시에는 계림군을 추대하려 하였다'고 모함하여 대윤일파를 제거한 을사사화乙巳士禍를 일으켰다. 이어 '윤임 등의 음모를 계림군도 알고 있었다'는 밀고가 있어, 계림군은 미리 겁을 먹고 안변安邊으로 피신하였으나 토산 현감兎山縣監 이감남李坎男에게 잡혀 서울로 압송, 군기시軍器寺 앞에서 참수된 뒤 효수되었다. 1577년(선조 10)에 신원伸寃되었다.

18) 자는 자첨子瞻. 아버지는 중종이고, 어머니는 희빈 홍 씨熙嬪洪氏이다. 1545년(인종 1년) 인종의 병사를 계기로 정세를 만회한 이기李芑·윤원형尹元衡 등은 정권의 기반을 굳히고자 을사사화를 일으켜 사림을 제거하고, 아울러 종친 중에서 명망이 있었던 봉성군을 제거하고자 하였다. 그리하여 임백령林百齡은 때마침 하옥된 이덕응李德應을 위협하여 봉성군을 추대하여 역모를 꾀하였다고 거짓으로 자백하게 하여 죄를 주고자 하였다. 그러나 국왕의 반대로 뜻을 이루지 못하자, 이기는 "인종의 병이 위독할 때 윤임尹任 등이 봉성군으로서 왕위를 이으려고 하다가 형세가 불가하여 명종에게 전위하였다."고 참소하는가 하면 1546년 가을에는 김명윤金明胤이 밀계로서 익명서를 올려 모역을 고변하니, 양사(兩司; 사헌부와 사간원)에서 대의로 처벌을 논의, 마침내 울진에 유배되고, 이어서 송인수宋麟壽의 옥사로 인하여 사사되었다. 1570년(선조 3년) 이준경李浚慶의 계청啓請으로 신원(伸寃; 억울하게 입은 죄를 풀어줌)되고 복관되었다. 시호는 의민懿愍이다.

19) 명종 원년(1546) 을사사화를 일으키고 윤임尹任 등 대윤大尹 일파를 몰아낸 보익공신保翼功臣을 달리 이르던 말. 1등에 전순봉鄭順朋 등 4인, 2등에 홍언필洪彦弼 등 9인, 3등에 송기수宋麒壽 등 4인, 4등에 최연崔演 등 7인이 있었는데 뒤에 공신 호를 삭탈 당했다.

20) 본관은 草溪이며, 부총관을 지낸 정윤겸鄭允謙이 아버지이고 어머니는 관비 출신이다. 미천한 신분에서 벗어나고자 기생이 되어 윤원형에게 접근하여 첩이 되었다.

21) 본관은 忠州. 자는 和叔, 호는 思菴이다. 殷山郡事 朴蘇의 증손으로, 할아버지는 성균관사 朴智興이고, 아버지는 右尹 朴祐이며, 어머니는 棠岳金氏이다. 己卯名賢 牧使 朴祥의 조카이다. 徐敬德의 문인이다. 1572년 우의정에 임명되고, 이듬해 왕수인王守仁의 학술이 그릇되었음을 진술했으며, 이 해 좌의정에 올랐다. 그 뒤 1579년에는 영의정에 임용되어 약 15년간 재직하였다. 李珥가 탄핵되었을 때 옹호하다가 도리어 兩司(사헌부와 사간원)의 탄핵을 받고 스스로 관직에서 물러나 永平 白雲山에 암자를 짓고 은거하였다. 일찍이 徐敬德에게 학문을 배워 성리학에 널리 통했으며, 특히 『周易』에 대한 연구가 깊었다. 문장이 뛰어

나고 시에 더욱 능해 唐詩 元和의 정통을 이었으며, 글씨도 잘 썼다. 중년에 李滉을 師事했고, 만년에 이이·成渾과 깊이 사귀어 '이 세 사람은 용모는 달라도 마음은 하나이다.'라고 할 정도였으며, 동향의 奇大升과도 교분이 두터웠다. 나주의 月井書院, 光州의 月峰書院, 개성의 花谷書院, 永平의 玉屛書院에 제향되었고, 저서로는 『思菴集』7권이 있다. 시호는 文忠이다.

22) 본관은 廣州. 자는 原吉, 호는 東皐·南堂·紅蓮居士·蓮坊老人이다. 1558년 우의정, 1560년 좌의정, 1565년 영의정에 올랐다. 1567년 河城君(선조)을 왕으로 세우고 院相으로서 국정을 보좌하였다. 이때 기묘사화로 죄를 받은 趙光祖의 억울함을 풀어주고, 을사사화로 죄를 받은 사람들을 신원하는 동시에 억울하게 수십 년간 유배 생활을 한 盧守愼·柳希春 등을 석방해 등용하였다. 그러나, 奇大升·李珥 등 신진 사류들과 뜻이 맞지 않아 이들로부터 비난과 공격을 받기도 하였다. 1571년(선조 4년) 영의정을 사임하고 영중추부사가 되었다. 임종 때 붕당이 있을 것이니 이를 타파해야 한다는 遺箚(유훈으로 남기는 차자)를 올려 이이·柳成龍 등 신진 사류들의 규탄을 받았다. 저서로는 「동고유고」·「朝鮮風俗」 등이 있다. 선조 묘정에 배향되고, 충청도 淸安의 龜溪書院 등에 제향되었다. 시호는 忠正이다.

23) 본관은 전주이며 자는 公擧이다. 효령대군의 5대손으로 명종의 왕비인 인순왕후의 외삼촌이다. 왕족이자 척신으로 명종의 두터운 신임을 받았으나 심의겸 등에 의해 탄핵되었다. 윤원형·심통원과 함께 명종 때에 외척으로서 전횡한 三凶으로 지칭되었다.

24) 본관 해평海平. 자 자앙子仰. 호 오음梧陰. 시호 문정文靖. 이황李滉·이중호李仲虎의 문인. 1558년(명종 13년) 식년문과에 을과로 급제, 정자正字·저작著作을 지냈다. 1563년 이조정랑 때 권신 이량李樑의 아들 정빈廷賓을 천거하지 않아 파직되었고, 이량이 실각되자 수찬에 등용되었다. 1578년 도승지 때 이종제姨從弟 이수李銖의 옥사에 연루 파직되었다. 1579년 연안부사로 복직, 선정을 베풀어 표리表裏를 하사받았다. 1590년 종계변무宗系辨誣의 공으로 광국공신光國功臣 2등에 책록되고, 해원부원군海原府院君에 봉해졌다. 건저建儲 문제로 서인 정철鄭澈이 화를 입자 이에 연루, 회령會寧 등에 유배되었다. 1592년 임진왜란이 일어나자 기용되어 선조를 호종, 어영대장이 되고 우의정·좌의정에 올랐다. 1594년 삼도체찰사三道體察使로 세자를 시종 남하하였다. 1595년 중추부판사로 왕비를 해주海州에 시종하였다. 1598년 다시 좌의정이 되고, 1599년 영의정에 올랐으나 곧 사직하였다. 1605년 호성공신扈聖功臣 2등에 책록되었다.

25) 본관 행주幸州. 자 명언明彦. 호 고봉高峰·존재存齋. 시호 문헌文憲. 전남 나주羅州 출생. 1549년(명종 4년) 사마시司馬試를 거쳐, 1558년 식년문과式年文科에 급제하고 사관史官이 되었다. 1563년 사가독서(賜暇讀書; 문흥을 위해 유능한 젊은 관료들에게 독서에 전념하도록 휴가를 주던 제도)하고, 주서注書를 거쳐 사정司正으로 있을 때, 신진사류新進士類의 영수領袖로 지목되어 훈구파勳舊派에 의해 삭직削職되었다가, 1567년(명종 22년)에 복직되어 원접사遠接使의 종사관從事官이 되었다. 이 해 선조가 즉위하자 집의執義가 되고, 이어 전한典翰이 되어 조광조趙光祖·이언적李彦迪에 대한 추증追贈을 건의하였다. 이듬해 우부승지로서 시독관侍讀官을 겸직하다가, 1570년(선조 3년) 대사성大司成 때 영의정 이준경李浚慶과의 불화로 해직당

했다. 후에 대사성에 복직되었는데 이듬해 부제학이 되어 사퇴하고, 1572년 다시 대사간
을 지내다가 병으로 그만두고 귀향하는 도중 고부古阜에서 객사하였다.

26) 본관은 함양咸陽. 자는 예숙豫叔. 박신동朴信童의 증손으로, 할아버지는 박중검朴仲儉이고,
아버지는 판서 박세무朴世茂이며, 어머니는 권잉權仍의 딸이다.

27) 본관 청송靑松. 자 백유伯柔. 시호 익효翼孝. 명종의 장인. 1543년(중종 38년) 진사시에 합격
하고 1546년(명종 1년) 청릉부원군靑陵府院君에 봉해졌으며, 돈령부영사敦寧府領事를 지냈다.
1563년 신진 사류士類로서 화를 당하려던 박순朴淳 등을 구하고, 권신 이량李樑을 제거하
여 칭송을 받았다.

28) 1519~1564. 본관은 幸州. 자는 可久 1546년(명종 1년)에 식년문과에 을과로 급제하여 청요
직을 두루 역임하고, 1551년 평안도 암행어사로 나가 민폐를 살폈다.

29) 본관은 남양南陽. 자는 퇴지退之, 호는 인재忍齋. 조광조趙光祖의 문인이다. 1528년(중종 23년)
사마시에 합격하여 생원이 되고, 1531년 식년문과에 병과로 급제, 정언을 지낸 뒤 1535년
이조좌랑으로서 김안로金安老의 전횡을 탄핵하다가 그 일당인 허항許沆의 무고로 홍양에
유배, 1537년 김안로가 사사賜死된 뒤 3년 만에 석방되었다.(한국민족문화대백과, 한국학중앙연
구원)

30) 본관은 파평坡平. 자는 여옥汝沃, 호는 회재晦齋·서파西坡. 1516년(중종 11년) 식년문과에 병
과로 급제해 홍문관저작에 발탁되었으나, 대간들이 연소하다는 이유로 서경署經에 응하
지 않자 국왕의 적극적인 비호로 등용되었다. 이어서 승정원주서·사간원정언을 거쳐,
1519년 이조좌랑으로서 인사에 관여, 사림을 힘써 등용하였다.

31) 호는 허응虛應 또는 나암懶庵. 법명은 보우普雨. 문정대비文定大妃의 외호 아래, 도첩제도度
牒制度와 승과 제도僧科制度를 부활시키는 등 억불정책 속에서 불교 중흥을 위해 힘썼다.

32) 본관은 원주原州. 자는 화중和中, 호는 남호南湖. 아버지는 중추부경력中樞府經歷 계윤季胤이
며, 어머니는 참판 최자반崔子泮의 딸이다. 어려서부터 재주와 용맹이 뛰어났다. 1548년
무과에 급제하고 선전관을 거쳐, 1555년(명종 10년)에 해남 현감이 되었다.

33) 조선시대 잡무 및 기술 계통의 관직. 조달·영선·제작·창고·접대·어학·의학·천문·지리·음
악 등 당상관 이상의 관원이 없는 관아에 겸직으로 배속되어 각 관아를 통솔하던 관직.

34) 본관 청주, 자字는 사형士炯, 호는 형암炯菴이다. 부인은 의령 남 씨 부 참판 치욱의 딸이다.
이일재李日齋 문하門下에서 수업受業하였다. 1566년(명종 21년) 의금부 도사義禁府都事로 있던
중, 추천推薦을 받아 왕손사부(王孫師傅; 선조가 세자로 있을 때)가 되었다. 이이李珥와 도의지
교道義之交 하였다.

35) 본관은 동래東萊. 자는 이건以健, 호는 계담桂潭, 계헌桂軒. 현감 정광린鄭光鄰의 증손으로,
할아버지는 부장部將 정희경鄭姬卿이고, 아버지는 천문교관天文敎官 정화鄭華이며, 어머니
는 영양 남 씨英陽南氏이다.

36) 약藥의 이름. 野人乾水. 동의보감에 인분을 물에 섞은 것.

37) 본관은 안동安東. 자는 경유景由, 호는 쌍취헌雙翠軒. 권율權慄의 아버지이다.

38) 본관은 전주全州. 자는 백춘伯春, 호는 노저鷺渚. 정종의 아들인 선성군宣城君 이무생李茂生의

현손이며, 병산 부수屛山副守 이말정李末丁의 증손이다. 할아버지는 지산령知山令 이천수李千壽이고, 아버지는 이원부령利原副令 이학정李鶴汀이며, 어머니는 정양鄭瑒의 딸이다. 이황李滉의 문인이다.

39) 본관은 창원昌原. 1555년에 문과 소과, 1564년에 대과에 급제하였으며, 승문원承文院 권지정자權知正字, 주서注書 등을 역임하였다. 그는 영남의 정차관으로 부임하는 도중에 37세의 나이로 세상을 떠났다. 1613년에 성혼成渾과 이이李珥의 문인인 아들 黃愼이 위성 공신에 책훈됨에 따라 창원부원군으로 추증되었다.

40) 조선 선조의 아버지. 이름은 초岹. 중종의 일곱째 아들, 창빈昌嬪 안씨安氏의 아들. 부인은 판중추부사 정세호鄭世虎의 딸. 1567년 셋째 아들 하성군河城君 균(鈞; 선조宣祖)이 즉위한 뒤 1569년(선조 2년) 대원군大院君에 추존追尊되었다.

41) 덮어씌운 것을 벗기고, 나뭇잎을 흔들어 떨어뜨린다. 대단히 쉬움을 비유한 말.〈史記 汲黯傳〉

42) 본관 청주, 자字는 사형士炯, 호는 형암炯菴이다. 부인은 의령 남 씨 부 참판 치욱의 딸이다. 이일재李日齋 문하門下에서 수업受業하였다. 1566년(명종 21년) 의금부 도사義禁府都事로 있던 중, 추천推薦을 받아 왕손사부(王孫師傅; 선조가 세자로 있을 때)가 되었다. 이이李珥와 도의지교道義之交하였다.

43) 본관은 동래東萊. 자는 연지衍之, 호는 남봉南峰. 1566년 선조가 세자로 있을 때 이황의 추천에 따라 왕자사부王子師傅가 되었다.

44) 본관은 수원水原. 자는 사위士偉, 호는 휴암休菴. 조광조趙光祖의 문인으로 김안국金安國에게서도 학문을 배웠다. 송인수宋麟壽, 유희춘柳希春, 이이李珥, 성혼成渾 등 당대 사림계 인물들과 널리 교유하였다. 김식金湜이 대사성이 되어 새로운 학풍이 일어나게 되자 구도求道의 뜻을 세워 학문에 전심하였다. 특히 조광조를 존경해 그의 집 옆에 집을 짓고 사사하였다. 1519년(중종 14년) 기묘사화가 일어나자 비분강개해 금강산에 들어갔다가 돌아와 1531년 생원시에 합격하고 1537년 식년문과에 병과로 급제하였다.

45) 본관은 선산善山. 자는 인중仁仲, 호는 미암眉巖. 해남 출신. 김안국金安國, 최두산崔斗山의 문인이다. 1538년 별시 문과에 병과로 급제하였다. 1544년(중종 39년) 사가독서한 뒤 수찬, 정언 등을 역임하였다. 1546년(명종 1년) 을사사화 때 김광준金光準, 임백령林百齡이 윤임尹任 일과 제거에 협조를 요청했으나 호응하지 않았다.

46) 본관은 창녕昌寧. 자는 호원浩原, 호는 묵암默庵, 우계牛溪. 1551년(명종 6)에 생원, 진사의 양장兩場 초시에는 모두 합격했으나 복시에 응하지 않고 학문에만 전심하였다. 그해 겨울 백인걸白仁傑의 문하에서『상서尙書』를 배웠다. 1554년에는 같은 고을의 이이李珥와 사귀면서 평생지기가 되었다. 1568년(선조 1년)에는 이황李滉을 뵙고 깊은 영향을 받았다.

47) 『禮記』,「王制」편에 "천자는 7일 만에 빈[염殮]하고 7개월 만에 장사지내며, 제후는 5일 만에 빈하고 5개월 만에 장사지내며, 대부와 사와 서인은 3일 만에 빈하고 3개월 만에 장사지낸다.(天子七日而殯七月而葬 諸侯五日而殯五月而葬 大夫士庶人三日而殯三月而葬)"라고 하였다.

48) 본관은 고령高靈. 자는 언이彦而. 1540년(중종 35년) 식년문과에 병과로 급제하였다. 1546년

(명종 1년) 부수찬副修撰이 된 뒤 병조좌랑, 호조정랑, 사헌부헌납司憲府獻納, 홍문관교리弘文館校理, 병조정랑, 이조정랑 등 여러 관직을 거치는 동안 청렴결백하다 하여 1551년 염근리(廉謹吏: 청렴하고 근면한 관리)로 뽑혔다.

49) 본관은 청송靑松. 자는 맹용孟容, 호는 보암保庵. 김안국金安國의 문인이다. 1516년(중종 11년) 생원이 되고, 1522년 식년문과에 을과로 급제한 뒤, 승문원권지정자承文院權知正字를 거쳐 예문관에 들어가 검열, 대교待敎, 봉교奉敎를 역임하였다. 감찰監察과 공조, 예조, 이조의 좌랑을 거쳐, 1526년 문과중시文科重試에 병과로 다시 급제하였다. 1531년에는 검상, 사복시부정司僕寺副正을 거쳐 진휼경차관賑恤敬差官에 뽑혀 굶주린 백성을 구제했으며, 1533년 의주 부사에 올랐다.

50) 國朝五禮儀: 조선시대에 세종의 명으로 허조許稠 등이 편찬에 착수하고, 세조 때 강희맹 등을 거쳐 신숙주, 정척 등이 완성한 예서.

51) 본관은 은진恩津. 자는 미수眉叟 또는 태수台叟, 호는 규암圭菴. 진사進士 엄용공嚴用恭에게 배웠고, 김안국金安國에게 지도를 받았다. 1521년(중종 16년) 별시 문과에 갑과로 급제하여 홍문관정자弘文館正字가 되었다. 이때 김안로가 정권을 장악하자, 홍문관의 모든 관원이 인사 행정의 공정한 실시를 내세워 김안로를 탄핵하였다.[각주 중록]

52) 良才驛壁書事件: 명종明宗 2년에 을사사화乙巳士禍의 여파로 일어난 사화. 문정왕후文定王后와 이기李芑 등을 비난하는 전라도 양재역良才驛의 벽서壁書가 발단이 된 사건.

53) 본관은 광주光州. 자는 과회寡悔, 호는 소재穌齋, 이재伊齋, 암실暗室, 여봉노인茹峰老人. 1531년(중종 26년) 당시 성리학자로 명망이 있었던 이연경李延慶의 딸과 결혼하여 그의 문인이 되었다. 27세 때인 1541년(중종 36년) 당대 명유名儒였던 이언적李彦迪에게 배우고 학문적 영향을 받았다.

54) 본관은 청도淸道. 자는 계응季應, 호는 병산鉼山. 1528년 이황李滉과 함께 사마시에 합격하고, 1537년 식년문과에 을과로 급제하여 검열을 지냈다.

55) 노수신이 송나라의 陳栢이 지은 『夙興夜寐箴』을 8장으로 나누고 주해한 것으로 1575년(선조8년)에 성주 천곡 서원에서 간행한 책이다.

56) 본관은 강릉江陵. 자는 열경悅卿, 호는 매월당梅月堂, 청한자淸寒子, 동봉東峰, 벽산청은碧山淸隱, 췌세옹贅世翁, 법호는 설잠雪岑. 서울 출생. 생육신의 한 사람. 5세인 1439년(세종 21년)에 예문관 수찬修撰 이계전李季甸으로부터 『중용』과 『대학』을 배웠고, 이후 13세인 1447년(세종 29년)까지 성균관대사성 김반金泮에게서 『맹자』, 『시경』, 『서경』을 배웠고, 겸사성 윤상尹祥에게서 『주역』, 『예기』를 배웠고, 여러 역사책과 제자백가는 스스로 읽어서 공부했다.

57) 본관은 청송靑松. 자는 숙평叔平. 1543년(중종 38년) 계묘癸卯 식년시式年試 진사進士 2등 6위로 합격하고, 1546년(명종 1년) 병오丙午 식년시式年試 병과丙科 13위와 1556년(명종 11년) 병진丙辰 중시重試 을과乙科 2위로 문과에 급제하였다. 1548년(명종 3년) 홍문관저작에 제수된 이후 박사, 부수찬을 거쳐 이조좌랑吏曹佐郞에 이르렀고, 1558년(명종 13년) 승정원 좌, 우부승지를 거쳐 경기 감사 등을 지냈다.

58) 본관은 순흥順興. 자는 계홍季弘. 교우 안명세安命世가 을사사화로 처형당하자, 10년 동안 은거하고 절조를 지켰다. 1556년(명종 11년) 별시문과에 병과로 급제하여 이듬해 주서注書가 되고, 1561년에 호조좌랑, 이듬해 병조좌랑, 지평持平, 1563년에 세자시강원사서世子侍講院司書, 경기도 도사가 되었다. 공사를 분명히 하였고 청렴결백하여 주위의 친척들이 관직에 천거될 때마다 그 부당함을 주장하였다.

59) 본관은 여흥驪興. 자는 경열景說, 호는 관물재觀物齋, 호학재好學齋. 김안국金安國의 문인이다. 1531년(중종 26년) 생원시에 합격하고 1539년 별시 문과에 병과로 급제, 승문원을 거쳐 이듬해 홍문관저작이 되었다. 그리고 춘추관편수관 겸 군기시첨정으로『중종실록』편찬에 참여하였다.

60) 본관은 나주. 자는 敬夫, 호는 知足庵, 菊齋. 柳藕의 문인이다. 1522년(중종 17년) 사마시에 합격하여 진사가 되고, 1532년 별시문과에 을과로 급제하여 의령 현감으로 나갔다가, 예조좌랑을 거쳐 형조정랑이 되었다. 그 뒤 장령掌令, 집의執義, 교리校理, 부응교副應敎, 내섬시첨정內贍寺僉正을 거쳐, 남원 부사를 역임하였다. 1550년(명종 5년)금양군錦陽君에 봉해졌고, 곧 담양 부사, 광주 목사를 거쳐 호조참판, 병조참판, 대사헌을 역임하였다. 1559년에 예조판서가 되고 뒤에 이조, 병조, 호조의 판서를 거쳐 지경연사가 되었다. 1564년 좌찬성에 올라 왕으로부터 궤장几杖을 내려받고, 그 뒤 기로소에 들어갔다. 지춘추관사가 되어『명종실록』편찬에 참여하고 우의정에 이르렀다. 시호는 정간貞簡이다.

61) 본관은 광산光山. 자는 회백晦伯. 1513년(중종 8년) 진사시와 1519년 현량과에 급제하였다. 기묘사화 후 현량과가 무효로 된 뒤에 음직蔭職으로 남아 있다가, 다시 1524년 별시 문과에 병과로 급제하였다. 이때 모든 현량과 출신이 쫓겨났으나 홀로 조정에 남아 있어서 사림의 비난을 받았다. 그 뒤 1525년 형조좌랑에 이어 예조참의, 도승지, 경기 관찰사 등을 역임하였다.

62) 이름은 岷, 자는 子瞻. 중종과 熙嬪洪氏의 소생이며, 부인은 영의정 鄭惟仁의 딸이다.

63) 이름은 瑠, 성종의 셋째아들 계성군 恂의 양자. 명종 즉위 후 문정대비가 수렴청정하자, 소윤 일파는 대윤 일파를 제거한 을사사화 때 '윤임이 인종 사망 당시, 계림군을 추대하려 했다.'고 모함하므로 잡아들여 참수하였다.

64) 본관은 창녕昌寧. 자는 건중健中, 호는 남명南冥. 1501년 경상도 삼가현(지금의 경상남도 합천군 삼가면)의 토골兎洞에서 태어나 4~7세 사이에 아버지를 따라 서울로 왔으며, 이후 아버지의 벼슬살이를 좇아서 의흥義興, 단천端川에 가기도 했으나 20대 중반까지 주로 서울에 거주하였다. 이윤경(李潤慶: 후일의 판서 벼슬을 지냄) 이준경(李浚慶: 후일 영의정이 됨) 형제와 절친하게 지냈으며, 이로 미루어 황효헌黃孝獻, 이연경李延慶에게서 배웠을 가능성이 있다. 18세 때 북악산 밑의 장의동으로 이사하여 성운成運과 평생을 같이하는 교우관계를 맺었고, 부근의 청풍계淸風溪에 숨어 살던 성수침成守琛 형제에게 종유하였으며, 기묘사화로 조광조趙光祖가 죽임을 당한 일과 숙부 조언경曹彦卿이 귀양 가는 현실을 크게 탄식하였다. 선조 초에 일어난 진주 지역의 음부옥淫婦獄에 관련되어 이정과 절교하고 뒤이어 그 문인들이 주동하였던 음부 집안의 훼가출향毁家黜鄕사건의 배후 인물로 지목되어, 기대승奇大升 등 일부

관료로부터 비방을 받아 곤경에 처하기도 했는데 조정에 나와 있던 그 문인 오건, 정탁 등의 변호로 무사할 수 있었으며, 오히려 흉년이라 하여 임금이 음식물을 내려주고 72세로 별세하기 직전 의원을 보내오는 우대를 받았지만, 이정의 편에 서서 음부옥에 관한 조식의 처신을 비난했던 이황의 편지가 후일 알려지면서 그 문인들 사이의 갈등을 깊게 하고, 끝내 정인홍鄭仁弘에 의한 이언적, 이황 배척을 불러오게 하는 배경이 되었다.

65) 본관은 성주星州. 자는 항지恒之, 호는 일재一齋. 박영朴英의 문하에서 수학하였다. 30세가 되었을 때 백부로부터 깨우침을 받아 스스로 학문을 시작해 성현의 글을 섭렵하였다. 주희朱熹의 「백록동강규白鹿洞講規」를 읽고는 더욱 분발해 도봉산 망월암望月庵에 들어가서 수년을 독학해 깨달은 바가 컸다. 그 뒤 벼슬에 나아가지 않고 태인으로 돌아가 스스로 농사지으면서 어머니를 봉양하고 위기爲己의 학문에 전념하였다. 당시의 학자 백인걸白仁傑은 이항의 학문이 조식曺植에게 비길 만하다고 칭찬하였다. 당시의 대학자인 기대승奇大升, 김인후金麟厚, 노수신盧守愼 등과 교유하면서 학문의 질을 높였다. 성리학에도 조예가 깊어 이기理氣를 논함에 있어 이와 기, 태극과 음양을 일체라고 주장해 이황李滉의 비평을 받기도 하였다. 1566년(명종 21년) 명경행수明經行修하는 선비를 뽑을 때 첫 번째로 추천되어 사축승전司畜承傳에 임명되었다. 왕에게 진학進學과 치지致知하는 방법을 진언하여 칭찬을 받았다. 이후 의영고령義盈庫令을 지내고 임천 군수가 되었는데, 부임할 때 왕이 귀마개를 하사해 노고를 위로하였다. 1567년 5월에 병으로 사퇴하고 돌아오니 왕이 의원을 보내어 문병을 하기도 하였다. 선조 초년에 의빈경력을 지내고 선공감부정, 사용원정을 역임하였다. 1574년(선조 7년) 사헌부장령을 거쳐 장악원정을 지냈으나 병이 악화되어 사퇴하고 돌아왔다. 그 뒤 5도의 찰방에 임명되었으나 부임하지 못했고, 왕이 네 차례나 의원을 보내 치료하게 했으나 결국 완쾌되지 못하였다. 홍직필洪直弼은 글에서 호남의 5학學을 설명한 바 있는데 그 가운데 이항이 포함되어 있다. 저서로는 『일재집一齋集』이 있다. 이조판서에 추증되었고, 태인의 남고서원南皐書院에 제향되었다. 시호는 문경文敬이다.

66) 본관은 漢陽. 자는 孝直, 호는 靜菴. 17세 때 무오사화로 희천에 유배 중이던 金宏弼에게 수학하였다. 金宗直의 학통을 이은 士林派의 영수가 되었다. 1510년(중종 5년) 사마시에 장원으로 합격, 성균관에 들어 성균관 유생들 이조판서 安瑭의 추천으로 1515년(중종 10년) 관직에 초임되었다. 그해 가을 별시문과에 을과로 급제하여 전적, 감찰, 예조좌랑을 역임하게 되었고, 이때부터 왕의 두터운 신임을 얻게 되었다. 그는 유교로써 정치와 교화의 근본을 삼아야 한다는 至治主義에 입각한 왕도정치의 실현을 역설하였다. 중종의 정비[폐위된 愼氏] 문제로 왕의 신임을 입증받았으나, 반정공신과 신진사류新進士類의 대립으로 발전, 이후 기묘사화의 발생 원인이 되었다. 당시 사장詞章의 학만이 높이 숭상되었기 때문에 그의 도학정치에 대한 주창을 계기로 당시의 학풍은 변화되어 갔으며, 뒤에 이황李滉, 이이李珥 같은 학자가 탄생할 수 있었다. 그는 신진사류들과 함께 훈구세력의 타도와 구제舊制의 개혁 및 그에 따른 새로운 질서의 수립에 나섰다. 그리하여 이들은 1519년(중종 14년)에 이르러 훈구세력인 반정공신을 공격하기에 이르렀다. 즉, 그들은 우선 정국공신靖國功臣이 너무 많음을 강력히 비판하였다. 그리고 성희안成希顏 같은 인물은 반정을 하지 않았

는데도 뽑혔고, 유자광柳子光은 그의 척족들의 권귀權貴를 위해 반정했는데, 이러한 유의 반정정신은 소인들이나 꾀하는 것이라며 신랄하게 비난하며 위훈 삭제僞勳削除를 강력히 청하는 한편 훈구세력을 소인배로 몰아 배척하려는 급격한 개혁주장에 전 공신의 4분의 3에 해당되는 76인의 훈작이 삭탈 당하기에 이르렀다. 이러한 급진적인 개혁은 마침내 훈구파의 강한 반발을 야기하였고, 경빈 박 씨敬嬪朴氏 등 후궁을 움직여 왕에게 신진사류를 무고하도록 하였다. 또한, 대궐 나뭇잎에 과일즙으로 '주초위왕走肖爲王'이라는 글자를 써 벌레가 파먹게 한 다음에 궁녀가 이를 따서 왕에게 바쳐 의심을 조장시키기도 하였다. 평소부터 신진사류를 비롯한 조광조의 도학정치와 과격한 언행에 염증을 느껴오던 왕은 훈구대신들의 탄핵을 받아들여 유배시키고, 그 뒤 정적인 훈구파의 김전, 남곤, 이유청李惟淸이 각각 영의정, 좌의정, 우의정에 임명되자 이들에 의하여 그해 12월 바로 사사되었다. 이때가 기묘년이었으므로 이 사건을 '기묘사화'라고 한다. 결국 신진사류들이 기성세력인 훈구파를 축출, 새로운 정치 질서를 이루려던 계획은 실패하고 말았다. 이들의 실패 원인은 그들이 대부분 젊고 또 정치적 경륜도 짧은 데다가 개혁을 급진적이고 너무 과격하게 이루려다가 노련한 훈구세력의 반발을 샀기 때문이다.

67) 본관은 여강(驪江: 여주驪州). 초명은 이적李迪이었으나 중종의 명으로 언彦자를 더하였다. 자는 복고復古, 호는 회재晦齋, 자계옹紫溪翁. 회재라는 호는 회암(晦菴: 주희의 호)의 학문을 따른다는 견해를 보여 준 것이다. 조선시대 성리학의 정립에 선구적인 인물로서 성리학의 방향과 성격을 밝히는 데 중요한 역할을 하였고, 주희朱熹의 주리론적 입장을 정통으로 확립하여 이황李滉에게 전해 주었다.

68) 자는 중허仲虛이고, 호는 충재冲齋, 훤정萱亭이며, 시호는 문정忠定이다. 본관은 안동으로, 1506년(중종 1년) 진사에 합격하고, 이듬해 증광문과에 급제한 뒤 예문관검열, 홍문관수찬, 부교리, 사간원정언 등을 역임하였다. 1513년 사헌부지평으로 재임할 때, 당시 신윤무辛允武, 박영문朴永文의 역모를 알고도 즉시 고변하지 않은 정막개鄭莫介의 당상관 품계를 삭탈하도록 청하여 직신直臣으로 이름을 떨쳤다.

69) 본관은 의령宜寧. 자는 사화士華, 호는 지정止亭, 지족당知足堂. 김종직金宗直의 문인이다. 1489년(성종 20년) 생원시, 진사시에 합격하고, 1494년 별시 문과에 을과로 급제했다. 1504년 갑자사화 때 서변西邊으로 유배되었다. 그 뒤 1506년(중종 1년) 중종반정으로 풀려나, 박경朴耕, 김공저金公著 등이 모반한다고 무고해 그 공으로 가선대부嘉善大夫가 되었다. 1515년 우참찬으로 영의정 유순정柳順汀 등과 함께 박상朴祥, 김정金淨의 신씨복위상소愼氏復位上疏에 대해 반대 의견을 제시했다. 1519년 심정沈貞 등과 함께 기묘사화를 일으켜 조광조趙光祖, 김정 등 신진 사림파를 숙청한 뒤, 좌의정을 거쳐 1523년 영의정이 되었다. 죽은 뒤 문경文景이라는 시호가 내려졌으나 이후 세력이 커진 사림파의 탄핵을 받아 1558년(명종 13년) 관작과 함께 삭탈 당했다. 선조 초년 다시 관작을 추삭追削 당했다. 문장에 뛰어나고 글씨에도 능했으나, 사화를 일으킨 것이 문제가 되어 후대 사림의 지탄의 대상이 되었다.

70) 본관 풍산豊山. 자 정지貞之. 호 소요정逍遙亭. 시호 문정文靖. 1502년(연산군 8년) 별시문과에

급제, 1506년 중종반정에 참여하여 1518년 한성부판윤, 형조판서에 올랐다가 조광조 일파의 탄핵으로 파직, 정국공신도 삭탈 당하자 원한을 품고 남곤, 홍경주 등과 기묘사화를 일으켜 사류를 모조리 숙청하였다. 1527년 우의정에 이어 좌의정이 되었으나 김안로金安老의 탄핵으로 강서江西에 유배, 다시 경빈 박 씨敬嬪朴氏와 통정하였다는 죄로 사사되었다.

71) 본관 남양南陽. 자 제옹濟翁. 시호 도열度烈. 1501년(연산군 7년) 문과에 급제, 1504년 지평이되고, 1506년 사복시司僕寺 첨정僉正으로 중종반정中宗反正에 가담하여 정국靖國공신으로 남양군南陽君에 봉해지고 동부승지同副承旨에 이어 도승지로 특진했다. 이듬해에는 이과李顆의 옥사獄事를 잘 처결하여 다시 정난定難공신에 책록된 뒤 병조판서, 좌찬성, 호조판서, 대사헌을 지내고 좌참찬左參贊이 되었으나, 사림파士林派 출신 언관言官들의 탄핵으로 물러났다. 1519년(중종 14년) 훈구파勳舊派의 일원으로 심정沈貞, 남곤南袞 등과 함께 기묘사화己卯士禍를 일으켜 조광조趙光祖 등 사림파의 신진新進 세력을 실각시키고 그 후 좌찬성, 이조판서 등을 역임하였다.

72) 走肖爲王의 사건.

73) 본관 순천順天, 자 백윤伯胤, 시호 무열武烈이다. 무술에 뛰어나서 음보蔭補로 무관직에 기용되었다. 1486년(성종 17년) 선전관으로 있을 때 무과에 급제하여 선전내승宣傳內乘으로 승진, 오랫동안 성종의 측근이 되었다. 1506년 성희안成希顔, 유순정柳順汀 등과 함께 연산군을 폐하고 중종을 옹립하는 반정反正에 주동적 역할을 맡아 정국공신靖國功臣 1등에 책록되었다. 1507년에는 이과李顆의 옥사獄事를 다스린 공으로 정난공신定難功臣 1등에 책록되었다. 이듬해 사은사謝恩使로 명나라에 다녀와서 1509년 영의정에 오르고 평성부원군에 봉해졌다. 중종의 묘정廟庭에 배향되었다.

74) 연산군을 내쫓고 중종을 추대한 공신들에게 내린 훈호勳號. 중종 1년(1506년)에 중종반정 유공자인 성희안, 박원종, 유순정 등 117명에게 내렸는데 뒤에 기묘사화의 원인이 되었다.

75) 본관 동래東萊. 자 사훈士勛. 호 수부守夫. 시호 문익文翼. 1492년(성종 23년) 식년문과에 을과로 급제하여 홍문관에 등용되고, 부제학, 이조참의를 역임하였으나 1504년(연산군 10년) 갑자사화甲子士禍 때 왕에게 극간極諫하여 아산牙山에 유배되었다. 1506년 중종반정中宗反正으로 부제학에 복직되어 삼포왜란三浦倭亂을 수습한 뒤 우의정, 좌의정을 거쳐 1516년 영의정에 올랐다. 1519년 기묘사화己卯士禍 때 조광조趙光祖를 구하려다가 파직되고 1527년 영의정이 되었으나 세자를 저주한 사건이 일어나자 면직되었다. 1537년 총호사摠護使로서 장경왕후章敬王后의 희릉禧陵을 잘못 쓰게 하였다는 김안로金安老의 무고로 김해金海에 유배되었으나, 이듬해 김안로의 사사賜死로 풀려났다. 이때 영의정 윤은보尹殷輔, 좌의정 홍언필洪彦弼 등이 영의정에 추천했으나, 과거 영의정 때의 실정을 이유로 중종이 거절하였다. 중추부영사中樞府領事로 죽었다. 중종의 묘정廟庭과 회덕懷德의 숭현서원崇賢書院, 용궁龍宮의 완담향사浣潭鄉社에 배향되었다.

76) 본관 경주. 자 원충元冲. 호 충암冲菴. 시호 문간文簡. 10세 전에 사서四書에 통하고, 1504년

(연산군 10년) 사마시에 합격, 1507년(중종 2년) 문과에 장원 급제하였다. 정언正言, 순창군수 등을 지냈으며, 담양 부사潭陽府使 박상朴祥과 함께 폐비 신 씨愼氏를 복위시키고자 상소하였으나 각하되고 유배당하였다. 1516년(중종 11년) 다시 등용되어, 부제학副提學, 동부승지同副承旨, 도승지都承旨, 이조참판吏曹參判, 대사헌大司憲, 형조판서刑曹判書 등을 역임하였다. 조광조趙光祖와 함께 미신 타파, 향약鄕約 시행 등에 힘썼으나 1519년 기묘사화己卯士禍 때 제주에 안치되었다가 뒤에 사사賜死되었다. 시화詩畵에 능하였다.

77) 본관 청풍. 자 노천老泉. 호 사서沙西, 동천東泉, 정우당淨友堂. 시호 문의文毅. 사림파의 대표적 인물 중 한 사람이다. 어려서 아버지를 여의고 학문에 열중하여, 1501년(연산군 7년) 진사가 되었으나, 벼슬에는 관심이 없고 성리학 연구에만 몰두하였다. 그 뒤 안당安瑭의 천거로 종6품 광흥창주부廣興倉主簿에 서용되고, 이조좌랑, 사포서사포司圃署司圃, 장령掌令 등을 역임하였다. 1519년(중종 14년) 현량과에 장원급제하여 대사성大司成에 올랐다. 그해 11월 기묘사화가 일어나 절도안치絶島安置의 처벌이 내려졌으나 정광필鄭光弼 등의 비호로 선산善山에 유배되었다. 신사무옥으로 다시 절도로 이배移配된다는 말을 듣고 거창으로 피하였으며, 시《군신천재의君臣千載義》를 짓고 자결하였다. 선조 때 영의정에 추증, 기묘팔현己卯八賢의 한 사람으로 일컬어진다. 조광조趙光祖, 김안국金安國, 기준奇遵 등과 도학소장파道學少壯派를 이루어, 왕도정치의 실현을 위해 미신 타파, 향약 실시, 정국공신 위훈 삭제 등의 개혁정치를 폈다. 청풍 황강서원凰岡書院, 양근楊根 미원서원迷原書院, 거창 완계서원浣溪書院 등에 제향되었다.

78) 본관 광산. 자 대유大柔. 호 자암自庵, 삼일재三一齋. 시호 문의文懿. 1507년(중종 2년) 생원, 진사에 모두 장원을 하여 시관을 놀라게 하였다. 1511년별시문과에 을과로 급제하여 홍문관정자正字가 되고, 1519년 부제학에 승진되었으나, 기묘사화로 조광조趙光祖, 김정金淨 등과 함께 투옥되고 개령(開寧: 경북 김천)에 유배되었다가, 남해에 안치安置되었다. 1531년 임피(臨陂: 전북 군산)로 옮겨졌으며, 1533년 풀려나와 고향 예산에 돌아가 이듬해 죽었다. 글씨에 뛰어나 조선 전기의 4대 서예가의 한 사람으로 꼽히며, 서울 인수방仁壽坊에 살았으므로 그의 서체를 인수체仁壽體라고 한다. 선조 때 이조참판이 추증되고 예산의 덕잠서원德岑書院, 군산의 봉암서원鳳巖書院 등에 배향되었다.

79) 본관은 행주幸州이고, 자는 자경子敬, 호는 복재服齋, 덕양德陽이며, 시호는 문민文愍이다. 조광조趙光祖의 문하에서 수학하였고 1514년(중종 9년) 별시문과에 응시하여 병과丙科로 급제하였다. 이후 사관史官을 거쳐 1516년 저작著作으로 천문예습관天文隸習官을 겸하였고, 홍문관박사弘文館博士, 검토관檢討官, 수찬修撰, 시강관侍講官 등을 거쳐 1519년 응교應敎가 되었다. 1519년(중종 14년) 기묘사화己卯士禍에 연루되어 아산을 거쳐 온성穩城에 유배된 뒤 모친상을 당하여 고향에 돌아갔다가 1521년 신사무옥辛巳誣獄으로 다시 유배지에 가서 교살되었다. 이조판서에 추증되었으며, 기묘명현己卯名賢의 한 사람으로 온성穩城의 충곡서원忠谷書院, 아산牙山의 아산서원牙山書院, 종성鐘城의 종산서원鐘山書院, 고양高陽의 문봉서원文峰書院 등에 각각 배향되었다.

80) 본관 밀양, 자 형지馨之, 호 강수江叟, 시호 문도文度이다. 1519년(중종 14년) 현량과에 병과

로 급제, 장령掌令, 동부승지同副承旨를 역임하였다. 그해 기묘사화로 조광조趙光祖 등과 연좌되어, 성주星州에 유배된 뒤 의주, 안악安岳에 이배移配, 1530년 풀려났다. 관직에 있을 때 가는 곳마다 치적을 올려 명망이 높았고, 조정에서는 나라의 인재로 여겼으나, 간신들의 질시嫉視로 심한 비방을 받았다. 특히 조광조와 친해서 큰일을 의논하였고, 청렴한 관원으로 일생을 지냈다. 청주 신항서원莘巷書院에 배향되었다.

81) 본관 문화. 자 종룡從龍. 호 항재恒齋, 성재醒齋. 안성에 기반이 있었다. 1501년(연산군 1년) 진사가 되고 1504년 문과에 급제하였다. 중종 초년에 대사간 등 삼사와 육조의 여러 관직을 거쳐 충청도 관찰사, 중추부동지사를 지냈다. 원래 사림파士林派와 정치적 노선을 달리하여 그들로부터 배척받기도 하였으나 사림파의 진출에 도움을 주었다. 기묘사화己卯士禍 때 남곤南袞에 의해 대사헌이 되었으나 도리어 사림파의 인물됨을 높이면서 적극적으로 그들을 보호하다 파직되었다. 그리하여 훈구계勳舊系에 의해 사림파로 인식되었고 후대의 사림파로부터 동류로 인정받았다.

82) 본관 경주慶州. 자 중경重卿. 호 눌헌訥軒. 시호 문강文剛. 1498년(연산군 4년) 식년문과에 을과로 급제, 1504년 부수찬副修撰으로 폐비廢妃 윤 씨尹氏의 복위에 대한 부당성을 주장하다가 보은報恩에 부처付處되었다. 1506년(중종 1년) 중종반정으로 교리校理에 오르고 이듬해 문과중시文科重試에 을과로 급제하였다. 1519년 전주 부윤全州府尹으로 있다가 같은 해 기묘사화己卯士禍로 조광조趙光祖 등 신진사류新進士類가 축출된 뒤 부제학이 되었으나 조광조 일파라는 모함을 받아 좌천되었다. 그 후 다시 공조참판, 이조판서를 역임, 1534년 경상도 관찰사, 뒤에 중추부지사가 되었다.

83) 『중용』28: "愚而好自用 賤而好自專 生乎今之世 反古之道 如此者 栽[災]及其身者也."

84) 본관 영일迎日. 자 달가達可. 호 포은圃隱. 초명 몽란夢蘭, 몽룡夢龍. 시호 문충文忠. 영천永川에서 태어났다. 1357년(공민왕 6년) 감시에 합격하고 1360년 문과에 장원했다. 義倉을 세워 빈민을 구제하고 유학을 보급하였으며, 성리학에 밝았다. 《주자가례》를 따라 개성에 5부 학당과 지방에 향교를 세워 교육 진흥을 꾀했다.

85) 본관은 서흥瑞興, 자는 대유大猷, 호는 사옹蓑翁, 한훤당寒暄堂이며, 시호는 문경文敬이다. 김종직金宗直의 문인으로 《소학小學》에 심취하여 스스로 '소학동자小學童子'라 칭하였다. 1498년 무오사화戊午士禍가 일어나자 평안도 희천에 유배되었는데, 그곳에서 조광조趙光祖를 만나 학문을 전수하였다. 1504년 갑자사화甲子士禍 때 극형에 처했지만 중종반정 이후에 신원되어 도승지가 추증되고, 1517년에는 정광필鄭光弼 등에 의해 우의정이 추증되었다. 학문경향은 정몽주鄭夢周, 길재吉再로 이어지는 의리지학義理之學을 계승하였으며, 치인治人보다는 수기修己에 중점을 두었다. 그의 문인으로는 조광조, 이장곤李長坤, 김안국金安國 등이 있으며, 16세기 기호사림파畿湖士林派의 주축을 형성하였다. 1610년(광해군 2년) 정여창鄭汝昌, 조광조, 이언적李彦迪, 이황李滉 등과 함께 5현으로 문묘文廟에 배향됨으로써 조선 성리학의 정통을 계승한 인물로 인정받았다.

86) 자 백유伯瑜. 호 경재警齋. 1528년(중종 23년) 식년문과에 급제하여, 사예司藝, 장령掌令을 역임하고 사간司諫에 임명되었다. 중종이 죽고 인종이 즉위하자, 소윤小尹과 대윤大尹 간의

세력 투쟁이 첨예화되어 시국이 어지러워지자 벼슬을 버리고 운문산雲門山에 들어갔다. 그러나 1545년(명종 즉위년) 을사사화乙巳士禍에 연루되어 장살杖殺되었다. 선조 때 관직이 복귀되었으며, 영천永川의 송곡서원松谷書院에 배향되었다.

87) 본관은 나주羅州이며, 자는 백우伯牛이다. 정붕鄭鵬의 문인이며 박영朴英에게도 학문을 배웠다. 서자 출신으로 글씨에 뛰어나 승문원이나 교서관 등에 소속되어 국가 문서나 간행 도서를 필사하는 사서관寫書官으로 생활을 꾸려갔다. 1477년(성종 8년) 홍인문(興仁門·동대문)에 '영응대군永膺大君 부인 송 씨가 중 학조學祖와 사통私通을 했다'라는 방문榜文을 보고 김일손金馹孫에게 알렸다. 김일손이 이 사실을 사초에 그대로 적었는데, 1498년(연산군 4년) 무오사화 때 이 글이 문제가 되어 호된 고초를 당하고 풀려났다. 박경은 의관으로 지중추부사에 오른 김공저金公著와 절친한 사이였다. 중종반정이 일어난 다음 해인 1507년(중종 2년) 박경은 김공저와 함께 중종반정의 공신으로 막강한 권력을 지닌 유자광柳子光, 박원종朴元宗 등을 제거하여 새 정치를 일으키려고 마음먹었다. 그리하여 여러 인사를 접촉하던 중 심정沈貞, 남곤南袞 등의 밀고로 국문을 받고 처형되었다. 특히 세자細字에 뛰어났으며 경기도 파주 강양군 숙江陽君瀟의 묘비 등에 글씨가 전한다.

88) 본관 진주晉州. 자 경유景猷. 호 소암笑庵. 조욱趙昱의 문하였으며, 1555년(명종 10년) 문과에 급제하여 한림翰林이 되었다. 그 후 승지·대사성·대사간·승문부제조承文副提調·청주 및 홍주 목사·강원 감사를 역임하였다.

89) 본관 밀양, 자 자실子實, 호 송당松堂, 시호 문목文穆이다. 이조참판 수종壽宗의 아들이며, 어머니는 양녕대군讓寧大君의 딸이다. 일찍이 궁마술弓馬術을 익혀 무예武藝에 뛰어나 무과에 급제하여 선전관宣傳官이 되었으나, 성종이 죽자 사직하고 평소 무인임을 자탄하고 문사가 되기 위해 고향으로 돌아가 정붕鄭鵬·박경朴耕 등을 사우師友로 삼아《대학大學》등 경전을 공부하여 문사로서 자질을 닦았다. 1510년 삼포왜란三浦倭亂이 일어나자 중앙의 부름을 사양하고 왜구를 막기 위해 조방장助防將 직함으로 창원에 부임하였다. 1519년 병조참판을 사양하고 성절사聖節使로 명나라에 다녀오게 되어 기묘사화를 모면하였고, 뒤에 영남 좌절도사嶺南左節度使에 이르렀으나 곧 죽었다. 의술醫術에도 능하여 많은 사람을 치료하였다. 황간黃澗의 송계서원松溪書院, 선산善山의 금오서원金烏書院에 배향되었다. 문하에서 이항, 이황, 박경, 박운, 김취성, 신계성, 박소 등이 배출되었다.

90) 본관은 해주海州이다. 자는 운정雲程이고, 호는 신당新堂이다. 김굉필金宏弼에게 학문을 배웠으며, 1486년(성종 17년) 사마시에 합격하여 진사가 되고, 1492년(성종 23년) 식년문과에 을과로 급제하였다. 1500년(연산군 6년) 수찬, 이듬해 지평, 1504년 홍문관 교리 등을 지내며 직언하다가 갑자사화甲子士禍 때 영덕盈德으로 유배되었다. 1506년 중종반정 후 교리에 복직되었으나 사퇴하고 향리에서 학문에 힘썼다. 나라에서 여러 번 벼슬을 내렸으나 병을 핑계로 사양하다가 1509년 청송 부사에 제수되어 재임 3년 만에 죽었다. 도량이 크고 학식이 높았으며 권세에 아부하지 않았다.

91) 이황은 청량산에서 학문을 하였고, 조식은 지리산에서 학문을 하여 세상 사람들의 존경을 받은 것을 비유한 것이다.

92) 본관 파평坡平. 자 자용子用. 호 국간菊磵. 시호 충간忠簡. 1531년(중종 26년) 진사가 되고, 1537년 식년문과에 장원, 이듬해 정언正言, 이어 수찬을 지냈다. 사가독서하고, 1548년(명종 3년) 검상檢詳, 1550년 장악원정掌樂院正으로《중종실록》편찬에 참여하였다. 시문詩文에 뛰어났으며, 명종 때 청백리에 녹선되었다.

93) 본관 창녕昌寧. 자 중옥仲玉. 호 청송聽松·죽우당竹雨堂. 시호 문정文貞. 조광조趙光祖의 문인. 1519년(중종 14년) 기묘사화己卯士禍 때 스승 조광조가 처형되고 많은 선비가 화를 입자 벼슬길을 포기하고《대학大學》《논어論語》를 읽고《태극도太極圖》를 그리면서 조화造化의 근본 탐구에 몰두했다. 후에 후릉참봉厚陵參奉에 임명되었으나 사퇴하고 처가가 있는 파주坡州의 우계牛溪에 은거했다. 글씨를 잘 써서 명성을 떨치고 문하에서 많은 석학碩學을 배출했다. 좌의정에 추증, 파주 파산서원坡山書院에 제향되었다.

94) 본관은 고령高靈이며, 자는 성장成章이다. 중종 때 무과에 급제하였고, 영건만호永建萬戶가 되어 함경도에 근무하였다. 1535년 야인(여진족)들이 함경도 종성鍾城에 침입하여 사람들을 납치해 가자, 여진족과 싸워 잡혀간 사람들을 데려왔다. 1546년(명종 1년) 동래부사가 되어 청렴한 관리로 칭송받았으며 군민들에게 선정을 펼쳤다. 1555년 을묘왜변 때 제주목사로서 제주도를 쳐들어온 왜구를 대파하고 품계가 승격되었다. 1558년 중추부지사에 이어 1565년 한성부판윤判尹에 특진하고, 3차례 역임하였다. 평안도 병마절도사兵馬節度使가 되어 여러 번 호인胡人의 침략을 격퇴하여 공을 세웠다.

95) 본관 안동. 자 운보雲甫. 호 낙곡駱谷. 해瀣의 아들. 1546년(명종 1년) 증광문과增廣文科에 갑과로 급제하였다. 1564년 평안도 병마·수군절도사로 나갔으나, 예하 군사 약 300이 국경을 넘어 야인을 토벌하다 크게 패하여 파직되었다. 곧 복직되어 평안도 관찰사·개성 유수開城留守를 지내고, 1571년(선조 4년) 대사헌이 되었다. 문무를 겸비하여 북방의 무관직도 맡았으며, 외관직에 있을 때는 엄하게 다스려 기강을 바로잡았다.

96) 『율곡전서』에는 '奉昕'으로 기록되었고, 『조선왕조실록』에는 '奉訢'으로 기록되어 있다. 조선 명종明宗~선조宣祖 때의 무신. 평안도 병마우후平安道兵馬虞候·충청 수사忠淸水使·전라 수사全羅水使·첨지중추부사僉知中樞府事 등을 지냈다.

97) 각 도의 주장主將인 절도사의 막료로서 주장을 보필한 까닭에 아장(亞將: 副將)이라고도 한다.

98) 본관 구례求禮. 자 무부武夫. 호 백야栢冶. 시호 양정襄貞. 1543년(중종 38년) 무과에 급제, 종사관從事官으로 北京에 다녀왔고, 온성판관穩城判官으로 나가 변방을 경비하였다. 1572년(선조 5년) 함북 병마절도사로 호인胡人을 격퇴하고 이듬해 경상 좌도병마절도사가 되었다. 역학易學에도 밝았으며, 명종·선조 때의 청렴결백한 무관으로 사후 청백리淸白吏에 녹선되고 병조판서에 추증되었다.

99) 본관은 남양南陽. 자는 응선應善. 1549년(명종 4년) 사마시에 합격해 생원이 되었으며, 이후 1553년(명종 8년) 친시 문과에 병과로 급제하였다. 좌부승지 때 당대의 권신인 윤원형尹元衡의 첩 정난정鄭蘭貞을 잡아 추국推鞫하기를 청하기도 하였다. 대사간을 역임하다가 44세로 졸하였다. 당시 사론에서 자품이 온아하고 마음 씀씀이가 너그러우며 일을 잘 처리한

다는 평을 받았다.

100) 조선 태조와 그 妃인 神懿王后의 위패를 모신 사당.

101) 사당祠堂에서 신주神主를 모시는 차례로 왼쪽 줄의 소昭, 오른쪽 줄의 목穆을 통틀어 일컫는 말. 소목 제도는 중국 상고 시대부터 유래된 것인데 주대周代에 들어와 주공周公이 예악을 정비하면서 비로소 구체화되었다. 『주례』에 의하면 제1세를 중앙에 모시는데 천자는 소에 2·4·6세, 목에 3·5·7세를 각각 봉안하여 삼소삼목三昭三穆의 칠

左昭	祖上神位	右穆
高祖祖父我		曾祖父我

묘七廟가 되고, 제후는 소에 2·4세, 목에 3·5세를 각각 봉안하여 이소이목二昭二穆의 오묘五廟가 되며, 대부大夫는 일소일목의 삼묘三廟가 된다. 문헌에 의하면 원래 소는 '존경한다' 또는 '밝다'는 뜻으로 북쪽에서 남쪽을 향한 위치를 일컫고, 목은 '순종한다' 또는 '어둡다'라는 뜻으로 남쪽에서 북쪽을 향한 위치를 일컫는 것으로 해석된다. 또 묘차廟次는 변해도 소목의 차서次序는 바뀔 수 없다고 하였다. 원래 주나라 소목의 제도는 천자국天子國만이 칠묘를 두게 되어 있었으나, 그 뒤 중국의 역대 왕조가 거의 모두 칠묘를 두었다. 우리나라에서 처음 이 제도가 시행될 때는 5대가 넘으면 위패를 거두어 태조실에 두었다가 5년이 지난 뒤 은제(殷祭: 성대한 제사)를 지내고 매주埋主하였는데 뒤에 이 제도가 흐지부지되어 종묘에서는 역대 왕의 신주를 그대로 봉안하였다. 현재 종묘의 정전에는 태조로부터 순종에 이르기까지 49위의 신주가 19실室에 봉안되어 있고, 별묘인 영녕전永寧殿에는 추존 4대 왕과 왕비를 비롯, 세실世室로 정하지 못한 33위의 신주가 16실에 봉안되어 있다. 한편 일반 사대부의 가정에서는 주자의 『가례』에 따라 사당에 4대의 신주만을 봉안하고 그 윗대 조상의 신주는 매안(埋安: 신주를 무덤 앞에 묻음)하는 풍습을 지켰다.

102) 이황이 선조가 성군이 되기를 바라는 뜻에서 군왕의 도道에 관한 학문의 요체를 도식으로 설명하였다. 명칭은 본래 〈진성학십도차병도進聖學十圖箚幷圖〉로 《퇴계문집》 내집과 《퇴계전서》에 수록되어 있으나 일반적으로 '진進·차·병·도'의 글자를 생략해 〈성학십도〉로 명명되고 있다. 진은 〈성학십도〉의 글을 왕(王: 宣祖)에게 올린다는 의미이고, 차는 내용이 비교적 짧은 글을 왕에게 올린다는 뜻으로 일명 주차奏箚·차문箚文·차자箚子·방자牓子·녹자錄子라고도 한다. 병도는 도표圖表를 글과 함께 그려 넣는다는 뜻이다.

103) 종묘에 새로운 신주를 올리기 위해 드리는 제사. 祫給이란 합친다는 의미로서 임금이 사망하고 3년 상이 끝나게 되면 이 신주를 종묘에 올리게 되는데, 이때 새로운 신주가 올라간다는 사실을 태조太祖 이하에게 고하기 위해 드리는 제사를 협향이라 하였음.

104) 본관 광산光山. 자 방보邦寶. 호 독송정獨松亭. 1525년(중종 20년) 진사가 되고, 1540년에 식년 문과에 을과로 급제하여 여러 청환직淸宦職을 지냈다. 기묘사화 때 화를 당한 조광조趙光祖 일파를 기대승 등이 현자賢者로 추대할 때, 이에 맞서 조광조 일파를 비방하다가 삭탈 관직되었다. 시흥에 내려가 있다가 분사憤死하였다. 관직에 있을 때 매우 청렴하여 1552년(명종 7)에 청백리에 녹선되었다.

105) 본관은 진천鎭川이고 자는 치숙治叔이며, 호는 서교西郊이다. 1537년(중종 32년) 사마시에 입

격하고, 1540년 식년문과에 을과로 급제하여 검열·정자를 거쳐 승문원참교承文院參校로
《중종실록》 편찬에 참여하였다. 중종·인종·명종·선조의 4조朝에 걸쳐 청렴한 벼슬살이를
하여 청백리로 녹선錄選되었다.

106) 본관 풍천豊川. 자 자응子膺. 호 옥계玉溪·직암則庵. 시호 문효文孝. 1537년 생원시와 1546년
증광문과에 을과로 급제한 후 벼슬길에 올랐다. 홀어머니의 봉양을 위해 모두 사퇴하고
곤양 군수로 나갔다. 평소 기대승·노수신盧守愼·김인후金麟厚 등의 학자들과 교유하였다.
어머니에 대한 지극한 효도로 정문旌門이 세워졌다.

107) 본관 남양南陽. 자 태허太虛. 시호 정효貞孝. 1539년(중종 34년) 별시문과에병과丙科로 급제했
다. 훈구파勳舊派의 거두로 김개金鎧와 함께 정철鄭澈 등 사림파士林派와 대립하였다.

108) 본관 광산光山. 자 중회重晦. 호 황강黃崗. 3~4세에 문자를 알고 7~8세에 문의文義에 통하
였으며, 사장詞章을 짓는 데 매우 빨라서 다른 사람이 이에 미치지 못하였다. 1549년(명종
4년) 식년문과에 을과로 급제, 승문원정자正字에 등용되었다. 1557년 김여부金汝孚·김홍
도金弘度의 반목으로 옥사獄事가 일어나자 김홍도의 당으로 몰려 파직 당하였다. 1575년
(선조 8년) 동서 분당分黨 때 심의겸沈義謙과 함께 서인西人으로 지목되었으나, 당파에는 깊
이 관여하지 않고 오히려 당쟁 완화를 위해 노력하였다.

109) 본관 연안延安. 자 계진季眞. 호 청련靑蓮. 시호 문청文淸. 16세 때 향시鄕試에 장원, 1546년
(명종 1년) 사마시司馬試를 거쳐 1555년 식년문과에 급제, 1558년 승문원박사承文院博士가 되
었다. 인성왕후仁聖王后의 복상문제服喪問題가 일어나자 만 2년 상을 주장, 실행하게 했으며
1578년(선조 11년) 호조판서에 이르렀다. 그해 함양에 성묘를 갔다가 병을 얻어 사망하
였다.

110) 본관 연일延日. 자 계함季涵, 호 송강松江. 시호 문청文淸. 기대승·김인후金麟厚·양응정梁應
鼎의 문하생. 어려서 인종仁宗의 귀인貴人인 맏누이와 계림군桂林君 유瑠의 부인이 된 둘째
누이로 인하여 궁중에 출입하였는데 이때 어린 경원대군(慶原大君; 뒤에 明宗)과 친숙해졌다.
1545년(명종 즉위) 을사사화乙巳士禍에 계림군桂林君이 관련되자 아버지가 유배당할 때 배
소配所에 따라다녔다. 1589년 우의정으로 발탁되어 정여립鄭汝立의 모반사건을 다스리게
되자 서인西人의 영수로서 철저하게 동인 세력을 추방했고, 다음 해 좌의정에 올랐다.
1591년 건저 문제建儲問題를 제기하여 신성군信城君을 총애하던 선조에게 광해군光海君의
왕세자 책봉을 건의했다가 파직되어 진주晉州로 유배되었다. 1592년 임진왜란이 일어나
자 선조의 부름을 받고 선조를 의주義州까지 호종하였으며, 다음 해 사은사謝恩使로 명나
라에 다녀왔다. 얼마 후 동인들의 모함으로 사직하고 강화江華의 송정촌松亭村에 우거寓
居하면서 만년을 보냈다.

111) 본관 전의全義. 자 선명善鳴. 호 약봉藥峰. 시호 정숙貞肅. 1531년(중종 26년) 진사가 되고
1535년 별시문과에 병과로 급제, 검열檢閱·사인舍人 등을 거쳐 집의執義에 올라 권신權臣
이기李芑를 탄핵하다가 좌천되었다. 1551년(명종 6년) 직제학이 되고 부제학副提學·도승지都
承旨를 역임하였으며 1559년 임꺽정[林巨正]의 무리가 지방에서 창궐하자 특명을 띠고 황
해도관찰사로 나가 치안유지에 노력하였다. 1565년(명종 20년) 대사헌으로 대사간 박순朴

淳과 함께 영의정 윤원형尹元衡을 탄핵, 추방하게 했다.

112) 본관 능성綾城. 자 경서景瑞. 호 백담栢潭. 시호 문단文端. 1560년(명종 15년) 별시문과에 을과乙科로 합격, 검열檢閱이 되고, 홍문관에 등용된 후, 문신정시文臣庭試에 장원으로 급제하였다. 대사성·이조참판 등을 역임하고 대사헌에 이르러 병으로 사임하였다. 1583년(선조 16년) 전라도관찰사를 지냈고, 다시 대사헌·부제학을 지냈다. 당시 동서의 당쟁이 시작되던 무렵이었으나, 중립을 지키기에 힘썼으며 시문詩文에 뛰어났다.

113) 본관 신평新平. 자 수초遂初. 호 면앙정俛仰亭·기촌企村. 시호 숙정肅定. 1519년(중종 14년) 별시문과에 급제, 1550년 이조참판 때 죄인의 자제를 기용했다는 이기李芑 일파의 탄핵으로 유배되었다. 구파의 사림으로 이황李滉 등 신진사류士類와 대립하였다.

114) 상을 남발하였다는 뜻이다. 後漢 更始帝 때에 조정이 매우 문란하여 장사꾼이나 푸줏간 사람들이 모두 높은 관작官爵을 얻곤 하였으므로, 장안長安에 "부엌에서 요리하는 놈은 중랑장, 양의 창자 삶는 놈은 기도위, 양의 머리 삶는 놈은 관내후.[竈下養中郎將 爛羊胃騎都尉 爛羊頭關內侯]"라는 유행어가 생겼다.

115) 순임금 때의 네 사람의 악인惡人 공공共工·환도驩兜·삼묘三苗·곤鯀을 일컬음.

116) 열여섯 재상은 팔원八元과 팔개八凱를 가리킨다. 팔원은 고신씨高辛氏의 재자才子 8인을 말하고, 팔개는 고양씨高陽氏의 재자 8인을 말하는데, 순舜이 정사를 맡았을 적에 이들을 요堯 임금에게 천거하여, 팔원에게는 교화를 맡기고 팔개에게는 토지를 주관하게 하였다는 기록이《사기史記》권1〈오제본기五帝本紀〉에 나온다. 이들의 이름은《춘추좌씨전》문공文公 18년에 보인다. 팔개의 '凱'는 '愷'로 쓰기도 한다.

117) 본관 밀양, 자 중초仲初, 호 낙촌駱村·정관재靜觀齋, 시호 문경文景이다. 1528년(중종 23년) 사마시에 합격하고, 1531년 문과에 급제하고, 1541년 영월군수로 등용되었는데, 앞서 부임한 군수 7명이 연이어 급사한 영월에서 의연하게 지내, 죽었다가 소생한 군수라는 일화를 남겼다. 1566년 이황李滉의 뒤를 이어 양관兩館의 대제학大提學을 지내고, 이듬해 중추부지사知事가 되었다. 1569년(선조 2년) 이조판서에 임명되었으나, 김안로의 일파라는 탄핵을 받고 사직하였다. 1571년 우찬성右贊成이 되었다가, 훈구勳舊의 간당奸黨이라는 신진사류士類의 규탄을 받고 해임되었다가 재등용되어, 1576년 이조판서·중추부지사를 역임하고 밀원군密原君에 봉해졌다.

118) 본관 영월寧越. 자 군망君望. 호 백록白麓. 시호 문장文莊. 백인걸의 문인으로, 1559년(명종 14년) 정시문과에 급제한 뒤 설서說書·정언正言을 지내고 사가독서賜暇讀書하였다. 1566년 문과중시文科重試에 급제하고, 예조·병조의 좌랑佐郎 등을 지낸 뒤 선조가 즉위하자 경연관經筵官이 되었다. 그 뒤 전라도관찰사·예조참의·대사간 등을 역임하였다. 이이와 깊이 사귀고 주자학에 통달하였다.

119) 본관 함양咸陽. 자 자강子强이며 호는 덕계德溪이다. 31세 때 남명 조식曺植의 문하에 들어가 수학하였고 이후 퇴계 이황李滉의 문하에서도 학문을 수학하였다. 1552년(명종 7년) 진사를 거쳐 1558년 식년문과에 급제, 1567년 정언正言을 거쳐 1571년(선조 4년) 이조좌랑吏曹佐郎으로 춘추관 기사관을 겸하고《명종실록明宗實錄》편찬에 참여하였다. 이듬해 사직

하고 고향에 내려가 독서와 집필로 여생을 보냈다. 하지만 그가 사직한 이조정랑 후임자를 두고 김효원과 심의겸이 대립하여 동서 분당의 계기가 되었고 이후 조선 정치사를 뒤흔든 300년 당쟁이 시작되었다. 오건의 학문은 궁리거경窮理居敬을 중시하였다. 그의 학문은 퇴계 이황의 이기철학理氣哲學과 남명 조식의 경의철학敬義哲學을 융합한 것으로 평가된다.

120) 조선 선조宣祖 때의 문신. 본관은 수원水原. 사포서 별제司圃署別提 백인호白仁豪의 아들이며, 부제학副提學을 지낸 백유양白惟讓의 형. 장단 부사長湍府使·부평 부사富平府使 등을 지냄.

121) 본관은 당성唐城, 자字는 가구可久, 호號는 복재復齋이다. 송도(松都; 개성의 옛 이름) 화담花潭 부근에 서재를 짓고 학문에 전념하여 화담이라는 별호로 더 알려져 있다. 시호諡號는 문강文康이다. 평생 관직에 나가지 않고 송도에 머무르며 학문 연구와 교육에만 전념하여 황진이黃眞伊, 박연폭포朴淵瀑布와 함께 '송도 3절松都三絶'로 불리기도 한다. 1498년(연산군 4년)의 무오사화戊午士禍를 시작으로 잇따른 사화로 수많은 선비가 참화를 당하므로 과거에 응시하지 않았다. 그는 개성 화담 부근에 서재를 짓고 은거하여 연구와 교육에 전념했으며, 신분에 관계 없이 제자를 받아들여 다양한 사람들이 모여들었다. 31세 때인 1519년(중종 14년)에는 조광조趙光祖에 의해 실시된 현량과賢良科에 천거되었으나 이를 사양하였다. 1522년에는 조식曹植·성운成運 등과 지리산·속리산 등을 유람하면서 교유하였고, 여러 편의 기행시를 남기기도 했다. 43세 때인 1531년(중종 26년)에는 어머니의 요청에 따라 식년시式年試 생원과生員科에 응시해 합격하기도 했으나 대과大科에 응시하거나 벼슬길에 나가지는 않았다.

122) 28수 가운데 스물셋째 별자리의 별들. 대한大寒 때, 해가 뜨고 질 무렵에 정남 쪽에 나타남.

123) 『대학』: 사물의 이치를 연구하여 지식을 넓힘.

124) 『대학』: 뜻을 성실히 하고, 마음을 바르게 가짐.

125) 조선시대 때, 문관文官 중中에 특特히 문학文學에 뛰어난 사람에게 사가賜暇하여 오로지 학업學業을 닦게 하던 서재書齋. 세종世宗 8년(1426년)에 사가독서讀書의 제도制度를 두고, 성종成宗 22년(1491년)에 지금의 용산龍山에 있던 폐사廢寺를 수리修理하여 처음으로 독서당讀書堂을 베풀었다. 정조正祖 때에 규장각奎章閣의 기구機構를 넓히어 이를 폐廢했다.

126) 이이가 34세 되던 해 홍문관 교리로 동호독서당東湖讀書堂에서 사가독서賜暇讀書하면서 지은 글이다. 이 글은 왕도정치王道政治의 이상을 〈논군도論君道〉, 〈논신도論臣道〉, 〈논군신상득지난難君臣相得之難〉, 〈논동방도학불행論東方道學不行〉, 〈논아조고도불복論我朝古道不復〉, 〈논당금지시세論當今之時勢〉, 〈논무실위수기지요論務實爲修己之要〉, 〈논변간위용현지요論辨姦爲用賢之要〉, 〈논안민지술論安民之術〉, 〈논교인지술論敎人之術〉, 〈논정명위치도지본論正名爲治道之本〉 등 11개 편으로 나누어 논하고, 마지막에 1575년 이이가 쓴 〈송조여식설送趙汝式說〉이 붙어 있다. 〈송조여식설〉은 조여식[趙憲]이 읍재邑宰가 되어 조언을 요청한 것에 대해 답한 것이다.

127) 前漢 말의 정치가이며 '신新' 왕조(8~24)의 건국자. 갖가지 권모술수를 써서 최초로 선양

혁명禪讓革命에 따라 전한의 황제 권력을 찬탈하였다. 하지만 이상적인 나라를 세우기 위해 개혁정책을 펼친 인물로 평가되기도 한다.

128) 前漢 平帝의 황후. 아버지 왕망이 신나라를 세우자 자결하였다.

129) 조선시대 교육·문예를 담당하던 성균관·교서관·승문원·예문관 4개 관서.

130) 나이가 어린 권문의 자제가 과거科擧에 급제及第한 일을 놀림조로 이르던 말.

131) 본관은 교하交河. 자는 사치士稚, 호는 별유別宥·호폐헌好閉軒·망포望浦. 1569년(선조 2년) 알성 문과에 장원, 형조좌랑이 되었는데 형옥刑獄에 대한 해박한 지식을 지녀 오랫동안 재임하면서 선조의 신임을 받았다. 1573년 정언이 되고 이듬해 군정 보충軍丁補充의 임무를 맡아 전라도 경차관으로 파견되었다. 예문관제학을 거쳐 1576년 수찬이 되고, 동부승지를 거쳐 1582년 평안도 관찰사로 나갔다. 1585년 부제학에 이어 호조·예조판서, 이듬해 시약청제조侍藥廳提調가 되었으며, 그 뒤 지중추부사知中樞府事를 역임하였다. 성품이 강직하여 간리奸吏를 적발하는 등 기강 확립에 노력하였으며, 정사政事에 밝아 승정원 재직 중에는 선조가 해당 관리를 부르지 않고 매사를 노직에게 물을 정도였다. 이원익李元翼·유성룡柳成龍·강서姜緒 등과 교분이 두터웠다. 시호는 헌민憲敏이다.

132) 『孟子』「梁惠王」下 6-3 : "日 四境之內 不治則如之何 王顧左右而 言他."

133) 송宋나라 영종英宗의 생부生父 복안의왕濮安懿王을 말한다. 영종은 인종仁宗의 뒤를 이어 즉위한 이듬해에 조서를 내려 생부 복왕을 추숭하는 전례典禮를 논의하게 하였는데, 시어사侍御史 여회呂誨·범순인範純仁·여대방呂大防·사마광司馬光 등은 인종을 황고皇考로, 복왕을 황백皇伯으로 할 것을 주장하였고, 한기韓琦, 구양수歐陽脩 등은 복왕을 황고로 할 것을 주장하였다. 영종은 복왕을 원릉園陵에 세우고, 여회, 여대방, 범순인 등 3인을 외직으로 내쫓았다. 여기서는 덕흥대원군을 가리킨다.

134) 본관 반남潘南. 자 건중健中. 시호 정의靖懿. 1555년(명종 10년) 진사가 되고 이듬해 의금부도사, 이어 사복시주부·감찰을 역임한 뒤 안음 현감·용인 현령 등으로 나가 선정을 베풀었다. 1569년(선조 2년) 딸이 선조의 비(妃; 懿仁王后)로 책봉되자 반성부원군潘城府院君에 돈령부영사가 되어 도총부도총관都摠府都摠管을 겸임하였다. 청렴결백하여 국구(國舅; 왕비의 아버지)인 줄 모를 정도로 검소한 생활을 하였다.

135) 본관 반남潘南, 자 유중柔仲, 호 남일南逸·간재艮齋·퇴암退庵. 시호 문정文貞이다. 이중호李仲虎의 문하에서 수학하였다. 1553년(명종 8년) 별시문과에 병과로 급제하고, 정언·수찬을 거쳐 6조六曹의 참의와 참판 등을 역임하였다. 선조 초에 바른말을 잘하기로 이름 높은 사간원·사헌부 간관諫官이었다. 이조판서가 추증되었다.

136) 본관 능성綾城. 자 경시景時. 호 팔곡八谷. 시호 문의文懿. 1558년(명종 13년) 식년문과에 병과丙科로 급제, 임진왜란이 일어나자 왕자를 호종하여 의주義州에 갔고, 1594년 왕비를 해주海州로 시종侍從하였으며, 이듬해 조정에 들어와 공조판서가 되었다. 1597년 정유재란丁酉再亂 때 왕자·후궁을 시종하여 성천成川에 피난하였으며, 청렴결백하여 권세가들과의 접촉을 피하였고, 시문詩文에 뛰어났다. 다섯째 딸은 인헌왕후仁獻王后가 되었고, 그는 능안부원군綾安府院君에 추봉되었다.

137) 夏享大祭; 大祭는 고대古代에, 천자天子나 제후諸侯가 봄·여름·가을·겨울의 사철에 행行하
던 종묘宗廟의 제사祭祀로 각각 '禘, 禴, 嘗, 烝'의 제사가 있다.

138)

139) 본관은 해주海州이고, 자는 근부謹夫이다. 1516년(중종 11년) 생원시에 합격한 후 1533년(중
종 28년) 별시문과에 을과로 급제하였다. 1547년(명종 2년) 부제학으로 재임 중 전라도 양재
역良才驛에서 문정왕후文定王后와 권신 이기李芑 등을 비난하는 내용의 벽서를 발견하고 왕
에게 바침으로써 정미사화丁未士禍를 일으켰다. 윤원형尹元衡이 정권을 잡게 되자 그에 빌
붙어 권세를 누렸다. 1556년 경기 관찰사로 재임할 때 낙마하여 말굽에 밟혀 죽었다. 성
품이 음흉하고 악독하여 관직에 있으면서 많은 사람을 모함하여 해를 입혔으므로 사람들
이 그를 죽게 한 말을 의마義馬라고 불렀다. 또한 당시 세상에서는 윤원형과 이기를 2凶이
라 하고, 정순붕鄭順朋·임백령林百齡·정언각鄭彦慤을 3奸이라 불렀다.

140) 본관은 고령高靈. 자는 경진景進, 호는 복암復庵. 1569년(선조 2년) 별시문과別試文科에 병과로
급제하여 이듬해 사간원정언司諫院正言에 제수되었다. 1591년에 당쟁에 휘말려 서인이 몰
락할 때 관직을 삭탈 당하여 벼슬길에 더 이상 나가지 않았다.

141) 「憲問」4 : 子曰 邦有道 危言危行 邦無道 危行言孫.

142) 본관은 광주廣州이다. 사복시정을 지낸 이약빙李若氷의 둘째 아들이며 당시 대윤 파의 거
두이자 장경왕후의 오빠인 윤임尹任의 사위이다. 아버지 이약빙은 1547년(명종 2) 소윤 파
가 대윤 파를 제거하기 위해 괴벽서怪壁書 사건을 빌미로 일으킨 정미사화 때 대윤 파로
몰려 죽임을 당하였다. 진사시에 급제하였으나 평생 벼슬길에 나가지 않고 학문에만 정
진하였다.

143) 자는 정수珽秀. 본관은 진보眞寶. 황滉의 아들. 천거로 집경전 참봉集慶殿參奉을 거쳐
3읍邑을 다스렸고 첨정僉正에 이르렀다. 학문에 뛰어나 문하생이 많았으며 61세로 사망.

144) 본관 양천陽川. 자 청중淸仲. 사마시司馬試를 거쳐, 1524년(중종 19년) 별시문과別試文科에 병
과로 급제했다. 간신 김안로의 일당이 되어 옥사獄事를 함부로 일으키고 무고한 사림士
林를 죽이는 등 행패를 자행하였다. 김안로·채무택蔡無擇 등과 함께 정유삼흉丁酉三凶으로
일컬어진다.

145) 본관 능성綾城. 자 천로天老. 1519년(중종 14년) 생원이 되고, 1528년 식년문과에 병과丙科로
급제하였다. 박사博士를 거쳐 검토관檢討官으로서 기묘사화己卯士禍 때 화를 입은 유림儒
林의 서용敍用을 청했다가 파직되었으며, 후에 나세찬羅世纘의 옥사獄事에 관련되어 용천龍
川에 유배되었다. 1537년 김안로金安老가 죽은 뒤 소환되어 1542년 부제학副提學, 이어 대
사간大司諫·대사성大司成을 거쳐 대사헌大司憲에 이르렀으나 권신이기李芑를 논박했다가 갑
산甲山에 유배되었다. 1550년에는 앞서 유관柳灌을 변호했다 하여 양사兩司의 탄핵을 받고
사사賜死되었다. 1567년(선조 즉위) 신원伸冤되었다.

146) 본관은 여흥驪興. 자는 숙도叔道, 호는 역암櫟菴. 일찍이 아버지를 잃고 편모슬하에서 어머
니의 가르침으로 독서에 힘써 약관으로 사마시에 급제하면서 문명을 크게 떨쳤다.
1535년(중종 30년) 진우陳宇·유경인柳敬仁 등과 당시의 권신 김안로金安老를 비방하다 덕산에

장류되었다. 1540년 식년문과에 을과로 급제하였다. 그 뒤 병조정랑을 거쳐 1547년(명종 2년) 훈련원도사에 이르렀는데, 이때 이기李芑·윤원형尹元衡 등에 거슬려 봉성군鳳城君의 옥사에 연루됨으로써 오랫동안 임천林川에 부처되었다. 윤원형이 물러난 1565년에야 직첩이 환급되어, 이듬해 성균관사예成均館司藝에 제수되었다. 그 뒤 선조가 즉위하자 홍문관 전한·직제학을 거쳐 승정원으로 옮겨 우부승지·좌부승지·우승지를 역임하였다. 선조 때 대사성에 이르렀고, 1874년 황해도 관찰사에 임명되었다. 얼마 뒤 좌승지로 돌아오다가 개성에 이르러 죽었다.

147) 본관은 창녕昌寧. 자는 건숙健叔, 호는 대곡大谷. 1531년(중종 26년) 진사에 합격, 1545년(명종 즉위년) 성운의 형이 을사사화로 화를 입자 보은 속리산에 은거하였다.

148) 자는 영숙永叔, 호는 석봉石峰. 본관은 청주淸州. 이황李滉의 문인門人. 1566년(명종 21년) 학행學行으로 천거되어 장원서 장원掌苑署掌苑이 되고, 조식曹植·이항李恒 등과 치국治國의 도리와 학문의 진흥을 건의하여 왕의 예우禮遇를 받았다. 1573년(선조 6년) 지평持平·장령掌令·집의執義를 역임하고, 사복시 첨정司僕寺僉正·군기시정軍器寺正·사섬시정司贍寺正·양주목사楊州牧使를 지냈다. 1583년 돈령부도정敦寧府都正을 거쳐 판결사判決事가 되었다가 나이가 많아 첨지 중추 부사僉知中樞府事로 전임했다. 시문집詩文集이 있었으나 소실燒失되고, 시詩 20여 수首만이 전한다.

149) 경상북도 성주星州 출신. 본관은 의성義城. 자는 숙부肅夫, 호는 동강東岡·직봉포의直峰布衣. 조식曹植의 문인이다.

150) 본관은 서산瑞山. 자는 덕원德遠, 호는 내암來庵. 합천陝川 출신. 조식曹植의 수제자로서 최영경崔永慶·오건吳健·김우옹金宇顒·곽재우郭再祐 등과 함께 경상우도의 남명학파南冥學派를 대표하였다.

151) 본관은 청주淸州. 자는 도가道可, 호는 한강寒岡. 6대조 정총鄭摠과 그 아우인 정탁鄭擢이 개국공신에 책봉되는 등 본래 공신 가문으로 대체로 한양에서 살았으나 부친이 성주이씨와 혼인하면서 성주에 정착하였다. 둘째 형인 정곤수鄭崑壽는 문과에 급제해 병·형조 참판, 의정부좌찬성 등 주요 관직을 지낸 관리였다.

152) 생몰년 미상. 조선 중기의 학자. 본관은 영양英陽. 호는 격암格庵. 역학易學·참위讖緯·감여堪輿·천문天文·관상觀相·복서卜筮 등 모든 학문에 두루 통달하였다.

153) 본관은 광주廣州. 자는 습지習之, 호는 과재果齋. 1539년(중종 34년) 별시문과에 병과로 급제, 이조정랑에 이르렀다. 1545년(명종 즉위년) 을사사화에 연루된 이휘李輝를 변호하다가 파직되어 이듬해 갑산에 유배되고, 1547년 사사되었다. 용모가 준수하고 태도가 의젓하여 조정에 있을 때 이항李滉에게 인정받았고, 유희춘柳希春·노수신盧守愼 등과 친교를 맺었다. 선조 때 신원되었다. 편서로는 『을사전문록乙巳傳聞錄』이 있다.

154) 본관은 성주星州. 자는 맹명孟明. 진사시를 거쳐 1543년(중종 38년) 식년문과에 병과로 급제하여 홍문관정자가 되었다. 1545년(인종 1년) 경연검토관經筵檢討官·수찬을 거쳐 정언이 되었다. 이 해 명종이 즉위한 뒤, 윤원형尹元衡·정순붕鄭順朋·이기李芑·임백령林百齡 등의 소윤이 을사사화를 일으켰을 때 안세우安世愚 등의 무고를 받은 전 주서 이덕응李德應이 이휘·

나숙羅淑·정희등鄭希登·박광우朴光佑 등을 끌어들임으로써 이덕응과 더불어 효수되었다. 1565년(명종 20년) 신원(伸寃: 억울하게 입은 죄를 풀어줌)되고 복관이 이루어졌다

155) 선조의 서자로, 본관은 전주全州. 이름은 이진李珒, 자字는 진국鎭國. 어머니는 사도시첨정 김희철金希哲의 딸이다. 서자이지만 서열이 첫째이므로 당연히 세자가 되어야 하나 성질이 난폭하여 아우인 광해군에게 세자 자리를 빼앗기고 비참한 최후를 맞았다. 1592년(선조 25년) 임진왜란이 일어나자 왕명에 의하여 순화군順和君과 함께 김귀영金貴榮·윤탁연尹卓然 등을 대동하고 근왕병을 모집하기 위하여 함경도로 떠났다. 그해 9월 반적 국경인鞠景仁 등에 의하여 포로가 되어 왜장 가토加藤清正에게 넘겨져 고원高原에 수감되었다가 이듬해 부산으로 이송되었다. 여러 차례 석방 협상 끝에 석방되어 서울로 돌아왔다. 본래 성질이 포악한데다가 포로가 되었던 정신적인 압박으로 인하여 그 포악함은 더욱 심해져서 분을 발산시키기 위하여 길거리를 헤매었고 민가에 들어가 재물을 약탈하고 상민을 구타하는 등 행패를 부렸다. 한편, 왜장 가토는 포로로 있을 때 친분을 기화로 여러 차례 그에게 서신을 보내서 내정을 탐사하려고 하였다. 그 뒤 1603년 사옹원도제조가 되었다. 1608년 선조가 죽자 세자 봉작에 대한 서열 문제가 명나라에서 다시 거론되어 현장실사를 위하여 사신이 파견되기에 이르렀다. 광해군을 지지하는 일부 대신들의 주청에 의하여 진도에 유배되었다가 다시 강화의 교동으로 이배되었고, 이듬해 죽임을 당하였다. 1623년(인조 1년) 광해군이 쫓겨나고 인조가 등극하자 복작신원(復爵伸寃; 관작이 회복되고 억울하게 입은 죄를 풀어줌)되었고, 시호는 정민貞愍이다.

156) 왕량(28수 가운데 東方蒼龍七宿의 하나) 별자리 바로 왼쪽에 위치하는 책성은 말채찍별이다. 만약 이 별이 자리를 옮겨 왕량 별자리 안에 있으면 馬夫인 왕량이 채찍策을 휘둘러 말天駟을 모는 형상이 되므로, 전차와 기마가 가득 찰 정도로 큰 전쟁이 일어나게 된다. 또 유성이나 혜성, 패성, 객성 중의 하나가 침범하면 아랫사람이 반란을 일으킨 것이니 임금이 직접 병사들을 이끌게 된다고 여겼다. 뭇별들이 침입하면 큰 병란이 일어날 조짐으로 보았다.

157) 사단은 선천적先天的이며 도덕적道德的 능력能力을 말하며, 칠정七情은 인간人間의 본성本性이 사물事物을 접接하면서 표현表現되는 인간人間의 자연적自然的인 감정感情을 말함.

158) 字는 자후子厚. 산동성山東省 운성현運城縣 출신으로 세칭 유하동柳河東이라고도 하였음. 감찰어사監察御史·유주자사柳州刺史 등을 역임하였고, 한유韓愈와 함께 고문古文의 부흥을 제창하여 당송팔대가唐宋八大家의 한 사람으로 불림. 원기元氣를 물질의 객관적 존재로 해석함으로써 원기 위에 주재자가 있음을 부정함. 이에 따라 천지天地나 원기, 음양은 인간의 질서에 참여할 수 없다고 하여 당시 유행한 인과응보설에 타격을 줌. 그러나 한편으로는 불교와 타협함으로써 유·불·도儒佛道 삼교三敎의 조화를 주장하기도 했음.

159) 송(宋, 960~1279) 때의 문필가이자 정치인으로 자字는 개보介甫, 호號는 반산半山이다. 문필가이자 시인으로서 그는 뛰어난 산문과 서정시를 남겨 이른바 '당송팔대가唐宋八大家'가운데 한 명으로 꼽히며 후대에 큰 영향을 끼쳤다. 또한 북송北宋의 6대 황제인 신종(神宗; 재위 1067~1085)에게 발탁되어 1069~1076년에 신법新法이라고 불리는 청묘법靑苗法, 모역

법募役法, 시역법市易法, 보갑법保甲法, 보마법保馬法 등의 정책을 입안하고 추진한 개혁적 정치 사상가로 널리 알려져 있다.

160) 본관은 화순和順. 자는 효원孝元, 호는 수우당守愚堂. 서울 출생. 조식曺植의 문인이다.

161) 자는 존량存良이고 호는 경당敬堂이다. 장주(長洲: 지금의 장쑤성 쑤저우시蘇州市) 출신이다. 융경隆慶 2년(1568년)에 진사에 합격하여 서길사, 편수(編修: 국사편찬 사관), 경연일강관經筵日講官, 예부좌시랑禮部左侍郞 등을 지냈다. 『세종실록世宗實錄』과 『목종실록穆宗實錄』 편수에 참여했다. 조선에 사신으로 다녀오기도 했지만, 물욕이 없어서 어떤 선물도 받아오지 않았다고 한다. 서화 감정에도 능해 이름을 떨쳤는데, 서예가 동기창董其昌이 한림원에서 그로부터 배웠다.

162) 본관은 동래東萊. 자는 자중子中, 호는 문봉文峯. 이황李滉의 문하에서 수학하였다. 1552년(명종 7년) 생원이 되고, 1558년 문과에 병과로 급제하여 진보·예안의 현감을 거쳐 영천 군수 등을 지냈다. 그 뒤 설서·정언·직강·지평·이조좌랑 등을 역임하였다. 1570년(선조 3년) 사가독서賜暇讀書하고 이듬해 사인으로 춘추관편수관이 되어 『명종실록』 편찬에 참여한 뒤 대사간·승지 등을 지냈다.

163) 본관은 해주海州. 자는 상지祥之, 호는 부훤당負暄堂. 김안국金安國의 문인으로 1531년(중종 26년) 진사가 되고, 1534년 별시 문과에 병과로 급제, 사가독서를 하였다. 헌납獻納이 된 뒤 주로 사헌부·사간원·홍문관·승정원·육조에서 활동하였다. 사헌부에서는 지평持平 등을 거쳐 일곱 차례나 대사헌을 역임했고, 홍문관에서는 수찬修撰으로부터 시작해 부제학까지 승진하였다. 승정원에서는 동부승지에서 도승지에 이르기까지 왕명의 출납을 관장하였다.

164) 본관은 한산韓山, 자는 형백馨伯 또는 형중馨仲이며, 호는 수산水山 또는 토정土亭이다. 이색李穡의 후손으로, 어려서 아버지를 여의고 맏형인 지번之蕃 밑에서 글을 배우다가 뒤에 서경덕徐敬德의 문하에 들어가 그에게 커다란 영향을 받았다. 후일에 그가 수리數理·의학·복서卜筮·천문·지리·음양·술서術書 등에 달통하게 된 것도 서경덕의 영향이라고 볼 수 있다.

165) 경상북도 예안 출신. 본관은 횡성橫城. 자는 사경士敬, 호는 월천月川. 이황李滉의 문인으로 1552년(명종 7년)생원시에 합격했으나 대과大科를 포기하고 학문과 수양에만 전념하였다. 1566년 공릉참봉에 임명되었으나 학덕이 부족하다는 이유로 사양하고, 이황을 가까이에서 모시며 경전 연구에 주력하였다.

166) 본관은 언양彦陽. 자는 사중士重, 호는 건재健齋. 나주 출신. 이항李恒의 문인으로, 김인후金麟厚·유희춘柳希春 등과 교유하였다. 1573년(선조 6년) 학행學行으로 발탁되어 처음 군기시주부軍器寺主簿가 된 뒤 용안 현감龍安縣監과 강원도·경상도의 도사를 역임하였다. 지평持平 때에 소를 올려 시폐를 적극 논란하다가 좌천되어 임실 현감이 되었다. 그 뒤 담양 부사·한성부 서윤·수원 부사를 역임하였다.

167) 본관은 광주廣州. 자는 습지習之. 이습而習으로 고쳤다. 호는 풍애楓崖. 재질이 뛰어나 9세 때부터 『소학』·『효경』 등을 읽기 시작하여, 20세 전후하여 『심경心經』·『근사록近思錄』 등

성리학 서적에 접하였다고 한다. 한양 출신으로 과거에 뜻을 두지 않고 경經·사史·백가百家를 널리 섭렵하였다. 25세에 박순朴淳에게 나아가 사제관계를 맺은 뒤, 이이李珥·정철鄭澈·이지함李之菡·성혼成渾·고경명高敬命 등과 교유하였다. 1561년(명종 16년) 20세에 이미 학행學行이 뛰어나므로 천거를 받아 원릉참봉元陵參奉에 임명되었으나 나아가지 않았다.

168) 춘추 전국시대에 어떤 왕이 천리마를 구하기 위해 사람을 파견하였다. 그 사람은 죽은 천리마의 뼈를 500금에 사왔다. 왕이 노하자 그가 말했다. "조금 기다리시면 천리마를 가진 사람이 모여들 것입니다." 과연 반년이 안 되어 천리마를 가진 사람이 여럿 찾아왔다. 죽은 천리마의 뼈를 500금에 샀다는 소문이 퍼지자, 천리마를 가지고 있는 사람들이 많은 돈을 받을 것을 의심하지 않고 온 것이다. (사기 권34 연소공세가)

169) 본관은 상주尙州. 자는 현경顯卿, 호는 동원東園. 1540년 진사시에 합격하고, 1547년(명종 2년) 알성 문과에 병과로 급제, 2년 뒤 예문관대교藝文館待敎로서 춘추관기사관을 겸해 『중종실록中宗實錄』 편찬에 참여하였다. 곧 홍문관으로 옮겨 정자·저작 등을 역임하고 성균관 박사로 전직되었다. 이어 부수찬·정언·수찬 등을 거쳐 1555년 김홍도金弘度·유순선柳順善 등과 사가독서하였다. 그 해 을묘왜변이 일어나자 이조좌랑으로 도순찰사 이준경李浚慶의 종사관이 되어 광주光州에 파견되었다가 돌아와 이조정랑이 되었다.

170) 본관은 진주晉州. 자는 상지尙之, 호는 월포月浦. 강사필姜士弼의 형으로 1543년 진사가 되고, 1546년(명종 1년)에 식년문과에 병과로 급제해 문한직을 제수받았다. 1552년에 수찬이 된 뒤, 사간원정언·헌납, 의정부검상·사인, 홍문관직제학 등을 역임하고, 1557년에 동부승지가 되었다. 이듬해 우부승지를 거쳐서 우승지를 역임하고, 홍문관부제학이 되었다. 이때 재해에 대한 왕의 수성修省을 촉구하는 소를 올린 바 있다. 1559년 좌승지가 되고, 이듬해 도승지와 예조참의 등을 거쳐 1561년 왕의 특별 명령으로 형조참판이 되었다. 그 해 성절사聖節使로 명나라에 다녀왔다. 그 뒤 대사헌 등을 역임하고 다시 부제학이 되어 권신權臣 이량李樑의 불법을 주장하다가, 오히려 이량의 미움을 받아 부호군副護軍으로 좌천되었으며, 1564년 도승지로 다시 기용되었다.

171) 본관은 은진恩津. 자는 중성仲成. 호는 자이당自怡堂, 또는 고사옹枯査翁·갈천葛川. 1540년(중종 35년) 생원시에 합격하여 성균관에서 독서讀書하였고, 1553년(명종 8년) 관천館薦에 의하여 사직서참봉이 되었다가 이듬해에 집경전참봉으로 옮겼다. 그 뒤 제용감참봉으로 옮겼으나 부임하지 않았는데, 1555년 전생서참봉이 되었다가 얼마 후 사직하고 고향에 돌아와서 80세가 넘은 노부를 봉양하여 1566년 관찰사의 추천으로 효행의 정려를 받았다.

172) 본관은 의령. 자는 시보時甫, 호는 동강東岡. 서경덕徐敬德의 문인이며, 조선시대 최초의 양명학자이다. 학행으로 천거되어 헌릉참봉이 되고, 1566년(명종 21년) 조식曺植·이항李恒 등과 함께 발탁되어 지평 현감砥平縣監이 되었다. 1573년(선조 6년) 양주 목사가 되고, 이듬해 지평持平에 임명되었으나 어머니의 병간호를 위해 그대로 머물 것을 요청하여 허락을 받았다. 1575년 지평을 거쳐 장령이 되고, 이어서 집의를 거쳐 전주 부윤이 되었으나, 1589년 정여립鄭汝立의 모반사건이 일어나자 사헌부의 탄핵을 받고 파직되었다.

173) 자는 총지聰智. 증조부는 잉피공(仍皮公, 또는 赤大公), 할아버지는 나마奈麻 담날談捺이고, 아

버지는 원효元曉, 어머니는 요석공주瑤石公主이다. 육두품 출신인 듯하며, 관직은 한림翰林에 이르렀다. 《증보문헌비고》에는 경주 설 씨慶州薛氏의 시조로 기록되어 있다. 출생에 대해서는 《삼국유사》〈원효불기 元曉不羈〉에 자세하게 기록되어 있는데, 이에 따르면 태종 무열왕 때, 즉 654~660년 사이에 출생한 듯하다. 나면서부터 재주가 많고 경사經史에 박통博通했으며, 우리말로 구경九經을 읽고 후생을 가르쳐 유학의 종주가 되었다. 그리하여 신라 10현新羅十賢의 한 사람이며, 또 강수强首·최치원崔致遠과 더불어 신라 3문장新羅三文章의 한 사람으로 꼽혔다. 《삼국사기》에 "우리말方言로 구경을 읽고 후생을 훈도하였다(以方言讀九經 訓導後生)."라 했고, 《삼국유사》에는 "우리말方音로 화이(華夷; 중국 민족과 그 주변의 오랑캐)의 방속方俗과 물건의 이름을 이해하고 육경六經과 문학을 훈해訓解했으니, 지금도 우리나라[海東]의 명경明經을 업業으로 하는 이가 전수傳受해 끊이지 않는다."라고 하였다.

174) 본관은 경주慶州. 자는 고운孤雲 또는 해운海雲. 경주 사량부(沙梁部 또는 本彼部)출신. 신라 골품제에서 6두품六頭品으로 신라의 유교를 대표할 만한 많은 학자를 배출한 최 씨 가문 출신이다. 특히, 최 씨 가문 중에서도 이른바 '신라 말기 3최崔'의 한 사람으로서, 새로 성장하는 6두품 출신의 지식인 중 가장 대표적인 인물이었다. 세계世系는 자세히 알 수 없으나, 아버지 견일은 원성왕의 원찰인 숭복사崇福寺의 창건에 관계하였다. 최치원이 868년(경문왕 8년)에 12세의 어린 나이로 중국 당나라에 유학을 떠나게 되었을 때, 아버지 견일은 그에게 "10년동안 과거에 합격하지 못하면 내 아들이 아니다."라고 격려하였다고 한다. 이러한 이야기는 뒷날 최치원 자신이 6두품을 '득난得難'이라고도 한다고 하여 자랑스럽게 말하고 있었던 점과 아울러 신흥가문 출신의 기백을 잘 나타내주고 있다. 당나라에 유학한 지 7년 만인 874년에 18세의 나이로 예부시랑禮部侍郎 배찬裵瓚이 주관한 빈공과賓貢科에 합격하였다. 그리고 2년간 낙양洛陽을 유랑하면서 시작詩作에 몰두하였다. 그때 지은 작품이 『금체시今體詩』5수 1권, 『오언칠언금체시五言七言今體詩』100수 1권, 『잡시부雜詩賦』30수 1권 등이다.

175) 경상북도 흥주(興州; 지금의 경상북도 영주시 풍기) 출신. 본관은 순흥順興. 자는 사온士蘊, 호는 회헌晦軒. 초명은 안유安裕였으나 뒤에 안향安珦으로 고쳤다. 조선시대에 들어와 문종의 이름이 같은 글자였으므로, 이를 피해 초명인 안유로 다시 고쳐 부르게 되었다. 회헌이라는 호는 만년에 송나라의 주자朱子를 추모하여 그의 호인 회암晦庵을 모방한 것이다. 우리나라에 성리학을 최초로 도입하였다.

176) 본관은 하동河東. 자는 사훈士勛. 1567년(명종 22년) 사마시에 수석으로 합격하여 진사가 되고, 이듬해 별시문과에 병과로 급제하고, 1573년 사헌부지평을 거쳐 사간원정언에 서임되었다. 이때 외척을 등용하지 말도록 진언하였다가 선조로부터 관리의 등용은 인물의 현부賢否에 의한 것이라는 힐책을 받았다. 그 뒤 1579년 다시 서인의 등용을 막으려 하자 이발李潑 등으로부터 심한 반발을 불러일으켰다. 1592년 안동 부사로 재임 중 임진왜란이 일어났는데, 근왕勤王을 빙자하고 처자를 거느리고 길주로 달려가 길주 부사가 되어 정문부鄭文孚와 호응하여 왜적과 싸웠다.

177) 본관은 광산光山. 자는 경함景涵, 호는 동암東巖·북산北山. 김근공金謹恭·민순閔純의 문인으

로 1568년(선조 1년) 생원이 되고, 1573년(선조 6년) 알성문과에 장원, 이듬해 사가독서賜暇讀書를 하고, 이조정랑으로 발탁되었다. 1579년 응교, 1581년 전한, 1583년 부제학을 역임하고 이듬해에 대사간에 이르렀다. 홍가신洪可臣·허당許鏜·박의朴宜·윤기신尹起莘·김영일金榮一·김우옹金宇顒 등과 교유하였으며, 특히 최영경崔永慶과 가장 친하였다. 조광조趙光祖의 지치주의至治主義를 이념으로 삼아 사론士論을 주도, 경연經筵에 출입하면서 왕도정치를 제창하여 기강을 확립하고 시비를 분명히 가렸다. 또, 이조전랑으로 있을 때는 자파의 인물을 등용함으로써 사람들로부터 원망을 샀으며, 동인의 거두로서 정철鄭澈의 처벌 문제에 강경파를 영도하였다. 이 때문에 이이李珥·성혼成渾 등과도 교분이 점점 멀어져 서인의 미움을 받았다. 1589년 동인 정여립鄭汝立의 모반사건이 일어남을 계기로 서인들이 집권하게 되자, 관직을 사퇴하고 교외에서 대죄待罪하던 중 잡혀 두 차례 모진 고문을 받고 장살杖殺되었다. 이발이 죽은 뒤 82세의 노모와 8세의 아들도 엄형嚴刑으로 죽었는데, 노모는 형벌이 너무 지나치다고 꾸짖으면서 끝내 역모에 관한 일을 승복하지 않았으며, 문생·노비도 모두 엄형을 가하였으나 승복하는 자가 없었다.

178) 『논어』「술이」 : 三人行 必有我師焉.

179) 중국 은나라의 이름난 재상으로 탕왕을 도와 夏나라의 폭군 桀王을 멸망시키고 선정을 베풀었다.

180) 외면을 정제하고 엄숙하게 해야 한다는 뜻으로, 정이程頤가 주일主一하는 방법으로 제시한 말.

181) 정이가 처음에 주창하고 주희가 이어받아 주장한 것으로 마음을 경敬에 두고 정신을 집중하여 외물에 마음을 두지 않는다.

182) 자 태손太孫, 휘 오驁. 제10대 황제 원제元帝의 아들로, 어머니는 황황후王皇后이다. 원제 무렵부터 한해旱害와 수재水災가 계속되고, 외척外戚과 환관宦官의 횡포가 심하였다. 학문을 좋아하던 성제도 이윽고 주색酒色에 빠져 가끔 대궐을 빠져나가 시중에서 놀기도 하였다. BC 14년 농민과 형도刑徒 등의 반란이 일어나, 황제지배의 체제는 무너지기 시작하여 궐내에서도 왕王·허許·조趙의 외척이 권력을 잡았다. 특히 왕 씨는 고관高官 자리를 독점하여 왕망王莽의 출현을 초래하는 계기가 되었다.

183) 본관은 은진恩津. 자는 공부公溥. 1565년(명종 20년) 홍문관의 정자正字·저작著作을 거쳐서 홍문관의 박사·부수찬副修撰, 사간원정언司諫院正言을 지내고, 예조정랑으로『명종실록明宗實錄』찬수에 참여하였다. 1570년(선조 3년) 홍문관교리弘文館校理가 된 뒤, 1573년 함경도에 재상어사災傷御史로 파견되었다. 이때 덕원부사 안상安瑺 등이 무죄인데 파직시켰다는 사간원의 탄핵을 받아 파직당하였다. 그러나 같은 해 6월 사헌부장령司憲府掌令이 되고, 시강관侍講官, 홍문관의 부응교副應敎·부교리, 사간원의 사간·집의執義, 홍문관응교 등을 두루 역임하였다.

184) 본관은 의성義城. 자는 사순士純, 호는 학봉鶴峰. 이황李滉의 문인으로 일본에 파견되었다가 돌아와 일본이 침입하지 않을 것이라고 하여 왜란 초에 파직되기도 하였다. 그러나 다시 경상도 초유사로 임명되어 왜란 초기에 피폐해진 경상도 지역의 행정을 바로 세우고 민

심을 안정시키는 데 기여하였다.

185) 후한 여남汝南 평여平輿 사람. 자는 중거仲擧다. 처음에 군郡에서 벼슬하다가 효렴孝廉으로 천거되었다. 태위太尉 이고李固의 천거로 의랑議郎이 되고, 예장태수豫章太守와 대홍려大鴻臚, 광록훈光祿勳 등을 역임했다. 환제桓帝 때 거듭 승진하여 태위까지 올랐다. 대장군 양기梁冀의 청탁을 사절하고 왕래를 끊었다. 환관의 전횡을 규탄했다. '불외강어진중거不畏强御陳仲擧'라는 칭송을 들었다. 영제靈帝가 즉위하자 태부太傅가 되고, 녹상서사錄尚書事로 고양후高陽侯에 봉해졌다. 외척인 대장군 두무竇武와 함께 환관 조절趙節, 왕보王甫 등을 몰아내려 발각되어 두무가 살해되었다. 부하 80여 명을 이끌고 궁 안으로 돌입했지만 살해당했다.

186) 성은 희姬 씨고, 이름은 정靖, 靖이며, 여왕厲王의 아들이다. 여왕이 나라 사람들에 의해 쫓겨났을 때 소공召公의 호가虎家에 숨어 있었다. 여왕이 죽자 귀국하여 즉위했다. 군려軍旅를 정비하고 윤길보尹吉甫를 기용하여 험윤玁狁을 격퇴했다. 방숙方叔과 소호召虎 등에게 명령해 형초荊楚와 회이淮夷 일대에서 군사 작전을 벌여 승리를 거두었다. 그 후 서융西戎에서 작전을 벌였지만 얻은 것도 없이 대량의 인력과 물자만 소모했다. 46년 동안 재위했다. 소목공召穆公과 방숙方叔, 윤길보, 중산보仲山甫 등에게 안팎의 정치를 맡기자 왕의 교화敎化가 크게 일어나 주나라 초기의 성대한 모습을 회복했다고 한다. 그가 죽은 뒤 아들 유왕幽王 때 주나라는 이민족의 침입으로 멸망했다.

187) 자 문숙文叔. 묘호 세조世祖. 시호 광무. 성명 유수劉秀. 전한前漢 고조高祖 유방劉邦의 9세손이다. 전한은 1세기 초 왕망王莽에게 나라를 빼앗기고 멸망하였으며, 왕망은 신新이라는 왕조를 세웠다. 그 신의 말년에 각지에서 군웅群雄이 거병擧兵하였을 때, 유수도 허난성[河南省] 난양[南陽]의 호족豪族과 손을 잡고 봉기하였다. 각지로 전전轉戰한 끝에 허베이[河北]·허난·후베이[湖北]에서 세력을 폈으며, 허난의 쿤양[昆陽]에서 왕망의 군대를 격파하고, 25년 허난의 뤄양[洛陽]에서 즉위하여 한왕조漢王朝를 재건하였다.

188) 성은 희姬이고, 이름은 주周이다. 춘추春秋시대 진晉나라의 제후諸侯로, 진양공晉襄公의 증손曾孫이자 환숙첩桓叔捷의 손자이며 혜백담惠伯談의 차남이고, 진려공晉厲公의 조카이다. BC 573년부터 BC 558년까지 재위에 있으면서 내란을 평정시키고, 송宋나라와 정鄭나라를 굴복시켰다. 또 천자天子를 끼고 제후諸侯를 호령하고 융적戎狄을 물리치고 중원中原에서 패자霸者로 군림했다. 시호는 도悼이다.

189) 중국 북송 제6대 황제. 성명 조욱趙頊. 영종英宗의 장자. 어머니는 선인태후宣仁太后 고 씨高氏. 북송조는 제4대 인종仁宗 때 서하西夏와 요遼나라의 압박 밑에서 체제의 위기를 맞기 시작하였다. 제5대의 영종英宗이 재위 5년 만에 사망한 뒤를 이어 즉위한 신종은 왕안석王安石을 재상으로 등용하고 신법新法이라고 하는 청묘靑苗·모역募役·시역市易·보갑保甲·보마법保馬法 등의 재정·군사 관제의 개혁을 강력히 추진하여 부국강병책을 시행하도록 하였다. 1076년 왕안석이 퇴관하자 스스로 개혁을 친정親政하였다. 그 결과 재정은 호전되었지만, 외정外征은 실패하였다. 교지(交趾; 베트남)를 정벌한 결과는 손해였고, 요나라와의 싸움에서도 하동(河東; 山西省)의 경계지境界地를 양보하였으며, 서하西夏의 원정에서도 크게

패하자 실의 속에 죽었다. 신종의 정치는 급진적이어서 실패한 것도 많았으나 나라의 체제를 바로잡고 국가 권력의 확립에 기여하였다.

190) 북송 상주相州 안양安陽 사람. 자는 치규稚圭고, 호는 공수贛叟며, 시호는 충헌忠獻이다. 인종仁宗 천성天聖 5년(1027) 진사에 합격했다. 우사간右司諫에 올라 왕수王隨와 진요좌陳堯佐, 한억韓億, 석중립石中立 네 사람을 파직할 것을 상소했다. 익주益州와 이주利州에 흉년이 들자 체량안무사體量按撫使가 되어 세금을 완화하고 탐관오리를 내쫓으며 불필요한 부역을 줄이는 등 조치를 취해 기민饑民 90만 명을 구제했다.

191) 민현閩縣 사람으로 자는 직경直卿이고, 호는 면재勉齋이다. 남송南宋 시기의 관리이자 철학자로 황우(黃㮚; 1109~1168)의 넷째 아들이고, 주희朱熹의 제자이다. 벼슬은 강서임천현령江西臨川縣令, 임강군신감현령臨江軍新淦縣令, 지호북한양군知湖北漢陽軍, 지안휘안경知安徽安慶, 대리승大理丞 등을 역임했다.

192) 본관은 청주淸州. 자는 자정子精, 호는 약포藥圃·백곡栢谷. 예천 출신. 이황李滉과 조식曹植의 문인으로 1552년(명종 7년) 성균생원시를 거쳐 1558년 식년문과에 병과로 급제하였다. 1565년 정언을 거쳐 예조정랑·헌납 등을 지냈다. 1568년 춘추관기주관을 겸직하고, 『명종실록明宗實錄』 편찬에 참여하였다. 1572년(선조 5년) 이조좌랑이 되고, 이어 도승지·대사성·강원도 관찰사 등을 역임하였다.

193) 본관은 안산安山. 자는 이정而精, 호는 잠재潛齋·정암靜庵. 이황李滉의 문하에서 수학하였다. 내직으로 지평과 집의를 지냈으며, 외직으로 나아가 평산平山, 죽산竹山, 수원, 적성積城의 지방관을 역임하였다. 율곡栗谷 이이李珥는 김취려에 대해 "비록 이황의 문하에 다녔다 하나 사실은 도학道學의 제자가 아니다."라고 평가하였다.

194) 은殷나라 탕湯임금이 7년 동안 가뭄이 들자 자신을 희생으로 삼아 상림桑林의 들에서 기도하며 여섯 가지 일로 자신을 책하였다. 참고로 여섯 가지는 "정치를 잘 조절하지 못하였는가. 백성이 직분을 잃었는가. 궁실이 크고 화려한가. 여알이 성행하였는가. 뇌물이 유행하였는가. 참소하는 자들이 창성하였는가.[政不節歟 民失職歟 宮室崇歟 女謁盛歟 苞苴行歟 讒夫昌歟]"이다.《十八史略 殷王成湯》

195) 1573년 7월 '사마두' 고사 참조

196) 본관은 하음河陰. 자는 경보敬甫, 호는 퇴사옹退思翁. 박학하고 의술에 능하였으나 1563년(명종 18) 내의원주부內醫院主簿로서 순회세자順懷世子의 병을 치료하지 못한 책임을 지고 투옥되었다.

197) 본관은 여산礪山. 자는 운장雲長, 호는 구봉龜峯. 할머니 감정甘丁이 안돈후安敦厚의 천첩 소생이었으므로 신분이 미천하였다. 그러나 아버지 송사련이 안처겸安處謙의 역모를 조작, 고발하여 공신에 책봉되고 당상관에 올라, 그의 형제들은 유복한 환경에서 교육받았다. 재능이 비상하고 문장이 뛰어나 아우 송한필宋翰弼과 함께 일찍부터 문명을 떨쳤고, 명문 자제들과 폭넓게 교유하였다. 초시初試를 한번 본 외에는 과거를 단념하고 학문에 몰두하여 명성이 높았다. 이이李珥·성혼成渾과 함께 성리학의 깊은 이치를 논변하였다. 특히 예학禮學에 밝아 김장생金長生에게 큰 영향을 주었다. 또 정치적 감각이 뛰어나 서인 세력의

막후 실력자가 되기도 하였다. 그러나 1586년(선조 19년) 동인들의 충동으로 안 씨 집안에서 송사를 일으켜, 안처겸의 역모가 조작임이 밝혀지고 그의 형제들을 포함한 감정의 후손들이 안씨 집의 노비로 환속되자 그들은 성명을 갈고 도피 생활에 들어갔다. 그러나 1589년 기축옥사로 정여립鄭汝立·이발李潑 등 동인들이 제거되자 그의 형제들도 신분이 회복되었다. 그 때문에 기축옥사의 막후 조종 인물로 지목되기도 하였다. 뒤에 또 조헌趙憲의 과격한 상소에 관련된 혐의로 이산해李山海의 미움을 받아 송한필과 함께 희천으로 유배되었다. 1593년 사면을 받아 풀려났으나, 일정한 거처 없이 친구·문인들의 집을 전전하며 불우하게 살다 죽었다. 1586년 안 씨의 송사 전까지는 고양의 귀봉산 아래에서 크게 문호를 벌여놓고 후진들을 양성하였다. 그 문하에서 김장생·김집金集·정엽鄭曄·서성徐渻·정홍명鄭弘溟·강찬姜澯·김반金槃·허우許雨 등 많은 학자가 배출되었다. 시와 문장에 모두 뛰어나 이산해·최경창崔慶昌·백광훈白光勳·최립崔岦·이순인李純仁·윤탁연尹卓然·하응림河應臨 등과 함께 선조 대의 8문가로 불렸다.

198) 최연소 박사가 된 중국 전한 문제 때의 문인 겸 학자. 진나라 때부터 내려온 율령·관제·예악 등의 제도를 개정하고 전한의 관제를 정비하기 위한 많은 의견을 상주했다. 당시 고관들의 시기로 좌천되자 자신의 불우한 운명을 굴원屈原에 비유해 〈복조부鵩鳥賦〉와 〈조굴원부弔屈原賦〉를 지었다.

199) 본관은 풍양豊壤. 자는 형선衡善. 1561년(명종 16년) 감시생원監試生員 제1인으로 뽑혔고, 1564년 식년문과에 병과로 급제, 예문관대교·승문원주서를 거쳐 홍문관수찬으로서 을사괘망의 원억乙巳掛網之寃抑을 신설伸雪하고, 이황李滉의 저술을 찬하며, 향약을 시행할 것을 건의하였다. 부수찬·수찬·지평을 거쳐 교리에 이르렀을 때, 재상 이준경李浚慶이 죽음에 임하여 조정에 붕당의 조짐이 있음을 말한 데 대하여 삼사三司가 공격하여 죄주기를 청하자 심희수沈喜壽와 더불어 이준경을 적극 변호하였으며, 성혼成渾을 적극 천거하였다.

200) 「雍也」8: 伯牛有疾 子問之 自牖執其手曰 亡無之 命矣夫 斯人也而有斯疾也 斯人也而有斯疾也.

201) 북송 경조京兆 남전(藍田, 섬서성) 사람. 자는 여숙與叔이다. 여대균呂大鈞의 동생이다. 처음에 장재張載에게 배웠고 나중에 정이程頤에게 배웠는데, 사좌량謝良佐, 유조游酢, 양시楊時와 함께 '정문사선생程門四先生'으로 일컬어진다. 육경六經에 정통했고, 특히 『예기禮記』에 밝았다. 음사로 관직에 올라 나중에 진사 시험에 합격했다. 철종哲宗 원우元祐 연간에 태학박사太學博士를 지냈고, 비서성정자秘書省正字로 옮겼다. 범조우范祖禹의 천거로 강관講官이 되었는데, 기용되기도 전에 죽었다. 예학禮學에 밝아 예의를 중시했으며, 정자의 예학을 계승하여 심성지학心性之學에 치중했다. 저서에 『역장구易章句』와 『대역도상大易圖象』, 『맹자강의孟子講義』, 『대학중용해大學中庸解』, 『노자해老子注』, 『서명집해西銘集解』 등이 있었지만 대부분 없어지고, 지금은 『고고도考古圖』와 『속고고도續考古圖』, 『석문釋文』이 사고전서四庫全書에 수록되어 있다. 문집에 『옥계집玉溪集』이 있다.

202) 태고 시대에 부호와 문자가 생기기 전, 줄에 매듭을 만들어 어떤 약속을 표시하던 방법을 말함.

203) 순임금이 간척干戚이란 춤을 춘 지 90일 만에 적국인 삼묘三苗가 싸우지 않고 들어와 항복한 일을 말함.

204) 한 고조漢高祖가 평성平城에서 40만의 흉노병匈奴兵에게 포위당한 사실을 말함.

205) 『중용』 20: 博學之 審問之 愼思之 明辨之 篤行之.

206) 중국 전한의 문인. 부에 있어 가장 아름답고 뛰어나, 초사楚辭를 조술祖述한 송옥宋玉·가의賈誼·매승枚乘 등에 이어 '이소재변離騷再變의 부賦'라고도 일컬어진다. 수사존중修辭尊重의 풍風이 육조문학六朝文學에 끼친 영향은 크다. 주요 저서에는《자허부》등이 있다.

207) 중국 전국시대 말기 초나라의 궁정시인. 문학사상 중요한《초사》,《문선》에 기재된《구변九辨》,《초혼招魂》등 많은 작품이 있다. 특히《문선》에 실린 작품들은 미사여구를 구사해 청각문학聽覺文學의 수작秀作이라 할 수 있다.

208) 본관은 해평海平. 자는 백승伯昇, 호는 송만松灣. 윤두수尹斗壽의 조카이다. 1564년(명종 19년) 생원·진사 양시에 합격하였으며, 1567년(선조 즉위년) 식년문과에 을과로 급제하였다. 1573년(선조 6년)에 예조좌랑·정언正言이 되었고, 이듬해 홍문관에 입번하여 김응남金應南 등과 함께 성락成洛을 잡아들이도록 청하였으나 허락받지 못하였다. 1576년(선조 9년) 전랑銓郎에 이어 1578년(선조 11년) 이조좌랑이 되었다. 동인 김성일金誠一과 함께 전랑이 되었으나 서로 사이가 좋지 않았다. 당시 서인의 거두인 작은아버지 윤두수·윤근수尹根壽가 모두 요직에 있어 함께 삼윤三尹으로 일컬어졌으며, 서인을 지지하고 동인을 배척한다고 하여 사헌부·사간원 등 언관들로부터 논핵을 자주 받았다.

209) 본관은 창녕昌寧. 자는 사신士伸, 호는 남애南崖. 이황李滉 문하에서 수학하였는데 어릴 때 이미 자력으로 『심경心經』·『근사록近思錄』·경서·주자서를 탐독할 정도의 높은 자질을 가졌다 한다. 1561년(명종 16년)에 진사시에 합격하였고, 1568년(선조 1년) 증광문과에 병과로 급제하였다. 승문원·홍문관정자를 거쳐서 청요직인 예문관검열에 임명되었다. 1574년에는 질정관質正官으로 명나라에 다녀왔으며, 이후 홍문관에서 홍문관의 수찬·교리·직제학을 지내면서 경연관經筵官으로 활약하였다.

210) 본관은 전의全義. 자는 대중大中, 호는 약포藥圃·경재敬齋. 1563년(명종 18년)에 생원으로 알성문과에 을과로 급제하여 곧 검열에 등용되고, 이어 설서·봉교 등을 역임하였다. 1567년에 사가독서賜暇讀書를 하였다. 그 뒤 응교·동부승지·호조참의·대사간·병조참의·공조참의를 역임하고 1582년(선조 15년)에 성절사聖節使로 명나라에 다녀왔다. 그는 서인으로 1583년에 도승지가 되었으나 그때 점점 세력이 커진 동인에 밀려 여주 목사로 좌천되었다. 1587년에 충청도 관찰사로 나갔다가 다시 대사간이 되고, 다시 여주 목사로 밀려났다. 그해 서인 정철鄭澈이 건저(建儲: 세자책봉)문제로 유배되자 그도 연루되어 종성으로 유배되었다. 1592년 임진왜란이 일어나자 유배지에서 풀려나와 왕을 의주로 호종하였다. 이어 대사간이 되었다가 1594년에 대사성을 거쳐 부제학에 이르렀다. 성격이 강직·단아하고 특히 시와 예서에 뛰어났다. 이조판서에 추증되었다.

211) 본관은 동래東萊. 자는 길원吉元, 호는 임당林塘. 1531년(중종 26년) 사마시에 합격하고, 1538년 별시문과에 장원하여 중종의 축하를 받고 곧 사간원정언에 올랐다. 그 뒤 공조좌

랑·이조좌랑·중추부도사·세자시강원문학 등을 역임하였다. 1544년 이황李滉·김인후金麟厚 등과 함께 동호서당東湖書堂에서 사가독서하였다.

212) 《서경書經》요전堯典에 四岳이 요임금에게 한 말[岳曰 吁哉 試可 乃已]

213) 본관은 광주光州. 자는 방무邦武·유성由盛, 호는 성재醒齋. 1558년(명종 13년) 생원시·진사시에 합격하였으며, 1568년(선조 1년) 증광문과增廣文科에 갑과로 급제하여, 의영고직장義盈庫直長에 초수되었다. 이후 예문관검열·승정원주서·성균관전적을 거쳐, 공조·형조·예조의 좌랑을 역임하였다. 심의겸·김효원金孝元의 대립이 있자, 대간간 정지연鄭芝衍, 부제학 이이李珥 등과 더불어 그들을 외보外補할 것을 주장하였다. 이후 장령·봉상시첨정·사예·사성·사섬시정을 거쳐, 1578년(선조 11년) 다시 어사로서 양계·하삼도를 순무하고 정주목사를 역임한 뒤 춘천으로 내려가 있다가 죽었다.

214) 남북조南北朝 때 양 고조梁高祖 소연蕭衍이 불교를 독신篤信하여, 수백 권의 불서佛書를 짓고 불경佛經을 강론하며 무차대회無遮大會를 열고 동태사同泰寺에서 사신捨身과 속신贖身 공양에 힘쓰고서 정사를 돌보지 않고 수많은 재화를 낭비하다가 끝내 후경侯景의 난을 당해 굶어 죽은 일을 말함. 무제는 죽을 때 입이 써서 꿀물을 찾았으나 끝내 얻어먹지 못하고 죽었다고 함. 《남사南史》7권〈양무제본기梁武帝本紀〉참조.

215) 「대학」: 未有府庫財非其財者也

216) 주나라의 여왕厲王이 포학한 정치를 하자 백성들이 여왕을 비방하였으므로, 여왕이 위나라 출신 무당을 불러 비방하는 자를 살피게 했다.

217) 한漢나라 성제成帝 때 사람. 주운은 당시 권세를 마음대로 하던 무리를 배척하였는데, 특히 안창후安昌侯 장우張禹를 참참斬하도록 주장하다가 황제의 노여움을 사서 어사御史에게 끌려가게 되었을 때 난간을 붙잡고 버티면서 극언極言하다가 난간이 부러진 고사로 유명함.

218) 중국 전한 무제 때의 인물. 무제 때 주작도위가 되었으며, 9경의 한 사람이 되었다. 승상 장탕과 어사대부 공손홍 등을 법률 만능주의자요 천자에게 아첨하는 영교지도라 비난하고, 황로지도·무위의 정치를 주장하며 왕에게 간했으나 받아들여지지 않았다.

219) 본관은 남양南陽. 자는 시가時可, 호는 졸옹拙翁. 1561년(명종 16년) 진사가 되고, 1564년 식년문과에 병과로 급제, 정자·교리 등을 지냈다. 1567년 사가독서한 뒤 대사간을 거쳤다. 신진사류의 지도급 인물로서 윤두수와 함께 서인으로 유능한 선비였다.

220) 본관은 양천陽川. 자는 미숙美叔, 호는 하곡荷谷. 아버지는 허엽으로 허난설헌蘭雪軒의 오빠이자 허균의 형이며 유희춘柳希春의 문인이다. 1568년(선조 1년)에 생원과, 1572년(선조 5년) 친시문과親試文科에 병과로 급제, 이듬해 사가독서賜暇讀書를 했다. 1574년(선조 7년) 성절사聖節使의 서장관書狀官으로 자청하여 명나라에 가서 기행문「하곡조천기荷谷朝天記」를 썼다. 그의 사상이 잘 나타나 있다. 이듬해이조좌랑이 됐다. 1577년(선조 10년)교리를 거쳐 1583년(선조 16년)창원 부사를 역임했다. 그는 김효원金孝元 등과 동인의 선봉이 되어 서인들과 대립했다. 1584년(선조 17년) 병조판서 이이李珥의 직무상 과실을 들어 탄핵하다가 종성에 유배됐고, 이듬해 풀려났으나 정치에 뜻을 버리고 방랑 생활을 했다. 1588년(선조

21년) 38세의 젊은 나이로 금강산 밑 김화연 생창역에서 죽었다.

221) 자는 명중明仲, 호는 이암頤庵·녹피옹鹿皮翁, 본관은 여산礪山이다. 서예가로서 당시의 명망 있는 선비들의 비문을 썼고, 남곤南袞이 외조부이며, 어려서 모친을 여의고 외가에서 자랐다. 1526년 10세에 중종의 셋째 서녀인 정순옹주貞順翁主와 결혼하여 여성위礪城尉에 봉해졌고, 명종 때 여성군礪城君에 봉해졌다. 의빈부儀賓府·충훈부忠勳府·상의원尙衣院 등에서 요직을 지냈으며 도총관都摠管에 이르렀다. 시문에 능하였으며 이황李滉·조식曹植·이민구李敏求·정렴鄭·이이李珥·성혼成渾 등 당대의 석학들과 교유하였으며, 만년에는 선조의 자문 역할을 하였다. 사람됨이 단정하고 순수하고 근실하였으며 화화로운 환경에서도 가난한 사람처럼 살았다. 계모를 지성으로 섬겨 효도로 이름났다. 거상居喪 때에 잘 견디지 못할까 미리 걱정하여 평상시에 하루걸러 담박한 음식을 먹었다. 놋쇠 그릇으로 요강을 만들지 않았는데, 이는 훗날 망가져 사람들의 음식 그릇이 되지 않을까 하는 염려에서였다고 한다.

222) 본관 한산韓山이며 자는 여수汝受, 호 아계鵝溪·종남수옹終南睡翁, 시호 문충文忠이다. 북인의 영수로 1539년(중종 34년) 목은 이색의 7대손으로 출행하였다. 그의 부친은 현감을 지낸 이지번李之蕃이고, 숙부가 『토정비결』로 유명한 이지함李之菡이다. 그는 어려서 숙부(작은아버지) 이지함에게서 학문을 배웠다. 전하는 말에 의하면 그의 부친이 산해관에서 그를 잉태하는 태몽을 꾸어 이름을 산해라 지었다고 한다. 어려서 글씨에 능했으며 그의 총명함이 명종까지 회자되었다고 전해진다. 1545년 을사사화乙巳士禍가 일어나 그의 집안이 화를 입게 되자 고향인 충청도 보령으로 이주하였다.

223) 두보 시의 〈去蜀〉: 安危大臣在 何必淚長流

224) 종로구 옥인동에 있었던 궁궐로 풍수지리가인 성지性智와 시문용施文用 등에 의하여 인왕산왕기설(仁旺山王氣說)이 강력히 제기되자 광해군이 인왕산의 왕기를 누르기 위하여 창건하였다. 1616년(광해군 8년)에 인왕산 기슭의 민가를 헐고 승군을 징발하여 자수궁과 인경궁(仁慶宮; 지금의 사직동 부근)·경덕궁(慶德宮; 뒤의 경희궁)의 세 궁궐을 지었다. 자수궁이 지어진 곳은 오학의 하나인 북학北學의 자리였다. 인조가 반정한 뒤 경덕궁만 남겨두고 인경궁과 자수궁을 폐지하면서 자수원慈壽院이라 이름을 고친 뒤 이원(尼院; 僧房)이 되었다. 후궁 중에서 아들이 없는 이는 이원에 들어와 있게 하였으므로 한때 5,000여 명의 여승이 살았다. 그 뒤 1661년(현종 2년)에 여승의 폐해가 심하여 부제학 유계兪棨의 상계上啓로 폐지하면서 어린이들은 환속시키고 늙은이들은 성 밖으로 옮기게 하였다. 1663년 자수원의 재목으로 성균관 서쪽에 비천당丕闡堂을 세우고, 또 일량재一兩齋와 벽입재闢入齋를 세웠다.

225) 본관은 의성義城. 자는 기복基福. 김안국의 아들이다. 1549년(명종 4년) 식년문과에 병과로 급제하여 홍문관에 들어갔으며 관직이 전한典翰에 이르렀다. 인물이 경박하고 출세에 급급하여 가정의 교훈을 따르지 않아 일찍이 숙부 김정국金正國이 우리 형제의 뒤를 이을 만한 자식이 없음을 한탄하였다고 하는데, 이때 와서 외척 윤원형尹元衡에게 붙으니 김정국의 말이 그대로 들어맞았다. 평소 김홍도金弘度와 사이가 좋지 못하여 서로 당을 만들어 다투었다. 1557년(명종 12년) 윤원형이 첩을 처로 삼은 사실을 김홍도가 못마땅하게 생각하

더라고 윤원형에게 고자질하여 조정을 어지럽게 만들었다. 이어 그의 당인 대사간 김백 균金百鈞·사간 조덕원趙德源과 함께 탄핵하여 김홍도와 김규金虬를 각각 갑산과 경원으로 귀양보내고 김계휘金繼輝를 삭출했다. 뒤에 영의정 심연원沈連源으로부터 사사로운 원한 으로 조정을 어지럽힌다고 탄핵을 받았다. 또 이어 양사(兩司: 사헌부와 사간원)의 탄핵을 받 아 조정에서 축출되었다. 1574년(선조 7년) 우의정 노수신盧守愼이 서용을 청하여 한때 선조 의 허락을 받았으나 삼사三司에서 극렬하게 반대하여 끝내 서용되지 못하였다.

226) 본관은 나주羅州이며 아버지는 김종신金宗信이다. 1605년(선조 38년) 무과에 급제하여 선전 관宣傳官, 훈련원주부, 첨정, 원정阮正, 김해 부사, 전라 수사를 지냈다. 병자호란 때는 길주 목사를 지냈으며, 오위도총부 부총관에 이르렀다. 병조판서에 兵曹判書에 추증되었다.

227) 본관은 나주羅州. 자는 희인希仁, 호는 풍암楓巖. 1540년(중종 35년) 사마시를 거쳐 1546년(명 종 1년) 증광문과에 을과로 급제, 승문원정자에 등용되었다가 이듬해 양재역良才驛의 벽서 사건에 연루되어 삭주에 유배되었다. 1551년 순회세자順懷世子의 탄생으로 특사령이 내려 져 고향에 돌아갔다가 선조 초기에 박사에 임명되었으나 무고를 받아 취임하지 못하고 고향에 은거하였다. 젊었을 때부터 기상이 높았으며, 왕래하는 벗들은 모두 당대의 일류 명사들이었다. 특히, 윤결尹潔·이운손李雲孫 등과 교분이 두터웠고 가난하게 살면서도 이 에 개의하지 않고 산과 호수를 찾아 시를 읊으며 유유자적하였다.

228) 본관은 안동安東. 자는 중원重遠, 호는 남봉南峯·내봉萊峯. 1548년 문과에 장원 급제하였으 며 경연經筵에 참여하였다. 청주 목사淸州牧使로 있을 때, 윤개尹漑·권찬權纘 등의 모함을 받 아 갑산으로 유배되었다가 그곳에서 사망하였다. 할아버지와 아버지를 이어 글씨를 잘 썼고, 또 그림에도 능했다고 하지만 유작은 없다. 영의정에 추증되었다.

229) 본관은 광산光山. 자는 몽서夢瑞, 호는 탄수灘叟. 1543년(중종 38년)에 생원이 되고, 1546년(명 종 1년)에 식년문과에 병과로 급제하였다. 정언·지평·이조정랑 등을 거쳐 전한에 이르렀 다. 어렸을 때부터 문장에 재주가 있어서 13살 때에는 아버지가 왕의 노여움을 사서 옥에 갇히자 상소를 올려 특사케 한 일도 있다.

1557년에 선위사로 동래에 있을 때, 사간 김여부金汝孚의 사주를 받은 윤원형尹元衡 등의 무고로 체포되어 벽동碧潼으로 귀양 갔다가 경원慶源으로 다시 이배되었다. 1564년 8년 만에 특사로 풀려나왔다. 1554년에는 경상도 암행어사로 임명되기도 하였다.

230) 본관은 밀양密陽. 자는 일초一初, 호는 망일재望日齋. 1546년(명종 1년) 진사시에 합격, 1552년 식년문과에 병과로 급제해 봉교가 되었으나 1554년 친병으로 인해 사직하였다. 1555년 예조좌랑이 되었다가 1558년 사간원정언으로 옮겼고, 곧 시강원사서가 되었다. 이듬해 사헌부지평을 거쳐 홍문관수찬이 되었고, 다음 해 홍문관교리에 승진하였다. 곧 이어 홍문관교리를 지내고 이조좌랑이 되었다. 1560년 홍문관부응교가 되었으나 이듬 해 임백령林百齡의 시호 사건諡號事件에 연루되어 파출罷出되었다. 1562년 다시 의정부검 상·사인을 거쳐 사헌부장령으로 옮겼고, 이듬해 홍문관부제학 윤의중尹毅中과 함께 재 이災異 방치책에 대한 소를 올렸다. 이어서 집의·동부승지를 거쳐 우부승지를 지냈다. 1564년 호조참의·승정원좌승지가 되었다. 1566년 홍문관부제학을 거쳐 이듬해 대사간·

병조참지를 지냈다. 1569년(선조 2년) 천추사千秋使로 명나라에 다녀왔다. 1572년 도승지를 거쳐 대사헌을 지내고 예조참판·대사헌을 번갈아 지냈으며 이듬해 이조참판이 되었다. 1576년 경기 감사를 지내고 1583년 다시 도승지가 되었다. 동서 분당으로 한창 논쟁이 심할 때 동인의 중진으로 송응개宋應溉·허봉許篈 등과 함께 병조판서 이이李珥를 탄핵하다가 강계江界로 유배되었다. 그 뒤 1585년 영의정 노수신盧守愼의 상소로 풀려났다. 사관史官으로 있을 때 권신權臣인 윤원형尹元衡의 악행을 직서했으며, 처결 수완이 뛰어나 대사헌을 여덟 번이나 지냈다.

231) 본관은 여흥驪興. 자는 경초景初, 호는 행촌杏村·습정習靜. 어려서는 신광한申光漢의 문하에서, 장성한 뒤는 서경덕徐敬德의 문하에서 수학하였다. 서경덕으로부터 주정主靜의 설說을 듣고 크게 감화되어 자기가 처하던 재齋의 이름을 '습정習靜'이라 하였다고 한다. 1568년(선조 1년) 효행으로 천거되어 효릉참봉孝陵參奉에 임명되었으나, 곧 학행이 알려져 전생서주부典牲署主簿로 승진되었다. 이어 공조·형조의 좌랑을 거쳐 토산 현감兎山縣監으로 나갔다가 곧 벼슬을 버리고 고향인 고양으로 돌아가 학문에 전심하였다. 1575년 사헌부지평으로 다시 조정에 들었으나, 마침 인순왕후仁順王后의 상을 당하여 예관禮官들이 오사모烏紗帽·흑각대黑角帶로 상복을 정하자, 민순은 송나라 효종孝宗의 백모 3년白帽三年의 고제古制로 고쳐 준용할 것을 건의하여 실시하게 하였다. 그러나 물의를 빚어, 그해 6월 다시 사직하고 고향으로 돌아와 초야에 묻혔다. 그 뒤 용강현령龍岡縣令·청풍군수淸風郡守를 지내고 사헌부장령을 거쳐 수안 군수遂安郡守에 이르렀으나, 모두 임명된 지 얼마 안 되어 사직하고는 하였다. 그 뒤로는 연안延安·성천成川의 부사府使·공조정랑 등 여러 관직에 제수되었다. 그러나 모두 사퇴하고 향리에서 후진 교육에 힘을 기울였다. 홍가신洪可臣·한백겸韓百謙·홍치상洪致祥 등이 문하에서 배출되었다. 개성의 화곡서원花谷書院, 고양의 문봉서원文峯書院에 제향되었다.

232) 본관은 해주海州. 자는 언명彦明, 호는 월담月潭. 한양 출신. 이중호李仲虎의 문인으로 1566년(명종 21년) 별시문과에 병과로 급제하여, 1572년(선조 5년) 학유를 거쳐 검열이 되었고, 사국史局에 뽑혀 직필로써 김성일金誠一로부터 칭찬을 받았다. 그 뒤 공조·형조의 좌랑, 정언, 해운판관을 지내고, 경상도 도사가 되어서는 군적軍籍을 잘 다스렸다. 1576년 수안 군수로서 선정을 베풀어 고을 사람들이 송덕비를 세웠으며, 그 이듬해 함경도암행어사로 나가 그 지방의 기한饑寒과 국방대책 8조를 상소하였다. 그 뒤 집의·사간·예조참판·대사간·이조참판·한성판윤·대사헌 등을 거쳐 1590년 이조판서가 되었다. 그간에 1583년에는 성절사로, 1589년에는 사은부사로 명나라에 다녀오기도 하였다. 평난平難·광국光國 공신에 각각 3등으로 녹훈되고 해성군海城君에 봉하여졌다. 1592년 임진왜란 때에는 평양까지 선조를 호종하였으며, 왕비와 세자빈을 배종陪從, 희천에 피난하였고, 이듬해 검찰사檢察使가 되어 왕과 함께 환도하여 좌찬성·세자이사世子貳師로 지경연사를 겸하였다. 영의정에 추증되었다.

233) 송나라 무주(撫州, 강서성) 숭인崇仁 사람. 자는 춘백春伯이고, 호는 차암此庵이며, 시호는 문공文恭이다. 효종孝宗 순희淳熙 2년(1175년) 진사進士가 되고, 교서랑校書郎과 국사원편수國史

院編修를 지냈다. 황손교수皇孫教授가 되어 고사古事를 빌어 경계했고, 『감고록鑒古錄』을 지어 올렸다. 병부상서兵部尚書로 옮겼다. 광종光宗이 중화궁重和宮에서 조회를 보지 않자 시종들과 함께 주청하여 35번이나 상소했다. 상주上奏한 것만도 60장章이었다. 영종寧宗이 즉위하자 단명전학사端明殿學士가 되고, 첨서추밀원簽書樞密院에 올랐다. 저서에 『서강의書講義』와 『춘추강의春秋講義』, 『맹자강의孟子講義』, 『주의奏議』 등이 있다.

234) 임금과 신하의 복제에 관한 책.

235) 본관은 하양河陽. 자는 중통仲通, 호는 경암敬菴. 권근權近의 문인이다. 1383년(우왕 9년) 진사시, 1385년 생원시에 합격하고 1390년(공양왕 2년) 식년문과에 급제해 전의시승典儀寺丞이 되었다. 1392년 조선이 건국되자 좌보궐左補闕·봉상시승奉常寺丞으로서 지제교를 겸해 예악 제도禮樂制度를 바로잡는 데 힘썼다. 세종을 도와 신숙주申叔舟 등 진사 100인과 하위지河緯地 등 문신급 제자 33인을 뽑았고, 같은 해 우의정 영집현전춘추관사 세자부로 승진하였다. 이듬해 궤장几杖이 하사되고 좌의정 영춘추관사에 올랐으나, 그해에 죽었다. 『소학』·『중용』을 즐겨 읽었고 효행이 지극했으며, 강직한 성품을 지녔다. 특히, 유교적 윤리관을 보급해야 하는 조선 초기에 태종·세종을 도와 예악 제도를 정비하는 데 크게 공헌하였다. 세종묘정에 배향되었다. 시호는 문경文敬이다.

236) 당나라 천수天水 약양略陽 사람. 자는 재지載之고, 권고權皐의 아들이다. 윤주潤州 단도(丹徒: 지금의 江蘇에 속함)에 옮겨 살았다. 어려서부터 문사로 이름이 알려졌다. 4살 때 시를 지을 줄 알았고, 15살 때 산문 수백 편을 지어 『동몽집童蒙集』을 엮어 명성이 더욱 높아졌다. 처음에 하남河南 막부幕府를 보좌했다가 감찰어사監察御史로 옮겼다. 덕종德宗이 그의 재주를 듣고 태상박사太常博士로 불렸고, 거듭 승진하여 중서사인中書舍人에 올랐다. 기거사인起居舍人을 거쳐 지제고知制誥를 겸하다가 다시 중서사인으로 옮겼다. 정원貞元 말에 예부시랑禮部侍郎에 오르고 세 번 공거貢舉를 관장해서 '득인得人'으로 불렸다. 헌종憲宗 원화元和 초에 병부兵部와 이부吏部의 시랑을 지냈다. 5년(810년) 예부상서禮部尚書 겸 중서문하평장사中書門下平章事에 임명되었다. 나중에 형부상서로 옮기고 산남서도山南西道의 절도사節度使로 나아갔다. 2년 뒤 병으로 귀향했지만, 도중에 죽었다. 시호를 문文이라 해서 당시에 권문공이라 일컬어졌다. 저서에 『권재지문집權載之文集』 50권이 있다. 『전당시全唐詩』에는 시가 10권으로 편집되었고, 『전당문全唐文』에는 산문 27권이 수록되어 있다.

237) 본관은 해남海南. 자는 치원致遠, 호는 낙천駱川 또는 태천駘川으로 윤선도尹善道의 할아버지이다. 1543년(중종 38년) 사마시에 합격하여 진사가 되고, 1548년(명종 3년) 별시문과에 병과로 급제하였다. 승정원주서·저작 등을 거쳐 1553년 부수찬이 되고, 이듬해 검토관을 역임하였다. 1555년 부교리로서 제주 선로사濟州宣勞使가 되어 다녀왔으며, 이 해 사가독서賜暇讀書한 뒤 이조정랑에 올랐다. 1557년 의정부검상·사인을 거쳐, 집의·응교·직제학·형조참의·예조참의·승정원동부승지 등을 지냈다. 1562년 성균관대사성·홍문관부제학·도승지에 이어 대사간·이조참의·병조참의 등을 역임하였다. 1566년 호조참판에 올라 이듬해 안주 영위사安州迎慰使가 되어 명나라 사신을 맞았으며, 그 해 경상도관찰사로 나갔다. 다시 이조참판이 되어 동지춘추관사同知春秋館事를 겸직하였고, 아울러 『명종실록』의 편찬사

업에 참여하였다. 1572년(선조 5년) 평안도 관찰사, 이듬해 병조참판·대사헌을 거쳐, 1574년 대사간·예조참판·대사헌·부제학을 역임하였다. 1581년 형조판서에 올랐는데, 재산을 많이 모아 호남에서 제일가는 갑부라는 탄핵을 받았다. 1589년 정여립鄭汝立의 옥사가 일어나자 동인의 지도자로서 정여립과 친하고, 또 이발李潑의 외숙이라고 하여, 전라도 유생 정암수丁巖壽가 축재를 비난하는 탄핵 상소를 올리자, 이에 연좌되어 벼슬에서 삭출되었다가 1610년(광해군 2) 복관되었다.

238) 〈대학〉에서 탕湯임금은 세숫대야에 글을 새기길 '苟日新日日新又日新'이라고 하였다.

239) 본관은 진주晉州. 자는 여익汝翼 1558년(명종 13년) 무오戊午별시別試 병과丙科 3위로 급제하여, 관직은 만호萬戶를 거쳐 교서관교리校書館校理에 이르렀다. 임진왜란 때에는 함경북도 평사 정문부鄭文孚가 군사를 일으켜 경성鏡城을 수복할 당시 선두에 서서 부성府城에 이르러, 항거하는 국세필鞠世弼을 위협하여 병사兵使의 인印을 회수하였으며, 길주吉州의 왜군 1백여 명이 상황을 살피러 왔을 때는 성문을 열고 나가 수십 명의 머리를 베어내 남은 적들을 물리치는 등 왜적을 공격하는 데 공을 세우기도 하였다.

240) 중국 고대 은殷의 이상적인 명현. 이름은 서여叙余, 또는 수유須臾. 기국箕國에 봉왕奉王되어 기자로 불리었다. 기자는 고조선古朝鮮 개국 설화 중에 자기 나라가 망한 후, 조선에 와서 예의禮儀·전잠田蠶·직작織作과 팔조지교八條之敎를 가르치고, 기자 조선의 시조라고 하지만(사기史記 송세가宋世家·한서지리지漢書地理志 등), 한·중·일 학자들의 설이 각이各異하며, 일부에서는 결정적으로 부정하고 또 다른 일부에서는 합리적으로 시인한다. 부정설에 의하면 사대사상에 사로잡힌 선조들이 기자의 후손으로 자칭하였기 때문이라 한다.

241) 우주 만물은 기일원氣一元으로 되고 그 일원기一元氣를 태허太虛라고 한다. 이것은 무형無形이지만 항상 활동하고 정지하는 일 없이 집산集散하며 모이면 모양이 생기고 흩어지면 소멸한다. 기氣는 태허로서 항상 존재하고 결코 무無가 되지는 않는다. 만물은 일기一氣의 집산으로써 생멸生滅하기 때문에 사람도 물체도 본질적으로는 차별이 없고 인물·만물·천인天人·사생死生은 일체일여一體一如이다. 기氣에는 청탁의 별別이 있으므로 인간에게 현賢·우愚·선·악·재才·부재不才의 구별이 생긴다. 그것을 보충하기 위하여 인간은 독서와 예禮를 존중하지 않으면 안 된다고 하였다.

242) 중국 송宋나라의 성리학자 장재(張載; 1020~1077)가 지은 서재書齋의 서쪽 창에 걸어놓은 명銘. 원명은 정완訂頑이었는데, 그와 동시대 사람인 정이程頤의 충고에 의하여 서명이라고 고쳤음. '폄우貶愚'라는 원명을 가진 동명東銘과 함께 그의 문집에 수록되었는데, 유교의 기본 윤리인 인仁의 도리를 설명한 글로 중국 철학사상 중요한 논문의 하나임. 주희朱熹가 특별히 주석을 붙이자 후대 학자들이 이에 주목하게 되어 동명과 서명에 대한 많은 주해서注解書가 나오게 되었음. 주해서로는 송나라 때 주희朱熹의 《서명해西銘解》, 명나라 때 조단曹端의 《서명술해西銘述解》, 우리나라 조선 시대 이황李滉의 《서명고증강의西銘考證講義》 등이 있음. 특히 서명은 군도君道에 가장 절실한 교훈이 되기 때문에 조선 선조宣祖 때에 이황李滉이 일찍이 그림으로 그려 바친 바 있음.

243) 본관은 문화文化. 자는 극후克厚, 호는 우복당愚伏堂. 1552년(중종 7년) 사마시에 합격하고,

1553년(명종 8년)과 1556년(명종 11년) 두 차례 과거에 급제하였다. 대제학 홍섬洪暹이 독서당의 인원을 선발할 때 학식과 문장에 뛰어나 박순朴淳·정윤희丁胤禧·최옹崔顒과 함께 뽑혀 사가독서賜暇讀書의 혜택을 받았다. 벼슬은 홍문관 정자·홍문관 저작·홍문관 박사·홍문관 수찬을 거치고 사간원 정언, 병조좌랑 등을 지냈다. 1559년(명종 14년) 임금이 유전을 비롯한 이양李樑·정윤희·박순에게 족자에 그려진 그림을 주제로 시를 지어 올리라는 명을 내릴 정도로 시에 뛰어났다.

244) 중종中宗 때의 유학. 본관은 반남潘南으로, 진사進士 박형朴珩의 아들. 선조宣祖 때 대사간大司諫을 지낸 소고嘯皐 박승임朴承任의 형으로, 1543년(중종 38년) 진사시進士試에 입격함.

245) 임금이 편전便殿에 계시면 승지는 부르기 전에는 못 들어가고 내관內官을 시켜 아뢰던 것.

246) 본관은 삭녕朔寧. 자는 경숙景肅. 호는 남강南岡. 1546년(명종 1년) 생원이 되고, 1555년 식년 문과에 병과로 급제, 1557년 홍문관부정자에서 부수찬과 수찬을 거쳐 1561년 병조좌랑·이조좌랑이 되었다. 1563년 지평·교리·헌납·이조정랑과 의정부의 검상·사인, 홍문관의 전한·직제학에 이르렀고, 동부승지 등 삼사를 두루 역임하였다. 선조가 즉위한 뒤 공조참의가 되었다가 1568년(선조 1년) 대사간에 오르고, 1578년 경상감사가 되어 선정을 베풀었다. 1581년 어머니의 상을 당하자 잠시 벼슬을 떠났으나, 후에 예조참판이 되었다.

247) 본관은 창원昌原. 자는 여온汝溫. 1543년(중종 38년) 사마시에 합격하여 생원이 되었고, 1552년(명종 7년) 식년문과에 을과로 급제, 그 뒤 예문관검열을 거쳐 정언이 되어 부경赴京하는 통사의 불법행위를 근절시키기 위해 공무公貿를 금지토록 해야 한다고 상소하자 왕이 그 타당성을 인정하고 윤허하였다. 그 해 사헌부지평으로 전임되어, 사헌부의 여러 관원과 같이 김홍도金弘度·김계휘金繼輝·이구수李龜壽 등의 탐학을 탄핵하였다. 1558년 사간원헌납이 되고, 이후 선공감관관·병조정랑, 부수찬·수찬 등을 거쳐 사헌부장령으로 승진하였다. 이듬해 세자시강원문학이 되었다가 다시 장령이 되었다. 1560년 의정부사인이 되고, 이후 사간원사간·홍문관교리·군자감정을 거쳐 동부승지가 되었다. 이후 호조참의와 우부승지·우승지·좌승지로서 계속 임금을 시종하였다. 1573년(선조 6년) 나주목사를 거쳐 여주목사로 재임 당시 지방관 중에서 가장 고을을 잘 다스려 특지로 대사헌에 제수되었으나 풍헌風憲의 수장으로는 적합하지 못하다는 사론으로 탄핵되어 체직되었다. 1577년 주청사奏請使로 청나라에 다녀왔으며, 공조판서·호조판서·이조판서 등을 역임하다가 75세로 졸하였다.

248) 본관은 영천永川. 자는 숙승叔膺. 1543년(중종 38년) 생원시에 합격하고, 1549년(명종 4년) 식년문과에 병과로 급제하였다. 1560년 지평으로 본격적인 관직 생활에 들어서서 병조정랑·교리·부교리·응교 및 군기시정軍器寺正을 역임하였다. 1573년(선조 6년)부터는 외직으로 충청도관찰사·의주목사·해주목사 등을 역임하고, 1577년 경상도관찰사에 제수되었으나 사간원에서 권세가들에게 아부한다는 이유로 반대하여 취소되기도 하였다. 그러나 1584년에 호조판서를 제수받아 마지막 관리 생활을 하였다.

249) 본관은 원주原州. 자는 중숙重叔. 호는 두암斗巖. 1567년 생원시에 합격하고, 1568년 증광 문과에 을과로 급제해 예문관·홍문관의 정자正字를 역임하고, 사가독서를 했으며 동부승

지에 이르렀다. 1583년 병조판서 이이李珥를 탄핵한 삼사의 송응개宋應漑·허봉許篈·박근원朴謹元 등이 선조의 노여움으로 도리어 유배될 때 그들과 일당이라는 혐의를 받고 제주목사로 좌천되었다. 그러나 평소 이이를 존경했기 때문에 실제로 삼사의 논의에는 참여하지 않았다. 임지에 도착하자 성심껏 기민을 구휼하고 교육을 진흥시키며 민속을 바로잡았다. 그래서 뒤에 인조 때 김상헌金尙憲이 쓴 『남정록南程錄』이나 효종 때 이원진李元鎭이 쓴 『탐라지耽羅誌』에는 그때의 치적을 칭송하는 글이 실려 있다. 2년 뒤 1585년 우승지로 기용되고 이어 대사헌·대사간·부제학·이조참판 등을 역임하였다. 1591년 성절사로서 명나라에 갔다. 마침 명나라에서는 일본의 국서를 받고 조선이 일본과 내통한다고 의심하는 자가 많았는데 이를 힘써 해명해 의구심을 풀어주었다. 귀국 후 한성판윤이 되었고, 다음 해 1592년 임진왜란으로 왕이 피난길에 오르자 유성룡柳成龍의 천거로 병조판서 겸 부체찰사兵曹判書兼副體察使가 되었다. 이듬해 1593년 이조판서로서 왕을 따라 환도, 1594년 우의정, 1595년 좌의정이 되어 영의정 유성룡과 함께 임진왜란 후의 혼란한 정국을 안정시켰다.

250) 조선 선조 때 사람. 명종 때의 권신이요 을사사화(乙巳士禍: 1545)의 주모자였던 윤원형尹元衡첩의 사위로 윤원형이 영의정으로 있을 당시 처가에 살고 있었는데, 심의겸沈義謙이 사인舍人이 되어 공무로 원형의 집에 찾아왔다. 원형은 조민과 친척인 관계로 그의 서실書室로 안내받고 당시 급제는 안 했지만 쟁쟁한 문사였던 김효원金孝元이 그 방에서 기거를 같이하고 있음을 알고 효원을 업신여겼다. 얼마 후 1565년(명종 20년) 효원이 문과에 급제하자 의겸은 공식 석상에서 효원이 윤원형 집 훈장을 지냈다는 사실을 폭로하니 이것은 선비들 간에 전파되었다. 이에 효원은 낭패당하여 두 사람은 이때부터 서로 헐뜯기 시작했고, 결국은 동서 분당東西分黨의 화근이 싹트게 되었다.

251) 본관은 선산善山. 자는 인백仁伯, 호는 성암省菴. 1564년(명종 19년) 진사가 되고, 1565년 알성문과에 장원으로 급제해 병조좌랑·정언·지평 등을 역임했다. 1573년(선조 6년) 사가독서賜暇讀書하고, 1574년 다시 지평을 맡았다. 명종 말 문정왕후文定王后가 죽은 뒤 척신계戚臣系의 몰락과 더불어 새로이 등용되기 시작한 사림파의 대표적인 인물로, 1572년 오건吳健이 이조전랑吏曹銓郎에 추천했으나, 사림으로 척신 윤원형尹元衡의 문객이었다는 이유로 이조참의 심의겸沈義謙이 반대하는 바람에 거부당했다. 그러나 1574년조정기趙廷機의 추천으로 결국 이조전랑이 되었다. 1575년 심의겸의 동생 심충겸沈忠謙이 이조전랑으로 추천되자, 전랑의 관직은 척신의 사유물이 될 수 없다는 이유로 이를 반대하고 이발李潑을 추천했다. 이러한 일을 계기로 심의겸과의 반목이 심해지면서, 사림계는 동인과 서인으로 나누어지게 되었다. 즉, 훈신勳臣·척신들에 의한 정치 체제의 개혁을 둘러싸고 선조 즉위 직후부터 전배前輩와 후배後輩의 대립이 나타나기 시작한 것이다. 척신 정권 때 정계에 진출해 심의겸의 도움을 받은 사림이 전배이고, 소윤의 몰락 이후 심의겸과 무관하게 정계에 진출한 부류가 후배로, 이들 후배 사림은 심의겸의 척신적 처지에 대해 비판적이었다. 이러한 대립은 이조전랑 추천과 임명을 둘러싼 대립을 계기로 점차 심화하여, 심의겸을 중심으로 한 전배는 대부분 서인이 되고, 김효원을 중심으로 한 후배는 동인이 되었다.

김효원의 집이 동부의 건천동乾川洞에 있다고 해서 그 일파를 동인이라 불렀다. 두 사람의 대립이 점차 심해지자, 우의정 노수신盧守愼, 부제학 이이李珥 등이 분규의 완화를 조정하고자 두 사람 모두 외직으로 내보낼 것을 건의해, 심의겸은 개성 부유수로, 김효원은 경흥 부사로 나갔다. 그러나 김효원을 지지하는 후배들은 축출한 것이라 반발해 다시 부령 부사로 옮기게 했다. 그러나 이 역시 부령이 변방이라고 반발하므로 다시 삼척 부사로 옮기게 되었다. 결국 노수신과 이이의 조정은 실패했고, 선조는 당쟁의 완화를 위한 조처로 이조전랑의 추천·교대 제도를 폐지하기에 이르렀다.

252) 본관은 초계草溪. 자는 인길仁吉, 호는 항재恒齋. 1540년(중종 35년) 사마양시에 모두 합격하고, 1543년 식년문과에 병과로 급제하고 이듬해 검열이 되고, 1547년(명종 2년) 호조정랑·헌납 등을 거쳐서 뒤에 부수찬·교리 등을 지냈다. 1552년 청백리에 녹선되었고, 공조참판이 되었다. 강원도 관찰사 때는 도민들을 안무安撫하고, 평안도 관찰사로 부임하여서는 서북 지방인이 무예를 좋아하고 문교文敎를 싫어하는 지방이라는 형세를 감안하여 평양에 서원과 서적포를 설립하여 학문의 진흥에 크게 기여하였다. 그 뒤 팔계군八溪君에 습봉襲封되었다. 1562년 경상도 관찰사로 부임하여 윤원형尹元衡에게 아부하여 부정행위를 자행하는 수령들을 응징하고, 내전의 힘을 빌려 발호하는 요승妖僧을 제거하였다. 1567년 한성부판윤으로 진향사進香使가 되어 명나라에 다녀와 육조의 판서를 역임하고 우찬성으로 사직하였다.

253) 본관은 임천林川. 자는 백옥伯玉, 호는 운강雲江. 1564년(명종 19년) 진사시에 장원급제하였고, 1572년(선조 5년) 별시 문과에 병과로 급제하였다. 1575년 정언正言이 되어 이 해 당쟁이 시작되자, 조원에 대한 탕평의 계책을 상소하여 당파의 수뇌를 파직시킬 것을 주장하였다. 이듬해 이조좌랑이 되고, 1583년 삼척 부사로 나갔다가 1593년 승지에 이르렀다. 효성이 지극하였으며, 또 자손의 교육도 단엄端嚴하였다. 저서로는 『독서강의讀書講疑』가 있으며, 유고로는 『가림세고嘉林世稿』가 있다.

254) 본관은 남양南陽. 자는 희고希古. 호는 인재訒齋·퇴촌退村. 1564년(명종 19년) 사마시에 합격하고, 1570년(선조 3년) 식년문과에 병과로 급제한 뒤, 정자가 되고 검열을 역임하였다. 1573년 홍문록(弘文錄: 홍문관의 제학이나 교리를 선발하기 위한 제1차 인사기록)에 올랐다. 그 해 유선록儒先錄에 실린 조광조趙光祖의 시가 몇 수 안 되는데, 새로 시 5수를 찾아 교서관에 보내 이를 보완하였다. 다음 해 홍문관박사가 되고 부수찬·정언을 거쳐, 1576년 헌납이 되었다. 하지만 너무 빠르게 승진했다고 인혐(引嫌: 책임을 지고 스스로 사퇴함)하였다. 그 뒤 1583년 용담현령으로 부임하였다. 그리고 1589년 응교 재직 중, 전염병이 만연하자 충청도에 파견되어 치제致祭하였다. 1592년 임진왜란이 일어나자 호군으로 어가御駕를 호종하였다. 그리고 좌부승지에 오른 뒤 우승지·좌승지로 선조의 측근에서 뒷바라지를 하였다. 이듬해 9월 환도還都에 앞서 "경중인京中人의 진휼賑恤에 전력을 다하라."는 특지特旨를 받고 한성판윤에 임명되었다.

255) 본관은 남양南陽. 자는 태고太古·준도遵道, 호는 양재養齋·하의자荷衣子. 1572년(선조 5년) 진사로서 별시문과에 병과로 급제하여 권지승문원정자權知承文院正字가 되었다가 곧 사관史

官이 되었다. 이듬해 사가독서한 뒤 1574년 정자로 홍문관에 들어가 10년 동안 봉직하였다. 1577년 부수찬에 오르고, 예조·병조의 좌랑을 거친 뒤 지제교를 겸하였다. 1580년 예조정랑이 되고, 이듬해 병조정랑으로 옮겼다가 곧 경기 암행어사가 되어 민정을 살폈다. 그 뒤 교리·수찬을 지내고, 1583년 정언이 되었다. 이 해 양사兩司에서 이이李珥를 탄핵하자, 이것을 반박하다가 장연 현감으로 좌천되었다. 1588년 병조정랑이 되었으며, 이듬해 교리·검상을 지낸 뒤 사임이 되었다가 그해 겨울에 집의가 되었다. 경학經學에 밝고 논사論思를 잘하여 홍문관에서 '학사전재學士全才'라 불렸으며, 시문에 능하고 글씨도 잘 썼다. 저서로는 『하의집』·『하의시십荷衣詩什』이 있으며, 작품으로는 시조 한 수가 전한다.

256) 본관은 전주全州. 자는 공직公直, 호는 단애丹崖. 종실宗室 계양군桂陽君 이증李增의 4대손이며, 이황李滉의 문인이다. 1568년(선조 1년)에 성균관의 유생으로 들어갔으며, 1570년 식년문과에 병과로 급제하여 홍문록에 선임되었다. 1574년 홍문관정자에 이어 저작·정언正言을 거쳐, 1576년 수찬修撰을 지내고 이어 이듬해는 교리教理를 역임하였다. 1581년 이조좌랑으로 있을 때 정여립鄭汝立이 당시 명망이 있음을 보고 극력 배척하며, 청현淸顯의 자리에 두지 말라고 논책하였다가 도리어 정인홍鄭仁弘·박광옥朴光玉·정탁鄭琢 등 동인의 언관들로부터 논핵論劾 당하여 파직되었다.

257) 본관은 전주全州. 자는 공저公著, 호는 파곡坡谷. 세종의 아들 계양군桂陽君 이증李增의 현손이며, 이중호李仲虎와 이황李滉의 문인이다. 1558년(명종 13년) 진사시에 합격하고, 1570년(선조 3년) 승사랑承仕郎으로서 식년문과에 병과로 급제하였다. 1571년 검열·주서를 거쳐 1573년 사복시주부·부수찬·정언, 호조·예조·병조의 좌랑, 홍문관수찬, 이조좌랑에 지제교를 겸임하고, 사가독서하였다. 1575년 동서 분당이 되자 동인으로 지목되어 한산군수로 전임되었다. 1581년 의정부검상·사인, 1583년 홍문관응교·전한을 거쳐 이듬해 직제학·동부승지·우승지를 역임하였다. 1585년 좌승지, 이듬해 대사간, 1587년 홍문관부제학에 경연참찬관을 지냈다. 1589년 대신들의 추천으로 이조참판이 되고 이듬 해옥당(玉堂; 홍문관의 다른 이름)·대사헌·동지돈녕부사가 되었다. 1591년 옥당 장관으로 시폐 12조와 세자 책봉을 거론하였다. 다시 상소하려다가 충청감사로 전임되고, 같은 해 8월 당쟁의 소용돌이 속에 파직되었다.

258) 본관은 밀양密陽. 자는 일초一初, 호는 망일재望日齋. 1546년(명종 1년) 진사시에 합격, 1552년 식년문과에 병과로 급제해 봉교가 되었으나 1554년 친병으로 인해 사직하였다. 1555년 예조좌랑이 되었다가 1558년 사간원정언으로 옮겼고, 곧 시강원사서가 되었다. 이듬해 사헌부지평을 거쳐 홍문관수찬이 되었고, 다음 해 홍문관부교리에 승진하였다. 곧이어 홍문관교리를 지내고 이조좌랑이 되었다. 1560년 홍문관부응교가 되었으나 이듬해 임백령林百齡의 시호 사건諡號事件에 연루되어 파출罷出되었다. 1562년 다시 의정부검상·사인을 거쳐 사헌부장령으로 옮겼고, 이듬해 홍문관부제학 윤의중尹毅中과 함께 재이災異 방치책에 대한 소를 올렸다. 이어서 집의·동부승지를 거쳐 우부승지를 지냈다. 1564년 호조참의·승정원좌승지가 되었다. 1566년 홍문관부제학을 거쳐 이듬해 대사간·병조참지를 지냈다. 1569년(선조 2년) 천추사千秋使로 명나라에 다녀왔다. 1572년 도승지를

거쳐 대사헌을 지내고 예조참판·대사헌을 번갈아 지냈으며 이듬해 이조참판이 되었다. 1576년 경기감사를 지내고 1583년 다시 도승지가 되었다. 동서 분당으로 한창 논쟁이 심할 때 동인의 중진으로 송응개宋應漑·허봉許篈 등과 함께 병조판서 이이李珥를 탄핵하다가 강계江界로 유배되었다. 그 뒤 1585년 영의정 노수신盧守愼의 상소로 풀려났다. 사관史官으로 있을 때 권신權臣인 윤원형尹元衡의 악행을 직서했으며, 처결 수완이 뛰어나 대사헌을 여덟 번이나 지냈다.

259) 본관은 함양咸陽. 자는 수백守伯, 호는 무환無患 혹은 무위당無違堂. 이황李滉의 문인으로 1540년 식년문과에 병과로 급제, 예문관검열·양주교수楊州敎授·봉상시참봉奉常寺參奉을 거쳐 형조좌랑에 승진하였다. 이때 정실 관계로 수십 년 묵은 송사訟事를 판서에게 항변하여 종결지음으로써 명성을 얻었다. 영의정 심연원沈連源의 추천으로 지평持平이 되었고, 1567년(선조 즉위년) 동지사冬至使의 서장관으로 명나라에 다녀왔으며, 이듬해 부제학이 되었다. 그 뒤 대사간·함경도 관찰사·대사헌·동지경연사同知經筵事·개성 부유수開城府留守 등을 역임하였다. 1579년 이조참판에서 형조판서에 특진, 이조판서·지중추부사知中樞府事·우참찬·호조판서를 차례로 역임하고 우찬성이 되었다. 1582년 판의금부사判義禁府事를 겸임하였고, 이어 판돈녕부사判敦寧府事를 지낸 뒤 다시 우찬성을 거쳐 좌찬성이 되었다. 기품이 장중하고 의지가 확고하였으며, 효도와 우애가 독실하고 가법이 엄정하였다. 또한, 검소하여 청빈하게 살았으나 남을 돕기에 힘썼다.

260) 본관은 평산平山. 자는 성여聖與. 1564년(명종 19년) 생원시에 합격했고, 같은 해 식년문과에 갑과로 급제, 문한관文翰官을 거쳐, 1569년(선조 2년) 정언正言이 되었다. 장령掌令·수찬·사간·교리·부교리·부응교 등을 번갈아 역임하면서 경연관經筵官으로 입시하여 기묘사화 때 피화된 인물들의 신원(伸寃; 억울하게 입은 죄를 회복시킴)에 노력하였다. 1578년(선조 11년) 집의執義가 되어 야인의 침입에 대비한 국방 강화를 건의하는 등 대간으로서 많은 활동을 전개하였다. 1584년(선조 17년) 충청도·경기도 감목관監牧官이 되어 마정馬政을 순시하고 수령을 규찰하였다.

261) 본관은 함양咸陽. 자는 희정希正, 초자는 이정頤正, 호는 정암正菴 또는 슬한재瑟僩齋·의속헌醫俗軒·저헌樗軒. 서경덕徐敬德의 문인이다. 1546년(명종 1년) 사마시에 장원하고, 같은 해 증광 문과에 을과로 급제해 성균관전적에 기용되었다. 곧이어 예조좌랑·사간원정언을 지내고, 홍문관부수찬을 거쳐 공조좌랑에 춘추관기사관을 겸하였다. 그 뒤 병조좌랑·수찬을 지냈고, 1553년 사가독서賜暇讀書하였다. 뒤에 해남 현감海南縣監이 되었으나 1년 만에 삭탈관직을 당했다가, 2년 뒤 다시 기용되어 지평持平을 거쳐 홍문관교리에 지제교知製敎를 겸하였다. 그 뒤 의정부검상議政府檢詳과 사간원헌납司諫院獻納을 거쳐 병조정랑이 되었다. 종경청도감鍾磬廳都監을 거쳐, 사인舍人·장령·예문관응교를 지냈다. 1554년 공조참의에 승진되고, 곧이어 동부승지·대사간을 지내고, 강원도 관찰사가 되었으나 부임하지 않아 삭탈관직 되었다. 서경덕의 문하에서 성리학을 전공했고 역학에도 조예가 깊었으며 문장에 뛰어났다. 불의에 굽히지 않는 기질 때문에 이기李芑와 윤원형尹元衡 등의 미움을 사서 여러 번 배척을 당하였다.

262) 본관은 안동安東. 자는 자앙子盎, 호는 몽촌夢村. 김홍도의 아들이며 이황李滉의 문인이다. 1573년(선조 6년) 알성문과에 병과로 급제해 예문관검열을 지냈다. 홍문관교리 재직 중 왕명으로 『십구사략十九史略』을 개수改修하였다. 1583년 번호蕃胡가 침입해 경원부慶源府가 함락되자 이조정랑으로서 도순찰사 정언신鄭彦信의 종사관이 되었다.

263) 본관은 전주全州. 자는 흠재欽哉, 호는 유곡柳谷. 정종의 왕자 진남군 종생鎭南君終生의 현손이며, 1551년(명종 6년) 사마시에 합격하고 그해 별시문과에서 병과로 급제, 예문관검열·사간원정언·경기도사·사헌부장령 등을 거쳤으나 권신 윤원형尹元衡의 이성 근족異姓近族이라 하여 오해를 받기도 했다. 그 뒤 사간원사간·승정원동부승지·도승지·충청도 관찰사·동지의금부사 등을 역임하고, 1589년(선조 22년) 기축옥사의 처리에 공을 세워 평난공신平難功臣 3등에 책록되었다. 1592년 임진왜란이 일어나자 형조판서로서 세자 광해군을 호종, 보필하여 호성공신扈聖功臣 3등에 책록되었고, 정유재란 때는 좌참찬으로 재직하면서 토적복수군討賊復讐軍을 모집하여 활약하였다. 1598년부터 이듬해까지 잇달아 이조판서를 제수받았으나 끝내 사양하여 취임하지 않았고, 1599년 선조가 우의정에 임명할 때 "이조판서를 사양하는 자를 내가 보지 못하였는데, 이 사람이 두 차례나 사양하니 가히 정승할 사람이다."라고 하였다. 뒤에 좌의정이 되어 기로소에 들어갔다. 성질이 곧고 완고하여 임금 앞에서도 말하고자 하는 바를 피하거나 숨기지 않았다. 완성부원군完城府院君에 봉하여졌고 시호는 충익忠翼이다.

264) 삼분은 복희伏羲·신농神農·황제黃帝의 글이고, 오전五典은 소호少昊·전욱顓頊·고신高辛·당요唐堯·우순虞舜의 글이고, 팔색八索은 팔괘八卦에 대한 설을 기록한 글이고, 구구九丘는 구주九州의 토지에서 생산하는 물건과 그 지방 풍속들을 기록한 글이다. 이 책들은 지금은 모두 전하지 않는다.

265) 『맹자』「등문공상」: 顔淵曰舜何人也 予何人也.

266) 세종 때 북방을 개척하기 위해 설치한 6개의 진지: 경원, 경흥, 부령, 온성, 종성, 회령.

267) 본관은 동래東萊. 자는 연부淵夫. 호는 동곡東谷. 1554년(명종 9년)인정전仁政殿 정시庭試에서 으뜸을 차지하여 직부전시直赴殿試의 자격을 받았고, 1558년 식년문과에 병과로 급제하였다. 1561년 전적을 시작으로 형조좌랑·정언·지평을 거쳐, 선조 때에 교리·의주목사·승지·대사헌·대사간을 역임하였으며, 1589년(선조 22년)에는 이조참판에 올랐다. 『명종실록』 편찬 시에는 교리에 있으면서 기주관으로 활약하였고, 승지 때에는 이이李珥와 군자가 이름을 구하는 것에 대하여 논란을 펴기도 하였다. 그런데 그가 승지가 되었을 때 사헌부에서는 평소에 명망이 적어 그 직에 마땅하지 않음을 아뢰고 있었다. 그러다 정여립鄭汝立의 역모 사건이 일어나자 무고로 역적과 친족으로 교분이 두터웠던 인사로 지목되었으며, 양사의 탄핵으로 언신은 중도부처中途付處되고, 언지는 강계로 귀양에 처하여졌다. 그러나 임진왜란이 일어나자, 왕은 영남인 권유權愉의 반대 상소에도 불구하고 1594년 그를 한성부좌윤으로 임명하여 복관시켰다.

268) 본관은 밀양密陽. 자는 군옥君沃, 호는 관원灌園. 조성趙晟 형제의 문인으로 1543년(중종 38년) 진사가 되고, 1552년(명종 7년) 식년문과에 을과로 급제해 승문원권지정자承文院權知正

字에 보임되었고 곧 예문관검열과 정자 등을 역임하였다. 1555년 사가독서하고, 곧 부수찬을 지냈다. 1573년(선조 6년) 예조참판을, 1575년 호남 관찰사를 지냈다. 1577년 지중추부사와 호조판서 등을 역임하였다. 당시 동인·서인의 당쟁이 심해지자 이를 걱정해 제지하려 했으나 실패하였다. 시호는 문장文莊이다.

269) 맹자 등문공하 6.

270) 본관은 전의全義. 자는 대중大中, 호는 약포藥圃·경재敬齋. 1563년(명종 18년)에 생원으로 알성문과에 을과로 급제하여 곧 검열에 등용되고, 이어 설서·봉교 등을 역임하였다. 1567년에 사가독서賜暇讀書를 하였다. 그 뒤 응교·동부승지·호조참의·대사간·병조참의·공조참의를 역임하고 1582년(선조 15년)에 성절사聖節使로 명나라에 다녀왔다. 그는 서인으로 1583년에 도승지가 되었으나 그때 점점 세력이 커진 동인에 밀려 여주 목사로 좌천되었다. 1587년에 충청도 관찰사로 나갔다가 다시 대사간이 되고, 다시 여주 목사로 밀려났다. 그해 서인 정철鄭澈이 건저(建儲; 세자책봉)문제로 유배되자 그도 연루되어 종성으로 유배되었다. 1592년 임진왜란이 일어나자 유배지에서 풀려나와 왕을 의주로 호종하였다. 이어 대사간이 되었다가 1594년에 대사성을 거쳐 부제학에 이르렀다. 성격이 강직·단아하고 특히 시와 예서에 뛰어났다. 이조판서에 추증되었다.

271) 본관은 밀양密陽. 자는 선초善初, 호는 송월당松月堂. 1552년(명종 7년) 식년문과에 병과로 급제하였고 1555년에 함경남도평사가 되었다. 1557년 홍문관부수찬弘文館副修撰이 되고 이어서 홍문관의 수찬·부교리副校理, 사간원헌납司諫院獻納·홍문관교리·성균관전적成均館典籍 등을 거쳐 이듬해 용강 현령龍岡縣令으로 나갔다. 1560년 특명으로 세자시강원문학이 되고 이어서 의정부의 검상檢詳·사인舍人 등을 역임하였다. 1562년 반국대적토포사종사관叛國大賊討捕使從事官에 임명되어 임꺽정林巨正 등 도적을 진압한 공으로 숙마熟馬 1필을 상으로 받았다. 이듬해 세자시강원보덕世子侍講院輔德이 되고 예빈시정禮賓寺正을 거쳐 1565년에 사헌부의 장령掌令·집의執義, 이듬해 동부승지 등을 역임하였다. 그 뒤 우승지·좌부승지·승지 등을 거쳐 1576년(선조 9년) 대사헌에 올랐으며 뒤에 호조판서를 역임하였다.

272) 본관은 풍산豊山. 자는 이현而見, 호는 서애西厓. 의성 출생. 이황李滉의 문인이다. 김성일金誠一과 동문수학했으며 서로 친분이 두터웠다. 1564년(명종 19년) 생원·진사가 되고, 다음해 성균관에 들어가 수학한 다음, 1566년 별시 문과에 병과로 급제해 승문원권지부정자가 되었다. 이듬해 정자를 거쳐 예문관검열로 춘추관기사관을 겸직하였다. 1568년(선조 1년) 대교, 다음 해 전적·공조좌랑을 거쳐 감찰로서 성절사聖節使의 서장관書狀官이 되어 명나라에 갔다가 이듬해 돌아왔다. 이어 부수찬·지제교로 경연검토관經筵檢討官·춘추관기사관을 겸한 뒤, 수찬에 제수되어 사가독서賜暇讀書를 하였다. 그 뒤 정언正言·병조좌랑·이조좌랑·부교리·이조정랑·교리·전한·장령·부응교·검상·사인·응교 등을 역임한 뒤, 1578년 사간이 되었다. 이듬해 직제학·동부승지·지제교로 경연참찬관經筵參贊官·춘추관수찬을 겸하고, 이어 이조참의를 거쳐 1580년 부제학에 올랐다. 1582년 대사간·우부승지·도승지를 거쳐 대사헌에 승진해 왕명을 받고 「황화집서皇華集序」를 지어 올렸다. 1583년 다시 부제학이 되어 「비변오책備邊五策」을 지어 올렸다. 그 해 함경도 관찰사에 특별히 임명되었으

나 어머니의 병으로 사양하고 나가지 않았다. 이어 대사성에 임명되었으나, 역시 사양하고 부임하지 않다가 경상도 관찰사에 임명되었다. 다음 해 예조판서로 동지경연춘추관사同知經筵春秋館事·제학을 겸했으며, 1585년 왕명으로 「정충록발精忠錄跋」을 지었고, 다음 해 『포은집圃隱集』을 교정하였다. 1588년 양관대제학에 올랐으며, 다음 해 대사헌·병조판서·지중추부사를 역임하고 왕명을 받아 「효경대의발孝經大義跋」을 지어 바쳤다. 이 해 정여립鄭汝立의 모반사건으로 기축옥사가 있자 여러 차례 벼슬을 사직했으나, 왕이 허락하지 않자 소疏를 올려 스스로 탄핵하였다. 1590년 우의정에 승진, 광국공신光國功臣 3등에 녹훈되고 풍원부원군豊原府院君에 봉해졌다. 이 해 정여립의 모반사건에 관련되어 죽게 된 최영경崔永慶을 구제하려는 소를 초안했으나 올리지 못하였다. 1591년 우의정으로 이조판서를 겸하고, 이어 좌의정에 승진해 역시 이조판서를 겸하였다. 이 해 건저문제建儲問題로 서인 정철鄭澈의 처벌이 논의될 때 동인의 온건파인 남인南人에 속해, 같은 동인의 강경파인 북인北人의 이산해李山海와 대립하였다. 왜란이 있을 것에 대비해 형조정랑 권율權慄과 정읍 현감 이순신李舜臣을 각각 의주 목사와 전라도 좌수사에 천거하였다. 그리고 경상우병사 조대곤曹大坤을 이일李鎰로 교체하도록 요청하는 한편, 진관법鎭管法을 예전대로 고칠 것을 청하였다. 1592년 3월에 일본 사신이 우리 경내에 이르자, 선위사宣慰使를 보내도록 청했으나 허락하지 않아 일본 사신이 그대로 돌아갔다. 그해 4월에 판윤 신립申砬과 군사軍事에 관해 논의하며 일본의 침입에 따른 대책을 강구하였다. 1592년 4월 13일 일본이 대거 침입하자, 병조판서를 겸하고 도체찰사로 군무軍務를 총괄하였다. 이어 영의정이 되어 왕을 호종扈從, 평양에 이르러 나라를 그르쳤다는 반대파의 탄핵을 받고 면직되었다. 의주에 이르러 평안도 도체찰사가 되고, 이듬해 명나라의 장수 이여송李如松과 함께 평양성을 수복, 그 뒤 충청·경상·전라 3도의 도체찰사가 되어 파주까지 진격하였다. 이 해 다시 영의정에 올라 4도의 도체찰사를 겸해 군사를 총지휘하였다. 이여송이 벽제관碧蹄館에서 대패하여, 서로西路로 퇴각하는 것을 극구 만류했으나 뜻을 이루지 못하였다. 그리하여 권율과 이빈李薲으로 하여금 파주산성을 지키게 하고 제장諸將에게 방략을 주어 요해要害를 나누어 지키도록 하였다. 그해 4월 이여송이 일본과 화의하려 하자, 글을 보내 화의를 논한다는 것은 나쁜 계획임을 역설하였다. 또 군대 양성과 함께 절강 기계浙江器械를 본떠 화포 등 각종 무기의 제조 및 성곽의 수축을 건의해 군비 확충에 노력하였다. 그리고 소금을 만들어 굶주리는 백성을 진휼할 것을 요청하였다. 10월 선조를 호위하고 서울에 돌아와서 훈련도감의 설치를 요청했으며, 변응성邊應星을 경기좌방어사로 삼아 용진龍津에 주둔시켜 반적叛賊들의 내통을 차단할 것을 주장하였다. 1594년 훈련도감이 설치되자 제조提調가 되어 『기효신서紀效新書』를 강해講解하였다. 또한 호서의 사사위전寺社位田을 훈련도감에 소속시켜 군량미를 보충하고 조령鳥嶺에 관둔전官屯田을 설치할 것을 요청하는 등 명나라와 일본과의 화의가 진행되는 기간에도 군비 보완을 위해 계속 노력하였다. 1598년 명나라 경략經略 정응태丁應泰가 조선이 일본과 연합해 명나라를 공격하려 한다고 본국에 무고한 사건이 일어났다. 이에 이 사건의 진상을 변명하러 가지 않는다는 북인들의 탄핵으로 관작을 삭탈 당했다가, 1600년에 복관되었으나 다시 벼슬을 하지 않고 은거하였다.

273) 본관은 함종咸從. 자는 경유景遊, 호는 하담荷潭. 1564년(명종 19년) 사마시에 합격한 뒤 과거와 벼슬을 단념하고 학문연구에 몰두하였다. 1568년(선조 1년)에 이탁李鐸·박순朴淳·노수신盧守愼 등이 초야의 선비 중 학덕을 겸비한 인재를 등용하자고 건의하여, 성운成運·임훈林薰·한수韓修·남언경南彦經·최영경崔永慶·김천일金千鎰·홍가신洪可臣·유몽학柳夢鶴·송대립宋大立 등과 함께 천거되어 관직에 나아갔다. 1570년 조지서별제造紙署別提에 임명된 뒤 사예司藝·직장直長·상의원주부尙衣院主簿·형조좌랑·과천현감·호조좌랑·경상도도사·강원도도사·형조정랑·평창군수를 역임하였다. 이이李珥·성혼成渾 등과의 교의가 깊었고, 검약을 숭상하고 예법을 중히 여겨 부모상에 한결같이 주자朱子의『가례家禮』를 따랐다.

274) 본관은 서산瑞山. 자는 사강士强, 호는 외암畏庵. 박순朴淳의 문인으로 성혼成渾과도 교유하였다. 1567년(명종 22년) 사마시에 합격하여 생원이 되고, 1573년(선조 6년) 성균관의 천거로 의금부도사가 되었다. 그 뒤 사력司曆·사평司評·감찰을 거쳐 호조·형조·공조좌랑 및 정랑을 지냈고, 학행이 뛰어나 이이李珥의 천거를 받아 사헌부지평司憲府持平에 올랐다. 그때 정릉貞陵의 복위를 주장하다가 외직으로 물러나 배천 군수에 부임하였으나 병으로 사직하고 귀향하는 길에 죽었다.

275) 본관은 밀양密陽. 자는 군옥君沃, 호는 관원灌園. 이조판서 박충원朴忠元의 아들로 조성趙晟 형제의 문인이다. 1543년(중종 38년) 진사가 되고, 1552년(명종 7년) 식년문과에 을과로 급제해 승문원권지정자承文院權知正字에 보임되었고 곧 예문관검열과 정자 등을 역임하였다. 1555년 사가독서하고, 곧 부수찬을 지냈다. 그 해 을묘왜변으로 경상도평사慶尙道評事가 되어 유장儒將을 기르는 책임을 맡았다. 이어 수찬을 거쳐 병조와 이조의 좌랑을 지내고, 1556년 서장관書狀官이 되어 동지사冬至使를 따라 명나라에 다녀왔다. 1558년 이조정랑을 거쳐 홍문관부교리·의정부검상·사인 등을 역임하고, 사헌부장령·교서관교리를 겸하였다. 그 뒤 성균관직강을 지내고 승문원참교가 되었다. 1559년 장단부사長湍府使가 되어 치적이 많았다. 이조정랑으로 있을 때 현사賢士로 인정되는 사람만 기용하고 척신戚臣들의 추천은 들어주지 않았다. 이에 권신權臣 윤원형尹元衡이 박계현을 포섭하고자 혼인을 청했으나 거절당하자, 1560년 만포진병마첨절제사滿浦鎭兵馬僉節制使를 시켜 변방으로 내몰았다. 1563년 사간원대사간에 올랐다가 성균관대사성으로 옮겼고, 이어 예조·형조·병조의 참의를 두루 역임하였다.

276) 사육신死六臣의 한 사람이다. 본관은 창녕昌寧. 자는 근보謹甫, 호는 매죽헌梅竹軒. 충청남도 홍성洪城 출신. 1435년(세종 17년) 생원시에 합격하고, 1438년에는 식년문과에 정과로 급제했으며, 1447년에 문과중시에 장원으로 다시 급제하였다. 집현전학사로 뽑혀 세종의 지극한 총애를 받으면서 홍문관수찬弘文館修撰·직집현전直集賢殿으로 승진하였다.

277) 본관은 의령宜寧. 자는 백공伯恭, 호는 추강秋江·행우杏雨·최락당最樂堂·벽사碧沙. 김종직金宗直의 문인이며, 김굉필金宏弼·정여창鄭汝昌 등과 함께 수학하였다. 생육신生六臣의 한 사람이다. 인물됨이 영욕을 초탈하고 지향이 고상하여 세상의 사물에 얽매이지 않았다. 김종직이 이름을 부르지 않고 반드시 '우리 추강'이라 했을 만큼 존경했다고 한다. 주계정朱溪

正·이심원李深源·안응세安應世 등과 친교를 맺었다.

278) 본관은 현풍玄風. 자는 시정時靜, 호는 정재定齋. 아들이 의병장 곽재우郭再祐이다. 1546년 (명종 1년)에 사마시에 합격하였고, 1556년 별시문과에 병과로 급제하여, 그 뒤 승문원정 자·영천 군수를 지내고 고향으로 돌아갔다. 1572년(선조 2년)에 다시 관직에 복귀하여 지 평, 이듬해 장령, 그 이듬해 사간, 1576년에는 의주 목사, 그 뒤 호조참의를 거쳐 1578년 에는 동지사冬至使로 명나라에 다녀왔다. 그 이듬해 황해도 관찰사에 제수되었으나 사직 하고 부임하지 않았다. 1581년에 제주 목사에 제수되었으나 나이가 많다는 이유로 청송 부사靑松府使로 다시 제수되었다. 1585년에 남원 부사로 제수된 뒤 얼마되지 않아 파직되 었다. 무재武才를 겸비하여 국가에 위급한 일이 있으면 큰일을 맡길 만하다 여겼는데, 1592년 임진왜란이 일어나자 아들 곽재우가 의령에서 일어나 왜를 쳐서 큰 공을 세우니 사람들이 아버지의 기품을 닮았다고 하였다.

279) 본관은 개령開寧. 자는 우춘遇春, 호는 수호자垂胡子. 임기林芑는 학문에 특출한 자질을 보 였다. 영민하고 지인지감知人之鑑이 있었으며 관상도 잘 보았다. 부모상을 마치고 한양으 로 올라와 남학南學과 동학東學에서 역관의 공부를 하였다. 한리학관漢吏學官으로 있으면서 1549년(명종 4년) 이홍윤李洪胤의 역모 사건에 연루되어 이홍현 등의 공초에 수 차례 이름이 올랐으나 사실이 아닌 것이 밝혀져 방면되었다. 이홍현은 임기에게 수업을 한 적이 있으 나 사기辭氣가 광망狂妄하여 혐원嫌怨을 품고 거짓으로 끌어들인 것이었다. 다만 이 과정 에서 임기가 반중비班中婢 춘정春貞과 어릴 때부터 간통한 사실이 폭로되었지만, 수차의 형신에도 혐의가 없다는 점이 밝혀졌다.

280) 명나라『대명회전大明會典』 기록에 태조 이성계의 아버지가 고려의 권신 이인임으로 잘못 기록된 계보를 바꾸기 위해서이다. 이 일은 태조 3년에 처음 알게 되었고, 명나라는 1584년에 조선의 요청을 받아들여『대명회전』을 수정하였다. 이는 명나라에 청원한 지 200년 만에 고쳐진 것이다.

281) 송나라 진덕수眞德秀가 경전과 도학자들의 저술에서 심성 수양에 관한 격언을 모아 편집 한 책.

282) 『근사록』은 원래 송나라 유학자인 주희朱熹와 여조겸呂祖謙이 주돈이周敦頤의『태극도설太 極圖說』과 장재張載의『서명西銘』·『정몽正蒙』 등에서 긴요한 장구만을 골라 편찬한 일종의 성리학 해설서로서, 송학宋學에 있어 진덕수眞德秀의『심경心經』과 쌍벽을 이루고 있다.

283) 본관은 남양南陽. 자는 혼원渾元, 호는 시우당時雨堂. 이황李滉의 문인이다. 1566년(명종 21년) 별시문과에 을과로 급제하여 승문원정자가 되고, 1568년(선조 1년) 주서와 검열을 거쳐 전 적에 올랐으며, 곧 공조좌랑이 되었다. 1573년 정언과 1578년 지평을 거쳐 1579년 집의 가 되고, 이듬해 동부승지가 되었다. 1583년 대사간·이조참의를 거쳐, 뒤에 병조와 형조 의 참의를 두루 역임하였다. 또한, 판결사와 강원도 관찰사 및 성주·양주의 목사를 지냈 다. 1592년 임진왜란 때는 부제학이 되어 왕의 몽진을 호종하였으나, 과로로 인해 신병을 얻었다. 송도에서 다시 이조참의가 되었으나 병이 위독해지자 직을 사임하고 고향인 예 산에 돌아가서 곧 죽었다. 이조참판에 추증되고, 그의 가족은 10년간 국가로부터 진휼賑

恤을 받도록 특전을 받았다. 유성룡柳成龍과 교유가 돈독하였다.

284) 본관은 전의全義. 자는 백생伯生·백옥伯玉, 호는 고담孤潭. 서울 출생. 이황李滉·조식曺植의
문인이다.

285) 효혜제는 한 고조의 적자인 유영劉盈이다. 제왕은 서장남庶長男인 도혜왕 유비劉肥를 가리
킨다. 효혜제 즉위 2년에 제왕 유비가 조정에 들어오자, 효혜제는 그와 더불어 술을 마셨
는데 군신 간의 예의를 쓰지 않고 집안사람의 예로 대하여 제왕을 형으로서 대우하였다.

286) 효명제는 후한의 2대 황제인 유장劉莊이다. 환영은 용항 사람으로, 경학에 밝아 광무제 때
에 당시 태자인 효명에게 오경을 가르쳤다. 효명제는 즉위한 뒤 태상부太常府에 나가서 환
영에게 동쪽을 향해 앉게 한 다음 궤장을 베풀고 친히 수업하였다.

287) 본관은 김해金海. 무과에 급제한 뒤 사포서별제司圃署別提에 올랐다. 딸이 선조의 후궁(後宮;
恭嬪)이 되어 임해군·광해군 두 왕자를 낳아 왕의 총애를 받았다. 1583년(선조 16년) 사도시
첨정司䆃寺僉正이 되었다.

288) 본관은 전의全義. 자는 자수子修, 호는 신암新菴. 조식曺植이 그의 외숙이다. 1549년(명종 4년)
식년문과에 병과로 급제해 홍문관정자에 제수되고, 1554년 사간원정언 때 당시의 부허한
사장詞章 중심의 문풍을 경계하고, 경학을 장려해 덕행을 권장할 것을 상소하였다. 그 뒤
1556년 황해도사로서 중시에 병과로 급제, 홍문관수찬에 올랐다. 이듬해 사헌부지평이
되어서는 김진金鎭·이명李銘 등과 함께 당시의 권신인 이량李樑에 의부해 윤원형尹元衡 일
파를 축출하니, 사람들이 흉목謫目이라 하였다.

289) 『통감절요』에 송나라 때 契丹이 쳐들어오자 王欽若은 나가 天雄軍을 지키면서 束手無策으
로 문을 닫고 齋를 올리며 佛經만 외울 뿐이었으니, 정치하는 道에 보탬이 없음을 빗대어
말함.

290) 본관은 파평坡平. 자는 경지鏡之. 어려서부터 영민했으며, 특히 문장에 능하였다. 1504년
(연산군 10년) 생원·진사 두 시험에 합격하고, 1506년 별시 문과에 정과로 급제해 성균관학
록에 선발되었고, 예문관검열이 되었다. 그 뒤 봉교에 이어 다시 성균관전적에 올랐으며,
예조좌랑·병조좌랑·사간원정언을 거쳐 1511년(중종 6년) 장악원첨정에 이르렀다. 외직으
로 나가 태안군수로 근무하는 동안, 아버지의 상을 당해 사직하고 양주의 여막에서 죽을
먹으며 3년간 시묘하니, 효행이 널리 알려져 명망이 더욱 높았다. 기묘사화로 조광조趙光
祖 등이 몰려난 직후인 1520년에 사간원사간으로 다시 등용되어 사헌부집의, 승정원의
동부승지·우부승지·좌부승지를 역임하고 1529년 예조참의에 올랐다. 이어서 승정원의
좌승지를 거쳐 도승지에 올랐을 때 대간의 탄핵을 받았으나, 국왕의 비호로 오히려 승진
해 황해도 관찰사가 되었다. 다시 내직으로 옮겨 공조참판을 지내고, 1532년 예조참판으
로서 동지사冬至使가 되어 명나라에 건너가 외교 활동을 펴고 돌아왔다. 그 해 다시 외직
인 경상도 관찰사가 되어, 당시 흉황이 심한 경상도 지방의 진휼賑恤을 주관하였다. 이듬
해 병조참판을 거쳐 형조판서에 올라 예조·호조의 판서를 역임하고, 1537년 이조판서가
되었다. 이 해에 김안로金安老가 사사되고 그 일당이 제거되었는데, 이조판서로서 기묘사
화에 억울하게 죄를 입은 사람을 등용하였다.

291) 「陽貨」20: 孺悲欲見孔子 孔子辭以疾 將命者 出戶 取瑟而歌 使之聞之.

292) 「公孫丑」下 2: 王 使人問疾 醫來 孟仲子對曰 昔者 有王命 有采薪之憂 不能造朝 今病小愈 趨造於朝 我 不識 能至否乎 使數人 要於路曰 請必無歸而造於朝.

293) 논어 「公冶長」20: 子曰 甯武子邦有道則知 邦無道則愚 其知 可及也 其愚 不可及也. 춘추시대 위나라 대부로 두 임금을 섬겼다. 나라가 혼란스러울 때 험한 일을 피하지 않고 있는 힘을 다했다.

294) 본관은 의령宜寧. 1576년(선조 9년) 전라도 우수사, 1578년 경상도 병마절도사, 1591년 평안도 병마절도사를 역임하였다. 1592년 임진왜란이 일어나자 전라도 방어사로서 용인龍仁·금산錦山 전투에 참여하였으나 패주, 사헌부로부터 전란 이후 단 한 번도 용감하게 싸움을 못 한 졸장拙將이라 하여 탄핵을 받았다.

295) 본관은 남양南陽. 자는 홍도興道, 호는 만전당晩全堂·간옹艮翁. 민순閔純의 문하에서 수학하였다. 1567년(명종 22년) 진사시에 합격, 1571년(선조 4년) 강릉 참봉康陵參奉이 되었을 때 뛰어난 재주를 인정받아 예빈시주부禮賓寺主簿에 특진되고 이어 형조좌랑·지평을 거쳐 1584년 안산 군수를 지냈다. 1588년 수원 부사로 있을 때 구황救荒의 공이 있어 표창을 받았으나 평소에 정여립鄭汝立과 가까이 지낸 이유로 1589년 정여립의 모반사건 때 파직을 당하였다. 1593년 파주 목사가 되고, 이듬해 홍주 목사로 부임해 1596년 이몽학李夢鶴이 반란을 일으키자 민병을 규합해 무장 박명현朴名賢·임득의林得義 등과 함께 난을 평정하였다. 강화 부사·형조참판·강원도 관찰사·개성 부유수 등을 지내고, 1604년 이몽학의 난을 평정한 공으로 청난공신淸亂功臣 1등에 책록, 이듬해 영원군寧原君에 봉해졌다.

296) 본관은 한산韓山. 자는 형백馨伯, 호는 성암省菴·사정思亭·구옹龜翁. 아버지는 판관 치穉이고, 『토정비결』로 유명한 지함之菡의 형이며, 선조 때 영의정 산해山海의 아버지이다. 천문지리에 모두 정통하였다.

297) 본관은 진주晉州. 자는 원경遠卿, 호는 난곡蘭谷. 우의정 강사상의 아들로 1564년(명종 19년) 사마시에 합격한 뒤 1568년(선조 1년) 음서蔭敍로 유곡도찰방幽谷道察訪이 되었다. 이듬해 별시문과에 병과로 급제, 1576년 성균관 전적이 되었다. 공조·예조·병조의 좌랑佐郞을 거쳐 사간원정언을 비롯하여, 홍문관수찬·사헌부지평·홍문관부응교·사간원사간·수원부사·남양부사·동부승지·우부승지·좌부승지·우승지·좌승지·인천부사를 두루 지냈다. 이원익李元翼·조충남趙忠男과 교분이 좋았고, 지감知鑑이 있어 정여립鄭汝立의 옥사와 임진왜란이 일어날 것을 예고하였다.

298) 조선 선조 때 무신. 진도 군수로 있던 1578년(선조 11년)에 이른바 미옥 사건米獄事件에 연루되었다. 당시 같은 전랑銓郞으로 있던 윤현과 김성일金誠一은 사이가 좋지 않았다. 이때 동인 김성일은 진도 군수 이수가 삼윤에게 쌀을 뇌물로 바쳤다는 정보를 입수해 이 사실을 폭로하였고, 대간은 이수를 탄핵하였다. 많은 논박 끝에 거의 마무리되어 갈 무렵 진도의 저리邸吏라는 사람이 진상을 고해바침으로써 결국 이수는 파직당하였다.

299) 본관은 안동安東. 자는 언경彦卿. 호는 화암和庵. 1651년(효종 2년) 생원으로 식년문과에 병과로 급제, 공조좌랑을 거쳐 여러 지방관을 역임하고 희천 군수에 이르렀다. 이에 따라 평

양의 외성에 복거하였으며 자손들도 대대로 이곳에서 살게 되었다. 일찍이 선우 협鮮于
浹으로부터 학업을 배워 성리학에 정통하였으며, 특히 역학에 밝아 세상사람들이 '우역동
(禹易東: 고려시대 주역에 밝은 禹偉의 별칭)'이라고 칭하였다.

300) 상례喪禮에서, 일정한 폭과 길이의 천에 죽은 사람의 품계品階. 관직官職. 본관本貫. 성씨姓
氏를 쓴 기旗. 장대에 달아 상여喪輿 앞에서 들고 가서 널 위에 펴고 묻음.

301) 중국 송대宋代의 유학자儒學者. 이름은 옹雍, 자는 요부堯夫. 강절은 그의 시호이다. 이정
지李挺之에게 도가道家의《도서선천상수圖書先天象數》의 학을 배워 신비적인 수학을 설파하
였으며 또 이를 기본으로 한 경륜經論을 주장했다. 왕안석王安石이 신법을 실시하기 전에
톈진[天津]의 다리 위에서 두견새 우는 소리를 듣고 천하가 분주할 것임을 예견하였다
한다.

302) 본관은 전주全州. 자는 경질景質, 호는 동고東皐 또는 국재菊齋. 아버지는 하동군河東君 이
유李裕이고 아들은「지봉유설芝峯類說」을 쓴 이수광李睟光이다. 1546년(명종 1년) 증광문과에
병과로 급제, 학유·정랑·교리 등을 거쳐 승지·오위장을 지내고 사간에 이르렀다. 이때 왕
실의 인척임을 기화로 횡포를 부리는 이량李樑을 탄핵하였다가 도리어 장단부사로 좌천
되었으나 드디어 이량이 쫓겨나게 되자 다시 우승지에 제수되었다. 1572년(선조 5년) 진하
부사進賀副使로 명나라에 다녀왔다. 이어 병조참의·대사헌을 거쳐 호조·형조·병조의 판서
를 지내고, 지경연사知經筵事를 지냈다.

303) 본관은 전주全州. 자는 청지淸之, 호는 손암損菴. 효령대군孝寧大君 이보李補의 5대손.
1546년(명종 1년) 형 이증李拯 및 이양李揚과 더불어 진사시에 연벽聯璧하고, 선략장군宣略將
軍 재임 때인 1553년(명종 8년) 별시문과에서 병과로 급제하였다. 1554년 예문관검열이 되
고 이어 승정원 주서, 홍문관 저작著作, 경연청 설경說經을 역임하고, 1559년(명종 14년) 참
상參上으로 승계되어 사간원 정언正言이 되었다. 1560년(명종 15년) 홍문관 수찬, 병조좌랑,
이조좌랑을 거쳐 다음 해 병조정랑이 되고 이어 사헌부 집의執義를 역임하였다. 다음 해
사간원 사간과 홍문관응교應敎를 지낸 다음 가자加資되어 1565년(명종 20년) 당상堂上인 홍
문관 직제학直提學에 올랐다. 다음해 동부승지, 좌부승지, 우승지, 형조참의를 거쳐 강원
도 관찰사를 지내고, 1568년(선조 원년) 다시 우승지와 대사간이 되었다. 1570년(선조 3년)에
는 동지사冬至使가 되어 명나라에 다녀왔다. 1572년(선조 5년) 황해도 감사를 거쳐 1574년
에는 이조참의와 대사간이 되었고 1579년에는 대사헌을 역임하였다. 이때 동서 분당이
일어나자 정희적鄭熙績 등과 함께 서인의 등용을 막으려는 주장을 폈다가 체직, 부제학이
되었다. 이듬해 다시 대사헌이 되자 서인들이 10년전 황해 감사 당시의 근무가 근면치 못
했다 거론하여 사임하였다. 1583년(선조 16년) 대사헌, 승지, 대사간, 부제학을 두루 역임한
다음 1586년(선조 19년) 이조참판을 끝으로 현직에서 물러나 행호군行護軍의 국록國祿을 받
았다. 저서로는「외암집畏菴集」이 있다.

304) 본관은 의성義城. 자는 경부敬夫, 호는 개암開巖. 경상북도 성주 출신. 이황李滉의 문인이다.
1542년(중종 37년) 향시에 수석 합격하고, 1552년(명종 7년) 진사시에도 수석으로 합격하였
다. 1565년 경상도 유생을 대표해 여덟 차례에 걸쳐서 중 보우普雨의 주살을 상소하였다.

이듬해 별시 문과에 을과로 급제해 예문관검열이 되었다. 그 뒤 주서注書·대교待敎·봉교奉敎·전적典籍, 예조와 병조의 좌랑·정랑, 지제교知製敎·정언正言·헌납獻納 등 여러 관직을 두루 지내다가 1573년(선조 6년) 부수찬副修撰이 되었다. 1578년 사복시정司僕寺正을 거쳐 동부승지·대사간·대사성 등을 지내고 이듬해 병조참의·승지에 이르렀다. 그러나 이수李銖의 옥사로 곧 파직되었다. 1582년 충청도 관찰사가 되었다가 형조참의·장례원판결사·홍문관부제학 등을 역임하였다. 이듬해 유생 박제朴濟로부터 음흉하다는 탄핵을 받아 외직으로 물러나 청송부사·광주목사光州牧使 등을 지냈다. 1589년 관직에서 물러나 고향 성주로 돌아갔다. 그 해에 동생 김우옹金宇顒이 정여립鄭汝立의 옥사에 연좌되어 안동의 임지에서 회령으로 귀양을 가자, 영천으로 달려가 동생을 만나 갓과 옷을 벗어주고 시 한 수를 지어주며 이별했다 한다. 대사간으로 있을 때 사사로이 옥송獄訟을 결정한 형조판서를 당당히 탄핵해 주위 사람들을 놀라게 하였다. 상주속수서원涑水書院에 제향되었다. 저서로 『개암집開巖集』이 있다.

305) 본관은 사천泗川. 자는 사가思可, 호는 시우당時雨堂 또는 두일당逗日堂. 1546년(명종 1년) 증광문과에 을과로 급제하고, 지평持平·시독관侍讀官·보덕輔德·교리·부응교 등을 역임하면서 관리들의 문란해진 기강을 확립할 것을 역설하였고, 흉년에는 금주령을 내려 곡식을 절약할 것을 강조하였다. 1558년 사간에 이어 1565년 공조참의를 거쳐, 청홍도 관찰사淸洪道觀察使를 역임하였는데, 이때 권신 윤원형尹元衡의 사사로운 청탁을 거절하였다가 미움을 받아 파직되었다. 1567년 선조가 즉위하자 대사간에 기용되고, 이조참판·부호군 등을 거쳐 천추사千秋使로 명나라에 다녀왔다. 그 뒤 이조참판·도승지·좌윤·우윤을 거쳐, 1591년 기로소耆老所에 들어갔다. 이듬해 임진왜란이 일어나자 강화도에서 의병을 모집하여 그 지휘를 우성전禹性傳에게 맡기고 자신은 선릉宣陵·정릉靖陵을 보살피라는 선조의 명을 받고 길을 떠났다가 도중에서 병사하였다.

306) 본관은 은진恩津. 자는 공원公遠. 송응개宋應漑의 동생이다. 1558년(명종 18년) 진사가 되고, 1571년(선조 4년) 음보蔭補로 예빈시별제가 되었다. 이듬해 별시 문과에 병과로 급제하고 1579년 사간원정언司諫院正言이 되었다. 이 해 백인걸白仁傑이 동서분당설(東西分黨說; 東人과 西人으로 政派가 갈라진 데 대한 견해)에 관한 소를 올렸다. 그런데 이것이 이이李珥의 사주를 받은 것이라 하여 이이를 탄핵하다가 오히려 김우옹金宇顒의 탄핵을 받고 파직되었다. 1586년 상주 목사가 되고, 1592년 임진왜란 때 황주 목사로 재직하다가 병으로 인하여 사직하고 귀경 중 곡산에서 죽었다.

307) 본관은 안동安東. 자는 자첨子瞻, 호는 하당荷塘·남강南岡·동강東岡. 1576년(선조 9년) 별시 문과에 병과로 급제하고 1579년 사가독서에 들어갔다. 그해에 유성룡柳成龍 등과 함께 이이李珥가 올린 소에 대해 옳지 않다고 탄핵하였으며, 1581년 이조좌랑으로서 박근원을 이조참판에 등용할 것을 주청하였다. 1582년 교리校理를 거쳐 고경명高敬命 대신 경상도 재상경차관慶尙道災傷敬差官으로 나아갔다. 이듬해 종사관이 되어 중국에 다녀온 뒤 이이를 탄핵하다가 지례 현감知禮縣監으로 좌천되고, 1584년 파직된 뒤 죽었다.

308) 본관은 행주幸州. 자는 사수士受. 1573년(선조 6년) 강릉 참봉으로 있을 때 조정에서 6품직으

로 숭진상신이 있었으며, 1579년에 지평持平이 되었다. 1581년에 유화柳和와 유온柳溫 사이에 벌어진 재산에 관한 소송이 상부 기관에서 잘못 처리된 것을 알면서도 그 부당함을 말하지 않았다고 하여 언관직에서 물러났다가 1583년에 장령掌令에 임명되었다. 태조의 정비 신덕왕후神德王后의 태묘太廟 배향 문제에 대한 논란이 있었을 때, 그가 양사兩司는 마땅히 부묘祔廟를 청하여야 하는데 건각치제建閣致祭만을 청한 점을 논박하자 그의 정연한 이론 앞에 양사는 일괄사표를 제출하였다. 그는 타인의 이목이나 사사로운 사정을 전혀 개의하지 않고 오직 대의명분에 따라 모든 일을 시행해 나가려고 힘썼다.

309) 濮安懿王은 宋 太宗의 넷째 아들이고 商王의 셋째 아들이다. '皇伯'이라 불러야 한다는 의견을 논한 일. 팽사영은 송나라 영조 때의 어사중승인데, 당시 영종이 복왕의 아들로 인종의 뒤를 이어 황제가 되었는데, 복왕을 아버지라고 부르려고 하자 언관이었던 팽사영이 안 된다고 상소하여 극론하였다. 이때 상소문을 정이가 대신 작성였다.

310) 부필은 송나라 신종 때의 재상이다. 영소릉은 인종의 능으로 인종의 황후가 죽었을 때, 이 능에 부장하기를 요청하면서 전일의 잘못된 묘제를 고치자고 건의한 상소문을 지을 때 부필의 부탁으로 정이가 대신 작성하였으나 올리지는 못하였다.

311) 여공조는 송나라 철종 때의 재상이다. 신종 때 혜성이 출현하자, 조서를 내려 직언을 구하였는데, 당시 어사중승이던 여공저는 정이에게 대신 작성하게 하여 올렸다.

312) 본관 반남. 자 형지洞之. 호 정산鼎山. 나주 출생. 성품이 온후하고 도량과 식견이 뛰어났다. 이중호李仲虎에게 수학修學한 뒤 서울에 올라와 수백 명 제자를 가르치되, 소학경서小學經書 이외의 책은 가르치지 않았다. 문의文義가 정밀하여 그를 따를 만한 사람이 없어, 명종과 선조 때의 조신朝臣들은 거의 모두 그의 가르침을 받았다. 1568년(선조 1년) 예조의 추천으로 동몽교관童蒙敎官이 되었으나 부임하지 않았다. 1579년 비로소 동몽훈도童蒙訓導에 취임하고, 그 뒤 군직軍職에 올라 종신록終身祿을 받았다. 동서로 당파가 갈리어 제자들도 당쟁에 휩쓸리게 되자, 이를 몹시 한탄하고 은퇴한 뒤 원주의 정산鼎山에 돌아가서 여생을 마쳤다. 문장에는 능하지 못하여 저서는 없으나, 교육자로서 인재를 양성한 공이 크고, 당론에 가담하지 않은 점으로 평가받는다.

313) 을사년에 윤원형이 임금의 밀지라고 주장하며 대윤 일파를 몰아내려 할 때 백인걸에게 밀지에 대하여 문제 삼지 말 것을 권하였으나 백인걸을 사사로운 감정으로 나랏일을 그르칠 수 없다며 윤원형의 제안을 거절하였다. 다음 날 문정왕후가 비밀리에 정난정에게 밀지를 내려 윤임 등 반대파를 제거하려는 정보를 입수하고 홀로 상소를 올려 이를 비난하였다가 파직당하고 귀양을 갔다.

314) 본관은 진주晉州. 자는 명중明仲, 호는 송월당松月堂·송일松日·낙봉樂峰. 1540년(중종 35년) 진사가 되었고, 1546년(명종 1년) 증광문과에 병과로 급제, 예문관봉교로서 춘추관기사관을 겸하여 『중종실록中宗實錄』·『인종실록仁宗實錄』의 편찬에 참여하였다. 1550년 예조좌랑에 보임된 뒤 사간원정언·홍문관수찬·함경도어사·사간원헌납·홍문관부교리를 역임하고, 만포첨사滿浦僉使로 전임되었다가 다시 중앙으로 들어와 병조참지가 되었고, 성절사로 명나라에 다녀온 뒤 첨지중추부사와 도승지를 역임하였으며, 1562년 회령 부사로 나갔다. 그

이듬해에 순회세자順懷世子가 죽자, 행부호군行副護軍으로서 국장도감國葬都監의 주상主喪을 맡아, 3년간 수묘관守墓官으로 있었다. 1566년 한성부판윤에 임명되었는데 판윤 재직 때 성황제城隍祭의 헌관獻官으로 임명되었음에도 병을 핑계하여 제사에 불참하였다는 사간원의 탄핵을 받아 동지중추부사로 전임되었다가 전라도 관찰사로 전보되었다. 1568년(선조 1년) 성절사로서 명나라에 다녀왔으며, 1573년 다시 한성부판윤이 되어 특진관으로 경연에 참석한 바 있고, 신병으로 판윤을 사직하자 경기 관찰사로 체직되었다.

315) 본관은 진주晋州. 1564년(명종 19년)에 삭주 부사로 임용되고 뒤이어 평안도 병마우후로 있으면서 호족胡族의 침입을 격퇴하였다. 국경지방 수비의 공을 인정받아 1566년 전라좌도 수군절도사로 기용되었다. 1569년(선조 2년)에는 경상도 병마절도사를 역임한 뒤 함경북도 병마절도사·평안도 병마절도사 등을 차례로 역임하였다. 1579년 함경남도 병마절도사로 재직 중 사사로운 원한으로 북도北道의 관노를 죽여 의금부에 투옥되었다.

316) 본관은 창녕昌寧. 자는 경회景晦·중회仲晦, 호는 사암思菴. 김안국金安國의 문인이다. 1540년 (중종 35년) 진사로 식년문과에 갑과로 급제, 1544년 사간원헌납이 되었다. 1545년(명종 즉위년) 사헌부지평, 이듬해 홍문관의 부교리·수찬, 의정부검상 등을 지냈다. 그 뒤 사도시정司䆃寺正으로 춘추관편수관을 겸직하면서 『중종실록中宗實錄』·『인종실록仁宗實錄』의 편찬에 참여하였다. 1548년 의정부사인議政府舍人·사헌부집의憲府執義·경기도 암행어사, 이어서 홍문관응교弘文館應敎·사간원사간司諫院司諫, 도승지를 거쳐 동부승지로 참찬관參贊官을 겸직, 2년 간 여러 승지를 지낸 뒤 1553년 호조참판이 되었다. 다음 해 경기도 관찰사, 1557년 동지중추부사同知中樞府事·홍문관부제학을 거쳐 그 뒤 대제학·공조참판·대사간·병조참판 등을 지냈다. 1563년 한성부좌윤·함경도 관찰사, 1565년 형조참판, 1567년 형조판서 등을 지냈다. 이듬해 한성부판윤·호조판서를 역임하고, 1573년(선조 6년) 등극사登極使의 부사副使로 명나라에 다녀와서 예조와 호조의 판서에 이어 우참찬이 되었다. 1576년 다시 예조판서를 지냈고 청백리淸白吏에 녹선되었다. 이기李芑가 구수담具壽聃에게 죄를 주려는 데 대한 잘못을 논박하기도 하였다. 또 윤원형尹元衡의 관리를 능력에 따라 등용해야지 사사로이 권세를 이용하여 매관매직하는 것은 잘못이라는 충고를 하기도 하였다.

317) 조식曺植의 문인. 최영경崔永慶과 교유交遊하며 의리義理를 강명講明하였다. 용의容儀가 단아端雅하고, 말하는 것이 곡진曲盡하였으며, 세상의 더러움에 물들지 않았다. 항상 충군忠君 애국愛國을 마음에 두고 옳은 것을 좇아 절개를 지켰다. 참봉參奉에 제수除授되었으나 나아가지 않았다. 기축사화己丑士禍 때 정여립鄭汝立의 당黨으로 지목되어 금부禁府에 갇혔다가 장하杖下에 운명殞命하였다.

318) 본관은 강릉江陵. 자는 문길文吉, 호는 동강東岡 또는 장주漳洲. 1546년(명종 1년) 진사가 되고, 1549년 식년문과에 을과로 급제하고, 승문원의 천거로 사국史局에 들어갔다. 봉교奉敎·예조좌랑·정언正言·헌납獻納·충청도어사·부수찬副修撰·전적典籍을 거쳐 지평이 되고, 1559년 정언으로 있을 때 당시의 이조판서 윤개尹漑가 불공평한 인사행정을 하자, 이를 비난한 김규金虯가 모욕죄로 몰려 죽게 된 것을 구하였다가 이듬해 이에 따라 탄핵을 받고 파직되었다. 1561년 첨정을 거쳐 강릉 부사로 나갔다가, 1565년 검상檢詳·사인舍人·장령掌

令·집의執義·교리校理·응교應敎·사복시정司僕寺正 등을 지냈다. 1567년 동부승지·좌승지·강
원도 관찰사·대사성·호조참의에 올랐다. 1572년(선조 5년) 천추사로 명나라에 다녀왔고, 이
어 대사간·병조참의·전주부윤·부제학·대사헌·호조참판·형조참판을 거쳐 예조판서에 이
르렀다. 역학에 자득(自得: 자신이 스스로 지식이나 인식을 얻음)의 묘를 얻었고, 경학에 전력하여
모든 의론이 다 거기에서 유출되었으며, 기품이 청아하고 효우孝友가 매우 뛰어났다. 시호
는 숙간肅簡이다.

319) 경기도京畿道 고양군高陽郡 원당면元堂面에 있는 지금의 서삼릉. 중종中宗 계비繼妃 장경왕
후章敬王后의 희릉禧陵과 인종仁宗 및 인종비仁宗妃 인성왕후仁聖王后의 효릉孝陵과 철종哲宗
및 철종비哲宗妃 철인왕후哲仁王后의 예릉睿陵의 일컬음.

320) 송宋나라 인종仁宗 때의 명신名臣.《송사宋史》권320 왕소전王素傳에 의하면, 지간원知諫
院으로 있을 때 왕덕용王德用이 여자 두 사람을 황제에게 올리자 왕소가 논쟁하니, 황제는
'짐朕은 진종眞宗의 아들이고 경은 왕단王旦의 아들로 세의世誼가 있음은 다른 사람에게 비
할 바가 아니다. 왕덕용이 실로 두 여자를 올렸는데, 이미 짐을 좌우에서 모시었으니 어찌
하랴?' 함. 왕소가 '신의 근심은 바로 좌우에서 모시는 데에 있습니다.' 하니, 황제는 얼굴
빛을 고치고 그 자리에서 두 여자를 궁 밖으로 내치도록 명함.

321) 본관은 광산光山. 자는 경연景淵, 호는 남계南溪. 이발의 아우이다. 생원시에 올라 1577년
(선조 10년) 태묘별시문과太廟別試文科에 을과로 급제하고, 사인을 거쳐 벼슬이 응교에 이르
렀다. 이발이 이이李珥·성혼成渾과 교분이 차츰 멀어지자 서인들이 미워하므로 시사時事에
참여할 수 없음을 알고 고향으로 물러갈 때 함께 낙향하였다. 1589년 정여립鄭汝立의 모역
사건을 계기로 서인들이 집권하자 동인들에게 박해가 가하여져, 형 발·급汲 등은 모진 고
문 끝에 장살되었고, 그도 희천으로 귀양 갔다가 뒤에 불려 와서 역시 죽임을 당하였다.
1694년(숙종 20년) 신원되고 부제학에 추증되었다.

322) 춘추 전국시대에 어떤 왕이 천리마를 구하기 위해 사람을 파견하였다. 그 사람은 죽은 천
리마의 뼈를 500금에 사왔다. 왕이 노하자 그가 말했다. "조금 기다리면 천리마를 가진
사람이 모여들 것입니다." 과연 반년이 안 되어 천리마를 가진 사람이 여럿 찾아왔다. 죽
은 천리마의 뼈를 500금에 샀다는 소문이 퍼지자, 천리마를 가지고 있는 사람들이 많은
돈을 받을 것을 의심하지 않고 온 것이다. (『사기』 권34 연소공세가)

323) 본관은 단양丹陽. 자는 경선景善, 호는 추연秋淵·연암淵庵. 1561년(명종 16년) 진사가 되고,
1564년 성균관 유생들을 이끌고 요승 보우普雨의 주살을 청원하기도 하였다. 1568년(선조
1년) 증광문과에 병과로 급제하고, 예문관검열·봉교奉敎, 수찬修撰 등을 거쳐 1576년 수원
현감으로 나가서는 명망이 높았다. 한때 파직되었다가 다시 장령掌令·사옹원정을 거쳐
1583년에 응교應敎가 되고, 뒤에 여러 번 사인舍人을 지냈다. 동서 분당 때 동인으로 분류
되었다. 그 뒤 이발李潑과 틈이 생기자 우성전은 남산에 살아서 남인, 이발은 북악北岳에
살아서 북인으로 분당되었다. 남인의 거두로 앞장을 섰으며, 동서 분당 때나 남북의 파쟁
에 말려 미움도 사고 화를 당하기도 하였다. 1591년 서인인 정철鄭澈의 사건에 연좌되어
북인에게 배척되고 관직을 삭탈 당하였다. 이듬해 임진왜란이 일어나자 풀려나와 경기도

에서 의병을 모집해 군호軍號를 '추의군秋義軍'이라 하고, 소금과 식량을 조달해 난민을 구제하였다. 또한 강화도에 들어가서 김천일金千鎰과 합세해 전공을 세우고, 강화도를 장악해 남북으로 통하게 하였다. 병선을 이끌어 적의 진격로를 차단했으며, 권율權慄이 수원 독성산성禿城山城에서 행주에 이르자 의병을 이끌고 지원하였다. 그 공으로 봉상시정에서 대사성으로 서용되었다. 그 뒤 계속 활약하였으며, 용산의 왜적을 쳐서 양곡을 확보해 관군과 의군의 식량을 마련하였다. 그 뒤 퇴각하는 왜군을 경상우도 의령까지 쫓아갔으나, 과로로 병을 얻어 경기도 부평에서 사망하였다.

324) 본관은 창녕昌寧. 자는 사신士伸, 호는 남애南崖. 이황李滉 문하에서 수학하였는데 어릴 때 이미 자력으로 『심경心經』·『근사록近思錄』·경서·주자서를 탐독할 정도의 높은 자질을 가졌다고 한다. 1561년(명종 16년)에 진사시에 합격하였고, 1568년(선조 1년) 증광문과에 병과로 급제하였다. 승문원·홍문관정자를 거쳐서 청요직인 예문관검열에 임명되었다. 1574년에는 질정관質正官으로 명나라에 다녀왔으며, 이후 홍문관에서 홍문관의 수찬·교리·직제학을 지내면서 경연관經筵官으로 활약하였다. 이때 정여립鄭汝立의 요직 임명을 반대하다가 탄핵받기도 하였다. 1583년에는 사간원사간으로서 홍여순洪汝諄·유영경柳永慶과 함께 이이李珥·성혼成渾·박순朴淳을 공격하여 승정원승지에 이르렀고 이원익李元翼과 동지 관계에 있기도 하였다. 이에 따라 편집적 성격이고 인품이 가벼워서 분란을 일으키는 데 과단성이 있다는 평가를 받기도 하였다. 이 해에 서인을 등용한 선조의 시책으로 체직되었다. 1588년에 병으로 사망하였다. 인천신현新峴에 장례 지냈다. 사환(仕宦; 벼슬 활동) 20년에도 전택田宅이 없어서 친우들의 도움으로 겨우 장례를 치를 정도의 청빈한 생활을 하였다고 한다.

325) 본관은 음성陰城. 자는 경원景瑗, 호는 회재懷齋. 1546년(명종 1년) 진사시에 합격했으나, 나주 선도면船道面에 집을 지어 개산송당蓋山松堂이라 이름하고 문하생들과 함께 성리학을 연구하였다. 또, 향약을 실시하고, 기대승奇大升·박순朴淳·이이李珥·노사신盧思愼 등과 교유하였다. 1560년 목사 유경심柳景深을 도와 향교를 중수하고 학헌學憲·학규學規를 제정하였다. 1568년(선조 1년) 학행으로 천거되어 내시교관內侍敎官에 임명되었다. 1574년 별시 문과에 을과로 급제해 종부시주부가 되었으며, 운봉 현감이 되었을 때 황산대첩비荒山大捷碑를 세웠다. 1578년 전라도·충청도의 도사를 거쳐 1579년 예조정랑, 1580년 지평이 되었다. 그 뒤 성균관직강을 거쳐 영광 군수·밀양 부사가 되어 영광과 밀양에 송덕비가 세워졌다. 뒤에 광주·전주의 교수와 사예·사섬시정·봉상시정 등에 재직하였다. 1589년 정여립 옥사鄭汝立獄事가 일어나자, 전에 정여립의 전장직 진출을 막은 이경중李敬中을 탄핵한 죄로 삭탈관직 되었다. 1592년 임진왜란이 일어났을 때, 신병으로 관직에서 물러나 있으면서 고경명高敬命·김천일金千鎰 등과 함께 의병을 일으켰고, 고향의 의병도청義兵都廳에서 군대의 장비와 양식을 조달하였다. 당시 전라감사 이광李洸의 무능을 탄핵했으며, 새로 감사에 부임한 권율權慄을 도와 많은 공을 세웠다. 의병 활동의 공로로 다시 관직에 올라 나주 목사로 재임하다가 죽었다.

326) 본관은 여흥驪興. 자는 중익仲益, 호는 저로樗老. 1555년(명종 10년) 사마시에 합격해 진사가

되고, 1558년(명종 13년) 식년문과에 병과로 급제하였다. 그 뒤 승문원권지로 근무 중 임의로 퇴근해 파직되었다. 그 뒤 복관되어 1564년 박사·전적典籍, 어천찰방 등을 역임하였다. 이어 1566년 사간원정언·사헌부지평·예조정랑을 거쳐 다시 지평을 역임하였다. 1567년 지평으로서 문정왕후文定王后의 부묘제祔廟祭를 거행한 뒤 돌아오는 도중에 정기(呈技; 춤과 노래의 연예)를 관람한 선조를 비판하다가 파직되었다. 그 뒤 곧 다시 등용되어 온성부사·종성부사를 거쳐 예조정랑이 되고, 1571년(선조 4년) 부수찬으로 춘추관기사관을 겸해 『명종실록』 편찬에 참여하였다. 1578년 황해도 감사를 지내고 이어 도승지가 된 뒤 1581년에는 특배로 대사헌이 되었으나 병으로 사양하였다. 1583년 대사간·대사헌·도승지를 역임했는데, 이때 이탕개의 난의 책임으로 귀양 가서 죽은 북병사 이제신李濟臣을 신원(伸寃; 원통함을 품)하게 하였다. 이듬해 도승지·형조판서를 거쳐 1585년에는 사은사謝恩使로 명나라에 다녀온 뒤 예조판서가 되었다. 1589년 다시 형조판서가 되고, 우참찬에 이르렀다.

327) 1465년(세조 11년) 전의감교수典醫監教授로서 『역학계몽요해易學啓蒙要解』를 보해補解할 때 참가하였고, 1466년 강녕전康寧殿에서 강신講臣들과 입시 설작入侍設酌 할 때 의학교수로서 참여하였다.

328) 본관은 의성義城. 자는 국경國卿, 호는 모재慕齋. 조광조趙光祖·기준奇遵 등과 함께 김굉필金宏弼의 문인으로 도학에 통달하여 지치주의至治主義 사림파의 선도자가 되었다. 1501년(연산군 7년) 생진과에 합격, 1503년에 별시문과에 을과로 급제하여 승문원承文院에 등용되었으며, 이어 박사·부수찬·부교리 등을 역임하였다. 1507년(중종 2년)에는 문과중시에 병과로 급제, 지평·장령·예조참의·대사간·공조판서 등을 지냈다. 1517년 경상도 관찰사로 파견되어 각 향교에 『소학』을 권하고, 『농서언해農書諺解』·『잠서언해蠶書諺解』·『이륜행실도언해二倫行實圖諺解』·『여씨향약언해呂氏鄕約諺解』·『정속언해正俗諺解』 등의 언해서와 『벽온방辟瘟方』·『창진방瘡疹方』 등을 간행하여 널리 보급하였으며 향약을 시행하도록 하여 교화사업에 힘썼다. 1519년 다시 서울로 올라와 참찬이 되었으나 같은 해에 기묘사화가 일어나서 조광조 일파의 소장파 명신들이 죽음을 당할 때, 겨우 화를 면하고 파직되어 경기도 이천에 내려가서 후진들을 가르치며 한가히 지냈다. 1532년에 다시 등용되어 예조판서·대사헌·병조판서·좌참찬·대제학·찬성·판중추부사·세자이사世子貳師 등을 역임하였으며, 1541년 병조판서 때에 천문·역법·병법 등에 관한 서적의 구입을 상소하고, 물이끼[水苔]와 닥[楮]을 화합시켜 태지(苔紙; 는 털과 같은 이끼를 섞어서 뜬 종이)를 만들어 왕에게 바치고 이를 권장하였다. 사대부 출신 관료로서 성리학적 이념에 의한 통치의 강화에 힘썼으며, 중국 문화를 수용, 이해하기 위한 노력에 평생 심혈을 기울였다. 시문으로도 명성이 있었으며 대제학으로 죽은 뒤 인종의 묘정廟庭에 배향되었으며, 여주의 기천서원沂川書院과 이천의 설봉서원雪峰書院 및 의성의 빙계서원氷溪書院 등에 제향되었다.

329) 본관은 안동安東. 자는 택중擇中. 1558년(명종 13년) 사마시를 거쳐, 1567년 식년문과에 병과로 급제하여 검열이 되고, 춘추관의 기주관으로 『명종실록』 편찬에 참여하였다. 이어 봉교·전적을 거쳐 예조·병조·형조의 좌랑을 지내고 충청도사·직장·사예·사성·직제학·지평 등이 되었다. 1589년(선조 22년)에 대사헌으로서 사은사가 되어 명나라에 갔다 온 뒤

1591년 형조참판 및 동지경연·예조판서가 되었다. 이듬해 임진왜란 때 비변사 유사당상備邊司有司堂上으로 침식을 잊고 국사에 몰두하다가 병을 얻어 사직했다. 국세가 날로 위급해 가는 것을 보고 울분을 참지 못하여 죽었다. 천성이 강직하여 공적인 일과 사적인 일을 합리적으로 해결하였다. 특히, 표表·책策에 뛰어나 문신들이 치른 정시에서 장원을 하였다. 시호는 충숙忠肅이다.

330) 본관은 원주原州. 자는 중숙重叔, 호는 두암斗巖. 1567년 생원시에 합격하고, 1568년 증광문과에 을과로 급제해 예문관·홍문관의 정자正字를 역임하고, 사가독서를 했으며 동부승지에 이르렀다. 1583년 병조판서 이이李珥를 탄핵한 삼사의 송응개宋應漑·허봉許篈·박근원朴謹元 등이 선조의 노여움으로 도리어 유배될 때 그들과 일당이라는 혐의를 받고 제주목사로 좌천되었다. 그러나 평소 이이를 존경했기 때문에 실제로 삼사의 논의에는 참여하지 않았다. 임지에 도착하자 성심껏 기민을 구휼하고 교육을 진흥시키며 민속을 바로잡았다. 그래서 뒤에 인조 때 김상헌金尙憲이 쓴 『남정록南程錄』이나 효종 때 이원진李元鎭이 쓴 『탐라지耽羅誌』에는 그때의 치적을 칭송하는 글이 실려 있다. 2년 뒤 1585년 우승지로 기용되고 이어 대사헌·대사간·부제학·이조참판 등을 역임하였다. 1591년 성절사로서 명나라에 갔다. 마침 명나라에서는 일본의 국서를 받고 조선이 일본과 내통한다고 의심하는 자가 많았는데 이를 힘써 해명해 의구심을 풀어주었다. 귀국 후 한성판윤이 되었고, 다음 해 1592년 임진왜란으로 왕이 피난길에 오르자 유성룡柳成龍의 천거로 병조판서 겸 부체찰사兵曹判書兼副體察使가 되었다. 이듬해 1593년 이조판서로서 왕을 따라 환도, 1594년 우의정, 1595년 좌의정이 되어 영의정 유성룡과 함께 임진왜란 후의 혼란한 정국을 안정시켰다. 항상 나라를 복구하는 급선무는 군사를 훈련하고 성을 쌓는 것이 아니라 인심을 바로잡는 일이라고 역설하였다. 1597년 정유재란 때에는 안무사로서 영남 지방에 내려갔다가, 풍기豊基에서 병이 위독해져서 귀경 후 사직하고 이듬해 죽었다.

331) 본관은 한산韓山. 자는 중거仲擧, 호는 명곡鳴谷. 1567년(명종 22년) 사마시를 거쳐, 1568년(선조 1년) 증광문과에 병과로 급제해 승문원의 추천으로 춘추관에 들어갔다. 그 뒤 전적典籍·해미 현감·정언正言 등을 지냈으며, 왕명을 받고 순안 어사巡按御史로 북도北道를 순찰하고 돌아와 수찬修撰·교리校理·지평持平·헌납獻納·이조정랑 등을 역임하였다. 1577년 양모의 상을 당해 관직을 사직하고 서천에 돌아갔다가 다시 사인·집의·사간·응교·직제학 등을 지냈으며, 당론을 끝까지 진술하다가 동인들의 탄핵을 받고 종부시정에 좌천되었다. 1년 뒤 다시 집의로 전임했고, 이어 동부승지·대사간·우승지를 지냈다. 1585년 부제학 김우옹金宇顒이 이이李珥·정철鄭澈을 논박하자, 이에 반박해 선조로부터 충절이 있다는 칭찬을 받고 대사헌으로 특진하였다. 뒤에 이이·박순朴淳·정철의 공적을 논하다가 사간원의 탄핵으로 경상도와 황해도의 관찰사로 전직되었다. 1589년 정여립鄭汝立의 모반사건인 기축옥사가 일어나자 대사간의 자리에서 난국을 수습하고, 이듬해 성절사聖節使로 명나라에 다녀온 후 다시 대사헌이 되었다. 1591년 황해도 관찰사로 있다가 건저문제(建儲問題; 왕세자의 책봉 문제)로 정철 등 서인이 화를 당하자 이에 연루, 곧 파직되어 고향인 보령에 내려가 독서로 시간을 보냈다. 이듬해 임진왜란이 일어나자 선조를 호종扈從했고, 대사간·이

조참판·이조판서 등을 역임하였다. 명나라 군대가 요양遼陽에 머물면서 진군하지 않자 명나라 장군 이여송李如松을 설득해 명군을 조선으로 들어오게 하는 데 큰 공을 세웠다. 이어 군량을 조달하기 위해 북도와 삼남 지방의 도검찰사都檢察使로 나가, 지난날의 선정에 감복한 도민들의 적극적인 협조로 무사히 해결하였다. 1594년 대기근이 들자 동궁의 명을 받고 밤낮으로 구휼에 힘쓰다가 병을 얻어 죽었다. 1604년 호성공신扈聖功臣 2등에 책록되고 영의정에 추증되었으며, 한흥부원군韓興府院君에 추봉되었다.

332) 본관은 여산礪山. 초명은 송승회宋承海. 자는 과우寡尤. 호는 호봉壺峰. 이황李滉의 문인으로 유희춘柳希春과 노수신盧守愼의 문하에도 출입한 바 있다. 1567년 사마시에 합격하고, 1577년(선조 10년) 알성문과에 병과로 급제, 예문관검열과 사간원정언司諫院正言 등을 지냈다. 1580년 예조좌랑·병조정랑·사간원헌납司諫院獻納 등을 역임하고, 1586년 호남에 순무어사巡撫御史로 파견된 뒤 부수찬을 역임하였다. 이어 이듬해 홍문관의 전적典籍·수찬修撰, 사헌부의 장령掌令 등을 차례로 역임하였다. 젊어서는 언관으로 서인을 공격하는 데에 앞장섰다. 1589년 기축옥사 때 정여립鄭汝立과 연루되어 부교리에서 면직되었다. 1592년 사마시에 합격하고, 그 뒤 평안도 관찰사가 되었으나 임진왜란으로 공조참판이 되어 평안도 순찰사를 겸하다가 다시 함경도 순찰사를 겸하면서 군병軍兵 보집에 힘썼다. 1592년에 삭직되었고, 1596년 동면순검사東面巡檢使로 다시 등용된 뒤 대사간·병조판서·이조판서를 역임하였다. 일찍이 불교를 배척하여 승 보우普雨를 죽일 것을 건의하였다. 또 동면순검사로 재직할 때는 인력이 부족한 겨울철에 수성책으로서 성벽에 물을 부어 얼리는 계책을 건의하기도 하였다. 함경도 관찰사가 되어서는 오랑캐의 동정에 각별한 유의를 하고 휘하 수령들을 적절히 장악한 듯하나 여러 번 간관들의 탄핵을 받았다. 당쟁의 선봉에 섰던 관계로 반대파의 비평이 높았다. 실록의 사평史評에는 사람됨이 흉활(兇猾; 음흉하고 교활함)하고 탐비(貪鄙; 탐욕스럽고 비루함)하며 음패淫悖스러운 행실이 많아 사인士人으로서 교양 있는 사람은 더불어 교제하는 것을 수치로 알았다고 한다. 그러나 선조의 특별한 신임을 얻어 이조판서까지 역임하였다.

333) 본관은 청주淸州. 자는 면숙勉叔, 호는 월탄月灘. 1568년(선조 1년) 생원이 되고, 1576년 식년문과 병과로 급제, 검열·수찬을 거쳐 1584년 영해 부사에 임명되었다. 1592년 임진왜란이 일어나자 8월 영해에서 왜군을 격파하고 경상좌도 관찰사에 승진, 순찰사를 겸임해 동해안 지역을 방비하며 군량 조달에 공을 세웠다. 1594년 병조참판, 1596년 경상도·전라도·충청도의 체찰부사體察副使가 되었다. 그 해 한산도무과閑山島武科에 시관試官으로 참여하고, 통제사 이순신李舜臣과 함께 수군 강화에 힘썼다. 그 뒤 지중추부사가 되었다가 남해 지역의 도순찰사로 해상군비 강화에 계속 노력하였다. 1598년 전라도 관찰사로서 병마수군절도사를 겸하였다. 이듬해 전라좌수사 이순신 막하의 전선감조군관戰船監造軍官으로 있으면서 거북선 건조에 공이 많았던 나대용羅大用의 건의를 받아들여 거북선 모양의 소형 무장선인 창선鎗船 25척을 건조하도록 하였다. 1604년 이조판서에 이르렀다. 다음 해 평안도 관찰사·판중추부사 등을 거쳐, 1606년 우찬성·판돈녕부사 등을 역임하였다. 1610년(광해군 2년) 다시 이조판서를 역임한 뒤, 1616년 우의정을 거쳐 좌의정에 올랐다.

이듬해인 1617년 이이첨을 중심으로 폐모론이 일자 소극적인 자세로 관망하는 동시에 여러 차례 사직을 청하였다. 폐모론자들은 한효순의 이러한 태도를 문제 삼아 기자헌 등과 함께 처벌할 것을 주장하였으나 받아들여지지 않았다. 당시 한효순의 태도는 『광해군일기』(중초본)에 자세히 전한다.

334) 본관은 광주廣州. 자는 사묵土默. 1552년(명종 7년) 진사시에 합격하고, 1558년 식년문과에 병과로 급제하여, 1566년 예문관대교가 되었다. 그 뒤 형조좌랑·지평持平을 거쳐, 1571년(선조 4년)에는 영광군수로 부임하여 강명(剛明; 강직하고 현명함)한 수령으로 이름을 떨쳤다. 1575년에 장령掌令·사간원사간을 역임한 뒤, 1581년 황해도 감사가 되었다.

335) 본관은 장흥長興. 자는 이순而順, 호는 제봉霽峰·태헌苔軒. 광주 압보촌鴨保村 출생. 대사간 고맹영의 아들이다. 1552년(명종 7년) 사마시에 제1위로 합격, 진사가 되고, 1558년 왕이 직접 성균관에 나와 실시한 시험에서 수석해, 곧바로 전시殿試에 응시할 수 있는 특전을 받았다. 같은 해 식년문과에 장원으로 급제해 성균관전적成均館典籍에 임명되고, 이어서 공조좌랑이 되었다. 그 뒤 형조좌랑·사간원정언 등을 거쳐 호당湖堂에서 사가독서賜暇讀書했다. 1561년 사간원헌납이 된 뒤 사헌부지평, 홍문관의 부수찬·부교리를 거쳐 1563년 교리가 되었다. 이때 인순왕후仁順王后의 외숙인 이조판서 이량李樑의 전횡을 논하는 데 참여하고, 그 경위를 이량에게 몰래 알려준 사실이 드러나 울산 군수로 좌천된 뒤 파직되었다. 관직에서 물러나 고향에 돌아와 고전을 탐독하거나 자연과 벗 삼아 산수를 유람하면서 『유서석록遊瑞石錄』을 저술하였다. 1581년(선조 14년) 영암군수로 다시 기용되었으며, 이어서 종계변무주청사宗系辨誣奏請使 김계휘金繼輝와 함께 서장관書狀官으로 명나라에 다녀왔다.

336) 본관은 통천通川. 자는 입지立之, 호는 간이簡易·동고東皐. 최립은 빈한한 가문에서 태어났으나 굴하지 않고 타고난 재질을 발휘했다. 1555년(명종 10년) 17세의 나이로 진사가 됐고 1559년(명종 14년) 식년문과에 장원으로 급제했다. 여러 외직을 지낸 뒤에 1577년(선조 10년) 주청사奏請使의 질정관質正官으로 명나라에 다녀왔다. 1581년(선조 14년) 재령 군수로 굶주린 백성들을 구제하는 것에 힘써 임금으로부터 옷감을 받았다. 그 해에 다시 주청사의 질정관이 되어 명나라에 다녀왔다.

337) 본관의 문화 자는 경서景瑞 호는 청계淸溪이며 유용공의 아들이다. 선조 시기에 유일遺逸로 천거되어 사헌부집의와 부사府使 등을 역임하였으며, 기축옥사己丑獄死에 연루되어 이발·최영경 등과 같이 체포되어 처형당하였다. 그러나 인조반정 이후에 신원되었다.

338) 본관은 남양南陽. 자는 사신士信. 1567년(명종 22년) 생원시에 합격하고, 1568년(선조 1년) 증광문과에 을과로 급제, 이듬해 황해도 도사가 되고, 1575년 성절사聖節使의 질정관質正官이 되어 명나라 연경燕京에 다녀왔다. 1592년 임진왜란이 일어나자 병조판서로서 선조를 호종, 북으로 피란 도중에 호조판서로 전임되었다. 평양에 이르러 난민들의 폭동으로 뼈가 부러지는 상처를 당하기도 하였다. 지중추부사로 북도순찰사北道巡察使를 겸하였으나, 성품이 간악하다는 대간의 탄핵을 받아 순천부에 유배되었다. 난이 끝난 뒤 남이공南以恭·김신국金藎國 등과 함께 유성룡柳成龍 등을 몰아내고 정권을 잡았다. 1599년 그의 대

사헌 임명을 남이공이 반대하자 북인에서 다시 분당하여 대북이라 부르고, 이이첨李爾瞻 등과 함께 남이공 등의 소북과 당쟁을 벌이다가 1600년 병조판서에서 삭탈관직되었다. 이듬해 곧 복관이 되었으나, 1608년 광해군이 즉위하자 또다시 탄핵받아 진도에 유배되어 이듬해 배소에서 죽었다. 유영경柳永慶·정인홍鄭仁弘 등과 더불어 조정의 현신賢臣들을 공박하다가, 이원익李元翼에게 이 사람을 쓰다가는 국가에 큰 화가 미치겠다는 평을 받은 바 있다.

339) 본관은 광주光州. 자는 홍원弘遠, 호는 병은病隱. 1564년(명종 19년) 사마시에 합격하고, 1566년 별시문과에 을과로 급제, 검열이 되고 이어 형조좌랑으로 춘추관기사관을 겸하여 『명종실록』의 편찬에 참여하였다. 1574년(선조 7년) 홍문록에 입록이 되고, 헌납을 거쳐 1577년 부수찬으로 평안도 경차관이 되어 전염병이 휩쓸고 있는 도내를 순방하며 구호한 뒤 1581년에 수찬·집의가 되었다. 그 뒤 사간이 되어 이이李珥가 삼사의 탄핵을 받자 이를 힘써 변호하였다. 1587년 강원도 관찰사로 재직 중 백성의 토지를 빼앗고 또 허락 없이 서울에 들어왔다는 죄로 한때 삭직되었다. 이듬해 도승지가 되고, 전주 부윤을 거쳐 1591년 동지사冬至使로 명나라에 다녀왔다. 이듬해 임진왜란이 일어나자 병조참의로서 임금을 평양에 호종, 다시 세자를 따라 강계로 가던 도중 맹산에서 죽었다. 원종原從의 공으로 이조참판에 추증되었다.

340) 본관은 창녕昌寧. 자는 사함士涵, 호는 태정苔庭. 1573년(선조 6년) 식년문과에 을과로 급제하여 병조좌랑·사간원헌납司諫院獻納, 사헌부의 장령掌令·집의執義 등을 거쳐, 1592년에 여주 목사가 되었다가 임진왜란이 일어나자 경기도 순찰사로서 3,000명의 군대를 이끌고 참전하였고, 이듬해 경기좌도 관찰사가 되었다. 다시 동지중추부사同知中樞府事·호조참판에 재직 중 사헌부의 탄핵을 받아 파직되었다. 1597년 정유재란 때는 남정양향사南征糧餉使로 군량미 조달을 맡아보았다. 1599년 공조참판·한성부좌윤·대사헌·예조참판·대사간 등을 역임하고, 이듬해 청백리淸白吏에 녹선錄選되었다. 1601년 한성부판윤이 되고, 이듬해 지중추부사로 진하사進賀使가 되어 명나라에 다녀왔다. 이어 대사헌·충청감사·호조판서·병조판서를 역임하고, 1605년 좌우참찬을 거쳐, 1607년 이조판서를 지냈다. 이듬해 광해군이 즉위하자 정인홍鄭仁弘 등에 의하여 유영경柳永慶의 당인으로 몰려 파직되었다가, 1616년(광해군 8년) 연일延日에 유배되어 1623년 배소에서 죽었다.

341) 본관은 전주全州. 자는 평숙平叔, 호는 뇌진자儡眞子·서파西坡. 1568년(선조 1년) 증광문과에 병과로 급제한 뒤 주서·정언을 거쳐 1581년 헌납이 되고 이어 진주 목사·의주 목사 등을 역임하였다. 1589년 정여립鄭汝立의 모반사건이 일어나자 도승지로서 죄인을 다스리는 데 공을 세워 평난공신平難功臣 2등에 책록되고 전성군全城君에 봉하여졌다. 1592년 임진왜란이 일어나자 운향사運餉使가 되어 명나라 군사의 군량미 조달책임을 맡았으나 병으로 은퇴하였다. 그 뒤 한성부좌윤·춘천 부사를 거쳐 예조·병조의 참판을 지내고, 1600년 대사간이 되었으나 북인 홍여순洪汝諄의 일파로 몰려 한때 파직되었다. 그 뒤 안동 부사·경주 부윤 등의 지방관을 거쳐 광해군 때 좌참찬·형조판서·공조판서 등을 역임하고 1615년 (광해군 7년) 개성 부유수가 되었다. 이어 이조판서에 이르렀으나, 이이첨李爾瞻·정인홍鄭仁

弘 등 대북의 일파가 계축옥사를 일으키고 인목대비仁穆大妃를 유폐하는 등 정사를 어지럽히자 벼슬을 버리고 은퇴하였다. 영의정에 추증되었다. 시호는 숙헌肅憲이다.

342) 본관은 해평海平. 자는 자술子述, 호는 청봉晴峰. 1573년(선조 6년) 사마시에 합격하여 진사가 되고, 그 해 식년문과에 병과로 급제하였다. 1581년 사간원정언으로 있을 때, 대사헌 이이李珥, 장령 정인홍鄭仁弘 등과 함께 심의겸沈義謙을 탄핵하였는데, 그때 정철鄭澈의 탄핵 문제까지 아울러 거론되자 이에 대하여서는 이이가 반대하는 태도를 취함으로써, 이를 논죄하다가 왕의 노여움을 사 신창 현감으로 좌천되었다. 1592년 임진왜란이 일어나자 사간원사간으로서 무유어사撫諭御史·선유사宣諭使·조도사調度使 등의 전시戰時 임직을 맡아 국난 극복을 위하여 활약하였고, 1594년 충청도 관찰사에 이어 형조참의·호조참판·대사헌 등을 거쳤다. 1597년 형조판서가 되어 사은사謝恩使로 명나라에 다녀온 다음 이조판서에 올랐다. 1599년 함경도 관찰사 재직 시 변방의 호족胡族이 쳐들어와 크게 난을 일으키자 병사 이수일李守一을 시켜 적의 소굴을 소탕함으로써, 어유간魚游澗에서 풍산보豊山堡에 이르는 함경도 일대에 호족들의 흔적을 찾아볼 수 없게 하였다. 그 뒤 1601년 우의정에 이어 좌의정·영의정에까지 승진하였다. 영의정으로 있을 때 선조의 존호제정 문제로 좌의정 유영경柳永慶의 모함을 입고 파직당하였으나 곧 신원되었다. 시호는 문숙文肅이다.

343) 춘추 시대春秋時代의 나라들인 연燕과 월越나라를 말함. 연의 영토는 황하黃河의 북쪽인 지금의 북경北京 근처에 위치했고, 월은 정반대의 남쪽에 위치하여 그 거리가 매우 멀었는데 이러한 까닭에 서로 지역적으로 멀리 떨어져 있거나 주장하는 바의 격차가 매우 큰 것을 비유하기도 함.

344) 본관은 전주全州. 자는 중고仲高. 선조 12년 기묘식년사마시己卯式年司馬試에 생원 1등으로 합격하였으며, 그 이듬해인 1580년(선조 13년) 경진별시문과庚辰別試文科에 을과 2등으로 급제하였다. 예문관藝文館에 선발되어 봉교奉敎까지 이르렀다. 효성이 지극하였으며, 이이李珥, 성혼成渾과 학문적 교유를 나눌 정도로 경전에 밝았다. 1582년(선조 15년) 23세의 나이로 세상을 떠났다.

345) 언관言官으로서 부당한 논핵을 했음을 말함. 윤색尹穡은 송 효종宋孝宗 당시 금인金人의 침공을 받았을 때 우정언右正言으로서 형편상 적과 강화講和해야 한다고 주장했는데, 자기의 주장을 관철하기 위하여 반대파인 장준張浚을, 권력을 마음대로 부린다고 탄핵하다가 얼마 안 가서 파직 당하였다. 《송사宋史》 권372.

346) 본관은 전주全州. 자는 홍재弘載, 호는 동진東津. 양녕대군讓寧大君의 6대손이며, 1558년(명종 13년) 사마시에 합격하고, 1567년 식년문과에 병과로 급제, 예조좌랑·지평持平·헌납獻納을 거쳐 승정원에 등용된 뒤 사관史官으로 발탁되었다. 1581년(선조 14년) 장령, 뒤에 동지중추부사同知中樞府事를 거쳐 1596년 호조참판 때 진향사進香使로 명나라에 다녀왔다. 그 뒤 경기도 관찰사를 지내고 형조·공조 판서를 역임하였으며, 판돈녕부사에 이르러 기로소耆老所에 들어갔다. 검소한 생활에 온화한 성품을 지녔고, 가정에서나 조정에서 사람의 허물을 말하지 않았다고 한다.

347) 본관은 풍천豊川. 자는 군우君遇, 호는 죽애竹崖. 1531년(중종 26년) 생원진사시에 합격하였

고 1533년 별시문과에 병과로 급제하여 승문원정자가 되어 사관史官을 겸하였다. 1536년 수찬으로서 문과중시에 을과로 급제하여 그 해 사가독서를 하였다. 그 뒤 부교리·집의·전한을 거쳐, 1543년 직제학이 되었고, 이듬해 병조참의가 되었다가 승지로 전보되었다. 명종 때 대사간·이조참의·대사헌·병조참의를 역임하였고, 그 뒤 경상도 관찰사로 나갔다가 다시 들어와서 예조참의가 되었다. 이어 평안도 관찰사로 나갔다가 다시 한성부좌윤·우윤을 거쳐, 공조판서로 임명되었으나 탄핵을 받아 부임하지 않았다. 1560년(명종 15년) 예문관제학을 지내고, 이듬해 동지춘추관사·도총부도총관이 되었다. 다시 대사헌이 되었다가 1567년 한성부판윤에 이어 지중추부사가 되었다. 세 번 과거에 급제하여 문명을 떨쳤고, 60년을 조정에 있으면서도 시종 권간(權奸; 권세 있는 간사한 관리)이나 사화士禍에 굴복하거나 따라붙는 일이 없었다. 시호는 문정文靖이다.

348) 본관은 풍산豊山. 자는 희안希顔, 호는 청천당聽天堂. 좌의정 심정沈貞의 증손이다. 1546년 (명종 1년) 식년문과에 장원으로 급제, 사가독서賜暇讀書하였다. 1552년 검상檢詳을 거쳐 직제학을 지냈다. 1562년 정릉(靖陵; 中宗陵)을 이장할 때, 경기도 관찰사로 대여大輿가 한강을 건너는 선창船艙 설치를 하지 않은 죄로 파직되었다. 뒤에 대사헌과 8도 관찰사를 역임하였으며, 청백리에 녹선되었다. 1590년(선조 23년) 우의정에 오르고 기로소에 들어갔다. 1592년 임진왜란이 일어나자 삼도체찰사가 되어 의병을 모집하였으며, 이듬해 영중추부사가 되었다가 1598년 벼슬길에서 물러났다. 문장과 서예에도 능하였다.

349) 태조의 후비로서 방석芳碩의 생모인데, 정종 때 억울하게 폐위되었다. 1581년(선조 14년) 신덕왕후 복위 논의가 시작되고 1669년(현종 10년) 송시열의 건의에 의해 종묘에 배향되었다.

경연일기

조선의 미래를 고민한 실천적 지성의 기록

1판 1쇄 인쇄 2023년 11월 22일
1판 1쇄 발행 2023년 12월 25일

지은이 율곡 이이
번역·해설 유성선·유정은
펴낸이 김영곤
펴낸곳 (주)북이십일 아르테

TF팀 이사 신승철
TF팀 이종배
출판마케팅영업본부장 한충희
마케팅1팀 남정한 한경화 김신우 강효원
출판영업팀 최명열 김다운 김도연
제작팀 이영민 권경민
진행·디자인 다함미디어 | 함성주 유예지

출판등록 2000년 5월 6일 제406-2003-061호
주소 (10881) 경기도 파주시 회동길 201(문발동)
대표전화 031-955-2100 **팩스** 031-955-2151 **이메일** book21@book21.co.kr

ISBN 979-11-7117-257-3 03910